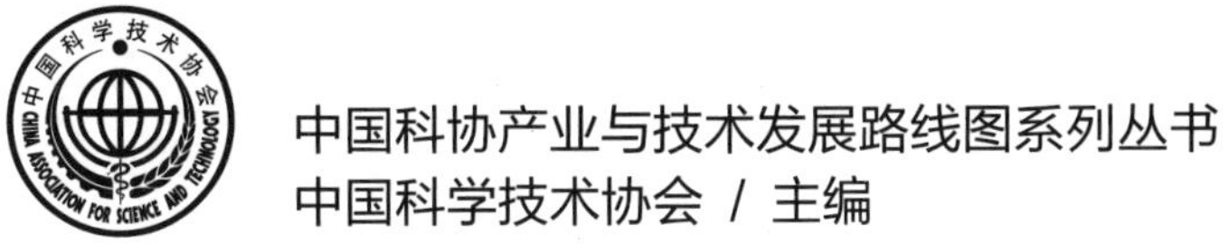

中国科协产业与技术发展路线图系列丛书
中国科学技术协会 / 主编

电源产业与技术发展路线图

中国电源学会　编著

中国科学技术出版社
·北　京·

图书在版编目（CIP）数据

电源产业与技术发展路线图 / 中国科学技术协会主编；中国电源学会编著．—北京：中国科学技术出版社，2022.11

（中国科协产业与技术发展路线图系列丛书）

ISBN 978-7-5046-9598-7

Ⅰ. ①电… Ⅱ. ①中… ②中 Ⅲ. ①电源－产业发展－研究－中国 Ⅳ. ① F426.61

中国版本图书馆 CIP 数据核字（2022）第 085304 号

策　　划　秦德继
责任编辑　王　菡
封面设计　中文天地
正文设计　中文天地
责任校对　焦　宁
责任印制　李晓霖

出　　版　中国科学技术出版社
发　　行　中国科学技术出版社有限公司发行部
地　　址　北京市海淀区中关村南大街 16 号
邮　　编　100081
发行电话　010-62173865
传　　真　010-62173081
网　　址　http://www.cspbooks.com.cn

开　　本　787mm × 1092mm　1/16
字　　数　534 千字
印　　张　29
版　　次　2022 年 11 月第 1 版
印　　次　2022 年 11 月第 1 次印刷
印　　刷　河北鑫兆源印刷有限公司
书　　号　ISBN 978-7-5046-9598-7/F · 1008
定　　价　145.00 元

《电源产业与技术发展路线图》编委会

序

当今世界正经历百年未有之大变局，新一轮科技革命和产业变革重塑全球经济结构，全球范围内的产业转型调整不断加快，产业竞争已成为大国竞争的主战场。我国产业体系虽然规模庞大、门类众多，但仍然存在不少“断点”和“堵点”，关键核心技术受制于人等问题突出。科技是产业竞争力的关键。解决制约产业发展的关键核心技术，建设现代化产业体系，需要强大的科技支撑。

党的二十大开启了全面建成社会主义现代化强国、实现第二个百年奋斗目标，做出加快构建新发展格局，着力推动高质量发展的重大战略部署。习近平总书记在党的二十大报告中强调，必须坚持科技是第一生产力、人才是第一资源、创新是第一动力，深入实施科教兴国战略、人才强国战略、创新驱动发展战略，开辟发展新领域新赛道，不断塑造发展新动能新优势。这些重要部署为我国依靠科技创新引领和支撑经济社会高质量发展进一步指明了方向和路径。

中国科协作为国家推动科技创新的重要力量，积极探索新形势下促进科技与产业深度融合的工作新品牌和开放合作新机制，推动提升关键核心技术创新能力，助力打赢关键核心技术攻坚战。2020 年，中国科协首次启动产业与技术发展路线图研究，发挥跨学科、跨领域、跨部门和联系广泛的组织和人才优势，依托全国学会组织动员领军企业、科研机构、高等院校等相关力量，汇聚产学研各领域高水平专家，围绕车联网、智能航运、北斗应用、航天、电源、石墨烯等重点产业，前瞻预见产业技术发展态势，提出全产业链和未来产业发展的关键技术路线，探索构建破解关键技术瓶颈的协同创新机制和开放创新网络，引导国内外科技工作者协同攻关，推动实现产业关键核心技术自主可控。

综观此次出版的这些产业与技术发展路线图，既有关于产业技术发展前沿与趋势的概观介绍，也有关于产业技术瓶颈问题的分析论述，兼顾了科研工作者和决策制定者的需要。从国家层面来说，可作为计划投入和资源配置的决策依据，能够在政府部门之间有效传达科技政策信息，识别现有的科技能力和瓶颈，为计划管理部门在公共项目选择中明确政府支持的投入导向。从产业层面来说，有助于产业认清所处的经济、社会、环境的变化，识别市场驱动因素，确定产业技术发展的优先顺序，突破产业共性技术的瓶颈，提高行业研究和应用新产业技术的能力。从企业层面来说，通过路线图可与企业战略和业务发展框架匹配，确定产业技术目标，识别达到市场需求所必需的产业技术，找到企业创新升级的发展方向。

在此次系列丛书付梓之际，衷心地感谢参与本期产业与技术发展路线图编写的全国学会以及有关科研、教学单位，感谢所有参与研究与编写出版的专家学者。同时，也真诚地希望有更多的科技工作者关注产业与技术发展研究，为路线图持续开展、不断提升质量和充分利用成果建言献策。

中国科协党组书记、分管日常工作副主席、书记处第一书记
中国科协学科发展引领工程学术指导委员会主任委员
张玉卓

前　言

进入 21 世纪人类面临环境、能源、安全等诸多挑战，超过 170 个国家签订了应对气候变化的巴黎协定。作为巴黎协定关键参与方，我国党和政府大力持续推动新能源和节能减排，习近平总书记在第七十五届联合国大会上向全世界宣布了我国的双碳目标。为实现双碳目标，我国将大力发展风电、光伏等可再生能源，大力发展电动汽车、高铁、城轨等电气化交通，进一步提升能源利用效率，提升电气化在能源生产、消费中比例，电源技术将发挥关键作用。电源技术是基于半导体功率器件等电子和电气元件进行电能变换，实现电能高效利用的技术，涉足电气工程、电子技术、控制理论等多个学科。电源技术广泛应用于电能的发、输、配、用等各个环节，是构建新能源主体的电力系统、电气化交通、信息通讯、航空航天及国防装备的关键技术，对促进制造业的自动化和生产效率提升，发挥着重要的作用，同时与人民生活息息相关。电力电子无处不在，从 LED 照明、变频空调、电磁灶、电梯，到电动汽车、地铁、高铁，再到自动化流水线、新能源发电、直流输电、数据中心、航空航天、国防装备等。如果做一个类比，在信息产业中微处理器用来处理信息流，是信息系统大脑；在现代制造业中电力电子用来处理能量流，成为现代制造业的心脏。

在此背景下，在中国科学技术协会的指导和支持下，中国电源学会开展电源产业与技术路线图的制定工作，组织行业专家、相关高校、科研机构、行业企业合作编撰了《电源产业与技术发展路线图》（下称“路线图”）。路线图以 2021—2035 年为时间范围，全面梳理了国内外电源产业、技术发展现状和发展特点，剖析我国电源产业、技术发展面临的机遇与挑战，识别未来电源技术的重点发展方向、关键技术及其优先程度，进而对未来新技术、新产业和新模式进行预测研判，形成电源总体报告和分报告，分报告包括功率器件、电力电子化电力系统、交通电气化、信息系统电源、特种电源、前沿领域等重点细分领域。

路线图坚持以问题导向和需求导向为基本原则，在把握国家总体战略需求、应用领域和产业实际需求的基础上，明确产业技术发展的问题清单，以我为主确立我国电源产业的发展目标和各阶段的关键指标，进一步提出产业未来发展的行动方案，以及实现路线图所需的政策、协同、人才、交流等支撑条件。希望能够切实推动电源产业的健康有序创新发展，确保电源产业为我国双碳战略目标达成和各领域电气化发展提供坚实的基础支撑。

本次路线图编写，中国电源学会广泛邀请相关领域知名专家、学者和企业代表组建了 7 个专题编写组开展工作。在一年多的编制过程中，各编写组进行了深入的调查研究，搜集行业一手资料，通过会议、走访、电话、通信等形式就路线图工作和文稿征求各方意见，先后召开研讨、论证、评审会议 20 余场，进行专家评审 3 轮，先后有 200 余位专家、企业人士参与路线图的制定工作。

路线图的编制得到了中国科协、电源领域众多高校、企业、科研院所的大力支持，在此表示衷心的感谢。由于时间仓促，本路线图中还存在许多不足之处，敬请读者给予批评指正，以便我们在今后的工作中继续完善。

中国电源学会

2021 年 12 月 30 日

目录

第 1 章 电源产业与技术发展路线图

1. 电源产业与技术的战略意义

2020 年 9 月 22 日，习近平总书记在第 75 届联合国大会上庄严宣布：中国将提高国家自主贡献力量，采取更加有力的政策和措施，二氧化碳排放力争于 2030 年前达到峰值，努力争取 2060 年前实现碳中和。

碳达峰、碳中和目标是我国实现可持续高质量发展的内在要求，也是推动构建人类命运共同体的必然选择。电力能源行业是目前绿色减碳技术中应用最为广泛、发展最为迅速的行业之一，承载着率先实现碳中和与零排放的任务和期望。2020 年我国电能占终端能源消费比重约为 27%，到 2030 年、2060 年，预计该比例将分别提升到 39% 和 70%。电力电子电源设备是电能处理的关键环节，随着电气化水平的进一步发展，美国能源部预测在未来其使用率将达 90% 以上。

电源技术是采用半导体功率器件、电磁、电容等功率元件，运用电气、控制、电子信息等理论和技术，将粗电高效率、高质量、高可靠性地加工成交流、直流、脉冲等电能形式的一门多学科交叉融合的科学技术，是实现电能时空变换（时间分布：恒定、交变、脉冲；空间分布：集中、分散、网络化）的有效方法。电源技术是新能源与智能电网、工业自动化、电气化交通（高铁、新能源车等）、网络通信、航空航天及国防等领域的关键支撑技术，无论对改造传统产业还是发展高新技术，均有不可或缺的重要作用。近年来，我国电源技术和产业快速发展，电源产业和市场规模位居全球第一，年直接产值超过 3300 亿元、间接产值 1.2 万亿元。

本书将围绕国家总体发展的战略规划，贴近产业和应用领域的实际需求，坚持产业链及技术自主可控的基本原则，以电力电子技术支撑的电源产业为切入点，从化石能源替代、电力能源输配和电力终端利用三个层面，分别论述发展我国电源产业的战略意义。

在化石能源替代方面，由于中国化石能源尤其是石油和天然气生产量的相对不足，中国能源供给对国际市场的依赖程度将越来越高。习近平总书记在 2021 年中央财经委员会上明确提出构建以新能源为主体的新型电力系统。在电力供给侧化石能源发电正被风力、光伏等新能源代替，使整个电网形态特征加速电力电子化。截至 2020 年底，我国新能源发电累计装机容量达到 5.35 亿千瓦，同比增长 29.4%，占全国总装机容量的比重达到 24.3%。大力发展以电力电子技术为支撑的电源产业，推动能源领域产业转型升级，可以减少能源需求中化石能源的比例和对进口的依赖程度，是贯彻落实“四个革命、一个合作”国家能源安全新战略的重要支撑。

在电力能源输配方面，我国能源资源与消费需求呈逆向分布态势，大多可再生资源基地分布在“三北”、西南地区，而大多用电负荷集中在东南沿海一带。直流输电技术可实现可再生能源的远距离大容量输电，解决海岛供电及向能源紧缺和特殊地区的供电保障难题。此外，柔性直流输电技术以电压源换流器和可关断电力电子器件绝缘栅双极晶体管为核心，在解决大区域电网与周边弱电网互联、非同步电网互联等问题方面有着特殊优势，可在很大程度上解决目前我国区域互联面临的各类问题，符合未来智能化电网的发展要求。

在电力终端利用方面，首先，在《中国制造 2025》和《新基建》等国家战略规划与政策的指引下，以 5G 基站、充电桩和工业互联网为代表的战略性新兴领域将为我国电源产业技术提供跨越式发展的机遇窗口。随着轨道交通、电动汽车、电推进舰船、多电飞机等交通运载工具的应用规模越来越大，电气化交通在国家能源安全和国防建设上战略意义更加凸显。而变频电源作为实现电气化交通装备的牵引驱动和控制的核心技术，直接决定了其关键性能与指标。此外，特种电源是现代工业的基石之一，其产生的多形态电能更被作为加工、处理材料的重要方式，是传统工业应对新时代高质量发展要求、转型高端制造的重要环节。特种电源技术对大科学装置、航空航天等国防安全领域的发展均有不可或缺的领携作用。最后，电源产业已成为我国经济发展的重要引擎，肩负着经济稳定增长的重大使命，也是我国参与国际竞争、抢占科技制高点的关键环节之一。国家“十四五”规划和 2035 年远景目标纲要提出要关注战略性新兴产的前沿领域，其中微能量收集、超高频功率变换、无线电能传输、电力电子与信息融合等前沿领域电源变换技术，在物联网、航天航空及消费电子和国防等领域均具备广阔发展前景，前沿领域电源产业亟须“重仓”布局，蓄势待发。

2021 年是开启全面建设社会主义现代化国家新征程的第一个五年规划的起始年，

也是双循环战略格局下创新驱动发展、从高速增长向高质量发展转型的攻坚期。能源作为国家基础设施和经济发展的保障，面临“碳达峰、碳中和”不断增强的约束，既要保障能源安全，又要实现绿色转型，机遇和挑战并存。立足于能源中长期发展方向、发展方式、发展动力、战略步骤深刻调整的新格局，建设清洁低碳、安全高效的新一代电力能源系统将是我国新一轮能源革命的主要目标，而发展电源技术与壮大相关产业是实现这一目标的重要保障。基于电力电子技术的电源产业与新能源生产、电力输配和终端消费密切相关，电源产业在助力碳中和、实现能源转型和保证能源安全自给能力等方面具有至关重要的战略意义。

2. 我国电源产业概况分析

2.1　中国电源行业市场及政策配套分析

电源应用于电能的发、输、配、用等各个环节，是电力、电子设备和机电设备的基础，与国民经济、社会生活息息相关。随着中国宏观经济的持续高速发展、国际产业的转移以及全社会电气化、信息化程度的逐步提高，电源产业总体保持着平稳的增长态势。

行业市场的发展离不开国家政策的支持。国家“十三五”规划推动了电源产业持续蓬勃发展，更为行业拓宽了应用领域，提供了新的发展动力。其中，与电源行业紧密相关的国家级支撑政策如附录所示。“十三五”国家科技创新规划和国家战略性新兴产业发展规划中提出，要聚焦部署大规模可再生能源并网调控、大电网柔性互联、多元用户供需互动用电、智能电网基础支撑技术等重点任务，实现智能电网技术装备与系统全面国产化，提升电力装备全球市场占有率；要提高电力电子、半导体照明、高效光伏电池、新型功率器件等领域的核心装备自主研发能力，加强柔性输电、大规模可再生能源并网与消纳、分布式能源、能源互联网、能源微网等技术的研发及应用，从政策上为电源行业技术创新与拓宽市场提供支持。同时，“十三五”期间的国家信息化规划、生态环境保护规划等十余项国务院政策，均大力支持了新能源与新能源汽车产业的发展。在新能源领域，太阳能和风能必须依赖电力电子装置才能稳定、安全地接入电网，而如今风电、光伏发电已步入发展的快车道，为电源行业持续的增长提供了动能。在新能源汽车领域，电池与电池管理、电机驱动与电力电子是“三纵三横”研发体系的重要环节，新能源汽车产业的迅猛发展引领着电源行业的技术革新。《打赢蓝天保卫战三年行动计划》提出，要加快推进城市建成区新增和更新的公交、环卫、邮政、出租、通勤、轻型物流配送车辆使用新能源或清洁能源汽车，重点区域的直辖市、省会城市、计划单列市建成区公交车全部更换为新能源汽车。政府对新能源车辆的大力推广也推动了具备高功率密度、高转换效率、高适用性的配套充换电设备的研发与应用，为电源行业提供新的增长点。

2020 年，国家又提出加快新型基础设施建设政策，基建的重心向城际交通、物流、市政基础设施，以及 5G、人工智能、工业互联网等方向转移，其中的特高压输电、轨道交通、数据中心及电信基站建设等均为电源产品提供了广泛的应用场景，将促进电源行业的新一轮增长（见图 1–1）。

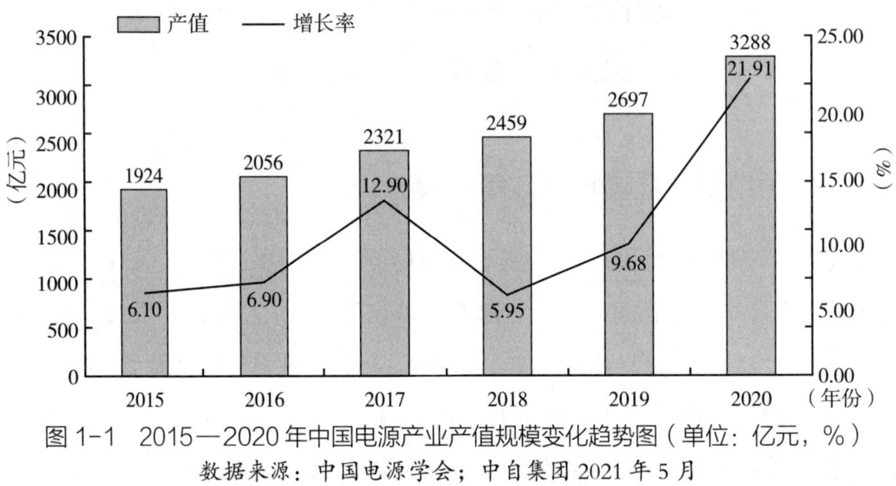

图 1–1　2015—2020 年中国电源产业产值规模变化趋势图（单位：亿元，%）

数据来源：中国电源学会；中自集团 2021 年 5 月

随着上述应用领域的高速发展，2019 年中国电源产业呈现出良好的发展态势，产值规模同比 2018 年增长 9.68%，总产值达 2697 亿元。2020 年因受到新冠肺炎疫情的影响，上半年企业营收同比大幅下降，电源行业整体业绩低于预期。但随着抗疫阶段性胜利和国家相关的支持，下半年开始行业已逐步复苏。2020 年产值规模增长率为 21.91%，总产值达到 3288 亿元，间接产值达到 1.2 万亿元。

2.2　中国电源企业整体概况分析

2.2.1　企业数量

电源产业相关产品的多样性以及产品应用的广泛性，使得电源产业的企业数量较多。同时，新能源、电动汽车、数据中心、工业自动化等行业的快速发展，进一步促进了电源行业的研发生产企业数量增加。从 2018—2020 年约增加 7000 家企业，2019 年中国电源企业数量约 2.2 万家，2020 年约 2.3 万家。

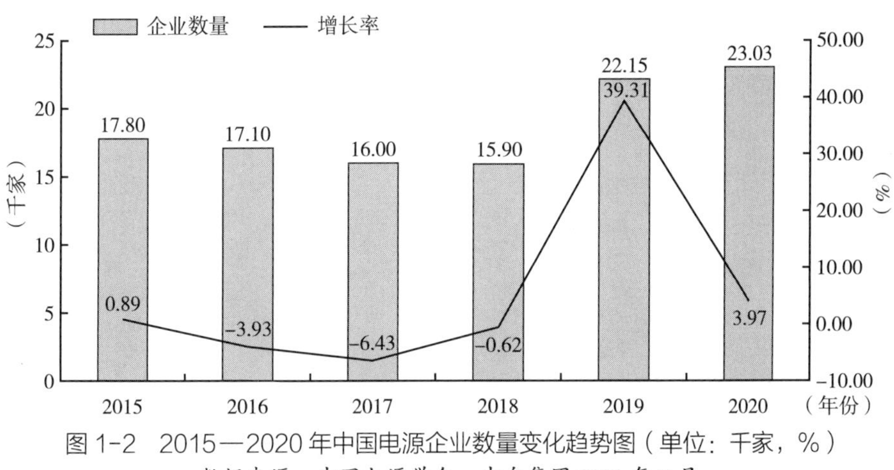

图 1-2　2015—2020 年中国电源企业数量变化趋势图（单位：千家，%）

数据来源：中国电源学会；中自集团 2021 年 5 月

2.2.2　企业区域分布

中国电源企业主要分布在三个区域，一是珠江三角洲，主要是深圳、东莞、广州、珠海、佛山等地；二是长江三角洲，主要是上海、苏南、杭州、合肥一带；三是北京及周边地区；此外，在武汉、西安、成都等地也有一定的分布。这三大区域经济增长快，轻重工业均较发达，信息化建设和科技研发水平较高，为电源行业的研发、生产以及销售提供了良好的发展条件。根据对中国电源学会会员企业资料的统计，华东地区企业占比最大，为 44.34%，华南以 35.85% 的比例次之，华北为 11.32%。

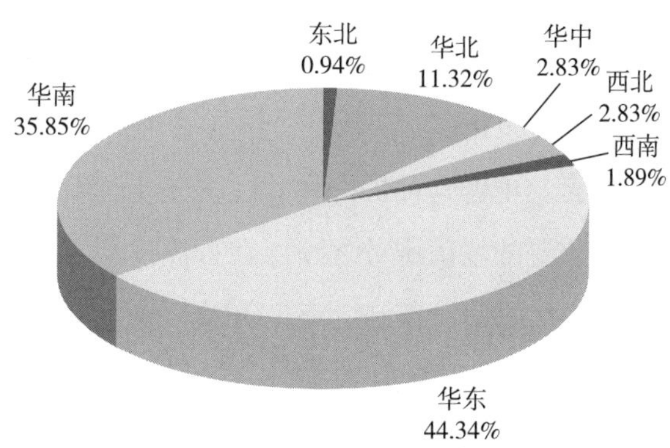

图 1-3　2020 年中国电源企业区域分布图

数据来源：中国电源学会；中自集团 2021 年 5 月

2.2.3　企业领域分布

随着新兴产业的快速发展，工业自动化、新能源发电、新能源汽车、LED 驱动、IT 通信等领域对电源的需求呈现出了快速增长的势头，很多公司陆续进入这些领域。

具体来看，工业控制、新能源、轨道交通和电信基站在应用市场中占据前列，分别占比 27.32%、19.36%、13.79%、11.41%，IT 及消费电子占比 9.28%，照明占比 8.49%。

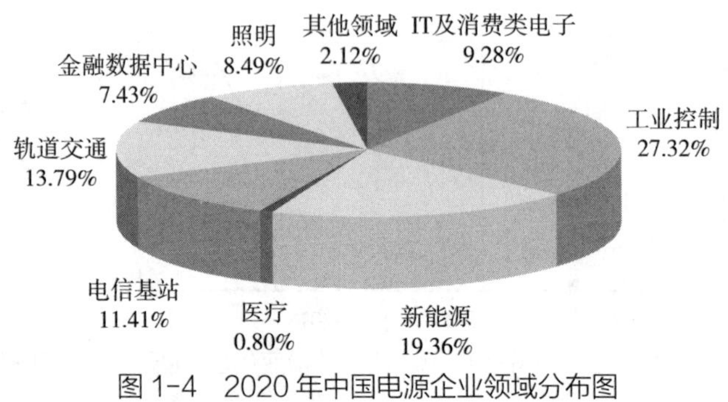

图 1-4 2020 年中国电源企业领域分布图

数据来源：中国电源学会；中自集团 2021 年 5 月

2.3 中国电源行业发展趋势分析

2.3.1 未来行业整体发展趋势分析

首先，电源产品将向绿色化、分布式、高频化的方向发展。在我国提出 2030 年前实现碳达峰、2060 年前实现碳中和的时代背景下，电源产品的绿色化是大势所趋，电源供电结构由集中式向分布式发展。分布供电方式具有节能、可靠、经济、高效和维护方便等优点，该方式不仅被现代通信设备采用，而且已为计算机、航空航天、工业控制等领域采纳。在电镀、电力机车牵引电源、中频感应加热电源、电动机驱动电源等大功率场合也有广阔的应用前景。同时，在采用分布式供电结构后，单模块电源的容量变小，因而可以实现高频化。

其次，对产品结构而言，电源产品的一体化、多元化是发展的趋势。因此，设计服务将是未来电源行业最重要的增值服务之一。在行业技术要求较强的定制电源制造业，设计环节的增加使企业从原始设备制造商（OEM）变为原始设计制造商（ODM），逐步向产业链上游延伸，占领高端增值环节。

再者，对电源企业而言，未来要更多地直接与用户接触，使产品设计更加符合用户需要。此外，由于电源产品的多样性及应用的广泛性，未来电源企业在销售模式上将不能简单地采取某种固定渠道，而是根据产品自身的特点及产品应用的行业特征，采用网络销售、体验式销售、垂直营销等多种渠道相结合的方式进行销售。

2.3.2 未来行业成本价格趋势分析

电源行业产业链由原材料供应商、电源制造商、整机设备制造商、行业应用客户等环节组成，上下游产业的议价能力有所不同。现阶段电源行业原材料供应商的议价能力较弱，主要由三方面原因导致：其一，电源行业各类原材料供应商数量众多，市场呈现完全竞争状态；其二，电源需要的原材料基本为普通材料，无太多特殊要求，因此产品独特性较低；其三，电源行业原材料产业与电源制造产业差别较大，材料供应商实现前向一体化的能力较弱。

反过来看，电源行业购买商的议价能力较强。虽然电源产品用户数量多、市场大，用户购买数量又少，使得电源购买商议价能力减弱；但不同领域的电源产品异质性较高，且大多下游企业要求电源厂商为其定制产品，同时多数上游企业总资产周转率都在 1 以下，需 3 个月到 1 年时间才能回款，因此电源购买商的议价能力整体较高。总的来讲，行业整体的竞争强度较大，原材料价格上涨，人工成本不断上升，使得电源的生产成本大幅下降的可能性不大。而行业技术日益成熟，产品供给不断增加，导致电源产品的价格呈现下降趋势。

2.3.3　未来行业市场规模发展预测

近年来，全球经济动荡不安，但国内宏观经济的持续稳步发展以及全球产业的加速转移，使得我国在全球电源市场中的占比稳步提升，并成长出一批在细分领域具有一定规模和核心竞争力的企业。同时，随着“双碳”计划的深入实施，社会电气化程度的不断提高，国内外对新能源汽车、光伏发电、数据中心等领域的持续性投入，将强力推动电源行业的迅速增长。根据电源行业历史数据，以及相关因素影响分析，中国电源产业直接产值预计如图 1-5 所示。

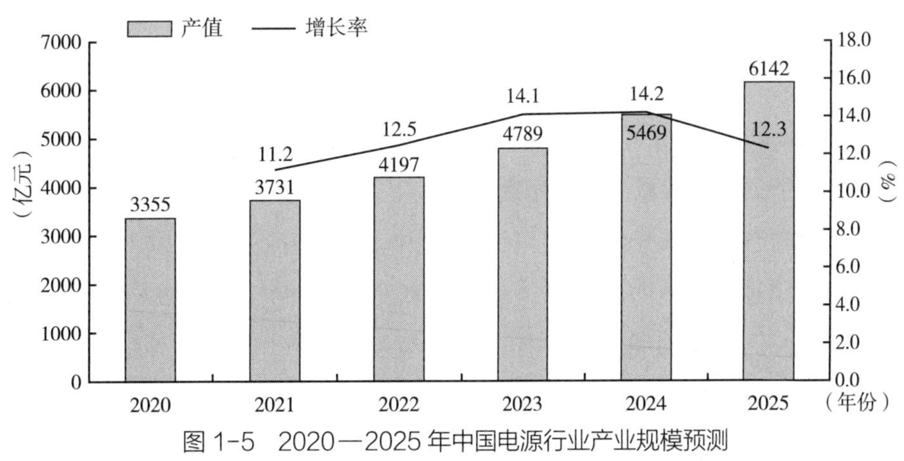

图 1-5　2020—2025 年中国电源行业产业规模预测

数据来源：中国电源学会；中自集团 2021 年 5 月

2.4　电源产业下游应用行业分析

2.4.1　IT及消费电子行业

2.4.1.1　通信行业分析

我国通信主设备商经历了二十余年的大浪淘沙后，在5G时代已处于全球领先地位。根据工信部发布的《2020年通信业统计公报》，截至2020年10月1日，我国新建5G基站超60万站，已开通5G基站超过71.8万个，提前完成5G建设目标。随着高可靠小体积智能电子设备的普及应用，电源在通信行业的需求得以逐渐挖掘。2020年我国通信电源产品市场规模达158亿元，同比增长15.33%；三家基础电信企业和中国铁塔股份有限公司共完成固定资产投资4072亿元，比上年增长11%，增速同比提高6.3%（见图1-6）。

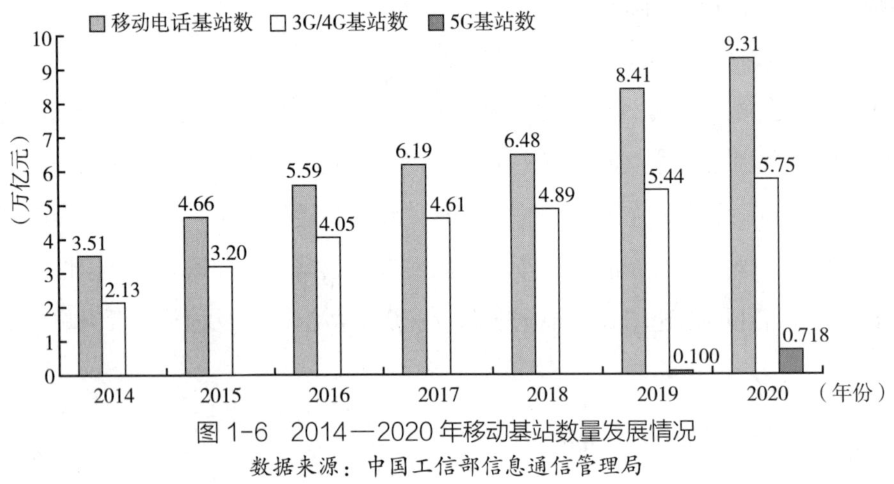

图1-6　2014—2020年移动基站数量发展情况

数据来源：中国工信部信息通信管理局

2.4.1.2　数据中心行业分析

在绿色节能的主题背景下，高密度场景应用需求、能耗、资源整合等多方面挑战给当前数据中心产业提出更高要求。目前数据中心将朝着模块化、集约化、规模化趋势发展。据中国通信院发布的《2020年云计算发展白皮书》，在2019年，以基础设施即服务（IaaS）、基础设施即服务（IaaS）、软件即服务（SaaS）等服务模式为代表的全球云计算市场规模达到了1883亿美元，同比增长20.9%，预计到2023年市场规模将超过3500亿美元。全球IDC市场2020年达到6783亿元，同时我国数据中心在全球占比逐年递增，从2015年的占比18.42%提升至2020年的26.32%，仅次于排名第一的美国。

2.4.1.3　移动智能终端行业分析

作为后备动力源移动电源广泛应用在智能终端等设备中。随着智能穿戴、智能手机等产业的兴起，其应用会更加广泛。据互联网数据咨询网（Grand View Research）统计，2018 年全球移动电源行业市场规模达到 84.9 亿美元。8001~20000 毫安移动电源市场规模为 29.3 亿美元，2 万毫安以上移动电源市场规模为 17.7 亿美元。我国移动电源市场规模稳步上升，2020 年约 370 亿元人民币，同比增长率约 4.5%。

2.4.2　交通行业

2.4.2.1　新能源汽车行业分析

2020 年中国汽车工业协会信息发布会数据显示，在 2019 年我国新能源汽车产销完成 124.2 万辆，其中纯电动汽车生产完成 102 万辆，同比增长 3.4%；燃料电池汽车产销分别完成 2833 辆和 2737 辆，同比分别增长 85.5% 和 79.2%。中国汽车工业协会数据显示，2020 年 1—12 月，新能源汽车产销分别完成 136.6 万辆和 136.7 万辆，同比分别增长 9.98% 和 13.35%；2021 年 1—12 月，新能源汽车产销分别完成 354.5 万辆和 352.1 万辆，同比均增长 1.6 倍（见图 1–7）。

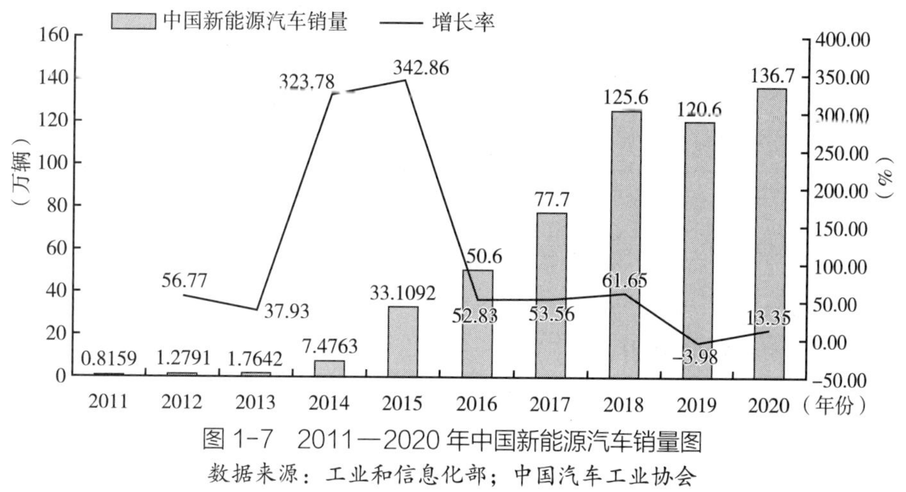

图 1–7　2011—2020 年中国新能源汽车销量图

数据来源：工业和信息化部；中国汽车工业协会

2.4.2.2　充电桩行业分析

根据中国充电基础设施促进联盟数据显示，截至 2019 年 12 月，联盟内成员单位总计上报公共类充电桩 51.6 万台，其中交流充电桩 30.1 万台、直流充电桩 21.5 万台、交直流一体充电桩 488 台。2019 年 12 月较 2019 年 11 月公共类充电桩增加 2.1 万台，同比增长 55.9%。截至 2020 年 12 月，总计上报公共类充电桩 80.7 万台，其中交流充电桩 49.8 万台、直流充电桩 30.9 万台、交直流一体充电桩 481 台。从 2020 年 1—12 月，月均新增公共类充电桩约 2.4 万台。2020 年 12 月比 11 月公共类充电桩增加 11.2 万台，12 月同比增长 56.3%。

2.4.3 光伏行业分析

2019 年 5 月 20 日，国家发改委能源局联合发布了《关于公布 2019 年第一批风电、光伏发电平价上网项目的通知》，公布了 2019 年平价光伏项目名单，光伏装机容量达 14.78GW。目前 1500V 光伏电站系统已成为国际主流，在 2019 年 DC1500V 逆变器份额增至 74%。展望未来 5 年全球逆变器行业的价格趋势和需求，中国电源学会预测全球光伏新增装机从 2020 年的 122GW 增长到 2025 年的 346GW（CAGR13%），相应地光伏逆变器市场规模从 458 亿元增长至 1096 亿元。

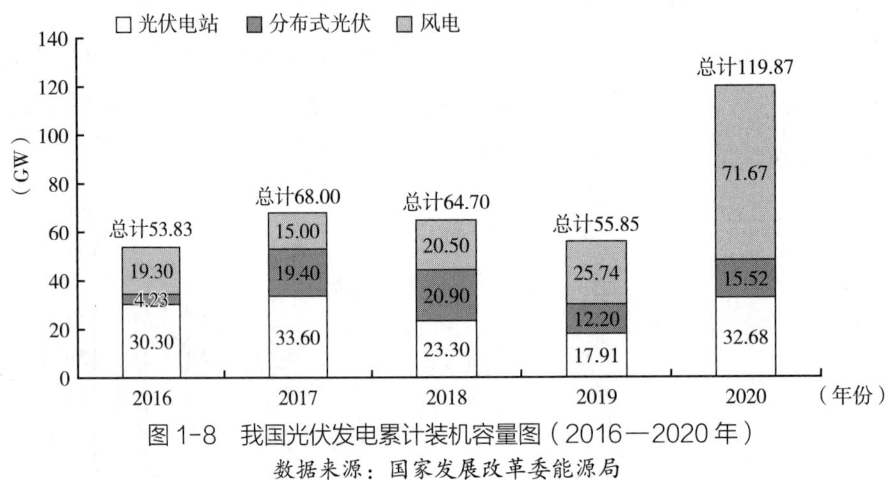

图 1-8 我国光伏发电累计装机容量图（2016—2020 年）

数据来源：国家发展改革委能源局

2.4.4 医疗行业分析

医疗产业是生物工程、电子信息和医学影像等高新技术领域复合交叉的知识密集型、资金密集型产业。作为关系人类生命健康的战略性新兴产业，在庞大稳定的市场需求下，全球医疗产业长期以来保持着良好的增长势头，而 2020 年新冠肺炎疫情对于部分医疗设备如呼吸机、监护仪等的大量需求更是导致医疗设备行业的规模进一步扩大。根据医疗设备市场分析机构 Eshare 医械汇测算，2020 年全球医疗器械规模突破 5000 亿美元，远高于以往水平。其中，我国是医疗行业发展增速最快的国家。2017 年，我国医疗器械市场规模为 5233 亿元，同比增长 8.39%；2019 年约 6000 亿元，同比增长 7% 左右；2020 年，受新冠肺炎疫情影响，我国医疗设备行业规模增速上升，约 8000 亿元，不仅国内对于医疗设备的需求大量增加，而且出口量也高于以往水平。

2.4.5　LED照明行业分析

随着全球各国对节能减排工作的日益关注，高效节能照明产品 LED 被重点推广。2020 年，全球 LED 照明产业规模超 7000 亿元，而中国市场规模则提升到超过 5000 亿元。沙利文公司（Frost & Sullivan）在最新分析报告《2020 年全球 LED 照明市场年度更新》中指出，随着智慧城市项目的数量不断增加，节能照明的需求在不断增长，城市整体基础设施的发展正在驱动全球的 LED 照明市场不断扩大与发展。据分析，到 2026 年，全球 LED 照明市场规模预计将从 2019 年的 677 亿美元增长到 820 亿美元，复合年增长率（CAGR）达到 2.8%，亚太地区（APAC）仍然是智能照明市场的主要增长地区市场，到 2026 年将产生 354 亿美元的收益，其中中国市场占比最大。

3. 我国电源产业技术现状与总体发展趋势分析

近年来，随着新能源、电动汽车、工业自动化、信息化建设、航空航天和军工产业的持续发展以及下游行业快速发展对电源行业的有力拉动，中国电源产业市场迎来了前所未有的机遇，呈现出良好的发展态势。2020 年，尽管受新冠肺炎疫情影响，上半年行业整体业绩低于预期，但随着抗疫阶段性胜利和国家的相关支持，下半年行业已逐步复苏。总体上，2020 年实现了 21.91% 的增长率，总产值达 3288 亿元。“十四五”期间，中央提出要加快新型基础设施建设的政策，其中包含的特高压、铁路和轨道交通、新能源汽车充电桩等均为电源产品提供了广泛的应用场景，势必进一步带动未来电源市场、规模的激增。

本节将从功率元器件及模块、电力系统中的电力电子变换技术、信息系统领域电源技术、变频电源与交通电气化、特种电源与前沿领域电源六个角度对我国电源产业技术现状与总体发展趋势进行分析。

3.1　功率元器件及模块

功率器件的基本发展趋势是不断降低开关损耗，提高工作频率，提高耐压等级，并朝着高温、高可靠性的方向推进。

硅器件：目前硅器件已经相对成熟，其性能已经逐渐接近其材料极限。因此，芯片级和封装级的结构和参数优化仍是未来产品升级方向。如碳化硅（SiC）MOSFET 的整体发展趋势是尺寸缩小、损耗降低、集成度更高的 MOSFET 工艺技术。IGBT 的优化方向也从芯片设计上逐渐转移到封装设计上。目前 IGBT 封装形式仍以模块为主，随着烧结技术、压接技术、双面散热技术等封装技术的不断进步与成熟，其封装逐步从传统键合线封装向新型无键合线封装过渡，促使模块向大容量、高可靠、高集成、高效率发展。

宽禁带半导体器件：第三代半导体材料具有高击穿场强、高热导率、高饱和漂移速度等优势，基于这些材料的功率器件将成为主流。得益于宽禁带半导体优异的特性，其整体发展趋势是器件电压、电流、开关频率的进一步提高，并向提高可靠性、降低成本的趋势发展。

封装：为了充分发挥未来高功率密度器件的性能优势，器件封装势必朝着耐高温、低寄生参数、高绝缘耐压的趋势不断发展。在 GaN 器件方面，由于 GaN 器件主要面向 600V 及其以下电压等级的应用场合，其封装以高频低感目标需求为主，3D 封装、焊球阵列封装等微电子领域内成熟可靠的封装技术会在 GaN 高频功率器件领域得到新的发展与应用。在 SiC 器件方面，耐高压特性是碳化硅材料的最大优势之一。因此，SiC 器件封装的发展趋势是不断提高电压电流等级，向万伏千安目标迈进，为智能电网和轨道交通应用领域提供下一代高可靠功率器件。此外，不断降低封装寄生参数，进一步提高开关频率；持续降低成本；不断提高封装材料耐温极限，提高在极端环境工作的可靠性，是未来宽禁带功率器件发展的共性需求与攻关方向。

综上所述，功率器件发展趋势可以用图 1-9 来概述。近年来，在中美贸易战的大背景下，国产化替代需求给我国相关产业和技术带来巨大市场与发展空间。国产产品需要实现技术升级，在应用方面实现国产替代，占据更多市场份额，并将国产替代的应用领域从低电压、低可靠性要求的变频家电和传统工业，逐步向中高电压、高可靠性要求的新能源发电、电动汽车领域升级。

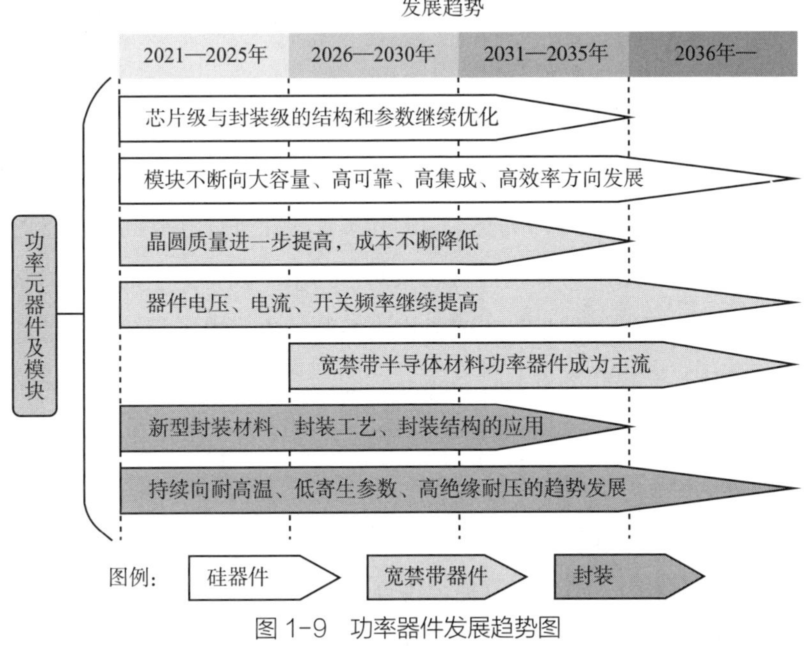

图 1-9 功率器件发展趋势图

3.2 电力系统中的电力电子变换技术

国家制定的 2030 年前碳达峰的行动方案、2060 年前碳中和的行动方案“双碳”目标大大加快了我国能源转型的进程。对于基于电力电子技术的新能源发电发展的需求决定了电力系统电力电子化变革是必然趋势。在未来，新型电力系统的电源侧、网架侧、负荷侧都将呈现出高度电力电子化的特征。据国网能源院预测数据显示，我国跨区输电通道容量将持续增长，全国互联电网将不断强化，2035 年跨区输电容量将达 4 亿千瓦以上，我国电网将呈现出高比例新能源广泛接入的新型电力系统形态。随着清洁能源在大电网系统中的比例不断提高，预计在 2050 年前后，我国电网将成为清洁能源为主导，电力电子设备为核心基础的能源互联大电网系统。而保障高比例电力电子化的系统安全运行，对面向电网应用的电力电子变换技术的发展有了更高要求。

电压频率支撑能力目标：目前新能源发电比例仍较低，而从其发展情况看，未来将出现局部高比例 – 超高比例新能源发电情况。高比例可再生能源渗透对系统稳定与保护提出了很大的挑战。因此需要进一步发展电力电子设备在电力系统各类扰动情况下的支撑能力。在系统功率不平衡扰动下，主要电力电子设备需要实现自主功率感知与动态平衡分配、电压幅值 / 频率动态过程平稳可控的目标。在电网故障情况下，需要具备快速精准的故障检测功能，实现不同类型故障情况下主要电力电子设备对电网电压幅值、频率的全过程控制与支撑。

标准化和可靠性设计目标：2012 年 2 月 22 日，国家电网公司在北京召开的输变电工程使用寿命关键技术研究项目启动会上提出，主要一次设备使用寿命需达到 40 年以上，主要二次设备使用寿命需达到 20 年以上，目前对电力电子设备的可靠性分析仍十分缺乏。考虑未来电力系统运行场景对电力电子设备产生的特殊影响，电力电子设备要有更高的可靠性设计目标。未来电力系统的电力电子设备应朝着实现设备成本降低的同时维持甚至提高部件与设备可靠性的趋势不断发展。另外，未来电力系统中电力电子设备可靠性设计目标需要考虑特定运行环境规律变化的约束及未来高比例，甚至 100% 电力电子设备构网系统非正常运行状态特征的约束。

信息化和智能化运维目标：目前电力电子设备的作用仍比较单一，需要额外的故障检测和保护机制，未来为了尽可能避免设备自身故障引发系统连锁故障甚至系统崩溃，关键电力电子设备的发展趋势是具备丰富的状态监测、快速自主故障诊断与预测功能，实现设备的自主健康管理，保障系统可靠运行。另外，电力系统的电力电子设备需要智能化全生命周期管理，实现设备预期 / 增广寿命运行目标。利用海量数据的监测与运行的智能分配，合理分配电力电子设备运行工况，极大增强设备寿命与可靠性。

综上所述，电力系统中的电力电子技术发展趋势可以图 1-10 来概括。

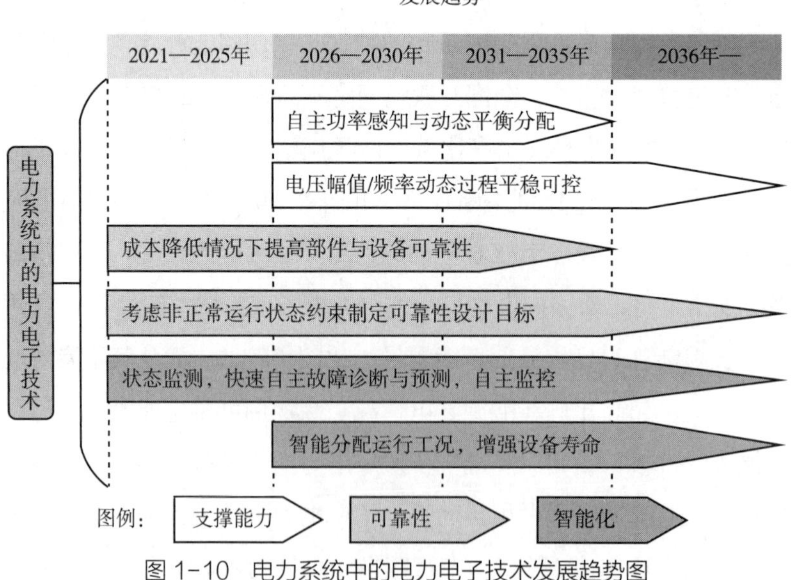

图 1-10　电力系统中的电力电子技术发展趋势图

3.3　变频电源及其应用产业技术

我国变频器行业发展迅速，目前国产变频器厂家大于 300 家，国内市场增长率一直保持在 12%~15%，市场潜在空间为 1200 亿 ~1800 亿。随着相关技术的发展，以电力电子变频电源控制的传动系统已成为电气传动的主流。大到国家重大工程高端装备，如国防风洞试验机、核电站给水泵驱动；小到变频家电，如变频空调，变频电源都发挥着重要的作用。在此大背景下，发展电气传动用变频电源具有重要的战略意义。近年来，现代变频电源技术主要表现出以下五种发展趋势。

高频化：提高变频电源的开关频率，可以有效地减小装置的体积和重量。另外，可以采用高频隔离，去掉笨重的工频隔离变压器，从而进一步减小装置的体积和重量，并且消除变压器和电感的噪声，同时改善输出电压的动态响应能力。

高性能化：高性能化主要指输出电压特性的高性能，具体体现在：稳压性能好、波形质量高、瞬态响应特性好和电压调制小。

模块化：当今变频电源的发展趋向是大功率化和高可靠性。通过采用多个小容量的模块化电源任意组合成一个较大容量的变频电源，可以提高系统的可靠性。

绿色化：发展绿色电源一方面是对发电能量的节约，而发电是造成环境污染的重要原因；另一方面是指采用功率因数校正等技术提高输入功率因数，从而减少对电网的污染，降低市电的无功损耗。

智能化：如自学习、自调试等，产品可以访问本地数据库自主解决简单的故障，并自主学习更新数据库，另外还支持远程维护。

未来的发展趋势主要以创新为内核，逐渐摆脱以跟随和模仿为主的模式，开发具有原创性、代表性的产品，并不断提高产品的可靠性、成熟性。

电气传动的一个重大应用领域是以电驱动取代燃油驱动的现代交通电气化，轨道交通、新能源汽车、电推进舰船、全电 / 多电飞机等交通运载工具的应用规模和影响越来越大，其发展趋势可以总结如图 1–11 所示。

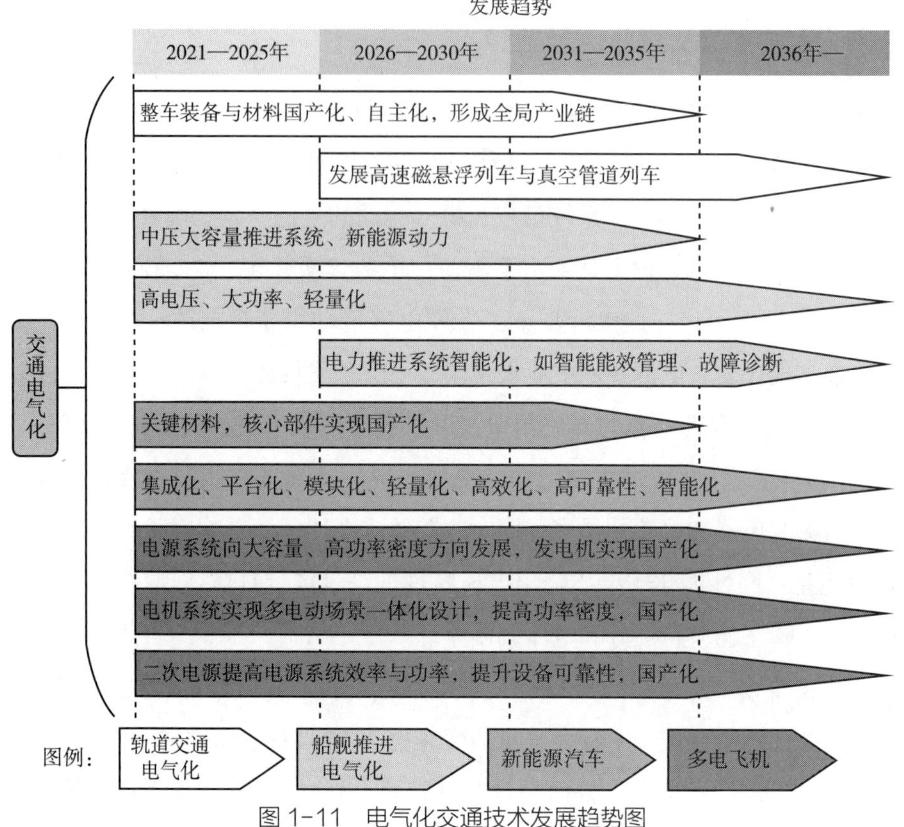

图 1-11 电气化交通技术发展趋势图

3.4 信息系统领域电源技术

当前通信、互联网、智能化等领域的信息交互已经与全社会的民生工程息息相关，具有重大的经济和社会战略意义。新型基础设施建设加速了 5G、物联网、云计算、人工智能等技术的融合与发展，以信息技术赋能生产力，进而为数字经济的发展带来了新动能供电技术是信息系统的基础保障。高性能计算、下一代通信系统、5G 网络和数据中心等的建设离不开信息系统供电技术和产业发展的支撑。信息系统的电力消耗已经占据了全社会能源消耗的重要份额。以数据中心为例，其大规模发展导致能源消耗大幅上升。据估计，数据中心消耗了全球 3% 的电力，并造成了约 2% 的温室气体排放。包括数据中心在内的信息系统的节能与减排十分重要。提升信息系统能源利用效率、推行节能技术改造和发展低碳化的用能结构，是控制信息系统能耗总量，支撑“碳达峰”“碳中和”目标实现的紧迫任务。

信息系统供电技术的目标是可持续地为信息系统提供电源，在不断降低电源设备的体积与重量的同时提升电能使用的效率和提高供电可靠性，并实现电源的智能化、智慧化。发展信息系统相关的电源产业与技术是满足信息社会发展需求、控制信息系统能耗总量的关键，具有重大的战略意义。总体可以将信息领域电源技术的发展趋势概括为不断优化供电系统架构和体系、不断提高电能变换器效率和功率密度、不断提高供电系统智能化技术和低碳化，具体如图 1-12 所示。

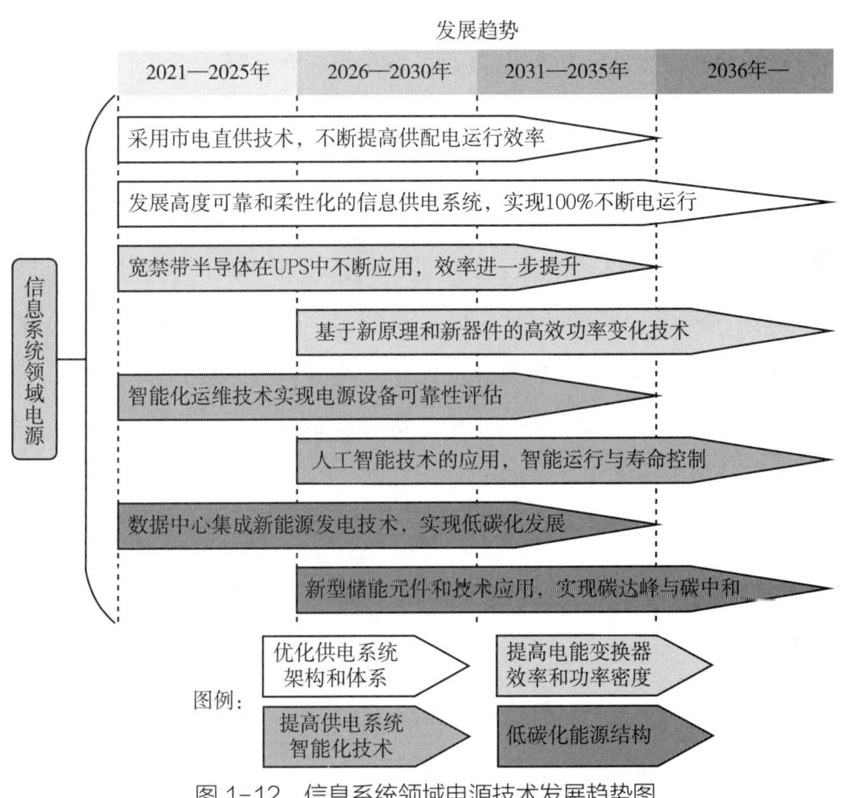

图 1-12　信息系统领域电源技术发展趋势图

3.5　特种电源技术

特种电源技术指在特殊应用环境下实现电能以特殊形式耦合至负载产生特定效应的一种能量变换技术，在国家大科学装置、高新装备、航空航天、舰船等领域均有应用，对国防安全领域和基础科研领域的发展均有带动作用。特种电源技术的发展趋势主要体现在如下方面。

器件：符合特种电源工况需求的高频率、高功率、高可靠的商用功率半导体开关逐渐实现国产化生产，能够按照特定需求定制专用器件，能够复现特种电源实际工况，对器件进行在线 / 准在线的性能与寿命测试。

电路：能够理清不同负载与电能形态之间的匹配关系，实现传统特种电源向更高功率等级迈进，能够实现高端等离子体电源、高重频脉冲电源等电源在工业生产领域的实用化，电路结构上不断朝着高频化、模块化、标准化、高功率密度和高泛用性趋势发展。

系统：从底层物化反应原理上指导特种电源的研发设计，形成成套理论体系，具备高效的电能转化效率和优良的处理效果，符合智能工厂中对设备智能化的需求。逐渐实现从中低端到高端工业用特种电源的自给自足，在全球市场上与国外同类型产品相比位于领先水平。

综上所述，特种电源市场整体容量较大、但单一领域市场规模相对较小，对研制单位的技术实力、产品定制能力要求较高。高端特种电源领域，国外仍占据主导地位。例如医用射线设备中的高频高压发生器，目前主要生产厂家有加拿大的 CPI、意大利 IMD、德国西门子、西班牙的 Sedical 等公司。随着相关技术需求的快速发展，特种电源产业将逐步由小规模、定制化研发生产模式向大规模产业化发展。我国特种电源技术与国外仍有差距，需要进一步解决能量管理问题，实现高可靠性、器件半导体化，努力实现赶超（如图 1-13 所示）。

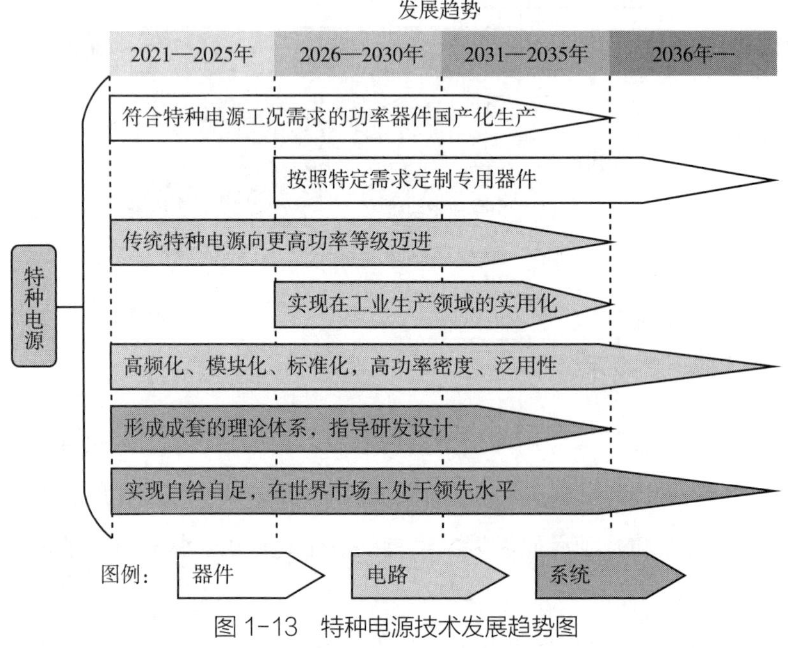

图 1-13 特种电源技术发展趋势图

3.6 前沿领域电源技术

随着学科交叉的日益加深和用电需求的不断变化，中国电源产业前沿迸发出许多新兴研究热点，其研究规模快速推进并壮大，在前沿发展中对自身及其他研究领域均有着不可忽视的影响。在当前社会发展下，这些新兴、前沿的技术也有新的发展趋势。

微能量收集技术：随着能量转换材料性能提升和新型高效机电耦合机构的双重促进作用下，微能量收集技术的发展趋势是不断提高其收集效率和输出功率。目前，微机械能收集技术的收集效率和输出功率大约每10年提升一倍，并有望在30年后分别达到50%和500mW。此外，未来针对微能量收集的电源管理芯片将朝着智能自管理、超低静态功耗等方向进一步发展，并且逐渐加强与环境能源、电能储备、计算程序三端的互动，在无电能传输的孤立系统中实现对发电、储电和用电的综合协调优化管理。

超高频功率变换技术：在kHz级别，硅器件的应用已经相当成熟，而在MHz级别硅器件的优势难以凸显。将氮化镓等器件应用于MHz及以上的场合，能够实现高效率与高功率密度。高频谐振变换器尚处于起步阶段，其电路拓扑、设计方法、驱动电路、控制策略等方面虽然均有一定研究成果，但仍需进一步研究和优化。为了拓展高频谐振变换器的应用场合，超高频功率变换技术将朝着电气隔离和芯片集成化的趋势发展。另外，针对现有超高频功率变换器功率较小的问题，该技术需要向更高输入/输出电压、更大功率的目标发展，期望实现功率在1~10kW范围的超高频功率变换器，并且功率密度实现大于1000W/inch^3。

无线电能传输技术：基于不同原理的无线电能传输正处于并行发展阶段。在关键技术方面，当前发展面临的共性关键问题逐渐显现，主要包括系统设计、能效优化、异物检测、电磁兼容、互操作性、多物理场分析等方面。为不断提升系统性能指标和智能化水平，未来无线电能传输技术将不断向着结合新材料、新器件等多种前沿技术，实现多学科交叉融合的趋势发展。当前国内外无线电能传输技术研究水平相当，未来30年将以国际领先为目标，进一步加强基础理论探索，全方位突破核心技术，融合多学科前沿技术，服务于国民经济和国防建设的重大需求。

电力电子与信息融合技术和电力电子智能化技术：电力电子与信息融合技术使得电力电子技术的内涵进一步丰富，外延继续拓展，并不断向纵深发展。电力电子智能化技术可以实现电力电子装备全生命周期智能化，提高电源产品开发过程的效率。二者都属于学科交叉领域，未来将聚焦电力电子与通信技术、信息技术等前沿领域的交叉，多学科融合，组建产学研人才梯队，建立示范试点项目，推动科技成果转化和技术落地。

综上所述，前沿领域电源技术的发展趋势可以以图 1-14 概括。

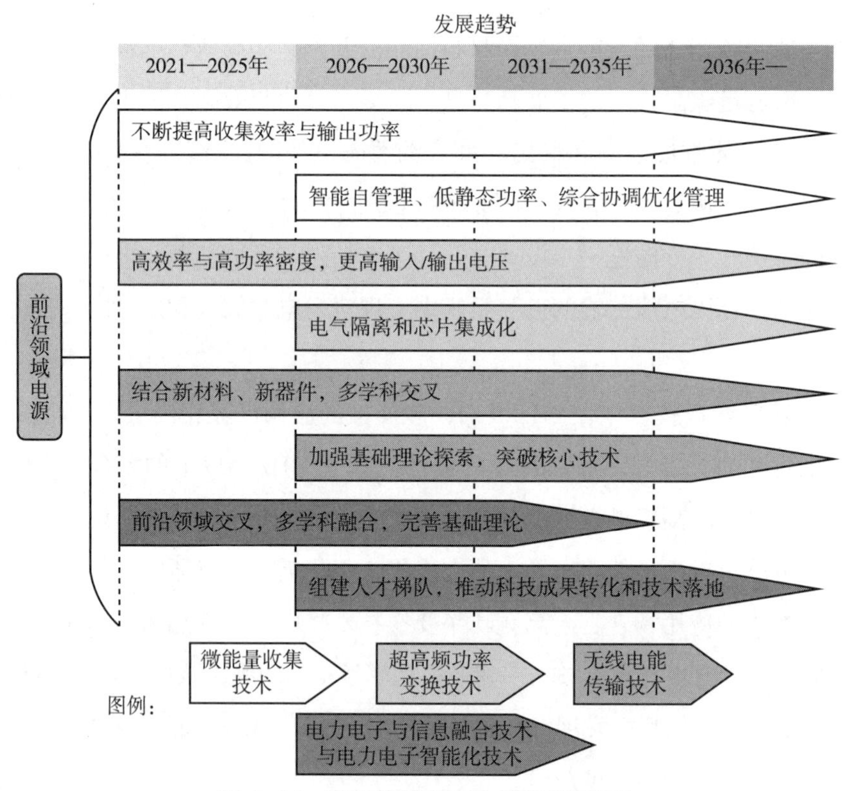

图 1-14　前沿领域电源技术发展趋势图

4. 我国电源产业的新兴技术与潜在市场

2021 年是“十四五”规划的第一年，随着学科交叉的日益加深和用电需求的不断变化，中国电源产业前沿迸发出许多新兴研究热点，其研究规模快速推进并壮大，在前沿发展中对自身及其他研究领域均有着不可忽视的影响，存在广阔的市场前景。双碳目标要求我国必须加快减少碳排放和能源利用转型，实现能量的高效利用和新能源的高效开发，新兴技术无疑将扮演重要角色。本节围绕微能量收集技术、超高频功率变换技术、无线电能传输技术、电力电子与信息融合技术、电力电子智能化技术、新型功率元器件及封装六个重点新兴技术，概述了其技术特点及潜在市场。

4.1 微能量收集技术

微能量收集技术可通过对环境中不同物理形式和动态模态的微能量的获取、转换、存储和处理形成可直接使用电能，为分布式信息设备供电，实现高可靠、免维护、长寿命和广泛适应性。1984 年，E. 豪斯勒（E. Hausler）等人第一次利用能量收集设备完成了微弱能量的收集。此后，基于不同环境能量形式的微能量收集器纷纷出现。2014 年，新加坡国立大学的 Zhongtao Liu 等人在 IEEE MTT-S 会议上报道了一种用于人体传感器供能的整流电路，可在三个公用通信频段下进行能量收集。近十年，能量收集装置朝着小型化、高功率密度、低功微机电集成技术的趋势发展，已在国防、医疗、建筑、交通等多个领域形成了初步的应用。

微能量收集技术可泛在部署的感知系统，是全方位和深入获取泛在分布的信息的重要保障，可收集的微能量包括太阳能、热能、振动和电磁波等多种形式。基于能量收集的自供能技术为实现对广泛分布的空间和客体的实时状态信息的连续感知与通信提供了关键基础技术支撑。具体而言，热能收集技术利用物体间的温度差异来产生电能，电磁能量收集技术利用电磁感应实现空间中磁场能量的捕获，振动能量收集具有多种不同的收集机制，分为电磁感应原理、压电效应、静电感应、摩擦电化效应等。

潜在市场：由于微能量收集技术耗电量低，可以极大延长可穿戴电子设备的续航时间并为之供电，在可穿戴设备中得到了广泛应用。数据显示，2019 年全年可穿戴设备出货量达到 3.365 亿部，相比 2018 年的 1.78 亿部增长了 89%。在医学领域，可穿戴设备能够实时监测患者生命体征。2010—2019 年，这些产品的合并年收入每年增加 100 亿美元，2019 年占所有可穿戴设备收入的三分之一左右。

4.2 超高频功率变换技术

超高频功率变换技术研究超高频（30~300MHz）的变换器开关频率功率变换技术及其各项参数特性与性能指标。其基本思路起源于射频功率放大器。不同的是，射频功率放大器的核心目标是电压电流波形正弦度，而超高频功率变换器的核心目标是高效功率变换和稳定性。

超高频功率变换技术可通过大幅提升开关频率而极大地减小电感、电容等无源元件的数值与体积，实现功率变换系统的小型化、轻量化，对高功率密度、高效率、高可靠性航空航天电源技术攻坚至关重要，在航空航天及消费电子、军事国防等领域均具有广阔的发展前景。

为进一步提升功率密度，变换器需要工作在更高的频率。氮化镓高电子迁移率晶体管由于拥有更低的性能系数和更小的结电容，其开关速度更快，驱动和开关损耗更小（约为硅器件的十分之一），在 MHz 级别具有明显优势。因此，把氮化镓器件应用于 MHz 及以上的场合，能够在保证高效率的前提下，大幅提升功率密度。

潜在市场：通信电源技术持续发展，中国工信部信息通信研究院数据显示，2020 年中国通信电源产品市场规模达 158 亿元，同比增长 15.33%。大范围的 5G 网络覆盖要求运营商部署更高功率和运行频率的设备，超高频功率变换技术中 GaN 的功率密度优势可以满足需求，因而被大量应用在 5G 基站功率放大器中。图 1–15 显示了 2019—2025 年我国 5G 基站的市场规模增量预测情况。

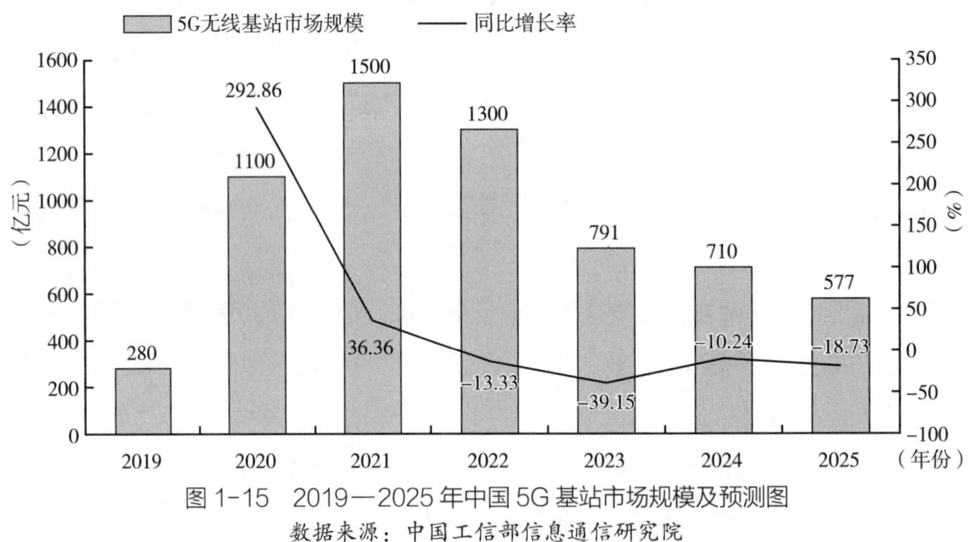

图 1–15　2019—2025 年中国 5G 基站市场规模及预测图

数据来源：中国工信部信息通信研究院

4.3　无线电能传输技术

无线电能传输技术是指基于空间无形介质（如磁场、电场、激光、微波等），使用电设备从电能源基于非接触传输获取电能的一种新型取能技术。由于摆脱了导线束缚，该技术具有安全可靠、灵活便捷等优势，拥有十分广泛的应用前景。2007 年，麻省理工的 André Kurs 团队在《自然》杂志上发布了基于电磁感应式无线能量传输方案，隔空点亮 1 米外功率 60W 的灯泡。2017 年，苹果公司发布基于 QI 标准进行无线供电的手机和配套无线充电器，近两年来，华为、小米等手机厂商也陆续推出无线充电产品。

无线电能传输技术的架构包括物理层、技术层和应用层。物理层包括发射端电能变换机构、无线能量发射与接收机构、接收端换能机构与输出控制机构等；技术层包括能量传输模式与机理实现、电能变换与控制、能效提升与性能优化等关键技术；应用层包括无线电能传输系统互操作性、无线电能传输系统电磁兼容及电磁安全技术、无线电能传输协议与标准制定等方面。该技术契合产业智能化、网联化、无人化、低碳化的发展战略。在便携式电子设备、新能源汽车、轨道交通、自动巡检等领域有着明确和迫切的应用需求，在国防与军事装备方面也可为海、陆、空、天等武器系统提供稳定、可靠的电力解决方案。

潜在市场：国际上无线充电的大规模应用已经提上日程，我国无线充电的商业化应用和标准制定也在紧锣密鼓地推进中。消费电子和新能源汽车将成为无线充电的主流应用市场，随着无线充电设备在这两个领域的渗透率逐步攀升，未来将形成数百亿的潜在市场。

4.4　电力电子与信息融合技术

电力线载波通信（Power Line Communication，PLC）技术是一种利用现有电力线，通过载波方式将模拟或数字信号进行高速传输的技术。PLC 技术克服了现场总线技术独立布线所带来的可靠性、复杂度和成本问题，具有电源线分布广泛、支持即插即用等优势。然而，PLC 技术需采用额外的硬件电路来产生通信信号，并通过阻抗匹配电路将信号耦合到功率传输线上进行传输，能量流与信息流独立产生，该技术存在延时问题和通信不确定性等问题。

2020 年，浙江大学在《自然通讯》上探讨了如何使用电力电子变换器同时实现能量与信息传输的问题，有望促进电力电子和通信技术交叉融合的新方向的发展。

电力电子与信息融合技术是指基于电能变换与信息调制的兼容性，利用电力电子变换器对电能与信息进行协同调控，赋予电源装备自主信息交互功能的技术。该技术有望助推电源系统的信息化、智能化与网络化进程。

电力电子与信息融合技术主要包括三方面共性技术：电力电子的信息论建模、电力电子与信息的融合方法、电能与信息协同调控的协议规约。在此基础上，有望催生以下应用技术：信息化电源设计技术、自组织控制技术、远程运维技术。

潜在市场：该技术对变流器状态进行实时监测，对于制定和优化变流器检修计划、降低风电机组变流器故障率、提高风电机组运行可靠性具有十分重要的学术意义和工程价值，将促进我国新能源等相关产业发展。

4.5 电力电子智能化技术

电力电子智能化技术是将人工智能技术应用于电力电子领域，免除电力电子电源设计过程的繁复劳动、实现全局高效寻优的技术。该技术赋予电力电子电源在复杂运行环境下的自学能力，使其瞬时与长期运行性能不断自我提升，有望显著提升电力电子电源设计、控制和运维过程的综合效益，解决电源标准化与定制化之间的矛盾，实现电源全生命周期的低碳化，提升我国电源行业的国际竞争力。电力电子与人工智能技术的深度融合，是提升电源综合性能的重要途径，也是全系统实现智能化的关键因素。包括三个方面：电力电子电源设计智能化：通过人工智能算法实现中频变压器和电感的快速建模与优化设计，以及印制电路板布线；电力电子电源控制智能化：专家系统、模糊逻辑控制和神经网络控制等人工智能技术和深度强化学习技术应用于电源控制，涵盖控制参数选取、控制实施优化和控制性能提升等多个领域；电力电子电源运维智能化：数据驱动的人工智能技术，如故障检测、预测器件及装备寿命。

潜在市场：电力电子电源设计智能化给各类商用软件的开发与应用带来了机遇。近几年来，英伟达、英特尔和 Altium 等基于 Tensorflow 语言开发了一款部署于云端的人工智能布线器“DeepPCB”，可基于用户提交的原理图自动完成布线，大大减少印制电路板设计的人力成本。据相关预测，2018—2023 年，全球 PCB 智能设计软件市场将实现 26%的高增长率。预计到 2023 年年底，该市场的估值将达到 40 亿美元。

4.6 新型功率元器件及封装技术

各类新型元器件层出不穷，有着广阔的市场和应用前景。二极管方面，MPS 结构肖特基二极管结合了 PiN 二极管和肖特基二极管的优点，具有良好的反向恢复特性和较高的击穿电压。我国学者报道了槽型 SiC MPS 二极管（TMPS）结构和 SiC 超结肖特基二极管。GaN 器件方面，2009 年 EPC 公司首次推出增强型硅基氮化镓场效应晶体管（eGaN FET）。2018 年 10 月，英飞凌（Infineon）公司在德国慕尼黑电子展上推出 CoolGaN 器件，进一步提高栅极可靠性与电压尖峰耐受能力。金属－氧化物半导体场效晶体管（MOSFET）方面，目前，SJ MOSFET 有望突破新的电压等级，12 英寸生产线工艺将进一步提升性能和产能。2015 年，ROHM 公司推出第三代 SiC MOSFET，导通电阻相比前一代降低 50%。2019 年 10 月，纽约州立理工学院完成首批 8 英寸 SiC 晶圆样品的制备。IGBT 方面，2018 年推出的第七代 IGBT 产品采用基于新型微沟槽（MPT）的 IGBT 结构，该技术主要应用在工业驱动和光伏应用中。

高功率密度器件性能优势的充分发挥，对新型封装材料、新型封装工艺和新型封装结构提出了耐高温、低寄生参数、高绝缘耐压的需求。新型焊接工艺包括银基浆料烧结技术和铜基浆料烧结技术。新型键合技术包括铝带、铜线甚至铜带等键合技术，以及引线框架或者双面互连的新型键合技术。新型基板的绝缘衬底材料主要有适用于 3300V 以上高压的活性金属钎焊（AMB）工艺陶瓷衬底材料。

潜在市场：碳化硅（SiC）和氮化镓（GaN）为代表的第三代宽禁带半导体器件已成为高科技领域中的战略性产业。2020 年，GaN 和 SiC 功率半导体市场规模为 7 亿美元，预计 2021—2027 年的复合年增长率将超过 30%。

混合动力和电动汽车市场份额的不断增加，进一步增加了汽车行业对 SiC 的需求。不仅每辆车的 SiC 设备数量将会增加，而且对于电池电动汽车（BEV）和插电式混合动力电动汽车（PHEV）的新增全球注册需求也将在 2017—2027 年间增加 10 倍。

在电源设备应用领域，GaN 可用于电脑适配器、手机快速充电，在减小电源体积的同时提升效率。根据中信证券数据，2020 年全球 GaN 充电器市场规模为 23 亿元，预计 2025 年将快速升至 638 亿元，5 年复合年均增长率高达 94%。

5. 我国电源产业发展的核心瓶颈技术分析

电源产业是支撑经济社会发展的战略性、基础性和先导性产业，也是引领新一轮科技革命和产业变革非常重要的产业。近年来，我国已自主掌握了电源产业绝大多数核心关键技术，在国际市场也具有较强竞争力。然而，一些核心技术却一直被国外厂商垄断，高精尖部件如半导体材料芯片和处理器仍依赖进口，严重制约了我国电源产业的健康良性发展，这些都是我国当前亟须重点突破的“核心瓶颈”技术。本节将我国电源产业发展的“核心瓶颈技术”主要分成功率元器件及模块、电网系统电力电子装置、信息系统领域电源、变频电源及其应用、特种电源和前沿领域电源六个部分，以下将会从这六个部分进行展开论述。

5.1 功率元器件及模块

功率元器件作为电源产业的基础构成部分，被广泛应用于智能终端、汽车电子、5G 通信、物联网以及航空航天、能源交通等领域。随着新一代信息技术与制造业加速融合，功率元器件对实体经济的影响日益凸显。目前，我国已成为全球功率元器件第一大生产国和需求国，2019 年全国功率元器件产业整体销售收入超过 1.86 万亿元，企业数量达数万家。但行业大而不强问题依然突出，主要表现在企业整体自主创新能力不强、骨干企业匮乏等方面。无论是技术水平还是产业化能力，与国际先进水平相比都存在较大差距。

半导体 Si 晶圆：在半导体 Si 晶圆领域，全球约 94% 的市场份额由少数企业占据，如信越化学工业株式会社、胜高科技株式会社、环球晶圆股份有限公司、德国世创（Siltronic）公司和韩国海力士（SKSiltron）公司。目前国内 8 英寸 Si 材料的市场仍无法完全自主供应，12 英寸单晶 Si 及其外延材料产能及市场占有率低，我国集成电路产业的可持续发展受限。

表 1–1 全球五大 Si 晶圆供应厂商分布

企业名称	国家和地区	全球份额	半导体 Si 晶圆相关业务及产品介绍
信越化学工业株式会社	日本	27%	最早研制了 300nm 硅片并实现了 SOI 硅片的产品化，能持续稳定供应 IC 用硅片，已能制造出 11N 的纯与均匀的结晶构造的单晶硅，世界领先
胜高科技株式会社	日本	26%	目前产品包括高纯单晶硅锭、高质量抛光硅片、SOI 硅片等，可以提供 300nm 和 200nm 的产品
环球晶圆股份有限公司	中国台湾	17%	有完整的硅片生产线，产品应用跨越了电源管理元件、车用功率元件、信息通信元件、MEMS 元件等领域
德国世创公司	德国	13%	全球首个商业化量产 300nm 的公司
韩国海力士公司	韩国	9%	目前供应高纯单晶硅锭和不同规格（150nm / 200nm/300nm）的抛光片（用于 Flash、显示驱动）和外延片（用于 MCU、CIS、电源管理芯片）

SiC 单晶衬底：目前 SiC 单晶衬底领域形成了美、欧、日三方垄断的局面。其中全球前三大 SiC 单晶供应商分别是美国科锐公司、德国英飞凌公司和日本罗姆公司，合计占了 70% 以上的全球市场份额。在 2018 年美国科锐公司以第三代半导体为主要业务的 Wolfspeed 部门（功率与射频）收入为 3.29 亿美元，占其总收入的 22%。

目前我国 6 英寸半绝缘 SiC 单晶衬底外延材料的生长和器件技术瓶颈难以打破，自主供货能力不足，国产 SiC 二极管均为第 1 代 SBD，高压大容量 SiC 二极管模块国内仅中车时代半导体公司小批量提供，而国际上已开发到 MPS 技术第 6 代，这意味着国内在 5G 建设中丧失二极管这部分的市场。

表 1-2　SiC 产品全球主要供应厂商分布

企业名称	国家	全球份额	SiC 相关业务及产品介绍
科锐公司（CREE）	美国	26%	全球 SiC 功率器件和碳化硅基氮化镓射频功率解决方案的主要供应商之一，已实现第三代半导体的全产业链覆盖
罗姆公司（Rohm）	日本	22%	可生产功率器件 SBD、MOSFET 及功率模组，实现了从 SiC 衬底到器件封装的全产业链
英飞凌公司（Infineon）	德国	16%	2016 年推出全球首款 MOSFET，2018 年与科锐公司签订碳化硅 6 英寸晶圆长期供货协议
三菱电机株式会社（Mitsubishi）	日本	9%	含 SBD、MOSFET、碳化硅模组及应用碳化硅功率器件的各类设备，具备从设计到系统应用的能力，直面终端客户
意法半导体公司（ST）	意大利 / 法国	7%	2009 年第一款 SiC MOSFET 投产，当前可生产 SBD、MOSFET，其碳化硅功率器件已成为美国特斯拉汽车公司的供应链

GaN 体单晶材料：在 GaN 体单晶材料领域，住友电气工业株式会社、日立电线株式会社、古河机械金属株式会社和三菱化学控股集团等代表性企业可批量提供 2~3 in GaN 体单晶材料，约占全球市场份额的 85% 以上。同时可提供小批量 4 英寸 GaN 体单晶材料，极大限制了我国高端射频技术发展；我国为白光 LED 芯片及半导体照明灯具生产大国，但在 LED 外延材料生产及芯片制备技术方面较为薄弱，70% 以上的核心专利技术由美、日、德等国家掌握，如汽车前灯等高端应用所需的功率型白光 LED 芯片主要是由美国科锐公司提供。

表 1-3　2020 年外国企业推出的 GaN 射频产品

序号	厂商	参数	特点
1	日本三菱电机株式会社（Mitsubishi）	工作频率 3.4~3.8GHz；功率效率超过 43%	5G 应用，6mm × 10mm 紧凑型组合
2	美国 Qorvo 公司	工作频率 2.9~3.5GHz 功率 150W；附加效率（PAE）58%	国防 / 商用雷达应用，表面贴装封装工艺进一步减小尺寸：7mm × 7mm × 0.85mm
3	美国 MACOM 公司	MAPC-A1000：30MHz~2.7GHz；MAPC-A1100：3.5GHz	两种新通用放大器产品适用航空电子、大功率移动无线电、无线系统和测试仪器
4	英国 Empower 公司	最高功率：10kW；占空比：6%	用于国防雷达和干扰系统

集成电路辅助材料：在集成电路辅助材料方面，光刻胶的市场集中度非常高，少数企业基本垄断了全球光刻胶市场，代表性的企业有日本合成橡胶株式会社（JSR）、东京应化工业株式会社、信越化学株式会社、罗门哈斯公司等。国内尚未具备极紫外光刻（EUV）和电子束光刻胶的研发与生产能力，亟须突破。

表 1-4　光刻胶全球市场主要供应厂商分布

企业名称	国家	全球份额	光刻胶相关业务及产品介绍
合成橡胶株式会社（JSR）	日本	28%	全球技术最领先、规模最大，产品跨度非常大：现有 I-line、KrF、ArF、ArFi、EUV 光刻胶，封装行业等
应化工业株式会社（TOK）	日本	21%	专注于做光刻胶及配套试剂，目前在行业里 G、I 线、KrF 和 ArF 都有些市场份额，但是在高端技术上落后于 JSR
罗门哈斯公司（R&H）	美国	15%	在低端的 6 寸市场的份额较大
信越化学株式会社（Shin-Etsu）	日本	13%	不光供应光刻胶，也供应 Wafer 等其他材料，主要产品包括 KrF、ArF、ArF immersion 光刻胶

在掩膜版方面，美国福尼克斯（Photronics）、日本印刷（DNP）株式会社、日本凸版印刷（Toppan）株式会社三家公司占据了全球 80% 以上的市场份额；在集成电路用抛光液方面，美国卡博特（Cabot Microelectronics）公司、荷兰阿克苏诺贝尔公司、德国拜耳公司、日本富士美株式会社等企业垄断了全球 90% 以上的市场份额。国内针对硅片的精抛和化合物半导体抛光，14nm 及以下鳍式场效应晶体管（Fin FET）工

艺抛光，Co、Rb 等金属互联材料和浅槽隔离（STI）工艺抛光关键技术亟须突破。

表 1-5 掩膜版全球市场主要供应厂商分布

企业名称	国家	全球份额	掩模版相关业务及产品介绍
福尼克斯公司（Photronics）	美国	32%	10 代掩膜版、8.5 代及以下掩膜版、6 代以下高精度 AMOLED/LTPS 用掩膜版
DNP 株式会社	日本	27%	8.5 代及以下掩膜版、6 代以下高精度 AMOLED/LTPS 用掩膜版
日本凸版印刷（Toppan）株式会社	日本	13%	10 代掩膜版、8.5 代及以下高精度 AMOLED/LTPS 用掩膜版

5.2 电网系统电力电子装置

为实现 2030 碳达峰、2060 碳中和的庄严承诺，习近平总书记在主持 2021 年中央财经委员会上明确提出构建以新能源为主体的新型电力系统。以新能源为主体的新型电力系统意味着电力系统中能源供给形态的改变，这催生了电力系统物理形态改变，使整个电网的形态特征加速电力电子化。而系统中关键装备的电力电子化，使电力电子设备从电网辅助运行角色快速过渡到主导系统安全稳定运行角色，极端情况下将出现 100% 全电力电子设备运行的情况。角色和定位的改变，使电力系统中的电力电子变换及其关键装备面临新的挑战。

（混合式、多端）柔性直流输电及网架结构：高压直流输电正在由传统 LCC-HVDC 输电转向 LCC-HVDC 与 VSC-HVDC 混合输电模式和完全的柔性直流输电模式。对于高压直流断路器，瑞士 ABB 已研制出额定电压 320kV、开断电流 8.5kA 的产品，法国阿尔斯通已研制出开断电流为 5.2kA、关断时间为 5.5ms 的高压直流断路器产品，我国目前仍部分依赖进口；对于大容量 DC-DC 变压器，瑞士 ABB 已成功研制出使用与柔性直流电网适配的 5ms/80kV/8.5kA 的变压器产品，而国内同样停留在样机阶段；对于高压直流电缆，我国目前才仅仅突破 ±525kV，距离国际最高（德国）的 ±640kV 还有很大的差距，此外意大利也已经开发出基于非交联绝缘技术的 ±600kV 直流电缆，该项技术长期被国外垄断；高压直流电缆装备技术突破任重道远。

表 1-6 国内外主要厂商直流电缆指标

企业名称	国家	时间（年）	指标
ABB	德国	2017	±640kV，422km，2200MW
住友株式会社（Sumitomo）	日本	2016	±500kV，571km，1400MW
中天海缆	中国	2017	±535kV，1.5km，3000MW

5.3 变频电源及其应用

电气传动用变频电源是国家重大工程高端装备的核心部件，广泛应用于国防、能源、交通、冶金、化工、机械制造等领域。变频电源供电的交流伺服传动是高端制造中机器人、数控机床的核心部件，同时“变频家电”走进千家万户，已成为国计民生的重要部分。由于我国的现代化工业发展较晚，制造业基础相对薄弱，很多器件的国产化率不高，核心控制芯片、控制软件等依赖进口，无疑增加了我国变频器产品的制造成本，降低了企业的利润率，国产的变频器产品 2020 年市场占有率 20%~30%，且主要是低端市场，销售价格下降到 1/4，高端市场均被国外企业占领。国内企业需要正视与国外企业存在的差距，加大研发力度，依靠自主创新扩大市场份额，打造具有一定知名度的系列变频器产品。

表 1-7 智能功率模块全球市场主要供应厂商分布

企业名称	国家	全球份额	IPM 相关业务及产品介绍
三菱电机株式会社（Mitsubishi）	日本	33%	针对中小功率模块提出 SUPER MINI 封装，电流等级在 5~50A。最近两年推出 SLLIMM 外形，三菱 IPM 以其高可靠性、方便易用赢得越来越大的市场
安森美	美国	19%	应用于可变频驱动、自动空调 SPM®2/3 系列、SIP IPM；应用于汽车的高压 IPM APM® 27 系列和中压 IPM，以及低于 400 W 和 4 kW 的消费类 IPM 等
英飞凌（Infineon）	德国	12%	率先集成 CoolMOS MOSFET 的高效 IPM（智能功率模块），推出 CIPOS Mini 产品家族的 IM512 和 IM513 系列
富士电机（Fuji）	日本	10%	提供智能模块式数控 UPS、逆变电源、开关电源、电力电源、电焊机、电梯专用变频器等设备专用 IPM 智能模块

家用电器变频驱动：包括冰箱、空调、洗衣机和电热炊具等在内的家用电器的变频驱动控制主芯片主要分 MCU 和 DSP 两种。相比于美国得州仪器 TI、日本瑞萨电子等已发展出体系较为完善的微处理器系统的国外知名处理器厂家。

国内尚无规模较大的家用电器专用变频器芯片设计与生产厂家；国内智能功率模块（IPM）生产起步较晚，无论是从产量还是质量上均落后于德国英飞凌、荷兰恩智浦和日本三菱株式会社等代表世界先进水平的生产商。目前，我国以美的、格力为代表的白色家电行业巨头采用“自制+代工”模式，对家电用IPM模块进行国产化替代，均已初步实现自主可控。

数控机床 / 机器人伺服系统：国外在高精度大容量功率放大器上实行技术封锁，目前 95% 功率放大器市场还是美国 AR 和阿美特克（Ametek）、德国 R&S 等欧美厂商主导，而 AR 公司为美国军方及其盟友供货，对中国军工企业客户有着很严格的审核机制。目前国产的大功率开关型功率放大器远远不能满足超精密平面电机系统的要求，严重制约我国电源产业在高精密伺服系统中的发展。

低压工程型变频器：目前，国际上只有西门子有多轴矢量控制技术，国内厂家目前只支持单传动架构，多个传动轴需要通过现场总线、IO 量进行数据交互。业界 ABB 低压工程型变频器最大单机功率 560kW，西门子最大单机功率 1200kW，国内厂家因多轴矢量控制核心技术限制，生产的低压工程型变频器暂时无法达到国外先进厂家单机功率指标。

高压通用型变频器：大型热连轧机传动 8~10MW 高过载、高动态的电机变频电源主要由西门子、TEMIC 公司垄断；大型冷连轧机传动的高性能、高精度变频调速系统由西门子、日立公司提供；西门子、ABB 的 LCI 高压变频系统占据了中国高速线材轧机传动市场；科孚德机电（Converteam）垄断了大型抽水蓄能电站变频启动电源的市场；我国大型矿井提升机传动变频调速系统是 ABB、西门子两家公司占据；我国西气东输大型压缩机驱动变频系统基本上由西门子、TEMIC 提供；西门子、ABB 还提供了国家南水北调工程的大型调水泵变频传动。

而国内大功率 IGCT 器件应用、压接技术、零速悬停等技术原创性不足，主要技术仍处在跟随德国西门子、瑞士 ABB 和日本东芝等走在国际技术前沿厂商的阶段。长期以来我国重点项目和重大工程此类装备长期依赖进口，亟须在高压通用型变频器技术上有所突破。

表 1-8 高压通用型变频器产业现状

企业名称	垄断我国市场领域
西门子、TEMIC 公司	大型热连轧机传动 8~10MW 高过载、高动态的电机变频电源
西门子、日立公司	大型冷连轧机传动的高性能、高精度变频调速系统
西门子、ABB	高速线材轧机传动 LCI 高压变频系统
科孚德机电	大型抽水蓄能电站变频启动电源
ABB、西门子	大型矿井提升机传动变频调速系统
西门子、TEMIC	西气东输大型压缩机驱动变频系统
西门子、ABB	国家南水北调工程的大型调水泵变频传动

轨道交通牵引传动系统：在 IGBT 晶圆等高技术壁垒行业，70% 的市场份额被英飞凌、NXP 和罗姆等为代表的欧美厂商和日本厂商占领。此外国内的高端轴承、核心控制芯片仍依赖进口。在电力电子牵引变压器技术、SiC 器件的制造应用中，国内尚处于研究或实验阶段，距离实际商用还仍需进一步验证。

船舶电力推进系统：在国产化电力电子器件的推进变频器设计开发中，配套的 SiC/GaN 功率器件的工艺制造水平不足，器件进口严重依赖于美、欧、日等企业，甚至我国自主研发的深海潜水器蛟龙号上许多部件是进口的，电压、电流受限成为制约船舶推进变频器进一步发展关键因素，需推动优势配套产品集成化、智能化、模块化发展，掌握核心设计制造技术。

表 1-9 新能源车用 SiC 芯片主要开发厂商

企业名称	开关器件	二极管
美国科锐	MOSFET 1200V/1700V，10~50A	SBD 1200V/1700V，10~50A
日本罗姆	MOSFET 1200V/600V，10~35A	SBD 1200V/600V，10~50A
意法半导体 ST	MOSFET 1200V，10~50A	SBD 1200V，10~30A
德国英飞凌	JFET 1200V，10~50A	SBD 1200V，10~50A
日本富士	MOSFET 1200V，10~50A	SBD 1200V，10~30A
美国通用电气	MOSFET 1200V，30A	SBD 650V，10~30A

新能源汽车电驱系统：在电驱动系统研发用设计、仿真和系统模拟的软件平台

上，各大车企虽然有较强开发团队，但是主要在ECU/VCU等应用控制；标准架构AUTOSAR的底层及与芯片器件结合的BIOS，基本上需要从美国特斯拉和日本丰田等欧美供应商进口；在高电流密度IGBT、SiC芯片方面，国外各大知名器件供应商，如德国英飞凌（Infineon）、日本富士（Fuji）、三菱（Mitsubishi）和瑞萨（Renesas）等都相继推出了其新一代电动汽车车用IGBT芯片，特斯拉已将SiC芯片在Model 3车型上进行批量使用，而国内仍没有专门的高温高可靠性封装的汽车级SiC芯片和模块，均依赖于进口；在封装技术方面，传统的焊接工艺难以满足SiC高温工作和温度循环能力的要求，意法半导体公司基于银烧结工艺制造SiC功率模块的工艺已经非常成熟，而国内对该工艺尚处于研究阶段，仍依赖进口。

5.4　信息系统领域电源

信息系统涉及的领域十分广泛，包括了信息的采集、加工、处理、传输和应用等各个方面。由于不同信息系统的功能不一，其规模和范围存在很大的差距，从能源的需求看，小的信息采集设备的功率消耗可能是数毫瓦，小型计算机的电能需求为数百瓦，单个服务器消耗功率为数千瓦，边缘计算中心、中小型数据中心消耗的功率为数十、数百千瓦乃至数兆瓦，大型数据中心和超大型数据中心的功率需求可达数兆瓦、数十兆瓦甚至更大功率。因此，不同的信息系统涉及的供电系统及电源产品差异很大。

信息系统供电技术的目标是可持续地为信息系统提供电源，在不断降低电源设备的体积与重量的同时提升电能使用的效率和提高供电可靠性，并实现电源的智能化、智慧化。发展信息系统相关的电源产业与技术是满足信息社会发展需求的关键，同时也满足我国人民不断增长的物质文化发展需求，是实现人类、社会和环境协调发展的关键，具有重大的战略意义。

通信电源：小型化和高效率是通信电源的主流技术方向。特别是在中小功率范围，通信电源向着模块化的方向发展，如已经出现了kW级的单相交流输入48V输出的电源模块。除了通信一次电源模块化外，在通信电源系统中，二次电源，即以48V作为输入的DC/DC电源已经形成了系列化、标准化的产品，根据功率大小有半砖、1/4砖、1/8砖、1/16砖及更小的尺寸。

模块电源的技术领先企业目前仍然以国外厂商为主，如Synqor、Vicor、Lambda等，技术已经达到了相当高的水平。典型的产品如：Synqor的三相PFC模块，适应 440V、47~800Hz 输入，输出电压 400V，采用六开关降压型变换器，输出功率达到 5kW 并可多模块并联工作，满载效率达到 97.4%；Vicor 的 84~264Vac 单相输入、400W、24V 或 48V 输出模块最高效率达到 92%；Vicro 的隔离稳压 DC/DC 变换器产品输入电压涵盖 9~420Vdc，输出电压包括 3.3V~48V 间的多种规格，最高效率 96%，最大功率 1300W，功率密度达到 1244W/inch^3；Vicro 的持续功率 750W 的 48V/12V POL，开关频率高于 1MHz，最高效率为 97%；Vicro 的低压非隔离双向变换器（48V/12V）功率达到 800W，效率 98%，重量仅为 12 克。国内目前也有众多的模块电源厂家，典型的如华为、中兴、台达、新雷能等，虽然已经具备了较高的技术水准，已可以制造 kW 等级的 AC/DC 和 DC/DC 全砖尺寸模块。但总体而言，产品种类较单一、系列化程度不高，总体技术性能与国际先进水平还有较明显的差距。

信息系统供电架构：信息系统供电产业与技术的发展受到历史发展的约束。现有的信息系统供电架构、体系，乃至主要参数，都有明显的历史烙印，已沉淀的历史投入和资产仍有发挥其价值的现实需求，同时信息系统供电对可靠性有很高的要求，在这样的背景下，发展更符合信息系统发展的新技术、新产品，特别是新的供电架构、体制和参数时将面临很大的阻力。

人工智能技术：近年来，人工智能技术发展迅速，国内人工智能创新方案加速落地，赋能细分行业提质增效，“AI+ 制造”逐步渗透上下游全产业链，融合应用已具备一定的基础。但人工智能技术的高度复杂性、我国数字控制芯片的发展水平瓶颈极有可能对信息系统领域电源的数字化、智能化发展造成重大的阻碍。

5.5 特种电源

特种电源市场整体容量较大、但单一领域市场规模相对较小，对研制单位的技术实力、产品定制能力要求较高。高端特种电源领域，目前美、俄和欧洲仍占据主导地位。伴随着我国航天事业的跨越式发展，航天器使用轨道越来越多，太空环境越来越复杂，对电源可靠性、稳定性提出了新的要求。中国航天在未来 20 年内将推进大载荷火箭、深空探测、星座组网等项目，可以预见未来火箭、卫星对供电系统的性能需求将不断提升。为满足我国星座组网、重型火箭、深空探测等项目的需求，特种电源向着高效率、高功率密度、高可靠长寿命的方向发展，符合特种电源工况需求的专用功率半导体开关和储能器件的自主化问题亟须解决。

高能量密度物理用特种电源：由于其需求背景的特殊性及技术程度的复杂性，

大电流爆磁压缩发生器技术及应用研究主要集中在美、俄相关武器实验室。俄罗斯VNIIEF研究院主要研制有POTOK系列的螺线圈形及圆盘形爆磁压缩发生器，美国洛斯阿拉莫斯（LANL）实验室主要研制基于螺线圈形的Procyon发生器、基于同轴形的Ranchero和Phoenix发生器。而我国目前在威龙-2平台上电流整形、武器物理相关配套负载防护和测试诊断技术仍是核心瓶颈环节。

高能粒子加速器用特种电源技术：国际上大型加速器装置主要有欧洲核子研究组织（CERN）的LHC、德国GSI的FAIR、DESY、日本散裂中子源J-PARC、日本理化所的Spring-8、美国布鲁克海文的RIHC等。以励磁的电流源为例，加速器直流电源输出电流稳定度目前已经可以做到10ppm，脉冲电源的跟踪误差可以做到100ppm。输出电流从几安培至上万安培，电压可从几伏特至几百千伏，脉冲电源的工作周期从几十秒至几十毫秒。而目前国内加速器电源行业企业在十家左右，分布在几个行业中，企业规模也都比较小，技术力量和技术水平有限，远远不能满足未来加速器发展的需求。

脉冲X射线源特种电源技术：俄罗斯强流电子学研究所（HCEI）发展了直线型变压器驱动源（Linear Transformer Driver，LTD），多个独立放电支路并联，开关同步触发，产生大电流，利用高频磁芯，将脉冲能量耦合到初级同轴传输线输出。LTD技术有较强的容错能力、波形调制能力和重频运行能力，脉冲源输出电流能力大大增强。我国仍采用特斯拉变压器结合单脉冲形成线技术路线，基于传统脉冲功率驱动的脉冲X射线源输出能力受限严重。

大电流注入源用特种电源技术：根据美军标MIL-STD-188-125要求，瑞士蒙塔纳和美国APELC先后研制了相应的注入源测试系统，所采用的技术均为Marx发生器。而国内对于电流注入技术的研究多处于理论准备阶段，尚无完整的标准体系，与注入技术配套的注入源及测试装置研究尚处起步阶段，亟须突破基于Marx发生器的脉冲形成技术。

航空航天用特种电源：我国宇航级抗辐照控制芯片等仍严重依赖进口，目前市场上的功率控制芯片被美国得州仪器TI、安森美、日本瑞萨等外国公司垄断，国内仅部分厂家可以实现航天电源模块独立自主研制，基于新一代宽禁带半导体材料的国产化抗辐照功率器件尚未实现在轨应用，基础元器件、高密度封装能力与国外有明显差距；在SAR载荷脉冲型特种电源方面，仍依赖大容量滤波器来保障脉冲载荷供电需求，电源自身对冲击的应对能力有限。

医学用特种电源：医用射线设备比较先进的国家和地区有欧美、加拿大、日本等，主要生产厂家有加拿大的 CPI、意大利 IMD、德国西门子、西班牙的 Sedical 等公司，其高频高压发生器技术远远领先于我国医疗器械公司。长期以来，国内众多医疗器械公司 X 光机的核心器件，比如高压电源系统、数字成像板、X 射线管等都依赖于进口，产品自主技术含量低，成本高昂。

工业用特种电源：以 ABB 和西门子为代表的美国和欧洲公司已开始出售成熟的商用宽禁带半导体器件以及配套的驱动方案，商业 SiC 器件电压等级在 600~1700V，同时也已研发出 15kV 的 SiC MOSFET 和 15~20kV 的 SiC IGBT；国外基于新型可靠软磁材料已研制出频率高达几十兆赫、功率高达几十千瓦的可实用型高频变压器；在高端工业用特种电源领域，如用于半导体刻蚀和超净清洗的等离子体电源、纳秒级脉冲电源等，我国在基础学科研究、高端核心器件精密制造等方面落后于发达国家，产品难以达到产业化标准，严重依赖进口。

5.6 前沿领域电源

随着学科交叉的日益加深和用电需求的不断变化，我国电源产业前沿迸发出许多新兴研究热点，其研究规模快速推进并壮大，在前沿发展中对自身及其他研究领域均有着不可忽视的影响。我国亟须在发展初期建立起无线电能传输技术方面坚实的产业体系。

无线电能传输技术：2021 年新西兰奥克兰大学在深植入生物医学设备应用了基于电场耦合的无线电能传输技术并取得成效，我国目前也尝试在生物医学设备上引入该技术，但技术实现与追赶较困难，将处在长期依赖进口的处境；在激光无线电能传输技术方面，美国研究处于领先地位，具有成熟的理论和技术，在 2019 年美国海军实验室成功验证了 200W/300m 的激光无线电能传输系统，在国防领域扮演着不可或缺的角色，目前该技术被美国垄断。而我国在无线电能传输技术上研究起步较晚，多集中在小功率（几瓦级至十几瓦）、短距离（几米至十几米）验证阶段，亟须突破激光无线电传输技术。

6. 我国电源产业技术发展目标与总路线图

立足于能源中长期发展的新格局，建设清洁低碳、安全高效的新一代电力能源系统将是我国新一轮能源革命的主要目标，而发展电源技术与壮大相关产业是实现这一目标的重要手段。基于电力电子技术的电源产业与新能源生产、电力输配和终端消费密切相关，电源产业在助力碳中和、实现能源转型和保证能源安全自给能力等方面具有至关重要的战略意义。

充分调研国内主要电源企业和半导体器件相关技术发展需求情况，根据我国目前电源产业的技术水平和新一代电力能源系统所需应用的电源技术现状，借鉴电源产业发达国家和地区的经验，得到我国电源产业技术发展总体路线如图 1-16 所示。

本章将从功率元器件及模块、电力系统中的电力电子变换技术、信息领域电源产业技术、变频电源与交通电气化技术、特种电源技术和前沿领域电源技术六个角度对我国电源产业与技术的发展目标与总路线作进一步阐述。

近期（2020—2025 年）为第一阶段，总体目标是基础芯片攻关，追赶国际水平。面向硅基半导体芯片高开关频率、高压和高温需求，芯片级和封装级的结构和参数优化是其在此阶段的升级方向，包括双面散热、烧结、压接和无键合线封装等技术的突破，Si MOSFET 完成由 8 英寸向 12 英寸晶圆产线的转变，并逐步开发 8 英寸 SiC MOSFET 的晶圆产线；在实际应用方面，家用和工业通用型变频电源芯片的国产化率将分别达到 40% 和 70%。

中期（2026—2030 年）为第二阶段，总体目标是核心问题攻克，领先国际水平。具有高击穿场强、高热导率、高饱和漂移速度等优势的宽禁带半导体功率器件将成为电源产业的主流，需要解决的问题是进一步提高芯片晶圆质量以及降低制造成本，SiC MOSEFET 开发 12 英寸晶圆产线，在全球占比提升至 30%，GaN 晶圆的 6 英寸产线逐步成熟，开发出 8~1200V GaN 的完备产业链；在实际应用方面，基于宽禁带半导体器件的 UPS 信息系统电源效率将达 98%；电源产业的迅速发展将推动清洁能源为主导、电力电子设备为核心的新一代电力能源系统的构建，跨区输电容量将达亿千瓦。

远期（2031—2035 年）为第三阶段，总体目标是学科交叉融合，引领前沿技术。重点发展面向耐高温、低寄生参数、高绝缘耐压需求的高功率密度器件，包括 3D 封装、焊球阵列封装技术、银基浆料烧结技术和双面互连的新型键合技术等；针对电源产业深层次发展需求，形成电力电子与信息融合的基础理论，将电力电子与智能化融合，实现小范围示范性应用，并构建自供能物联网设备的行业标准。

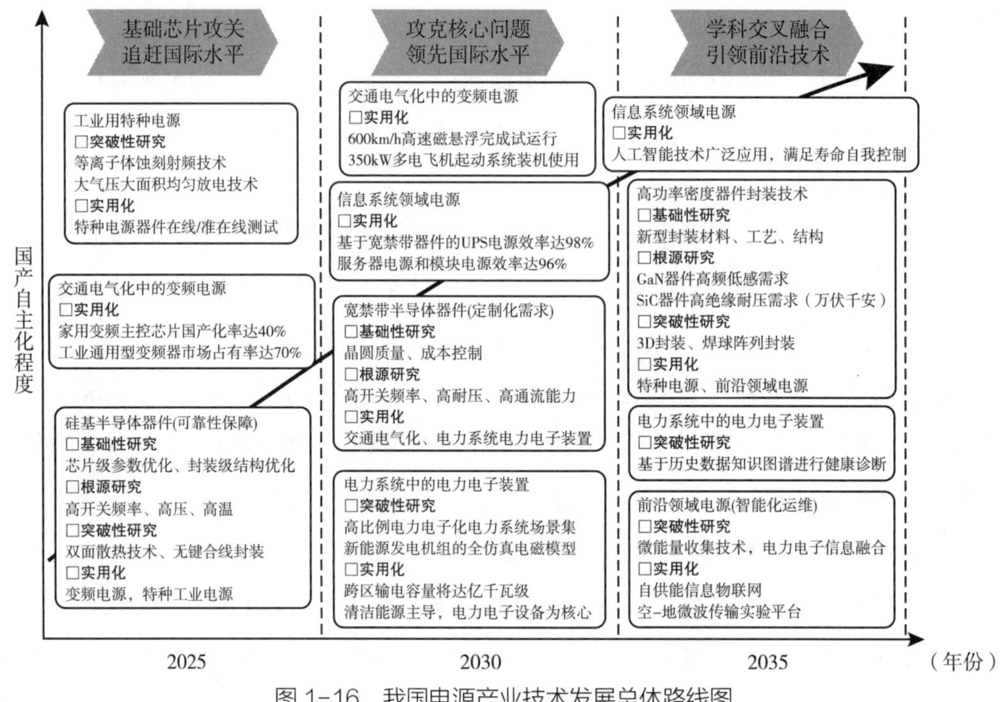

图 1-16 我国电源产业技术发展总体路线图

6.1 功率元器件及模块

从二极管、晶闸管、Si MOSFET、IGBT、SiC MOSFET 和 GaN 六个角度对我国的功率元器件及模块相关产业和技术的发展目标与发展路线进行阐述，如图 1-17 所示。

我国整个功率半导体产业链起步较晚，目前工艺水平与国际上仍有着不小的差距，实现突破和技术领先仍需要长期的努力，未来 30 年的任务为产品升级、产线扩张、追赶国际水平，并加大国内市场份额占比。功率半导体作为功率变换器中最重要的角色，在近些年中美贸易战的大背景下，形成其国产化产业链具有重要的战略意义。因此需要政府持续加大对功率器件行业的支持与投入，开展交叉学科建设，开展产学研合作，鼓励创新与基础研究。预计在未来，我国功率半导体器件相关产业将会持续高速发展，攻克许多技术性难题。材料的缺陷、成本以及各个环节的制约都将会被逐渐打破，将会有越来越多的器件可以商业化并且进入各个领域，逐渐占据市场规模，最后实现国产器件水平达到国际先进水平甚至引领行业发展的目标。

	2025年	2030年	2035年	2050年
二极管	SiC生产线从4英寸向6英寸转移，SiC二极管阻断能力超过3300V，在光伏和电动汽车的覆盖率实现50%	SiC生产线以6英寸为主，SiC二极管阻断能力超过6500V；SiC二极管在光伏和电动汽车的覆盖率实现80%	SiC生产线从6英寸向8英寸转移，SiC二极管阻断能力超过10000V，在光伏和电动汽车的覆盖率实现100%	Si基和SiC基产品技术达到国际顶尖，SiC生产线以8英寸为主，SiC二极管阻断能力超过15000V
晶闸管	低感可靠性封装更加成熟，设计碳化硅器件的终端保护结构，6英寸芯片占主导地位	碳化硅器件进入商业化，封装以低感双面散热、高可靠性为主，并逐渐达到材料极限，出现耐压大于8500V的器件	批量生产出光控晶闸管，并且GTO将采用门极多键合线封装方式	硅基器件性能达到极限，碳化硅制造水平提高，国内器件技术水平直追国际
Si MOSFET	8英寸向12英寸晶圆生产线转变，物联网用需求快速提升，汽车领域的应用占比将达到30%	国内厂商以12英寸晶圆生产线为主，在消费电子、白色家电、工业控制占据更多市场份额	开发新型结构，微型Si MOS技术发展迅速,新结构器件导通电阻降低至几十UΩ，汽车领域应用占比达到50%	开发的产品技术可达国际水平，市场占比转向高端应用场合，在汽车和工控中，国内厂商市场占比达到80%
IGBT	第7代IGBT出现，6英寸向8英寸生产线过渡，出现无键合线商用产品，实现650–6500V全电压覆盖	国产IGBT全面达到国际第7代水平，由8英寸向12英寸生产线过渡，阻断电压超过7000V	第8代IGBT出现，以12英寸生产线为主，从芯片技术转向封装技术，大于7000V的商用产品出现	产品技术升级以提升封装技术为主，如低感、双面散热、高可靠；大部分厂商达到Si器件性能极限
SiC MOSFET	开发8英寸晶圆生产线，碳化硅晶片占全球比提升至16%，3300V器件生产能力	开发12英寸晶圆生产线，8英寸晶圆为市场主流，碳化硅晶片占全球比提升至30%，开发10kV SiC MOSFET	由8英寸向12英寸晶圆生产线过渡，碳化硅晶片占全球比提升至40%，成本已与IGBT平价	12英寸生产线全面建成，全SiC模块技术全面成熟，成为市场主流
GaN	形成300–1200V GaN器件生产能力，开发300–1200VGaN功率模块	6英寸生产线逐步成熟，开发出8–1200VGaN功率器件与模块，建立完备产业链	具备完备的GaN研发与产业链体系，国产器件市场占有率大于50%	性能接近GaN材料极限，并采用不同新型结构来突破极限，此外工艺水平进一步完善成熟

图 1–17　功率元器件及模块发展目标与总路线图

6.2　电力系统中的电力电子变换技术

在“双高”电网形态和新型电力系统中，随着海量新能源机组的接入，新能源机组原有的弱支撑性、低抗扰性以及发电的随机性、波动性、间歇性，对于系统的电力平衡、电量平衡、仿真建模、安全稳定分析与控制都带来了巨大的挑战。因此，迫切需要研发相关的创新技术与装置，组织充分及时的评估、验证和示范，以支持新型电力系统的顺利构建和新能源发电及相关产业的健康发展。

电力系统中电力电子变换装备的发展目标包括：保障高比例电力电子化系统安全运行的电压频率支撑能力目标；保障高比例电力电子化系统安全运行的标准化和可靠性设计目标；保障高比例电力电子化系统安全运行的信息化和智能化运维目标。在电网功率和电压频率支撑技术方面，新型构网型控制技术的基本理论框架和工程实现仍处于探索阶段，其对系统稳定性的影响机理仍有待深入研究，其对电网电压、频率在不同时间尺度上的支撑性是重点关注的问题。在可靠性设计技术方面，为避免电力电子设备因自身故障导致设备停运，关键电力电子设备需要具备丰富的状态监测、快速自主故障诊断与预测功能。在全周期信息化和智能化运维技术方面，其发展目标是通过大数据、人工智能等学科的交叉发展，可以基于丰富的运行状态数据构建电力电子变换装置的数字镜像，推行健康管理，最终实现电力电子变换装置全周期信息化和智能化运维。

针对这三个目标与发电装置构网能力仿真和试验，对我国电力系统中的电力电子变换技术的发展目标与发展路线进行阐述（如图 1-18 所示）。

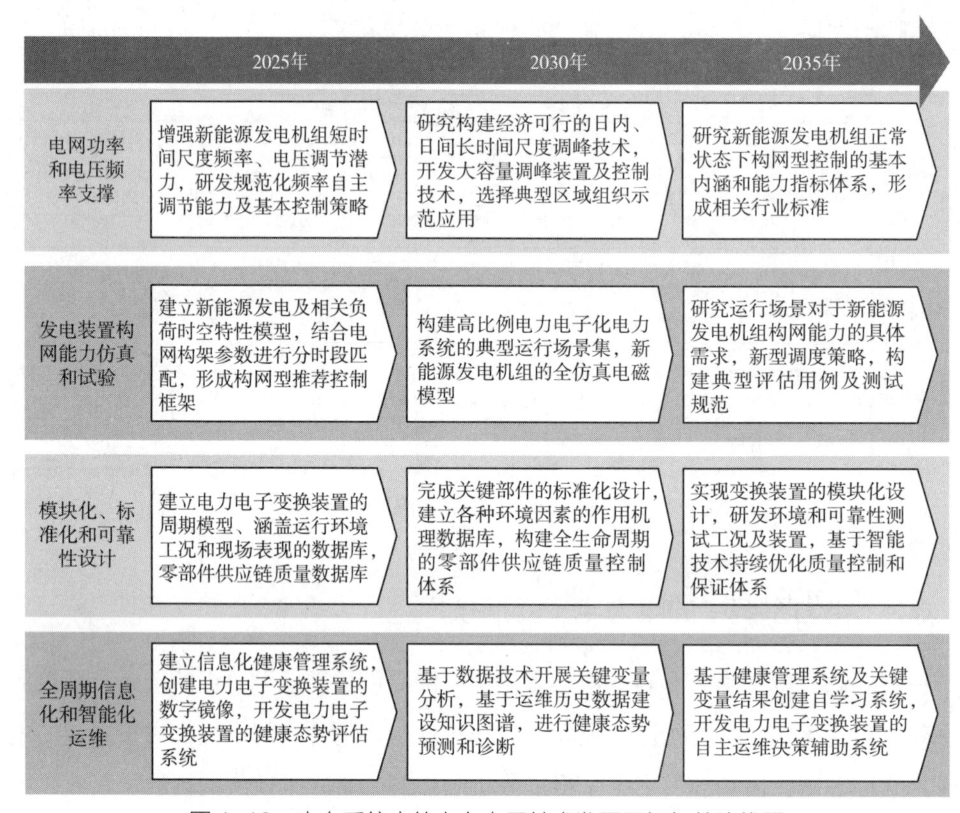

图 1-18　电力系统中的电力电子技术发展目标与总路线图

6.3　变频电源与交通电气化技术

变频产业支撑着国家的发展战略，如在“碳达峰”和“碳中和”目标下，变频电源在风机、新能源汽车等节能减排市场中的需求将会持续扩大；随着“一带一路”政策的推进，变频器在油气开采、港口建设中发展空间巨大；发展新型智慧农业、农业领域节能减排以及我国持续深化的城镇化建设对通用型变频器意味着巨大的增量需求；我国工业化进入成熟期，在钢铁、机械、建材等传统工业领域高压变频器设备保有量巨大，现有设备的技术改造、进口设备的国产化替代逐渐成为主流。

当前我国变频产业技术发展中存在核心器件国产化率不高、高端市场占有率小等瓶颈。我国变频电源的发展目标与总发展路线见图 1-19 概括，具体可以按照应用场景分为家用电器变频技术、智能制造伺服传动技术、工业变频系统、高压大容量变频系统、轨道交通电气化、船舰推进电气化、新能源汽车电驱动系统和多电飞机电源系统技术八个部分。

	2025年	2030年	2035年
家用电器变频技术	变频控制主芯片国产化率达到40%；智能功率模块IPM开发国产化比例达到40%；智能化平台覆盖率10%；永磁同步电机变频驱动效率达到93%	变频控制主芯片国产化率达到80%；智能功率模块IPM开发国产化比例达到80%；智能化平台覆盖率30%；永磁同步电机变频驱动效率达到96%	变频控制主芯片国产化率达到90%；智能功率模块IPM开发国产化比例达到90%；智能化平台覆盖率70%；永磁同步电机变频驱动效率达到98%
智能制造伺服传动技术	伺服电机系统定位精度、频响和功率体积（质量）密度比达到国际水平；高级伺服参数自整定与运动参数自动辨识等技术达到国际一流水平	特殊应用领域特种电机系统完全取代进口；建设云设计与仿真应用平台；超高功率密度、智能故障诊断等伺服驱动技术达世界一流水平	中国伺服市场处于世界领先地位，国产品牌占比突破60%；电机设计工业软件完成自主化；控制芯片、功率器件完全自主化
工业变频系统	技术水平和产品质量达到世界第一梯队水平；在市场占有率方面，通用型达到70%，工程型达到50%；关键部件和软件国产化率提升	技术水平和产品质量引领世界先进技术发展；在市场占有率方面，通用型达到 90%，工程型达到 90%；关键部件和软件实现完全自主	技术水平和产品质量引领世界技术发展；市场占有率方面，国内市场进一步提高，国际市场实现突破；关键部件和软件实现完全自主
高压大容量变频系统	技术水平和产品质量达到世界第一梯队水平；在市场占有率方面，通用型达到70%，工程型达到50%；关键部件和软件国产化率提升	技术水平和产品质量引领世界先进技术发展；在市场占有率方面，通用型达到90%，工程型达到90%；关键部件和软件实现自主化提高	技术水平和产品质量引领世界技术发展；在市场占有率方面，国内市场进一步提高，国际市场实现突破；关键部件和软件实现完全自主
轨道交通电气化	轨道交通牵引技术达国际先进水平；400km/h列车完成核心技术攻关；600km/h 磁浮试验样车完成；真空管道列车完成低压管道试验	轨道装备国产化；400km/h 列车完成测试运行；600km/h 高速磁浮完成线路修建与试运行；真空管道列车完成管道线路修建及列车装备制造	轨道交通技术达到国际领先水平；400km/h高速列车与600km/h高速磁浮进入商业化运行阶段；1000km/h真空管道列车完成调试
船舰推进电气化	能够满足国内60%市场需求；发展中压电力推进拓扑、保护、能效管理技术；实现智能能效、智能机舱等功能；内河新能源船舶持续增长	能够满足国内80%市场需求和国际20% 市场需求；中压电力推进系统装备技术完善；实现智能自主航行功能；燃料电池动力船舶应用增长	能够满足国内100%市场需求和国际50% 市场需求；高端船舶电力推进系统应用持续增长；国内内配率达到80%以上
新能源汽车电驱动系统	驱动电机、电机控制器等关键性能达到国际先进，发展可高压高速化与先进制造工艺，核心关键材料与关键制造装备国产化替代	驱动电机、电机控制器等关键性能达到国际领先，实现可高压高速化与先进制造工艺，核心关键材料与关键制造装备实现国产化	驱动电机、电机控制器等关键性能达到国际领先，核心关键材料、关键制造与测试装备与设计开发工具实现国产化
多电飞机电源系统技术	单机250kW发电系统装机使用；飞机电机控制器完成发电功能验证，完成设备装机使用；二次电源的模块分布化电源设计完成并上机使用	单机350kW起动系统装机使用，效率提升至 98%，实现综合能量热管理；二次电源完成向高压直流系统内二次电能变换过渡	单机500kW及以上发电系统装机使用，解决关键零部件制造瓶颈；电机控制器完成关键器件国产化；二次电源实现高功率密度、高效率

图 1-19　变频电源与交通电气化技术发展目标与总路线图

6.4 信息领域电源产业技术

我国信息领域电源产业发展目标与总路线如图 1–20 所示。发展信息系统相关的电源产业与技术是满足信息社会发展需求、控制信息系统能耗总量的关键，是满足我国人民不断增长的物质文化发展需求，实现人类、社会和环境协调发展的关键，具有重大的战略意义。2020 年我国数据中心耗电量达到 2023.7 亿千瓦时，占据了当年全国全口径发电量的 2.654%，已连续 8 年以超过 12% 的速度增长，预计 2030 年将超过 4000 亿千瓦时，能耗总量巨大。包括数据中心在内的信息系统的节能与减排十分重要。提升信息系统能源利用效率、推行节能技术改造和发展低碳化的用能结构，是控制信息系统能耗总量，支撑“碳达峰”“碳中和”目标实现的紧迫任务。

图 1–20　信息系统领域电源技术发展目标与总路线图

6.5 特种电源技术

特种电源技术在国家大科学装置、高新装备、航空航天、舰船等领域均有应用，对国防安全领域和基础科研领域的发展均有带动作用。我国特种电源技术与外国仍有差距，需要进一步解决能量管理问题，实现高可靠性、器件半导体化，努力实现赶超。总体上，特种电源的发展目标包括功率、电压电流等级、功率密度、可靠性的进一步提升，关键部件实现国产化生产，对相关机理的进一步掌握等。我国对特种电源发展的根本目标是在 21 世纪中叶，基本实现从中低端到高端工业用特种电源的自给自足，并且能在世界市场上与国外同类型产品相比位于领先水平。根据特种电源的运用场景，将我国特种电源相关产业及技术的发展目标和总路线分为磁约束聚变装置用特种电源、Z 箍缩装置用特种电源、高性能粒子加速器用特种电源、直线感应加速器用特种电源、高功率微波用特种电源、冲击大电流装置用特种电源、医用特种电源和工业用特种电源八个部分，具体如图 1–21 所示。

	2025年	2030年	2035年	2050年
磁约束聚变装置用特种电源	完成 ±60kA/3kV 的全控器件电源模块；研制储能2GJ的失超保护系统；研制25A/400kV中性粒子电源	探索新的拓扑结构，优化电网接入系统；研制新的直流短路开关，人工过零技术；研制25A/600kV中性粒子电源	完成新的拓扑结构；研制包括后备开关的20kV/100kA失超保护系统；研制10A/1000kV中性粒子电源	随着大功率电力电子器件的进步，继续改进电源拓扑结构，完成聚变电源小型化、商品化
Z箍缩装置用特种电源	掌握超高脉冲功率磁绝缘传输汇流损失机理；明确 LTD 内气体开关可靠性机理及辐射对绝缘堆性能影响	突破超高功率脉冲传输关键技术；掌握 Z 箍缩实验负责情况下绝缘堆性能退化机理	提升 Z 箍缩聚变驱动器设计能力，提升可靠性；突破重频 Z 箍缩聚变驱动器关键技术	实现Z箍缩驱动器重频运行，为Z箍缩聚变能源提供支撑
高性能粒子加速器用特种电源	掌握电流误差10ppm 量级的开关电源设计；掌握强激励性大功率脉冲电源10ppm 跟踪误差量级的关键技术	掌握5000A 以上脉冲电源关键技术；掌握新型功率半导体器件与应用；掌握大电流脉冲超导电源技术	系统掌握快脉冲电源、慢脉冲电源及其控制技术，性能达到国际领先水平，引领相关技术发展	不断提高加速器用特种电源开关频率、功率密度，不断提高加速器用特种电源的总体技术水平
直线感应加速器用特种电源	提升半导体开关、高功率固体电阻、高性能磁芯等器件的研发能力，水平与国际同行相当，实现国产化替代	提升直线感应加速器用脉冲功率源、恒流源等特种电源的研制水平，满足重频多脉冲直线感应加速器的使用要求	国产功率器件达到国际先进水平、达到一定的出口规模，相应特种电源达到国际领先水平	功率器件水平国际领先，直线感应加速器性能国际领先
高功率微波用特种电源	掌握光控型及离化型高功率固态开关机理、芯片设计及控制方法，建立储能器件及固态功率模块设计能力	突破超高重频高功率脉冲电源关键技术，完成样机研制；掌握复杂环境下材料特性对固态开关、储能器件影响机理	掌握高功率固体开关和储能器件的机理和设计方法；掌握电源在复杂辐照环境下的可靠性	提升高功率微波用特种电源开关频率、功率密度，实现超高重频高功率密度特种电源实战化应用
冲击大电流装置用特种电源	突破重复频率高压大电流放电开关等关键技术，解决高功率密度充电、可靠性等工程技术问题	提升冲击大电流装置用特种电源的关键器部件攻关能力，系统建立特种电源的集成设计和产品研发体系	不断提升冲击大电流装置用能库型特种电源的系统研制与工程实现能力，持续推动相关技术的多样化应用	实现先进特种电源技术研究与设备研制能力，技术水平达到国际领先
医用特种电源	加快同步整流技术的普及应用及高效实施；深入研究医疗设备电源数字化、小型化微型化、高效率等技术	系统建立医用特种电源行业标准，包括低漏电流、EMC 等；优化现有电路拓扑结构、控制方法以及硬件电路设计方法	系统掌握针对不同应用场景的医用特种电源漏电流、EMC等仿真技术及设计方法	不断提升医用特种电源高安全性、高可靠性标准，实现人体嵌入式高端医疗设备的实际应用
工业用特种电源	系统掌握等离子体蚀刻射频电源技术、大气压大面积均匀放电等技术；掌握器件在线/准在线测试技术	研制出能够多维度调节输出的等离子体电源系统；实现更高功率等级和更高频率等级电源研制和应用，提升智能化	实现国产器件耐压、额定功率、频率、寿命等指标位于世界前列；突破基于负载匹配的电能形态塑造技术	重点领域工业特种电源产品基本实现国产化，并在国际市场中占据主流份额，引领技术发展方向

图 1–21　特种电源技术发展目标与总路线图

6.6 前沿领域电源技术

以微能量收集技术、超高频功率变换技术、无线电能传输技术、电力电子与信息融合技术和电力电子智能化技术为代表的我国前沿领域电源技术的发展目标与总路线如图 1–22 所示。

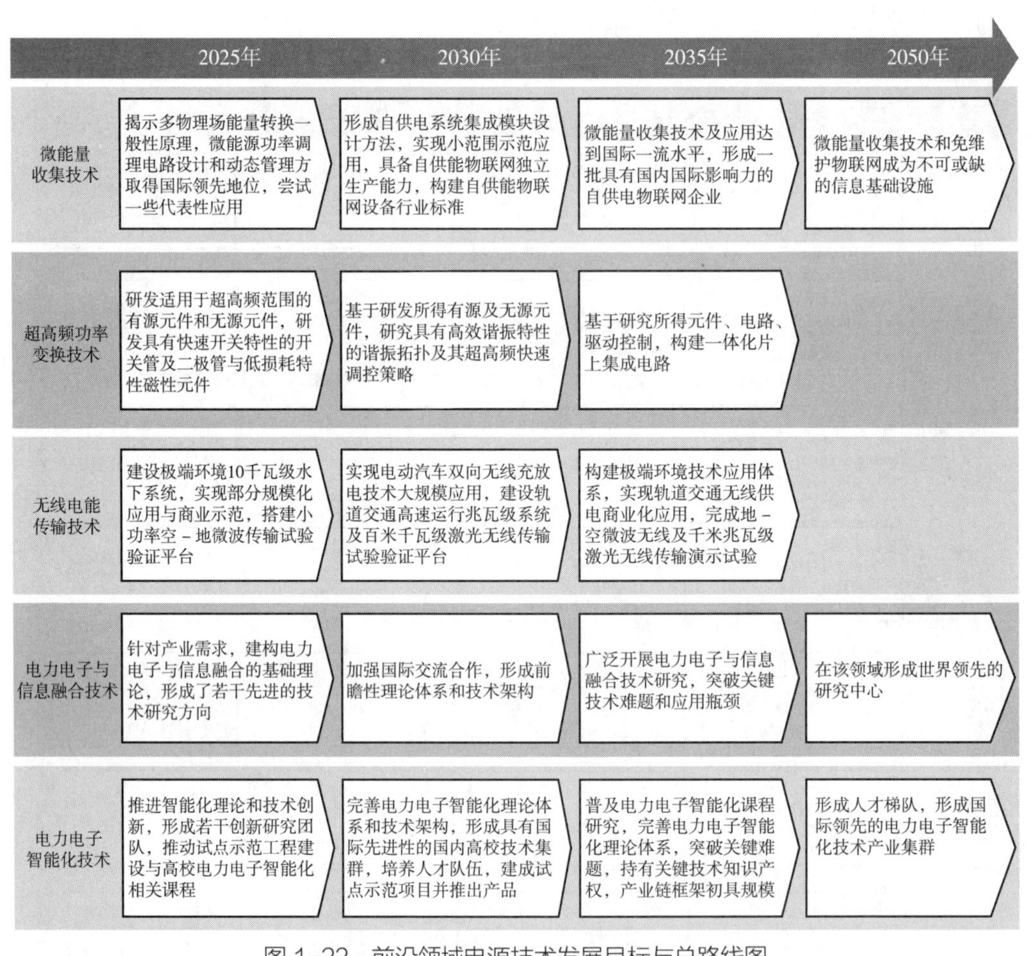

图 1–22　前沿领域电源技术发展目标与总路线图

实现微能量收集技术的可持续发展和突破，其首要任务在于从功能性的角度充分验证微能量收集技术在自供能物联网方面的优势。在此基础上，在纵向技术层面，可以深入探讨技术细节，深化技术内涵。在横向应用的层面，贯彻先抓功能、后再优化能量变换的思路，开拓更多的应用方向。超高频功率变换技术的发展目标包括研发适用于超高频条件的半导体器件及磁芯材料，研发适用于超高频条件的高效谐振功率变换拓扑及驱动控制策略，研发适用于超高频条件的封装与集成技术，最后实现高效率、高密度的超高频变换一体化片上集成系统。

无线电能传输技术对于城市电气化交通、空天装备、深海电气装备等安全灵活供电发挥着巨大的作用。未来将重点发展无线电能传输新原理与新方法方面的前沿探索性研究，包括面向复杂极端环境应用的无线电能传输技术、电动汽车与电网互动关键技术、大功率轨道交通无线牵引供电、高功率远距离微波无线电能传输研究及激光无线电能传输等研究。

电力电子与信息融合技术和电力电子智能化技术都属于电源领域的前沿探索性研究。需要继续完善其理论体系，培养一批拔尖人才，推动与实现相关产业前瞻性技术布局，奠定国际领先地位。

附录

“十三五”以来电源行业相关国家级支撑政策简表

公布时间	政策名称	政策文号	相关政策关键词
2016 年 5 月	国务院办公厅关于印发促进科技成果转移转化行动方案的通知	国办发〔2016〕28 号	新能源、新能源汽车
2016 年 8 月	国务院关于印发“十三五”国家科技创新规划的通知	国发〔2016〕43 号	半导体照明、新型功率器件、能源互联网、电池与电池管理、电机驱动与电力电子
2016 年 11 月	国务院关于印发“十三五”控制温室气体排放工作方案的通知	国发〔2016〕61 号	新能源、新能源汽车
2016 年 12 月	国务院关于印发“十三五”生态环境保护规划的通知	国发〔2016〕65 号	照明、新能源、新能源汽车
2016 年 12 月	国务院关于印发“十三五”国家战略性新兴产业发展规划的通知	国发〔2016〕67 号	新能源、新能源汽车、电力电子、半导体照明、轨道交通装备、新型充换电技术及装备
2016 年 12 月	国务院关于印发“十三五”国家信息化规划的通知	国发〔2016〕73 号	可再生能源、能源互联网
2017 年 1 月	国务院关于印发“十三五”节能减排综合工作方案的通知	国发〔2016〕74 号	新能源、新能源汽车、照明、变频调速、能量反馈
2017 年 1 月	国务院关于印发“十三五”国家知识产权保护和运用规划的通知	国发〔2016〕86 号	新能源

续表

公布时间	政策名称	政策文号	相关政策关键词
2017 年 2 月	国务院办公厅关于促进开发区改革和创新发展的若干意见	国办发〔2017〕7 号	新能源
2017 年 2 月	国务院办公厅关于创新农村基础设施投融资体制机制的指导意见	国办发〔2017〕17 号	清洁能源、分布式电源并网
2017 年 2 月	国务院关于印发“十三五”现代综合交通运输体系发展规划的通知	国发〔2017〕11 号	新能源汽车、大功率电力机车、新能源汽车充电设施建设
2018 年 7 月	国务院关于印发打赢蓝天保卫战三年行动计划的通知	国发〔2018〕22 号	清洁能源、新能源汽车、集中式充电桩和快速充电桩建设
2018 年 10 月	国务院办公厅关于印发推进运输结构调整三年行动计划（2018—2020 年）的通知	国办发〔2018〕91 号	新能源和清洁能源车辆、公共充电桩建设
2020 年 11 月	国务院办公厅关于印发新能源汽车产业发展规划（2021—2035 年）	国办发〔2020〕39 号	新能源汽车、动力电池与管理系统、驱动电机与电力电子、新型充电技术
2021 年 2 月	国务院关于加快建立健全绿色低碳循环发展经济体系的指导意见	国发〔2021〕4 号	新能源、新能源汽车、充换电基础设施建设

参考文献

[1] 辛保安. 积极构建新型电力系统　坚定不移走绿色发展之路 [R]. 北京：能源电力转型国际论坛. 2021.

[2] 国家能源局. 全国电力工业统计数据 [EB/OL].（2021-01-20）[2021-09-14]. http://www.nea.gov.cn/2021-01/20/c_139683739.htm.

[3] 胡家兵，袁小明，程时杰. 电力电子并网装备多尺度切换控制与电力电子化电力系统多尺度暂态问题 [J]. 中国电机工程学报，2019，39（18）：5457-5467，5594.

[4] 衣福全. 特高压换流站智能运检管控体系 [J]. 电力与能源，2019，40（2）：162-164，274.

[5] Hausler E.，Stein L.，Harbauer G. Implantable physiological power supply with PVDF film [J]. Ferroelectrics，1984，60：277-282.

[6] Liu Zhongtao，Zhong Zheng，Guo Yongxin. High-efficiency triple-band ambient RF energy harvesting for wireless body sensor network [C]. 2014 IEEE MTT-S International Microwave Workshop Series on RF and Wireless Technologies for Biomedical and Healthcare Applications

(IMWS-Bio2014). London, United Kingdom, 2014: 1-3.

[7] Sangkil K., Rushi V., Jo B., et al. Ambient RF Energy-Harvesting Technologies for Self-Sustainable Standalone Wireless Sensor Platforms[J]. Proceedings of the IEEE, 2014, 102(11): 1649-1666.

[8] Wang Jie, Wu Changsheng, Dai Yejing, et al. Achieving ultrahigh triboelectric charge density for efficient energy harvesting [J]. Natural Communication, 2017, 8 (88): 1-8.

[9] International Data Corporation. IDC Worldwide Quarterly Wearable Device Tracker [EB/OL]. 2020.https://www.idc.com/promo/wearablevendor.

[10] James Hayward. Wearable Technology Forecasts 2019—2029 [R]. Cambridge, United Kingdom: IDTechEx, 2019.

[11] David J. P., Hu Jingying, Juan M R., et al. Opportunities and challenges in very high frequency power conversion [C]. Proc. IEEE APEC. Washington, DC, USA, 2009: 1-14.

[12] Arnold K., Toke M. A, Peter K., et al. Evolution of very high frequency power supplies [J]. IEEE Journal of Emerging and Selected Topics in Power Electronics, 2014, 2 (3): 386-394.

[13] Guan Yueshi, Liu Chang, Wang Yijie, et al. Analytical Derivation and Design of 20MHz DC/DC Soft-Switching Resonant Converter [J]. IEEE Transactions on Industrial Electronics, 2021, 68 (1): 210-221.

[14] Kurs A., Karalis A., Moffatt R., et al. Wireless power transfer via strongly coupled magnetic resonances [J]. Science, 2007, 317 (5834): 83-86.

[15] He Xiangning, Wang Ruichi, Wu Jiande, et al. Nature of power electronics and integration of power conversion with communication for talkative power [J]. Nature Communications, 2020, 11 (2479): 1-12.

[16] 何湘宁，王睿驰，吴建德，等. 电力电子变换的信息特性与电能离散数字化到智能化的信息调控技术 [J]. 中国电机工程学报，2020，40 (5)：1579-1587.

[17] Zhao Bin, Zhang Xin, Huang Jingjing. AI algorithm-based two-stage optimal design methodology of high-efficiency CLLC resonant converters for the hybrid AC-DC microgrid applications [J]. IEEE Trans. Ind. Electron., 2019, 66 (12): 9756-9767.

[18] Meysam G., Mohammad H. K. IoT-Based DC/DC Deep Learning Power Converter Control: Real-Time Implementation [J]. IEEE Trans. Power Electron., 2020, 35 (12): 13621-13630.

[19] Wang Songda, Tomislav D., Gao Yuan, et al. Machine Learning Based Operating Region Extension of Modular Multilevel Converters Under Unbalanced Grid Faults [J]. IEEE Transactions on Industrial Electronics, 2021, 68 (5): 4554-4560.

[20] Jose O. G., Wu Ruizhu, Saeed J., et al. Performance and Reliability Review of 650 V and 900 V Silicon and SiC Devices: MOSFETs, Cascode JFETs and IGBTs [J]. IEEE Transactions on

Industrial Electronics, 2019, 67 (9): 7375-7385.

[21] Lin Hong, Ezgi D., Ana V. Power SiC 2019: Materials, Devices and Applications [R]. Lyon, France: Yole Deveploment, 2019.

[22] Omar H, Vladimir S. 1200V CoolSiCTM Schottky Diode Generation 5 [EB/OL]. (2016-02-22) [2021-09-14]. https://www.infineon.com/dgdl/Infineon-Introduction_to_CoolSiC_Schottky_Diodes_1200V_G5-AN-v01_01-EN.pdf?fileId=5546d4624e765da5014ee3e123b10335.

[23] ST Microelectronics. New generation of 650 V SiC diodes [EB/OL]. [2021-09-14]. https://www.st.com/resource/en/application_note/dm00075656-new-generation-of-650-v-sic-diodes-stmicroelectronics.pdf.

[24] Wolfspeed. Next Generation SiC MOSFETs Performance and Reliability[EB/OL]. (2016-08-18) [2021-09-14]. https://user.eng.umd.edu/~neil/SiC_Workshop/Presentations_2016/01%202016_Aug_18%20Wolfspeed_Hull%20--%202016%20MOS%20Workshop.pdf.

[25] GeneSiC. Silicon Carbide Switches in Emerging Applications [EB/OL]. (2015-09-17) [2021-09-14]. https://www.psma.com/sites/default/files/uploads/tech-forums-semiconductor/presentations/16-silicon-carbide-switches-emerging-applications.pdf.

[26] Infineon. A SiC MOSFET for Mainstream Adoption [EB/OL]. (2017-12-05) [2021-09-14]. http://files.iccmedia.com/events/powercon17/munich_07_infineon.pdf.

[27] 全球能源互联网发展合作组织. 中国 2030 年能源电力发展规划研究及 2060 年展望 [EB/OL]. (2021-03-27) [2021-09-14]. http://www.szguanjia.cn/article/1515.

[28] Matzen M. K. Z pinches as intense x-ray sources for high-energy density physics applications [J]. Physics of Plasmas, 1997, 4 (5): 1519.

[29] Jiang Weihua, Oshima N., Yokoo T., et al. Development of Repetitive Pulsed Power Generators Using Power Semiconductor Devices [C]. Pulsed Power Conference. Monterey, CA, USA, 2005: 1167-1172.

[30] Surender K. S., Deb P., Shukla R., et al. Compact pulse forming line using barium titanate ceramic material [J]. Rev Sci Instrum, 2011, 82: 115102.

[31] Redondo L. M., Pereira M. T. Repetitive all solid-state pulse Marx type generator with energy recovery clamp circuit for inductive loads [C]. 16th IEEE International Pulsed Power Conference. Albuquerque, NM, USA, 2007: 711-715.

[32] H. Takano, J. Takahashi, T. Hatakeyama, et al. Feasible characteristic evaluations of resonant tank PWM inverter-linked DC-DC high-power converters for medical-use high-voltage application [C]. Proc. IEEE APEC. Dallas, TX, USA, 1995, 2: 913-919.

[33] J. Sun, H. Konishi, Y. Ogino, et al. Series resonant high-voltage PFM DC-DC converter with voltage multiplier based a two-step frequency switching control for medical-use X ray power generator [C]. Proceedings IPEMC 2000. Beijing, China, 2000, 2: 596-601.

[34] 程时杰，袁小明，陈小良．电力电子化电力系统动态问题技术报告 [R]．2016.

编写组

组　长：徐德鸿

副组长：张　磊　李武华

成　员：高　勇　袁小明　李永东

　　　　谢少军　邓建军　杜　雄

第2章

功率元器件及模块产业与技术发展路线图

1. 导　言

本章将重点概述功率元器件及模块产业与技术路线图，回顾二极管、晶闸管、Si 金属－氧化物半导体场效晶体管（MOSFET）、绝缘栅双极型晶体管（IGBT）、SiC MOSFET、GaN 器件、封装与模块、电源管理芯片和磁性元件的应用现状，并展望相关技术发展趋势。分析功率元器件及模块的发展需求和存在问题，提出在产业和技术上的发展愿景与目标。通过该路线图，期望能为更好地规划未来功率元器件及模块的产业与技术发展提供参考。

1.1　发展功率元器件及模块产业与技术的战略意义

碳达峰和碳中和的战略目标要求我国必须加快推进节能减排进程，实现能源的高效开发和能量的高效利用。为实现该目标，高效电力电子变换成为电源及电能变换系统的必然选择。功率元器件及模块在电能转换过程中可以灵活控制能量流动，实现能量的高效利用，成为功率变换器中核心元件。随着宽禁带材料和器件的发展，高压、大电流、高速的器件性能使得功率变换系统能耗进一步降低。在节能环保政策的引领下，新能源产业和低碳应用将持续扩大规模，发展功率元器件及模块产业与技术将成为推动碳达峰、碳中和的核心动力。

2015 年，国务院发布《中国制造 2025》重点领域技术路线图，其中明确提出将先进轨道交通装备、电力设备、节能与新能源汽车、海洋工程装备、航空航天装备等列为突破发展的重点领域，而功率半导体是电力设备、轨道交通以及新能源等领域技术升级的关键。2019 年以前国际功率半导体器件市场保持较高增速，2019 年以后受中美贸易争端、全球经济下行压力增加等因素影响，增速明显放缓，如图 2-1（a）所示。在新的国际形势下，突破前沿尖端技术成为国内的首要任务。能源、电气化交通、工业驱动与供电、信息系统与供电、特种电源等应用领域使中国拥有最大的功率半导体市场。与先进的微电子工艺相比，功率半导体在国内具备更坚实的技术和产业基础，功率芯片的需求在国内持续快速增长，如图 2-1（b）所示。

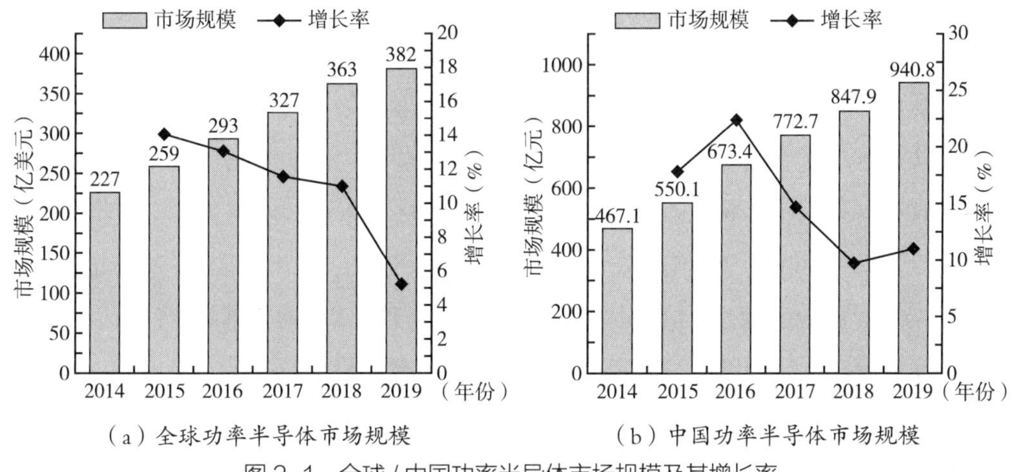

（a）全球功率半导体市场规模　　（b）中国功率半导体市场规模

图 2-1　全球 / 中国功率半导体市场规模及其增长率

数据来源：微电子制造《全球及中国功率半导体行业市场发展现状与中国市场特点分析》

1.2　功率元器件及模块产业与技术路线图的涉及范围

功率元器件及模块是电力电子装置实现电能转换、电源管理的核心器件，广泛应用于传统的工业控制领域和 4C（通信、计算机、消费电子、汽车）领域，并且随着“碳达峰、碳中和”目标的提出以及宽禁带材料和工艺技术的不断发展，开始进入新能源、轨道交通、智能电网、变频家电等诸多市场。

功率元器件及模块按照器件类型可以分为二极管、晶闸管、金属 - 氧化物半导体场效应晶体管（MOSFET）、绝缘栅极双极晶体管（IGBT）等。二极管是最早和最简单的功率器件，发明于 20 世纪 30 年代，起初用于工业和电力系统。二极管起初是由 P 区和 N 区组成的单向导电结构，直到后来开发了 PiN、肖特基势垒二极管（SBD）等结构以满足不同耐压和损耗要求；到了 60—70 年代，半控型的晶闸管凭借体积小、节能的优势迅速发展，在 80 年代发展相对成熟，至今始终是容量最大的功率器件；80 年代之后，MOSFET 的工作频率达到了兆赫，大大提升了电力电子系统的功率密度，正式进入了高效电能变换时代；90 年代，IGBT 兼具双极结型晶体管（BJT）的大功率和 MOSFET 的高频化性能，占据功率器件市场越来越大的份额，成为当今电力电子行业的“CPU”。按照控制信号对功率端控制能力可以分为不可控器件（二极管）、半控器件（晶闸管）和全控器件［MOSFET、IGBT、集成门极换流晶闸管（IGCT）、门极可关断晶闸管（GTO）等］。

功率元器件及模块按照材料类型可以分为硅（Si）基器件、砷化镓（GaAs）基器件、碳化硅（SiC）基器件、氮化镓（GaN）基器件、氧化镓（Ga_2O_3）基器件、金刚石基器件等。Si 材料是第一代半导体材料，属于间接带隙、窄带隙，从 20 世纪 50 年代起至今构成了绝大部分功率器件的基础；GaAs 是第二代半导体材料，具有很高的电子迁移率，适用于高频低噪声的通讯领域；SiC 材料和 GaN 材料是第三代半导体材料，属于宽禁带材料，禁带宽度在 3.3~3.4eV 之间；Ga_2O_3 和金刚石材料属于超宽禁带材料，其禁带宽度达到 5eV 以上。更宽的禁带宽度使得以此为基础的器件可以工作在更高温度、更高电压和更快的速度，成为目前最具潜力的功率器件。

为了实现功率器件的保护和可靠连接，需要性能优良的导电和导热材料和结构设计，即功率器件的封装技术。为了充分发挥功率器件尤其是宽禁带功率器件的性能，从封装材料、封装工艺和封装结构上开发了不同的封装技术。

电源管理芯片和磁性元件是功率器件完成电能转换的关键元件。电源管理芯片指功率开关器件的驱动芯片、脉冲宽度调制（PWM）控制芯片、脉冲频率调制（PFM）控制芯片、PWM-PFM 控制芯片和监控芯片等集成电路的总称，此外，包含功率开关、驱动及控制的单片集成电路也归为电源管理芯片。磁性元件是功率变换器必不可少的最重要的无源器件，起到电气隔离、交流变压、直流滤波、交流谐振和噪声抑制的作用。开关频率高频化的重要作用之一是降低磁性元件的体积，但同时也对磁性元件技术带来了更大的挑战。

本路线图包含的功率元器件及其应用分布如图 2-2 所示，从电流 - 电压和功率 - 频率两个方面对比它们之间的关系。上述涉及的功率器件在各个应用领域发挥重要作用，是某些大电流、高电压或高频应用不可替代的元件。宽禁带功率半导体器件在高压和高频领域具有明显的性能优势，未来有望成为功率器件的主导。

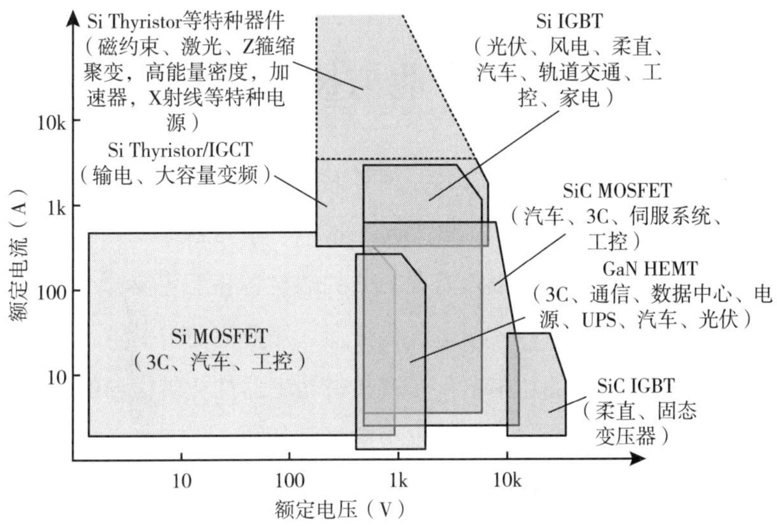

（a）功率元器件及模块电压－电流范围和应用分布

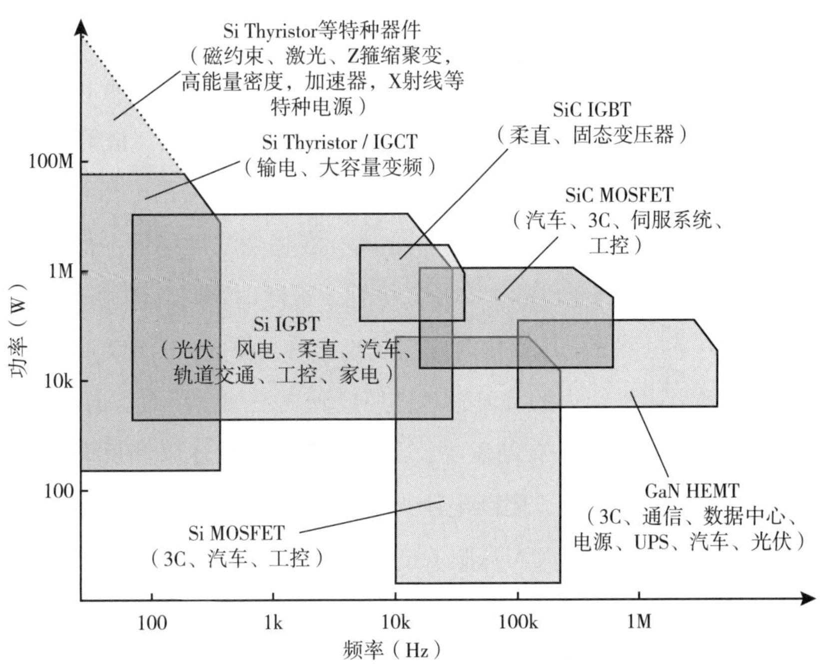

（b）功率元器件及模块功率－频率范围和应用分布

图 2-2　不同功率元器件的应用领域

2. 功率元器件及模块产业与技术的发展现状与趋势

我国二极管、晶闸管等器件发展已经相对成熟，与国际水平相差不大，MOSFET、IGBT、SiC MOSFET、GaN 器件等发展十分迅速。但是，这些功率元器件及模块的高端产品与国际水平仍存在较大差距，需要突破尖端材料和工艺技术。能源系统等大功率应用需要万伏千安的功率器件，而电气化交通、工业驱动与供电、信息系统供电等领域需要高频、高功率密度的功率器件，宽禁带功率器件凭借优异的性能在这些领域快速抢占传统器件的市场地位。我国占据全球最大的功率元器件及模块市场，供应能力却不及欧洲、日本和美国龙头企业，需要加大研发力量和人员投入。

2.1 功率元器件及模块产业与技术的发展现状

2.1.1 二极管

电力电路中二极管称为电力二极管，基于其正向导通和反向截止的特点，按照结构可以分为 PiN 二极管和 SBD，按照材料可以分为硅二极管、锗二极管和 SiC 二极管，在功率变换中主要起整流和续流的作用。PiN 二极管为了承受高电压和大电流，在高掺杂的 P 型半导体和高掺杂的 N 型半导体之间存在掺杂浓度接近本征半导体的低掺杂 N 型漂移区（基区），因此也称为 PiN 二极管。虽然电导调制作用降低了电力二极管的正向压降，但是也使其电压反向时内部载流子的去除变得困难，形成较大的反向恢复电流。并且随着阻断能力的提升，基区厚度随之增加，从而正向压降变得很大。SBD 由金属和半导体形成，没有结压降，具有很低的正向压降和反向恢复电流。但是该结构导致反向漏电流很大，阻断电压无法做到很高。SiC 二极管凭借材料特性可以实现更薄的基区厚度，因此大大降低了正向压降和反向恢复电流。而且，为了解决 SBD 高漏电的问题，国际主流 SiC 二极管将 SBD 结构和 PiN 结构结合，形成 Merged PiN Schottky（合并后的 PIN/ 肖特基，以下简称“MPS”）、Junction barrier Schottky（结势垒肖特基，以下简称“JBS”）等结构的 SiC 二极管，同时实现低压降和高阻断能力。

以威世（Vishay）、罗姆（Rohm）、STMicroelectronics 等二极管龙头企业开发了新型结构以突破二极管性能，如 Si Trench MOS Barrier Schottky（TMBS）整流管、Fast Recovery Epitaxial Diode（FRED）Pt 超快恢复二极管、Emitter Controlled Diode、SiC Merged PiN Schottky（MPS）二极管等产品，通过代系更新，实现 Si SBD 最低压降达

0.21V、Fast Recovery Diode（FRD）最短反向恢复时间（t_{rr}）达 13ns、SiC MPS 最低压降达 1.25V。英飞凌凭 200~9000V/56~8400A 产品占据高压大功率二极管主要市场。国际上二极管的市场竞争格局比较分散，排名前 5 的二极管厂商市场占比均不超过 10%。二极管和整流桥的芯片制造环节具有明显的规模效应，龙头企业规模扩大后会挤占掉小型厂商的生存空间。

我国 Si SBD 和 FRD 与国际水平相差不大，但产能不足。台湾半导体股份有限公司和敦南科技已经开发出具备国际水平的 Trench Schottky 技术，最低压降达 0.24V，可以提供最小 t_{rr} 为 18ns 的 FRD。我国 SiC 二极管起步较晚，但头部公司技术实力接近国际水平，与国际厂商的差距主要在产业规模上。我国大厂可以提供 650~1700V 的 SiC SBD 二极管，最低压降 1.5V，最小总电容电荷 6nC。株洲中车主要提供高压大功率的整流管和 FRD，电压和电流范围 1400~8500V，400A~12kA。我国引进了先进的厚膜外延设备，厚膜外延制备技术不断发展，已经研制了 17kV 的 PiN 二极管，接近国际水平。功率二极管是国内发展较好、国产率较高的功率半导体器件，其市场份额重心正逐渐从国际大厂向中国（包含台湾地区）转移，已基本完成国产替代。国内技术门槛较低，人力成本低，享有半导体行业政策支持，国内厂商大部分是集成器件制造（IDM）模式，质量控制比较严格，更具竞争力，进口替代空间大。

二极管的上游供应商和下游应用都很分散，SBD 主要用于低功率家电和通信领域，FRD 主要用于电机驱动和供电，整流桥主要用于光伏和工业控制，SiC 二极管主要用于光伏、电动汽车、交流电机驱动和功率因数校正等高端电源市场，高压大功率的整流管主要用于牵引传动、电机驱动和工业变流器，高压大功率的 FRD 主要用于大功率变流器、电机驱动和柔性交流输电。二极管在以上领域占比超过三分之二。

2.1.2　晶闸管

晶闸管为一类拥有 PNPN 四层结构的半导体器件，具有高耐压、通流能力大的特点，可分为晶闸管（SCR）、GTO、门极可换流晶闸管（GCT）以及 IGCT 等，功率放大倍数可以达到数十万倍以上。从电能变化与调节方面看，晶闸管可以实现 AC-DC、DC-AC、AC-AC、DC-DC 以及变频等各种电能的变换和大小的控制。SCR 是最早出现的一种半控型晶闸管，其显著的缺点则是其开通速率慢。门极可关断晶闸管（GTO）是一种具有自关断能力的全控型晶闸管，具有高电压阻断能力、通流能力大的特点。但是在其关断过程中会出现电压尖峰和拖尾电流，从而产生巨大的功耗，从而限制了 GTO 在高频场合的应用。门极可换流晶闸管（GCT）和集成门极换流晶闸管（IGCT）则是在 GTO 的结构和驱动电路上进行了改善，减小了关断时间，仅为 GTO 的 1/10。由于其关断时将电流瞬间换流到门极电流，使器件关断，关断增益为 1，而 GTO 通常为 3~5。随着 SiC 材料的兴起，晶闸管器件的特性也得到了改善，如 SiC SCR 的 dv/dt 比 Si SCR 大 7 倍之多，SiC GTO 单只耐压能够达到 22kV。

目前国外领先的晶闸管制造厂商有意法半导体（STMicroelectronics）、安森美半导体（ON Semiconductor）、日立 ABB（Hitachi-ABB）、英飞凌（Infineon）、广颖电通（Silicon Power）等。STMicroelectronics 的 SCR 具有抗静态和换向浪涌以及瞬变的能力，在高达 150° C 的恶劣环境中也具有良好的性能。Hitachi-ABB 的晶闸管是全压接结构，具有高电流密度、低损耗的特点，同时参数具有高度的一致性。其推出的基于全压接结构的高压大电流双向晶闸管器件具有在高压软启动、电源管理等领域取代传统普通晶闸管的潜力。英飞凌公司的晶闸管器件采用了低温键合、类金刚石膜等技术，有效地提升了产品的稳定性、浪涌特性和长期可靠性。其光控晶闸管产品有着高 di/dt 能力和良好的开通特性。Silicon Power 公司主要生产各种大尺寸脉冲器件，推出的晶闸管包括脉冲功率电源专用系列，器件具有抗浪涌能力强、通态电流上升率指标高等特点。在晶闸管市场，四家龙头企业占据接近 40% 的市场份额，而晶闸管 70% 消费市场在亚太地区，如图 2-3 所示。

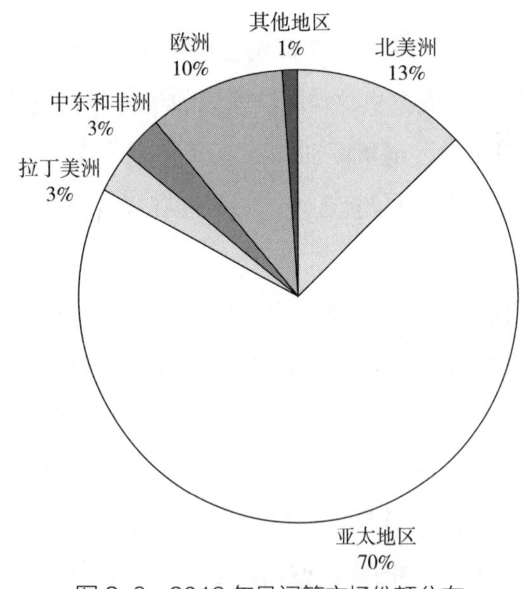

图 2-3　2019 年晶闸管市场份额分布

数据来源：恒州博智（QYR）电子及半导体研究中心

《2021—2027 全球与中国晶闸管市场现状及未来发展趋势》

晶闸管器件的国内代表厂商包括西安电力电子技术研究所、株洲中车、台基股份、瑞能半导体等。西安电力电子技术研究所相继引进了日立 ABB、西门子公司的超高压直流输电大功率电控和光控晶闸管制造技术，其生产的系列晶闸管在高压直流输电领域有广泛的应用。株洲中车拥有“设计－制造－封装”完整的 IDM 商业模式和“芯片－器件－装置－系统”完整产业链，产品应用覆盖轨道交通、智能电网、新能源汽车、光伏、风电、能源路由器、航空航天以及国防工业等广泛领域。台基股份主要经营快速晶闸管，近年来建设了高压晶闸管生产基地，推出了 4200V、6500V 等电压等级的主流器件，并且在中频感应加热、中高压启动等工业市场取得了推广应用。总体上，我国以晶闸管为代表的第一代半控电力电子器件的产业已经成熟，种类齐全，质量可靠，产品、技术水平已居世界前列，如 5 英寸 7200V/3kA 和 6 英寸 8500V/（4000~4750A）电控晶闸管以及 5 英寸 7500V/3125A 光控晶闸管已实现了产业化，并已经成功用于高压直流输电和无功补偿等领域。

2.1.3 Si MOSFET

Si 功率 MOSFET 是中小功率应用中常见的功率半导体开关器件，按芯片结构分为平面型、沟槽型、屏蔽栅沟槽（SGT）和超结结构（SJ），也是目前市场主流的 MOSFET 产品。平面型和沟槽型 Si MOSFET 主要用于低压领域，屏蔽栅沟槽 Si MOSFET 主要用于中压和低压领域，超结 Si MOSFET 主要用于高压领域。平面型结构下器件耐压取决于外延层的厚度和浓度，外延层越厚、掺杂浓度越高，器件额定电压越高，但其导通电阻急剧增大，损耗较高。为了进一步提高元胞密度并降低导通电阻，开发出沟槽工艺制作 Si MOSFET。屏蔽栅沟槽 Si MOSFET 是在传统沟槽结构上对沟槽挖深了 3~5 倍，在 PN 结垂直耗尽的基础上引入了水平耗尽，在采用同样掺杂浓度和厚度的外延层下，器件可以获得更高的击穿电压、更低的导通电阻和开关损耗。SJ 结构是在平面型结构的基础上开了一个低阻抗电流通路的沟槽，综合了平面结构高耐压和沟槽结构低电阻优点，实现了关断状态下外延层低掺杂、保证耐压水平、开通状态下外延层高掺杂和实现低导通电阻。Si MOSFET 封装形式主要分为分立式、表面贴装式和模块式。

从市场份额看，MOSFET 几乎都集中在国际大厂手中，目前国际主流 MOSFET 厂商包括英飞凌（Infineon）、安森美半导体（On Semiconductor）、意法半导体（STMicroelectronics）、东芝（Toshiba）、瑞萨（Renesas）、威世（Vishay）、万代半导体（AOS）、MagnaChip、力特（Littlefuse）等。2013 年 Renesas 公司率先退出中低压 MOSFET，其他厂商也纷纷开始向毛利率较高的高压 MOSFET 领域转型。产能方面，受 8 英寸晶圆产能吃紧的影响，英飞凌积极拓展 12 英寸功率半导体生产线，有效提高产能，解决 8 英寸晶圆供给不足的问题。

Si MOSFET 国内外差距缩小，同时国外厂商逐步退出中低端市场，国产厂商有望承接市场份额。MOSFET 在工艺线宽、器件结构、生产工艺三个层面的技术变化放缓，随着国内企业在产线建设、产品开发方面速度加快，国内外差距将明显缩窄。在产业链下游，2019 年我国 MOSFET 应用分布情况如图 2-4 所示。5G 和汽车电动化给 MOSFET 带来基站电源、快充等新增需求。目前国内 Si MOSFET 市场国产厂商占据份额较少，国产替代空间巨大。国内 MOSFET 生产厂商众多，以杭州士兰微、扬杰科技、新洁能等厂商为主。中低压（小于 100V）范围以手机、数码相机、电动自行车为主；高压（大于 500V）应用领域包括 LCD 显示器、电热水器、背投电视、车灯、电焊机、变频器为主。生产方式仍以 IDM 模式为主，前端晶圆制造能力和后端封装能力是构成产品附加值的核心。

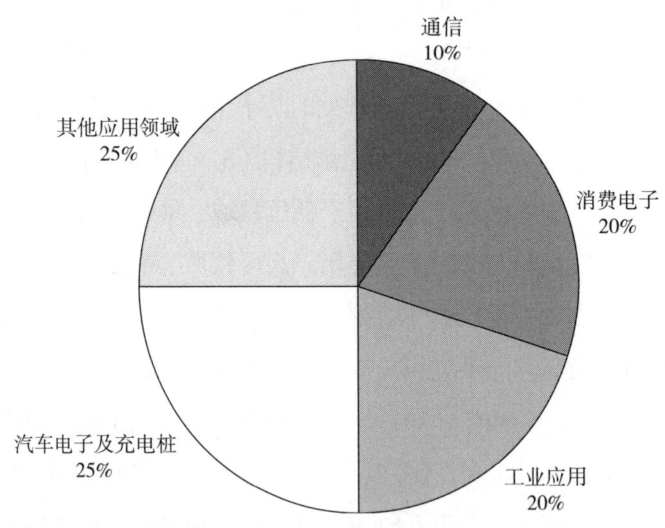

图 2-4 我国 Si MOSFET 产业链下游分布情况

数据来源：头豹研究院 . 2019 年中国 MOSFET 行业概览

2.1.4 IGBT

IGBT 作为一种复合器件，输入级是 MOSFET，输出级是 BJT，兼具两者的优点：高输入阻抗、电压控制、驱动功率小、安全工作区宽等。但是由于各自的缺点，饱和压降和开关速度性能介于两者之间。按照富士电机（Fuji Electric）和三菱电机（Mitsubishi Electric）的标准，对 MOS 部分和体区部分进行结构优化，实现 7 代技术升级，如表 2-1。

表 2-1　IGBT 技术发展

代系	MOS 结构 + 体结构	芯片面积（相对值）	工艺线宽（相对值）	饱和电压（V）	关断时间（μs）	功率损耗（相对值）	断态电压（V）	年份
1	平面 + 穿通	100	5	3.0	0.5	100	600	1988
2	改进平面 + 穿通	56	5	2.8	0.3	74	600	1990
3	沟槽 + 穿通	40	3	2.0	0.25	51	1200	1992
4	平面 + 非穿通	31	1	1.5	0.25	39	3300	1997
5	平面 + 场截止	27	0.5	1.3	0.19	33	4500	2001
6	沟槽 + 场截止	24	0.5	1.0	0.15	29	6500	2003
7	微沟槽 + 场截止	20	0.3	0.8	0.12	25	7000	2018

数据来源：方正证券《IGBT 功率半导体研究框架——深度报告》

最新的 IGBT 产品主要是对结构的优化，如英飞凌的新型微沟槽（MPT）结构、三菱电机的 Carrier Stored Trench Bipolar Transistor（CSTBT）技术、富士电机的沟槽栅－漂移层－场截止层优化技术、日立 ABB 的软穿通（SPT）技术和升级版软穿通（SPT^{+}/SPT^{++}）技术、安森美半导体的 Narrow Mesa 技术、逆导型 IGBT 等，实现了静态、动态和可靠性的提升。封装优化设计是突破 IGBT 性能极限的重要发展方向，如三菱电机的无基板焊接的智能功率模块（IPM）封装技术、富士电机的低热阻高可靠 AlN 基板、安森美半导体面向汽车的双面散热技术、日立 ABB 独特的弹簧式压接封装技术、西码硬压接封装技术等，大幅提升了功率密度、散热效率和可靠性。SiC IGBT 已有 20 多年的研究基础，阻断电压和额定电流分别达到 27.5kV 和 20A，但是 SiC IGBT 的本征缺陷和不成熟的制造工艺决定了它还没有商用化应用。

国际上 IGBT 的市场竞争格局较为集中，五大 IGBT 龙头企业的市场份额超过 70%。IGBT 市场规模主要以模块为主，分立器件和 IPM 市场占比相差不大，如图 2-5（a）所示。IGBT 的应用范围覆盖能源系统、电气化交通、工业驱动与供电、信息系统供电、特种电源等大中小功率领域。按照市场规模，IGBT 产品以工业和汽车应用为主，总的占比超过一半，如图 2-5（b）所示。按照 IGBT 封装形式，分立 IGBT 产品主要应用于小功率工业控制、家用电子以及电动汽车领域，IGBT 模块主要用于大功率的工业控制、牵引、新能源系统等领域，IPM 产品主要为电机驱动提供功率与控制一体化方案。

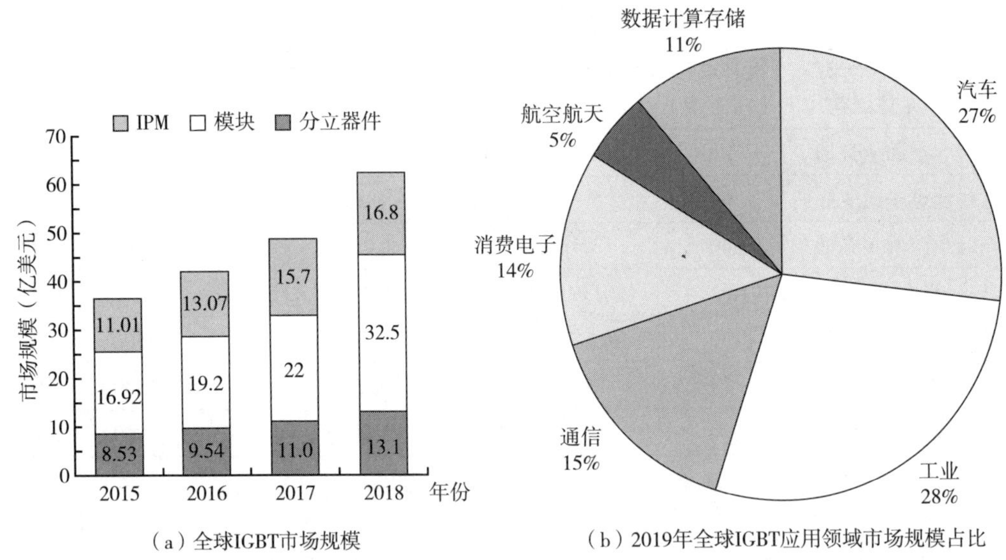

（a）全球IGBT市场规模
（b）2019年全球IGBT应用领域市场规模占比

图 2-5 IGBT 各类型市场规模和 IGBT 各应用市场规模

数据来源：方正证券《IGBT 功率半导体研究框架——深度报告》

IGBT 国产化产业链已经形成，车规级和 6500V 以上 IGBT 已成功下线。大部分国产 IGBT 主要以低压产品为主。株洲中车建成国内第一条 8 英寸 IGBT 生产线，第 5 代沟槽 MOS 技术的全电压等级产品主要面向轨道交通和电网领域。2018 年建成压接 IGBT 生产线，完成功率等级最高的 3kA/4500V 压接型 IGBT。比亚迪公司专注于新能源车应用，开发第 5 代 IGBT 技术，建成 8 英寸生产线后，有望打破国外 IGBT 行业垄断。斯达半导体 IGBT 模块市场份额占比 2.2%，跻身全球前十，已经开发第 6 代 IGBT 产品，第 7 代 IGBT 技术即将面世。2020 年，华虹半导体和斯达合作，将 8 英寸 IGBT 技术导入 12 英寸生产线，通过不到一年的研发时间在 12 英寸生产线上成功开发了 IGBT 晶圆生产工艺。“8+12 英寸”的四个工厂均通过 IATF 16949 汽车质量管理体系认证。目前，华虹半导体 12 英寸 IGBT 产出已超 1 万片晶圆，各项电气参数均保持优异水平。宏微科技 IGBT 模块产品已实现规模化生产，市场份额快速提升，芯片技术紧跟国际。全球能源互联网研究院有限公司完成了应用于柔性直流输电的换流阀和断路器的定制化压接型 IGBT 研制与应用示范。

但整个 IGBT 行业供需仍存在巨大缺口，且不断扩大，需要大量进口，国内企业市场份额普遍偏小，贸易摩擦前，国内企业无法积累大规模量产数据，在中低端市场方面，芯片外采比例逐步降低，自研比例逐步提升，海外周期性缺货和海内定制化服务带来国产替代的新机遇，已经实现部分国产替代；中高端市场方面，高压领域的技术壁垒较强，设计、制造、可靠性等核心技术掌握在欧洲和日本手中，90% 产品依赖进口。国内 IGBT 厂商 Fabless、代工和 IDM 商业模式共存，以 Fabless 模式为主。国内人工成本的优势难以弥补材料和技术上的高成本，加上国际高价格优势，国内毛利率低于国际。国内生产线大部分为 6 英寸，小部分为 8 英寸。国内 IGBT 市场主要来自工业驱动，占比 47%；其次为电气化交通和能源系统，分别为 40% 和 13%。其中，IGBT 需求增长主要来自电动汽车和新能源功率变换系统。

2.1.5　SiC MOSFET

SiC MOSFET 以 SiC 作为基材，具有低导通电阻、高阻断电压、高开关频率和高热导率优势。但器件沟道电阻增大，使驱动其导通的栅极电压增加，造成其短路电流远高于同等级硅器件。SiC MOSFET 的制造和封装工艺较传统 Si MOSFET 不成熟，制造成本较高。目前量产的 SiC MOSFET 结构是平面型和沟槽型，在 650~3300V 电压范围内形成成熟的产品技术。因沟道迁移率较低，对于电压等级为 650~1700V 的器件，SiC MOSFET 导通电阻中沟道电阻占比较大。采用沟槽型结构后，可以提高沟道密度和沟道迁移率，实现更低的导通电阻，增加了器件耐受短路能力。但沟槽结构下电场会集中在栅极沟槽底部，面临严峻的栅氧化物击穿问题，降低了器件长期可靠性。

SiC MOSFET 生产成本仍较高，主要是因高品质晶圆难以生产，科锐、Ⅱ-Ⅵ和 Norstel 是主要的 SiC 晶圆供应商，科锐在 SiC 晶圆市场占有率高达 60%。在晶圆代工领域，SiC 功率器件厂家基本上都拥有自己的晶圆厂，不会委外代工，以保持竞争力。在 SiC 产业链中，龙头企业经营模式以 IDM 模式为主，主要市场份额被英飞凌、科锐、罗姆和意法半导体占据，已经开发了额定电压 650~3300V、导通电阻 8~1000mΩ 的 SiC MOSFET 产品。英飞凌公司的 SiC MOSFET 独特的沟槽技术，确保器件具有高可靠性、较低开关损耗和导通损耗。罗姆公司第三代沟槽栅型 SiC MOSFET SCT3 系列，导通电阻比第二代平面型（DMOS 结构）产品小 50%，输入电容降低了 35%。此外，还研发出符合 AEC-Q101 标准的第四代 SiC MOSFET，进一步优化了双沟槽结构，提高了短路耐受时间。科锐旗下 Wolfspeed 部门推出了 WolfPACK 无底板模块系列，可增加效率和功率密度以满足中功率应用需求。前三代均为平面型产品，优化了外延层，减少了元胞尺寸，显著降低了导通电阻。安森美半导体公司最新产品可在 650V 击穿电压下实现同类最佳的品质因数。

国内 SiC MOSFET 起步较晚，SiC 产业链中，衬底材料厂商包括山东天岳、天科合达、河北同光晶体。外延厂商包括东莞天域半导体、厦门瀚天天成。器件厂商主要包括中电 55 所、积塔半导体、三安等。中电 55 所建立了国内领先水平的高压大电流 SiC MOSFET 器件研发平台，实现了 1.2kV/50A、1.7kV/50A、3.3kV/30A、6.5kV/25A 等器件的研制。在新能源汽车方面，国内厂商推出多款应用于新能源汽车电机驱动的 1200V 大功率 SiC MOSFET 产品，全 SiC 功率模块最高规格为 1200V/600A。国内的 SiC MOSFET 器件研发进度相对落后，工艺技术不成熟与器件可靠性是国内 SiC MOSFET 的主要问题。

2.1.6 GaN器件

GaN 功率器件有两种技术路线，一是基于异质衬底的横向导通结构 GaN 功率器件；二是基于本征衬底的纵向导通结构 GaN 功率器件。横向导通结构 GaN 功率器件的代表是 HEMT 器件，利用 AlGaN/GaN 异质结界面处形成的二维电子气沟道来降低器件导通电阻。但是，横向导通结构 GaN 功率器件的电极均在芯片的正面，芯片表面利用率低限制了其在较大电流应用中的竞争力，而且由于晶格常数和热膨胀系数的失配，导致器件存在动态电阻退化等可靠性隐患。2 英寸的低缺陷单晶衬底材料日益成熟，为纵向导通结构 GaN 器件的研发提供了机遇。与基于异质外延的横向导通结构 GaN 器件相比，纵向导通结构 GaN 器件的优势主要表现在：极大地提高器件耐压等级；规避了基于异质外延的横向导通结构 GaN 器件的动态电阻退化等难题；基于 GaN 单晶衬底的外延材料质量更高、缺陷密度更低，对表面陷阱不敏感，并可以以更小的芯片面积实现更高的耐压。

目前基于异质外延的横向导通结构 GaN 器件已经试验批量应用。在北美洲、欧洲和日本，GaN 开关器件已经形成一条从材料生长到器件设计到代工的新供应链。国际上横向导通结构 GaN 功率器件的产业化公司主要有英飞凌（收购美国 IR 公司）、松下、GaN Systems 等，已经开发了额定电压 15V~900V，额定电流 5A~100A 的 GaN-on-Si 功率器件产品。Transphorm 的 GaN 产品主要以 600V 为主，其 HEMT 器件为常开型，通过级联低压 Si MOSFET 实现常闭型。2013 年发布了第一批符合 JEDEC 标准的 600V Si 基 GaN 功率器件。EPC 采用 P-GaN 帽层开发常闭型器件。GaN Systems 通过岛状工艺技术以及以独有的封装技术实现 650V GaN 器件产品。纳微公司将横向导通结构 GaN HEMT 器件与逻辑和模拟电路单片集成，推出了 GaN 功率集成电路芯片产品，可以实现体积更小、更高能效和更低成本的功率集成技术。纵向导通结构 GaN 器件的研究主要以丰田、住友、松下等研究机构为代表。国际上报道了 1200~5000V、电流最大 400A 的纵向导通结构 GaN 器件以及 NextGen Power Systems 公司推出的 700~1200V 纵向导通结构 GaN JFET。

我国在横向导通结构 GaN 功率器件领域主要的研发机构包括香港科技大学、北京大学、浙江大学等，主要的产业化公司有苏州能讯、江苏能华、士兰微电子等企业。我国已实现了 650V 及以下电压等级的 GaN-on-Si 器件的产品化，英诺赛科首次开发出 8 英寸 Si 基 GaN 生产线，性能达到国际先进水平，市场份额在逐渐增长。我国在高压大功率纵向导通结构 GaN 功率器件方向的研究起步较晚，与美国、日本、欧洲等发达国家存在一定差距。但近年来，苏州纳维、中镓半导体等公司推出了 2~4 英寸单晶 GaN 衬底产品，为纵向导通结构 GaN 功率器件的研发奠定了材料基础，开发了 1200V 纵向导通结构 GaN SBD 和 1700V PiN 二极管。

GaN 器件的应用将主要针对中小功率应用领域（1kV 以下），例如低压信息技术（IT）、消费类便携电子、电动汽车车载辅助电源以及中小功率的工业领域光伏逆变器、UPS、马达驱动等。

2.1.7　封装与模块

功率元器件的封装以分立器件、模块和 IPM 为主。分立器件仅包含单只功率芯片，适用于低功率应用。模块将多个功率芯片按照一定的拓扑集成在一起，包括单面散热焊接模块、双面散热焊接模块和双面散热压接模块。IPM 将功率芯片、驱动电路、检测电路等高度集成，形成中小功率的智能模块。

高压模块中平面型封装是近年研究热点，具有功率密度大、寄生电感低、双面散热、失效短路等特点，非常适合于柔性直流输电等高压大容量换流装备。国内研发机构主要有株洲中车、全球能源互联网研究院等，已实现了 3300V/1500A 的批量样管，正在通过柔性直流换流阀和直流断路器进行考核。斯达半导体、士兰微电子、美的等企业都实现了 IPM 的量产，逐渐抢占变频家电的市场。

目前大多数 SiC 功率器件仅仅套用传统 Si 器件形式和规格，工作结温一般不超过 175℃，且杂散阻抗过大影响 SiC 器件高频特性的发挥。平面型封装可以降低寄生参数和实现双面散热，国内开展了平面型 SiC 模块产品封装技术的探索。只有 SiC 二极管、SiC MOSFET、SiC 二极管与 SiC MOSFET 构成的全 SiC 模块、SiC 结型场效应晶体管（JFET）与 Si MOSFET 混搭的混合模块，以及 SiC 二极管与 Si IGBT 构成的混合模块这五大类产品。封装类型包括分立器件、模块和混合模块，电压范围 600~1700V，电流范围 5.3~1200A。

此外，我国 SiC 功率模块封装的产业化水平也正快速发展，2018 年斯达半导体公司和宏微半导体公司分别开发了基于科锐、罗姆等公司芯片的 HP Drive 1200V/600A 模块，2019 年深圳基本半导体公司对 1200V/200A 车规级全 SiC 功率模块完成了工程样品开发。整体行业发展速度快，部分技术领域已经开始进入量产阶段。

2.1.8 电源管理芯片/磁性元件

电源管理芯片主要包括驱动芯片和 PWM 控制芯片。驱动芯片是 PWM 控制电路和功率开关器件之间的信号接口，完成逻辑电平到功率器件栅极电压之间的电平转换，并提供足够的驱动功率，还能通过栅极驱动电阻设定功率开关器件开通和关断的速度。PWM 控制芯片是检测功率电路的反馈信号，并根据设定的补偿方案或算法产生 PWM 控制脉冲，对功率电路实施控制的电路。国内外电源管理芯片厂商通过多次外延并购切入相关领域并拓展产品品类，以获得规模及技术优势。目前该市场主要被国外巨头如得州仪器、亚德诺、英飞凌等占据，市场集中度较高；国内虽已拥有士兰微、富满电子、芯朋微、上海贝岭、矽力杰等企业，但整体呈现“小而散”之格局，主要围绕家电、消费电子等中低端市场，与国际竞争对手相比在市场地位、销售规模、产品种类等方面均存在较大差距。

磁性元件在结构上是绕组（铜 – 电流）和磁芯（铁 – 磁通）的交链，在理论上受电磁场 Maxwell 方程组约束。但功率磁性元件集高频的磁场、电场以及热场于一体，且相互耦合影响，不仅内部存在着复杂的内在杂散参数影响，造成复杂的高频电气振荡和电磁干扰，而且存在外部电磁场泄漏，带来功率变换器中邻近器件的相互电磁耦合。磁性元件主要用在变压器、电感中，来发挥变压和降低电磁干扰（EMI）的作用，在电源中磁性元件的用量占 20%~25%。赣州超越精密电子、深圳柯爱亚电子、江苏利通电子、海光电子、顺络电子等公司的变压器、线圈、电感等磁性元件产品产销量持续增长，赣州超越精密电子全部外销欧美日和中国台湾地区等市场。数据显示，超过 80% 的企业实现分段自动化水平，但是只有 7.75% 的企业实现数字化转型，市场分散和产能利用率低是国内磁性元件制造的痛点。

2.2 功率元器件及模块产业与技术的发展趋势

2.2.1 二极管

国际 SiC SBD 技术更新速度快，以科锐和英飞凌为代表的 SiC MPS 二极管已经发展到第六代，新一代的产品技术将向高压产品延伸。3.3kV 的 SiC SBD 也已经商品化，未来万伏级 SiC 二极管将实现商品化，最终将取代 Si 基 PiN 功率整流管。2012 年 SiC 二极管成本是 Si 基二极管的 5~7 倍，2020 年为 4~5 倍，未来 5 年内有望成本下降到 Si 基二极管的 2 倍。SiC 二极管将不断扩大产能，4 英寸晶圆将退出市场，6 英寸和 8 英寸晶圆成为主流。

目前功率二极管及整流桥产业市场格局相对分散，从分散走向集中是大势所趋。Si SBD 和 FRD 的产品升级主要是内部结构的优化，Trench 型的 SBD 有望在低压领域成为主流二极管。FRD 的优化目标是匹配最新的 IGBT 产品。中国（含台湾地区）厂商凭借低成本优势以及产业扶持政策逐步占据市场，成为功率器件中率先突破的子领域，有望率先实现国产替代。二极管产业供需紧张，上游材料价格上涨和下游汽车、电控应用二极管用量增加。电动汽车和太阳能转换器将会是 SiC 二极管的主要细分市场。

2.2.2　晶闸管

晶闸管的发展主要朝着开关效率高、控制特性好、寿命长、体积小、功能强以及重复频率高等方向。在电网和脉冲功率等应用领域，晶闸管的发展也会沿着不同的路径：随着未来电网的发展，直流电网限流器和模块化多电平的应用越来越广泛，晶闸管类衍生器件 IGCT 具备导通损耗低、抗电流浪涌能力高的特点，电网中将逐步出现基于 IGCT 的模块化多电平变换器、直流变压器以及直流断路器。为了适应电网电压等级越来越高的发展趋势，IGCT 的 I_{TGQM} 达到 10kA，开关频率达到几千赫，功率容量将会不断提升。在脉冲功率领域中，强调开关的开通速率、高 di/dt 以及高 dv/dt；还需要有较高的重复频率能力，关键在高功率脉冲产生时会伴随着强电磁脉冲辐射，这对开关器件的高功率、速率、抗电磁干扰能力等性能有着更高的要求。随着材料的不断发展，基于 SiC 的晶闸管也将逐步登上应用的舞台。

由于 IGBT、MOSFET 等新型功率半导体器件发展，晶闸管在全球和中国的市场规模呈现下降趋势。未来晶闸管在市场所占比重可能会进一步下降，但是由于晶闸管有着其独特的优势，最终可能会逐渐趋于稳定，如图 2-6 所示。目前 70% 以上的晶闸管产品需要进口，未来几年国产替代进口的空间很大。

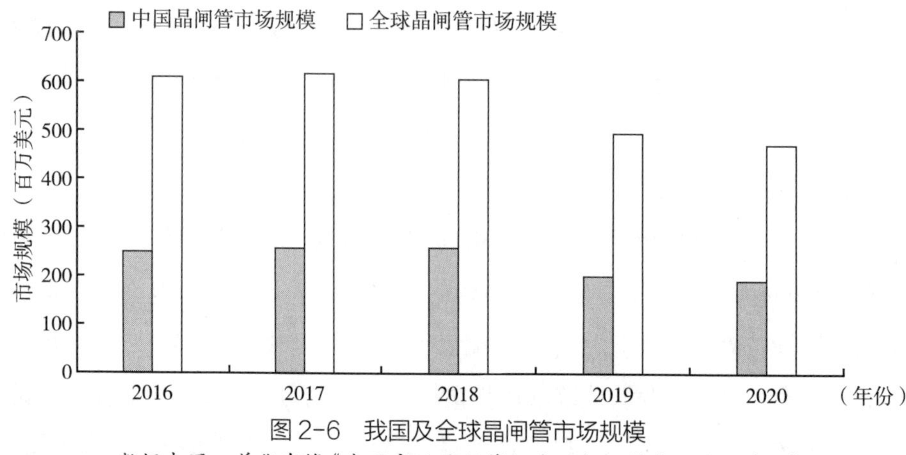

图 2-6 我国及全球晶闸管市场规模

数据来源：普华有策《我国高端晶闸管领域崛起，将实现进口替代》

2.2.3 Si MOSFET

Si MOSFET 的整体发展趋势是尺寸缩小、损耗降低、集成度提高。工艺方面，开发专用工艺技术，包括深槽工艺结构、超薄圆片结构、背面扩散技术及多层连接技术。材料方面，发展宽带隙材料的 SOI MOSFET 结构，以支持其在高温下运行。

随着 GaN 器件在消费类快速充电器中的渗透，Si MOSFET 的市场份额会下降，但到 2026 年，Si MOSFET 市场预计仍将达到 94 亿美元。MOSFET 需求增加的主要驱动力是工业应用。在中低压功率 MOSFET 无法通过价格上涨创造更高利润的情况下，建设 12 英寸的工厂，利用成本优势贡献毛利率。Si MOSFET 受益于成熟的基础设施和工艺，完成 12 英寸硅晶圆过渡后，其管芯成本将进一步降低，使 Si MOSFET 广泛应用于中低功率场合。在新能源汽车的发动机启停系统、电动车窗雨刷等低压控制器中都会用到 Si MOSFET，国内企业可通过增加投资和提高设备性能来扩大市场份额。

2.2.4 IGBT

IGBT 产品已经开发到第 7 代，体区从穿通、非穿通发展到场截止技术，栅极从平面栅发展到沟槽栅。新一代产品通过优化芯片结构和参数来不断提升器件性能，如提升阻断电压、减小芯片面积、正向压降、关断时间、开关损耗等，如表 2-1。但是，这些性能已经接近 Si IGBT 材料极限，在未来，一方面面向超结 IGBT 等新结构发展，另一方面产品升级从芯片设计转移到封装优化上。首先，低压的超结 IGBT 向高压超结 IGBT 过渡，将实现 IGBT 性能新的突破；其次，逆导型 IGBT 技术不断提升，在 SiC 材料、工艺问题和价格问题无法短时间解决的情况下，逆导型将进一步提升 IGBT 的市场地位；最后，双面散热的 IGBT 模块应用更加广泛，直接带动 IGBT 向高温和高频方向发展。

在 3~5 年内国产替代是核心矛盾，国产替代的应用领域从可靠性要求低、低电压的变频家电和传统工业，逐步向可靠性要求高、中高电压的新能源变电、汽车领域过渡。半导体公司逐渐从虚拟 IDM 模式向国际主流 IDM 模式转变，国内半导体公司加快自主产品技术研发，以低价换市场以求突围。随着功率变换系统效率、功率、电压等性能提升的需求，SiC 材料开始向 IGBT 各产业渗透，低压领域的 IGBT 将最先面临 SiC MOSFET 的竞争，之后扩展到高压领域的 IGBT。

2.2.5　SiC MOSFET

国内厂商未来应加快研发沟槽型结构以提供更高参数的 SiC MOSFET，以期在中高端应用中率先实现国产替代。降低元胞尺寸，改善 SiC/SiO_2 界面特性，降低沟槽底部氧化层电场强度是未来 SiC MOSFET 改进器件性能的发展趋势。目前国内厂商所提供的电压等级较为单一，未来应增加 SiC MOSFET 产品系列，增加同一电压等级下导通电阻、额定电流的选择范围，覆盖更多的应用场合。SiC MOSFET 最早实现替代的领域应是发挥其优势的应用场合，如高电压、高频、高温等工况。SiC MOSFET 必须依赖封装才能正常工作在实际电路中，封装应尽量降低对芯片参数的影响，材料和布局应避免引入干扰因素以保证芯片的安全可靠运行。发展趋势总体来看，一是提高工艺成熟度与器件可靠性，二是研发和优化新型器件结构以提高产品电压和电流等级。

SiC MOSFET 生产环节包括衬底制备、外延和器件制造封测三个步骤。SiC 衬底是制作 SiC MOSFET 非常重要的材料，国内厂商仍应持续改进晶体生长工艺以提供更大尺寸和更高质量的衬底。在终端应用方面，SiC MOSFET 的发展将带动新能源汽车、光伏、风电和高铁等产业发展。未来持续改进衬底制备工艺，提供稳定的大尺寸碳化硅衬底在降低 SiC MOSFET 成本方面非常重要。1000~1500V 母线电压架构下的光伏逆变器将推动 1200V 和 3300V SiC MOSFET 发展，380V 数据中心将推动 1200V 电压等级产品发展，搭载 400~750V 电机的电动汽车对 1200V 器件也有很大需求。在产业链合作方面，科锐、罗姆、意法半导体、英飞凌等厂商已经与汽车、电力装备和电源等公司成为合作伙伴。国内厂商未来应积极完善产业链布局，与上游衬底供应商建立长期供货协议，保证 SiC 衬底的持续供应，与下游应用企业推进合作、绑定需求，占领市场份额。随着国产替代进行，未来国内厂商也会有更多试用、反馈和改进的机会。

2.2.6 GaN器件

（1）GaN 材料

根据国家产业和市场发展需要，重点解决 Si 衬底 GaN 材料中降低缺陷和杂质相关的科学问题，在大尺寸 Si 衬底上实现低翘曲、无龟裂、高耐压 GaN 材料的外延生长，并进行工程化和系统化研究，为产业化生产提供成熟配套的材料技术和先进工艺及成套国产化装备。Si 衬底异质外延 GaN 材料未来的发展重点将集中在以下三个方面：以降低成本为目标的 8~12 英寸 Si 基 GaN 外延生长技术、以提高耐压为目标的厚膜化 Si 基 GaN 外延材料技术、以提高质量为目标的低缺陷 Si 基 GaN 外延材料制备技术。

对于 GaN 本征衬底来说，需要将 GaN 本征衬底的缺陷密度进一步降低，实现 4~6 英寸 GaN 本征衬底的产业化开发。在此基础上，突破同质外延、器件结构设计、工艺与封装等关键共性技术的开发，实现纵向结构功率器件的产业化开发。GaN 衬底同质外延 GaN 材料未来的发展重点将集中在以下两个方面：重点发展大尺寸（4~8 英寸）GaN 本征衬底的制备以及关键装备技术的研究，实现 GaN 衬底的产业化开发，缺陷密度降低到 $10^2/cm^2$。完成同质外延技术的开发，实现高质量、低背底载流子浓度的 GaN 同质外延材料生长。

（2）GaN 功率器件

在 GaN 电力电子器件领域，掌握具有自主知识产权的大尺寸、低缺陷、异质和同质外延技术，突破高压和单芯片大电流技术瓶颈，提升 GaN 基二极管和开关管产品的功率。在 GaN 本征衬底、同质外延技术研发的基础上，实现垂直结构功率器件的开发，特别是开发 PiN 二极管、MOSFET 器件和电流孔径垂直电子晶体管（CAVET）器件。

掌握全套的 GaN 模块封装材料、封装设计和封装工艺技术，并掌握测试技术，研发测试设备，建立测试标准，为 GaN 器件的应用打下技术基础。

2.2.7 封装与模块

未来高功率密度势必要求器件向着承受更高电压、更高电流密度、更低导通压降以及更快开关频率等方向发展。IGBT 封装发展日新月异，平面型封装是低压模块的研究热点之一，通过功率模块的平面封装和双面冷却，可将现有车用模块单位热阻 0.5（$cm^2 \cdot ℃$）/W 进一步降低 35%~45%，增加器件利用率。国产 IPM 逐渐抢占变频家电的市场，从低功率的风扇应用向变频器、汽车等高端大功率应用发展；SiC 产品的电压电流会进一步提高，向万伏千安目标不断拓展。SiC 产品的封装寄生参数会持续下降，使得允许开关频率会进一步提高。SiC 产品的封装成本会持续降低。SiC 产品的封装材料耐温极限不断提升，使极端环境的工作可靠性会进一步提高。SiC 产品封装应用类型会更加丰富多样，如 SiC IGBT、SiC 晶闸管等会出现。集成驱动的 SiC 产品会更多，如驱动和芯片一体化、光触发、集成短路保护功能等。定制化的 SiC 产品会更多，如光伏的专用模块等。今后在功率器件设计的基本发展趋势是在降低开关损耗的基础上，提高功率密度，从而使用更小的散热器，同时提高工作频率，缩小磁性元件的尺寸。

2.2.8　超宽禁带材料

超宽禁带材料，如 Ga_2O_3、金刚石、AlN 等，凭借其超宽的禁带宽度在更高功率的应用方面具有独特优势。对于禁带宽度约 4.7eV 的 Ga_2O_3 来说，随着 Ga_2O_3 晶体生长技术的突破性进展，通过熔体法可以制备低成本、大面积的单晶 β-Ga_2O_3 衬底，未来将被广泛应用于高性能电源开关、射频放大器等方面。提升晶体质量和优化 MESFET、MOSFET、TFT 器件结构是主要发展方向。金刚石禁带宽度达 5.5eV，作为下一代功率电子的候选者，金刚石功率电子器件将可能在高压大功率、高频开关、低损耗和高散热等方面优于宽禁带半导体 SiC 和 GaN 功率电子器件。为此，要求金刚石材料的研究向大尺寸、低缺陷、低电阻率和高导热的方向发展。AlN 材料直接带隙 6.2eV，凭借良好热导率、高电阻率、击穿场强，可以用于微波毫米波器件、光电子器件、声表面波器件、电力电子器件等。未来 AlN 材料和器件技术主要面向高温高频大功率的器件技术方面的研究。

2.2.9　电源管理芯片/磁性元件

在消费升级、新技术发展等因素的刺激下，中国新能源汽车、新基建、消费电子、物联网、白色家电等各类电子产品的功能呈多样化趋势，更新换代不断加快，对电源芯片的需求持续增加。在需求激增的市场环境下，行业企业亦呈现加速布局与整合趋势。下游市场规模扩张，新兴应用领域拓展，纵向：细分市场需求持续增长；横向：智能化需求开拓新兴应用场景，应用领域扩张。随着消费电子品类的不断增多以及新能源汽车的发展，应用于消费电子与汽车领域的电源管理芯片占比有望持续提升。电源管理芯片的技术发展趋势是电能转换效率高、待机功耗低。电源的轻薄短小是优化用户体验的重点。集成化使芯片体积更小，外围器件更少。电源管理芯片为低压大电流的负载提供电压，并保持电压精确调节，满足高的负载瞬态要求。适应平台主芯片的功能不断升级的需求，满足诊断电压供应情况、灵活设定参数、实时交互通信等需求。大功率也是电源管理芯片的重要发展趋势。

为了提高电源的功率密度，未来变压器、电感等磁性元件向以下趋势发展：在宽禁带半导体功率元器件未大规模应用之前，磁性元件占据电源很大体积，减小磁性元件的体积是提升电源功率密度的重要手段，未来小体积的磁性元件也是配合宽禁带半导体功率元器件系统集成的关键一环；磁芯是磁性元件的关键，发挥电源性能需要性能良好的磁芯；未来是智能化时代，需要各种智能化的驱动电源，磁性元件特性的稳定性直接决定了供电电源能否安全可靠地向负载输出功率；随着功率元器件开关频率和转换功率不断提升，磁性元件的损耗直接影响了自身性能和系统温升，降低磁性元件损耗有利于减少系统散热成本。

3. 功率元器件及模块产业与技术发展需求和问题分析

Si 基器件从应用需求发展的角度来看，电力电子技术的关键问题体现在功率器件的功率处理水平与电力电子装置容量和性能需求之间的矛盾问题，需要不断创新封装技术和发展新型宽禁带功率器件来解决这个问题。Si 基器件仍是市场主流，Si 单晶片全球范围内以 12 英寸（65%）和 8 英寸（28%）为主，还无法研发和量产更大尺寸（18 英寸）的单晶，国内 8~12 英寸硅片有效供给较少，相应地光刻机、光刻胶等高行业壁垒设备和材料严重依赖进口。二极管、Si MOSFET、IGBT 等相对成熟的器件需要新型封装进一步提升器件性能和可靠性，掌握高端芯片级和封装级优化设计技术是抢占电动汽车、新能源发电等高端市场的关键。材料高性能与不匹配的封装技术是限制宽禁带功率器件发展的重要问题。SiC MOSFET、GaN 等宽禁带器件需要降低成本、提升可靠性以及平面型封装以充分发挥宽禁带材料性能。国内以 4 英寸 SiC 衬底和 2 英寸 GaN 衬底为主，与国际量产的 6~8 英寸 SiC 衬底和 4~6 英寸衬底存在较大差距。衬底缺陷、栅氧缺陷、结构优化设计等方面严重影响了宽禁带器件的性能和可靠性，直接阻碍了 SiC 和 GaN 国产替代。

3.1 功率元器件及模块产业与技术发展需求分析

3.1.1 二极管

行业巨头芯片产能调整，逐步从功率二极管等低端产品向高端产品转移，二极管市场供给紧张，交货期大幅延长，订单出货量比值上升，中高端二极管市场进入前所未有的景气周期。新能源产业对效率、体积和重量的要求使 SiC 二极管成为必需的选择。随着高压 IGBT 的发展，高压 SiC 二极管成为与之配套的关键器件。SiC 二极管成本与 Si 二极管成本比值仍保持在 3~5 倍，晶圆尺寸以 4 英寸和 6 英寸为主，需要各厂商增加大尺寸晶圆研发投入，增加材料利用率。SiC 二极管正向压降、反向漏电、冲击电流能力以及长期可靠性问题还需要进一步优化。

Si 基二极管产品线成熟，但中高端产品市场主要被国外大厂占据，该领域的国产替代迫在眉睫。需要更新先进的产品技术和扩大生产能力以抢占国内外市场。

3.1.2　晶闸管

为了满足电力系统对 1GVA 以上的三相逆变功率电压源的需求，需要多个高压晶闸管的串联运行，导致门极驱动变得复杂、昂贵，使得高电压、高 di/dt 晶闸管只能以 120Hz 及以下的开关频率工作。因此，大功率高压晶闸管以及可靠的运行方式等需求亟须解决。模块化多电平整流器则需要更高频率的开关，使得经过整流器的电流谐波更少，因此需要晶闸管朝着更高频率的方向发展，如开关频率达到几千赫兹的高压 IGCT。在现阶段脉冲功率领域正在朝着高初速度、高射频技术方向发展，因此对于晶闸管的重复频率大浪涌能力提出了更高的要求。基于目前脉冲功率技术的发展，迫切需要具有高峰值功率、快导通速率、可重复频率运行、抗电磁干扰性能好、工作高可靠性与稳定性高的固态开关。

3.1.3　Si MOSFET

Si MOSFET 是最基础的电子器件，主要面向市场中的小功率产品，用于低电压工作的应用，同时具有高开关速度和高效率性能。其下游应用覆盖消费类电子产品、电源、变频器、射频应用和汽车电子等多个领域。在汽车电动化背景下，燃油车转向电动车，MOSFET 用量剧增。Si MOSFET 器件以工业驱动与供电、信息系统供电领域为主导，在高端应用市场和技术方面，打破国际一流半导体企业垄断局面。重点开拓以下领域的应用：冰箱、空调、热水器等家用电器中的电控设备都离不开 Si MOSFET 器件；数控机床中电动机的驱动装置对 Si MOSFET 功率器件有很大需求；机器人伺服系统中回转和直线驱动电机用控制系统需要开关频率很高的 Si MOSFET 器件；工业变频系统中通用变频器的制动部分、变频部分需要较高耐压的 Si MOSFET 器件；轧钢、造纸、水泥制造、矿井提升、轮船推进器等高压大容量变频系统若采用交流调速可实现明显的节能效果，调速技术离不开中高压 Si MOSFET 器件；随着“加快 5G 网络、数据中心等新型基础设备建设进度，加快推进基建”的明确提出，通信系统（5G、

6G）、数据中心、超算等领域的开关电源、模块电源、UPS 对 Si MOSFET 器件有着广泛需求。

3.1.4 IGBT

IGBT 产品中需求量最高的是 IGBT 模块，超过 IGBT 总市场的 50%。如图 2-7 所示，IGBT 产业中，下游应用推动了上游的 IGBT 技术研发，德国发达的汽车工业推动了 IGBT 巨头英飞凌、日立 -ABB、意法半导体等公司；日本发达的家电产业推动了消费电子占主要份额的三菱电机、富士电机、东芝等公司；中国高铁和新能源汽车直接促进了株洲中车和比亚迪 IGBT 产品在相关领域的国产替代。在全球智能电网发展过程中，在发电端的整流器和逆变器、输电端的柔性直流、变电端的固态变压器等大功率电力电子变换装置中都需要高压、大容量、高可靠的 IGBT 器件。随着 IGBT 接近 Si 材料极限，超结 IGBT、逆导型 IGBT 等新结构是进一步提升 IGBT 性能的关键技术。对于国内，上游 IGBT 厂商需要进一步提升中低端产品的设计水平和制造水平，加快 8 英寸和 12 英寸生产线建设扩大产能，以缩小与国际水平差距和实现低压领域的国产替代。

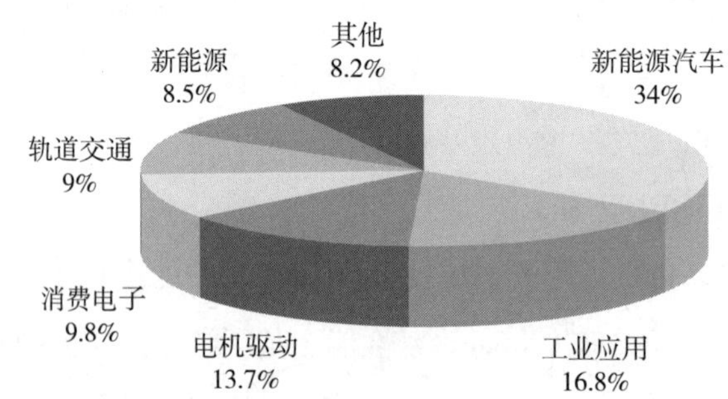

图 2-7 2019 年全球 IGBT 需求分布格局

数据来源：清泉咨询《2020 中国 IGBT 市场调研及投资前景报告》

3.1.5 SiC MOSFET

SiC MOSFET 器件主要面向市场中的中大功率产品，以电气化交通应用领域为例，研发大尺寸、高质量、低成本的 SiC 晶圆，为高质量器件制备，以及小型化、更高功率密度、更高效率产品应用提供基础。在高输入电压（1500V）、高输出功率（MW）的地铁牵引系统的主、辅逆变器中使用 1700V 及以上高电流等级的 SiC MOSFET 可降低地铁牵引逆变器的体积、重量，实现更高的功率密度，形成高频、高效、低耗的地铁牵引系统解决方案；未来电力推进系统技术的发展方向是进一步提升系统的功率密度、效率，开发适应于船舶大功率化和快速化的推进器，因此需要开发基于高耐压和高开关频率 SiC MOSFET 的推进变频器；电动车高压系统因受限于 Si 基 IGBT 器件的耐压能力普遍采用 400V 电压平台，随着新能源汽车用户对快充需求不断增长，800V 电气架构的出现，新能源汽车对 1200V SiC MOSFET 需求不断增加；在飞机二次电源、电子设备内部电源、飞控和发动机控制用专用电源、固态功率控制器、伺服电动机的 DC/AC 变换器和启动发动机的功率变换器中，采用耐高温、损耗小的 SiC MOSFET 可大幅度提高电力电子装置的效率和功率密度，减小对飞机环境控制系统的依赖。

传统光伏并网逆变器普遍采用 IGBT 器件，但其开关速度受到电流拖尾效应限制，开关损耗较大，限制了光伏逆变器效率和功率密度的提升。要从根本上提升光伏逆变器的性能，采用 SiC MOSFET 成为必然的趋势。柔性直流是远海风电并网的主要方式，但是基于硅器件的换流装备体积和重量大，导致换流器造价太高，不具备经济性，而采用万伏千安级的 SiC MOSFET 器件，可使换流器体积重量减小一半以上，降低平台造价，促进远海风电开发利用。

3.1.6 GaN器件

横向导通结构 GaN 器件面向市场中的中小功率产品，以消费类电子产品、新一代通用电源等应用领域为主导，研发大尺寸、高耐压、低缺陷的 Si 衬底 GaN 功率电子外延材料，为高质量器件制备，以及小型化、轻量化集成产品应用提供基础，重点开拓以下领域的应用：消费类电子中的低压横向导通结构 GaN 器件应用；新一代通用电源中的低压横向导通结构 GaN 器件应用；新能源汽车中的低压横向导通结构 GaN 器件应用；信息系统中的低压横向导通结构 GaN 器件应用。30~200V 电压等级的 GaN 器件广泛应用于激光雷达和低压 DC-DC（48~100V）数据中心板上供电电源领域。

纵向导通结构 GaN 器件具有高压、低导通电阻等优势，在智能电网、电动汽车、通用电源等领域可能颇具应用前景。

3.1.7 封装与模块

在直流输电和交流输电领域，由于高压直流（HVDC）的开关频率相对较低，降低损耗主要是降低通态损耗。需要指出的是散热要求的降低通常会带来装置占地和体积的减少。因此，对器件的要求：SiC 模块的电压≥ 10kV、电流≥ 1.0 kA。压接型封装，确保失效短路。低通态压降，以提高整体效率。可降低开关速度，得到更低的通态压降。对多电平变换器（MMC）电压源型高压直流（VSC HVDC），需要反并联二极管能耐受较大浪涌电流。耐受额定电流的倍数大、时间长，耐受后关断能力强。

在柔性变电领域，柔性变电站（TIPS）通常包括固态变压器和固态断路器等电力电子设备。电力电子变压器较为关注效率、体积和重量等。对功率器件的要求：SiC芯片的电压≥ 10kV。SiC 芯片的开关频率≥ 10kHz。SiC 芯片的电流≥ 20A。耐受额定电流的倍数大、时间长，耐受后关断能力强。

在光伏领域，采用混合SiC功率模块，光伏逆变器转化效率应有一定程度的提高，但这应该是 SiC 器件替换 Si 器件过程中的一个过渡。对器件的要求：用于组串式逆变器的 SiC 模块 / 单管开关频率≥ 50kHz。用于集中式光伏逆变器的 SiC 模块 / 单管开关频率≥ 10kHz。低的开关损耗，以提高装置的转换效率。尽可能低的价格，光伏逆变器产品对价格较为敏感。

在固态开关应用领域，主要技术需求还是降低直流断路器或电力电子式有载调压变压器（OLTC）中功率器件的通态损耗，特殊运行环境的要求仅限于变压器箱内的 OLTC。对器件的要求：压接型封装，确保失效短路。高关断电流能力。单只器件耐压≥ 10kV。器件耐热能力强，便于耐受故障电流的冲击。功率器件的电压不应小于 1200V，额定电流不应小于 50A。器件的允许最高耐受结温不应低于 200℃。器件密封性较高，能在变压器油中长期工作。

在电力牵引应用领域，需要轨道交通系统具备更高工作频率和更高集成度，从而需要新一代器件的支撑。对器件的需求：电力电子变压器，要求单只器件耐压≥ 10kV。干线机车牵引和高速列车牵引变流器，要求单只器件耐压为 3300V。城市轨道交通牵引变流器，要求单只器件耐压为 1700V 和 3300V，器件短路能力要求≥ 10μs。

现有 SiC 功率模块产品电压最高只有 1700V，只能应用在电压较低、功率不大的场合。SiC 混合模块的电流可以做到 1kA 以上，与相同电流电压等级的 Si 模块比较，性能优势较为明显，成本和可靠性方面相对于全 SiC 模块较易被用户接受。因此，在要求有高电能转换效率的领域具有较大的应用市场，但随着 SiC 产品向高压大容量方向发展，SiC 产品的应用领域、应用量都会越来越多，在 600V 及以下小容量换流器中，面临现有 Si MOSFET 强有力竞争。

3.1.8 电源管理芯片/磁性元件

电源管理芯片的增长驱动力主要来自应用领域的规模增长和新兴应用场景扩展，下游行业的发展为电源管理芯片提供了广阔的市场空间，汽车电子、通信设备、工业控制等领域的电源管理芯片属于行业的中高端产品，性能要求更高。随着电子产品的种类、功能和应用场景的持续增加，消费端对电子产品的稳定性、能效、体积等要求也越来越高。电源管理芯片的主要技术需求包括：宽输入电压范围、高开关频率、高耐压、低损耗、完备的保护功能、低热阻、干扰信号抑制能力等。

电动汽车和光伏逆变市场不断增长以及驱动电源的智能化要求越来越高，根据资料显示，目前电动汽车有 8 处都用到磁性元件，这直接推动了相关磁性元件需求。另外，在 LED 驱动电源中需要变压器、共模电感、功率电感等磁性元件，由于 LED 灯更高的温度要求使它们对磁性元件的品质要求更高。

3.2　功率元器件及模块产业与技术发展的关键问题分析

3.2.1　二极管

国际功率二极管龙头厂商占据主要市场份额，而国内二极管巨头主要集中在台湾地区，内地仅扬杰科技占 2.01%，如图 2-8。目前仅英飞凌、日立-ABB、三菱电机等国际大厂可以提供高压大容量的二极管模块，而国内仅株洲中车可以提供该领域二极管模块，且其高压二极管模块注重轨道交通领域，电网建设长期受国外垄断，这要求国产二极管必须打破高压技术壁垒，实现高压二极管国产化。而对于功率因数校正电路和光伏等高端应用，需要提高电路工作频率来减少损耗，Si FRD 在 100kHz 以上效率急剧下降，未来需要高性能 FRD 和 SiC 解决方案。在电气化交通方面，牵引变流器用高压大功率二极管模块仍需大量进口。电动汽车短期内需要大量 IGBT 模块，这对高性能的 FRD 提出了要求，国产 FRD 技术更新速度较慢。预计未来车载充电器、

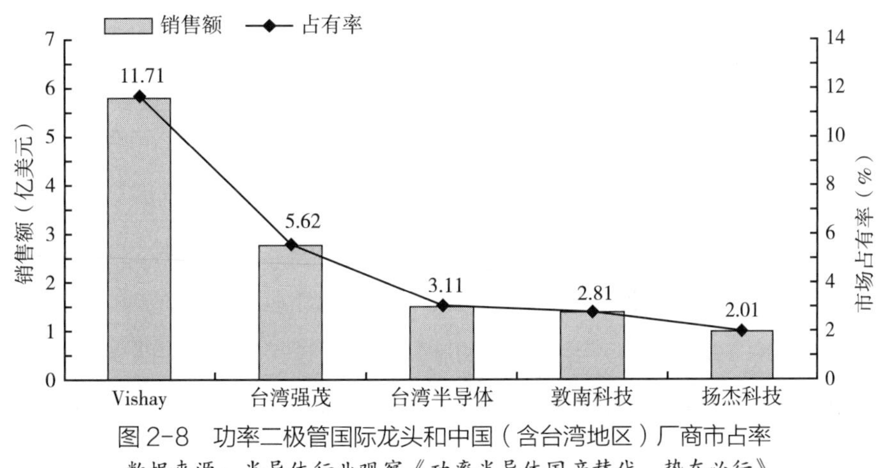

图 2-8　功率二极管国际龙头和中国（含台湾地区）厂商市占率

数据来源：半导体行业观察《功率半导体国产替代，势在必行》

DC/DC、DC/AC、无线充电和快充等功率变换系统需要大量高性能、高可靠和小尺寸的 SiC 二极管产品。国内二极管厂商推出系列产品的性能与可靠性仍与国际水平存在差距。工业驱动与供电是 Si FRD 和 SiC SBD 的主要消耗市场。变频控制和各类高性能供电电源对二极管损耗、开关频率要求越来越高，全面实现 SiC 化是该领域的要求，但是该领域对价格比较敏感，SiC 二极管高昂的成本和价格难以短期推广，这对国内外制造商的生产能力提出了要求。在信息系统供电方面，根据通信研究院发布的《5G 经济社会影响白皮书》，5G 将是通信领域最大的市场，国产 SiC 二极管主要为第一代的 SBD，国际上早已经开发到第 6 代 MPS 技术，这导致国内在 5G 建设中可能丧失二极管这部分市场。

3.2.2 晶闸管

GTO 关断期间的不均匀性引起的“挤流效应”使 dv/dt 必须限制在 500~1000V/s。为此，不得不使用体积大、笨重又昂贵的吸收电路。它另一个缺点是门极驱动电路较复杂和要求较大的驱动功率，而 IGCT 的出现虽然解决了 GTO 的门极驱动问题，但 IGCT 门极驱动电路中包含了许多驱动用的 MOSFET 和储能电容器，所以实际上它仍旧需要消耗较大的门极驱动功率，影响系统的总效率。因此，未来需要针对大功率全控器件有效驱动问题的解决方案。

电网中的无功补偿一直是需要解决的问题，但是由于电网中电感量较小，晶闸管所投切电容器容量需要更大才能达到工频谐振的要求。如何解决晶闸管的开通速度问题，从而减小电容器投切时两端压差，进而减小投切电流，达到提高设备可靠性的目标显得尤为重要。

在脉冲功率领域中，最大的技术挑战之一就是小型化、轻便型的脉冲功率源，包括 10~100Hz 重复频率的窄带功率系统、数千赫兹的超宽带功率系统。这类系统中所使用的晶闸管面临着多方面的严苛要求，首先要求有较高的功率，电压指标与电流指标都较高；其次需要有较快的开通速率，高 d*i*/dt 以及高 d*v*/dt；同时还需要有较高的重复频率能力，关键在高功率脉冲产生时会伴随着强电磁脉冲辐射，这对晶闸管的高功率、速率、抗电磁干扰能力等有着更高的要求。在加速系统中，高频、高可靠性的脉冲电源是关键的部分之一，当加速器的脉冲电源规模扩大时，需要提高加速器的可靠性，因此必须解决晶闸管的寿命与可靠性问题，这对晶闸管的功率容量和可靠性提出了更高的要求。

3.2.3　Si MOSFET

国内 Si 功率 MOSFET 晶圆生产产能严重不足，导致供货紧张和成本较高。在工业驱动与供电方面，Si MOSFET 需要工作在更高电压电流条件下，存在长期工作在高温等环境下可靠性与寿命较低等问题。在家用电器方面，变频控制器是家用电器空调、冰箱和洗衣机的核心控制部件，内部采用含高压 Si MOSFET 的 IPM 模块，而 400V Si MOSFET 还未能实现量产。Si MOSFET 仍存在耐受电压能力较弱，反向恢复时间较长和误开启等问题。在信息系统供电方面，对省电、发热的要求较高，工作电压范围更广的沟槽型和平面型 Si MOSFET 仍未实现量产。在 5G 和高性能运算等领域均要求高规格功率 MOSFET，国内厂商需积极研发和生产 400V 高电压 Si MOSFET。在小型化方面，为实现器件进一步地缩小与集成，纳米级别 Si MOSFET 的尺寸还无法进一步缩小。因无晶圆厂（Fabless）企业无法掌握晶圆生产能力，供需紧张时企业无法及时获得稳定的晶圆，应加快推进功率半导体厂商转型为 IDM 模式。

3.2.4　IGBT

在能源系统方面，自 2009 年中国公布智能电网计划以来，相关政策持续加码，促进智能电网关键装备发展，同时也给 IGBT 提出了更高的要求：定制化、可靠性、高效率。智能电网在变电、输电和配电环节使用的高压大功率 IGBT 具有较强的技术壁垒，仍严重依赖进口，存在巨大供需缺口。国内原材料的供应和加工能力不足，单晶片、工艺设备和先进封装材料仍与国际水平存在一定差距。

在电气化交通方面，国内电动汽车用 IGBT 大部分来自英飞凌公司，轨道交通用 IGBT 大部分来自三菱电机公司。车用 IGBT 的散热效率要求比工业级高得多，同时还要考虑机械振动冲击，国产高端 IGBT 技术仍与国际水平存在较大差距，与之相应的材料科学和工艺水平也在国际先进水平之下。

在工业驱动与供电方面，IPM 三分之一的市场被日本三菱电机垄断。国内 IPM 厂商仍以低功率变频为主，且产能不足，高压大功率 IPM 缺乏。工业驱动器的工作环境相对恶劣，容易发生高温、瞬变、过载、误接等情况，这些情况可能会导致 IGBT 器件的过流损坏。随着芯片尺寸减小和可靠性要求的提高，短路耐受时间从 10μs 向 5μs 以下的时间发展。对 IGBT 器件本身抗短路能力和驱动器反应时间提出了更高的要求。工业变频器是控制器和功率器件的高度集成，除了需要控制器的主动控制，还需要提升器件软关断能力以及减小器件寄生参数。

3.2.5 SiC MOSFET

在新能源并网方面，由于电力系统电压等级较高，SiC MOSFET 电压等级必须高于 3300V。因此需要提高对高电压、大电流的新型芯片结构和新型串、并联封装技术的研发水平。在轨道交通方面，SiC MOSFET 应用中的高频串扰、振荡和干扰等问题给轨道交通系统带来风险；SiC 牵引逆变系统产生的强电磁干扰会通过传导和辐射对变流器内部或其他车载敏感设备产生严重影响，因此高速开关下 SiC MOSFET 功率模块必须减少寄生参数带来的负面影响，才能提高设备可靠性；同时国内厂商仍需研发较高电压等级的 SiC MOSFET 以满足牵引系统的电压要求。在舰船推进方面，为使 SiC MOSFET 可以在航海常见的恶劣环境中可靠安全运行，需要器件满足可靠性测试条件。新能源汽车用 SiC MOSFET 仍处于发展前期阶段，仅有较少厂商在新能源汽车上使用 SiC MOSFET，国内厂商应该提高车规级 SiC MOSFET 研发能力和可靠性水平，为未来占据车规级 SiC MOSFET 市场份额做好准备。在多电飞机中，飞机上的电机和电控不允许配备水冷，且只能依靠强制风冷及自然冷却，因此，实现多电或全电飞机，乃至电动飞机的电控设计，需要率先解决的重大技术难题即是高温；而借助于 SiC 独特的高温特性优势，高温封装技术和高温驱动电路技术将是实现高温应用的关键。

制约 SiC 器件大规模应用的主要障碍依然是成本，如图 2-9 所示，源于低效的晶体生长过程，SiC 晶锭的制作比硅低效很多。SiC MOSFET 的大规模生产需要稳固的基

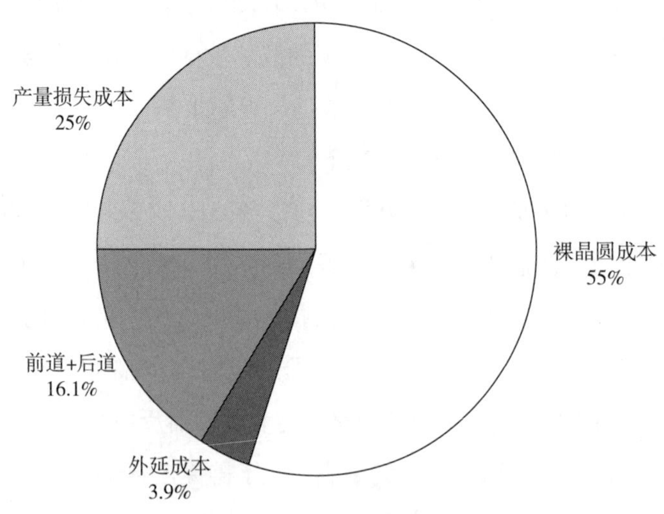

图 2-9 SiC MOSFET 芯片平均成本明细表

数据来源：Yole. Power SiC 2019：Materials，Devices and Applications

础设施和制造工艺，对产业链的要求较高。SiC MOSFET 在应用时会出现阈值电压不稳定的问题，还缺乏大量可靠运行的案例来验证其可靠性，很多应用中的失效模式和机理也不明确。

3.2.6 GaN器件

GaN 产业链自成体系，上游材料研发制造段决定整个产业的发展方向与速度，是其和 Si 产业链最显著的不同点。衬底外延制作成本和工艺难度远远高于 Si，整个产业链的发展目前仍依赖于上游端材料的制备，发展进度仍处于 2~4 英寸水平，极大限制了 GaN 衬底在器件上的应用。横向导通结构 GaN 功率器件存在的主要问题有：横向导通结构 GaN 功率器件的电极均在芯片的正面，芯片表面利用率低限制了其在较大电流应用中的竞争力；由于晶格常数和热膨胀系数的失配，导致器件存在动态电阻退化等可靠性隐患；异质外延材料中存在较高密度陷阱；GaN 工艺技术水平还比较低；目前增强型 GaN 功率器件阈值电压不高、栅极漏电较大、与主流驱动难以兼容。纵向导通结构 GaN 功率器件存在的主要问题有：亟须突破大尺寸、低成本单晶 GaN 衬底生长技术；GaN 同质外延的可控掺杂和缺陷抑制技术有待完善；针对纵向导通结构 GaN 器件的低损伤刻蚀、MOS 界面陷阱抑制、少子寿命调控方法等共性关键技术仍处于初步探索阶段。

虽然 GaN 器件应用时可以大大降低系统搭建成本，提升表现性能，但由于其上游材料制作成本偏高，因此总成本目前与 Si 基器件存在较大差距。GaN 国际大厂都为 IDM 模式，产能、解决方案、市场渠道以及客户信任度等都十分完善，国内 IDM 厂商和国际主流厂商相比差距明显。

3.2.7 封装与模块

SiC 器件的价格远超出 Si IGBT 和 Si MOSFET，这是 SiC 器件推广的问题和挑战。此外，SiC 器件的抗短路能力弱、极端环境适应性也未得到市场验证、SiC MOSFET 高电压大电流时的性能不如 IGBT 等，使得现阶段其驱动力显得不足。SiC 器件开关速度快，SiC MOSFET 器件在低温（–50℃ ~–40℃）下呈现负温度系数，在 –40℃以上呈现正温度系数，造成并联与设计困难。因此，需要解决好高速开关带来的引线电感、振荡及其损耗、高效散热等问题。

在电动汽车应用领域，针对以 SiC 为代表的宽禁带功率器件在新能源汽车中广泛应用还需要克服以下问题：需要进一步优化和提升封装材料的耐温能力，使得 SiC 器件的最高结温进一步提升到 200℃，甚至 250℃。通过良品率和工艺简化加快降低器件成本。通过使用 SiC 器件创新电路设计，优化系统性能，降低系统成本。通过驱动和封装技术提高器件的应用可靠性。充电速度方面需要通过继续提高器件耐压（大于 1500V）和载流能力实现更大功率设计方案。随着充电功率的不断增加，分立器件的封装无法满足行业的需求。

在家电与消费电子应用领域，中国的产品要出口到欧美国家，就必须满足其能效要求。因此，提高效率与减小待机功耗已成为消费电子与家电产品电源的两个非常关键的指标，这些提高能效的要求将会为功率器件技术发展提供更大的市场动力。

3.2.8 电源管理芯片/磁性元件

部分电源管理芯片产品技术壁垒一般，未来存在行业竞争加剧引发价格下跌的风险。电源管理的需求由物联网、汽车电子等因素共同驱动，存在下游需求不及预期的风险。晶圆代工产能吃紧，如进一步加剧，将影响电源管理芯片供应。电源管理芯片重点关注的技术问题包括：BOOST 结构电流模式环路稳定性分析、BUCK 结构电压模式环路稳定性分析、BUCK 结构电流模式环路稳定性分析、过流 / 过温 / 过压和软启动保护功能、同步整流技术分析、基准电压技术分析。

作为未来最主要的增长领域，电动汽车的电气化和智能化程度越来越高，意味着手动操作将由高级驾驶辅助系统（ADAS），甚至自动驾驶系统代替。这不仅对电动汽车的安全性和稳定性提出更高的要求，与之相关的磁性元件的性能和可靠性也成了新的设计要点。目前磁性元件企业生产自动化落地程度很低，企业数字化转型是推动质量变革、效率变革和动力变革的重要保证。

4. 功率元器件及模块产业与技术的发展愿景与目标

二极管、晶闸管、Si MOSFET、IGBT、SiC MOSFET、GaN 器件、封装与模块、电源管理芯片和磁性元件等功率元器件及模块发展迅速，给国内相关产业和技术发展带来巨大机遇，在国内政策支持下，在 2025 年、2030 年、2035 年、2050 年等关键节点将实现关键性产业和技术突破。

4.1 功率元器件及模块产业与技术的发展愿景

4.1.1 二极管

功率二极管在整个功率变换应用中是无法替代的元器件，随着产业的变更和升级，不同类型的功率二极管在未来将发生彻底的改变。Si 功率二极管技术已经相对成熟，芯片级和封装级的结构和参数优化仍是未来产品升级方向，最终实现高耐压、低压降和软恢复的高性能二极管产品。SiC 二极管已经产业化近 20 年，未来 30 年将继续提升 SiC 材料品质和制造工艺，实现低成本、万伏级以上高性能 SiC 产品的商品化。国产 Si 二极管需要实现产品技术升级，追平国际水平，实现全部国产替代。SiC 二极管经过技术升级和研发，达到国际一流水平，实现与国际大厂并驾齐驱。

4.1.2　晶闸管

尽管 IGBT、MOSFET 等新型器件的出现使得其能够在某些领域有着得天独厚的应用优势，但是晶闸管作为传统的老牌器件在很多领域都有着不可替代的角色。比如晶闸管自身的结构使得其能够在大电流、高电压的领域中扮演着重要角色。随着未来芯片制作、器件以及封装等技术逐渐成熟，高可靠性、高抗浪涌能力、重复频率等方向是晶闸管的发展趋势。随着基平面位错（BPD）等威胁 SiC 双极型器件的缺陷问题逐渐被攻克，未来由 SiC 材料制作而成的晶闸管将取得发展，单只器件耐压 10kV 以上。随着材料技术不断成熟和利好政策扶持，到 2050 年，国产器件的丰富程度与实用程度都将继续与国外龙头企业齐头并进，IGCT 等器件实现领跑全球。

4.1.3　Si MOSFET

2017 年国家发展和改革委员会颁布《战略性新兴产业重点产品和服务指导目录（2016 版）》明确金属氧化物半导体场效应管（MOSFET）核心产业的范围和地位。作为应用范围最广的功率半导体器件，Si MOSFET 技术相对成熟，主要是增加产能以满足下游应用的庞大需求，进行 12 英寸产线升级以扩大产能。此外，通过优化工艺水平为特殊环境提供更可靠的功率半导体器件，这是 Si MOSFET 的重要发展方向。随着国产 Si MOSFET 实现产品技术升级，在未来 5 年全面追平国际水平，在应用方面国产替代占据主导地位。

4.1.4　IGBT

IGBT 作为电力电子装置和系统中的“CPU”，是未来高效节能减排的主力军，在未来一定时间内仍是大功率应用的主流器件，并在新能源发电、新能源汽车和工业变频领域进入快速增长期。伴随着智能化的目标，IGBT 产业将进入最景气周期。国外 IGBT 产品技术不断成熟，最新的 IGBT 产品在低压领域已经实现全面商用化，优化的芯片结构和先进的封装技术更加适合电动汽车应用。随着一次能源的消耗殆尽以及新能源发电的利好政策，光伏和风电等可再生能源将成为主要的能量来源，智能电网中的高端IGBT产品随之需求量剧增。最新IGBT产品技术——沟槽栅和FS层优化技术、减薄工艺以及无键合线封装技术等，将扩展到高压IGBT中，反过来继续推动智能电网建设和发展。我国三大变频家电的快速增长，直接推动了IPM的产品销量和技术升级。超结IGBT、逆导型IGBT等新结构将率先在低压产品突破IGBT性能极限，最终实现全面商用化。国内IGBT产业仍处于起步阶段，国产替代进程刚刚步入正轨，IGBT产业和技术的发展空间巨大。预计在2035年前，在政策支持、成本控制、技术升级的驱动下，国产IGBT将实现弯道超车，追平国际水平：实现12英寸650~6500V IGBT生产能力，基本实现国产替代，在智能电网和新能源汽车领域占据主要市场。

4.1.5 SiC MOSFET

在SiC MOSFET发展中聚焦在高工艺、定制化、稳供应上，并逐步将产品推向专业音频、照明、医疗等应用领域。近年来，光伏逆变器应用市场已经转向全SiC模块，汽车市场也跳过混合SiC模块解决方案，朝着全SiC模块的整合方向发展，并将全SiC模块中去除反并联二极管，全SiC模块市场将远大于目前的市场份额。生产大尺寸晶圆、提高产品良率、降低成本是未来SiC MOSFET替代IGBT的关键因素。国内厂商的产品逐渐向高端应用场合迈进，逐步完善我国SiC产业链，为新能源和节能减排领域提供650V~1700V长寿命、高可靠SiC MOSFET功率半导体产品。在未来30年，SiC MOSFET经过技术升级和研发，达到国际一流水平，在SiC MOSFET市场实现与国际大厂并驾齐驱。

4.1.6 GaN器件

近年来，全球在GaN材料和器件的研发投入以及生产规模均迅速增长，产业化技术快速成熟，具有广泛的市场前景。宽禁带半导体材料和器件产业已成为高科技领域中的战略性产业，国际领先企业已经开始部署市场，全球新一轮的产业升级已经开始。需要发展具有自主知识产权的大尺寸、低缺陷、非本征和本征外延技术，突破高压和单芯片大电流技术瓶颈，实现8V~1200V的GaN二极管和晶体管系列产品技术，为新能源和节能减排领域提供8~1200V高效GaN功率器件及模块产品。预计在2050年以内，形成12英寸外延材料生产能力，材料质量大幅提升，成本大幅下降，初步实现国产替代，在低压小功率应用占据90%以上的市场份额。

4.1.7 封装与模块

在宽禁带功率器件封装技术方面，开发更低烧结辅助压力的低温烧结银基浆料和预成型银膜材料，开发平板全压接多台架精密陶瓷结构件，开发具有高导热性、高电气绝缘性、优异介电性能以及良好的机械性能的氧化铝（Al_2O_3）、氮化铝（AlN）和氮化硅（Si_3N_4）陶瓷覆铜板，开发铝碳化硅（AlSiC）基板材料，相关材料的连续工作温度、电气绝缘强度、导热系数、体积电阻率的性能进一步提升，开发满足 SiC 和 GaN 器件封装需求的配套共性封装材料，满足高温的要求。

SiC 在新能源系统中发展迅速，三相电力电子变压器（PET）样机的容量、转换效率和功率密度率先进一步提升；高效、高功率密度、高可靠性和低成本是光伏逆变器的未来发展趋势，在组串式和集中式光伏逆变器中，SiC 产品会逐渐替代 Si 产品，低功率 SiC 逆变器和大功率 SiC 混合器件逆变器转换效率大幅提升；采用 6500V 电压等级 SiC MOSFET 的 35kV/5MVA 全 SiC 电力电子变压器即将实现工程示范应用；基于 3300~4500V 混合功率模块实现 35kV 及以上的高压固态开关；SiC 的应用预计在变压器的 OLTC 中率先得到应用验证。

混合 SiC 器件推广应用的时间应早于纯 SiC 器件推广应用时间。3300~6500V / 1.5~3kA 系列 Si IGBT+SiC Diode 混合器件会在 VSC HVDC 中示范应用。最终将 15kV SiC 双极型器件示范应用到 500kV 电力电子变压器。

轨道交通电力电子装置预计增加一倍，SiC 器件成为轨道交通应用的主导器件，随之封装的散热形式从水冷向被动风冷或无散热器转变。轨道交通领域中大部分功率器件的寿命超过 10 年以上。

4.1.8 电源管理芯片/磁性元件

随着工艺技术的不断发展，整体技术水平和国外设计公司的差距不断缩小。未来电源管理芯片尺寸缩小，效率越来越高，智能化程度提高，其应用领域扩宽。下游中低端应用市场持续增长和中高端应用新的历史机遇将对电源管理芯片产生巨大需求，进而为其带来广阔的市场空间。

随着智能化时代的到来，智能化的驱动电源对磁性元件的体积、性能、稳定性等关键参数提出了更高的要求。为了配合高质量电源的要求，未来的磁性元件将不断提升工艺水平，实现磁性元件的高效率、低损耗、低噪音、长寿命和高绝缘性能。未来更多的企业将通过生产数字化实现蜕变，生产更高端、高价值的磁性元件产品。

4.2 功率元器件及模块产业与技术的目标（2025—2030—2035）

4.2.1 二极管

—2025 年

Si 基和 SiC 基二极管开始开发国际新一代产品技术（TMBS、FRED Pt、MPS 等技术）；1200V Si 二极管芯片厚度 200μm，压降、恢复时间下降 5%~10%；SiC 生产线从 4 英寸向 6 英寸转移，商用 SiC 二极管阻断能力超过 3300V；SiC 二极管在光伏和电动汽车的渗透率实现 20%。

—2030 年

Si 基和 SiC 基二极管以国际新一代产品技术（TMBS、FRED Pt、MPS 等技术）为主；1200V Si 基二极管芯片厚度 150μm，压降、恢复时间下降 5%；SiC 生产线以 6 英寸为主，商用 SiC 二极管阻断能力超过 6500V；SiC 二极管在光伏和电动汽车的覆盖率实现 50%。

—2035 年

Si 基和 SiC 基二极管继续开发新一代产品技术；1200V Si 基二极管芯片厚度 130μm，压降、恢复时间下降 5%；SiC 生产线从 6 英寸向 8 英寸转移，SiC 二极管阻断能力超过 10kV；SiC 二极管在光伏和电动汽车的覆盖率实现 80%。

4.2.2 晶闸管

—2025 年

随着各种技术的不断成熟，国内外低寄生电感和高可靠的封装技术更加进步，器件将有更高的抗浪涌能力和重复频率下的高可靠性。国内的 6 英寸芯片将占据主导地位，GTO 的生产水平逐步提高，器件的压降、关断时间、损耗将会减小。SiC 材料外延层中的 BPD 缺陷密度降低，解决其造成的 SiC 晶闸管正向压降漂移不稳定问题。设计出 SiC 晶闸管的终端保护结构，并解决载流子寿命以及分布不均匀的问题。

—2030 年

国内的光控晶闸管将会大规模市场化，并且 GTO 将采用门极多键合线封装方式。为适应电网的需要，IGCT 将会增强门极电流关断能力，提高开通关断速度。并且逐步出现 8 英寸大芯片面积 IGCT，功率容量进一步提高。门极驱动技术将会进一步优化，再次实现功率密度的提高。国外的 SiC 晶闸管将实现商品化，封装方式以低感、双面散热为主，并且逐渐达到材料的极限。

—2035 年

Si 基晶闸管的性能将达到其极限，SiC 晶闸管的制造水平将逐渐提高，国外的晶闸管整体性能和可靠性将达到进一步提高，而国内的晶闸管技术水平将直追国际。

4.2.3　Si MOSFET

—2025 年

国内厂商从 8 英寸向 12 英寸 Si MOSFET 晶圆生产线转变，开发低功率损耗、高规格（工作电压范围 >400V）功率 MOSFET，汽车用 MOSFET 质量完全满足 AEC-Q101 标准。汽车工控用高端 Si MOSFET 需求不断增加，云计算和服务器应用 Si MOSFET 大幅增加，物联网用 Si MOSFET 需求达到 30%，Si MOSFET 在汽车领域的应用占比将达到 30%。

—2030 年

国内厂商以 12 英寸 Si MOSFET 晶圆生产线为主，在产品竞争力上，国内 MOSFET 器件厂商在消费电子、白色家电、工业控制占据更多市场份额。同时国内厂商开发出更低功率损耗、更高可靠性 Si 功率 MOSFET，汽车用 MOSFET 质量高于 AEC-Q 101 标准。汽车工控用高端 Si MOSFET 国产替代不断增加，云计算和服务器应用国产 Si MOSFET 比例增加至 40%，物联网用 Si MOSFET 需求达到 50%，Si MOSFET 在汽车领域的应用占比将达到 40%。

—2035 年

Si MOSFET 器件导通电阻优化至几十微欧姆。国内厂商实现汽车、工控、云计算、服务器和物联网用 Si MOSFET 全面替代，Si MOSFET 在汽车领域的应用占比将达到 50%。

4.2.4　IGBT

—2025 年

国产 IGBT 全面达到国际第 5 代到第 6 代的水平，并成为主流 IGBT 商用产品，随着第 7 代 IGBT 出现，国内 IGBT 厂商从虚拟 IDM 模式向国际主流 IDM 模式转变，不断扩大产能，从 6 英寸生产线向 8 英寸生产线过渡，并以 8 英寸生产线为主。IGBT 芯片技术和封装技术水平不断成熟，开始出现无键合线商用产品。突破高压技术壁垒，大部分 IGBT 厂商实现 650~6500V 全电压覆盖。IGBT 芯片面积、压降、关断时间、损耗等关键指标比上一代产品下降 10%~20%。

整个国内 IGBT 市场需求占比超过 50%。在新能源汽车领域，IGBT 市场规模全球占比超过 50%，五年内增长率维持 20% 左右。光伏和风电作为最主要可再生能源，IGBT 用量增速平稳。在家电和工业控制等低端工业应用领域 IGBT 成本下降，国产 IGBT 比例增加，基本实现国产替代。

—2030 年

国产 IGBT 全面达到国际第 7 代水平，第 5~7 代 IGBT 产品同时向市场供应。国内 IGBT 厂商基本为 IDM 商业模式，不断扩大产能，从 8 英寸生产线向 12 英寸生产线过渡。IGBT 芯片技术和封装技术水平不断成熟，中低压领域同时提供商用键合线模块和无键合线模块。突破高压技术壁垒，国内头部企业商品化 IGBT 阻断电压超过 7000V。IGBT 芯片面积、压降、关断时间、损耗等关键指标比上一代产品下降 10%~20%。

整个国内 IGBT 市场需求占比超过 60%。在新能源汽车领域，IGBT 市场规模全球占比超过 60%，五年内增长率维持在 20% 左右。光伏和风电用 IGBT 继续保持平稳增长。国产 IPM 功率提升，成本下降，占据国内主要 IPM 市场。中高端领域 IGBT 实现部分国产替代。

—2035 年

国产 IGBT 全面达到国际第 7 代水平并成为主流 IGBT 商用产品，第 8 代 IGBT 出现。国内 IGBT 厂商追平国际龙头企业，不断扩大产能，并以 12 英寸生产线为主。IGBT 产品技术升级从芯片技术开始转向封装技术，中低压领域 IGBT 以无键合线模块为主，形成统一接口标准，在高压领域出现新封装材料和技术以提升动态性能。IGBT 芯片面积、压降、关断时间、损耗等关键指标比上一代产品下降 10%。超结、逆导型 IGBT 实现商用化。

整个国内 IGBT 市场需求占比超过 70%。在新能源汽车领域，IGBT 市场规模全球占比超过 60%，达到峰值，并在 SiC 器件渗透下开始下降。光伏和风电作为最主要可再生能源，IGBT 用量增速平稳。在高中低压领域的 IGBT 成本大幅下降，基本实现全面国产替代。

4.2.5 SiC MOSFET

—2025 年

SiC 生产线实现从 4 英寸完全转移至 6 英寸。国内 SiC 晶片全球占比从 2020 年的 8.6% 提升至 16%，国内市场份额渗透率达 25%。形成 1200V SiC MOSFET 功率器件生产能力，抢占国内电动汽车电机驱动市场。面向新能源并网领域，开发 6.5kV

SiC MOSFET，占据一定市场份额。各电压等级的平面栅器件占据大量市场份额，同时量产超低电阻（超级结）SiC MOSFET 器件。建立完备的 SiC 材料、器件、模块、封装材料的标准体系、专利保护机制和相关的检测中心，产品具有一定的国际竞争力。

—2030 年

以 6 英寸 SiC 晶圆生产线为市场主流。国内 SiC 晶片全球占比提升至 30%，国内市场份额渗透率达 50%。形成 3300V SiC MOSFET 功率器件生产能力，最大单芯片电流 100A，占据国内轨道交通市场。面向高压直流输电领域，实现 10kV SiC MOSFET 商用化。平面栅结构下导通电阻优化至物理极限，沟槽栅生产工艺得到突破，形成一定生产能力，同时量产 SiC 双极型器件（IGBT 或 GTO），阻断电压达到 20kV。建立完备的 SiC 材料、器件、模块和应用的全产业链，成为国际上 SiC 技术研发和产业强国。

—2035 年

从 6 英寸向 8 英寸 SiC MOSFET 晶圆生产线过渡。国内 SiC 晶片全球占比提升至 40%，国内市场份额渗透率达 60%；SiC MOSFET 与 IGBT 的成本差距进一步缩小，开始替代 Si IGBT，可以小规模生产精细沟槽和超结结构 SiC MOSFET；中国 SiC 技术进入世界领先水平，具备完备的研发与产业链体系，国产器件市场占有率大于 60%。建立国际领先的 SiC 材料、器件、模块和应用的全产业链，引领国际 SiC 技术研发和产业方向。

4.2.6　GaN器件

—2025 年

开发出满足 8~650V 横向导通结构 GaN 器件的 8 英寸 Si 基 GaN 外延材料。开发出满足 900~1700V 纵向导通结构 GaN 器件的 3 英寸 GaN 单晶衬底和外延材料。形成 8~1200V GaN 功率器件生产能力，最大单芯片电流 25A，占有国内市场 10% 的份额。面向通信和信息电源、分布式能源并网等领域，开发 300~1200V GaN 功率模块，GaN 应用型功能集成电路、全 GaN 功率变换器实现商用化。建立完备的 GaN 材料、器件、模块、封装材料的标准体系、专利保护机制和相关的检测中心，产品具有一定的国际竞争力。

—2030 年

形成满足 8~900V 横向导通结构 GaN 器件的 12 英寸 Si 基 GaN 外延材料；开发出

满足 900~3300V 纵向导通结构 GaN 器件制造的 4 英寸 GaN 单晶衬底和外延材料；形成 8~1200V 横向导通结构 GaN 功率半导体器件生产能力，单芯片电流 50A，占有国内市场 50% 的份额。开发出 900~3300V 纵向导通结构 GaN 器件。面向通信和信息电源、分布式能源并网、电动汽车领域，开发 300~3300V GaN 功率模块，GaN 应用型功能集成电路、全 GaN 功率变换器的功率进一步提升；建立完备的 GaN 材料、器件、模块和应用的全产业链，成为国际上 GaN 技术研发和产业强国。

—2035 年

满足 8~1200V 横向导通结构 GaN 功率器件的 12 英寸 Si 基 GaN 外延材料的成本进一步降低。8~1200V GaN 功率器件占有国内市场 90% 的份额。面向通信和信息电源、分布式能源并网、电动汽车领域，开发 300~6500V GaN 功率模块；中国 GaN 技术进入世界领先水平，具备完备的研发与产业链体系，国产器件市场占有率大于 50%。建立国际领先的 GaN 材料、器件、模块和应用的全产业链，引领国际 GaN 技术研发和产业方向。

5. 功率元器件及模块产业与技术的发展路线

针对二极管、晶闸管、Si MOSFET、IGBT、SiC MOSFET、GaN 器件、封装与模块、电源管理芯片和磁性元件等功率元器件及模块的发展现状、发展趋势、发展需求、存在的问题和发展目标，本章具体规划了国内外的发展路线图，为相关生产、研究领域提供产业和技术发展参考。

5.1 总体发展路线图

5.1.1 二极管

目前国际顶尖厂商的 Si 基和 SiC 基二极管已经发展了 5~6 代，SiC 二极管是目前二极管技术的主要发展方向，但由于成本等因素，Si 基和 SiC 基二极管将长期共存，SiC 基二极管首先在车规级这样性能优先的领域获得应用，预计 2025 年 SiC 二极管将首先占领电动汽车等中低压高端应用。到 2035 年高压 SiC 二极管开始挤占能源系统和轨道交通系统中的 Si 基二极管。

对于国产二极管来说，未来 30 年内的主要任务仍然是产品升级和追赶国际水平，并加快国产化进程。在能源系统、电气化交通、工业驱动与供电、信息系统供电等领域，国产 SiC 二极管基本落后国际水平，预计于 2035 年追平国际水平。各领域的 SiC 二极管化基本保持与国际同步，但仍旧依赖进口 SiC 二极管产品。

表 2–2　国内外二极管产业与技术发展路线图

路线		现状	2025 年	2030 年	2035 年
国外	技术水平	● 威世、英飞凌为代表的 Si 二极管优化技术：Emitter Controlled Diode、FRED Pt 等厚度、FS 层和正面金属层的优化 ● SiC MPS 技术发展到第 6 代，多代系共存 ● 4 英寸和 6 英寸 SiC 生产线共存	● Si 二极管优化技术升级以匹配最新 IGBT 产品 ● SiC 产品各代系产品系列不断完整 ● 6 英寸 SiC 与 8 英寸共存	● Si 二极管优化至接近 Si 材料极限 ● SiC 二极管推出新一代产品，高压器件开始上线 ● 8 英寸 SiC 为主流	● Si 二极管达到材料极限 ● 大中小功率 SiC 二极管技术成熟，成本、缺陷等大幅下降，晶圆尺寸提升
	关键指标	● 阻断电压，Si：9000 V；SiC：3300V（商用），PiN 出现 15kV ● 压降，Si SBD：0.21V; FRD：0.69V; SiC SBD：1.25V ● FRD 反向恢复时间：13ns	● Si 产品阻断能力基本保持不变；商用 SiC MPS 阻断能力达到 6500V ● Si 和 SiC 产品的压降 – 反向恢复特性折中效果优化	● Si 和 SiC 二极管阻断能力基本不变 ● Si 二极管性能饱和，SiC 二极管产品性能继续得到优化	● SiC 商用产品阻断电压高于 6500V ● 中低压 SiC 产品性能接近饱和，高压产品性能进一步提升
	应用领域	● SiC SBD：光伏，汽车 ● FRD：UPS，车载充电器 ● Si SBD：低功率家电 ● 功率二极管和整流桥：光伏和工业控制	● 家用和工业领域仍以 Si 基二极管为主 ● 新能源和电气化交通领域开始大规模 SiC 替代	● 中高端应用实现全 SiC 产品 ● 低端应用开始 SiC 渗透	● SiC 产品实现全面功率范围覆盖
	市场情况	● 功率器件市场中占比 1/3 左右 ● 市场格局分散 ● 供给紧张 ● SiC 二极管占 SiC 市场 85% ● SiC SBD 价格是 Si FRD 5 倍	● Si 市场规模稳定，增速小于 5% ● SiC 市场规模快速增长，用量翻倍，中高端产品市场进入景气周期	● Si 产品市场占比下降	● 二极管市场以 SiC 产品为主
	代表厂商	● Vishay、Rohm、Microsemi、NXP、ST、ON 等	● 供应商分散，产品供应占比相差不大	● 供应商开始走向集中	● 市场份额主要掌握在头部厂商

续表

路线		现状	2025 年	2030 年	2035 年
中国（含台湾地区）	技术水平	• Si 二极管与国际水平差距主要在高端产品的结构与工艺优化 • 4 英寸和 6 英寸 SiC 生产线 • 以 SiC SBD 为主，衬底竞争力弱，外延层与国际水平相差较小	• Si 二极管工艺和材料水平提升，实现高可靠封装 • 6 英寸 SiC 产线为主流 • 降低 SiC 衬底和外延缺陷密度	• Si 产品工艺和材料水平接近国际水平 • SiC 二极管以 MPS 为主	• Si 二极管性能接近材料极限 • 技术水平基本追平国际
	关键指标	• 阻断电压，Si：8500 V；SiC：1700V（商用），PiN >17kV • 压降，Si SBD：0.34V；FRD：0.875V; SiC SBD：1.5V • FRD 反向恢复时间：18 ns	• Si 产品阻断能力基本不变，出现 3300V 商用 SiC 产品 • Si 和 SiC 产品结构优化，实现压降 – 反向恢复特性折中效果优化	• Si 产品阻断能力基本不变；SiC 产品阻断能力达到 6500V • Si 和 SiC 产品的压降 – 反向恢复特性折中效果优化	• Si 和 SiC 最新产品代系达到国际水平 • 出现 10kV 以上商用 SiC 产品
	应用领域	• SiC SBD：光伏、汽车 • FRD：UPS、车载充电器 • Si SBD：低功率家电 • 功率二极管和整流桥：光伏和工业控制	• 家用和工业领域主要以 Si 基为主 • 新能源和电气化交通领域开始大规模 SiC 替代	• 中高端应用实现全 SiC 产品 • 低端应用开始 SiC 渗透	• SiC 产品实现全面功率范围覆盖
	市场情况	• 市场占比 1/3，国产率最高 • 出口量超进口量 • 中高端产品依赖进口 • SiC SBD 开始量产	• Si 市场规模稳定，增速小于 5% • 市场份额与国际大厂相当 • 国产替代率持续上升	• Si 高端产品部分替代 • SiC 市场快速增长，与 Si 产品并存	• Si 产品实现全面国产替代 • SiC 产品成为主流
	代表厂商	• 台湾强茂、台湾半导体、敦南科技、基本半导体等	• 中低功率产品市场分散	• 各厂商实现全电压、功率产品覆盖	供应商开始走向集中

5.1.2 晶闸管

晶闸管器件的电压等级将朝着单只耐压等级更高、通流能力更大的方向发展，如通流能力达到 12kA，IGCT 单只器件 I_{TGQM} 达到 10kA。伴随着新型材料研究的逐步完善，以及低感、双面散热技术以及高可靠性封装技术的完善。碳化硅晶闸管以更薄的漂移区厚度便可达到十几千伏的耐压水平。经过不断的发展与积累，国内将实现更多类型的晶闸管大规模市场化，如 GTO 和光控晶闸管。IGCT 的开通延时能够减小到 1.5μs，关断延时减小到 4μs，通态压降进一步降低到 1V 左右，门极驱动功率进一步减小（如 500Hz，1200A 情况下的驱动功率减小 50W），以适应其在直流电网中扮演的直流断路器、直流变压器等角色。IGCT 的芯片面积将进一步增大，出现 8 英寸超大面积的器件，功率容量同时增强，并预计在 2035 年后领跑全球。

表 2–3　国内外晶闸管发展路线图

路线		现状	2025 年	2030 年	2035 年
国外	技术水平	● 日立 -ABB 为全压接结构设计，具有高电流、低损耗的特点 ● 英飞凌采用低温键合、类金刚石膜技术，提升了稳定性、抗浪涌能力和长期可靠性 ● Silicon Power 公司生产的器件具有最大浪涌能力，适合于窄脉冲高峰值领域	● 成熟的低感和高可靠性封装技术，更高的抗浪涌能力，重复频率下高可靠性 ● 降低碳化硅材料外延的 BPD 密度，解决其造成的正向压降漂移不稳定问题 ● 设计研究出碳化硅器件的终端保护结构，解决载流子寿命以及分布不均匀的问题	● 出现新一代产品，逐渐接近材料极限 ● 低感、双面散热、高可靠封装成为主流	● 性能达到硅材料极限 ● SiC 等新型材料器件制造水平逐渐成熟
	关键指标	● 晶闸管：V_{DRM} ≤ 8500V，di/dt ≥ 20kA/μs，I_{TSM}（最大浪涌电流）≤ 143kA（1.5ms），I^2t ≤ 55MA^{2}s ● 光控晶闸管：V_{DRM} ≤ 8kV，I_{TAVM} ≤ 4990A，I_{TSM} ≤ 105kA（10ms），di/dt ≤ 300A/μs（50Hz），dv/dt ≤ 2kV/μs ●IGCT：V_{DRM} ≤ 8500V，I_{TAVM} ≤ 2660A，I_{TSM} ≤ 40kA（3ms），I_{TGQM} ≤ 6500A ●GTO：V_{DRM} ≤ 4500V，I_{TAVM} ≤ 1kA，I_{TSM} ≤ 25kA（10ms），I_{TGQM} ≤ 4kA	● 阻断电压：晶闸管 ≤ 8500V、光控晶闸管 ≤8000V、IGCT ≤ 8500V、GTO ≤ 4500V ● 终端所占芯片面积逐渐减小 ● 芯片面积继续增大，通态损耗减小 ● 光控晶闸管可满足窄带频率在 50~100Hz 功率系统要求	●阻断电压：晶闸管 ≥ 8500V、光控晶闸管 ≥ 8000V、IGCT ≥ 8500V、GTO ≥ 4500V 商品化 ● 光控晶闸管可以满足数千 Hz 的超宽带功率系统的要求	● 整体性能、可靠性大幅度提升
	应用领域	● 直流输电、电磁发射、加速器系统、电磁防御系统、航空航天、医疗	● 直流输电领域应用范围扩大 ● 脉冲功率领域应用范围扩大	● 高端领域应用扩大	● 中高压、高频领域成为主导
	市场情况	● 多家公司相互竞争，以意法半导体、英飞凌、安美森、日立-ABB、Silicon Power 占主导 ● 欧美厂商晶闸管终端应用广泛 ● 英飞凌等国际大厂商逐渐将重心转向新能源汽车等毛利润较高的领域，不断退出中低端市场 ● 随着新兴产业的兴起，全球半导体市场规模将稳步增加	● Si 基器件市场规模不断扩大	● Si 基器件市场几乎饱和	● SiC 基器件将开始抢占市场

续表

路线		现状	2025 年	2030 年	2035 年
国外	代表厂商	• 意法半导体、英飞凌、安美森、日立-ABB 等	• 国际头部厂商产品依然占主要市场	• 欧洲、亚太、北美洲均有厂商领跑世界	• 厂商格局基本成熟
中国（含台湾地区）	技术水平	• 以 6 英寸生产线为主 • 以压接封装为代表，伴随有平板型陶瓷管壳封装 • 双面冷却 • 模块化具有优良的温度特性和功率循环能力	• 以 6 英寸占主导，GTO 的生产水平逐渐提高 • 降低碳化硅材料外延的 BPD 密度，解决其造成的正向压降漂移不稳定问题 • 设计研究出碳化硅器件的终端保护结构，解决载流子寿命以及分布不均匀的问题	• 开发大尺寸芯片并商业化 • 出现新的封装技术、GTO 门极采用多键合线封装 • 碳化硅材料器件逐步进入商业化	• 技术水平达到国际水平
	关键指标	• 晶闸管：阻断电压 ≤ 8500V，I_{TSM}（最大浪涌电流）≤ 330kA（0.5ms），di/di ≥ 3kA/μs，I^2t ≤ 50MA^{2}t • IGCT：I_{TGQM} ≤ 8kA，V_{DRM} ≤ 4500V，I_{TSM} ≤ 35.0kA（10ms），I_{TAVM} ≤ 2150A	• 压降、关断时间、损耗减小、di/dt 提升	• 阻断电压 ≥ 8500V • 光控晶闸管能够满足低频范围内的应用	• 性能与可靠性达到国际水平
	应用领域	• 轨道交通、智能电网、航空航天、工业	• 能源领域应用增速加快 • 特种电源领域应用逐渐增加	• 在能源、电气化交通、特种电源等领域保持稳定应用	• 晶闸管类器件可涵盖大多数高功率应用领域
	市场情况	• 国内晶闸管产品覆盖了多个领域 • 我国晶闸管占全球功率分立器件与模块市场规模比例约为 5% • 晶闸管在国内功率器件市场占比约为 5% • 需要量不断增大，供需缺口较大 • 约为 70% 的市场份额被国外企业把控，国产替代空大	• 头部企业拥有完整的 IDM 商业模式和从芯片到系统的完整产业链	• 大部分应用领域实现国产化	• 高端应用领域实现国产化
	代表厂商	• 西安电力电子技术研究所、株洲中车、湖北台基半导体等	• 传统企业继续保持相对优势	• 更多的新制造厂商出现	• 多个厂商跻身国际前列

5.1.3 Si MOSFET

目前 Si MOSFET 生产模式采用 IDM 模式，生产工艺制程从早期的 10μm 制程迭代至 0.15~0.35μm 制程。器件结构方面经历了沟槽型、超级结、绝缘场板三次技术革新。在同一器件结构下，调整了生产工艺，改善了产品品质因数（FOM）性能。沟槽型 Si MOSFET 耐受电压最多至 250V，主要应用于电池、脉冲编码调制、NBPC、DC/DC 转换器。双扩散 Si MOSFET 耐受电压峰值为 900V，主要应用于充电器、适配器、小中型电视、LED 等；超级结 Si MOSFET 电压等级为 600V 以上，主要应用于基站及服务器电源、中大型电视和调功器。5G 基站、快充、汽车电子和电动两轮车控制器都将带动 Si MOSFET 的市场份额进一步增长。

表 2-4　国内外 Si MOSFET 发展路线图

路线		现状	2025 年	2030 年	2035 年
国外	技术水平	• 目前功率 MOSFET 发展路径主要是结构优化，主要包括平面型、槽栅、超级结、屏蔽栅 • 为适应同步整流技术发展，发展了窄沟槽、槽底厚栅氧、W 形槽栅和深槽积累层结构 • 工艺水平进入深亚微米	• 开发一些专用工艺技术，包括深槽工艺结构、超薄圆片结构、背面扩散技术及多层连接技术 • 建置 12 寸晶圆功率半导体厂，扩大 12 寸晶圆制造比例及布局高压功率 MOSFET • 发展宽带隙材料的 SOI MOSFET 结构，以在高温下运行	• 器件结构创新、优化工艺制程来提高器件可靠性	• 提高集成度，制造微型较高功率 MOSFET
	关键指标	• 100V MOSFET 比导通电阻不到 0.1Ω-mm^2，达硅器件理论极限 • 阻断电压：20~950V • 800V 下导通电阻最小为 60mΩ	• 高温环境下的可靠性提高 • 阻断电压范围基本不变 • 导通电阻进一步降低	• 性能饱和 • 极端环境下的可靠性提高	• 开发新型封装，散热性能提高
	应用领域	• 手机、数码相机、电动自行车、LCD 显示器、电热水器、车灯、PC 的 AC/DC 开关电源、变速电机驱动、DC/DC 转换器、日光灯、微处理器、射频	• 5G、车用、高端运算 • 新能源汽车的主驱系统	• 新能源汽车	• 航空航天领域
	市场情况	• 2020 年，英飞凌、意法半导体、安美森产品交货期普遍延长，部分 MOSFET 产品涨价趋势明显 • 工作电压范围超过 400V 的高电压 MOSFET 产品增长幅度最大	• 在中低压功率 MOSFET 无法通过价格上涨创造更高利润下，可以利用 12 英寸的工厂成本优势贡献毛利率 • 以高电压（>400V）功率 MOSFET 为主	• 低压领域出现被宽禁带半导体替代的情况	• 在宽禁带半导体成本可接受条件下，逐渐被 SiC 和 GaN 代替

续表

路线		现状	2025 年	2030 年	2035 年
国外	代表厂商	● 英飞凌、安美森、意法半导体等	● 格局相对稳定	● 厂商市场份额基本不变	● 厂商市场份额基本不变
中国（含台湾地区）	技术水平	● 目前包括应用于低端的 Planar、Trench；应用于中端的 SGT 和 SJ 结构	● 向 12 寸线持续升级 ● 在中低压 MOSFET 方面，发展新一代沟槽产品	● 研发低压、小功率智能功率模块	● 在某些极端环境下也能保持足够高的可靠性
	关键指标	● 导通电阻略大，比如 800V 0.25Ω 无法做到 DPAK 封装 ● 寄生参数 Ciss 和 Coss 较大	● 尺寸缩小、导通电阻更低的超微型 MOSFET ● 更节省空间的封装形式	● 低损耗、高抗干扰度 ● 器件体积、功率损耗可达国际水平	● 性能与可靠性达到国际水平
	应用领域	● 汽车电动化、电子整机、充电桩电源、5G 通信电源、家电、电脑、快充	● 汽车和信息系统供电应用增长迅速	● 汽车和信息系统供电应用增长	● 以低压领域全覆盖
	市场情况	● 上游原材料以及封装成本持续上涨，且产能紧张，国产品牌 MOSFET 价格普遍上涨，涨幅在 10%~20% ● 进口依赖度高，国内市场占比达 39%，英飞凌、安美森、东芝、意法半导体和瑞萨共占据了 61% 的国内市场份额 ● MOSFET 主要依靠 8 英寸及 6 英寸晶圆代工，12 寸以下占比超过 80% ● 中高端半导体产品依赖海外	● 共享电单车、外卖配送需求提升推动 MOSFET 产量上升 ● 新能源汽车功率半导体市场空间达 104 亿元人民币	● 市场份额以低压领域为主	● 中高压场合部分被 SiC MOSFET 取代
	代表厂商	● 华润微、华微电子、士兰微等	● 中高端 Si MOSFET 实现国产替代	● 高端产品市场向国内龙头集聚	● 国内厂商更多进入全球市场前十

5.1.4 IGBT

国际上 IGBT 产品已经发展到第 7 代，但是各个厂商研发时间和电压等级有很大差异。因此新一代的 IGBT 产品仍需时间来占领主要市场，而第 1~6 代产品预计在 2030 年左右退出市场，且第 8 代以上产品也在 2030 年之后从低压领域开始渗透。

随着新的技术向高压 IGBT 产品转移，以及宽禁带半导体技术的成熟，小于 1700V 的低压 IGBT 产品开始退出部分市场。3300~6500V 的高压 IGBT 产品在未来 30

年内仍然是高压大功率领域主流开关器件。预计在 2030 年左右 IGBT 阻断能力实现突破，出现阻断电压超过 7kV 的商用 IGBT 产品。伴随着 IGBT 产品技术的更新换代，IGBT 芯片通流能力、通态饱和压降、关断时间、功率损耗等关键指标随之得到提升。IGBT 芯片结构和参数优化水平逐渐饱和，产品升级转向封装技术，进一步提升可靠性。传统的铝丝键合的模块将不适用于可靠性要求高的新能源汽车和新能源发电应用，预计在 2035 年全部转向新型互连技术，同时功率循环寿命提升 20 倍以上。

能源系统、电气化交通和工业驱动与供电是 IGBT 三大快速增长领域，能源系统在未来 30 年内仍以高压大功率的 IGBT 为主，电气化交通和工业驱动与供电领域的 IGBT 器件将部分被宽禁带半导体 SiC 和 GaN 取代。

表 2–5　国内外 IGBT 发展路线图

路线		现状	2025 年	2030 年	2035 年
国外	技术水平	● 第 4 代为主流，第 7 代部分应用 ● 8 英寸和 12 英寸生产线 ● 最小工艺线宽：0.3μm ● 键合线封装技术为主	● 第 7 代为主流 ● 12 英寸生产线为主 ● 低感高可靠性封装与传统封装并存	● 开发第 8 代产品，接近材料极限 ● 低感、双面散热、高可靠封装成为主流	● 芯片和封装技术成熟，性能达到硅材料极限
	关键指标	● 阻断电压 <6500V ● 芯片面积、压降、关断时间、损耗减小 73%～80%（与初代相对值） ● 1200~1350V 的商用逆导 IGBT	● 阻断电压 <6500V ● 芯片面积、压降、关断时间、损耗减小 10%（与上一代相对值） ● 650V 超结 IGBT 率先商用化 ● 6500V 逆导 IGBT 实现商用化 ● IPM 向高压领域扩展，功率等级超过 10kW	● 阻断电压 >7kV 商用化 ● 芯片面积、压降、关断时间、损耗略有下降	● 整体性能、可靠性大大提升
	应用领域	● 市场占比：工业控制 37%，电气化交通 33%，能源系统 9%，消费电子 8%	● IGBT 需求增长主要来自新能源汽车，5 年增长率到 4 倍 ● 光伏和风电用 IGBT 增加 2.5 倍	● 车用 IGBT 开始下滑 ● 光伏和风电用 IGBT 持续增长	● 中高压领域继续主导 ● 中低压领域用量逐渐下降
	市场情况	● IGBT 在功率器件中增速最快，以模块为主 ● 欧洲、日本的前五大 IGBT 厂商份额超过 70%，垄断了中高端 IGBT ● 毛利率高，利润率低	● 市场规模持续增长，且增速平缓，保持在 20% 以上	● 市场规模稳定或略有下降	● 市场占比被 SiC MOSFET 赶超

续表

路线		现状	2025 年	2030 年	2035 年
国外	代表厂商	• 英飞凌、三菱电机、富士电机等	• 头部厂商产品依然占主要市场，但比例开始下降	• 欧洲和日本厂商领跑世界	• 各个厂商份额持平
中国（含台湾地区）	技术水平	• 第 5 代和第 6 代共存 • 6 英寸和 8 英寸生产线 • 最小工艺线宽：0.5μm	• 第 6 代 IGBT 为主，第 7 代部分应用 • 8 英寸生产线为主 • 键合线封装为主，无键合线封装开始商用化	• 多个代系并存（5/6/7） • 出现部分 12 英寸生产线 • 有 / 无键合线封装并存	• 技术水平接近国际水平
	关键指标	• 阻断电压 <6500V • 芯片面积、压降、关断时间、损耗减小 67% ~ 71%（与初代相对值）	• 阻断电压 <6500V • 芯片面积、压降、关断时间、损耗减小 10% ~ 20%（与上一代相对值）	• 阻断电压 >6500V • 芯片面积、压降、关断时间、损耗减小 10% ~ 20%	• 性能与可靠性接近国际水平
	应用领域	• 市场占比：电气化交通 40%，且增长最快，工业控制 29%，消费电子 18%，能源系统 13%	• 新能源汽车市场规模全球占比超过 50%，5 年增长率到 4 倍 • 光伏和风电用 IGBT 增速逐渐平稳 • 轨道交通和输电领域用 IGBT 开始国产替代	• 新能源汽车用 IGBT 达到峰值 • 光伏和风电用 IGBT 继续增加 • 轨道交通和输电领域用 IGBT 国产替代率 30% 以上	• 光伏成为第一大电源，占比 30%，光伏用 IGBT 市场占比最高
	市场情况	• IGBT 供需存在巨大缺口 • 中低端 IGBT 开始国产替代 • 90% 中高端 IGBT 依赖进口 • 毛利率低，利润高	• 中低端领域基本实现国产替代 • 成本下降，国产 IGBT 比例增加 • 市场需求占比超过 50%	• 中高端领域部分实现国产替代 • 中低端产品完全自给	• IGBT 产品实现自给
	代表厂商	• 株洲中车、比亚迪、斯达半导等	• 从虚拟 IDM 模式向国际主流 IDM 模式转变	• IGBT 企业以 IDM 模式为主	• 多个厂商跻身国际前列

5.1.5 SiC MOSFET

目前，商用 SiC MOSFET 电压等级以 600~3300V 为主，芯片技术平面栅与沟槽栅共存，主要应用于新能源汽车逆变器、光伏逆变器、UPS、电动汽车直流充电器、储能用电池充电器、服务器电源等。作为 SiC MOSFET 的关键指标之一，1200V 电压等级下科锐公司的导通电阻最小为 13mΩ。商用器件芯片结温极限是 175℃，封装形式以键合线封装和塑封为主，限制了 SiC MOSFET 芯片结温的进一步提升。体二极管的反向恢复电流较大，直接用作续流二极管时仍会产生较大功率损耗。

随着 SiC MOSFET 晶圆缺陷逐渐降低，晶圆生产线逐渐向 8 英寸过渡，当成本不再成为制约因素后，在很多中低压场合将实现 SiC MOSFET 对 Si IGBT 的替代。随着新技术的不断发展，SiC MOSFET 导通电阻、开关损耗等关键指标逐步降低。此外，随着低杂散参数、高功率密度、高散热性能的封装形式商用化后，器件运行结温将进一步提高。越来越多 SiC MOSFET 的运行和失效数据将改进芯片设计过程中的可靠性问题，耐短路、雪崩时长将增加。对于国产 SiC MOSFET 来说，未来近 30 年的主要任务仍然是产品升级、产线扩张、追赶国际水平，并加大国内市场份额占比。

SiC MOSFET 在电气化交通方面，如轨道交通、舰船推进、新能源汽车和多电飞机等领域占据越来越重要地位。

表 2-6　国内外 SiC MOSFET 发展路线图

路线		现状	2025 年	2030 年	2035 年
国外	技术水平	• 封装形式以键合线封装、塑封为主 • MOSFET 技术：以 Gen3（Planar）为主，第四代沟槽栅技术成功开发	• 低杂散参数、高功率密度、高散热性能封装形式商用化，如 Small-size module • 开发耐高温封装材料 • 开发超结 SiC MOSFET • 增强体二极管可靠性、栅氧化物可靠性，提高晶圆质量 • 3300V 器件大规模商用化 • 建成 8 英寸生产线 • 全 SiC 模块技术成熟	• 在高散热性能封装基础上向高集成度、小型化、数字化和智能化方向发展	• 器件寿命可基本满足不同应用场合的要求 • 功率模块损耗降至材料极限 • 全 SiC 模块技术成熟
	关键指标	• 商用器件耐压以 600V~1700V 为主 • 成本仍是目前关键问题，电动汽车行业，SiC 比 Si 高 2.5 倍左右 • 1200V 电压等级下，800V 电压下商用器件短路耐受时间基本为 2μs • 1200V SiC MOSFET 体二极管反向恢复电荷不到 650V Si MOSFET 的 10% • 1200V 导通电阻最低为 13mΩ • 全 SiC 模块	• 电压电流进一步提高，一些高压器件商用化，最高耐压可达 6.5kV • 封装材料承受高压能力提高，加速了模块化进程 • 模块结温可长期运行在 200℃左右 • 全 SiC 模块，去除反并联二极管 • 阈值电压稳定性得到提高，芯片面积进一步减小，电流密度进一步提高，导通电阻减小	• 耐压超过 15kV，6.5kV 高压器件可靠性进一步提升 • 体二极管反向恢复电流 30% • 耐高温材料商用化，模块结温可长期运行在 225℃左右 • 车规级模块成本降低，可靠性更高	• 出现 15kV 商用产品，比导通电阻接近 SiC 材料极限 • 体二极管性能进一步提升

续表

路线		现状	2025 年	2030 年	2035 年
国外	应用领域	• 光伏逆变器、电机驱动器、在线 UPS、储能、辅助电源、SMPS、储能系统、电动汽车充电桩、OBC，以 600~1700V 为主	• 新能源汽车、手机快充、数据中心服务器电源、电力电子变压器、双向车载充电器、智能电网、轨道交通、风机、船舶 • 在 600~900V 范围与 GaN 竞争	• 可应用于深海、航空航天、军工等极端场合	• 中高压场合全面采用 SiC MOSFET
	市场情况	• 目前 Si MOSFET 仍占据市场主要份额 • Si 仍然是主流，SiC 与 Si 共存 • 600V 和 1200V 裸芯片占据主要市场份额，1700V 裸芯片市场份额很少 • 由于 SiC 器件成本仍较高，未被大规模采用	• SiC 器件成本降低 • 市场规模不断扩大，预计可达 30 亿美元 • 应用于汽车的市场份额占据一半以上 • 晶圆市场份额减少，封装市场份额增加 • 在 OBC、PV 等领域快速增长	• 车规级器件迎来市场高峰 • 智能化 IPM 模块逐渐占据新的市场 • 在高压场合抢占 Si IGBT 市场 • 全 SiC 模块仍快速增长	• 全 SiC 模块和分立器件占据主要市场份额 • 抢占 Si IGBT 主要市场 • 电推动飞机（EAP）商用化
	代表厂商	• 意法半导体、科锐、罗姆等	• 意法半导体、科锐、罗姆等市场份额仍较大	• 欧洲、美国、日本厂商仍占据一半以上市场份额 • 市场饱和，企业合并不可避免	• 格局基本成熟
中国（含台湾地区）	技术水平	• 6 英寸 SiC 芯片生产线 • 只有平面栅 SiC MOSFET • 150mm 碳化硅外延片厚度最高可达 250μm	• 以 6 英寸占据主导，逐步建设 8 英寸生产线 • 具备沟槽型 MOSFET 器件生产能力	• 封装工艺接近国际一流厂商	• 高压产品追平国际水平
	关键指标	• 600~1700V/5~114A • 1200V 阻断电压下，导通电阻最低为 18mΩ	• 1700V 器件可满足车规级测试标准 • 出现 3300V 器件商品 • 比导通电阻高于国外领先水平 50%	• 6500V 器件逐步商用化 • 比导通电阻接近国外领先水平	• 性能与可靠性追平国际水平
	应用领域	• 地铁车辆牵引系统、光伏逆变器、混合动力城市客车变流器、工业电机驱动、新能源汽车充电桩、服务器电源、PFC	• 大功率电机驱动应用、城际高铁电力电子变压器、新能源汽车用全 SiC MOSFET 模块	• 柔性直流输电技术、航空航天、轨道交通等可靠性要求较高的场合	• 新能源领域，汽车、风光发电占据国内市场一半份额

续表

路线		现状	2025 年	2030 年	2035 年
中国（含台湾地区）	市场情况	• 国产 SiC MOSFET 近两年刚刚发布，尚不能批量供货，市场份额较小 • 充电设施所占份额逐年增加	• 头部企业在国内市场份额逐步增加 • 国内市场渗透率达 25%，预计可达 12 亿美元	• 产品在新能源汽车、光伏逆变器等应用场合实现并跑 • 新能源汽车、充电桩等场合所用芯片迎来高峰 • 应用于特殊工况、极端环境的器件自主研制	• 抢占 Si IGBT 大量市场份额
	代表厂商	• 中电 55 所、积塔、三安等	• 头部企业保有优势	• 市场份额基本保持不变	• 多个厂商跻身国际前列

5.1.6　GaN器件

近十年来，商业化的横向导通结构 GaN 功率器件得到了迅猛的发展，目前主流的 GaN 功率器件供应商主要包括 GaN Systems、松下、EPC、Transphorm 等公司，发布了多款 GaN 功率器件，其电压等级可达 900V，电流等级可达 120A。

预计未来 GaN 器件将会持续高速发展，攻克许多技术性难题，材料的缺陷、成本以及各个环节的制约都将会被逐渐打破，将会有越来越多的器件可以商业化，进入各个领域并且逐渐占据市场。

表 2–7　国内外 GaN 发展路线图

路线		现状	2025 年	2030 年	2035 年
国外	技术水平	• 横向导通结构 GaN 器件商业化发展迅猛，GaN Systems、松下、EPC、Transphorm 等发布多款 GaN 功率器件 • 多所高校及研究所成功制备了纵向导通结构 GaN SBD、PiN 二极管、MOSFET、电流孔径垂直电子晶体管（CAVET）	• 衬底和外延材料技术逐渐成熟，成本已经有一定市场竞争力，使得商业化 GaN 器件种类越来越多 • 商业化 GaN 器件的性能逐渐提升	• 新的产品种类涌现，市场规模极为庞大 • GaN 器件逐渐达到材料的极限	• 性能接近 GaN 极限并且采用新的器件结构来从某些方面突破极限 • 生产上下游产业十分成熟
	关键指标	• 横向导通结构 GaN 商业器件电压等级最高达 900V，电流等级最高达 120A	• 阻断电压继续上升 • 晶圆生产能力大幅增加，质量大幅提升	• 电压电流等级达到材料极限 • 晶圆等关键生产环节成本大幅降低，使得商业器件极其繁多	• 整体性能、可靠性进一步提升

续表

路线		现状	2025 年	2030 年	2035 年
国外	应用领域	● 快充、电气化交通、家用电器	● 工业驱动、信息系统供电	● 进入特种领域包括国防和航空航天	● 逐渐深入并占据中高压、超高频领域
	市场情况	● 市场规模不是很大，但是每年的增长都十分迅速 ● GaN 快充已进入人们的视野，在进入其他领域之时会更加方便迅速 ● 在各个领域的科研与尝试十分普遍 ● 市场规模将稳步增加	● 市场规模继续增大	● 占据比较重要的市场地位	● 在世界上占据主要市场
	代表厂商	● EPC、GaN Systems、松下等	● 保持现有主要厂商格局	● 相关 GaN 厂商会继续活跃，可能会产生新的头部企业	● 厂商格局开始成熟
中国（含台湾地区）	技术水平	● 苏州纳维、中镓半导体等公司推出了 2~4 英寸单晶 GaN 衬底产品，6 英寸衬底也在研发中 ● 国内已经有了一些商业器件	● 开发出满足 8~650V 横向导通结构 GaN 器件的 8 英寸 Si 基 GaN 外延材料 ● 开出发满足 900~1700V 纵向导通结构 GaN 器件的 3 英寸 GaN 单晶衬底和外延材料的生产能力 ● 形成 8~1200V GaN 功率器件生产能力，最大单芯片电流 25A，占有国内市场 10% 的份额。开发 300~1200V GaN 功率模块 ● 建立完备的 GaN 材料、器件、模块、封装材料的标准体系、专利保护机制和相关的检测中心，产品具有一定的国际竞争力	● 形成满足 8~1200V 横向导通结构 GaN 功率器件的 12 英寸 Si 基 GaN 外延材料 ● 形成 8~1200V GaN 功率器件生产能力，单芯片电流 50A，占有国内市场 90% 的份额。开发 300~3300V GaN 功率模块 ● 中国 GaN 技术进入世界领先水平，具备完备的研发与产业链体系，国产器件市场占有率大于 50%。建立国际领先的 GaN 材料、器件、模块和应用的全产业链，引领国际 GaN 技术研发和产业方向	● 8~1200V 横向导通结构 GaN 功率器件的 12 英寸 Si 基 GaN 外延材料成本进一步降低 ● 形成 8~1200V GaN 功率器件生产能力，单芯片电流 50A，占有国内市场 90% 的份额 ● 中国 GaN 技术进入世界领先水平，具备完备的研发与产业链体系，国产器件市场占有率大于 50%。建立国际领先的 GaN 材料、器件、模块和应用的全产业链，引领国际 GaN 技术研发和产业方向

续表

路线		现状	2025 年	2030 年	2035 年
中国（含台湾地区）	关键指标	● 阻断电压≤ 650V ● 导通电阻在 650V 时在 40mΩ	● 具备 GaN 功率器件制造的大部分生产流程线能力	● 形成 300~1200V GaN 功率器件生产能力	● 性能与可靠性接近达到国际水平
	应用领域	● 快充、家用电器	● 快充电气化交通、工业驱动	● 逐渐进入特种领域包括国防和航空航天	● 在各个领域都有一定市场份额
	市场情况	● 国内 GaN 器件制造仍处于起步阶段，很多关键工艺与制造环节依赖于国外 ● 市场基本被国外的器件占据	● 国内逐渐产生可以自主掌握生产的公司，占据一定国内市场	● 在国内市场占据较多市场份额。 ● 部分产品在世界具有很强竞争力	● 国产占据国内大部分份额，并且在第三世界有较多市场份额，在发达国家也有较强竞争力
	代表厂商	● 苏州能讯、江苏能华、士兰微等	● 更多中小企业与厂商出现，头部企业拥有一定竞争力	● 头部企业在国内拥有一定市场份额，在一些领域有绝对优势 ● 在生产链各个环节涌现众多有自主知识产权的中小企业	● 在国际享有巨大市场份额的本国企业出现

5.2 差距和障碍

5.2.1 二极管

在产品技术方面，Si SBD大部分处于第一代平面技术，国际已经更新到沟槽技术；国际上 Si FRD 已经开发了新技术并更新了 5 代以上，而国产 Si FRD 仍是传统技术，更新换代缓慢；国际上 SiC 二极管开始出现使用沟槽结构或新型金属接触的器件，国内目前暂时以 SBD 器件为主，与国际领先水平稍有差距；在生产线上，国内外均已建设 12 英寸 Si 功率器件晶圆厂，目前国外大规模量产的晶圆厂以 8 英寸为主，而国内还有相当数量的 6 英寸晶圆厂；SiC 晶圆厂方面，国外以 6 英寸为主，国内 4 英寸和 6 英寸并行。在成本方面，国际具有更高的材料利用率和工艺控制水平，国内技术水平和设备水平相对较差。

5.2.2 晶闸管

国内的晶闸管模块所采用的管芯一般都是圆片，整体参数的一致性、重复性较差，且参数的离散性较高；而国外的晶闸管模块所采用的管芯一般是方片，整体参数的一致性、重复性较好，且参数的离散性较低。工艺上方面，国内的晶闸管模块和国外的晶闸管模块都是采用全自动的制造工艺，而国内晶闸管模块的优点在于制造成本低，价格实惠，经过工艺改良后，在整个制造工程中加入多道检测工序，也使成品模块的可靠性得以加强。虽然国外的晶闸管模块工艺较为先进，但是价格也昂贵，在某些尖端应用领域，用户倾向于使用国外模块，而中低端市场主要被国内厂商占据，所以头部企业也能制造高端器件。

5.2.3 Si MOSFET

虽然国内中低压 Si MOSFET 的产品质量和技术水平已达到较高水平，但市场份额占比仍较低。目前，国内 Si MOSFET 晶圆生产仍依靠 8 英寸及 6 英寸产线，应加快规划建设 12 英寸产线，提高 12 英寸晶圆占比，实现企业产能扩张；优化超级结合 SGT 结构 Si MOSFET，提高国产中高压 Si MOSFET 自给率。国内厂商应增强高可靠性的传统 Si MOSFET 生产能力，占据更多市场份额，同时积极布局新型器件结构研究和生产，为增幅较大的 400V 高电压 Si MOSFET 市场提供产品。

5.2.4 IGBT

相比较国际厂商在 1980 年就开发了第一代 IGBT 产品，但国内 IGBT 产品起步晚了约 20 年。目前 IGBT 产品技术和晶圆加工尺寸都低一代左右，低技术水平和产能不足导致国内 IGBT 产业一直被国外垄断。材料供应方面，Si 晶圆供应由日厂把控，占据 50% 以上的市场份额，国内仅一家台湾地区晶圆厂进入前五，且晶圆尺寸与日厂相差较大。工艺制程方面，大陆领先厂商具备 28nm 制程量产能力，而行业领先台积电已实现 7nm 制程量产。封装技术方面，英飞凌、安美森、三菱、日立-ABB 等公司都推出了商用的新型互连技术，而国产 IGBT 全部为传统铝线键合模块，新型互连技术仅处于实验室阶段。在下游应用方面，新能源发电、电动汽车、轨道交通等高端应用一直被欧洲和日本厂商垄断，国产化替代率很低。成本方面，虽然国内具有较低的人工成本，但是人工成本在 IGBT 产业中比例较低，较低的材料利用率造成较低的毛利率。

5.2.5 SiC MOSFET

国际上生产 SiC MOSFET 的厂商均有成熟的 Si 基半导体生产技术。在 SiC MOSFET 技术方面，国际上多家企业已经逐步推出沟槽栅 SiC MOSFET 器件。国内企业中 SiC MOSFET 目前基本采用平面栅 MOSFET 结构。国内可生产 1700V 等级及以上的厂商较少，生产的 SiC MOSFET 包含额定电压和额定电流等级范围较少。与国际厂商推出的 SiC MOSFET 相比，同等级电压下，最大单芯片电流较小。同时，国内厂商所提供的 SiC MOSFET 测试数据与国际龙头企业相比也相对较少。在可靠性方面，国内生产的 SiC MOSFET 阈值电压稳定性与国际厂商仍存在较大差距，且实际工作电压和电流相比额定值的降额率较大。国内厂商应为提高 SiC MOSFET 电气参数、可靠性和降低成本做出更大努力，为未来大面积替代 Si IGBT 做好准备。国内厂商应充分利用好 SiC 材料优势，对特定应用环境下的 SiC MOSFET 产品给予关注，如高压、高温、高频和强辐照。

5.2.6　GaN器件

国内 GaN 材料、器件和应用研发起步较晚，发展尚未成熟，尤其是缺乏市场应用端的引领和刺激，科学研究与产业应用中间的衔接环节相对比较薄弱，在应用市场全面启动之前，产业规模难以扩大。

在技术方面，仍存在一些需要突破的技术难点；在材料方面，Si 基 GaN 异质外延层晶体缺陷、厚度和杂质控制限制了耐压和长期可靠性的提升。在 GaN 器件技术方面，由于陷阱效应导致的动态导通电阻退化问题，造成器件在高压开关工作时损耗加剧；常关型 GaN 器件目前所采用的栅极结构导致器件阈值不高、栅压摆幅有限，与主流栅极驱动难以兼容，还会造成器件在高频工作时的可靠性问题。在 GaN 器件的封装和应用方面，高频封装、驱动集成、电磁兼容等方面亟待突破，从而实现体积和重量的减小、功率密度的提升。

5.2.7　封装与模块

与 Si 功率器件 / 模块封装产品相比，宽禁带功率器件 / 模块封装产品存在两个较为共性的弱项：①现阶段国际宽禁带半导体功率电子器件 / 模块产品价格是对应 Si 器件 / 模块产品的 3~3.5 倍，国内宽禁带模块产品的售价还要高一些，有的甚至达到 5~10 倍。模块封装产品价格主要取决于封装良率。对体积或重量要求较为强烈的产品或定制类的项目或工程，对宽禁带半导体功率电子器件 / 模块价格敏感性要弱些。②可靠性没有经过大量的应用验证。现有宽禁带半导体功率电子器件 / 模块产品的试验都是沿用 Si 产品的相应试验项目和方法，还没有针对宽禁带半导体功率电子器件 / 模块产品特点设计的试验项目和方法。宽禁带半导体功率电子器件 / 模块的可靠性标准和试验是技术瓶颈。例如，有的 EV/HEV 生产商较为关注 SiC 器件 / 模块的可靠性，如 SiC 器件 / 模块产品有缺陷，则需要召回整辆汽车，相应的经济损失会比较大。

5.3 实现路径

2015 年国务院发布《中国制造 2025》重点领域技术路线图，预计至 2030 年中国集成电路市场规模占全球的比例将达到 43.35%~45.64%；2020 年国务院发布《新时期促进集成电路产业和软件产业高质量发展的若干政策》重点强调，中国芯片自给率要在五年内从 30% 增长到 70%。以此为目标，加强与整机产业的联动，以市场促进器件开发，以设计代工制造推动“虚拟 IDM”运行模式的发展；建设国家级半导体功率器件研发中心，实现材料 – 器件 – 封装 – 应用全产业链的研究开发，大力发展国产 IGBT、SiC 和 GaN 器件产业。

自 2009 年中国公布智能电网计划以来，相关政策持续加码，《促进智能电网发展的指导意见》《中国制造 2025》《电力发展“十三五”规划（2016—2020 年）》要求发展光伏、风电、高压直流输电等先进大容量电力装备，满足电源开发和用户需求，全面支撑现代能源体系建设，推动我国能源生产和消费革命。重点解决高压 FRD、IGBT 和晶闸管等器件芯片设计、制造和封装技术，突破材料、工艺和应用技术壁垒，完成高端功率器件国产替代。

在我国《新能源汽车产业发展规划（2021—2035 年）》《产业结构调整指导目录》以及《中华人民共和国国民经济和社会发展第十四个五年规划和 2035 年远景目标纲要》制定的目标下，新能源汽车和轨道交通应用的功率半导体需求提升。一方面需要不断缩小国产 IGBT 和 FRD 与国际水平差距；另一方面需要进一步提升 SiC 材料和栅氧界面质量，保证电气化交通系统可靠稳定运行。

从 2016 年开始，《战略性新兴产业重点产业和服务指导目录》《中华人民共和国国民经济和社会发展第十四个五年规划和 2035 年远景目标纲要》《“十三五”节能环保产业发展规划》等政策文件都要求加强对二极管、IGBT、MOSFET 等核心元器件的研发，从而促进节能电机系统的研发。一方面需要不断降低器件损耗，提升装置效率；另一方面研究 6 英寸 SiC 衬底材料稳定制备技术，实现 6 英寸 SiC 晶体衬底材料批量生产。大幅降低器件成本，特别是 SiC MOSFET 的成本，是占领工业驱动与供电领域市场的关键。

通信研究院发布的《5G 经济社会影响白皮书》《“十三五”国家信息化规划》指出，5G 将是通信领域最大的市场。未来大力推进集成电路创新突破，加大面向新型计算、5G、智能制造、工业互联网、物联网的芯片设计研发部署，推动 32/28nm、

16/14nm 工艺生产线建设，加快 10/7nm 工艺技术研发。《推进“一带一路”建设科技创新合作专项规划》和《信息产业发展规划》都积极推动特色工艺生产线建设和第三代化合物半导体产品研发，加速新材料、新结构和新工艺创新。GaN 技术是信息系统供电领域的核心技术，《能源技术创新“十三五”规划》指出发展击穿电压大于 5kV 的 GaN 单晶生长技术，实现 6 英寸 GaN 单晶衬底的量产。

未来需要加大政府对该行业的进一步的支持与投入，开展交叉学科建设，开展产学研合作，鼓励创新与基础研究，建立行业联盟与加强标准制定，重视并加强仿真软件开发。

5.4　本部分涉及的细分内容路线图若干

5.4.1　电源管理芯片

电源管理芯片是模拟与混合集成电路中的一个类别，国际半导体行业很多龙头企业将电源管理芯片作为重要的产品线。如 TI、Maxim、ST、ADi、LT、英飞凌等企业都有较为多样和完整的电源管理芯片产品线。由于器件栅极特性的特异性，各种不同材料和工艺结构的功率器件需要专门的驱动芯片。驱动芯片的关键性能是驱动电流、驱动电压范围、驱动延时和抗干扰的能力，这些性能在很大程度上受驱动芯片的设计和工艺技术决定。目前主流的驱动芯片为 BiMOS 工艺和 BCD 工艺，国产驱动芯片在以上主要性能方面和国际龙头企业的产品相比还存在不小的差距，特别是在大电流、高开关频率的芯片方面还是空白。

新型的 PWM 控制芯片采用微控制器单元构成数字控制内核，并采用模拟－数字转换电路将反馈信号转换为数字量，由定时器等电路形成数字 PWM 控制信号，在控制算法的灵活性和多样性等方面比传统方案有了很大优势，但是在计算速度和控制延时等方面又有很显著的劣势。最新的数字 PWM 控制芯片采用数字加乘电路强化了数字控制算法的计算能力，使得计算延时得以大幅度缩减，同时保留了算法灵活、便于在线整定等优点，是未来 PWM 控制技术的发展方向。由于控制方法随应用和功率电路结构而变化，因此 PWM 控制芯片也是针对不用应用和功率电路结构而设计的，如 LED 驱动电源的控制芯片、手机充电器的控制芯片、AC/DC 电源模块的控制芯片等，同时也有用于 PWM 电路的控制芯片和用于谐振电路（LLC）的控制芯片等。我国在传统的 PWM 控制芯片方面已经具备了初步的设计、制造和应用开发能力，在有些领域，如 LED 电源的低端控制芯片方面还占据很大的市场份额，但是在高端 PWM 控制芯片和数字控制芯片等方面与国际龙头企业还有很大的差距，在最新的强化数字算法的控制芯片领域还基本上是空白，因此在高端电源装置产业上还会被“卡脖子”，需要奋起直追。电源监控芯片是监视功率电路的输入和输出电压、电流等，并实施越限检测和保护的芯片，这部分功能已经越来越多地被集成到数字控制芯片中，未来不会有大的发展。

5.4.2 磁性元件

随着新一代半导体器件，如 SiC、GaN 的迅速发展，使得功率变换器的工作频率和功率密度不断提高。随着开关工作频率及功率密度的提高，磁场、电场和热场热耦合的影响越发重要。针对不同功率等级和不同频率范围的应用，磁性元件的发展路线图趋势叙述如下。

（1）磁芯材料

1）非晶 / 纳米晶材料

非晶、纳米晶材料在大功率较低频率（几千赫兹 ~ 几十千赫兹）下成为主流，其中高频下磁芯损耗是主要关注点。除了磁性材料本身的磁学损耗特性外，薄带的厚度和带间绝缘性能对损耗有关键影响，同时对用于具有气隙的电感器的磁芯，磁芯的形状和气隙的存在使得磁通沿磁芯薄带分布的特性被破坏，从而带来额外的磁芯损耗，这也需要给予关注。

2）磁粉芯材料

磁粉芯是由合金颗粒经绝缘包裹后压制成型，颗粒包括铁硅铝、高通、铁硅，非晶等合金，颗粒粒径从十几微米到几十微米。磁粉芯材料主要应用于滤波电感，在新能源领域得到广泛应用。提高其磁能储能能力（H^2）并降低其损耗是目前应用上的关注点。

3）铁氧体材料

在几百千赫兹到几兆赫应用下，铁氧体材料成为主流，其中降低损耗是主要关注点。追求在一定损耗密度下提高表征磁能传递能力的性能因子（$f*B$）是发展的方向。

（2）新型磁性元件

1）平面化磁性元件

平面化磁性元件主要以扁平磁芯和 PCB 绕组组成，其中 PCB 绕组利用 PCB 工艺制造，层间导体连接灵活，参数一致性好。低矮平面化结构使得散热能力提高，其中的挑战更多地在于多层 PCB（多达十几层）绕组的设计。除了关注漏感和分布电容参数外，更多的是关注绕组损耗，多层 PCB 连接的灵活性使得绕组设计具有很大的优化空间。

2）阵列化磁性元件

阵列化磁性元件是把原来集中的磁芯分散为阵列结构，从而进一步降低磁性元件高度和分散热源，达到超薄和均热的目的，或者说把原来一个磁性元件分散为多个磁性元件，并将多个磁性元件采用绕组的串联和并联。其中绕组的布局变得十分灵活，并联和分数匝结构引起的均流和参数的对称性成为设计的主要挑战。

3）集成化磁性元件

磁集成技术可以达到降低输入或输出电流纹波的效果，但是磁集成又使得热源集中化，不利于热设计。磁集成包括电感器和电感器的耦合集成、电感器和变压器的集成、变压器兼顾共模滤波功能的集成、电感器兼顾差模滤波功能的集成，还包括电磁干扰滤波器中差模和共模电感的集成。磁元件已经不仅仅是单一功能的变压器和电感器。磁集成技术首先在 DC/DC 模块电源得到很好推广，目前也在 LLC 电路得到关注与应用。

4）微型化磁性元件

随着工作频率提高到几十兆赫级以及片上电源模块的高密度微型化封装，磁性元件的微小高密化成为发展方向，其工艺制程也随之改变，与传统的由分立式无源元件和芯片制成的电源模块不同，Power Supply in Package（PwrSiP）模块中多采用体积更小的低温共烧陶瓷（LTCC）电感、PCB 绕组电感，甚至 Si 基电感等多种工艺形式的电感。相对于 PwrSiP 模块，更进一步的做法是将无源元件和开关管、驱动电路、控制逻辑等集成到同一 Si 基片上，形成 Power Supply on Chip（PwrSoC）模块，达成芯片级高集成度。目前 PwrSoC 中应用的电感主要分为空心微电感和 Si 基薄膜磁微电感两类。空心微电感具有制作工艺简单、成本低、良品率高的优点，但也存在感量密度较低和存在周围磁场泄漏的问题。通过后 CMOS 工艺将薄膜磁微电感与半导体元件直接集成到同一个 Si 基片上的方法，不仅有效减小了电源模块的体积，还使得元件之间的距离变短，从而减弱了引线带来的寄生参数，尤其是杂散电容的影响，磁膜同时还具有磁屏蔽的作用，提高了电磁兼容性。目前该技术还处于试制阶段，主要应用于电压调节模组（VRM）。磁性薄膜性能本身受工艺影响很大，因此磁性薄膜、制作工艺和电感结构的综合影响及其优化是决定片上电源用薄膜磁微电感性能的三个基本要素。微型化磁性元件技术涉及多学科综合，与 PwrSiP 和 PwrSoC 的结合具有很好的应用潜力和前景。

5）大功率高频变压器

随着 PET 的发展，其中的大功率高压高频变压器成为 PET 应用的主要瓶颈。对于 LLC 电路拓扑，高频变压器实际上是一个集成了变压器和电感器功能的大功率集成磁件。由于电压高，为了满足变压器原、副边之间的绝缘要求，难以采用一般变压器的绕组交叠结构，因此限制了漏感和损耗的降低，同时由于频率高（几十千赫兹）和电流大，绕组损耗及其发热成为关键问题。由于气隙的存在，导致气隙扩散磁通对绕组损耗的影响明显增强，因此变压器的损耗分析和优化设计十分重要，包括磁芯材料、磁芯形状、磁芯气隙布置、绕组绕制方法及其线型和线规等。PET 在新能源电力互联网具有广阔的应用前景，其中大功率、高压和高频变压器是 PET 具有技术性能和性价比优势、并能够推广应用的关键所在。

6. 支撑和保障措施

（1）开展交叉学科建设

交叉性强、融合度高是功率元器件及模块的学科特点。新型电力电子器件与材料学、微电子学、力学、传热学、半导体工艺、可靠性等学科呈现出明显的交叉融合特性。建议加强对学生相关专业基础知识能力的培养，为功率元器件及模块的融合发展、内涵深化、外延拓展提供基础条件。

（2）开展产学研合作

企业、学校、科研机构等相互配合，发挥各自优势，形成强大的研究、开发、生产一体化的先进系统，并在运行过程中体现出综合优势，探索创新合作模式，瞄准行业和企业“痛点”，对“卡脖子”问题进行联合专项攻关，掌握核心技术，形成我国在相关行业领域的主导优势，将基础前沿研究成果及时转化成行业、产业发展动力。与产业的合作需要更加注重解决行业的问题，降低硬性的论文、专利数量等形式化要求。

（3）鼓励创新与基础研究

提升功率元器件及模块基础研究和核心技术的水平，鼓励组合式创新及国际合作，掌握核心技术。侧重对实际工程应用的支撑和促进作用，不唯论文论，引导科研人员有更多的时间投入到感兴趣的研究中，做出有用的科研成果。

（4）建立行业联盟与加强标准制定

围绕产业链构建创新链，推进跨界应用的开发协同创新；推动公共研发平台建设，打造产业创新中心，对接与推动基础研究、技术开发、产业孵化，提高知识产权审核标准，标准制定需要具有时效性等。

（5）重视并加强仿真软件开发

先进仿真软件已成为功率元器件及模块的设计验证、人才培养、科学研究必不可少的工具，建设好一个仿真环境，可以为高水平人才培养提供设计和研究环境，为相关领域重大科研项目提供条件支撑，为专业技术人才培训提供实验条件。

（6）努力提升制造产能

如今部分制造厂生产线，存在人员不足、产能供给以及供需衔接方面不平衡的问题。需要鼓励生产人员积极投身半导体芯片行业，优化改善芯片的生产链，提升制造的成功率，鼓励科研人员对生产线升级与改造做出贡献。

（7）加大政府对行业的支持力度

提高薪酬待遇，对核心研发人员加强奖励机制，让更多的人才能够参与到这个行业，增大行业的吸引力。

参考文献

[1] Machida N. Si Wafer Technology for Power Devices：A Review and Future Directions [C]. International Symposium on Power Semiconductor Devices and ICs (ISPSD), Chicago, USA, 2018：12–14.

[2] Ning P, Yuan T, Kang Y, et al. Review of Si IGBT and SiC MOSFET Based on Hybrid Switch [J]. Chinese Journal of Electrical Engineering, 2019, 5 (3)：20–29.

[3] Findlay E. M and UDREA F. Reverse–Conducting Insulated Gate Bipolar Transistor：A Review of Current Technologies [J]. IEEE Transaction on Electron Devices, 2019, 66 (1)：219–231.

[4] Millan J, Friedrichs P, Mihaila A, et al. High–Voltage SiC Devices：Diodes and MOSFETs [C]. International Semiconductor Conference, Sinaia, Romania, 2015：11–18.

[5] Kimoto T, Niwa H, Kaji N, et al. Progress and Future Challenges of SiC Power Devices and Process Technology [C]. IEEE International Electron Devices Meeting, San Francisco, USA, 2017：1–4.

[6] 中华人民共和国国务院．政府工作报告 [R/OL]．北京：国务院办公厅，[2021–03–05]. http://www.gov.cn/guowuyuan/zfgzbg.html.

[7] Lin H, Dogmus E, Villamor A. Power SiC 2019：Materials, Devices and Applications [R]. Lyons：Yole Deveploment, 2019.

[8] Wolfspeed. Next Generation SiC MOSFETs Performance and Reliability [Z]. 2016.

[9] GeneSiC. Silicon Carbide Switches in Emerging Applications [Z]. 2021.

[10] Infineon. A SiC MOSFET for Mainstream Adoption [Z]. 2018.

[11] GONZALEZ J O，WU R，JAHDI S and ALATISE O，et al. Performance and Reliability Review of 650 V and 900 V Silicon and SiC Devices：MOSFETs，Cascode JFETs and IGBTs [J]. IEEE Transactions on Industrial Electronics，2019，67（9）：7375–7385.

[12] Zhanga Q，Agarwal A，Capell C，et al. SiC super GTO thyristor technology development：Present status and future perspective [C]. IEEE Pulsed Power Conference，Chicago，USA，2011：1530–1535.

[13] Zhao B，Zeng R，Yu Z，et al. A More Prospective Look at IGCT：Uncovering a Promising Choice for dc Grids [J]. IEEE Industrial Electronics Magazine，2018，12（3）：6–18.

[14] Spaziani L and Lu L. Silicon，GaN and SiC：There's room for all：An application space overview of device considerations [C]. 2018 IEEE 30th International Symposium on Power Semiconductor Devices and ICs（ISPSD），Chicago，USA，2018：8–11.

[15] Jones E. A，Wang F. F And Costinett D. Review of Commercial GaN Power Devices and GaN–Based Converter Design Challenges [J]. IEEE Journal of Emerging and Selected Topics in Power Electronics，2016，4（3）：707–719.

[16] Sun R，Lai J，Chen W，et al. GaN Power Integration for High Frequency and High Efficiency Power Applications：A Review [J]. IEEE Access，Jan. 2020，8：15529–15542.

编写组

组　长：高　勇

副组长：梁　琳

成　员：梅云辉　杨　树　杨　旭
陈　为　康　勇　张　波
罗海辉　彭勇殿　盛　况
刘　扬　赵善麒　汪之涵
王　廷

第3章

电力系统中的电力电子变换技术路线图

1. 导　言

1.1　电力系统中电力电子变换的战略意义

为实现2030碳达峰、2060碳中和的庄严承诺，2021年习近平总书记在中央财经委员会上明确提出构建以新能源为主体的新型电力系统。以新能源为主体的新型电力系统意味着电力系统中电力供给侧，化石能源发电将由风、光等新能源发电所替代。预计到2030年，风电、太阳能发电总装机容量将达12亿千瓦以上，到2060年风电至少达到30亿千瓦。

能源供给形态改变，也催生电力系统物理形态改变。首先，发电侧形态上，当前风能发电以基于电力电子变换技术的三型、四型风力发电机为主要发电形态，太阳能发电以基于电力电子变换的光伏发电为主要发电形态，电源侧从同步发电机的电磁化快速发展到风光发电的电力电子化；其次，我国的陆地风光资源与负荷逆向分布，大规模风光发电需经直流输电送至负荷中心，而大规模海上风电由于技术经济性等原因，也需要通过柔性直流输电连接，直流输电大规模应用是未来的必然趋势，国家电网公司“十四五”规划建成7回特高压直流，新增输电能力5600万千瓦：直流输电及配置众多的柔性交流输电系统（Flexible Alternative Current Transmission Systems，FACTS）设备将使网络呈现明显电力电子化趋势；分布式发电作为新能源发电的重要补充部分，促进了主动配电网、直流配电网、微电网等新形态配电系统的演化，交通运输电气化、各类用电设备的电力电子化，使得负荷侧呈现出明显的电力电子化趋势；此外，为了应对源－荷侧日益增加的波动性与随机性，基于电力电子变换技术的储能应用将在电网中发挥越来越大的作用。因此，以新能源发电为主体的新型电力系统将使整个电网的形态特征加速电力电子化。

系统中关键设备的电力电子化，使得电力电子设备从电网辅助运行的角色快速过渡到主导系统安全稳定运行的角色，极端情况下将出现 100% 全电力电子设备运行的情况。角色和定位的改变，使得电力系统中的电力电子变换面临新的挑战：首先，电力系统中的电力电子设备控制逻辑思路与定位需要转变到对电网电压、频率的支撑上，但电力电子设备囿于器件过载能力差、抗扰能力弱特点，如何在强约束下实现合适控制是首要的挑战；其次，电网运行条件也由于电网形态改变而改变，设备入网的测试环节与适应性与实际现场差别过大，复杂多物理场下电力电子设备可靠性设计与试验是更大规模电力电子设备接入的又一挑战。此外，除输电设备外，电力电子设备普遍具有单体容量小、分布广、数量多等特点，从提高运行可靠性与降低系统（非装备）度电成本角度看，设备的标准化与定制化面临矛盾，建立统一设备质量管理体系、海量分散设备的统一运行维护体系也面临重大挑战。

针对上述的挑战，虽然相关技术的研究已经在不断向前推进，但是这种分散自发的技术研究行为依然无法对未来技术发展提供明确指导，难以支撑最终“双碳”目标的战略实现。本技术路线图的意义在于为政府和行业利益相关者实现这一行动计划提供整合目标导向。这一目标导向不仅包含长期的最终技术目标，同时给出不同阶段发展的目标，并且呈现未来与当前的过渡与关系，从产业角度提供框架性建议服务，实现现有技术到未来技术过渡的支撑引领，提高现有和新兴技术的性能，降低系统运行风险的作用，以助力构建以新能源为主体的新型电力系统，支撑“双碳”目标实现。

1.2 电力系统中电力电子变换技术路线图的目标、过程与结构

① 梳理和概述风力发电、光伏发电、储能、直流输电、配电网等关键设备的电力电子变换在构建以新能源为主体的电力系统中的定位、角色与需求。提高一系列利益相关者，包括电网从业成员、设备制造商成员、学术界成员和政府机构人员对电力电子变换技术在新型电力系统不同位置应用的理解。

② 全面讨论和阐述新型电力系统中关键设备电力电子化应用现状、技术与挑战，并详细讨论阐述了新型电力系统中电力电子变换的技术发展愿景与目标，加强各方对电力电子变换挑战和目标的共识。

③ 阐明新型电力系统中电力电子变换技术发展在各阶段，即短期（到 2025 年）、中期（到 2030 年）和长期（到 2035—2060 年）目标进展的行动计划与里程碑。为产业布局、技术支撑、人才培养提供框架性建议服务。

1.3　电力系统中电力电子变换技术路线图的范畴

本技术路线图涉及的电力电子变换装备主要包括风光发电装备、直流输电、基于电力电子变换技术的储能、主动配电网及直流配电网、静止无功补偿装备等关键设备，但并不包含用电侧的电力电子变换装备。尽管用电侧的电力电子变换装备，如电气化交通、各种开关电源负荷等也将强烈影响到电力系统的动态，但是，从电力系统运行的目标角度看，电力系统是为用电设备服务的。用电设备在满足现有的入网标准的情况下，可不需要根据电网形态改变而对其技术要求做出调整。此外，对于电力系统中较少使用的 FACTS 设备，如统一潮流控制器（Unified Power Flow Controller，UPFC）、静止无功补偿器（Static Var Compensator，SVC）、动态电压调节器（Dynamic Voltage Regulator，DVR）、有源电力滤波器（Active Power Filter，APF）等，或因其技术应用范围较小，定制化特性突出，或因其技术变化可能性不大，也将不针对其进行专门讨论。

对于电力电子变换装备而言，其具体所涉及的电力电子变换关键技术范围广泛，包括从材料、器件、集成、设计、控制等各个环节，对不同装备所涵盖的技术范围也不尽相同。在本技术路线图中，所针对的是具有特定指向性的技术，即针对电力系统。因此，所关注的电力电子变换技术以应用于电力系统的装备为基本单元，对于电力电子装备所涉及的共性及底层的技术，可参考电源学会其他技术路线图，包括电力电子器件技术路线图等。

本技术路线图的行动计划范畴主要包括四个方面：一是针对电网功率和电压频率稳定支撑的技术；二是发电装备构网能力仿真和试验平台技术；三是模块化、标准化和可靠性设计技术；四是全周期信息化和智能化运维技术。所明确的四个行动计划范畴是综合考虑电网运行和设备制造面临的根本性核心挑战和问题后所提出的，而涵盖的装备有其各自特点，也有各自面临的特殊问题，但就本技术路线图而言，所提出的行动计划并不针对具体装备进行，而是在宏观上针对共性的、具有更迫切需求的问题所设立的。

在行动计划里程碑上，所考虑短期（到 2025 年）、中期（到 2030 年）和长期（到

2035—2060 年）是根据“双碳”目标实施计划时间节点制定的。在不同时间节点上，电力系统中的电力电子变换装备规模与形态将会比较明确，因此，对于在特定规模与形态下对技术里程碑的需求与预期是合适的。

应当指出的是，这一路线图是在以新能源为主体的新型电力系统背景下，对未来电力系统中电力电子变换技术发展所需的回应。随着电力电子变换装备在电力系统中不同规模的应用，所面临的运行条件与场景将不断演变；此外，随着技术、市场和政策环境的变化，需要分析和关注的问题与领域也可能会随之出现。

2. 电力系统发展对电力电子变换的需求

2.1 电力系统物理形态发展历程与电力电子变换发展需求

2.1.1 电力系统的功能、结构与电力系统形态发展历程

电力系统是由发电、变电、输电、配电和用电等环节组成的电能生产与消费系统。它的功能是将自然界的一次能源通过发电动力装置（主要包括锅炉、汽轮机、发电机及电厂辅助生产系统等）转化成电能，再经输、变电系统及配电系统将电能供应到各负荷中心。大量的电力设备互联在一起形成了现代电力系统，其基本结构如图 3-1 所示。

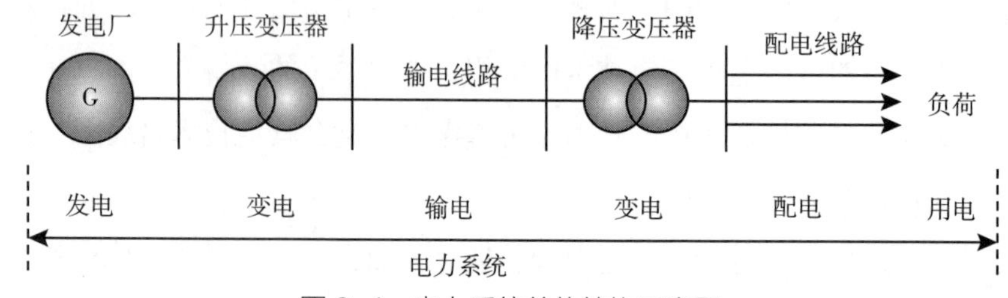

图 3-1 电力系统总体结构示意图

发电、变电、输电、配电、用电环节中直接承担功率转换与传输的设备称为电力主设备，主要包括发电机、变压器、架空线路、电缆、断路器、母线、电动机、照明设备、电热设备等。由主设备构成的系统称为主系统，也称为一次系统。而用于保证主系统安全、稳定、正常运行的设备称为二次设备，包括测量、监视、控制、继电保护、安全自动装置、通信，以及各种自动化设备等。二次设备构成的系统称为辅助系

统，也称为二次系统。

由图 3–1 所示，电力系统总体结构是围绕电源、输配电网络和负荷中心展开的。电源侧完成一次能源到电能的转换，也称之为电力生产；输配电网络用于电能的转换、传输、分配；负荷侧实现电能到其他能量或信号的转换，也称之为电力消费。该结构可以随着电压等级的提高、输电距离的增加而扩展。

此外，现代电力系统还需要协调高效的运行控制系统，以便于电能生产消费的集中管理、统一调度分配，减少总装机容量，节省电力设施投资，从而有利于能源资源的合理开发利用，最大限度地满足社会经济日益增长的用电需求。

电力系统的形态始终伴随着经济社会发展需求与技术变革创新而发展，在不同阶段呈现了不同的特征：

- 第一阶段（19 世纪末至 20 世纪中期）：电机、电灯等电气设备发明和技术进步推动了电网的出现和发展。随着工业化进程加快，电气化时代起步。该阶段的输电电压等级在 220 千伏及以下，采用简单保护和经验型调度，自动化程度较低，资源配置以分散的、小范围平衡为主。
- 第二阶段（20 世纪中期至 20 世纪末）：电工技术取得快速进步，电气化设备快速普及，电气化水平不断提高。该阶段出现了 330 kV 及以上超高压交流输电，高压直流输电获得应用，实现了较复杂的保护与调度，自动化程度较高，信息技术得到充分应用。
- 第三阶段（21 世纪初至今）：新能源发电、低碳与能效技术、信息通信技术在能源电力领域应用加快；可持续发展与绿色低碳成为全球发展的主旋律，风电、太阳能发电开始进入规模化发展阶段；互联电网规模进一步扩大，追求更大范围的互联效益与资源配置效率。

2.1.2　双碳目标与新能源发电发展需求

国家制定的 2030 年前碳达峰、2060 年前碳中和的“双碳”目标将大大加快我国能源转型和能源革命进程。通过大幅提升能源利用效率和大力发展非化石能源，逐步摆脱对化石能源的依赖，以更低的能源消耗和更清洁的能源，支撑我国经济社会发展和居民生活水平提高，在倒逼能源清洁转型的同时保障我国能源安全供应。

截至 2020 年底，我国风电装机 2.81 亿 kW、光伏发电装机 2.53 亿 kW，合计达 5.34 亿 kW。2020 年 12 月 12 日，习近平主席在气候雄心峰会上宣布：到 2030 年，中国单位国内生产总值二氧化碳排放将比 2005 年下降 65% 以上，非化石能源占一次能源消费比重将达到25%左右，森林蓄积量将比2005年增加60亿立方米，风电、太阳能发电总装机容量将达到12亿kW以上。这意味着风电、太阳能发电装机还将至少增加6.66亿kW。电力电子技术的新能源发电发展的需求，决定了电力系统发电侧电力电子化变革是一种必然趋势。

2.1.3 有功功率调节与储能发展需求

新能源发电天然具有间歇性和随机性的特点，并且不具备传统同步发电机的惯性相应，其惯量支撑能力弱。此外，当前新能源发电的控制的目标是尽可能将风能、太阳能等转换为电能传输至电网，并不具备功率备用，使新能源发电功率调节能力弱。因此，高比例新能源并网需要大规模输出稳定的可调节电源进行有功功率的调节，随着新能源发电的快速发展，电力系统灵活调节能力不足的问题将日益突出。

储能是推动能源转型与革命的关键要素，是促进能源向清洁低碳转型升级的关键性技术，贯穿电力系统的各个环节，它能帮助未来电力系统时刻维持功率平衡，是推动能源革命的平衡式变革力量。在发电侧，储能可用于大规模风光并网，通过负荷跟踪、平滑输出等解决新能源消纳问题，实现电网一次调频。在电网侧，储能可布置于电网枢纽处，既提供调峰调频等电力辅助服务，也可联合周边新能源电站提升新能源消纳。在用户侧，储能在分布式发电、微网及普通配网系统中可通过能量时移实现用户电费管理与需求侧响应，实现电能质量改善、应急备用和无功补偿等附加价值。变换器是储能系统的核心装置，有功功率调节与储能的发展将推动对电力电子变换技术的需求。

2.1.4 远距离输电及海上风电发展与直流输电发展需求

我国资源禀赋与经济发展水平的地区不平衡性决定了我国需要采取远距离输电形式。我国制定了“西电东送、南北互供、全国联网”的电网发展战略，以推进跨区输电、跨区联网。面对电力传输量大幅提高的需求，传统的交流输电网络显得力不从心，所以需要对输电侧进行电力电子化变革，主要应用于灵活交流输电技术和高压直流输电技术。

我国的海上风电资源丰富，发展潜力大，而且靠近东部负荷中心，就地消纳方便，大力发展海上风电是我国能源结构转型的重要战略支撑。随着海上风电开发规模的不断扩大，海上风电已逐步从近海开发向远海开发过渡。由于海上风电机组的大型化，风场规模的扩大及离岸距离的增长，传统的交流输电不再具备经济性上的优势，同时高压直流输电无法对孤岛海上风电场提供有效支撑，双端柔性直流并网已成为远海风电并网的首选方案。

因此，跨区输电、跨区联网战略的推进以及大型远海风电的开发需要更大输电容量、更远传输距离、更灵活可靠的输电方式，从而推动了高压直流输电和柔性直流输电技术的发展和电力电子技术的需求。

2.1.5　灵活配电与主动配电网及直流配电网发展需求

经济社会发展对供电安全可靠性提出了越来越高的要求，而现实中配电网内不确定性扰动因素逐渐增加，大量分布式电源、微电网和柔性负荷（电动汽车、分布式储能等）接入配电网，传统配电网的结构模式已难以接纳，而且这些新元素的接入也导致配电网的复杂性激增，系统运行控制与维护的难度大大增加。同时，配电网中非线性负荷、精密制造业负荷和直流负荷越来越多，用户对配电网电能质量和多种电能形式定制用电的要求也越来越强烈，当前依靠用户自己保证电能质量和大量分散性整流装置对直流负荷供电的方式已不是最佳和最经济的选择，不仅增加成本、容易产生电能质量问题，还严重降低能效。

上述问题的日益突出，对配电网的灵活适应性、可控性提出了更高的要求，也推升了主动配电网与直流配电网的发展和应用。主动配电网是一个内部具有分布式能源，具有主动控制和运行能力的配电网，其核心是对分布式可再生能源从被动消纳到主动引导与主动利用，通过这一技术可以把配电网从传统的被动型用电网转变成可以根据电网的实际运行状态进行主动调节、参与电网运行与控制的主动配电网。直流配电网在提高配电网运行效率、改善供电可靠性和电能质量、实现分布式直流电源灵活和直流负荷安全接入等方面显示出交流系统所不具备的优越性，同时也可缓解城市输配电走廊紧缺的状况。

2.1.6　无功消耗与静止无功补偿器发展需求

静止无功补偿器是一种快速调节无功功率的装置，它可以使所需的无功功率随时调整，从而保持系统电压水平的恒定，并能有效抑制冲击性负荷引起的电压波动和闪变、高次谐波，提高功率因数，还可实现按各相的无功功率快速补偿调节实现三相无功功率平衡。

随着我国特高压直流的快速发展、清洁能源的大规模开发、大比例受电地区的集中出现，电力特性发生较大变化。部分地区动态无功储备下降、电压支撑不足的问题愈发突出，电压稳定问题成为大电网安全稳定的主要问题之一。客观要求直流大规模有功输送，必须匹配大规模动态无功，即“大直流输电、强无功支撑”。为提高电网动态无功补偿能力，增加地区电网动态无功储备水平，有效解决电压支撑不足的问题，需要在电网中加装静止无功补偿器等动态无功设备，提高电网动态无功补偿能力。

随着电力系统的不断发展和用电负荷的不断增长，电力系统中的非线性负荷越来越多，尤其是大型电弧炉、大型风机、重型提升设备、电力机车等不断接入电网对电网电压、功率因数、电网谐波等关系电能质量方面的指标产生负面的影响，从而使电力系统中的电能质量问题日益突出。加装静止无功补偿器是解决电力系统中电能质量问题的有效途径之一。

2.2 电力电子变换装备在电力系统主要环节的作用

2.2.1 电力电子变换装备在新能源发电中的作用

风力发电的出现较早，最早的风力发电机为恒速恒频风电机组，这类机组的缺点是输出功率的高度不稳定及齿轮变速器会产生损耗。为了解决恒速恒频风力发电机组输出电能质量差、功率因数低等问题，并提高机组发电效率、有效缓解甚至消除驱动链中的应力与力矩振荡，目前主流方法之一是将风电机组的部分部件电力电子化，采用变速恒频风电机组（Double Fed Induction Generator，DFIG），如图 3-2 所示。

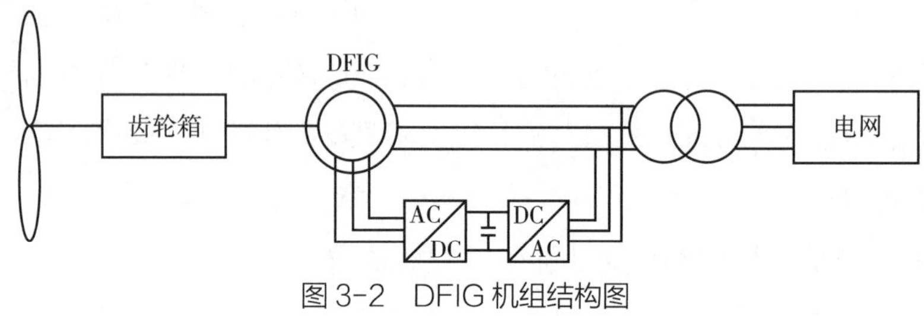

图 3-2 DFIG 机组结构图

直驱式机组（Permanent Magnet Synchronous Generator，PMSG）的结构如图 3-3 所示，此类机组的风力机直接与发电机相连，无齿轮箱变速，发电机通过全功率变换器与电网相连。发电机可在不同的频率下运行，发出频率变化的电能，变换器将这样的频率变化的电能转换为与电网频率相同的电能。组成全功率变换器的关键部件是电力电子器件。

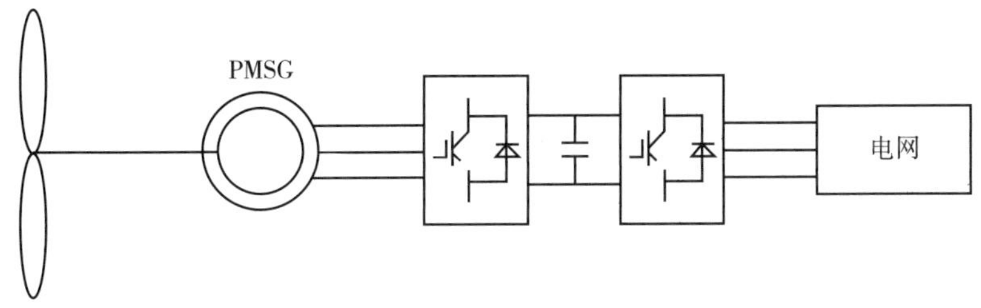

图 3-3　PMSG 机组结构图

光伏发电技术的出现时间较晚，由于其以平面接受太阳光，不具有旋转设备，且其直接发出的电能是随太阳光辐照度、环境温度、负载等变化而变化的不稳定直流电，是难以满足对电能质量的要求，需要应用电力电子变流技术对其进行直流 - 直流变换或直流 - 交流变换，以获得高质量直流电或交流电供给负载或并入电网。光伏逆变电路有多种类型，按直流侧滤波器，分为电压源型（采用大电容滤波）和电流源型（采用大电感滤波）；按主电路拓扑，分为推挽、桥式（全桥、半桥）、组合式、多电平逆变器；按输出电压波形要求，分为方波、阶梯波、正弦波逆变器。

除了上述的风电、光伏以外，其他的新能源发电系统与电力电子技术也是密不可分的。

2.2.2　电力电子变换装备在储能中的作用

储能技术按照能量储存形式可分为三大类：机械、电磁和电化学储能。机械储能包括抽水蓄能、压缩空气和飞轮储能；电磁储能包括超导和超级电容储能；电化学储能主要包括铅酸、锂离子、钠硫和液流等电池储能。应用在配电侧中的主要为电磁储能和电化学储能。

储能变流器作为电网与电池系统间能量交互核心装置，是储能系统的核心装置。以储能装置接入光伏发电系统为例，储能的接入包括直流侧接入和交流侧接入两种方式，如图 3-4 和图 3-5 所示。采用直流侧接入方式，储能装置通过双向 DC-DC 变换器接于逆变器直流母线处；采用交流侧接入方式，储能装置通过双向 DC-DC 变换器、逆变器和变压器直接接于光伏发电系统并网点。

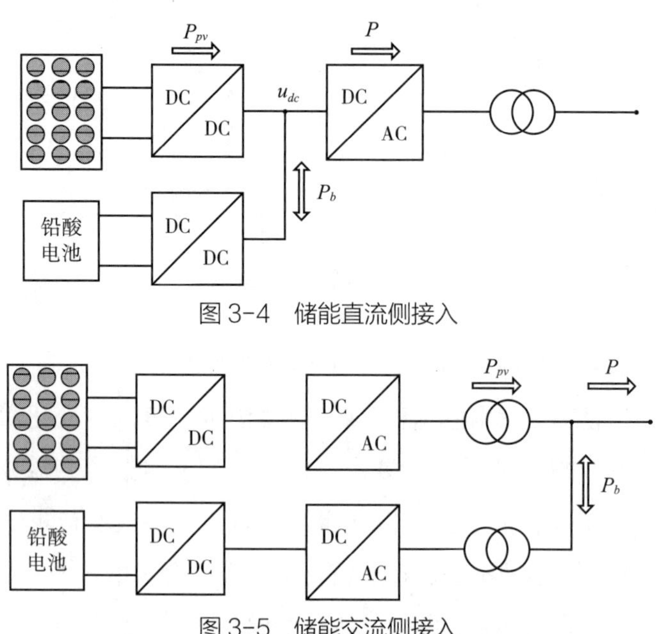

图 3-4　储能直流侧接入

图 3-5　储能交流侧接入

2.2.3　电力电子变换装备陆上和海上直流输电中的应用

当前的高压直流输电技术主要包括传统的基于电网换相整流器高压直流输电技术（Line Commutated Converter based High Voltage Direct Current，LCC-HVDC）和以全控型器件为基础的电压源换流器高压直流输电（Voltage Source Converter based High Voltage Direct Current，VSC-HVDC）。

LCC-HVDC 输电系统采用汞弧阀、晶闸管之类的半控型器件，在潮流反转时电流方向不变，电压极性反向，通常由整流站、逆变站和直流输电线路组成。换流站的主要设备有换流变压器、换流器、平波电抗器、交流滤波器和无功补偿装置、直流滤波器、接地极以及控制保护系统等。典型的 LCC-HVDC 输电系统的主电路拓扑结构如图 3-6 所示。

柔性直流输电（HVDC flexible），即基于电压源换流器的高压直流输电（VSC-HVDC），通过控制电压源换流器中全控型电力电子器件的开通和关断，改变输出电压的相角和幅值，可实现对交流侧有功功率和无功功率的控制，达到功率输送和稳定电网等目的。

VSC-HVDC 的双端拓扑结构如图 3-7 所示，每侧的电压源换流站主要包括：全控换流桥、换流变压器（有时可以由电抗器取代）、直流侧电容器和交流滤波器四部分组成。换流变压器（或换流电抗器）是 VSC 与交流侧能量交换的纽带，同时也起到对交流电流进行滤波的作用；VSC 直流侧电容器的作用是为 VSC 提供直流电压支撑、缓冲桥臂关断时的冲击电流、减小直流侧谐波；交流滤波器的作用是滤去交流侧谐波。两侧的换流站通过直流输电线相连或采用背靠背连接方式，一侧工作于整流状态，称为送端站，另一侧工作于逆变状态，称为受端站，两站协调运行共同实现两侧交流系统间的功率交换。

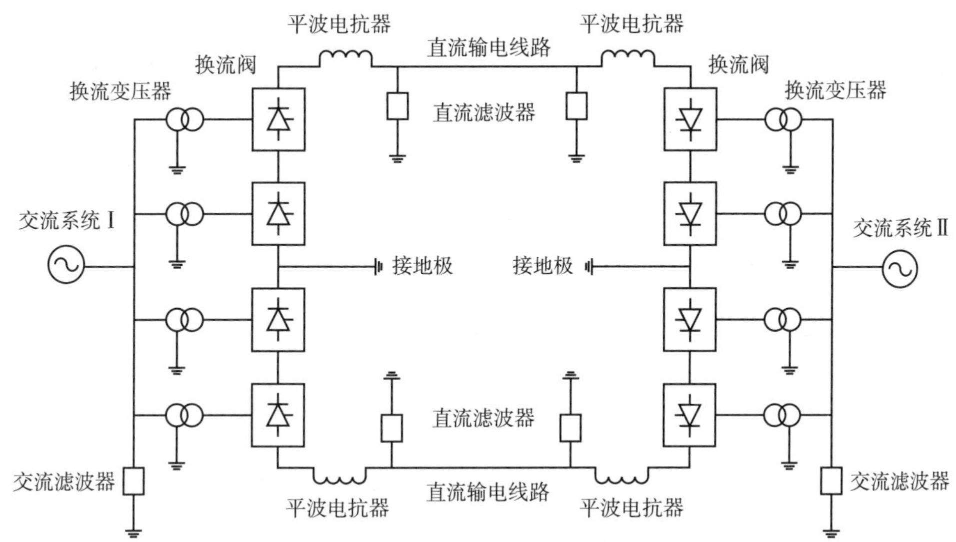

图 3-6　传统高压直流输电系统的主电路电气结构图

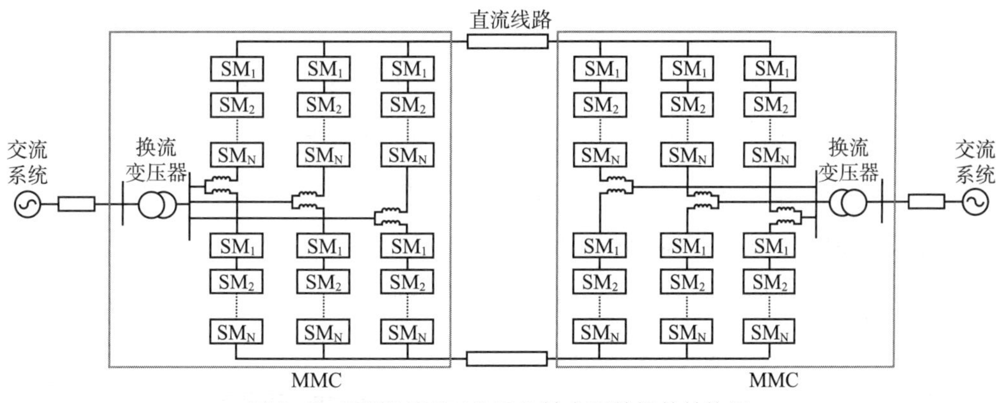

图 3-7　双端 VSC-HVDC 输电系统拓扑结构图

2.2.4　电力电子变换装备在主动配电网和直流配电网中的应用

融合了先进的控制和信息技术的主动配电网和直流配电网，展现出了一系列传统配电网所不具备的优势，包括高渗透率分布式电源接入，配电网可靠性提升，电能品质的提升和对可控资源的充分挖掘与利用，其卓越的灵活可控特性正是基于电力电子技术的飞速发展。

当前在整个配电系统的“源、网、荷、储”系统中，都已经开始了不同程度的电力电子化进程，如：各种分布式电源、微电网、柔性负荷的电力电子并网装置、柔性配电技术控制器、固态开关、直流配电变压器等。而且这些电力电子装置也向着模块化和多种功能集成化的趋势演进，如集合多种电能质量控制技术的统一电能质量控制器、分布式电源变流系统与电能质量控制相融合的逆控一体机、多功能逆变器以及电力电子变压器等。随着固体电子技术与碳化硅（SiC）等宽禁带半导体新材料技术的快速发展，加速了配电系统电力电子化进程，这些新材料具有耐高压、耐高温、高频率和低能耗特性，将突破当前硅基功率半导体器件应用的局限性，为中低压配电网（中国普遍为 3~35kV）的全面柔性化打下坚实基础。

2.2.5 静止无功补偿装备在电力系统中的应用

静止无功补偿器能对无功功率进行双向连续、平滑调节。与同步调相机相比，静止无功补偿器没有旋转部件，运行维护简单，同时静止无功补偿器调节速度更快。相比于静止无功补偿器，静止同步调相机（Component-Static Synchronous Compensator，STATCOM）的结构要复杂得多，同时控制高频开关器件的通断需要更为复杂的控制手段，成本也高出很多。因此，静止无功补偿器以低成本、良好的调节性能，仍然在电力系统无功补偿的领域中占据非常重要的地位。

如果电力系统的短路容量水平低或线路较长，电压将严重地受到负荷变化的影响。在重载下，电压将大幅度下降甚至系统垮台。然而在轻载时，系统固定电容易过补偿，同步发电机短时间过激，会引起变压器饱和，产生过多的谐波。如果在系统上安装静止无功补偿器，在它的额定容量范围内，将维持负荷电压在设计的限度内，若 SVC 的容量无限大，则在任何负荷下维持母线电压为恒压。

不对称或单相负荷将使电压不对称，引起系统设备过载，旋转机产生附加损耗，加上合适的静止无功补偿器有利于维持负载及电压平衡、校正功率因数。对于不断变化的负荷例如电弧炉、电气化铁路等，采取各相独立调整的 SVC 可以解决不对称负载平衡化的问题。

在电力系统中由于系统故障、负荷突降等所引起的大扰动相对较少，而正常负荷变化和运行操作所引起的小扰动则要频繁得多，此类扰动容易引起电机机械振荡。如果在系统中安装可以连续控制的快速反应静止无功补偿器 SVC，以引入 SVC 中合适的电气参数，可以改变阻尼特性，增加系统阻尼，维持系统稳定。

电力系统传输功率容量一般受到运行电压和系统间转移电抗的限制，如在输电线路上安装 SVC，由于 SVC 在连结点支撑电压的能力而使输电容量增加，当一定容量的 SVC 应用到互连电抗的中点时，则最大传输容量理论上可以增加一倍。

此外，静止无功补偿装备也应用于高压直流输电系统，用于补偿直流换流站大量的无功需求。在新能源场站中，静止无功补偿装置也得到广泛应用，用于解决新能源的波动性以及发电单元的无功功率特性等因素导致的系统电压稳定性问题。

2.3　电力系统应用对电力电子变换装备性能的需求

2.3.1　提高系统安全稳定水平对功率、电压和频率支撑能力的需求

为提升电力电子接口电源频率响应能力，可通过对电力电子变换装备的控制策略进行改进，使其提供电压和频率 / 惯量支撑的响应。以频率 / 惯量响应为例，按惯量源响应特性及控制方式可分为电流源型虚拟惯量及电压源型虚拟惯量。电流源型虚拟惯量控制是将系统频率变化率引入到变流器有功控制环节，改变有功参考值，向电网提供与频率变化率成正比的有功功率，短时改变输出功率，改善了系统不平衡功率，进而减小频率变化率。在能量来源方面，风电机组可利用风轮动能，而光伏仅通过直流电容，不足以支撑这部分能量，需预留备用或附加储能装置。电压源型虚拟惯量主要是指虚拟同步机（Virtual Synchronous Generators，VSG）技术。虚拟同步机也称为同步变流器，是指在变流器控制环节引入同步机转子运动及电磁暂态方程，使其具有同步机组并网运行的外特性技术，可模拟同步机电压源特性。虚拟同步机惯量响应必须有其能量来源，光伏 VSG 需附加储能装置，风机 VSG 可依靠风轮转动动能。由于电流源型虚拟惯量响应存在固有延时，扰动后短时间内无法提供支撑功率。为使扰动后系统供需平衡，虚拟惯量尽量控制为电压源型，瞬时提供惯量支撑功率，抑制频率快速变化，并且系统内充足电压源是确保电流源型虚拟惯量有效作用的前提。

2.3.2　保障供电可靠性对装备制造模块化、标准化及可靠性水平的需求

电力电子系统在新能源发电、高压直流输电、大功率调速和电动车等领域中的应用越来越广泛，但是作为系统强弱电转换中间环节的电力电子变换器，承受高额的开关频率和电热应力，最容易发生故障。故障的发生可能会使系统运行性能下降甚至导致整个系统失效，造成严重的经济损失。因此模块化、标准化的高可靠性电力电子变换器能够降低系统的故障发生率，保障系统的可靠运行，是近年来的研究热点。以

可靠性为例，系统级可靠性模型是电力电子变换器可靠性定性分析和定量求解的基础，可以实现不同拓扑和控制策略的可靠性比较，为可靠性设计奠定基础。通过增大平均无故障时间（Mean Time to Failure，MTTF）和减小平均维修时间（Mean Time to Repair，MTTR），实现平均可用率的增大，是提高电力电子变换器可靠性最有效的措施。MTTF 的增大和 MTTR 的减小方法分别应用在电力电子变换器设计和运行阶段，因此将其分别称为电力电子变换器先天可靠性提高方法和后天可靠性提高方法。电力电子变换器先天可靠性的提高主要有 3 种方法：冗余、容错和热设计。冗余和容错是在保持器件固有失效率不变的情况下，通过一定的措施提高电力电子变换器的功能可靠性。而热设计则是为了尽可能降低电力电子变换器的温升，使器件失效率相对较低，间接增加变换器可靠性。电力电子变换器后天可靠性的提高主要通过减小 MTTR 实现，常采用故障诊断和故障预诊断。故障诊断速度越快，可靠性提高效果越明显，但是无法将 MTTR 降到 0。故障预诊断理论上可将 MTTR 降低到 0，能够最大程度提高电力电子变换器后天可靠性。

2.3.3 提高系统运行维护水平对装备信息化和智能化水平的需求

在电力电子装置普遍应用的同时，对其智能化要求也显著提高，需要将先进的计算技术、通信技术、传感技术、可视化技术等与电力电子装置有机结合，实现装置运行状态的感知、分析、预警、状态评估、信息分享等功能。电力电子装置智能化是实现新型电网的重要技术基础，对电力电子装置的管理、运行、维护、检修人员也提出了更高的要求。传统的运维模式已经不能适应新型电网运维需求，智能化的运维模式需要得到快速应用。智能电力电子装置的设备自检和通信能力都需要在传统装置基础上加强，需要提供详细全面的状态信息，使得运维人员能够更准确地掌握装置运行情况。已有的故障诊断与状态评估方法，仅限于电力电子装置中某一单一设备如变压器、断路器等，没有考虑各器件之间的联系，缺乏所有设备系统评估与诊断方法。电力电子装置智能化研究中可以考虑健全整个装置的故障诊断与状态评估体系，对于超大容量 / 高压的电力电子装置而言，因其组成复杂，状态评估时面临诸多困难和挑战。不仅要考虑装置性能变化，还要考虑到运行环境的变化，每个装置构成特点迥异，评价标准无法统一，需要监测的信息量也非常庞大。正确、有效地评估其安全状态是状态检修成功的关键，对系统运行的安全性与稳定性具有至关重要的作用，同时评估指标的选取应遵守状态评估科学性、全面性等原则，可考虑对装置进行分级评估，避免资源浪费。

3. 电力系统中电力电子变换的应用现状和挑战

3.1　新能源发电及其电力电子变换应用现状

3.1.1　电源结构现状（火、水、抽蓄、核、风、光）

我国电源结构在持续优化，截至 2020 年年底，全国全口径火电装机容量 12.5 亿千瓦、水电 3.7 亿千瓦、核电 4989 万千瓦、并网风电 2.8 亿千瓦、并网太阳能发电装机 2.5 亿千瓦、生物质发电 2952 万千瓦。全国全口径非化石能源发电装机容量合计 9.8 亿千瓦，占总发电装机容量的比重为 44.8%，比上年提高 2.8 个百分点。煤电装机容量 10.8 亿千瓦，占比为 49.1%，首次降至 50% 以下。从电源结构看，10 年来我国传统化石能源发电装机比重持续下降、新能源装机比重明显上升。2020 年火电装机比重较 2011 年下降了 15.7 个百分点，风电、太阳能发电装机比重上升了近 20 个百分点。

2020 年 12 月 12 日，国家主席习近平在联合国气候雄心峰会上提出，到 2030 年风电、光伏发电总装机容量将达到 12 亿千瓦以上。未来十年还需至少实现 7 亿千瓦的增长。据此测算，风电、光伏接下来每年的新增装机将不低于 7000 万千瓦，以风电、光伏发电为代表的新能源发电将成为我国未来电源结构优化调整的主要驱动力量。

3.1.2　风电和光伏发电主要制造商及技术方案

（1）风电主要制造商

从 2016 年开始，国内风电装机的前三名稳定为金风科技、远景能源、明阳智能。2019 年金风科技市场份额占比 29.9%，远景能源占比 19.2%，明阳智能占比近 13.5%，运达风电占比 6%，东方电气占比 4.9%，上海电气占比近 4.7%，中国海装占比近 4.1%，国电联合动力近 4%，以及其他（包含国外整机制造商），前三名共占据市场份额上升至 62.6%。从 2019 年海上风电新增装机容量来看，我国海上风电整机厂商呈现四强鼎立的竞争格局，上海电气、远景能源、金风科技和明阳智能的占比分别为 26%、24.7%、24.2% 和 18.8%。风电变流器市场存在“二元”竞争格局，即整机厂自供 V.S. 第三方供应商，基本形成了第三方供应与风机整机厂自供各占 50% 左右的市场格局。风机领域的龙头厂商金风科技、远景能源主要以自供为主，明阳智能的子公司天津瑞能也自供部分变流器（目前禾望电气为主要供应商）。风电变流器自供为主的风机厂，金风科技、远景能源的装机占比从 2015 年的 33% 增加到了 2018 年的 52%，加之明阳智能部分自供变流器，2018 年整机厂商自供变流器的市场占有率超过了 50%。禾望电气，在第三方供应商市场占有率第一，市场份额在 30%~40%。

（2）风电技术方案

全球风机厂商加快推出大功率机型，陆上、海上大功率趋势加速。目前 5 兆瓦以下的风电机组大部分使用 690V 低压技术方案，对于 5 兆瓦及以上的风电机组，3.3kV 中压技术路线被认为是最优化的选择之一。从拓扑角度而言，海上风电机组在大容量、全功率变换趋势下，受功率半导体器件的电气规格的限制，大功率海上风电变流器通常采用多变流器并联的技术方案来增加系统容量。并联型风电变流器主要分为两类：两电平并联型和三电平并联型，其中两电平并联型风电变流器主要用于低压变流系统中，三电平并联型风电变流器在中、低压风电变流系统中均被广泛应用。从功率半导体器件角度而言，IGBT 是目前最常用的功率半导体器件，伴随风电机组大功率化，受限于 IGBT 电流容量，1700V IGBT 的低压技术方案已经难以满足要求，必须进一步提升系统电压来提升变流器的容量，因此提出 3.3kV 电压等级风电变流器。采用 4500V IGBT 和三电平拓扑方案实现风电变流器 3.3kV 输出，受限于高压 IGBT 的电流容量，单个背靠背变流器容量最大约为 2.5MW，因此还需要进行并联。采用 4500V IEGT 作为功率开关器件，目前 GE Converteam 公司具有 IEGT 器件和 NPC 三电平拓扑的解决方案，容量涵盖 5~16MW，国内也有企业在尝试研制相关产品。采用 IGCT 全程门极换流晶闸管，其耐压等级高、过电流能力强，单个背靠背变流器可以实现最高达 7MW 变流容量，两个背靠背三电平变流器并联可以满足 12MW 甚至更高容量的风电机组需求。由于单个背靠背变流器容量大，可靠性高，适合用于海上风电机组。

（3）光伏主要制造商

光伏发电方面，全球光伏逆变器按地区产能来看，从 2016—2019 年，中国逆变器产量占据全球逆变器产量 60% 以上的市场，其中 2019 年中国逆变器出货量超过 65%，德国以 SMA 为首的逆变器厂商产量紧随其后。排名前十的企业依次为：华为（22%）、阳光电源（13%）、SMA（8%）、Power Electronics、Fimer、上能电气、SolarEdge、古瑞瓦特、东芝三菱电机、锦浪科技，在前十企业中中国企业占 5 家，其他中国企业固德威、特变电工、科士达、正泰电源等也在这个名单内。

（4）光伏技术方案

我国光伏逆变器市场主要以集中式逆变器和组串式逆变器为主，2019 年两者整体市场占有率达 93%，其中，组串式逆变器的出货量占比达 59.4%。从拓扑而言包括两电平和三电平拓扑。从电压等级角度而言，兼具降本与增效的 1500V 系统逐渐成为大型地面电站的主流方案。相比 1000V 系统，1500V 系统以更高的电压等级、更长的组串长度，大幅减少设备成本、线缆成本及施工成本，发电量提升同时，降低系统每瓦 BOS 成本，当前全球低电价及无补贴光伏项目几乎均采用 1500V 方案设计。2019 年我国 1500V 光伏系统占比 42%，未来两年内市占率有望超越 1000V。

3.1.3　风电和光伏发电运行现状和存在的主要问题

（1）电网支撑

大规模的风电、光伏发电并网，为电网安全稳定运行带来挑战。比如，局部地区频繁发生各种宽频振荡问题，新能源富集地区多次监测到次 / 超同步谐波现象。2014 年开始，新疆哈密山北地区风电场多次出现频率为 20 ~ 80Hz 的振荡现象，并在 2015 年 7 月引发 300km 外 3 台 600MW 火电机组相继跳闸。中高频谐波稳定问题同样突出。2014 年 6—9 月，德国北海某海上风电场经柔性直流接入电网，发生多次高频谐波振荡，振荡频率 250~350Hz，导致柔直输电系统与风场停运。大扰动下多次发生大范围的安全稳定事故。2011 年 2 月，甘肃酒泉地区由某风电场 35kV 电缆单相故障引起，最终导致大量风电机组因低压脱网以及连锁的因高压、因频率越限脱网，共计损失出力约 840MW，造成西北电网主网频率由事故前的 50.034Hz 降至最低 49.854Hz。另外，大量风电、光伏发电并网逐步替代传统同步发电机导致系统惯量降低可能引发频率稳定事故。比如，2019 年 8 月 9 日英国发生大面积停电事故，约有 100 万人受到停电影响。

（2）标准化可靠性

随着风机大功率趋势的加速，以及海上风电的需求启动，市场对于大功率段的变流器产品的需求已经开始快速增加。大功率风电机组尤其是海上风电机组，由于单机功率大导致维护困难，故障停机会造成较大损失，所以对变流器的可靠性有着更高的要求，需要大量陆上风场运行数据的支持和海上运行经验的探索。针对未来陆上及海上风电大功率应用，标准化、模块化、高可靠性设计将至关重要。比如，禾望在海上低压领域采用模块化变流器并联设计理念，提升可靠性，在更大功率机组和更高电压领域，采用中压 IGCT 技术方案通过高可靠单管大功率器件来提升变流器的运行可靠性。

（3）信息化智能化

风电机组长时间、频繁和大范围地随机出力变化，导致其电能转换单元持续承受剧烈的热应力冲击，是风电机组故障率最高的部件之一。其高运维成本问题日益凸显，已引起维斯塔斯、西门子歌美飒等国际风电知名企业的广泛关注。特别是5MW、6MW等更大功率风电机组相继运行，其变流器运行可靠性问题可能更为突出。而发展变流器状态监测技术，对于制订和优化变流器检修计划、降低风电机组变流器故障率、提高风电机组的运行可靠性都具有十分重要的学术意义和工程价值。在针对海上应用的模块化风电变流器上，采用模块化标准化的设计理念，从全功率范围段，采用统一的功率模块单元，柜内散热系统采用单一型号风扇，配电器件采用同一标准规格，通过这些标准化设计既可以降低现场维护检修技术难度，又方便了现场备件的储备和管理。随着风电智能化发展，变流器的运维系统也必将更加智能化，通过对状态监控获取的大数据分析，变流器智能运维系统既能横向对比及时发现运行异常风机单元，又能纵向分析给出器件寿命预测和维护建议。

同样，随着光伏电站规模和复杂度越来越高，专家上站维护的传统模式成本过高，模块化设计将支撑更长电站寿命周期，助力降低度电成本，同时可以实现免专家维护，极大地降低运维成本、提升系统可用度。全模块化设计将成为行业主流。逆变器、PCS、储能等关键核心部件，设备间采用标准接口，灵活扩容，快速部署，逆变器不管是交流还是直流侧，具备储能接口，面向未来演进。在变流器制造环节，应加快推荐高度自动化的生产和测试，严格质量管控，保障产品可靠性。

3.2 电化学储能及其电力电子变换应用现状

3.2.1 电化学储能及其电力电子变换应用现状

（1）主要制造商

截至2019年年底，中国已投运储能项目累计装机规模32.3GW，占全球市场总规模的17.6%，其中，抽水蓄能的累计装机规模最大，为30.3GW，占全国储能总装机规模的93.4%；电化学储能的累计装机规模位列第二，为1709.6MW，占全国储能市场的5.3%。从技术分布上看，我国锂电池储能累计装机规模在电化学储能领域的比重升至80.60%，铅蓄电池占比17.8%，液流电池占比1.2%，其他占比0.5%。从应用场景上看，储能的应用场景可分为发电侧储能、输配电侧储能和用电侧储能三大场景。其中，发电侧对储能的需求场景类型较多，包括辅助服务、联合调频、可再生能源并网平滑出力、减少弃电等；输配电侧储能主要用于缓解电网阻塞、延缓输配电设备扩容升级等；用电侧储能主要用于电力自发自用、峰谷价差套利、容量电费管理和提升供电可靠性等。

电化学储能系统主要由电池组、电池管理系统（BMS）、储能变流器（PCS）、能量管理系统（EMS）及其他电气设备构成。其中，储能逆变器在储能系统中成本占比20%，是储能市场壁垒较高、价值量相对较大的环节。布局储能逆变器相关的企业包括阳光电源、华为、固德威、锦浪科技、盛弘股份、科华数据、上能电气、科士达等。除此之外，整合储能系统各环节的系统集成商也是重要参与者，其中包括纯系统集成商，以及不少电池和储能变流器环节凭借自身优势，进一步向储能系统集成环节延伸的企业，像阳光电源、华为、南都电源、科陆电子、比亚迪、中天科技、派能科技和宁德时代等都是代表企业。

（2）技术方案

目前我国电化学储能电站的储能变流器PCS多采用单级式低压方案和双级式低压方案，再结合工频变压器实现隔离、升压并网，其中单级式、双级式低压方案包括两电平及三电平拓扑结构。单级式方案PCS运行效率较高，双级式方案通过设计多组前级直流变换器，可形成多分支的组串式拓扑结构，方便精细化电池管理，降低电池一致性差异的影响，提升运行可靠性和可扩展性。

储能向规模化和大容量化方向快速发展。目前，通常采用上述多个单级式或双级式低压方案经工频变压器隔离升压的储能子系统并联的方法实现扩容。针对无工频变压器隔离升压的储能PCS方案，主要包括H桥级联式PCS方案和模块多电平PCS方案，也可分为单级式或双级式，即将储能电池组直接并联接入，或者通过隔离或非隔离式DC/DC变换器接入级联式H桥或模块化多电平的子模块电容上，形成中高压直挂储能变换器。无工频变压器隔离升压的储能系统还有采用高压电池模组方案，通过提高电池模组电压等级来提高PCS输出电压。此外，还有采用带模块化组合式直流变换器的两级式储能PCS方案，即逆变器前级采用多组直流变换器输出侧串联的方法形成高电压。

3.2.2　电化学储能运行现状和存在的主要问题

（1）电网支撑

随着百兆级大规模电化学储能电站的建设投运及未来对更大容量长时储能的需求，将存在数百台甚至数千台储能变流器的并联运行，大规模储能变流器集中并网或离网运行将面临多机运行稳定性问题及并机环流问题。另外现有电网侧储能电站虽然采用电压源或虚拟同步发电机控制，用于提供调频、调峰、备用、黑启动等电网支撑性能，但储能变流器受限于电力电子器件的过载能力，具有暂态弱生存特性，不具备像传统同步发电机一样提供瞬态高短路电流支撑的能力，且为保护储能变流器装备在电网深度故障情况下免受损坏，通常情况下采用硬件或软件控制的切换方式进行限流，储能变流器仍将是传统的电流源控制特征，在弱电网及未来高比例电力电子化电力系统中仍然面临挑战。

（2）标准化可靠性

储能变流器的高可靠性、高效率、低成本设计制造也直接关系到储能电站的安全、系统稳定性、寿命及发电成本等。比如为了避免电池簇并联产生一致性差异后出现的不均衡和环流现象降低对整体储能系统效率的影响，以及避免多并联电池簇热失控事故风险，以提高系统的利用率和使用寿命，在力争电池本征安全的同时，储能系统多采用两级变换设计，将电池簇分隔开，使之相互独立，形成电池直流侧电池簇无并联的结构。但两级式结构也存在复杂度更高、控制烦琐、成本更高、占地面积更大，还会增加系统损耗和故障点等问题。因此，需要进一步优化储能变流器架构，设计完备的控制保护方案，以满足可靠性高、效率高、结构简单、占地小、故障率低等需求。此外，需要通过发展智能传感、智能预测、预警、大数据分析和人工智能以及智能控制等关键支撑技术，储能的智能化程度将大幅提高。

（3）信息化智能化

成本方面，典型的容量型磷酸铁锂储能电站度电成本大约是 0.62~0.82 元 /kW · h，容量型三元锂电池储能电站度电成本约为 0.86~1.26 元 /kW · h，远高于当前最具经济性的抽水蓄能电站度电成本 0.21~0.25 元 /kW · h，可见发电侧风电、光伏发电配置储能等场景，将大大提升成本、制约储能规模化应用，储能产业亟待技术创新来降低系统成本、提高系统效率，最终实现风电 / 光电加储能的平价上网。储能变流器需要通过标准化和模块化的概念，以解决风光储配各种不同应用、备件不统一、系统寿命不一致带来系统成本高的问题。用电池标准化、电力变换核心器件标准化、控制系统硬件标准化、备件标准化的方式解决以上问题，降低客户系统度电成本，通过信息化、智能化提升储能电站运维效率降低运维成本等。

3.3 直流输电及其电力电子变换应用现状

3.3.1 常规直流输电应用现状

我国能源与负荷逆向分布，80% 以上的能源资源分布在西部、北部，75% 电力消费集中在东部、中部，供需相距 800~3000km，必须实施能源大范围优化配置，随着大功率电力电子技术的不断成熟，高压直流输电系统在大容量、远距离输送方面的经济性、灵活性等优势日益突出。近年来，从高压直流到超高压直流，再到特高压直流，我国直流输电技术水平不断提升，完成了从引进、追赶到引领、输出的重大转变。

目前国家电网公司已建成投运 10 回 ±800 kV 特高压直流工程，额定输送功率从 6.4GW、7.2GW、8GW 到 10GW，总换流容量 167.2GW，线路总长 17245km。具体包括：±800kV 复奉直流、±800kV 锦苏直流、±800kV 天中直流、±800kV 宾金直流、±800kV 灵绍直流、±800kV 祁韶直流、±800kV 雁淮直流、±800kV 锡泰直流、±800kV 昭沂直流、±800kV 鲁固直流，以及世界上电压等级最高、输送容量最大、送电距离最远、技术水平最先进的高压直流输电工程 ±1100kV 吉泉直流，全长约 3320km，额定输送功率 12GW，送端接入 750kV 交流电网，受端分层接入 500/1000kV 交流电网；另外，包括南方电网公司的 ±800kV 楚穗直流、±800kV 普侨直流、±800kV 新东直流。

基于晶闸管半控型结构的 LCC-HVDC 高压直流输电是目前最为成熟的高压直流输电方式。整流站和逆变站是高压直流输电系统的核心环节，其主要设备为基于晶闸管的换流阀和换流变压器，换流阀主要供应商分别为国电南瑞、许继电气和中国西电等，换流变压器主要供应商为中国西电和特变电工等。双极系统接线方式是我国目前主导建设特高压直流输电工程的首选接线方式，整流侧和逆变侧换流站均包含正极和负极两个换流阀，每个换流阀通常采用 2 个或 4 个 6 脉波换流桥串联的方式构成，串联换流桥的换流变压器分别采用 Y_0/Δ 和 Y_0/Y_0 的接线方式，可以选择包括双极全电压运行和单极半电压运行等多种运行方式。换流站灵活多变的运行方式可以在换流阀发生故障时最大程度减小损失，保障输电安全平稳运行。从特高压直流在受端电网接入方式上讲，主要分为特高压直流单层接入方式，以及特高压直流分层接入 500/1000kV 方式。分层接入方式可使受端电网从整体上具有较大的多馈入短路比和电压支撑能力。在直流控制保护系统方面，国电南瑞和许继电气占据主要市场份额。

3.3.2 常规直流输电运行现状和存在的主要问题

（1）电网支撑

特高压直流工程在显著提高电网大范围资源优化配置的同时，超大容量直流对交流电网的影响增加，交直流系统之间的相互影响更为复杂，送受端之间的耦合日趋紧密，电网安全稳定运行面临新的技术挑战。换相失败是晶闸管组成的半控型直流换流阀在运行中的异常行为，直流换相失败及连续换相失败可能导致的直流单 / 双极闭锁等故障，造成的直流功率冲击可能影响电网的安全稳定运行，而电网运行条件的变化也必然会影响直流换相安全性。随着交直流混联系统的规模与复杂性的增加，换相安全性及同步稳定性的交互影响问题也越来越突出。必须妥善处理送端短时大量功率盈余造成的机组超速和新能源机组因低电压或高电压大规模脱网，受端电网出现有功功率缺额造成频率大幅波动，网内潮流大范围转移造成重要联络面功角和潮流大幅波动等潜在技术风险，且在换相失败后的直流功率恢复过程中还需吸收大量的无功功率，将给受端电网带来严重的安全稳定问题。

（2）标准化可靠性

晶闸管作为特高压直流工程换流阀实现交直流转换功能的关键核心器件，其可靠性直接关系到直流输电系统的安全、稳定运行。随着特高压工程电压等级和输送容量的不断提升，晶闸管技术参数要求已经接近器件极限能力，导致实际安全工作裕度减小，晶闸管在大批量生产条件下的可靠性问题也不断凸显，并逐渐成为制约特高压直流工程顺利投运的关键因素。在我国已建成特高压直流工程中，多次出现了晶闸管失效故障，对工程的按期投运和稳定运行造成了严重影响。所以更需要总结特高压直流系列工程的经验，从设计源头进一步提升关键环节的安全裕度、载荷能力，追求更高的运行可靠性与利用率，同时适应大规模建设需要，综合考虑技术和经济因素，全面推进技术、设备和设计的标准化，着力提高运行可靠性和利用率。

（3）信息化智能化

随着新建特高压换流站的建成投运，换流站在地域、人员、设备管理等方面将面临越来越大的挑战，需要构建智能运检管控体系进行统筹有序管理，保障特高压直流输电系统的安全稳定运行。特高压换流站设备具备较完善的现场和远程监测诊断系统，但未进行系统性规划和层级分类，存在监测重点不明确、监测手段不完备等问题，另外监测装置本身存在传感器故障率高、数据传输频发中断、板卡抗电磁干扰能力差、电池续航能力不足等问题，远程诊断系统亟待扩容及技术升级。因此，需要继续提升特高压换流站尤其是关键设备的智能化和信息化、可靠性水平，包括持续提升在运换流站在线监测装置本体的可靠性；建设基于物联网的设备状态和运检资源感知体系；与设备厂家合作研究特高压直流换流阀的全景巡检与状态监测关键技术等。目前，传感器及其探测技术在诸多领域得到广泛应用，但是尚未对换流阀关键零部件及关键部位进行全景巡视和状态监测，需在换流阀结构约束以及复杂电磁环境中研究全景微型传感器植入方式、绝缘配合和电磁屏蔽以及微型传感器的供能技术等。

3.3.3　柔性直流输电应用现状

与常规直流相比，柔性直流输电方式输出电压电流谐波含量低，不必专门配置滤波器，大大节省占地面积，不存在换相失败风险，有功无功可实现快速解耦控制。尤其是它具有的高度可控性和良好适应性的特点，使其在可再生能源并网、多端直流网络构建、弱系统联网、孤岛供电等场合具有显著的优势，是构建未来智能化输电网络的关键技术。从技术路线上，第一个发展阶段是1990年初到2010年，这一阶段柔性直流输电技术基本上由ABB公司垄断，采用的换流器是二电平（第一代柔直技术，损耗3.3%）或三电平电压源换流器（第二代柔直技术损耗2%左右、第三代柔直技术损耗1.5%左右）。第二个发展阶段是2010年至今，其基本标志是2010年11月在美国旧金山投运的Trans Bay Cable柔性直流输电工程；该工程由西门子公司承建，采用的换流器是模块化多电平换流器（第四代柔直技术损耗1%左右，第五代柔直技术为具有直流故障清除能力的多电平技术）。

近年来，柔性直流输电工程在我国跨越式发展，目前已有多项示范工程投入运行或正在建设，包括±30kV/18MW上海南汇两端工程，换流阀由中电普瑞提供；±160kV/200/100/50MW广东南澳三端工程，换流阀由荣信集团、西电集团、南瑞继保提供；±200kV/400/300/100/100/100MW浙江舟山五端工程，换流阀由南瑞继保、许继集团提供；±320kV/1000MW福建厦门两端工程，换流阀由中电普瑞提供；±350kV/1000MW云南鲁西背靠背直流异步联网工程，换流阀由荣信集团、西电集团提供；±420kV/4×1250MW渝鄂柔性直流背靠背联网工程，换流阀由中电普瑞、许继集团、荣信集团提供；±500kV/3000/3000/1500/1500MW张北柔直电网工程，换流阀由中电普瑞、许继集团、南瑞集团、ABB提供；±800kV/8000/5000/5000MW乌东德特高压混合三端柔直工程，换流阀由荣信集团、西电集团、南瑞继保、特变电工提供；±400kV/1000MW江苏如东柔直海上风电送出工程，换流阀由许继集团、荣信集团提供等，正在规划设计或进行方案论证的工程包括±800kV/5000MW白鹤滩—江苏级联多端混合特高压直流工程、±250kV江苏射阳柔直海上风电送出工程、广东柔直背靠背工程等。柔性直流输电技术在国内发展涵盖从背靠背-两端-多端-直流电网-混联等各种系统构成形态，电压等级覆盖从30~800kV，随着柔性直流输电在电网构建的角色越来越重要，工程可靠性要求也随之显著提高。

3.3.4 柔性直流输电运行现状和存在的主要问题

（1）电网支撑

从系统安全稳定支撑能力的角度而言，大容量远距离直流输电为有效促进新能源跨区消纳、能源资源大范围优化配置发挥了重要作用。然而，密集型直流送出和馈入也会给送端或受端系统惯量特性和频率稳定带来负面影响。当前柔性直流在交流侧电网侧出现大的功率扰动时不具备相位、频率的动态支撑能力，比如不提供整步功率、惯性响应功率等。当送 / 受端系统间联络通道“强直弱交”特征明显时，该交直流混联电网中直流输电系统发生闭锁故障，会使得弱联系的区域同步受端电网功角大幅波动，极端情况下存在系统解列的风险。另外，柔直系统在运行过程中因为电力电子装备的快速控制特性，易在某些频段会呈现容性阻抗和负电阻，从而与系统输电网络或其他感性阻抗装备相互作用，引起系统振荡甚至发散，这些振荡现象在次同步频率和中高频率范围内都有可能发生。而高压直流断路器作为重要的控制和保护设备，是直流输电系统和直流电网的安全可靠运行的重要保障，目前来看，不论是固态断路器还是混合式短路都存在造价高、开断容量有待提高的问题，距离广泛的实际应用还有差距。

（2）标准化可靠性

基于绝缘栅双极型晶体管 IGBT 的 MMC 换流阀设备在应用于骨干输电通道和大区联网后，电压、容量显著增大，串联子模块数显著增加，内部接线和控制逻辑更加复杂，器件、板卡长期工作于高电压、大电流、强电磁环境下，开展基于可靠性的换流阀关键技术研究，对促进柔性直流输电快速技术发展和大规模工程应用具有重要意义。从国内典型柔直工程换流阀故障统计来看，故障主要集中在换流阀和控制保护装置两方面，其中换流阀的故障类型主要包括 IGBT 击穿故障率 2%、子模块中控板故障率 8%、子模块取能单元板故障率 28%、IGBT 驱动故障率 46% 和通信故障率 16%，共计 5 大类。从换流阀故障部位情况看，二次板卡类设备故障率较高，比如中控板卡、IGBT 驱动板卡、取能电源板卡的功能缺陷和质量缺陷均较为突出，现场调试过程中存在过因中控板 ST 接收光头缺陷导致黑模块问题 / 通信故障，这些关键元部件的质量缺陷主要是工艺管控深度不够导致。因此，二次板卡类是制约工程整体可靠性的瓶颈和短板，是可靠性提升工作的主要工作方向。目前国内研究大多局限于系统层面可靠性评估，国内供货厂家大多独立研发，缺乏通用型、标准化设计方案，不同技术路线阀组件产品结构设计相异，关键元器件电气裕度等参数设定依据不统一，工艺管控深度与侧重点存在差异，特别是子模块级、阀控级控制保护方案存在接口方案不合理、控制保护策略设置不合理、状态监视功能不完善等问题，功能板卡软硬件架构各具特点，需要开展换流阀标准化和可靠性专项提升研究。整体看，目前国内针对设备层级的可靠性和标准化研究短板主要体现为：①换流阀设计或选型原则不统一，设计结果存在较大差异，为工程执行带来了安全风险；② IGBT 选型缺少通用的方法和标准，额定电流选择、电流安全裕度计算，器件可靠性试验方案缺少依据；③设备间接口定义和功能定位不统一，为设备研制、调试运行和事故分析带来不便。

（3）信息化智能化

换流阀是柔性直流输电工程的核心设备，换流阀设备一旦出现故障，不仅会导致直流停运，甚至会引发重大安全事故。目前，柔直工程中对换流阀状态的在线监测工作尚显粗浅，研究还处于起步阶段。开展柔性直流输电系统换流阀信息化智能化在线监测，包括对柔直子模块的 IGBT 结温、子模块出水口水温、子模块容值、子模块电压以及 IGBT 开关频率等关键信息量监测，能够提高换流阀运行的安全可靠性，及时发现 IGBT 异常工作状态，指导运行维护工作，为换流阀稳定运行提供依据，对柔直工程的安全可靠运行具有重大意义。柔直工程中子模块数量庞大，如何更加有效地实现目前控制系统和在线监测系统的整合，方便工程使用，实现海量数据的分析、处理、预警，将是今后换流阀在线监测的关键内容。

3.4　主动配电网及直流配电网应用现状

3.4.1　主动配电网和直流配电网应用现状

（1）主动配电网

主动配电网是为解决分布式能源接入配电网问题而提出的方案，利用先进的电力电子技术、通信和自动控制技术，具有协调控制各种类型分布式能源的能力。主动配电网的核心是对分布式能源从被动消纳到主动引导和主动利用，将配电网从传统的被动型用电网转变为根据电网实际运行状态进行主动调节、参与电网运行与控制的主动配电网。2017 年，国家电网公司确定了北京、天津、上海、青岛、南京、苏州、杭州、宁波、福州、厦门 10 个大型城市，计划用 4 年时间打造成“世界一流城市配电网”，为公司全面建设一流现代化配电网积累经验、提供示范。2019 年，苏州建成的全国最大规模主动配电网综合示范工程已实现新能源高消纳、供电高可靠、电能高质量的目标，推动苏州电网跨越式发展。

（2）直流配电网

随着用电负荷快速增长，城市交流配电网的供电能力受走廊紧张等多方面因素的制约提升困难，不堪重负；用户侧分布式电源和柔性负荷“即插即用”的需求与日俱增；同时终端用户负荷直流化趋势明显，且其对电能质量和供电可靠性要求越来越高。直流配电技术凭借其突出的供电能力、较强的可控性和与负荷良好的兼容性，正成为国内外研究热点。直流配电技术的应用场景主要包括：电动汽车、地铁牵引负荷及舰船大功率直流电机或变频电机直接供电；光伏、风电等可再生能源以及储能装置，特别是大规模海上风电场的电能汇集；数据中心等对电能质量要求较高的直流负荷供电；交流配电增容受限的城市中心地区负荷供电；岛礁以及海上作业平台等孤立大容量负荷的供电等。

3.4.2 主动配电网和直流配电网运行现状和存在的主要问题

柔性多状态开关是主动配电网关键设备之一，在含柔性多状态开关的配电网自愈控制技术方面，由于配电网的故障特征和网架结构与输电网的差异性，现有针对输电网中的故障分析和故障穿越技术无法直接应用于柔性多状态开关。配电网网架结构和接地方式多样，故障特征较为复杂。同时，配电网自动化水平较低，导致柔性多状态开关的故障穿越、保护和重要负荷转供的技术实现难度较大。需要对配电网在各类网架结构和接地方式下的故障特征进行研究分析，针对性地采用控制和保护策略实现含柔性多状态开关的配电网自愈控制。

柔性多状态开关装置接入配电网投运后，柔性多状态开关涉及一两次多个关键组件，且运行方式更为复杂。因此，需要在智能在线监控技术的基础上，对设备进行状态预测，提出适合柔性多状态开关的检修周期和策略，突破运维的常规模式，提供效率更高、更具针对性的检修方式，以保障装置的合理优化可靠运行。

直流配电系统目前尚没有成熟的运行经验，已建成的直流配电系统大多集中在终端用户层面，或面向地铁及舰船等特殊用户，其能够为直流配电形式的发展提供网络架构、直流供电设备及能量管理方面的运行经验。但是，在直流配电及交直流骨干配电网发展的过程中，在规划、运行、控制及故障隔离等领域均存在大量的关键技术需要研究攻关。

直流配电发展目前最为迫切的是确定合理的电压等级序列，国际上目前也尚未有直流配电电压等级标准提出。CIGRE 国际大电网会议 SC6.31《直流配电可行性研究》工作组给出的中压直流配电电压等级范围为 1.5~100kV。进一步明确和细化中压直流配电电压等级序列，需要综合考虑与我国交流电压等级的协调、主要直流负载的标称电压如多数工业直流负载、地铁牵引电压、数据中心直流负载、通信类直流负载等，以及不同电压等级的供电能力及绝缘投资，并对其进行充分的技术经济比较。在架构形式的选择上，相对于传统的辐射状交流配电结构，以及闭环设计开环运行的典型特征，直流配电网络架构较为丰富也更复杂，因此直流配网的快速故障检测识别和故障隔离技术对其安全可靠运行至关重要。多端直流系统，无论是直流电网或直流配电网，故障识别与隔离均面临着巨大的挑战。直流配电系统体现出电力电子化特征，不同拓扑结构、控制策略的换流设备对故障的响应不同，导致直流故障特征不明确，故障暂态过程解析困难、非线性特征强，难以准确提取分析。同时高比例电力电子装置接入后系统故障电流上升速度快、冲击大，故障后换流设备闭锁速度快，导致有效故障信息持续时间极短。因此，直流系统保护必须在极短的时间通过故障信号有效解析实现快速准确故障识别定位，技术难度较高。故障隔离技术是制约其进一步发展的关键技术因素，迫切需要跳出传统技术条框的限制，在超高速故障识别与经济可靠故障开断等方面展开技术攻关，突破关键技术，解决直流配电系统故障隔离的难题，促进直流配电网的发展。

3.5　静止无功补偿装备应用现状

3.5.1　静止无功补偿装备应用现状

无功功率补偿装置保障电网电压稳定性，改善电网供电效率及供电环境的不可或缺的重要环节。我国无功补偿装置的发展分为三个阶段：1970 年起，第 1 代无功补偿装置 – 机械式投切电容 / 抗器规模使用。该类装备采用分级补偿方式，不具有连续调节无功的能力，且易发生谐振，造成设备损坏；1990 年起，第 2 代无功补偿装置 – 静止无功补偿器 SVC 投向市场。SVC 采用晶闸管连续调节无功功率，动态响应时间为 30~50ms，可以满足大多数场合的应用需求。但其存在谐波含量高、动态响应慢、谐振风险大、故障下无功支撑弱等固有缺陷。伴随着新能源的大规模接入，电压波动、谐波、故障穿越等电能质量问题变得尤为严峻，传统的 SVC 难以满足要求。2005 年起，第 3 代无功补偿装置 – 静止无功发生器 SVG 试点使用，响应快，调节范围广，引发广泛关注。目前低压 SVG 厂家主要有深圳盛弘、西安爱科赛博、施耐德、台达等厂家。

无功补偿装置的高电压化、大容量化、高性能化已成必然趋势。基于级联 H 桥

（Cascade H-bridge，CHB）拓扑的高压直挂SVG，具有模块化程度高、开关损耗低、谐波小、扩展性能好等优点，更易于实现高电压、大容量、高效率、冗余控制等，已成为新能源场站电能质量治理用高压大容量SVG的首选技术方案。国外公司（如ABB、西门子、东芝、三菱等）虽有相关产品，但功率器件多为公司自产高压IGBT（如4.5kV），成本极高，该方案更适用于66kV以上的工业、输电等超大功率场合（≥100Mvar），而对电压等级较低且无功功率小于40Mvar的应用场合，该方案性价比极低，鲜有应用实例。国内SVG厂商（如新风光、荣信、特变电工、思源等）则采用低压IGBT（如3.3kV）器件级联方案来实现SVG高压大容量化，该方案在国内新能源场站得以大规模推广应用。

3.5.2 静止无功补偿装备运行现状和存在的主要问题

静止无功补偿装备作为典型电力电子变换装备具有典型电力电子变换控制特征，在复杂电网环境下同样可能导致运行稳定性的风险，比如静止无功补偿装置与输电网络的相互作用、与新能源场站多机之间的相互作用等。此外，当前静止无功补偿装置对电压的刚度也缺乏支撑作用，取代同步调相机也降低了对电网的惯量支撑作用等。

静止无功补偿装备的可靠性有待提高，从2013年、2014年甘肃电网运行通报中看SVG装备故障率极高，为电网的安全运行增添隐患。例如，IGBT模块的散热问题，通常装备散热都以风冷为主，恶劣气候环境如雨雪等吸入造成绝缘能力降低、模块受潮引起SVG故障跳闸等。SVG内部光纤较多，通信问题故障率也相对较高，如光纤松动或灰尘较多，光纤异常将导致SVG误动跳闸等。另外，各级联模块规格不一，集成装配困难，生产成本高，制约其大规模生产应用。亟须优化现有模块化水平及生产工艺，提升系统装配和更换效率，以实现效率和经济效益的最大化。

此外，新能源场站分散式接入集控运行已成规模，变电站运行趋于无人值守，运行环境严苛，加之空间上分布式布置，对SVG运维和运行可靠性提出更高要求。而传统人工定期巡检运维方法效率低、精度差、成本高，严重影响电能净化装备产品在新能源电力系统的大规模推广。SVG高效测试及智能运维体系研发迫在眉睫。

3.6 电力系统中电力电子变换的主要挑战

随着发输配用侧大量应用电力电子化装备，系统运行实践中，国内外相继发生了各种与电力电子化相关的安全稳定问题，涉及风电、光伏、直流、FACTS、电力机车等发输配用各侧电力电子装备，覆盖电压、频率、谐波和振荡等各类安全稳定性问题。主要原因是电力电子化装备的主要动态特征显著区别于传统电力系统装备，而电力电子化并网装备及网络特性是决定系统动态行为的核心因素，大量电力电子化并网装备及网络导致电网运行特性发生显著变化，构成了多样化电力电子装备接入较复杂电力系统稳定问题的复杂性内涵，电力电子化电力系统运行边界不明、安全稳定运行隐患大。

3.6.1 电力电子并网装备过载能力与功率和电压频率动态/暂态支撑控制

与传统电力系统装备相比，典型电力电子化装备（如风机等）具有较复杂的机电、电磁及控制结构。电力电子化装备通常涉及多种不同时间尺度能量变换的瞬态过程，系统动态过程中，各装备有功无功相关不平衡状态发生变化，有功交换及无功交换的动态过程相互耦合。按参与功率交换的物理储能元件动态特征及相应控制器的响应速度，系统动态问题可分为交流电抗电流、直流电容电压及机电转速等三个不同时间尺度，电力电子化装备在扰动下呈现出多时间尺度特征。如图 3–8 所示，典型电力电子化装备如风机含有转子、电容器、电抗器等不同物理特征、不同尺度参数的储能元件，以及相应的以储能元件状态为控制目标的不同尺度的控制器。系统动态过程中不同尺度的电磁功率扰动将通过装备中不同尺度的储能元件及不同尺度的控制器形成装备内电势中不同尺度的响应，使得电力电子化装备的动态特性呈现出显著的多尺度激励 / 响应特征。

同时，由于电力电子化装备内电势响应与功率激励间在不同尺度上均包含电压电流功率间的非线性关系，使得其动态特性也呈现出显著的非线性激励 / 响应特征。除此之外，电力电子化装备中含有各式各样不同功能的控制，如锁相控制和功率控制等，这些控制的级联作用使得装备的功率 – 内电势激励响应关系呈现高阶的特征，即激励响应关系的阶数要高于传统同步机转子运动方程的二阶关系。另外，一方面以上各不同控制的耦合作用（如 dq 控制下的交叉耦合以及锁相控制对有功功率、无功功率的交叉响应等）也使得电力电子化装备有功功率 – 内电势相位与无功功率 – 内电势幅值的激励 – 响应间存在复杂的耦合关系，从而使得其动态特性呈现耦合激励 / 响应特征。另一方面，由于半导体器件的耐压、耐流能力有限，电力电子化装备在经受较深度的故障时会切换至相应的硬件电路和软件控制以保护装备免受损坏，从而使得其动态特性呈现非连续暂态切换的特征。同时，当电网中出现不对称故障时（如单相接地故障），电力电子化装备针对电网中的负序分量还专门设计有相应的负序控制，从而使得其在对称故障和不对称故障下分别呈现出完全不同的动态特性。

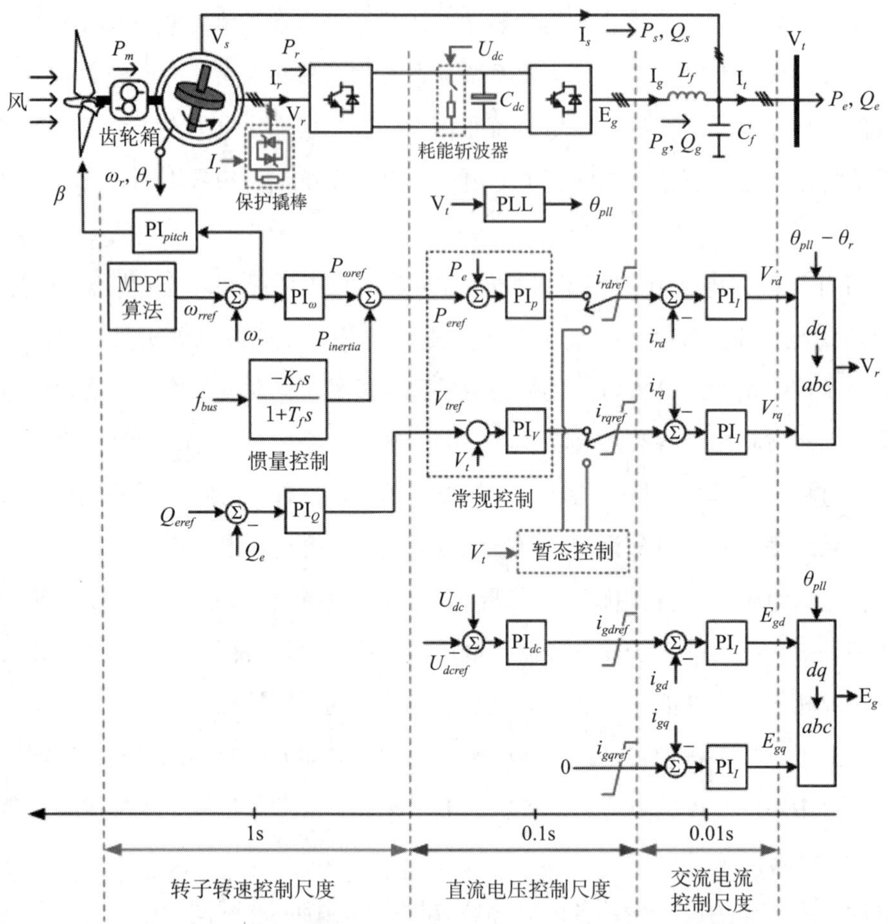

图 3-8　典型双馈型风机的多尺度机电 / 电磁和控制结构

传统电力系统电磁化装备特性主要由同步机或异步机内的转子运动动态主导，表现为单尺度、低阶、连续的特征。电力电子化装备与传统电力系统电磁化装备相比，其动态特性具有较大的差别，归纳起来主要有多尺度、非线性、高阶、耦合、切换、不对称序量控制等不同的特征。上述电力电子化装备不同特性及装备间多尺度串并行相互耦合特性共同导致系统动态行为机理发生深刻变革，使得系统动态过程的因素、现象和机理差异大，为系统分析、功率和电压频率动态 / 暂态支撑控制，以及保护带来了新的问题与挑战。主要包括电力电子化装备的多尺度、非线性、强耦合、高阶等基本特征对小扰动下电力电子化电力系统多尺度电压频率动态稳定支撑控制带来基本挑战；电力电子化装备的多尺度、高阶等特征对功率不平衡扰动下系统多尺度频率和电压动态支撑控制带来基本挑战；电力电子化装备的多尺度、非线性、高阶、切换和不对称控制等特征为故障大扰动下电力电子化电力系统多尺度电压频率暂态稳定支撑控制带来基本挑战；同时，电力电子化装备的故障暂态过程的多尺度、非线性、高阶、序贯切换、不对称控制等新特征对电力电子化电力系统暂态电压电流应力和分布特征分析，以及常规机电保护适应性和新形态下的系统保护带来基本挑战。

3.6.2　电网运行环境与互联多体多物理多尺度装备故障模式及可靠性设计

不同于以同步发电机为代表的电磁变换装备，电力电子装备采用功率半导体及其调控技术实现机电功率控制和机电能量转化，以典型风力发电机组为例，其内部包含了机械转子、直流电容、交流电感等载体形式不同、容量大小不一的各类能量存储元件（如图 3-1 所示）。在不同程度及持续时间的电网故障扰动下，为确保功率半导体器件及上述载体形式不同、容量大小不一的多种能量存储元件均稳定运行在安全应力范围内，电力电子变换装备控制与保护结构呈现出多尺度级联与序贯切换的基本特征。

在电网故障扰动程度较浅时，电力电子变换装备仅依靠常规控制即可实现多种能量存储元件状态的调节，其有功功率、无功功率控制具有多尺度级联的特征，即均包含多个不同带宽的控制环路彼此级联形成的结构。在电网故障扰动程度较深时，电力电子变换装备仅依靠常规控制不能实现多能量存储元件状态的调节，需借助暂态控制与保护电路的切换约束多种能量储存元件及半导体器件应力并完成并网导则要求，其暂态控制保护结构具有多尺度序贯切换的特征。

事实上，机电转子及其对应尺度控制、直流电容及其对应尺度控制、交流电感及其对应尺度控制等多尺度级联控制架构也多普遍存在于直驱风机、变频调速驱动、FACTS 等发电、输电及用电环节的电力电子变换装备中。当电网故障程度较深时，转子转速尺度、直流电压尺度及交流电流尺度的辅助控制 / 电路切换保护策略是确保电力电子变换装备能量存储元件及半导体器件安全的必要手段，也普遍存在于采用电压源型、电流源型等不同电路拓扑结构的发电、输电和用电并网装备中。因此，多尺度级联及序贯切换的控制与保护结构在电力电子变换装备中具有普遍性。

与此同时，随着电力电子变换装备的规模化应用，电力系统中除存在短路 / 开路故障发生、切除、重合闸等典型故障扰动事件外，还广泛存在不同严重程度及持续时间的多类型暂态扰动事件。根据是否引起电力电子变换装备硬件保护电路及暂态控制算法的切换动作，可分为浅度与深度扰动；根据是否引起电力电子变换装备不同时间尺度的控制与保护策略的序贯动作，可分为短时、中时、长时扰动。譬如当电网发生浅度故障至故障被速动保护快速清除期间，电力电子变换装备的暂态特性由交流电流控制主导；而当电网发生浅度故障直至故障被后备保护清除期间，电力电子变换装备的暂态特性由各个尺度能量存储元件及其对应级联的控制主导；而当电网发生深度故障直至故障被后备保护清除期间，电力电子变换装备的暂态特性由多尺度序贯切换的控制、保护电路主导。由此可见，迥异于同步发电机等常规电磁变换装备，电力电子变换装备的暂态特性与电网暂态扰动事件的严重程度、持续时间具有强相关性，呈现多样化的基本特征。

电力电子化并网装备多尺度级联、序贯切换控制与保护的暂态特征，与电网运行环境的暂态扰动事件类型、严重程度、持续时间等的强相关性，以及多装备经网络耦合形成的多尺度串并行复杂的暂态相互作用，决定着系统的整个暂态过程，也使得电力电子化并网装备的可靠性设计存在较大挑战。

3.6.3 电网运行环境及脉冲工作模式与多物理部件态势感知和智能决策

我国已形成世界上规模最大的交直流互联电网，新能源等大量电力电子变换装备接入，导致电网动态特性复杂、安全稳定风险增加，客观上对装备级和电网级在线安全稳定分析能力提出更高要求，包括更加准确的状态感知、更加智能的分析评估决策。

电网本身运行环境复杂，暂态扰动事件类型多样，电力电子变换装备/装备群及网络的多尺度串并行暂态相互作用机制复杂，加之电力电子变换装备的半导体器件过载能力有限本身具有暂态弱生存性，并且运行环境复杂、恶劣等原因可能导致半导体器件出现失效情况，以及半导体器件的高频开断工作模式易对驱动等模块产生强电磁干扰致使装备故障等，以上因素都将对整个系统的安全可靠运行带来巨大挑战，对大容量直流或多直流送出/馈入的送端/受端系统的安全稳定运行造成巨大风险。从装备角度而言，未来海量电力电子核心装备的态势感知和智能决策，对构建装备和电网的极致安全具有重要意义。例如，远景“超感知”风机技术是将提供机理信息的数学模型和提供环境状态的传感信息结合，达成风机对自身运行行为的洞察，包括状态感知和趋势感知，状态感知体现在故障监测的价值，趋势感知则应用于健康预防，主动在线干预，两种感知再通过网络智能技术与风机、机群智能运行策略相结合，使风电资产的智能化演进随着信息维度发生持续的进化。态势感知和智能决策，对于提升新能源发电性能、实现极致安全和大幅降低度电成本等具有重大意义。

另外，从电网层面，电网稳定特性从机电暂态转变为机电暂态和电磁暂态混合过程，电网运行状态和安全稳定性快速变化，也亟须研究基于信息驱动的多时空强不确定性大电网在线运行实时态势感知与趋势预测技术，构建电网安全稳定态势评估模型，发展信息驱动的智能化分析模式，基于量测快速给出电网安全稳定态势分析结论，实现精准、实时的在线综合安全稳定分析决策，对于重大安全稳定问题提前给出控制策略，防止大停电事故，提高电网运行效率和安全性，保障社会稳定和经济发展。

3.6.4 多尺度系统因果状态及其关系与状态维度及其动态过程分析方法

电力电子化电力系统的动态问题，具有多尺度的因果状态及多尺度串并行相互作用的基本特征。如图 3-9 所示，电力电子装备内某一尺度下的状态变化会通过装备内部不同尺度间的非线性关系与本装备其他尺度的状态相互影响，即为装备内部的串行相互作用。同时，装备内某一尺度的能量存储元件及其控制器状态变化会直接反映到装备该尺度的内电势，形成该尺度的网络功率响应，并直接影响其他装备在该尺度下的能量存储元件及其控制器状态，即为不同装备同尺度间的并行相互作用。

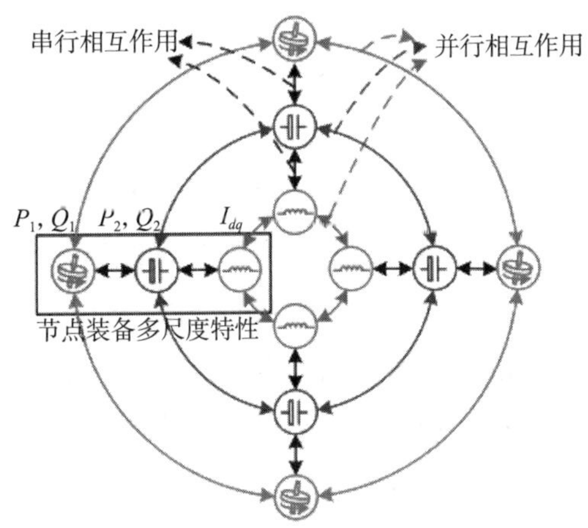

图 3-9 电力电子变换装备间多尺度串并行动态作用机制

从装备内电势的功角或相位动态角度来看，电力电子化装备中内电势位置由控制算法所形成而不像同步发电机一样直接取决于储能元件状态，以双馈风机为例，双馈风机中转速、直流电压及有功电流等储能元件状态间（有功相关不平衡状态）的耦合关系及其与内电势相位间的因果耦合关系由控制算法所确定。从装备内电势电压或幅值动态角度看，正如同步发电机一样电力电子化装备内电势幅值也由控制算法所形成，在双馈风机中无功功率不平衡、端电压不平衡及无功电流不平衡状态间（无功相关不平衡状态）的耦合关系及其与内电势幅值间的因果耦合关系也由控制算法所决定。多机电力系统受到扰动时，各装备中有功相关不平衡状态及无功相关不平衡状态发生变化按控制算法驱动内电势相位幅值状态变化，通过网络相互耦合使得各装备中在该尺度下的能量存储元件状态或有功无功相关不平衡状态再变化，决定了电力电子化电力系统的动态过程及其稳定性。

电网暂态扰动情况下，同样存在着电力电子变换装备间复杂的多尺度串并行暂态相互作用关系。浅度故障下，并网装备暂态控制 / 保护未达到触发条件，装备的控制结构与故障前正常运行工况保持一致，其不平衡功率激励与内电势响应的因果作用关系由常规控制下的转子转速 – 直流电压 – 交流电流多尺度级联控制决定。深度故障下，装备不同尺度暂态控制和保护（Crowbar/Chopper/ 无功电流注入 / 紧急变桨 / 刹车制动等）可能序贯触发，装备物理电路及控制结构在故障后发生切换，其不平衡功率激励与内电势响应的因果关系由多尺度暂态控制 / 保护主导。电力电子化电力系统暂态过程中的功率不平衡通过不同尺度、不同形式的能量存储元件及其控制 / 保护的调节形成电力电子变换装备内电势多尺度暂态响应，在装备的多尺度内电势激励下网络的功率响应也具有多尺度的特征，进而影响其他装备内各尺度能量存储元件及其控制器的运动状态。

电力电子化并网装备及网络的量变正引发电力系统动态过程的质变。不考虑励磁影响，传统电力系统中机电或电磁尺度动态问题本质上是单纯的机电或电磁问题。多尺度、非线性、强耦合、高阶、串并行动态相互作用等电力电子化电力系统动态特征，以及多尺度、非线性、断续切换、高阶、串并行暂态相互作用等电力电子化电力系统的暂态基本特征，为系统分析带来新的挑战。亟须基于系统方法论认识多样化装备、网络特性及其相互作用的基本特征和规律，在系统方法论下基于对象运行机理和统一方法的研究思路，进一步提出认识、分析和解决电力电子化电力系统动态过程基本问题的普适方法。比如，暂态扰动下电力电子化电力系统是一个具有断续、高阶特征的多尺度非线性切换动力学系统，针对此类复杂系统暂态问题研究尚没有认识、建模、分析乃至综合的普适方法。

目前在基于装备机电 / 电磁和控制拓扑的结构化隐式模型方面已开展了大量工作，但缺乏以认识和分析机理为目标的基于激励响应关系的功能化显式模型及其动态特性的研究。装备制造和系统运行领域基于设备机电 / 电磁和控制结构已开展大量的适用于系统仿真的装备模型方面的研究工作，但这些模型对于认识装备在系统动态过程中的角色及其影响系统动态过程的机理方面有较大局限性。同时，相比于同步发电机，在电力电子化并网装备输入输出关系的物理化抽象方面，即装备中能量存储和损耗与装备状态的关系方面几乎是空白。另外，目前对于不同种类的装备以及装备不同时间尺度的动态特性其分析方法多种多样，缺乏从统一性的视角来针对多样化装备和装备多尺度动态特性进行统一研究。目前，从服务于仿真的角度，多样化装备的建模与动态特性分析往往基于其最原始的控制结构，虽然可以较准确地反映装备的动态特性，但也很难提取所需的信息以及挖掘到问题的机理。综上所述，目前针对电力电子化装备建模方法往往局限于特定的装备、特定的场景以及特定的问题，仿真依赖性强，缺乏从概念、理论、方法和技术角度体系性地总结一般化研究思路。

4. 电力系统中电力电子变换的愿景和目标

4.1 新能源发电发展预测与电源电力电子化趋势

2020 年，我国风电和光伏的总装机容量分别为 2.81 亿 kW 和 2.53 亿 kW，占全国总装机的 24%，其中风电新增装机 7167 万 kW，同比增长 178.4%，光伏新增装机 4820 万 kW，同比增长 60.1%。尽管风电和光伏的发展势头十分迅猛，但从发电量上看，2020 年风电和光伏只有 7270 亿 kW · h，仅占全国总发电量 9.5%，距离“碳达峰、碳中和”目标中要求的 2030 年非化石能源占比达 25% 仍有较大差距。因此，为了实现“双碳”目标，需要多措并举加速清洁能源的开发与利用。

首先，大力发展陆上风电，稳步推进海上风电。重点开发新疆、甘肃、蒙东、蒙西、吉林、河北等地区 21 个陆上风电基地，充分发挥我国西北部风能资源丰富的优势，力争在 2030 年和 2060 年，陆上风电装机规模达 7.55 亿 kW 和 23.4 亿 kW。此外，加快推进广东、江苏、福建、浙江、山东、辽宁和广西等沿海地区海上风电的开发，重点开发 7 个大型海上风电基地，力争在 2030 年和 2060 年，海上风电装机规模达 0.45 亿 kW 和 1.59 亿 kW，形成“西北陆上、东南海上”风电并举的开发格局。

其次，大力发展光伏发电、集中和分布式协调发展。进一步加快集中式光伏发电基地的建设，重点开发新疆、青海、内蒙古、西藏等地区 18 个光伏发电基地，力争在 2030 年和 2060 年，集中式光伏装机规模达 7 亿 kW 和 22.6 亿 kW。此外，在东中部地区因地制宜地发展分布式光伏，合理利用屋顶厂房、园林牧草和水塘滩涂，力争在 2030 年和 2060 年，分布式光伏装机规模达 3 亿 kW 和 11 亿 kW，形成“集中式与分布式”并举的太阳能开发格局。

此外，加快发展灵活性电源、煤电逐步有序退出。进一步加快发展燃气发电和抽水蓄能等灵活性电源，为含高比例新能源电力系统提供快速电压 / 频率支撑，保障电网安全稳定与运行。此外，严控东中部煤电新增规模并淘汰落后产能，开展煤电灵活性改造，煤电从电量型电源向电力型电源转变，力争 2025 年装机达到峰值 11 亿 kW，2030 年东中部煤电占比降至 50%。

构建以新能源为主体的新型电力系统已成为未来发展的基调，电力系统的发电侧正发生巨大的变化，已朝着 100% 可再生能源的远大目标大步迈进。据全球能源互联网发展合作组织预测，到 2030 年，我国风电和光伏的装机将分别达 8 亿 kW 和 10.25 亿 kW，到 2050 年，风光等新能源装机将成为电源装机增量主体，风电和光伏装机的占比将超过 75%，发电量超过 65%。到 2060 年，风光发电装机占比将进一步提升至 80%，发电量超过 70%。由此可见，以电力电子变换器为核心的新能源发电装备将逐步取代传统同步发电机，新型电力系统的电源侧将呈现出高度电力电子化的特征。

表 3-1 我国电源装机重量级结构预测 （单位：亿 kW）

	2020 年		2030 年		2060 年	
	容量	占比	容量	占比	容量	占比
风电	2.8	12.7%	8	21%	25	31.2%
太阳能	2.5	11.3%	10.25	27%	38	47.4%
水电	3.7	16.8	5.54	14.6%	7.6	9.5%
煤电	10.8	49%	10.5	27.6%	0	0
气电	0.98	4.5%	1.85	4.9%	3.2	4.0%
核电	0.5	2.3%	1.08	2.8%	2.5	3.1%
生物质及其他	0.67	3%	0.82	2.2%	1.8	2.2%
燃氢机组	0	0%	0	0	2	2.5%
合计	21.95	—	38.04	—	80.1	—
清洁装机占比	4.34	—	67.5%	—	96%	—
储能	—	—	1.3	—	7.5	—

4.2　直流输电发展预测与受送端源荷电力电子化替代

未来我国电力需求平稳提升，东中部仍是用电中心，然而大型清洁能源基地多分布于我国西部和北部，电力需求和资源禀赋的逆向分布决定了“西电东送”和“北电南供”电力流格局不变，跨区跨省电力流规模还将继续扩大。据全球能源互联网发展合作组织预测，到 2030 年和 2060 年，我国跨区跨省电力流总规模将分别达到 4.6 亿 kW、8.3 亿 kW。因此，双碳目标驱动下我国“西电东送、北电南供”的电力流动规模将进一步扩大。

特高压技术是构建特大型互联电网、实现清洁能源在全国范围高效优化配置的核心技术，可大幅增强我国能源资源的统筹配置能力，提高能源供应的可靠性和经济性，全面推动我国能源绿色转型。为了推动我国西部光伏发电、“三北”风电、西南水电等大型清洁能源基地开发，破除化石能源为主的发展路径依赖，需要统筹推进西北和西南能源基地的特高压直流外送通道的建设，力争在 2030 年前建成“三横两纵”特高压交流主网架，新建 14 个西北、西南能源基地电力外送特高压直流工程，总输电容量达 1.12 亿 kW。

此外，相比于常规直流输电，柔性直流输电技术具有自换向、支撑性强、故障穿越性能高、占地面积小等优点，已成为海上风电并网的最佳选择。随着海上风电的大规模开发利用，将进一步推动柔性直流输电的快速发展。

由此可见，随着我国清洁能源的大力开发和电力流动规模的持续扩大，以电力电子变换器为核心的特高压直流输电系统将得到快速发展，新型电力系统的网架将呈现高度电力电子化特征，直流输电系统的受送端源荷也将高度电力电子化替代。

4.3　电力负荷发展预测与负荷电力电子化趋势

国家“双碳”目标将加速推动工业、交通、建筑等领域产业结构升级和能效提升，能源消费高度电气化，电能的利用规模和范围将前所未有的拓展和深化，对其他终端能源消费品种呈现出深度广泛替代的趋势，使电能加快成为能源主要形式。目前，我国电能占终端能源消费比重为 27%，比 2015 年提高了 4.1%。“电能替代”目标驱动下，电制氢和电动汽车将成为未来电能需求增长的主要因素，预计到 2060 年，电制氢等电制燃料用电量将达到 2.8 万亿 kW · h，占全国总用电量的 16%，电动车用电量将达到约 0.9 万亿 kW · h，占全国总用电量的 5.3%。此外，随着 5G 时代的到来，数字经济产业将迎来快速发展，数据中心、通信基站等领域的电力需求保持强劲增长，将进一步促进全社会电气化水平提升。据全球能源互联网发展合作组织预测，预计到2030年和2060年，我国全社会用电量分别达到10.7万亿kW·h、17万亿kW·h，电气化率分别达到33%、66%。因此，未来我国终端用能电气化水平将显著提高。

随着电力负荷的电气化程度不断提高，电力系统对负荷的电能质量、可控性、用电效率等指标的要求也越发严苛，智能高效用电将成为电力负荷未来重要的发展趋势。电力电子技术以其全控性、集成性、高效率等优点，可满足用户日益多样的个性化需求并保证高标准的电能质量，将广泛应用于照明、电动汽车、空调等电力负荷中。因此，智能高效驱动下电力负荷将朝着高度电力电子化方向发展，新型电力系统的负荷侧也将呈现高度电力电子化的趋势。

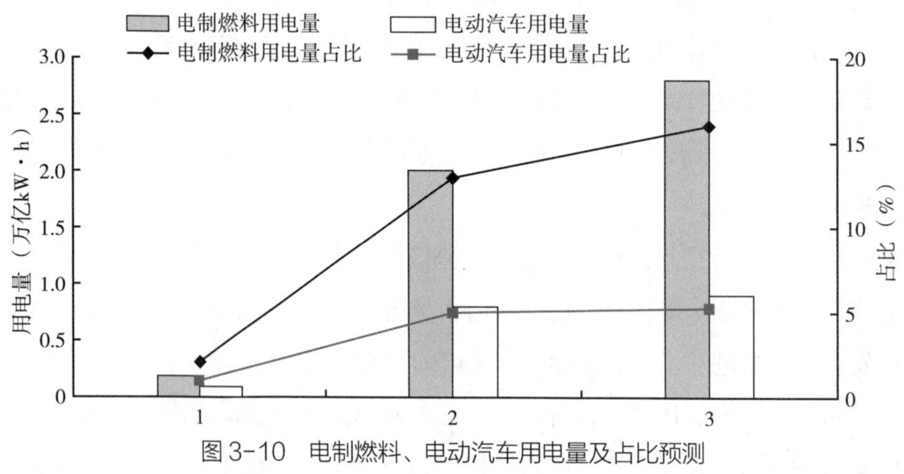

图3-10 电制燃料、电动汽车用电量及占比预测

4.4 电力系统中电力电子变换装备发展目标

4.4.1 保障高比例电力电子化系统安全运行的电压频率支撑能力目标

电力电子装备在完成目前的基本功能之外，针对未来电力系统的运行场景，电力电子设备的控制功能需要提出新的目标：

从新能源发电发展情况看，将出现局部高比例－超高比例新能源发电情况，在一些特殊情况下，可能出现100%电力电子设备的电网运行情况，如局部孤网、海上风电经直流输电送出等情景。因此，电力系统中的电力电子设备发展最终需要朝着独立构网的目标方向发展。具体而言，需要发展出对电网电压幅值、频率全尺度独立构建与支撑运行的基本功能，电力电子设备的功能设计思路、原理发生根本性改变。

在此基础上，需要进一步发展电力电子设备在电力系统各类扰动情况下的支撑能力。首先，在电网小扰动情景下，主要电力电子设备（如风光发电设备等）需要实现不同系统工况、不同运行方式下的多尺度电压幅值、频率阻尼振荡目标，建立逻辑结构清晰、设计方便，鲁棒性强的标准化控制器与参数设计原则。

其次，在系统功率不平衡扰动下，主要电力电子设备（如风光发电设备等）需要实现自主功率感知与动态平衡分配、电压幅值/频率动态过程平稳可控的目标（如变化率、变化幅度、空间分布等），基于电力电子设备对电压幅值、频率构成原理，建立多尺度幅值、频率动态过程标准化控制器与参数设计方法。

最后，在电网故障情况下，囿于电力电子器件过流过压耐受能力，需要实现快速精准故障检测功能，充分挖掘电力电子器件耐受能力及其与电流电压动态过程关系，实现不同类型故障情况下，主要电力电子设备（如风光发电设备等）对电网电压幅值、频率全过程控制与支撑，实现电力电子设备控制局部化到全局化协同控制，达到100%电力电子设备构网系统暂态期间维持电网电压在一定幅值/频率变化范围内的运行目标，建立不同类型设备故障下维持电网电压幅值/频率稳定的标准化控制方法。

4.4.2　保障高比例电力电子化系统安全运行的标准化和可靠性设计目标

电力系统中的电力电子设备除常规可靠性设计原则外，还需要考虑未来电力系统运行场景对电力电子设备产生特殊影响，针对电力系统的特殊要求有新的可靠性设计目标。

电力系统的电力电子设备规模化应用需求导致设备价格将逐渐降低，降低设备部件成本成为行业发展必然趋势。成本降低通常将使部件至设备性能与可靠性下降。然而，电力电子设备的规模应用反而对设备的性能与可靠性提出更高要求。因此，未来电力系统的电力电子设备可靠性设计目标需要实现设备成本降低情况下维持甚至提高部件与设备可靠性。

电力电子设备在电力系统中的运行时间段内经历的环境与扰动，受到电力系统固有特征的约束影响。风光发电等一次能源波动、电力系统潮流变化等具有其内秉规律，电力电子设备在不同系统变化规律环境下器件强度将发生变化，运行可靠性不同，未来电力系统中电力电子设备可靠性设计目标需要考虑特定运行环境规律变化约束。

电力系统中的电力电子设备将在各类严苛特殊自然环境中运行，如海上风电面临台风、高盐高湿度环境，高原地区设备面临低压低温环境等。电力系统中的电力电子设备可靠性设计目标需要考虑设备在电力系统特定地理、气候等影响约束。

电力系统的各类非正常运行状态冲击，如电网故障、雷击等，将对电力电子设备承受应力与寿命造成极大影响，不同系统的扰动特性不同，电力电子设备可靠性设计目标需要考虑未来高比例甚至100%电力电子设备构网系统非正常运行状态特征的约束。

4.4.3 保障高比例电力电子化系统安全运行的信息化和智能化运维目标

电力电子设备部件多且脆弱，结构复杂，对其的运行维护的需求也将十分巨大。而针对电力系统中的电力电子设备，其运行维护有其特殊性。

电力电子设备作为构成未来电力系统的基本单元，部分关键电力电子设备的计划外故障停运将可能引发系统连锁故障甚至系统崩溃。因此，首先需要最大程度避免电力电子设备因自身故障导致设备停运，以及在尽可能短的可接受时间内恢复运行。为了尽可能避免设备自身故障，关键电力电子设备需要具备丰富的状态监测，快速自主故障诊断与预测功能，实现设备的自主健康管理目标，保障任务时间可靠运行。

未来电力系统中存在海量电力电子设备，且分布地理广泛，对于这些设备的计划检修与维护提出了巨大挑战。基于海量设备的状态监测与运行数据提取，需要智能化安排检修周期与检修内容，实现最小成本与最大效益下海量电力电子设备智能检修计划决策的目标。

对于设备故障，制造商需为运行的电力电子设备提供备品备件，以在最短时间内恢复故障设备运行。然而，对于风电光伏等规模化电力电子设备，由于地处偏远，若完全的备品备件将极大增加运行成本，局部地区的备品备件同时需要实现成本最小化，这需要对设备故障部件、概率等基于历史数据智能分析与预测，电力系统中的电力电子设备需要实现综合最优的备品备件智能决策。

电力电子设备的运行周期与运行工况会影响决定设备的寿命，从全生命周期来看，电力系统中的电力电子设备数量巨大，但单体容量较小，这种情况下，合理分配电力电子设备运行工况将极大增强设备寿命与可靠性，这需要海量数据的监测与运行的智能分配。电力系统的电力电子设备需要智能化全生命周期管理实现设备预期/增广寿命运行目标。

5. 电力系统中电力电子变换行动计划和里程碑

在“双高”电网形态和新型电力系统中，随着海量新能源机组的接入，新能源机组原有的弱支撑性、低抗扰性以及发电的随机性、波动性、间歇性，对于系统的电力平衡、电量平衡、仿真建模、安全稳定分析与控制都带来了巨大的挑战。因此，迫切需要研发相关的创新技术与装置，组织充分及时的评估、验证和示范，以支持新型电力系统的顺利构建和新能源发电及相关产业的健康发展。

5.1　电网功率和电压频率支撑技术路线图

新能源发电机组 / 场站并网特性从早期关注并网点电能质量，到电网电压故障穿越能力，再到全面的电网适应性，现已发展到对电网电压、频率在不同时间尺度上的支撑性。

对于电网频率支撑的时间尺度，一般可分为 ms 级（对应惯量响应），s 级（对应一次调频），min 级（对应二次调频 AGC），min~h 级（对应日内调频）、日间及中长期等，不同尺度涉及的储能当量相差甚远；对于电网电压支撑的时间尺度，一般可简化地分为 ms 级、s 级（对应一次调压）及 min 级（对应二次调压 AVC）等，电压支撑由于不涉及能量积累，相对代价会小很多。

同时，新能源发电机组 / 场站的并网特性正从并网型控制朝着构网型控制发展。新型构网型控制技术的基本理论框架和工程实现仍处于探索阶段，其对系统稳定性的影响机理仍有待深入研究，且需开展批量的现场实践检验。此外，随着主流机组特性和控制模式的改变，新型电力系统的保护和安全防御能力也需要重构（见图 3-11）。

	2025年	2030年	2035年
建议行动	新能源机组/场站电压自主调节能力研发与示范	新型电力系统长时间尺度调峰设施及示范	新型电力系统安全防御能力研发与示范
行动指南	挖掘或增强新能源发电机组及场站的电压调节潜力的频率调节潜力，研发新能源发电机组规范化的频率自主调节能力及基本控制策略，并组织相关示范	针对以新能源为主体的新型电力系统，研究构建经济、可行的日内、日间等长时间尺度调峰技术，开发相关大容量调峰装置及控制技术，选择典型区域组织示范应用	从发电机组、场站、电网多个角度深入研究新型电力系统的安全防御能力与保护策略，形成相互协调的安全防御体系，并结合典型场景开展现场示范

图 3-11　电网功率和电压频率支撑技术路线图

5.2 发电装置构网能力仿真和实验平台技术路线图

5.2.1 高比例电力电子化电力系统典型运行场景设计（2021—2025）

“双高”电网形态的典型运行场景设计，对于新型电力系统电压 / 频率协调控制、发电装置构网能力研发及相关实验、仿真和评估平台的构建都具有重要的目标牵引作用（见图 3-12）。

	2025年	2030年	2035年
建议行动	当前新能源发电/负荷时空特性及电网构架匹配分析	高比例电力电子化电力系统的典型运行场景构建	高比例电力电子化电力系统典型运行场景对于新能源发电机组和场站构网能力的具体需求
行动指南	按照省份、大区、全国等范围，基于新能源资源禀赋和历史运行数据等建立新能源发电及相关负荷的时空特性模型，再结合电网构架参数进行分时段的匹配分析，构建当前的典型运行场景集	基于当前新能源发电和负荷时空特性，考虑未来“双碳”目标下新能源发电和负荷时空特性及电网构架的变化，构建高比例电力电子化电力系统的典型运行场景集，并以通用简化的方式作为行业研究的基准模型	针对上述高比例电力电子化电力系统的典型运行场景，从系统安全性、稳定性角度深入研究其对于新能源发电机组和场站构网能力的具体需求，为相关能力构建提供目标基础

图 3-12　高比例电力电子化电力系统典型运行场景设计的技术路线图

5.2.2 典型构网型发电设备控制方式研发和示范（2021—2025）

“双高”电力系统场景下，新能源发电机组 / 场站需从底层控制框架出发，研发全新的、协同的构网型控制框架（见图 3-13）。

5.2.3 发电装置构网能力仿真和试验平台设计和示范（2025—2030）

鉴于“双高”电力系统场景下海量的新能源发电机组，复杂的电网接入条件，以及广泛存在的多机组互动机制和机组 - 场站 - 电网互动机制，故对新能源发电机组新型构网能力需开展大量的仿真和实验研究（见图 3-14）。

	2025年	2030年	2035年
建议行动	新能源发电机组构网型控制框架的实用化研发与示范	新能源发电场站构网型控制框架的实用化研发与示范	新能源发电场站的新型调度策略研究与示范
行动指南	基于高比例电力电子化电力系统典型运行场景对构网能力的具体需求，研发新能源发电机组的构网型控制框架，需满足正常运行状态，并适应不同电网接入条件及电网高、电压故障穿越要求等。以实用性、经济性、简单化为原则，形成新能源发电机组构网型的推荐控制框架和通用参数定义，开展小规模的示范应用	基于高比例电力电子化电力系统典型运行场景对构网能力的具体需求，以新能源发电机组构网型推荐控制框架为基础，考虑多机组互动机制和机组-场站-电网互动机制，研发新能源发电场站的构网型控制框架。以实用性、经济性、简单化为原则，形成新能源发电场站构网型的推荐控制框架和通用参数定义，开展较大规模的示范应用	基于新能源发电场站的构网型控制框架，研究实用、简单、易操作的新能源发电场站的新型调度策略，以便充分发挥新能源发电场站构网能力并确保新型电力系统的安全稳定运行，并在评估充分的条件下组织较大规模的示范运行

图 3-13　典型构网型发电设备控制方式研发和示范的技术路线图

	2025年	2030年	2035年
建议行动	新能源发电机组全面并网试验平台构建	新能源发电机组/场站电磁仿真模型建立	新能源发电机组/场站电磁仿真典型评估用例及测试规范构建
行动指南	研发新一代的新能源发电机组全面并网试验平台，提升对接入电网条件及各类电网扰动的模拟深度，支持电能质量、电网故障、电网适应性及电网支撑性等的全面测试，并摆脱现场测试依赖天气条件的效率限制	基于相关认证测试数据和半实物仿真模型，构建新能源发电机组的全仿真电磁模型；并在此基础上构建支持集成气候资源特性、多发电机组、集电线路、升压站、SVG、储能系统、能量管理系统及调度接口等在内的新能源发电场站电磁仿真模型，以作为相关创新研究及效果评估的基础	基于上述新能源发电场站电磁仿真模型，结合典型接入电网的系统模型，构建用于评估系统稳定性、安全性的典型用例并开展相关测试，并逐步提炼为典型、有限的测试规范，以推动新能源发电机组/场站控制框架标准化、并网特性可测/可控及场站/电网协调控制策略的构建

图 3-14　发电装置构网能力仿真和试验平台设计和示范的技术路线图

5.3　模块化、标准化和可靠性设计技术路线图

新型电力系统中电力电子变换装置的占比越来越高，电力电子变换装置的可靠性和可用率对电力系统的可靠性和安全性将产生直接的影响。为了提升电力电子变换装置大规模应用后的可靠性和可用率，标准化、模块化被认为是较为优化的解决方案。

5.3.1　工况-设计-运维-寿命周期模型与标准化设计（2021—2025）

为了全面评估电力电子变换装置的可靠性和可用率，需要建立完整的工况－设计－运维－寿命周期模型。基于该模型，采用标准化设计将有利于简化电力电子变换装置的设计和评估（见图 3-15）。

	2025年	2030年	2035年
建议行动	建立周期模型	完成关键部件的标准化设计	实现电力电子变换装置的模块化设计
行动指南	基于新型电力系统，建立电力电子变换装置的工况、设计、运维、寿命周期模型，提炼其共性	根据周期模型，将电力电子变换装置进行模块化拆分，完成关键部件的标准化设计，并完善模型	将标准化的关键部件进行组合、集成，发展标准化的工艺流程，实现电力电子变换装置的模块化设计

图 3-15　工况－设计－运维－寿命周期模型与标准化设计的技术路线图

5.3.2　零部件及装置工况环境模拟与可靠性测试（2021—2025）

为了保障电力电子变换装置在各种现场环境下的可靠运行，需要开发完备的环境和可靠性测试工况，并研发先进、智能的模拟装置和测试技术，以便充分开展装置及零部件的环境与可靠性测试（见图 3-16）。

5.3.3　零部件供应链质量控制体系与质量保证体系（2025—2030）

除了科学充分的设计、验证工作外，电力电子变换装置在现场实际的可靠性和质量表现还在很大程度上取决于其零部件的供应链质量控制体系与质量保证体系（见图 3-17）。

	2025年	2030年	2035年
建议行动	构建电力电子变换装置的环境工况及现场表现数据库	建立各种环境因素的环境作用机理数据库	研发环境和可靠性测试工况及测试装置
行动指南	针对电力电子装置各类典型的应用环境，建立涵盖运行环境工况和现场表现的数据库，包括电压 / 电流/功率应力环境、热应力环境 、温 / 湿度 、腐蚀气体含量等	基于上述环境工况数据库，结合现场表现，研究各种环境因素对电力电子变换装置及其零部件的影响程度和作用机理，形成环境作用机理数据库	基于环境工况及现场表现数据库和环境作用机理数据库，开发完备的环境及可靠性测试工况，并研发先进、智能的环境模拟和可靠性测试装置

图 3-16　零部件及装置工况环境模拟与可靠性测试的技术路线图

	2025年	2030年	2035年
建议行动	建立电力电子变换装置的零部件供应链质量数据库	构建全生命周期的零部件供应链质量控制体系和保证体系	基于智能技术持续优化零部件质量控制体系和质量保证体系
行动指南	深入分析、跟踪电力电子变换装置的零部件供应链，建立各类零部件的供应链质量数据库，包括供应商的QC/QA措施与记录，质量表现数据，失效分析，整改措施，风险控制等记录	依据零部件供应链质量数据库，与零部件供应商协同建立质量控制体系和质量保证体系，以满足新型电力系统的应用需求以及全生命周期的质量状态数字化追溯	采用大数据、AI等智能化技术，对零部件的全生命周期质量状态数据进行深入统计和关联分析，实现对供应链质量控制体系和质量保证体系的持续优化

图 3-17　零部件供应链质量控制体系与质量保证体系的技术路线图

5.4　全周期信息化和智能化运维技术路线图

随着智能传感、大数据、人工智能等学科的交叉发展，可以基于丰富的运行状态数据构建电力电子变换装置的数字镜像，推行健康管理（PHM），最终实现电力电子变换装置全周期信息化和智能化运维（见图 3-18）。

5.4.1　工况-设计-运维-寿命模型与关键变量分析（2021—2030）

电力电子变换装置全周期的信息化健康管理，需要汇集从研发设计、生产制造、实际运行、日常运维到故障处理的全生命周期模型数据，在此基础上开展实证性的关键变量分析，最终实现持续优化和改进。

	2025年	2030年	2035年
建议行动	建立信息化健康管理系统	基于数据技术开展关键变量分析	创建自学习系统实现持续优化改进
行动指南	创建信息化健康管理系统，实现与研发设计平台、制造管理系统、装置运行监控平台和系统运维平台的互联互通，实现从设计、生产、运行、维护等全线监测和数据共享	基于健康管理系统中充分的全周期信息化数据，运用数据清洗、提取、抽取、挖掘等技术，实现关键变量的辨识和因果性分析，并开展实证检验	基于健康管理系统及关键变量结果，创建自学习系统，根据不断积累的数据，实现持续优化改进

图 3-18　工况 - 设计 - 运维 - 寿命模型与关键变量分析的技术路线图

5.4.2　关键变量综合感知与健康态势预测和诊断（2021—2030）

电力电子变换装置全周期的信息化健康管理，关键在于实现电力电子变换装置的健康预测和诊断，为此需解决对于关键变量的综合感知，并克服随机、不确定性因素的影响（见图 3-19）。

	2025年	2030年
建议行动	创建电力电子变换装置的数字镜像	基于知识图谱进行健康态势预测和诊断
行动指南	基于丰富的运行状态数据和关键变量分析结果，考虑基于数据驱动和模型训练的方法，克服各种随机或不确定性因素的影响，构建电力电子变换装置的数字镜像	基于多种工况下的实际运维历史数据，结合专家知识，建设电力电子变换装置的运维知识图谱，对接装置的数字镜像模型进行智能推断，实现装置健康态势的自动预测和智能诊断

图 3-19　关键变量综合感知与健康态势预测和诊断的技术路线图

5.4.3　健康态势评估与全寿命周期运行和维护决策（2025—2035）

电力电子变换装置全周期的信息化健康管理，其目的在于实现电力电子变换装置的健康态势评估，支持全寿命周期的运行、维护的高效决策。

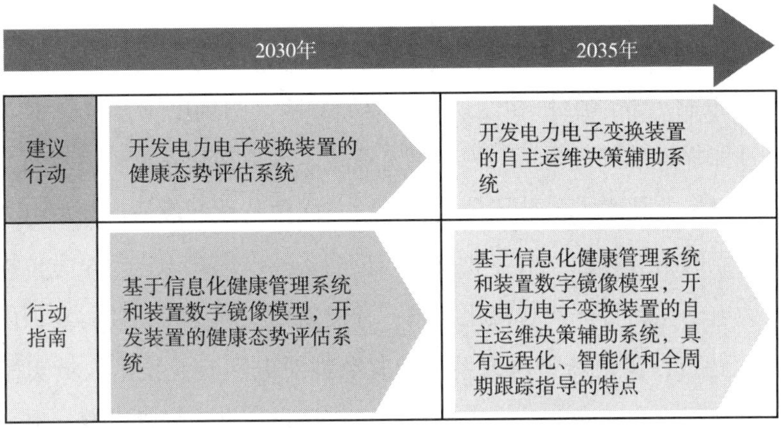

	2030年	2035年
建议行动	开发电力电子变换装置的健康态势评估系统	开发电力电子变换装置的自主运维决策辅助系统
行动指南	基于信息化健康管理系统和装置数字镜像模型，开发装置的健康态势评估系统	基于信息化健康管理系统和装置数字镜像模型，开发电力电子变换装置的自主运维决策辅助系统，具有远程化、智能化和全周期跟踪指导的特点

图 3-20　健康态势评估与全寿命周期运行和维护决策的技术路线图

6. 人才培养与研发行动计划和里程碑

6.1　大学教育和人才培训课程体系改革

6.1.1　适应新型电力系统形态的高等学校电力类专业课程体系改革（2025）

根据新型电力系统特征，明确未来工程和科研人才需求，对高等学校电力类专业进行课程体系改革。修改人才培养方案，将能源与动力工程、新能源科学与工程、自动化、计算机科学与技术、软件工程、物联网工程、工程力学、机械设计制造及其自动化、测控技术与仪器等专业与电力类专业交叉融合，增设融合性专业课程，构建适应大规模电力电子设备接入的电力系统复合知识体系，依据知识体系合理安排教学进度和教学计划，更新配套实验课程设备和方法，开设符合新型电力系统全周期信息化、自动化、智能化特点的交叉学科实践课程。同时，深化校企联合培养方式，将其推广到本科教育中，推进产学研合作协同育人，以高校电力电子变换方面先进的科研项目带动当地产业发展，以电力电子设备产业需求推动高校人才培养，实现新型电力系统产业发展和高校教育共同进步的新局面，使高校教育与电力电子化电力系统工程实际接轨，为新型电力系统培养具有综合素质的未来型人才。

6.1.2 适应新型电力系统形态的电网专业技术人员培训课程体系改革（2025）

根据新型电力系统对电力电子变换、新能源发电装备特性、潮流分析与控制、动态过程分析与控制、故障分析和保护等方面的要求，明确电网专业技术人员素质需求，对其培训课程体系进行改革。为电网专业技术人员构建新型理论体系，将不同水平和岗位的电网专业技术人员分层分类，针对其岗位特点开设适应新型电力系统的具有交叉学科特点的培训课程，对专业技术人员的基础理论知识进行全方位提升，适应电力系统电力电子化新特征及智能化需求；开发新型实训课程，使得实训内容具有信息化、智能化特点，满足新型电力系统的复杂性对电网专业技术人员实操技能的要求，培养一批现代化电网专业技术人员；实现优质培训资源异地共享，充分利用互联网等现代化技术，加强新型电力系统线上职业培训平台建设，并依托有条件的大中型企业和高等院校开展师资培训，培养适应新型电力系统发展的专业技术人员队伍，切实提高培训质量，为电网专业技术人员搭建系统性、综合性知识体系，为提高实践应用能力奠定理论基础。

6.2 新能源发电装备并网标准

6.2.1 正常运行状态下发电装备多尺度电压频率构网能力（2021—2025）

掌握正常运行状态下新型电力系统对多样化发电装备多尺度电压频率需求，完善并制订发电装备并网标准。紧密结合我国可再生能源电力的发展战略，探究新型电力系统多尺度电压频率稳态需求；基于交流电流时间尺度、直流电压时间尺度及机电转速时间尺度等多时间尺度特性，分析多样化装备电力系统中多尺度串并行相互作用，归纳多样化装备电力系统中多尺度串并行相互作用的一般化特征和规律；揭示多样化装备电力系统电压与频率稳定的要求，完善并制订发电装备多尺度电压频率构网标准，促进新型电力系统发电装备相应技术攻关，指导新型电力系统中正常运行状态下发电装备多尺度电压频率构网。

6.2.2 故障运行状态下发电设备多尺度电压频率构网能力（2025—2030）

探究故障运行状态下新型电力系统对不同发电设备多尺度电压频率的需求，完善并制订发电装备并网标准。解析多样化电力电子装备在扰动多尺度、不同装备级联与序贯切换控制保护多尺度、多类型装备基于功率不平衡激励–内电势响应关系多尺度下的特征，认识不同故障运行状态下新型电力系统电压和频率动态过程的本质特征；探究多样化发电装备机电 / 电磁和控制结构主要环节在系统故障状态下电压频率动态过程中的关键作用，揭示故障状态下多样化发电设备 / 网络多尺度非线性特性及系统状态演化传播规律；提出故障状态下新型电力系统电压频率稳定需求，完善并制订发电装备多尺度下并网标准，促进多样化装备技术发展，实现暂态工况下新型电力系统电压与频率稳定目标，提高发电装备故障运行状态下的运行性能，满足新型电力系统稳定运行的要求。

6.2.3　支撑系统安全防御的发电设备多尺度电压频率构网能力（2030—2035）

立足新型电力系统安全防御要求，进一步完善并制定多样化发电设备并网标准。结合新型电力系统的发展趋势，探索电力电子化背景下新能源电力系统安全稳定运行机制，明确新型电力系统对电网安全防御的需求；研究新型电力系统电压频率在多尺度大扰动下的动态过程，揭示大扰动下系统失稳机理，建立多样化故障下系统多尺度动态过程分析的一般化方法，探究新能源发电设备主动支撑电网电压频率的能力以及设备耐压、耐频能力，研究全方位改善新能源发电设备信息感知水平、拓展设备运行“电压 / 频率运行带宽”的控制机制；揭示新型电力系统安全防御对多样化发电设备的技术需求，完善并制订适用于高比例新能源电力系统故障应对与系统恢复的发电设备并网标准体系，提升新能源发电设备支撑系统安全防御能力，保障新型电力系统安全稳定运行。

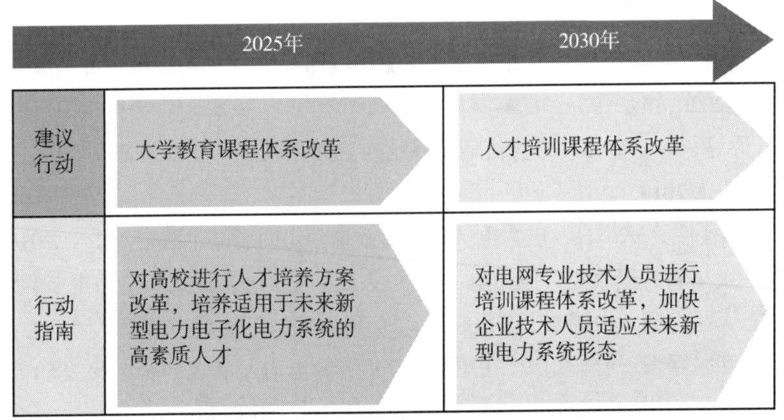

图 3-21　人才培养与研发行动计划和里程碑

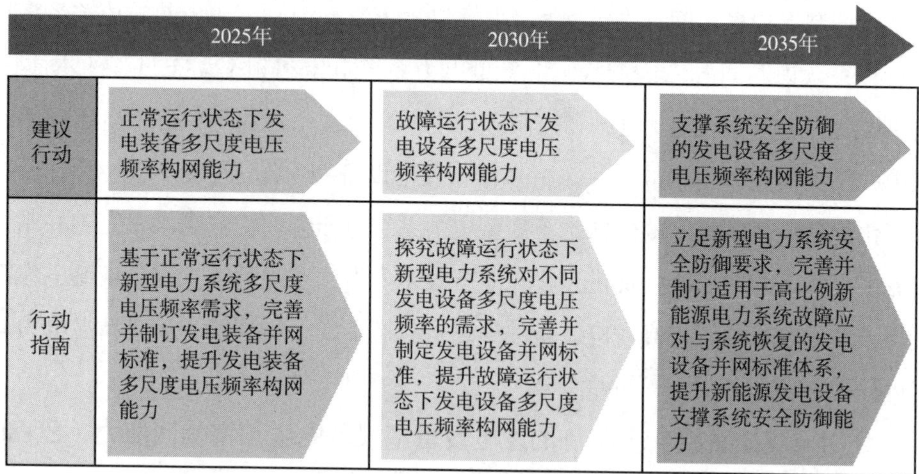

图 3-22 新能源并网标准制定行动计划和里程碑

参考文献

[1] 习近平. 继往开来，开启全球应对气候变化新征程［N］. 人民日报，2020-12-13（002）.

[2] 国家电网公司“碳达峰、碳中和”行动方案［J］. 国家电网，2021（3）：50，52.

[3] 全国电力工业统计数据，国家能源局，http://www.nea.gov.cn/2021-01/20/c_139683739.html.

[4] 中国可再生能源学会风能专业委员会. 2019 年风电产业地图［R/OL］. 2020-08-21.

[5] 全球风能理事会、中国风能协会，等. 海上风电回顾与展望 2020［R］. 2021-08-27.

[6] 中国能源研究会储能专委会，中关村储能产业技术联盟. 储能产业研究白皮书 2020［R/OL］. 2020-05.

[7] 衣福全. 特高压换流站智能运检管控体系［J］. 电力与能源，2019，40（2）：162-164，274.

[8] 刘泽洪，郭贤珊. 高压大容量柔性直流换流阀可靠性提升关键技术研究与工程应用［J］. 电网技术，2020，44（9）：3604-3613.

[9] 查鲲鹏，许勇，等. 高压柔性直流输电系统换流阀在线监测技术研究及应用，中国电机工程学会，CSEE 2019.

[10] 程时杰，袁小明，陈小良. 电力电子化电力系统动态问题技术报告［R］. 2016.

[11] 胡家兵，袁小明，程时杰. 电力电子并网装备多尺度切换控制与电力电子化电力系统多尺度暂态问题［J］. 中国电机工程学报，2019，39（18）：5457-5467，5594.

[12] 全球能源互联网发展合作组织. 中国 2030 年能源电力发展规划研究及 2060 年展望［EB/OL］. 2021.https://www.geidco.org.cn/html/pdfpreview/web/viewer.html?file=source/%E3%80%8A%E4%B8%AD%E5%9B%BD2030%E5%B9%B4%E8%83%BD%E6%BA%90%E7%94%

B5%E5%8A%9B%E5%8F%91%E5%B1%95%E8%A7%84%E5%88%92%E7%A0%94%E7%A9%B6%E5%8F%8A2060%E5%B9%B4%E5%B1%95%E6%9C%9B%E3%80%8B.pdf.

编写组

组　长：袁小明

副组长：赵　为　迟永宁

成　员：李　琰　刘宏志　马士聪
周党生　郭春义　刘云峰
王　硕　徐　君　林　磊
朱东海　何　维

第 4 章

变频电源及其应用产业与技术发展路线图

1. 导　言

本章立足新一轮科技革命背景及“碳达峰和碳中和”要求下我国变频电源及其应用产业的发展，力图识别变频电源及电气化交通产业技术发展方向和趋势，确定近期优先行动项目，凝练中期关键核心技术研发需求，提出面向 2035 年变频电源及电气化交通产业发展愿景，制定具有前瞻性、引领性的技术发展路线，支持我国“十四五”科技规划的研究工作。为我国变频电源及电气化交通产业的持续、快速、健康发展提供技术指引，并在引领变频电源及电气化交通产业与技术创新及引导社会资源集聚等方面发挥重要作用。

1.1　变频电源及其应用产业与技术的战略意义

电气传动（又称电力拖动）是指以电动机为原动机拖动生产机械运动的一种拖动方式，它可以实现电能与机械能之间的转换，并按照生产工艺要求方便地控制电动机输出轴的转矩、角加速度、转速、角位移以及被拖动机械或机构组合的多种多样的起动、运行、变速、制动等运动控制。随着电力电子技术、电机及其控制技术、计算机技术的发展，以电力电子变频电源控制的交流电机传动系统已成为电气传动的主流。

目前，我国制定了 2030 年前碳达峰、2060 年前碳中和的“双碳”目标，“双碳”目标要求大力推广节能减排技术。我国电动机装机总容量已达 4 亿多 kW，年耗电量达 12000 亿 kWh，占全国总用电量的 60%，占工业用电量的 80%，其中风机、水泵、压缩机的装机总容量已超过 2 亿 kW，年耗电量达 8000 亿 kWh，占全国总用电量的 40% 左右，交流电机采用变频调速可以节能 15%~30%，节能效益巨大，一直以来是国家节能政策的举措，其中变频电源是关键。

电气传动用变频电源是国家重大工程高端装备的核心部件，广泛应用于国防、能源、交通、冶金、化工、机械制造等，例如：大型冷 / 热连轧机传动、工矿企业风机 / 泵负载和提升机驱动、西气东输大型压缩机驱动、南水北调大型扬水泵传动、国防风洞试验机、核电站给水泵驱动等系统中，变频电源至关重要。

智能制造是新的工业革命，变频电源供电的交流伺服传动是高端制造中机器人、数控机床的核心部件；变频电源还可用于家电压缩机驱动，形成变频空调、变频冰箱、变频洗衣机、变频吸尘器等，“变频家电”走进千家万户，已成为国计民生的重要部分。

“双碳”目标要求国民经济全面电气化，目前电气化率是 27%，到 2030 年要求达到 35%，到 2050 年要达到 60% 左右。电气传动的一个重大应用领域是以电驱动取代燃油驱动的现代交通电气化，轨道交通、电动汽车、电力推进舰船、多电 / 全电飞机等的交通运载工具的应用规模和影响越来越大。采用电力电子变流方式实现电气化交通装备的牵引驱动和推进控制是这一领域的核心技术，直接决定了电气化交通装备的关键性能。电气化交通在国家能源安全和国防建设上具有重要的战略意义。

综上所述，发展电气传动用变频电源产业与技术，对我国重大工程装备、高端 / 智能制造、电气化交通和国防建设的发展具有重要的战略意义。

1.2 变频电源及其应用产业与技术的研究范围及目标

变频电源供电的电气传动控制系统通常由电机、电力电子变频装置和控制系统三部分组成。该领域总的研究目标是：高动态性能、高稳态精度、高功率密度、高效率和高可靠性，并尽可能地降低成本。

电机是电气传动的研究和控制对象，按照供电方式，电机分为直流电机、交流电机；按运动方式，又有旋转电机和直线电机等。随着电力电子变频电源技术的发展，传统的直流电机传动已逐渐被变频电源供电的交流电机所取代。

交流电机主要分为同步电机、异步电机、双馈电机和永磁电机。根据定子侧磁场与转子侧磁场是否同步，可以将交流电机划分为同步电机与异步电机两大类。对于同步电机，根据转子磁场或电磁转矩产生方式的不同，可以划分为永磁电机、电励磁电机、磁阻电机等不同类型；对于异步电机，根据转子绕组形式可以划分为鼠笼式和绕线式异步电机；若绕线式异步电机的转子绕组外接交流电源，则构成双馈电机。直线电机由于省去了中间传动机构直接提供直线运动，没有回程间隙，响应速度快，被大量地应用于数控机床、传送机械等工业自动化领域。

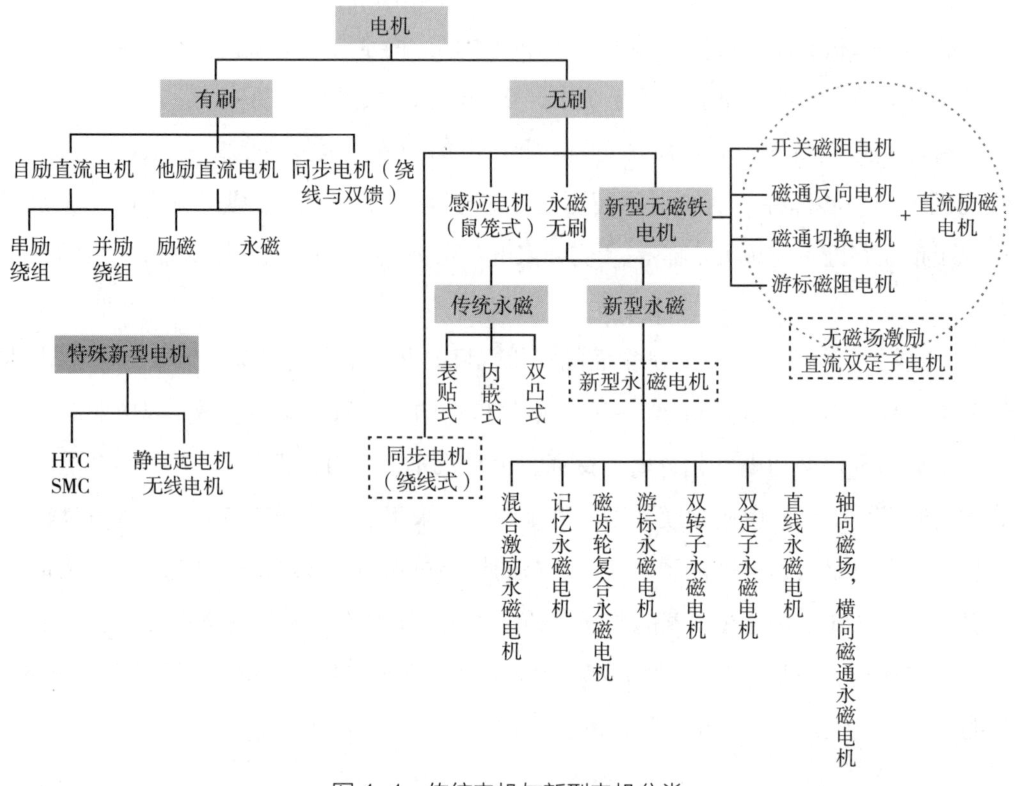

图 4-1 传统电机与新型电机分类

电力电子变频电源包括电力电子器件、电力电子装置、系统与应用三大部分。由器件、装置、系统应用相结合构成电力电子产业链。器件是电力电子技术的基础和发展重点，靠装置牵动器件，应用带动产业。

电力电子器件是伴随着以硅为基础的微电子技术一起发展的。在20世纪50年代，晶闸管和功率晶体管主导了电能变换的应用。从80年代开始，功率MOS技术得到了迅速发展，基于MOS技术的IGBT器件很快取代了功率晶体管，随着IGBT器件的逐步开发和完善，产品也已经覆盖了300V~6500V的应用，占电力电子器件市场的主导地位。同时，集成门极换流晶闸管（IGCT）取代可关断晶闸管（GTO）成为高压大功率的主流器件；而晶闸管器件主要应用于特高压、特大功率的领域。电力电子器件进一步发展的革命性课题是新一代宽带隙半导体材料的研究，例如碳化硅（SiC）、氮化镓（GaN）等。

目前大功率领域功率电力电子器件的大概应用范围及发展趋势如图 4–2 所示。从图中可以看出，在输出功率低于几百千瓦到兆瓦级、输出电压较低的中小功率领域，低压 IGBT（LV–IGBT）具有成本低等优势，得到了广泛的应用；在变频器功率较大，直到几兆瓦的功率范围内，主要应用高压 IGBT（HV–IGBT）；而在几兆瓦到上十兆瓦的范围内，GTO 和 IGCT 得到了广泛的应用，而且通过器件或者变频器串并联等方法可以使得系统的输出功率范围达到数十兆瓦；而在更高的功率范围，如直流输电系统中，晶闸管还具有一定优势，仍占据着重要的地位。但是随着电力电子技术的发展，各种电力电子器件都在向更高电压以及更大功率范围的应用领域扩展。

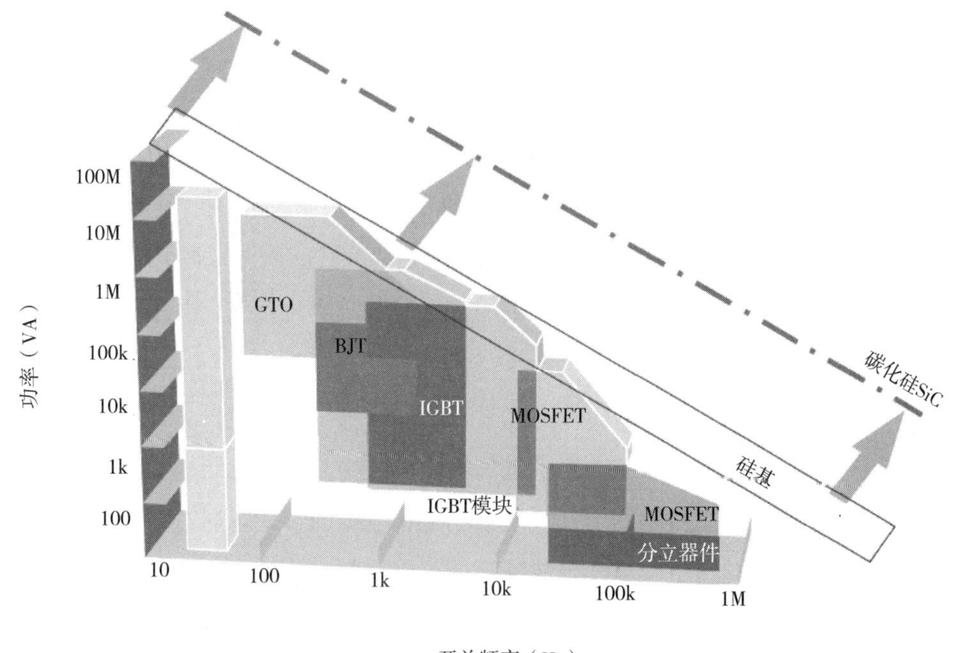

图 4–2 变频电源用电力电子器件的发展

电力电子变频装置按电能变换方式不同分为交交变频、交直交变频。交交变频也称为直接变频，将电网工频交流电直接变换为另一种频率和电压的交流电。采用晶闸管元件可实现相控的交流—交流直接变频、变压，其特点变换效率高，但其功率因数低、谐波大，输出频率只能运行在输入交流电源频率 1/3 以下。矩阵变换器也是一种无直流环节的交交变频方案，它是一组可控的功率电力电子开关阵列，通过对这些开关阵列的逻辑控制将交流供电电源直接变换成负载所需要的变压变频电源，现在也有高压串联型方案出现。

交直交变压变频装置先将交流电通过整流器变成直流电，再经过逆变器将直流电变换成频率可控的交流电。根据中间直流环节采用滤波器的不同，可以分成电压源型变频器和电流源型变频器。电压型变频器中间直流环节采用大电容滤波，直流电压波形比较平直，在理想情况下是一个内阻抗为零的恒压源；电流型变频器中间直流环节采用大电感滤波，直流电流波形比较平直，因而电源内阻抗很大，对负载而言基本上是一个电流源。

电力电子技术应用始于电机传动，一代器件决定了一代变频器技术。20 世纪 60—80 年代，随着半控型器件晶闸管技术的成熟，采用晶闸管器件的交交变频、负载换流变流器以及强迫换流变流器等在交流传动领域广泛应用。对传统的调幅控制交直交变频器而言，变频交流电压幅值和频率的控制由整流器和逆变器分别独立完成。电流源型拓扑结构用电感作为储能元件的电流源型变换器具备对短路故障的优越性能，使其在很多应用场合有一定保护上的优势。随着可关断全控型电力电子器件特别是 IGBT/IGCT 等器件的出现，采用全控型器件的脉宽调制（PWM）交直交电压型变频器逐渐成熟，并占主导地位，成为变频调速的主要方式。而脉宽调制（PWM）电压源型变频器则仅依靠逆变器就可以将恒定的直流电压转换为频率、电压可变的三相交流电压。

在变频驱动电机的拓扑中，传统上大量采用的是三相逆变器驱动三相 Y 接的交流电机的方式。近年来，针对船舶电力推进等高性能应用，在电机结构及其匹配的变流器上进行了优化改进，主要采用了开绕组驱动多相电机的方式。通过开绕组驱动，每个绕组的控制相对独立，更容易实现故障下的容错控制。另外，开绕组驱动也能提供更高的调制比和更宽的调速范围。同时，多相化驱动可以提高转矩和功率能力，并有效利用分布的驱动实现转矩脉动的抑制。另外，通过多相驱动的自由度组合，可以主动抑制变流器的共模电流，改善可靠性。

从 20 世纪 80 年代开始，多电平变频器逐渐成为大功率电机调速传动和大功率无功补偿等领域的重点研究对象。经过几十年的时间，多电平变频器已经有了很大的发展，逐渐成为电力电子研究体系里的一个新领域。多电平电压源型变频器主要的电路拓扑结构包括中点箝位型、飞跨电容箝位型和 H 桥级联型等几类，如图 4–3 所示。每一类拓扑都有其特点和优势，可以应用于中压传动的不同应用场合。目前来说，中点箝位型多电平拓扑在中压传动中有较广泛的应用；飞跨电容箝位型多电平拓扑主要还是研究为主，应用中仍然面临很多挑战，但是其电容电压平衡具有相对中点箝位型多电平拓扑的优势，未来有一定的应用潜力；H 桥级联型多电平拓扑因为其模块化实现简单，是大容量变频调速的主流拓扑结构，国内外都已形成产业，但是也面临对于隔离电源需求大的挑战。

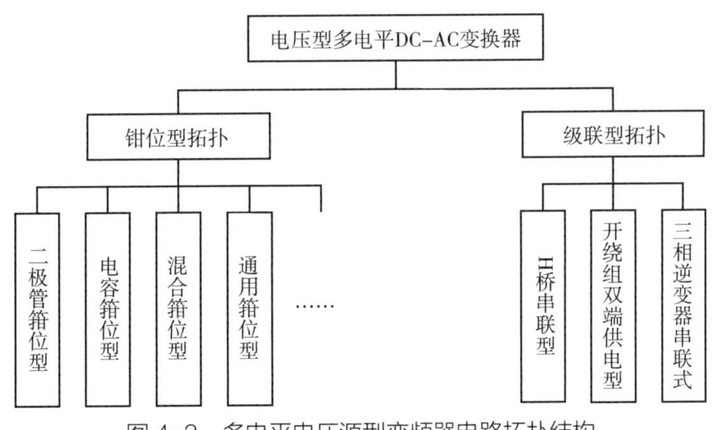

图 4-3　多电平电压源型变频器电路拓扑结构

近年来，在高压大功率领域，产生了多种结合上述几种类型变换器特点的混合多电平变频器，例如采用二极管箝位型或者电容箝位型逆变器结构作为带分离直流电源的级联型多电平变频器的单元模块，由通用箝位型多电平技术演变来 MMC 模块化多电平变频器等。MMC 在柔性高压直流输电的成功应用使其在高压大容量变频驱动也具备应用潜力。

变频控制系统主要是对交流电机驱动进行研究，包括：精确的电机系统建模研究；电机驱动拓扑的研究；矢量控制及相关的参数辨识、模型预测；最大转矩控制；PID 参数的整定、变结构 PID；自适应、滑模变结构等现代控制；无位置传感器控制；谐波注入与非正弦供电；容错控制；最大功率及效率优化控制等。

交流电机的控制方法可分为基于稳态模型的控制方法和基于动态模型的控制方法两大类。基于交流电机稳态模型的控制方法有开环恒 V/f 比控制（即电压 / 频率 = 常数）和闭环转差频率控制。要获得高动态控制性能，必须依据交流电机的动态数学模型。它的动态数学模型是非线性多变量的，其输入变量为定子电压和频率，输出变量为转速和磁链。当前成熟的控制方法有矢量控制、直接转矩控制、最优控制、预测控制、自适应控制、鲁棒控制、无模型控制和无速度传感器控制。

2. 变频电源及其应用产业的发展现状与趋势

2.1 变频电源及其应用产业与技术的发展现状

变频电源按电压等级可分为低压变频器和中高压变频器。低压变频器可以分为通用型、工程型以及专用型，中高压变频器按功能也可以分为通用型中高压变频器和工程型中高压变频器。

低压变频器指电压在690V及以下的变频器，一般有380V（400V）、690V等几种电压等级。一般的机械负载和要求不高的情况，选择通用型变频器。专用型变频器指为特定传动机械定制的变频器，如数控机床、机器人等，而工程型变频器指为高性能传动如轧钢、造纸和矿山等工程制作的装机装柜型变频器。

中高压变频器指供电电压在1kV以上的变频器，一般包括3kV、6kV、10kV等供电电压等级的变频器。高压变频器可以根据应用场合分为通用型和工程型。通用型中高压变频器指适用于各种一般应用场合的变频器，如石油化工、市政供水、冶金钢铁、电力能源等行业的各种风机、水泵、压缩机、轧钢机等。工程型中高压变频器指用于特殊工程的、通用型变频器不适用的应用场合的高压变频器，如应用于高速风洞、南水北调工程、西气东输工程等国家重大工程、重大项目中的大功率、高性能高压变频器。

2.1.1 国外变频电源及其应用产业与技术发展现状

电气传动系统在20世纪70年代以前主要采用晶闸管变流器—直流电动机传动方式，具有动作速度快、调速平滑稳定，负力减速时可将机械能转换为电能返回电网等诸多优点。但它的缺点也是显而易见的：较大的起动压降，对电网的无功冲击大；高次谐波引起交流电网电压正弦波形的畸变，干扰其他用电设备；运行功率因数低，建设投资大，电机费用高。同时直流电机的效率低，一般在85%左右，在大功率传动设备的节能降耗方面具有明显的劣势。

70年代初期，德国学者布拉什克和莱昂哈德提出了具有里程碑意义的交流电机磁场定向矢量控制理论，开创了交流变频传动的新纪元，使得交流传动获得同直流传动一样的调速性能成为可能。矢量控制又被称为磁场定向控制（Field-Oriented Control，FOC）。其基本思想是将交流电动机模拟成直流电机来控制，从而获得高性能的电机控制性能。利用矢量控制，可以将交流电机的定子电流在按转子磁场定向的同步旋转坐标系下进行分解，从而得到一组相互垂直的励磁电流分量和转矩电流分量，这样就能通过对于上述两个电流分量的分别控制来实现对于电机磁链和转矩的解耦控制。因此矢量控制多被用于对控制效果要求较高的场合，如要求恒转矩调速范围指标高，恒功率调速范围宽的应用场景。随着微电子技术、电力电子技术、控制理论的进一步发展，交流传动控制的复杂性进一步被克服，高性能、大功率传动的发展方向开始转向交流传动领域，交流变频传动正式开始占据市场主体。

西门子公司于 1981 年将一套交 – 交变频驱动 4 MW 同步电动机矢量控制调速系统在轧机主传动投入运行，技术指标几乎全面优于直流传动，是矢量控制交流调速技术趋于成熟的重要标志。同年，世界第一台使用交 – 交变频器驱动 4.22 MW 同步电动机悬臂传动的提升机在德国 Monopl 矿问世。随后，大容量交 – 交变频器又应用于船舶电力推进系统中。三相交 – 交变频的同步电机调速系统是低速、大功率、高性能传动领域的选择方案之一，并取得了良好的技术经济效益。但是，交 – 交变频器需要为数众多的晶闸管，且在深控时功率因数极低，对电网注入大量谐波，影响矿井电网质量，需要附加滤波装置进行无功补偿，增加了投资成本，占地面积和维护量大。我国从 1985 年起引进交 – 交变频设备，主要用于轧机和矿井提升机。

随着交 – 直 – 交功率变换拓扑控制策略的成熟以及高压大功率全控器件进入商品化时代，性能更为优异的交 – 直 – 交大功率中高压变频器作为交 – 交变频器的替代者登上工业和通用变频传动舞台并迅速确立其主导位置。随着 20 世纪 80 年代中期三电平拓扑方案的问世，以及中压大功率全控型器件（IGCT、IEGT）的发展，大功率三电平交 – 直 – 交变频调速系统技术成熟于 20 世纪 90 年代中后期。其相对两电平交 – 直 – 交变频调速系统而言，具有等效开关频率高、输出谐波小、控制性能高的特点；相对于交 – 交变频调速系统而言，具有网侧功率因数高和谐波小、输出频率范围大、控制性能高等优点。因此三电平中压变频器适于大功率、高性能、宽变频范围调速场合。国外主要应用于轧机主传动、高铁牵引、船舶推进、矿井提升机等，并逐步替代大功率交 – 交变频调速系统。目前，中点箝位型三电平 NPC 变频器逐渐成为轧钢、造纸、矿山等领域变频传动的主流方案。对大功率传动系统而言，三电平拓扑结构与两电平拓扑结构相比，等效开关频率相同时散热量降低为原来的 1/4，非常有利于系统的散热的设计，这些特点很好地满足了轧钢、造纸、煤炭和矿山等领域高性能大容量电机传动控制的需求，国外市场份额主要由西门子、ABB、东芝三菱电机和三菱、东芝、安川及日立等国外品牌产品占据，其中，西门子公司一直是主要交流变频驱动系统供应商，其生产的轧机主传动电机基本上都采用隐极式同步电动机。国际上重型轧钢装备的设计理论和技术主要由德国西马克（SMS）、奥地利奥钢联（VAI）、日本三菱重工和日本住友金属工业等公司掌握，日本和德国轧钢机产品居世界领先水平，其主传动采用大功率交流变频驱动系统，单电机功率：4400~6900kW，转速：20~1200r/min，最大转矩：160~430kNm。

在 3~10kV 中高压驱动领域，受功率器件耐压水平限制，首先进入规模应用的是美国罗宾康公司的单元串联型多电平高压变频器，主要应用于电厂、自来水厂、水泥厂和矿井风机、水泵的节能传动，国内最早由北京利德华福技术有限公司生产。2011年，法国施耐德电气公司与北京利德华福技术有限公司签订收购协议，以 6.5 亿美元收购了这家中国高压变频技术企业。利德华福 HARSVERT–A 系列高压变频调速系统采用单元串联多电平技术，属高 – 高电压源型变频器，直接 3kV、6kV、10kV 输入，直接 3kV、6kV、10kV 高压输出。该类高压变频器目前应用行业较为广泛，主要有电力和矿山行业，此外冶金、建材和水工业等行业也有较多应用。该方案主回路系统复杂，不宜采用高性能控制算法。

西门子所有产品均采用矢量控制技术，在中高压通用变频器市场一直占据重要位置。该公司变频器定位高端，主要是牵引型以及超大容量高压变频器，但同时通过新研发产品向中低端市场渗透。西门子中高压变频调速装置主要包括 SINAMICS GM150/SM150/GL150 以及 GH180 系列。其中 GH180 系列为通用型号。西门子中高压通用变频器主要应用于冶金、建材和矿山等行业，这三个行业约占到西门子中高压通用变频器整体业绩的 50%，特别是冶金行业核心设备，如高炉风机、烧结主抽风机等的应用具备较大业绩。此外，西门子在电力、石油、化工和水工业等行业也有较多应用。

ABB 的传动产品通常采用直接转矩控制方法，该方法是德国鲁尔大学的德彭布罗克教授于 20 世纪 80 年代中期首先提出的，与矢量控制所不同的是不需要将磁链和转矩解耦，而是将电机的定子磁链作为控制对象从而直接控制电机转矩。这一方法把电机和逆变器看成一个整体，采用空间电压矢量分析方法在定子坐标系下分析交流电机的数学模型，计算定子磁通和转矩，通过 PWM 逆变器的开关状态直接控制转矩，从而获得高性能的转矩控制效果。ABB 传动产品应用于从 0.12kW~100000kW 的电机调速。ABB 是偏向流程行业的供应商，有独立的传动公司运营变频器业务。ACS2000 和 ACS5000 系列是 ABB 的主要产品系列，份额约占 ABB 中高压变频器整体的 60%。

ABB 中高压通用变频器主要用于轧钢、电力、水工业、矿业等行业。ABB 在输配电、自动化产品和系统等方面在中国都建立了生产基地。

日本东芝、三菱、富士、日立和安川等公司都有自己的交流变频系列产品。2003 年，东芝及三菱电机的工业系统部门与 TGAJ 和 TMAE 合并成立了东芝三菱电机产业系统公司（TMEIC），并控股美国 GE Drive 公司。该公司 TM drive-MV 系列产品输出电压等级为 3.0/3.3/6.0 /6.6/10/11kV，单机最大容量 4900kVA/3.3kV、9850 kVA/6.6kV、16000kVA/11kV。东芝三菱中高压通用变频器主要用于油气、石化、矿业、冶金、电力和建材等行业。东芝三菱在中国地区涉及中高压变频器业务主要有两家分公司，分别位于北京和上海。

施耐德电气是国外低压电器及变频器的重要供应商，从 1995 年开始在中国开展变频器业务，发展速度较快。1998 年在苏州建立了变频器工厂，主要生产中小功率的变频器产品。在低压变频领域，国外公司还有 NIDEC（CT）、Danfoss、Lust、KEB、Delta、Rockwell Automation 等，都有自己的系列产品。

除了传统的冶金、造纸、矿山、纺织和建材等工业部门以外，国外在电力、石油、化工、天然气、煤炭、市政公共设施（交通、电梯和供水等）和智能制造（数控机床和机器人、家电等）与电气化交通（高铁、城际和地铁、电动汽车、电推船舶和战舰，多电 / 全电飞机等）等领域也广泛采用交流电气传动系统。下面以智能制造中的核心部件 – 交流电机伺服系统和电气化交通中的船舶电力推进系统为典型案例，说明国外变频电源及其应用产业与技术的发展现状，其他行业情况也都很类似，不一一叙述。

（1）国外交流电机伺服系统产业和技术发展现状

两电平交 – 直 – 交变频调速系统主要应用于中小功率电动机传动，效率高、性能好，欧美发达国家于 20 世纪 80 年代即开始替代直流传动，至 90 年代中期高性能中小功率电气传动在工业自动化、智能制造和节能降耗领域基本实现交流化普及。

如在智能制造和工业自动化领域大量采用数控机床和机器人，其所用伺服电机的控制性能直接影响数控机床和机器人伺服系统的精度、动态响应性能、稳定性等。数控机床和工业机器人所采用的伺服电机类型主要有交流伺服电动机、步进电动机和直流电机等几大类。目前，稀土永磁交流伺服电机以其优良的性能与现代驱动系统控制技术和高精度传感器技术结合，组成了最优的现代伺服系统，已成为高性能伺服电机的主流及发展方向。

国外伺服电机本体和驱动器制造发展历史长，日本、德国、法国、韩国、美国等都有大量伺服电机制造公司，且输出功率等级分布广、应用场景多。2014 年，伺服系统市场前 15 名厂商中，前三名安川、三菱和松下，均为日系品牌，总份额达到 45%。日本松下制作所推出的小型交流伺服电动机和驱动器，R 系列适用于机器人（最高转速为 3000r/min，力矩为 0.016~0.16N・m），其大惯量产品则适用于数控机床。目前，日本企业开发的多连杆伺服压力机产品处于世界领先水平，如日本小松（KOMATSU）公司的 H2F300 型伺服压力机采用了两台 135kW 大功率伺服电机，日本网野公司的 25MN 多连杆伺服压力机则采用了两台 200kW 的大功率伺服电机。日系伺服电机价格相对低，体积小，重量轻，缺点是动态响应能力相对弱。此外，韩国三星公司近年也开发出全数字永磁交流伺服电动机及驱动系统，其中 FAGA 交流伺服电动机系列有多种型号，功率范围为 15W~5kW。西门子、博世、施耐德等欧系品牌占据了很多高端应用。欧系伺服电机特点是过载能力高，动态响应好，驱动器开放性强，且具有总线接口，包括现场总线、工业以太网甚至无线网络技术，但价格昂贵，体积重量大。德国西门子公司的 IFT5 系列三相交流伺服电动机分为标准型和短型两大类，共拥有 8 个机座号以及 98 种规格。

美国的科尔摩根公司的 AKM2G 系列电机在保持不变的情况下提高功率和转矩密度，采用惯量较低的转子设计，最大速度为 8000RPM，这个系列的低温伺服电机可在 −40℃极寒环境使用。

长期以来，德国、日本、意大利、美国等国家都十分重视数控落地式镗铣床的研究开发，各国都强调产品系列化，以适应市场发展的需求。从各国的技术水平上看，德国企业产品目前处于世界领先水平。德国沙曼公司、希斯公司等公司自 1980 年代开始推出系列化的数控落地式镗铣床产品。目前，国外车铣复合加工中心设备种类齐全，德国 DMG 公司、日本马扎克公司、韩国斗山公司等公司的产品是国际主流产品，需要大量主轴和伺服。

大功率高刚度电主轴是整个数控机床电主轴市场的主体，是整个市场需求最大的电主轴种类，也是国际电主轴企业的产品的主要类别。国外电主轴最早应用于内圆磨床，20 世纪 80 年代，随着数控机床和高速切削技术的发展和需要，逐渐将电主轴技术应用于加工中心、数控铣床等高档数控机床。目前电主轴已经成为现代数控机床最主要的关键部件之一，世界上形成了许多著名的机床电主轴功能部件专业制造商，他们生产的电主轴功能部件已经系列化产业化。如著名的瑞士 IBAG 公司、德国 GMN

公司、意大利 GAMFIOR 公司、瑞士 Fisher 公司在这一市场占有大部分的销售份额，也代表了这个领域的最高成果。德国 GMN 公司研发出最高转速达到 12000RPM 的 325kW 电主轴，径向刚度为 660N/μm，轴向刚度为 606N/μm。Fisher 的大功率电主轴功率最高可以达到 187kW，最高转速可以达到 20000RPM。美国 TDM 公司也有最高 52.5kW，最高转速可以达到 10000RPM 的相关产品。

目前国际上从事高速数控机床电主轴研发与生产的企业主要有如下几家：德国 GMN、西门子、瑞士 IBAG、美国 Setco、意大利 Omlet、Gamfier、美国 Ingersoll、日本 Okuma 和 Fanuc、NSK、大隈等。欧美公司在关键部件的研发上具有很强的前瞻性和创新能力，国际上涉及电主轴的比如刀具接口、主轴电机等的国际标准和产品都是欧美相关企业制定的，这是最具有优势的地方之一。另外，国外公司在主轴上的另一大优势是：产品很多是与国际知名的机床制造商进行配套的，随着这些机床制造商的产品出口到世界各地，电主轴产品也占据了世界主流。作为数控装备应用的电主轴系统已经发展了几十年，国际上电主轴的设计、生产已经达到了批量产业化的阶段，技术指标逐年更新。

近年来，随着 IC 加工业的兴起，超高速高精密电主轴因其独有的特点开始逐步在高端加工业上应用。由于高速电主轴具有切割精度高、功率密度大等特点，在各国正处于高速研发的阶段。国际上对于超高速电机的研究分为高速异步电机和永磁同步电机两类。异步电主轴具有结构简单、工艺性好的优点，在超高速电主轴领域占有主要地位，而永磁同步电主轴是近年来逐步兴起的一种电主轴结构，由于其功率密度高、转轴温升可控性较好，在超高速电主轴领域的发展越来越强势。在 PCB 板高速钻削用电主轴领域，已大面积推广应用 120000~180000RPM 气静压轴承支承的超高速电主轴，用以加工直径为 Φ0.1~Φ0.15 的小孔，其效率可达 400 次 / 分钟。瑞士的 Fisher 公司已经开发出转速为 120000RPM 的高速内孔研磨机。Westwind 公司的 D1733，采用双排小孔节流轴承结构，工作转速可高达 250000RPM。

超精密机床气体轴承电主轴领域，德国 GMN 公司产品序列中有转速为 90000RPM，功率达到 4.4kW 的高速主轴产品；英国的 Loadpoint 公司已经研发出转速高达 40000RPM 的高速划片机；日本的 DISCCO 公司也研发出转速最高为 60000RPM 的划片机。ABT 公司生产的 SP125，采用了半球轴承结构，转速 6000RPM，承载力达到 500N 以上，径向刚度为 67N/um，轴向刚度 134N/um，回转精度为 0.05μm。美国 Preitech 公司生产的 Nanoform 700ultra，主轴转速 50000RPM，轴向刚度 69N/μm，径向刚度 23 N/μm，回转精度为 0.05μm；日本 Toshiba 公司生产的 ABS-12，轴向和径向刚度达到 80 N/μm，回转精度 0.05μm；美国 Moor 公司 2000 年生产的五轴联动 500FG 超精密机床，空气轴承主轴转速 20~2000RPM，主轴回转误差小于 0.025μm。

随着技术发展的日新月异，高档数控机床、半导体制造设备等高端装备对伺服系统性能提出了更高的需求，从而近年来永磁直线伺服系统也获得了高速发展。目前，国外知名的直线伺服电机生产厂家有：德国的西门子公司、荷兰的 Tecnotion 公司、美国的 Kollmorgen、Anorad、Parker-Trilogy、Aerotech、Copley 公司、日本的 FANUC、Yaskawa 等公司。德国西门子公司能提供完整的直线电机及伺服装置，典型的永磁直线同步电机产品有 1FN3 系列，最大推力达到 20700N，最大速度达到 370m/min，空载加速度达到 20g。由于无铁心永磁直线同步电机的定位精度高，调速范围宽，动态响应快，推力波动低，振动噪声小，过载能力强，推力线性度高，控制简单，因此成为超精密直线伺服系统的首选电机类型。荷兰 Tecnotion 公司是光刻机生产商 ASML 的精密直线电机供应商，该公司生产的 UXX 和 UXA 系列无铁心直线电机的连续推力范围为 120 ~ 846N，峰值推力范围为 615 ~ 4200N。美国 Kollmorgen 公司 DDL 系列无铁心直线电机的连续推力范围为 38N ~ 245N，峰值推力范围为 120N ~ 800N，可实现低于 1μm/s 的平滑运动，加速度高。美国 Danaher 公司无铁心直线电机的持续推力范围为 21 ~ 450N，峰值推力为 60 ~ 1600N。美国 Parker 公司无铁心直线电机的持续推力范围为 24.5 ~ 878.6N，峰值推力范围为 108 ~ 3928N，重复定位精度达到 1μm。美国 Aerotech 公司推出的 ABL1500 型无铁心直线电机具有低推力波动、高速响应和高精度的特点。

作为光刻机供应巨头的荷兰 ASML 公司早在 20 世纪 90 年代就开始了永磁同步平面电机的研究，目前已成功将其应用于最新一代产品中。荷兰的 Prodrive 公司是目前国际上高精度大容量功率放大器的主要供应商，其最新的功率放大器各项性能指标优异，技术水平一直处于国际前沿，其产品广泛应用于光刻机设备制造商 ASML 公司的多个型号的光刻机产品。国外精密磁悬浮平面电机已应用到最新一代光刻机，荷兰的 ASML 公司已经将磁悬浮平面电机应用于最新一代光刻机，大大提高了产品性能，取得了巨大经济效益。为了减小直线电机、平面电机的推力波动，提高系统精度与动态响应，必须开发高电流精度的功率放大器与电机配合，才能实现系统整体指标。目前国外公司已经形成了高压（500V 以上）、大功率（20kW 以上）、高效率（95% 以上）、高动态（电流环带宽 3kHz 以上）、高精度（输出电流 THD ≤ 0.05%）功率放大器的系列化产品。

快速响应能力是伺服驱动厂商关注的一大技术指标，也是机器人等高端应用场合的基本需求。具有高动态响应的伺服驱动系统能够准确快速的跟踪指令信号，完成更快速度、更高精度、更高质量的任务。在交流伺服驱动系统中，频带宽度即带宽是反应系统动态性能的核心指标。带宽通常指的是在输入量为正弦波情况下，随着正弦波信号的频率升高，输出量幅值下降 3dB 或者相位滞后 90°时对应的频带宽度。带宽代表了伺服系统的动态响应速度，带宽越宽，系统动态性能越好，复现原始的指令信号的能力就越强。

目前机器人伺服驱动器普遍采用矢量控制策略，呈现三环结构由内至外分别为电流环、速度环、位置环。每一环路的指令与反馈做比较，通过相应控制器的调节作用，得到的输出作为下一内环的指令。电流环的输出即电压矢量，经过坐标反变换后得到三相占空比，通过逆变器输出相应的电压波形，起到调节电流的作用，进而实现控制转矩或转速的目的。而不论是位置伺服还是速度伺服，电流环作为控制系统内环，其带宽在本质上决定了伺服系统的动态性能；而速度环带宽则反映了伺服系统对速度指令的最快响应速度，是衡量伺服驱动器动态响应能力的重要指标。由于电流环是速度环的内环，速度环的带宽直接受到电流环带宽的制约。在现代交流电机驱动系统中，电流环的控制信号已全部是数字信号，并且普遍采用 PWM 矢量控制技术，其中同步旋转坐标系下的电流环控制，具有控制结构清晰、稳态无静差和调速范围宽等优点而成为电流环控制的趋势。电能从电源由驱动器输送给电机，电机再将电能转换为机械能传送给机械负载。这一复杂的转换过程中，输入指令与输出转速存在延时。这些延时是由逆变器死区时间、电流环响应时间、电流和速度采样时间、各种滤波环节、控制器计算处理时间以及机械连接柔性、间隙等因素构成。如不加以特殊处理，电流环可能达到的带宽仅为 PWM 调制频率的 1/30~1/10，因此 PWM 调制频率就成为限制电流环带宽的关键因素。但是 PWM 调制频率不可以随意增加，尽管功率器件的开关频率有的已达到百兆 Hz 以上，但是受成本及损耗等因素的影响，中小功率伺服系统的调制频率一般不超过 20kHz，大功率伺服系统一般不超过 1kHz。此外，在超高速阶段，因调制比不足还会造成电流环的失稳发散。因此，伺服驱动厂商一方面提升开关频率和控制器的算力，缩短电流环、转速环的计算周期，如代表伺服技术世界顶级水平的科尔摩根的 AKD 系列伺服驱动器，电流环刷新速率 0.67μs，速度环刷新速率为 62.5μs，位置环刷新速率为 250μs；另一方面，研究并应用预测控制等高动态响应控制算法，在开关频率受限的条件下进一步提升控制器带宽。

长期以来，作为基本性能指标的带宽是国产伺服产品与国外伺服品牌性能差距最为明显的一项核心技术指标，也是限制国产伺服产品市场竞争力的主要因素之一。表4-1展示了国内外伺服品牌最新两代低惯量系列产品的宣传手册上注明的性能指标。代表了世界先进水平的日系伺服品牌如安川、三菱、松下，早在十年前的上一代产品中就已经将速度环响应能力提升到了2kHz左右的水平。其最新一代产品如安川的Σ-7系列，三菱的MR-J5系列，松下A6系列驱动器更是宣称将速度环带宽做到接近3.5kHz的水平。相比之下，我国国产伺服驱动控制技术的发展起步较晚，早期国产品牌依靠价格优势在低端市场竞争，在动态性能方面曾经大幅落后，与日系上一代同期的产品速度环带宽普遍不超过1kHz，差距非常明显；近年来随着核心技术的开发及收购高技术企业，产品高速迭代，国产行业龙头在一定程度上缩小了与世界先进水平的技术差距，近年涌现出了如汇川SV620/SV660、台达的ASDA-A3、清能德创的CDS7等在速度环动态性能方面接近国际先进水平的优秀伺服驱动产品，但在现场使用中的实际表现，在性能和稳定性方面还是略差于顶级水平的伺服驱动器。可以看到在高动态响应伺服驱动技术方面，国产技术水平的差距正在不断缩小。通过技术沉淀和技术转移，有希望在未来实现对国际领先水平的追赶和超越。

表4-1 国内外品牌低惯量系列动态性能指标比较

品牌	产品系列	速度环动态性能	码盘分辨率
安川	Σ-5	1.6kHz	20bits
	Σ-7	3.1kHz	24bits
三菱	MR-J4	2.5kHz	22bits
	MR-J5	3.5kHz	26bits
松下	A5	2.3kHz	20bits
	A6	3.2kHz	23bits
台达	ASDA-A2	1.0kHz	20bits
	ASDA-A3	3.1kHz	24bits
东元	JSDAP	0.8kHz	20bits
	JSDE2	1.2 kHz	23bits
	JSDG2S	1.5kHz	23bits

续表

品牌	产品系列	速度环动态性能	码盘分辨率
汇川	SV620	2.0kHz	20bits
	SV660	3.0kHz	23bits
	SV620	2.0kHz	20bits
清能德创	CDS7-E	3.0kHz	23bits

以三菱 M700V 系统机床为例，采用的伺服电机驱动控制系统相比于上一代系统电流环、速度环、位置环控制周期分别提高了 5 倍、2 倍、2 倍；采用最优系统响应控制方法，利用模型推算机床状态，一边进行补偿，一边控制电机，使机床位置与指令位置一致，能够实现对间隙、摩擦及弹性等非线性传动引起的跟踪及定位误差进行补偿，在最高进给速度下（16.8m/min）可实现动态定位误差小于 1mm，轨迹跟踪误差小于 2.5μm。在数控系统部分，采用纳米补偿技术，提高加工品质，可以实现全纳米控制，跟踪误差峰值小于 0.3μm；采用指令轨迹规划方法，可使加工时间比原来缩短 5%~30%，并且进给速度越高，效果越显著。

在伺服驱动控制系统算法辅助方面，三菱、FANUC、西门子等公司均使用了进给伺服和主轴关键参数最优化自动整定方法，以及多种伺服调整工具。

（2）国外船舶电力推进系统产业与技术发展现状

以交流电机传动为代表的电力牵引技术已成功地用于国内外高速铁路、城际铁路和城市地铁中，实现了交通领域的电气化革命。该技术目前正在向船舶电力推进、新能源汽车电驱动和多电飞机快速扩展，带来交通领域的全面电气化。

第二次工业革命以来，以柴油机、燃气轮机直接驱动螺旋桨的机械推进方式成为舰船最常规最成熟的动力型式。除采用机械推进方式外，也有少数船舶采用电气化推进方式，即船舶电力推进系统。船舶电力推进技术的应用始于 20 世纪初，1908 年美国芝加哥市建造了一艘名为“格雷姆－斯图尔特”号的消防艇，采用直流电机驱动螺旋桨，成为世界上最早的电力推进船舶。20 世纪 80 年代以来，随着电力电子技术快速发展，电机调速技术和电机技术取得重大进展，使船舶电力推进技术得以快速发展，从此船舶动力逐步从机械化迈向电气化。未来结合船舶自动化、信息化的需求，采用智能化技术的全电力船已经进入探索阶段。随着国家海洋战略和能源战略的不断深入，具有高效节能、绿色环保优势的船舶电力推进系统备受青睐。船舶电力推进系统利用统一的船舶电站向全船提供推进动力、辅助机械电力及日用负荷用电，由发电机组、配电板、变压器、变频器、电动机、推进器及全船控制系统等组成。船舶电力推进系统易于实现全船能量的综合利用，具有高效率、高可靠性、高自动化的优点。它的出现使船舶动力系统发生了“革命性”变化，已逐步形成当今世界高技术船舶动力系统发展的一种主流趋势。

船舶电力推进系统概念起源于国外，1957年晶闸管问世，诞生晶闸管交流—直流推进方式，推进和日用电可采用同一交流电网，运行的发电机数量可与全船负载需求相匹配，在机组运行时间和油耗方面都较为经济。1980年后电力推进的重大突破——交流推进系统取代直流推进系统，解决了直流系统满足不了船舶推进功率发展的需求问题。早期交流电力推进主要采用有整流变压器形式的电力推进系统（DFE电力推进系统），该系统由发电机组、配电板、整流（推进）变压器、变频器及推进电机等组成，如图4-4所示。

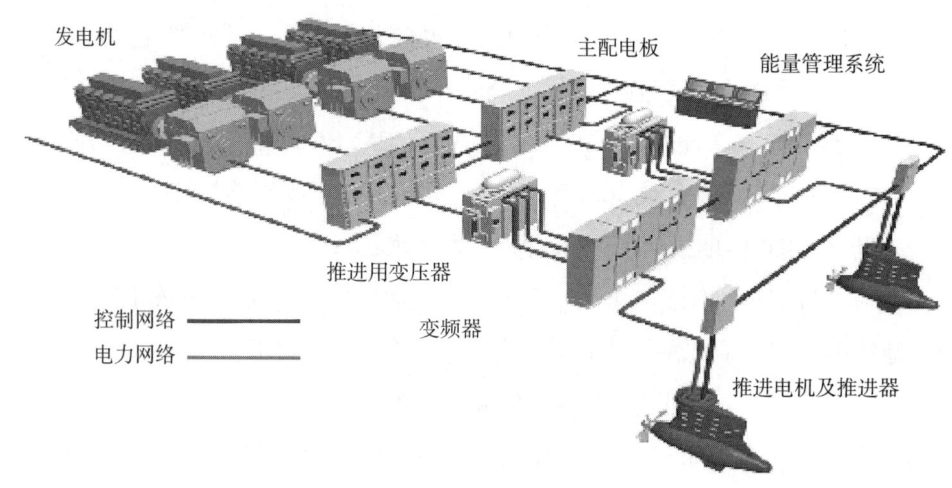

图4-4 DFE电力推进系统

从1990—2000年，是DFE交流电力系统推广应用时期，在此期间国外推出多项船舶交流电力系统演示验证项目，并出现了一批跨国企业垄断了该市场，例如西门子、ABB及GE等公司，上述公司在全球民用船舶交流电力推进市场上总的份额超过90%。

2000年以后，海洋开发逐渐成为全球关注的热点，由于电力推进系统在海洋工程领域的优势，世界各国对电力推进船舶需求量进一步增加，船舶电力推进系统进入了爆发式增长阶段。国外公司对交流系统进行优化设计，推出了无整流变压器电力推进系统（AFE 电力推进系统），进一步提高了电力推进系统的功率密度。AFE 系统也是一种交流电力推进系统，与 DFE 系统相比，节省了整流变压器，变频器对电网产生的谐波更小，有效地节省了系统的体积重量，成为交流电力推进系统主要形式之一。

2010 年之后，全世界对绿色发展的关注度越来越高，船舶节能减排技术日新月异，船舶电力推进系统开始从交流配电系统向直流配电系统演变。直流配电系统主电网采用直流电制，与目前交流配电电力推进系统相比，其主要优点如下：①可实现发电机组变速发电，降低综合燃油消耗率，节能减排。由于采用直流电网，发电机组可实现变速运行。变速发电技术是直流配电电力推进系统核心技术之一。②高度集成化，比 DFE 系统体积重量更小。直流配电电力推进系统通过深度集成，不仅节省了原来 DFE 交流电力推进系统中的整流变压器；同时将配电板及推进变频器组合为一个整体，总体尺寸更为紧凑，节省了舱容及重量，简化了舱室布置。③提高电网的稳定性。采用直流配电电力推进系统后，主发电机组仍然为交流发电机组，发电机组通过整流后给直流电网供电，多台发电机组可并联运行。由于发电机组整流后在直流侧并联，并联运行更容易控制，并网快速性及运行稳定性更好，而且发电机组不会出现逆功状态。④提升电源品质。直流配电电力推进系统对日用负荷电制没有特殊要求，只是日用负荷原来由主发电机组供电，现在改为逆变电源供电，由逆变电源将直流电网逆变成三相交流后供电，电源品质良好，且不受主发电机组谐波干扰。⑤有利于新能源的应用。系统可接入电池组等储能装置，构成混合动力系统，还可以接入光伏等新能源，进一步节能减排，并实现低功耗情况下的静音运行。

由于直流配电技术的推广，使得以锂电池、燃料电池为代表的新能源动力源在船舶电力推进系统中广泛应用成为可能。国外基于锂电池、燃料电池的船舶电力推进系统或混合动力系统开始推广应用，在轮渡及短距离货运船舶上具有较多业绩，如表 4-2 所示。

表 4-2　国外混合动力、纯电动船舶

代表船	船型	推进功率（kW）	电池容量（kWh）	动力系统
波尔多号	渡船	1×28	140	混合动力
爵士号极地考察船	科考船	200	1450	混合动力
德意志（Deutschland）号	豪华邮轮	200	1600	混合动力
Edda Freya 号	工程支援船	80	540	混合动力

续表

代表船	船型	推进功率（kW）	电池容量（kWh）	动力系统
Ei-Max 号	渔船	30	195	混合动力
Stockholm 号	渡船	2 × 125	500	纯电动
Ampere 号	渡船	2 × 450	1500	纯电动
Zoza 号	游船	2 × 500	3000	纯电动

与传统柴油机组或燃气轮机组通过齿轮箱直接驱动螺旋桨的机械式推进系统不同，船舶电力推进采用柴油机组或燃气轮机组发电，通过电力变换的变频器器驱动推进电机旋转带动螺旋桨旋转，因此船舶电力推进装置主要指船舶变频器和推进电机及电机与螺旋桨一体化集成的船舶特种推进器装置。

在推进变频方面，从原理上划分，目前船舶电力推进变频器主要有交 – 交变频器、电流源型（CSI）交 – 直 – 交变频器和电源源型（VSI）交 – 直 – 交变频器，其中交 – 交变频器没有中间直流环节，为直接变频，而 CSI 变频器和 VSI 变频器均是带有直流环节，为间接变频。从电源电压等级划分，有 380VAC、690VAC 低压变频器、3300VAC、6600VAC 中压变频器。

在推进电机方面，随着交流电机相比直流电机具体体积小、重量轻、成本低、无励磁电刷等优势，船舶推进电机均采用交流电动机。目前常规电力推进船舶主要采用的是交流异步推进电机，先进感应推进电机是一种大极距的空气冷却感应电机，在各类民用船舶电力推进装置上使用极为广泛。由于交流永磁同步电机具有更高的转矩密度、更低的重量体积等明显优势，而在高端船舶特别是大型邮轮上得到广泛应用。当前，随着船舶节能环保的需求，基于锂电池动力和燃料电池动力的新能源船舶主要采用了永磁推进电机。

常用的船舶推进系统的电机和推进器都是分体结构，其质量和体积大，总效率低，噪声大。20 世纪 80 年代末期，ABB 公司首次提出开发吊舱式推进器，主要包括吊舱和螺旋桨两部分，其中吊舱由支架悬挂在船体的下面，可以全方位旋转，推进电机置于吊舱里面，电机转子就是螺旋桨的轴，定子则固定在吊舱壳体上。因吊舱可以 360 度旋转，并在任意方向产生推进力，省去了传统推进器的舵和侧推装置，提高了船舶的机动性。同时，船舶的推进系统和转舵装置集成为一体，效率高，节省了船舱内的空间，应用范围更加广泛，特别适用于船上电力需求高、机动要求高的各种船只。同时，也适用于功率输出频繁变化的船只，例如邮轮、大型渡船和客船、中型货船（例如集装箱集散船和化学品运输船）、破冰船、救援轮船、浮动钻井平台、电缆敷设船、离岸船和各种离岸结构以及海军舰艇。

最近二十年来，国外纷纷研制一种新型推进系统用于未来海军水下武备、军事、工业和科研用水下航行器，这种新系统基于一个电气轮缘驱动外罩的推进器，被称作“集成电动机推进器”（Integrated Motor Propulsor，简称 IMP）。在这种导管式螺旋桨推进器中，电动机的定子集成在导管结构内，而转子形成一个环形围绕着推进器的轮缘。这种 IMP 将电动机与推进器集成在一起，集成的电动机在水中工作，与带有轮毂式电动机的推进器相比，它们结构紧凑、效率高、噪声低。

在推进变频器方面，自 20 世纪 50 年代末，美国通用电气公司推出了电力半导体组件晶闸管（可控硅 SCR），给变频技术提供了划时代意义的基础硬件。1971 年，德国西门子公司提出了矢量控制技术，使得变频器的交流调速性能可以和直流调速相媲美。1979 年，日本采用矢量控制的变频调速系统开始实用化，技术又上了一个新台阶。80 年代，由于电力半导体开关器件和微电子技术的进步，变频器性能及可靠性提高，生产成本下降，其应用开始普及。船用推进变频器使用环境特殊，且市场容量较小，但技术上与普通工业变频器具有相似点，因此几乎被 ABB、西门子、GE 等老牌电气公司所垄断。ABB 公司的 ACS6000 系列舰船推进变频器的容量覆盖了 3 MVA-27MVA，主要应用于浮动式采油设施、动态定位的钻井船、运输油轮、补给船和大型客船等；西门子公司的 GM150 系列变频器采用 HV-IGBT/IGCT 功率器件最大输出容量可达到 28MVA，输出电压最高可达到 7.2kV；SM150 系列变频器输出电压 3.3kV，最大输出容量可达到 28MVA；GE 公司 MV7000 系列 3.3kV 电压等级产品，通过多机并联功率分别可达到 30MW。

在推进电机方面，国外船舶推进电机主要生产厂家为 ABB、西门子、GE 等跨国电力设备供应商。如 ABB 开发的同步推进电机专为不同类型海洋船舶可变速驱动推进应用场合设计，具有高能效和牢固等特点，特别适合船舶行业，单机功率最大可达 50MW；ABB 开发的高压感应电机专为工作环境恶劣的工艺应用中以最高效率、可靠性和可用性运行而设计，符合已有国际标准，专为变速控制优化设计，可以根据各种应用进行配置船舶推进器，能够以最高效率和可靠性以及最低使用寿命周期成本运行，单机最大功率可达 18MW。西门子低压电机的功率范围 200kW 到 4MW，高压电机最高可以超过 100MW。可以提供同步电机或感应电机，具有各种常用电压和冷却类型的型号。GE公司收购CONVERTEAM（科孚德）公司以及科孚德公司的前身ALSTOM（阿尔斯通）公司后，成为全球船舶电力推进系统的主要供应商，拥有用于多种场合和应用的船舶推进电机，水平和垂直同步电动机，包括应用于压缩机的直驱式高转矩密度电动机和涡轮式电动机，最大功率可达100MW，先进感应电动机最大功率可达40MW。

ABB公司研制的Azipod系统开创了吊舱推进系统的先河，取得了巨大的成功，占据了吊舱电力推进器的很大一部分市场。Azipod在5~30MW级功率范围内有竞争力，目前Azipod的单机功率最大可达40MW。ABB还开发了模块化的“Compact Azipod”用于较低功率范围，和“CRP Azipod”用于高功率的较大型船舶。此外，西门子股份公司船舶业务部与SCHOTTEL公司联合开发的一种新型的吊舱式柴油电力矢量推进系统SSP，适用于每单元5~10 MW功率输出范围。瑞典的Kamewa公司和GE(原科孚德）公司于1992年共同研制了Mermaid吊舱式电力推进装置，并经过瑞典的水动力研究中心全面地测试、试验，功率范围5~25MW。

最近几年，各国为了推广带有集成电动机的船舶推进器的广泛应用进行了大力开发和研究，不仅研制出了成熟的样机，而且已经有了商品化的产品。如Rolls-Royce、挪威的Brunvoll、德国的VIOTH公司、荷兰的Vander Velden船舶系统等公司都开发了商用轮缘推进装置。已经商用的千瓦级小型轮缘推进系统主要用于遥控和水下无人航行器UUV，兆瓦级的轮缘推进系统，则被开发应用于大型有人潜艇和船舶的推进。

2.1.2 我国变频电源及其应用产业与技术发展现状

受宏观经济影响，过去几年我国变频器市场规模整体处于震荡周期，2016年以来随着下游行业景气度的稳步提升，变频器市场规模逐渐反弹。据统计，2019年中国各种变频器市场规模达495亿元，同比2018年增长4.7%，延续了自2016年市场规模逐年增长的态势。虽然我国经济整体保持总体平稳、稳中有进的发展态势，但2020年以来，由于新冠肺炎疫情的发生，外部环境趋紧，国内实体经济发展面临前所未有的困难，局部性和区域性问题凸显、债务和金融风险隐忧累积等问题，整体工业经济运行趋缓，进而影响低压变频器的需求。

2.1.2.1 我国低压变频器市场规模及分布

图4-5给出近年来中国低压变频器市场规模及变化趋势，图4-6给出2018—2019年来中国低压变频器细分市场规模，其中，2019年中国低压变频器整体市场需求稳定增长4.5%，市场规模为211亿元（含风电），不含风电为185亿元，同比增长2.2%。

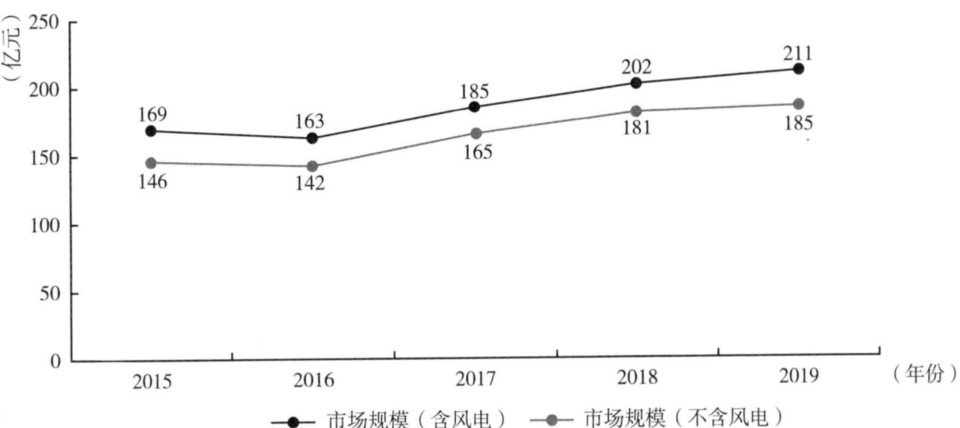

图 4-5　2015—2019 年中国低压变频器市场规模及变化趋势

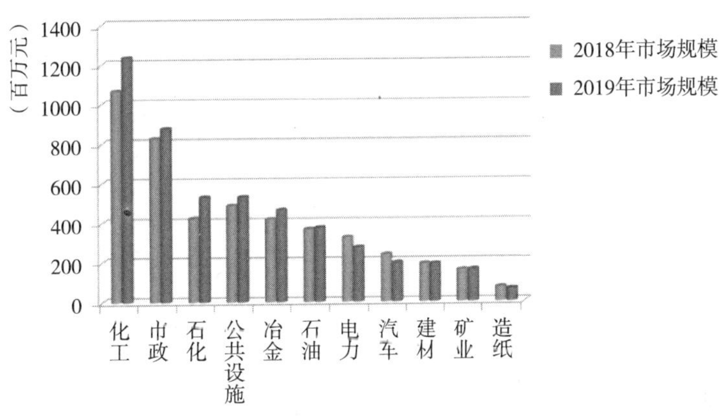

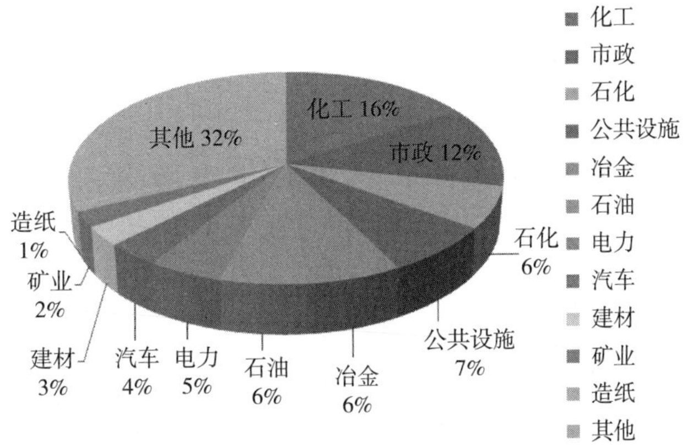

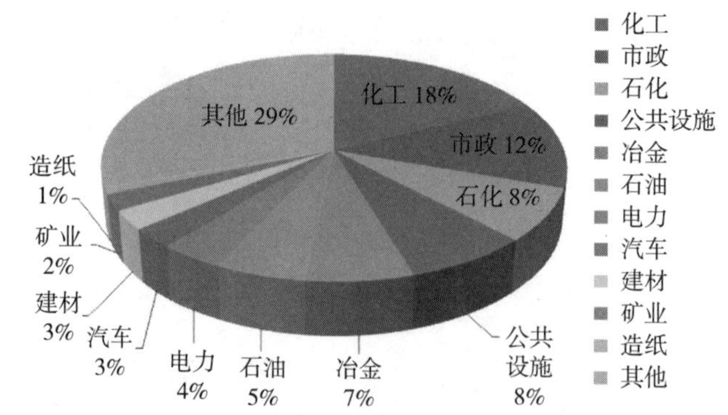

图 4-6 2018—2019 年中国低压变频器细分市场规模

对于 OEM 型市场，2019 年除与基础设施建设相关的建筑机械、电梯、起重机械等行业表现较好外，大部分 OEM 行业表现一般，增速下滑（图 4-7）。2019 年，随着风电平价上网时间表的落地，加之海上风电的提速，风电行业呈现爆发式增长；受到存量市场更替、下游用户产业升级和智能制造改革等因素拉动，建筑机械行业依旧保持着高速的增长。另外，由于市场环境以及电子终端产品市场需求下降影响，电子制造设备行业同比萎缩达 21.5%。

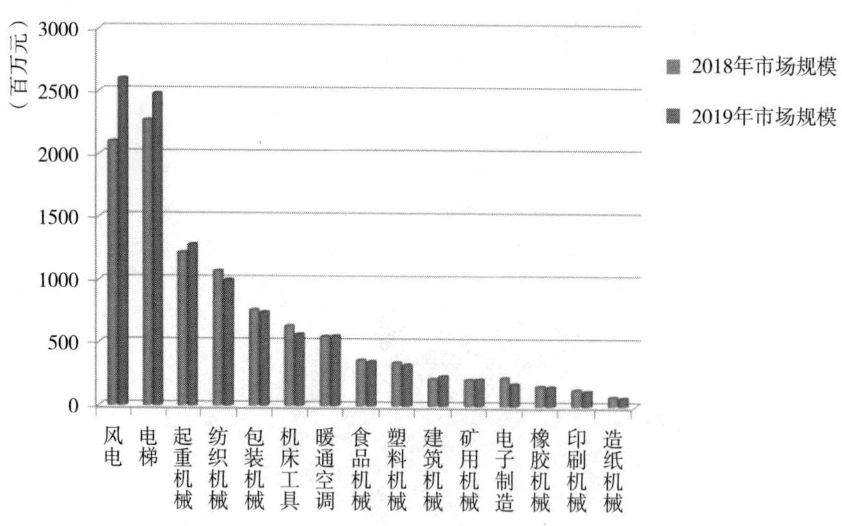

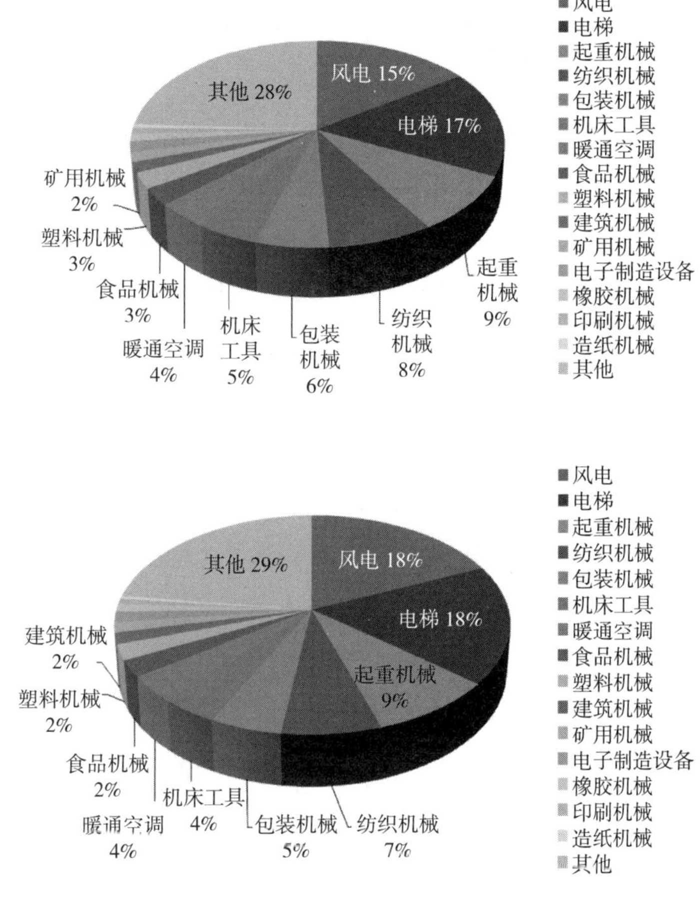

图 4-7　2018—2019 年中国低压变频器 OEM 行业细分市场

从市场规模来看，2019 年，低压变频器 OEM 市场 TOP5 行业仍然为风电、电梯、起重机械、纺织机械和包装机械行业。从市场增速来看，2019 年，风电行业表现抢眼，同比增长 23.8%；其次，与基建相关的建筑机械和起重机械分别增长 9.8% 和 5.3%；电梯行业仍然延续了 2018 年增长，同比增长 9.3%。值得注意的是，电子制造设备由于部分领域终端消费市场的疲软，2019 年市场需求持续萎缩。

最后，我国低压变频器市场集中度仍然较高（图 4-9），排名前十的厂商占整体市场规模的 74.6%，其中 ABB、西门子的表现较好，同比分别增长 6.3% 和 7.4%。本土品牌中的汇川已经逐步进入第一阵营。2019 年，汇川的低压变频器虽然告别了高增长态势，但仍然以 3.8% 的增长率稳步增长，国内市场规模达到 27.0 亿元。第二阵营中丹佛斯和台达受到主要应用行业用户需求低迷、行业增长潜力有限等因素影响，

2019年业绩出现小幅萎缩态势，市场份额略有下降。2019年，整体OEM市场整体表现低迷，而第三阵营中的厂商在OEM端市场覆盖较多，在整体OEM市场低迷运行的态势下，第三阵营厂商也呈现了不同幅度的萎缩。

1）低压专用型变频器产业现状

专用型变频器成为近年来各大厂商纷纷角逐的领域，各厂商新品的发布也逐步向专用性布局，例如，西门子针对风机泵领域推出新产品G120X、G120XA，严格来讲不是专用型变频器，却是西门子的所有低压变频器产品系列中，专用性较强的产品系列。另外，工程型变频器与项目型市场的发展息息相关，存在周期性变化，随着市场对定制化需求的逐步提升，专用型变频器或将成为市场主要拉动力。

伴随我国经济的快速发展和城镇化进程的不断深入，我国的电梯行业从高速发展期已经进入缓慢增长阶段。目前，我国在电梯产量、电梯保有量、电梯增长率方面均为世界第一。2019年我国电梯产量85万台，加上自动扶梯及升降机，产量达到117.3万台，累计增速12.8%，2020年全国年电梯产量累计达到128.2万台。电梯变频系统的功能是提供动力，实行电梯速度控制，由曳引电动机、供电系统、速度反馈装置、电动机调速装置等组成，是电梯装置的核心设备。控制系统的主要功能是对电梯的运行实行操纵和控制，主要由操纵装置、位置显示装置、控制屏（柜）、平层装置、选层器等组成。安全保护系统保证电梯安全使用，防止一切危及人身安全的事故发生，由限速器、安全钳、缓冲器、端站保护装置组成。

欧洲平均水平105台/万人，而2018年我国人均电梯保有量仅48台/万人，我国城镇人口人均电梯保有量也只有84台/万人，随着城市化率提升及人均电梯保有量提升，中国新梯市场需求远未触顶，电梯业务成长确定性高。截至2020年年末，全国共有注册在用特种设备电梯779.8万部，居世界首位。巨大的电梯保有量将为电梯维保市场和更新市场带来极大的发展空间。我国共有23.27万家电梯相关企业，其中山东省以2.39万家排名第一，广东、江苏分列第二、三位。2019年，全行业新增企业5.02万家，同比增长31.1%。2020年上半年，受到新冠肺炎疫情的影响，全国共新注册电梯相关企业1.9万家，同比下降19.8%。目前，我国电梯行业形成了由外资品牌占据主导，中国本土民族品牌快速发展的竞争格局。目前市面上，汇川的电梯一体化专机、空压机一体机CP700都取得了较好的成绩，

在纺纱领域，提升产量和效率和提升纱线品质的是两个核心需求，衍生了单台设备的车长不断提高以及单锭化的两种发展趋势。

单设备的不断变长，驱动器的功率也随之提升，由原来的最大 37kW 逐渐扩展到 75kW 以上，单机功率和体积的提高，带来了系统散热问题。由于电子化的趋势，各个机构分离电子化，在异常断电时需要各个机构同步停机，在不配备 UPS 的情况下，要求各个变频器或伺服共母线运行，通过断电时惯量回馈的能量保证各机构同步停机不断纱。

设备的单锭化之后，原来整车集中的皮带传动改变为每一锭由于单独控制，车速和品质会大幅提高，单锭的驱动器功率可以小到 0.2~1.3kW。但是单锭化之后带来整机能耗的提升，如何提高单驱动器效率降低能耗成为难点。单锭直驱化之后，驱动器由原来的 380V，220V 向低压 48V，24V 转变，对驱动器的体积也有诉求，同时由于电机转速提高，带来驱动器载频的提高，要求应用更快速的开关器件，高频的开关又带来了 EMC 问题需要解决。

在织造领域，电机同步化趋势明显。直驱电机的普及带来了效率提升和能耗的降低，工艺上为了防止布匹产生档子，电机需要快速启动，驱动器要在短时间内输出 10 倍以上的电流，驱动器过载能力要求很高。同时，由于省去了刹车盘，要求驱动器能够控制电机快速停机定位，对驱动器的控制精度和响应性有很高要求。在织造的很多大终端，每个车间都有很多台变频器，带来了谐波治理问题，这对纺织厂来说也是一笔不小的投入。

变频技术的广泛应用也促进了家用电器行业的飞速发展，它既能增加家用电器的功能，使其性能得到大大的改善，而且具有节约能源和减少噪声污染的优点，可进一步延长家用电器的使用寿命。20 世纪 70 年代末期，家用电器开始逐步变频化，一系列的变频产品例如变频空调、变频洗衣机、变频微波炉等开始出现。目前家电中的变频技术主要用应在白色电器上，例如冰箱、洗衣机、空调以及部分厨房用电器例如微波炉等。

随着国内经济的持续发展及居民生活水平的提升，对家用电器的需求愈发广泛，尤其是能代替人进行生产劳动及能够改变环境的白色家电来说，其销量呈现上升趋势。因此，发展家用电器变频驱动技术具有重要意义。

目前，国内外对家用电器变频技术的主要研究方向主要分为低成本变频技术、高效率驱动控制技术、低噪音控制技术及故障诊断与健康预测等四个方面。

2）低压工程型变频器产业现状

工程型变频器可以实现设备的软起、软停，减小了启动冲击，延长了设备使用年限。此外，可以实现设备根据实际需要自动调节电机转速，从而使管网压力运行平稳，减少了电机频繁的加载和卸载，在一定程度上为企业节约了电能。

目前，国际上只有西门子有多轴矢量控制技术，国内厂家目前只支持单传动架构，多个传动轴需要通过现场总线、IO 量进行的数据交互。ABB 低压工程型变频器最大单机功率 560kW，西门子低压工程型变频器最大单机功率 1200kW。深圳禾望研制的 HD2000 低压工程型变频器控制器支持多轴传动控制，可以通过一个控制器同时控制多台变频器，实现不同的功能和控制工艺。国内汇川研制的 HE 系列高性能中大功率单 / 多机传动变频驱动系统是最新一代低压大功率变频器技术平台，可提供整套电机驱动系统解决方案，满足通用行业及特殊领域应用，兼具有模块化、高可靠性、高功率密度、高防护和灵活扩展的特点。

在数控落地式镗铣床领域，我国企业与国外企业进行全面技术合作，积极引进具有世界先进水平的产品和技术。齐齐哈尔第二机床厂与意大利茵莱公司合作生产了 FA-B200A 型数控落地式镗铣床，逐步掌握了结构、进给系统、三轴联动等多项国际先进技术。但主机的关键部件、关键技术目前仍以国外产品为主。

齐重数控、大连机床等公司是国内主流的复合加工中心生产企业。齐重数控的立车加工范围从填补国内空白的 10m、16m、16.8m，到现在填补国际空白的 25m，最大承重 600 吨，高精立式加工中心的铣齿加工精度达 8 级成品齿轮加工；2.5m 数控立式车床工作台径跳、端跳达到 0.005mm。齐重数控为国防、航天、电力、核电装备、船舶等行业提供了替代进口、独家制造的产品。复合加工中心正向着大型化、高精度、高速度、智能化、复合化、综合性发展，定位精度向纳米级发展，重型数控机床主轴转速向 4000r/min 发展，快速移动将达到 160m/mm，可控轴增多，五轴甚至更多轴联动化。

国内的直驱工作台研究处于起步阶段，峰值转矩和调速范围均未达到传统工作台水平，技术指标、整体质量等远低于国际指标。目前有齐齐哈尔重型数控生产传统式工作台，烟台大华、烟台环球等公司生产直驱式工作台。国内哈尔滨工业大学、沈阳工业大学、中国电科 21 所等单位进行了数控机床用力矩直驱电机的基础性研究，取得了显著成果，但是在调速范围、热稳定性等关键指标上仍跟国外存在显著差距。

此外，我国目前已经成为全球最大的工业机器人市场，销量占比达到 30%。根据国际机器人联合会的统计数据，从 2013 年开始至今，中国始终是全球工业机器人销量最多的国家，CAGR 远超全球平均增长水平。同时，国内工业机器人市场还存在较大增长空间，所以机器人伺服系统将有较大的发展。根据国际机器人联合会数据统计，从工业机器人密度来看（每万名制造业员工拥有的机器人数量），新加坡工业机器人密度最高，达到 831 台，其次是韩国，达到 774 台，德国、日本以及美国等发达国家工业机器人密度也均在 200 台以上。

2.1.2.2　我国新能源汽车电驱动的发展现状

21 世纪以来，我国新能源汽车驱动电机在功率密度、系统集成度、电机最高效率和转速、绕组制造工艺、冷却散热技术等方面持续进步。新能源汽车产业规模连续五年居全球首位，搭载自主电驱动系统的新能源汽车占比超过半数。到 2020 年，电机比功率（峰值功率 @60 秒 / 有效材料重量）已超过产业规划指标，如图 4–8（a）所示，达到 4.2kW/kg，最高效率接近 97%。同时，全球驱动电机研究延伸至振动噪声和可靠耐久等。我国驱动电机的开发设计、制造工艺以及产品质量等仍有提升空间，但是个别企业已具全球竞争力。铁心、永磁体和绝缘等材料以及高速轴承、复杂轴系加工等上游零部件等，中国距国际先进水平尚有差距。

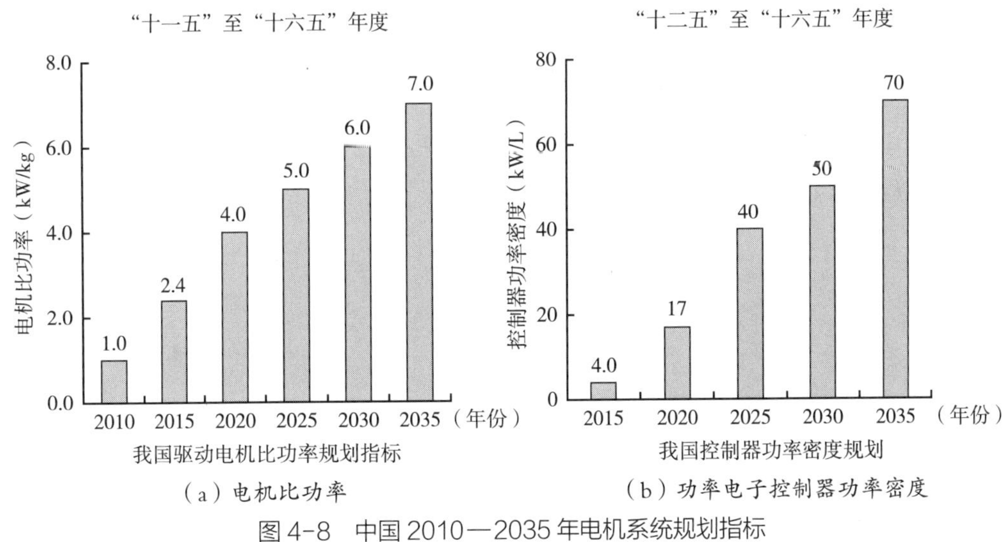

（a）电机比功率　　（b）功率电子控制器功率密度

图 4–8　中国 2010—2035 年电机系统规划指标

新能源汽车电机控制器总成及关键器件主要包括硅（Si）基器件的控制器、SiC 器件的控制器、电力电子器件、主控芯片、软件构架与安全技术，其中在电机控制器方面，我国在研发方面不断进步，但是在产品化方面做得还不够，正在大踏步追赶国际先进水平。到 2020 年，控制器功率密度已超过我国产业规划指标，如图

4–8（b）所示，样件达到 20kW/L 左右，最高效率 98% 以上。除了电机控制器，电动化功率电子系统还包括配电箱、大功率 DC/DC（不全有），高压到 12V 或 24V 的 DC/DC、电动空调、转向和泵类“小三电”控制柜器、车载充电器、车载输出交流电源、地面充电桩等。这些方面，中国已具自主研发和生产能力，需要提高全球竞争力。

在功率电子器件、主控芯片 MCU 及其操作系统、集成电路等车规级关键元器件和材料以及软件架构等方面，我国尚处于空白或起步阶段，具有很大的发展空间，未来可期。整体上来看，我国虽然与世界的距离仍然存在，但差距也在不断地缩小。

新能源汽车电驱动总成包括了机电耦合动力总成、乘用车纯电驱动总成、商用车电驱动总成、轮毂电动总成。纯电驱动总成向“三合一”（电机、控制器和减 / 变速器或“多合一”）等一体化集成发展。我国与国外研发和产业化基本同步，商用车直驱电机在最高效率和功率密度上全球领先。我国系统设计方案以及总成产品方面逐步补上了短板，趋于成熟，但是在设计优化和关键零部件方面基础薄弱仍受制约，部分依赖进口。

虽然中国新能源汽车产业发展硕果累累，但必须承认我国汽车产业的基础依然是薄弱环节。首先，电驱动系统研发用设计、仿真和系统模拟的软件平台、基础软件、车规级芯片、器件和高精度传感器、高速轴承等短板尚未补齐；其次，高温高压耐电晕绝缘原材料、高品质电工钢、非晶合金铁芯等关键材料尚待突破；再次，高电流密度 IGBT、SiC 芯片和封装、选区渗重稀土永磁材料、高速精密齿轮加工等基础工艺和制造、测试装备等尚有缺陷，影响技术创新从研发到产业化的实施；第四，智能网联汽车操作系统等关键部件对进口的依赖仍然严重。这就是我们说的“四基”，基础材料、基础工艺、基础零部件、基础技术。

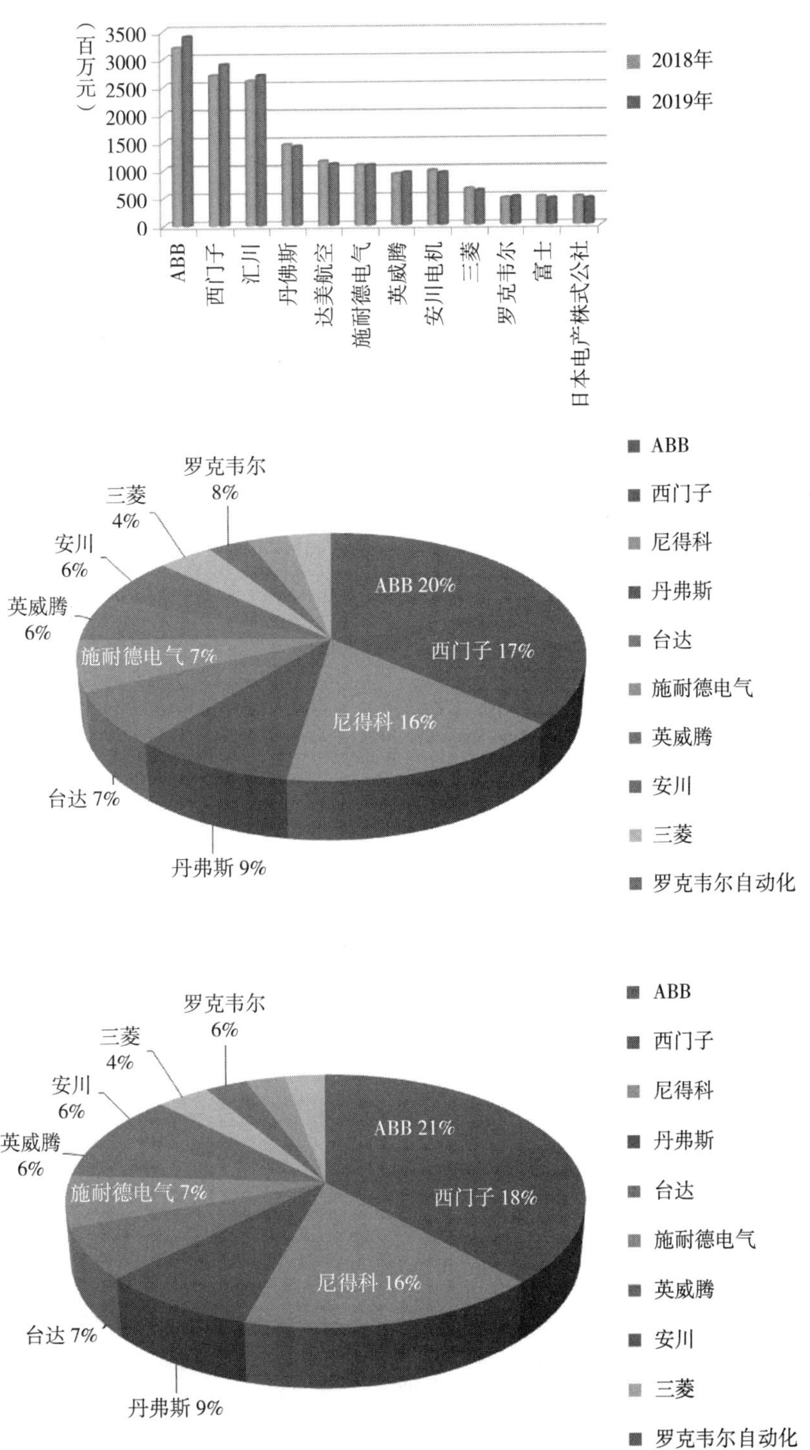

图 4-9　2018—2019 年中国低压变频器主要供应商业绩

2.1.2.3 我国中高压变频器市场规模及分布

近年来我国中高压通用变频器市场规模及变化趋势如图 4–10 所示。从总体市场规模来看，中高压通用变频器市场稳定增长。图 4–11 给出 2018—2019 年中国中高压通用变频器行业市场规模及行业分布，其中，2019 年，中国产业结构优化政策持续推进，整体工业产业结构逐步趋于合理，新旧动能效应逐步显现，项目型领域新建项目和改造升级项目需求逐步增多，中高压通用变频器整体市场规模为 39.0 亿元人民币，同比增长 5.4%。

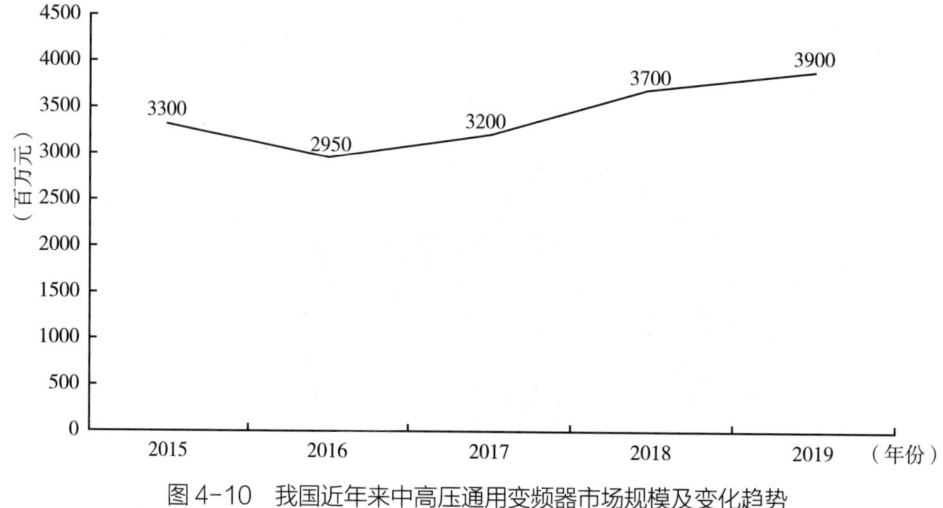

图 4–10 我国近年来中高压通用变频器市场规模及变化趋势

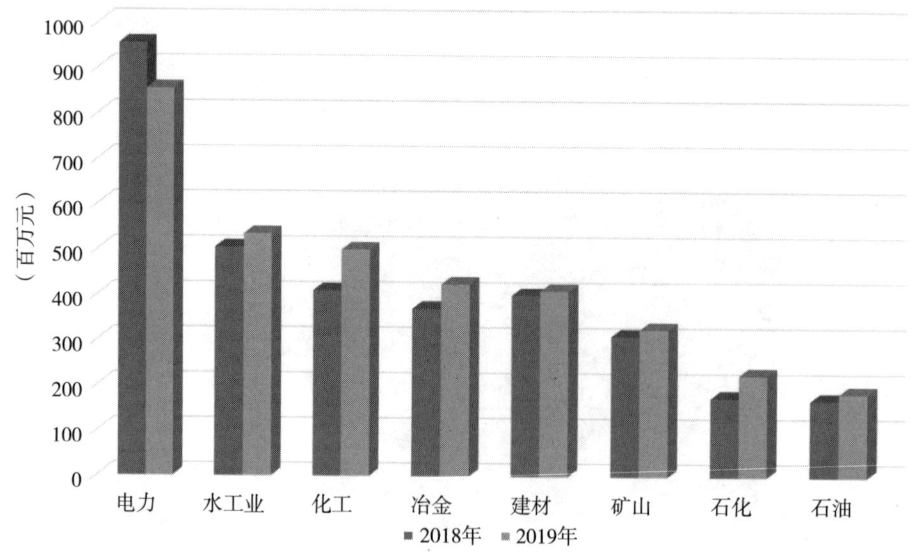

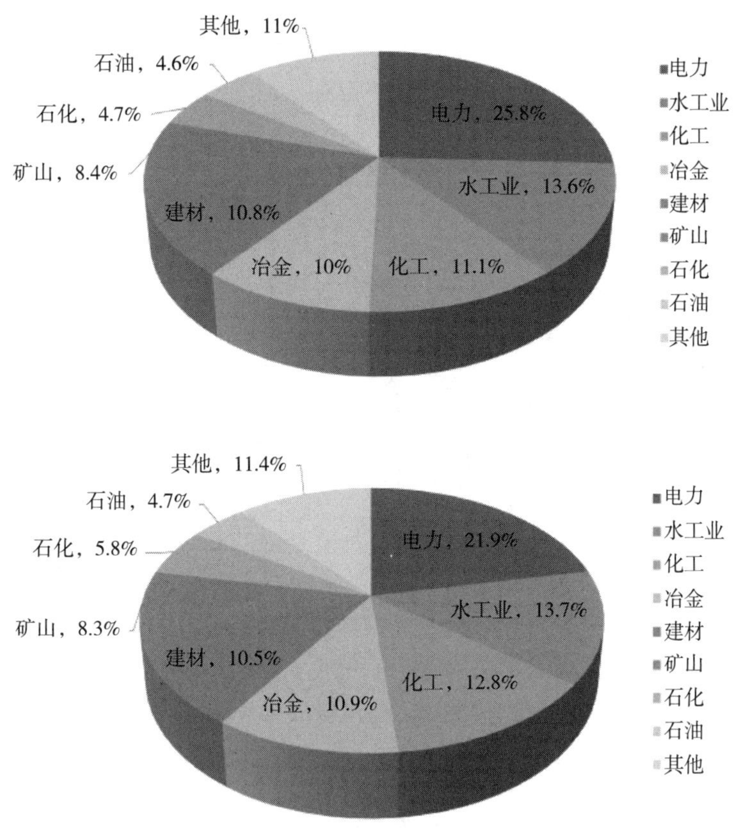

图 4-11　2018—2019 年中国中高压通用变频器行业市场规模及行业分布

2018—2019 年中国中高压通用变频器市场主要厂商业绩及份额如图 4-12 所示。2019 年，从市场集中度来看，排名前十厂商的市场份额占 80% 以上。从厂商市场排名来看，合康新能、施耐德电气、西门子厂商依然为中国通用中高压通用变频器前三位，同时，东芝三菱电机厂商紧排其后，ABB 涨幅仅次于西门子。从本土厂商细分来看，汇川、新风光为代表的本土厂商同比增速高于整体市场平均水平。

高性能中高压电机变频传动功率大、技术复杂、装备容量大，长期以来被少数国外大公司，如西门子、ABB、TEMIC、GE 等所垄断。大型热连轧机传动 8-10MW 高过载、高动态的电机变频电源主要由西门子、TEMIC 公司垄断；大型冷连轧机传动的高性能、高精度变频调速系统由西门子、日立公司提供；西门子、ABB 的 LCI 高压变频系统占据了中国高速线材轧机传动市场；科孚德机电（Converteam）垄断了大型抽水蓄能电站变频启动电源的市场；大型矿井提升机传动变频调速系统是 ABB、西门子两家公司占据；西气东输大型压缩机驱动变频系统基本上由西门子、TEMIC 提供；西

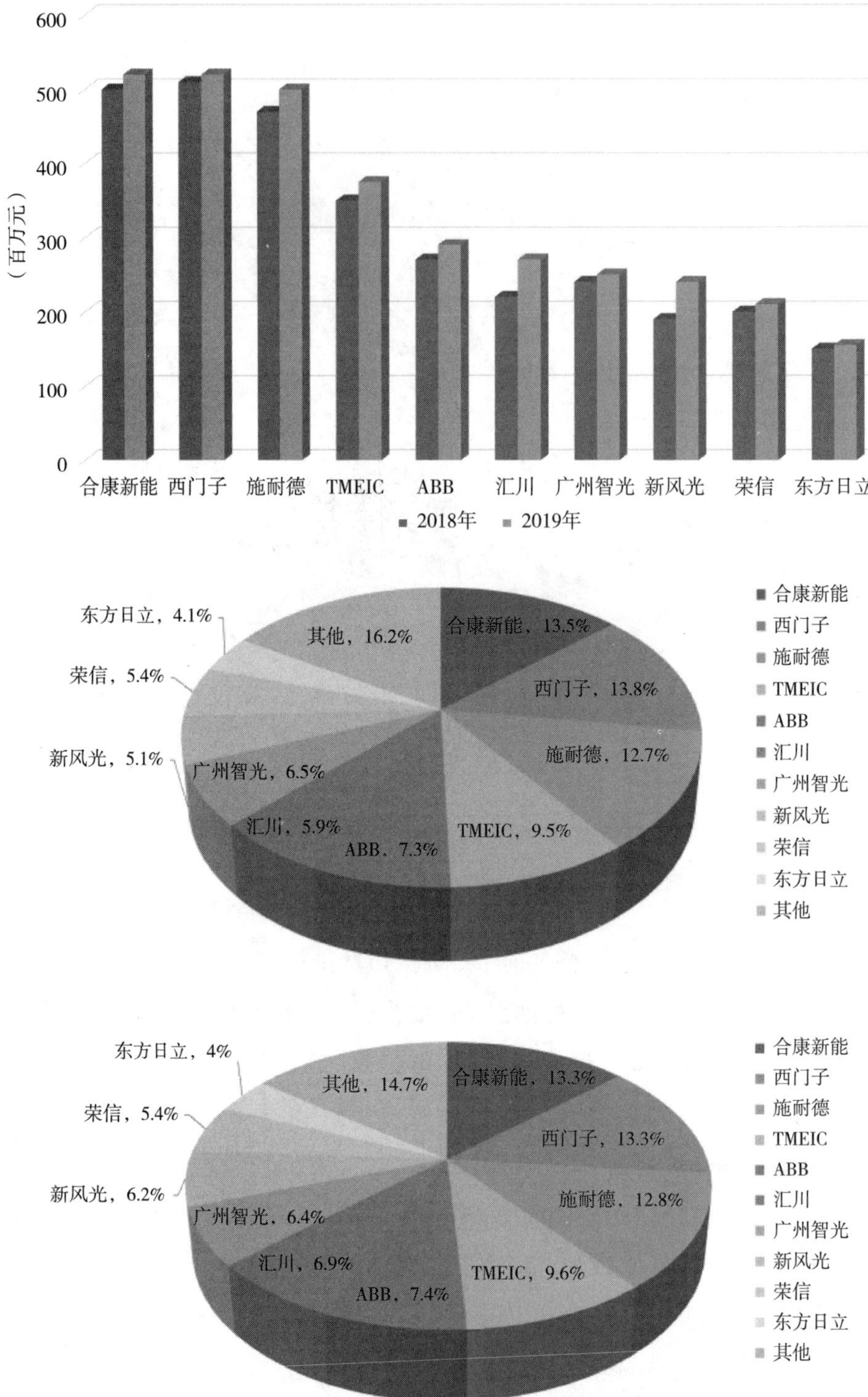

图 4-12　2018—2019 年中国中高压通用变频器市场主要厂商业绩及份额

门子、ABB 还提供了国家南水北调工程的大型调水泵变频传动。长期以来，我国重点项目和重大工程此类装备依赖进口严重。

大功率中高压变频装置是国家重大技术装备的关键设备，也是当前国家节能减排的重点推广技术。广泛应用于冶金、矿山、电力、石油等工业机械调速，提高工艺设备能效。在能源工业中，采用交流调速来驱动矿井提升机，西气东输、南水北调的油、气、水输送大型压缩机等的关键设备。在国防与交通领域，也是大型舰船电力推进、高速机车牵引、磁悬浮列车的核心设备。21 世纪以来，国家把大功率传动变频调速系统的研发列为重点科技攻关计划，我国在大功率变频电源国产化方面发展迅速，已取得一系列成果。大功率风机泵类的节能调速目前以单元级联中压变频器为主流配置，几乎完全由国内产品占据。荣信、上广电已研制了 20 多套 20MW 国产 IGBT-H 桥级联高压变频器，成功应用于西气东输 20MW 大型压缩机驱动，荣信汇科研制出 80MW/10kV 高压变频器应用于国防风洞电机驱动。

过去我国轧机用大功率交流变频驱动系统主要依赖进口，近年来也有了突破。目前，一重集团重型装备事业部实现了冷、热连轧机系列化、标准化和批量化生产，成功制造了我国第一套大型、高水平的鞍钢 1780 冷连轧机组，具有国际先进水平的鞍钢 2150 热连轧机，生产制造的产品几乎装备了国内所有 500 万吨级以上的钢铁企业，并且实现了多台套大型冶金设备出口印度尼西亚、美国、韩国、巴西等国家，为推进“一带一路”国家战略做出了积极贡献。哈尔滨电机厂通过跟德国西门子公司合作制造，转化引进产品的设计图纸和技术资料，组织了大功率电机系统的生产制造和总装试验。

大功率交－交变频调速系统适于大功率低转速轧机主传动应用，性能优良。虽然相比于三电平交－直－交中压变频调速系统其电网侧功率因数低和谐波大、输出频率范围小，需要配套电网滤波系统进行补偿，但其技术成熟、成本低（即便加上电网补偿设备，仍比三电平中压变频器成本低）、国产化率高（除数字处理器等芯片需要进口外，其他元器件国内供应链完全可以满足其需要，维护更新配件成本低廉），以及过载能力强。目前仍有数百套在现场运行，每年仍有数十套新上系统，以及改造系统投入运行，基本上全部由国内配套制造，主要应用于冶金初轧机、热连轧机主传动等，预计该现状仍将维持十年左右。

国内冶金工业变频系统，目前轧机主传动以三电平中压变频器为主流配置，市场份额主要由西门子、ABB 等国外品牌产品占据，但国产系统技术上已进入成熟期，国产三电平中压变频器开始应用于冶金轧机主传动，目前已在可逆热轧机、可逆冷轧机、卷曲机等实现应用，但处于小批量推广阶段。目前国内能够提供适于轧机主传动的高性能三电平中压变频器的公司大约有 3~4 家，如汇川、禾望、天传等国产品牌，在越来越多的工业现场得到应用并受到广泛认可，基于成本和服务优势，国产系统将逐步替代进口并进入快速发展上升期，预计在 5~10 年内，国产三电平中压变频器至少将能够占据国内冶金市场的 25%~35% 份额。目前，深圳禾望研制的 IGCT 的三电平变频器成功应用于大型冷连轧机，实现了高精度高动态的传动；并在冶金生产流程的高线轧机传动、无缝钢管传动、热连轧机传动等推广应用。在此基础上，研制出 24MW-五电平 IGCT 变频装备应用于国家重大工程西气东输大型压缩机传动，替代了 TEMIC 进口装备。此外，深圳禾望研制的 IGCT 三电平高压变频器已在海上风电批量应用。

在矿山电气传动领域，中国矿业大学、上海交通大学等研制的大功率变频器成功应用于大型矿井提升机传动，替代了西门子、ABB 进口的大功率变频装置，取得了显著的经济社会效益，逐步扭转了国家重点工程和重大装备的大型变频调速系统长期依赖进口的局面。2006 年，国产四象限背靠背式 NPC 中压变频调速系统首先在矿井提升机领域得到应用，用于对转子串电阻绕线电机交流调速系统的改造，将转子电阻调速 TKD 替换为四象限变频器，转子变频器承担的负荷仅为电机的转差能量，且大部分时间运行于转差功率较小的等速段，因此变频器的损耗较小，既提高了变频器的效率和可靠性，又延长了使用寿命，实现了以中低压变频器控制高压电机，以小容量变频器驱动大容量电机的目标。国内矿山调速系统中 TKD 系统占 90%，所以该方案能够在国内矿山大规模推广应用。

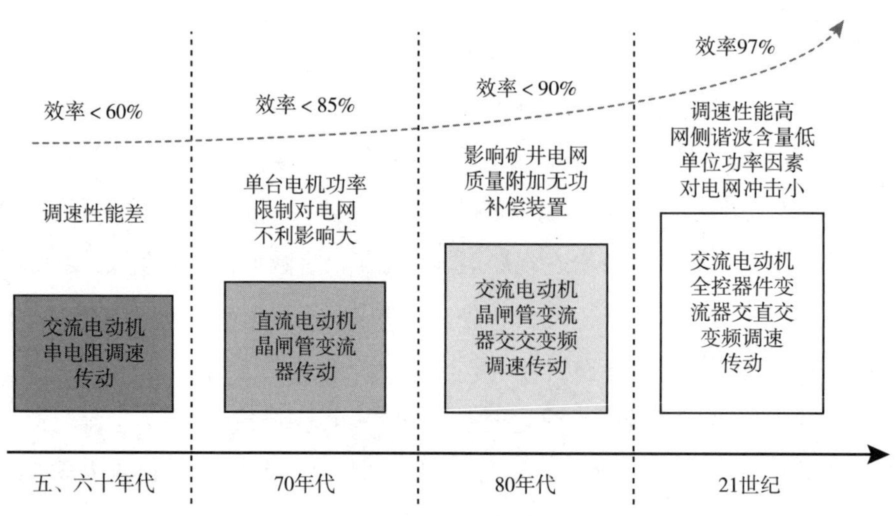

图 4-13　以提升机为代表的矿山电力传动技术现状

近年来，以矿井提升机为代表的矿山高性能调速应用中，同步电机的交直交变频调速方案占据主要市场。鼠笼电机的交直交变频调速系统更容易实现防爆设计，所以在井下皮带输送、暗井提升、水泵和辅助运输系统中占据主流。开关磁阻电机变频传动应用于采煤机牵引和矸石山绞车等应用中。永磁同步电机的交直交变频传动设备在矿井皮带机、刮板输送机和辅助运输胶轮车等得到初步应用。交直交三电平中压变频已经发展成为国内外矿山变频传动的主要模式。目前国内三电平中压变频的电压等级覆盖660V~3.3KV，功率最大可达24MW，防爆变频器的最大功率达到6.75MW，四象限变频传动的能量回馈功能和高功率因数优势，在提升机、辅助运输等应用中得到广泛推广。

经过多年发展，国内矿山变频传动技术已经覆盖了电力传动领域的主要电机类型，覆盖了矿山生产的各个环节，实现了从跟跑、并跑、领跑的跨越，主要关键性能达到世界领先水平，为矿山的安全高效生产做出了重要贡献。

2.1.2.4　我国轨道交通电气化的发展现状

我国自2008年8月1日开通首列240千米/小时京津城际和谐号动车组，到2017年2月25日中国标准动车复兴号350千米/小时驶出北京西站，并提前实现高铁网络的“四纵四横”以来，经历了一个飞速发展的过程。截至2020年年底，全国铁路营业里程14.63千米，其中高铁3.8万千米，高于《铁路“十三五”发展规划》中关于2020年高速铁路达到3万千米的目标。全国铁路机车拥有量为2.2万台。其中，内燃机车0.80万台，占36.6%；电力机车1.38万台，占63.3%。全国铁路客车拥有量为7.6万辆。其中，动车组3918标准组、31340辆。全国铁路货车拥有量为91.2万辆。

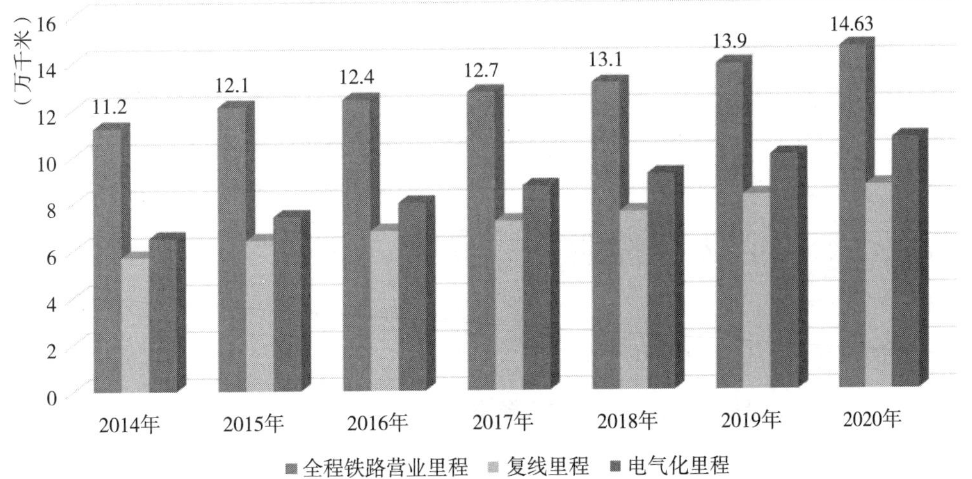

图4-14　全国铁路营业里程统计数据（单位：万千米）

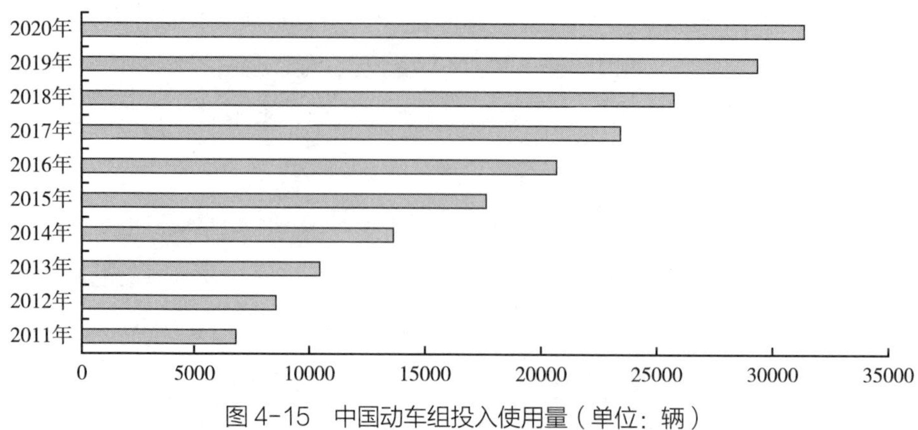

图 4-15 中国动车组投入使用量（单位：辆）

此外，中国大陆地区共有 45 个城市 244 条城市轨道交通线路开通，运营线路总长度达到 7969.7 千米，其中地铁线路 6280.8 千米，其余制式城轨交通（轻轨、单轨、市域快轨、现代有轨电车、磁浮交通与 APM）运营线路 1688.9 千米，全国城轨交通累计配属车辆 8342 列，比上年增长 11.1%。

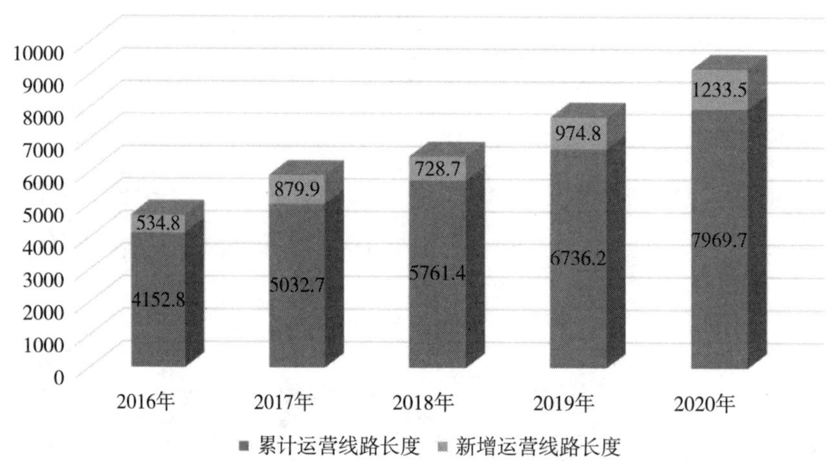

图 4-16 城轨交通运营线路长度（单位：千米）

随着我国轨道交通的快速发展，综合能耗也在逐年提升，2019 年国家铁路能源消耗折算标准煤 1634.77 万吨，比上年增加 10.57 万吨，增长 0.7%；城轨交通总电能耗 152.6 亿千瓦时，同比增长 15.5%。高速安全、节能环保、绿色高效一直是轨道交通行业发展的主要目标，我国通过三个五年计划在轨道牵引技术领域得到了长足的发展。

图 4-17　大批量中国动车组投入使用

（1）新一代轨道交通车辆技术

1）时速 400 千米轮轨式动车组牵引技术

2018 年 7 月 1 日，中国标准动车组 16 辆长编组“复兴号”动车组首次投入运营，CR400 系列长编组最高速度可达 400km/h 及以上，持续运行速度为 350km/h。中国标准动车组牵引部分由两个供电单元组成，每个供电单元包含 1 个四象限 PWM 整流器和 VVVF 逆变器，由车控改为架控方式，每个供电单元向 1 个转向架的 2 台牵引电机供电；采用主辅一体化设计，辅变模块从牵引变流器中间回路取电，输出 3 相 380V 电压；充电机从 3 相 380V 母线取电，输出 110V 直流电。中国标准动车组牵引系统采用了高压大功率牵引变流器系统集成技术，变流器功率密度达到 0.82kVA/kg，实现了高功率密度，同时功率模块采用模块化设计，可维护性更好。牵引变流器系统采用了主变 + 辅变 + 冷却一体式设计，相比原来的分布式系统，轻量化程度更高，标动变流器与西门子 CRH380B 变流器系统相比，总重量降低 16.3%。

2021 年 1 月，国铁集团正式启动了更高速动车组的研制，更高速研制高铁的时速将达到 400km/h 的运营时速，并计划命名为 CR450，将推进关键技术指标论证和顶层指标体系编制，开展系统集成、轮轴驱动、制动控制、减震降噪等核心技术攻关。

表 4-3 中国高速动车组发展

时间（年）	2006—	2010—	2017—	2025—
产品世代	第一代高速动车组	第二代高速动车组	第三代高速动车组	第四代高速动车组
编号	CRH1-5	CRH380	CR400 复兴号	CR450
最高时速	250~350km/h	350km/h	350km/h	400km/h
技术水平	外方技术，合资生产，引进，吸收创新	自主研发	中国标准，正向研发，自主知识产权	中国标准，正向研发，自主知识产权

2）时速 600 千米磁悬浮列车牵引技术

国内于 2002 年建成目前世界唯一一条商业运营的上海高速磁浮线路，运营速度为 430km/h。上海磁浮线购买德国技术，与德国 TR08 型磁浮列车基本一致，采用普通导体通电励磁，产生电磁悬浮力和导向力，采用长定子直线同步电机驱动。但是由于生产年代较早，因此还在采用面临淘汰的 4kA/4.5kV-GTO 器件，主变流器拓扑结构采用二极管钳位三电平。在此之后，科技部国家重点研发计划“先进轨道交通”重点专项课题“时速 600km 高速磁浮交通系统的研制”，由中车四方股份公司牵头，多家企业高校联合在研制自主时速 600 千米高速磁浮的牵引系统。2020 年 6 月，时速 600 千米高速磁浮试验样车在同济大学嘉定校区磁浮试验线上试跑成功。主变电所输入的 35kV 供电电源，经过输入变压器降压，并经过超大功率 IGCT 变流器整流及逆变，输出幅值、频率和相位可控的电压和电流到直线电机，供给直线电机长定子的工作电压最高可达 13000V。按计划，工程样车于 2020 年下线，2021 年启动高速试验示范线建设，已于 7 月在青岛四方车辆厂通过高速试验、考核及试运行，将于 2025 年前投入运营。

3）时速 1000 千米真空管道车辆牵引技术

我国一直在积极探索高速真空管道车辆牵引技术，2014 年 6 月，西南交通大学成功搭建了国际首个真空管道高温超导磁悬浮车实验平台；2018 年 10 月 30 日，由中国工程院主导的中国超高速磁浮技术发展战略研究项目启动会在深圳召开，标志着中国加速了超级高铁的研发。2019 年航天科工集团宣布研发时速 1000 千米的真空管道飞行列车。但是目前超级高铁仍然处于研究阶段，大推力直线电机在超高速运行时，仍需解决能量传递机理、牵引制动与悬浮耦合特性与解耦机理、瞬态能量变换控制规律等科学问题。另外，未来长距离甚至超长距离长定子直线电机的供电模式与分析模型也需要进一步研究。

表 4-4　时速 1000 千米真空管道车辆工程化进程预期

时间（年）	2023	2030	2049	2050
目标	完成基础性研究	完成关键技术研发	试验运行线	实现载客
规划	超导材料突破；确定目标速度；确定低压需求	真车实线试验线；昆丽高速磁浮线建成	选择 2 条高速磁悬浮试验运行线，完成 50km 试运行	1000km/h 高温超导真空管道磁悬浮列车实现载客运营

4）适应特种环境条件运用的车辆

我国地域广阔，铁路线路有可能处于高寒、沙漠和高原地区，列车运行环境复杂且恶劣。特种列车针对高海拔、高寒、高温、大坡道等特殊环境设计，常常具有耐高寒、抗风沙、耐高温、适应海拔高度等特点。

2019 年，由中车长春轨道客车股份有限公司和中车唐山公司生产的复兴号 CRH400BF-G 高寒高速动车组下线，24 辆车于 6 月正式配属中国铁路沈阳局集团有限公司沈阳动车段，可在 -40℃高寒条件下正常运营，具有抗风、沙、雨、雪、雾等恶劣天气的能力。

中车青岛四方机车车辆股份有限公司生产的 CRH2G 型动车组列车于 2016 年运行于兰新高速铁路。CRH2G 型动车组列车攻克了高寒、风沙、高温、高海拔、紫外线老化五大技术难题，能同时经受 ±40℃的高寒高温、能在 11 级大风下安全运行、拥有 3 道“保护罩”防沙尘。CRH2G 高寒动车组采用 4M4T 编组形式，牵引系统为动力分散型交流传动系统，为了提高在 20‰大长坡区段的爬坡速度，单台牵引电机功率从 300kW 提升到 360kW，列车平衡速度可达 186km/h。

（2）机车车辆牵引技术的发展

1）永磁牵引技术的应用

永磁电机具备高效率、高功率密度、高功率因数等优点，相比同规格异步牵引电机，额定效率提高 3%~5%，全工况下节能效果更加明显。由于转子损耗小，永磁电机可采用全封闭设计，这种设计方式可明显降低牵引电机噪声，这符合当前牵引系统“降噪”的迫切需要，同时也可以减少维护量、降低系统生命周期成本，提高乘客舒适度。国内株洲所 2014 年完成 690kW 高速永磁动车组的装车，并于 2018 年完成了 30 万千米运用考核。通过试验验证，该系统综合节能率 6%~10%。2018 年，中车株洲电力机车研究所有限公司（以下简称中车株洲所）开发 DC750V 永磁同步牵引系统，并在北京地铁 8 号线列车装车运用；同年，天津地铁 6 号线装载永磁同步牵引系统列车投入运营；2020 年 5 月，永磁同步直驱牵引系统首次在徐州地铁 1 号线全列装车，已完成整车现场型式试验。

中车大同电力机车有限公司（下称中车大同公司）牵头研制的永磁直驱大功率交流传动电力机车于 2018 年 11 月正式下线，预计机车总效率将提升 3% 以上，具有维护成本低、绿色环保、静音等显著特点。随着新材料与新结构发展，永磁同步电机不断向更轻量化、更高性价比的方向发展，随着新传动方式系统及机电一体化发展，将彻底释放永磁驱动的潜力，进一步提升效率；随着新控制技术的发展，会大大降低电流谐波，并实现大功率低开关频率下参数精确辨识与转矩的快速响应；新维保技术的发展，将实现永磁牵引系统全寿命周期健康管理。这些新技术都会促进永磁技术的进一步推广应用。

表 4–5　2021—2035 年永磁牵引电机发展趋势

时间（年）	2021	2030	2035
损耗降低	–20%	–15%	–10%
成本	–10%	–8%	–6%
功率密度	1.2kW/kg	1.4kW/kg	1.5kW/kg
应用情况	城轨列车批量	高铁列车批量	普及应用

2）SiC 变流技术的应用

第三代半导体材料中碳化硅目前发展最成熟，随着生产成本的降低，碳化硅半导体正逐步取代一、二代半导体。碳化硅具备低导通电阻、高开关频率、耐高温与耐高压等优势，可应用于 1200V 以上高压环境。相较氮化镓，碳化硅耐高温、耐高压性能更优，更适合应用于严苛环境，应用层面更加广泛。

目前国内中车株洲所拥有“芯片 – 器件 – 装置 – 应用”完整产业链，在地铁列车进行了 SiC 混合 IGBT 功率模块示范应用。基于自主 1700V 混合型 SiC 器件 600kW 逆变器模块，在昆明 1 号线完成现场考核，功耗降低 30%。株洲所研发的下一代地铁牵引变流器采用自主 3300V 混合型 SiC，功率密度提升 30%，2019 年完成现场考核，牵引变流器开关频率提升 5 倍，体积与重量均降低 30%，2020 年已在深圳装车试跑。预计至 2035 年，3300V 全 SiC 模块可以实现国产化量产，并批量应用于高铁与城轨牵引系统。

表 4-6　2021—2035 年 SiC 牵引变流器发展趋势

时间（年）	2021	2030	2035
制式	3300V/750A 全 SiC 模块	3300V/1200A 全 SiC 模块	6500V/600A 全 SiC 模块
功率密度	+30%	+20%	+15%
体积重量	–30%	–20%	–15%
功耗	–30%	–20%	–20%
应用情况	城轨列车试运行	高铁列车试运行	批量化生产应用

3）电力电子变压器技术的应用

目前的车载电传动系统普遍采用工频牵引变压器，牵引变压器的重量约占整个系统设备重量的 1/3 左右，体积重量大、效率不高，严重制约了高速列车的性能和效率的进一步提升。采用无工频变压器的电力电子变压器技术通过高压电力电子技术实现电能变换，由其为核心构成新型轻量化、高能效电传动系统，可以彻底摆脱传统的大块头工频变压器，并且动静态性能优异，是未来新一代车载电传动系统的发展方向。

国内关于电力电子牵引变压器尚处于研究阶段，清华大学、北京交通大学、西南交通大学、铁道科学研究院、中国科学院电工研究等单位均有相关研究，对不同的拓扑结构、控制方法、绝缘冷却等内容开展研究，并在实验室搭建小功率实验样机。中车株洲所于 2017 年依托于国家重点研发计划“轨道交通高能效牵引供电与传动关键技术”项目，开展电力电子牵引变压器研究工作，并研制基于级联 H 桥与三电平 LLC 拓扑结构的工程样机，已经进入装车实验阶段。未来宽禁带功率器件技术不断成熟，牵引电力电子变压器会在功率密度、效率、控制性能等方面体现出更大的优势。

4）高频辅助变流技术的应用

国外高频辅助变流器研究起步于 2000 年前后，目前西门子、ABB、POWERTECH、ALSTOM、ASM、日立等公司都推出各自的高频辅助变流器平台，并已实现商业批量运营。我国的高频辅助变流技术的研究和应用相对较晚，2013 年中车时代电气研制的基于移相全桥软开关的高频辅助变流器在马来西亚安邦线批量装车 150 台，实现了自主高频辅助变流器的首次批量装车应用。2018 年中车时代电气研制的基于 LLC 谐振软开关技术的第二代高频辅助变流器在成都地铁 10 号线开始批量交付，并陆续批量推广到杭州、宁波、深圳及西安等地铁项目。2020 年中车时代电气和纵横机电成功研制出 DC3000V 供电的高频辅助变流器，装车应用于多流制（DC3000V 和 AC25kV/50Hz）的时速 400 千米高速动车组，实现了动车组用自主高频辅助变流器的首次装车应用。中车永济在 2020 年开发了一款基于全碳化硅器件的辅助变流器样机，可以为全车提供 380V 交流电和 24V 直流电源。

高频辅助变流技术的研究和实际应用，提高了轨道交通辅助系统的先进性，推动了辅助变流产品的高频化、高效化、轻量化和小型化发展；同时也促进了我国辅助供电系统高端科技领域的发展，为高端轨道交通装备的自主化做出了应有的贡献。随着 SiC 晶圆切割技术的愈发成熟和其他行业用量大幅提升，SiC 的成本也随之大幅下降。预计 3~5 年后，SiC 将全面推广至辅助变流器中，助推辅助变流器技术升级换代。

表 4-7 2021—2035 年 SiC 辅助变流器发展趋势

时间（年）	2021	2030	2035
功率密度	0.35kW/kg	0.5kW/kg	0.8kW/kg
体积重量	-20%	-20%	-30%
效率	94%	95%	96%
应用情况	高铁装车应用	主 - 辅一体化设计	全面替代现有辅助变流器；批量化应用

（3）牵引供电技术的发展

对于三相对称的电力系统来说，高铁是大功率单相负荷，具有波动性、非线性、不对称性等特点。高铁运行过程中会产生大量高次谐波，通过牵引网注入变电站，与电力系统的负序源叠加，使得系统内部电网的 3 次、5 次谐波在谐振时放大，引发电网故障，谐波和负序分量还会会造成设备损坏、寿命减少等影响。2014 年中铁电气化勘测设计研究院与北京交通大学成功将牵引网谐振过电压的地面治理措施应用于京哈线蓟县南牵引变电所供电区段；2016 年京沪高速铁路股份有限公司与西南交通大学提出基于背靠背有源滤波器和新型阻波高通无源滤波器的谐波综合治理方案；2018 年中国铁路上海局与西南交通大学提出采用 C 型滤波器和 C 型与单调谐滤波器组合的两种治理方案。

过分相是牵引供电系统的关键技术之一，能够保证列车安全顺利通过接触网供电的无电区。2018 年 6 月，由中车株洲所研发的重载铁路电子开关型地面自动过分相装置正式在神朔铁路路段成功投用，成为我国电力电子开关的过分相的一大突破；2019 年 1 月 17 日，由神朔铁路牵头、北京交通大学参与研制的重载铁路智能电分相装置在神朔铁路南梁站顺利投入使用；2020 年 4 月，由东方日立与西南交通大学、尚华电气联合开发的 4 套 5MVA /10kV 同相供电补偿变流器装置发货，将应用于温州市域铁路 S1 线灵昆所牵引变电站。

城轨车辆运行过程中面临频繁的启停，为了实现绿色环保、节约电能，需要将列车制动时的能量加以储存并二次利用。2016 年 12 月 17 日，中国青岛四方车辆研究所和北京交通大学合作研制的超级电容储能再生制动能量回收装置通过了正线试运行评审，并在北京（750V 超级电容储能）、青岛（1500V 超级电容储能）等地装机运行。2016 年 11 月 20 日，中车新能源等公司联合研制 1500V 地铁列车超级电容器储能装置，在广州地铁 6 号线浔峰岗站正式挂网运行。2020 年，北京交通大学研制的超级电容和钛酸锂电池混合储能装置在北京地铁八通线测试完成，通过第三方评测，平均节能率超过 15%。

在地铁牵引供电时，部分电流会从钢轨和大地绝缘不佳的地方泄漏出去，并从某些地方流回钢轨和牵引变电所，形成杂散电流。该杂散电流会对附近金属结构管路造成严重的杂散电流腐蚀，具有强烈危害。2015 年西南交通大学提出一种负序补偿的单相交流系统避免直流供电系统的迷流；2018 年北京交通大学提出通过直流自耦变压器（DCAT）牵引通电系统减小杂散电流和降低轨道电位。

2.1.2.5 我国船舶推进电气化的发展现状

2000 年以后，国内民用船舶电力推进系统技术才开始有所突破，与国外相比发展时间较短，产品竞争力较弱。2008 年之前，国内船厂已开始建造电力推进船舶，但多为工程类船舶，电力推进系统的设计及主要设备供货完全依赖国外厂商。

2005 年开始，国家各部委投资数十亿的经费，进行船舶电力推进系统及设备的专项研发，并取得了优秀的成果，以中国船舶集团公司为例，2008 年实现了首船套船舶电力推进系统自主设计，并成功应用于“北调 991”试验船，打破了船舶电力推进系统设计长期由国外垄断的局面。2011 年采用国产电力推进系统及核心设备的某测量船试航成功，标志国内电力推进系统高速发展时期的到来。2013 年全国产中压电力推进系统批量交付，标志着我国掌握了大功率船舶电力推进系统核心技术。2019 年我国首条大型纯电动客船的成功交付，标志着我国掌握了直流配电电力推进系统的核心技术。2020 年我国为某科考船自主研发的大功率直流配电电力推进系统试验成功，该系统容量为 12MW，位居世界第二，代表我国在直流配电电力推进系统领域已处于国际先进水平。

随着锂电池技术的日臻成熟，锂电池推进船舶在安全、经济尤其在环境保护方面的优势日益明显，目前我国武汉长江、广州珠江、武汉东湖、河北白洋淀、新疆天池等内河、内河的旅游船舶及近海港口作业船舶采用了锂电池动力的电力推进系统，锂离子动力电池系统总能量通常在几百千瓦时至几兆瓦时。

总的来说，我国船舶电力推进系统技术起步较晚，但发展较快，经过二十年发展，打破了国外厂商在系统及设备方面的技术垄断，国内产品在市场上占有了一席之地。国内海工船、测量船、挖泥船、起重船、大型游轮、考古船、渔船、公务船等单轴功率 3000kW 以下等级的低压电力推进系统，基本完全由国内厂商集成，其中 1000kW 以下的电力推进系统大多数采用国内自主研发的核心设备。虽然进步较快，但不足也十分明显，主要表现在国产核心产品的品牌力较低，缺乏国际市场竞争力，市场推广难度较大，在豪华邮轮、破冰船及 LNG 运输船等附加值高、影响力大的船型上没有应用业绩。

在船舶推进变频器产品上，国内中船集团第 712 研究所开发 380V 系列化新能源船舶推进变频器单机功率从几十千瓦覆盖到 350kW，690V 低压系列化变频器功率从数百千瓦覆盖 2.8MW，3300V 中压系列化变频器功率从 3MW 覆盖到 20MW，均已取得中国船级社（CCS）认证，在国内船舶电力推进领域市场占有率最高。其他民营企业如无锡赛思亿引进国外技术，有船舶 690V 低压系列化变频器供应能力，其他如中车时代电气近年来进入船舶电力推进领域，也开发了有船舶推进变频器产品，但存在产品系列化不够、应用业绩偏少的问题。从总体上看，我国变频调速技术起步较晚，比欧美、日本等发达国家晚了 10 ~15 年，相关推进变频器产品在型普、容量覆盖范围、功率密度、技术水平等方面与国外产品还存在较大差距。

中国船舶集团第 712 研究所是我国专业从事船舶推进装置的研究所，目前船舶推进感应电机已完成系列化研制，单机最大功率覆盖到 20MW，在国内军辅船、各类工程船舶均有应用。在船舶永磁推进电机的研制也走在了国内前列，单机 5MW 级多相永磁同步推进电机已经实船应用。近年来，随着节能减排的国家战略推进，新能源船舶发展迅猛，712 所开发了系列化新能源船舶永磁同步推进电机，并交付多型新能源游船。

国内针对吊舱开展研究的主要有中国船舶第 712 研究、第 704 研究、第 702 研究、武汉船机、南高精船用设备有限公司等。712 研究所在吊舱推进器产品开发和应用方面已完成 3MW 吊舱推进器的系列化型普，已完成试验和 CCS 认证，并已实船应用。目前正在开展 7MW 级极地高冰级大功率吊舱推进装置研制。

在 IMP 轮缘推进器方面的国内尚处在初步探索研究阶段，国内学者也开展了轮缘推进器设计、水动力性能计算、集成电机设计等方面的研究工作。2009 年研制了一台 20kW 集成推进器（IMP），突破 IMP 的关键技术，验证相关研究成果，之后又研制了 75kW、87kW、1000kW 等样机。此外，702 研究所还对轮缘推进器的水动力特性进行研究，包括螺旋桨的样式、外部导流罩的形状及其对推进效率的影响。广州海工船舶设备有限公司，与武汉理工大学和国家水运安全工程技术研究中心合作，研发和生产船用舵机和无轴环形推进器（轮缘推进器），其已开发出功率范围 0.5 ~ 2000kW 的各类轮缘推进器。2019 年在内河 64TEU 集装箱船上拟配置一台 180kW 无轴轮缘式对转推进器。

2.2　变频电源及其应用产业与技术的发展趋势

变频电源及其应用技术是典型的强弱电接合，机电一体的综合技术，既要处理巨大电能的转换（整流、逆变），又要处理大量信息的收集、变换和传输。前者要解决与大容量、高电压、大电流有关的技术问题，后者要解决软硬件控制问题。因此，未来变频电源及其应用技术将在这两方面得到发展，其总的发展趋势是向着高频高效率、高功率密度、高压大功率、数字控制智能化、行业应用专门化、机电一体化和降低成本的方向发展。

（1）为了降低装置的体积和重量，提高功率密度，需要进一步提高基波频率和器件开关频率，开关频率提高带来损耗增加，就需要采用软开关技术，优化 PWM 技术等。

（2）高压大容量变频器将向着多重叠加（器件串并联和单元串联）和直接器件高压两个方向发展，更高电压、更大电流的新型功率半导体器件将应用在高压变频器中。

（3）磁通定向矢量控制、直接转矩控制和无速度传感器控制等技术的应用将趋于成熟，并全面实现数字化、智能化和网络化。采用高性能 MCU、DSP 及 FPGA 等控制芯片，实现系统的高精度、多功能、高可靠，并带有参数自整定技术和故障自诊断功能。

（4）针对某个应用行业设计成专用的高 / 低压变频器，能更好地实现自动化生产线的多单元、多轴变频器系统，或驱控一体和机电一体的几合一变频器。

（5）随着相关配套行业向着专业化、规模化发展，生产成本明显下降。

（6）具体的控制技术发展趋势如图 4-18 所示。

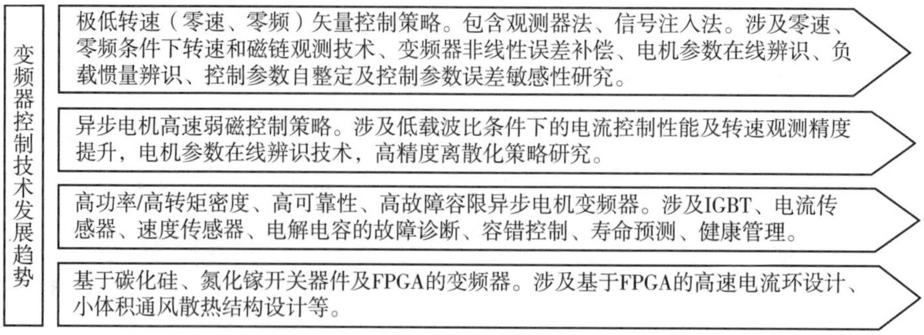

变频器控制技术发展趋势
极低转速（零速、零频）矢量控制策略。包含观测器法、信号注入法。涉及零速、零频条件下转速和磁链观测技术、变频器非线性误差补偿、电机参数在线辨识、负载惯量辨识、控制参数自整定及控制参数误差敏感性研究。
异步电机高速弱磁控制策略。涉及低载波比条件下的电流控制性能及转速观测精度提升，电机参数在线辨识技术，高精度离散化策略研究。
高功率/高转矩密度、高可靠性、高故障容限异步电机变频器。涉及IGBT、电流传感器、速度传感器、电解电容的故障诊断、容错控制、寿命预测、健康管理。
基于碳化硅、氮化镓开关器件及FPGA的变频器。涉及基于FPGA的高速电流环设计、小体积通风散热结构设计等。

图 4-18　变频器控制技术发展趋势

2.2.1　变频电源及其应用产业发展趋势（产业/市场规模）

2.2.1.1　我国低压变频产业的发展趋势

受新冠肺炎疫情的影响，2020 年造成制造业订单减小，而项目型市场虽然影响较 OEM 市场略低，但受物流、供货周期、开工率低等影响，出现了项目延期的现象。此外，随着全球疫情的严重化，也会影响海外市场的需求。2020 全年低压变频器市场出现了下降（图 4-19）。后续随着新冠病毒疫情的逐步控制，以及相关的财政政策、补贴政策、投资政策的逐步落地，相关产业的需求会逐步释放出来，进而拉动变频器的需求。

（百万元）
25000
20000
15000
10000
5000
0
15.00%
10.00%
5.00%
0.00%
−5.00%
−10.00%
16900
16300
18500
20200
21100
21057
21443
21974
−8.70%
−3.50%
13.50%
9.20%
4.50%
−0.20%
1.80%
2.50%
2015
2016
2017
2018
2019
2020F
2021F
2022F
市场规模
增长率

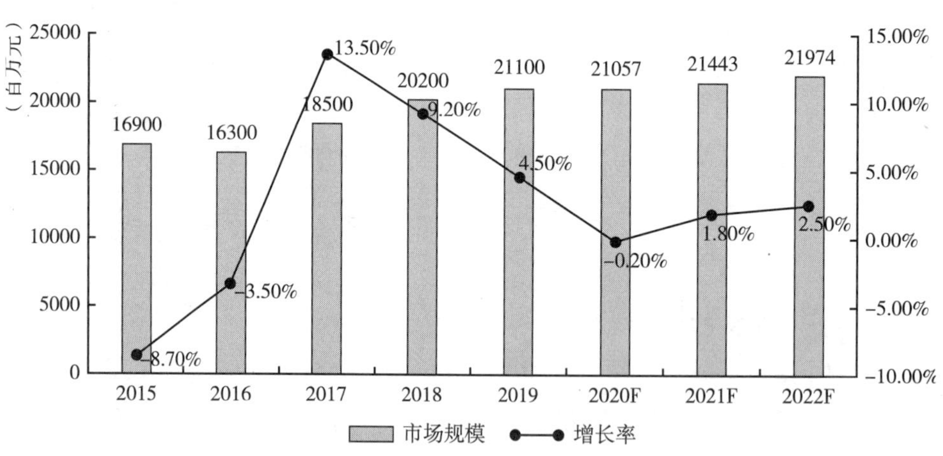

图 4-19　中国低压变频器市场规模及增长预期

低压变频涉及众多行业，以典型的电梯变频器为例，其市场规模和增长预期较大。目前电梯变频器年市场容量在 40 亿元左右，截至 2020 年，电梯整梯制造企业约 700 多家，安装维保服务企业超过 1.4 万家。2020 年，全国直梯累计发梯约 99.6 万台，其中第一，第二梯队的发梯量，占整个行业的 54%，一、二、三梯队的整梯企业，发梯量占整个行业的 64%。其余中小客户要抢占不到 36% 的市场份额，市场竞争非常激烈。随着房地产企业、央企、家电行业的进入，电梯行业将开启新一轮的洗牌。其中，汇川技术公司作为电梯部件行业人机交互系统和控制系统的主要供应商，提供了行业近 35% 的人机交互系统（即操纵盘，显示器），为行业提供了近 38% 的按钮产品，中国每 4 台电梯中，就有 1 台使用汇川技术的控制系统。

未来的电梯制造，将由传统的机电结合的控制技术，向数字化、电子安全、无线通信、新材料应用等高端智能化方向发展，不断地提升用户体验。随着电梯保有量及老旧电梯存量的不断增长，基于 IOT、AI、大数据、边缘计算的预测性维保技术，将成为破解行业维保痛点，解决乘梯安全可靠的有效手段。

另外，高铁、大飞机、电脑、手机、芯片都需要机床（工作母机），用来生产光刻机零部件的高档数控机床也很关键，实际上任何制造业都离不开它。工作母机做不好，所有工厂都动不起来。下面以数控机床为例，说明其相应变频主轴及伺服产业发展趋势。

目前，高档数控机床技术正向着超精密、高速、复合、智能、绿色的方向发展。超精密和高速加工对机床的传动及其控制提出了更高的要求：更高的动态特性和控制精度、更高的进给速度和加速度、更低的振动噪声和磨损。为缩短传动链，提高传动刚度、动态特性及精度，直接驱动技术在高档数控机床上得到广泛采用。直接驱动部件典型的应用有电主轴、进给直线电机和转台。高性能直接驱动伺服类电机及其驱动控制装置作为高档数控机床中的动力执行部件，就成为实现这些技术要求的瓶颈，其性能直接决定了数控机床动态特性、精度、加工速度、振动和噪声等关键技术指标。

针对我国高性能伺服类电机及其驱动装置在研发、应用等方面与世界先进水平的差距，“高档数控机床与基础制造装备”科技重大专项在前期已布置了几项伺服类电机（交流伺服电机、大推力直线电机、大扭矩力矩电机、主轴电机和电主轴）等相关的课题。这些课题目前都已完成，取得了较多的成果，为我国高档数控机床的开发，提供了有力的关键功能部件支撑。但与世界先进水平相比，我国无论是在伺服类电机及其驱动装置的种类、性能，还是在数控机床上的应用方面依然有明显的差距，竞争力有待进一步加强。

（1）高速、高精度电主轴电机及其驱动装置

机床行业是装备制造业的基础，是向铁路机车、航空航天、汽车、船舶、电力设

备、军工、医疗以及其他加工工业提供加工装备的部门。随着现代制造业的发展，其对零件形状、加工精度、表面质量和加工效率等不断提高要求，给数控机床业带来了机遇和严峻的挑战。国内的数控机床业与国外水平差距较大，必须提高自身产品的质量，努力朝“高速度、高效率、高精度、高可靠性”方向发展。2018 年机床行业重点用户中，汽车行业、十大军工和民营企业成为拉动机床工具产品市场发展的三股主要动力。以家用汽车为代表的汽车行业进一步加速发展。航天、航空、兵器、船舶和核工业等十大军工行业技改投资力度基本与上年相当。模具行业近年来发展迅速，近 5 年年均增长 14% 左右。这些行业的发展必将推进机床工具产品市场的发展。电主轴作为机床的核心动力部件，其性能的好坏直接关系到机床的综合性能。航空航天、汽车、船舶等行业的零部件加工发展趋势是：越来越多地采用整体结构设计，切削过程材料去除量大；大量采用钛合金、高温合金等难加工材料；零件数控加工过程中加工变形控制难度大；加工精度要求高等。这对数控机床的主轴电机提出了一系列要求。

新型航空发动机关键零件越来越多地采用整体结构设计，并大量采用钛合金、高温合金等难加工材料。这些零件大多采用基于锻造毛坯的整体式加工方式，零件数控加工过程中加工变形控制难度大、切削过程材料去除量大、加工精度要求高。

航空发动机机匣、盘轴等关键件大量采用钛合金、高温合金等难加工材料，材料变形屈服极限高，切削变形抗力大，导致切削力大、切削功率高，需要机床主轴有更大的转矩和功率。对航空难加工材料来说，由于材料切削性能较差、切削抗力较大，目前切削速度一直处于低速水平，切削线速度通常为 20~80m/min 之间。

高速切削时，机床主轴高速旋转，刀具的每步进给量很小，切削所产生的工件材料挤压变形非常小，切削力得到有效减小，因而刀具与工件摩擦、工件材料变形等产生的切削热也大大减少，而且热量的大部分会被切屑带走，切削区域也不会有热聚积，零件的加工变形小、表面质量高。同时，高速切削加快了生产率。

为突破高速电主轴在中低速范围内功率和转矩稍显不足这一技术难题，需要研制开发专门面向难加工材料的大转矩、高速电主轴，配合高性能刀具系统，可以实现难加工材料高速切削加工，使得高速切削技术在航空难加工材料领域得到了有效突破。

汽车制造业是技术集中度很高的行业之一，对设备和技术的需求范围较广。随着汽车产业环保、节能运动的发展，对汽车及零部件的加工设备和技术提出了新的要求。这也是国内外机床工具企业集体关注汽车及零部件制造业的理由。中国的汽车制造业发展正如火如荼，世界范围内的新能源汽车、混合动力汽车等技术也方兴未艾，汽车制造的组织方式也正在发生深刻变化，其制造方式主要依赖于模具加工，而数控装备则是生产这种模具的母机设备。

在模具加工的开始阶段，主要是去除型腔中多余的材料，需要先用大直径的刀具快速切削，因此要求机床具有高刚性的结构和高转矩的主轴电机。在精加工阶段，要求模具具有高的表面精度和质量。为了避免加工过程中刀具与工件发生过切现象，要求刀具的半径小于型腔面的最小圆角半径，从而在加工中常用小直径的球头铣刀，因此要求机床有高速高功率的主轴。因此，汽车模具加工需要高转速的切削、铣削能力的电主轴。

轿车零件的尺寸和几何形状精度比一般机械部件要高一到两个精度等级。而且由于大批量生产，汽车工业在验收机床时，不仅要考核单件加工的精度，还要考核其精度保持性，这就带动了机床向高精度发展。现有的数控机床产品大多不能同时满足作为典型支柱产业的汽车制造业对数控制造装备的高效率和高精度的综合要求。为此，需研发一些能兼顾高效化和高精化的数控制造装备，以适应汽车、航空、模具和军工等制造业加工关键零件的需求。

在数控系统补偿算法方面，高档数控系统纷纷采用纳米插补、HRV 控制技术。例如 FANUC 公司的 30i/31i/32i 数控系统和 0iMD 数控系统 / 三菱公司的 M700V 数控系统、西门子公司的 828D 数控系统都具备纳米插补功能，采用以纳米为单位精确计算位置指令，使机床平滑移动并且提高加工精度。同时，使用 HRV 功能提高相应速度和控制精度。例如 0iMD 数控系统的主轴 HRV3 控制功能和 30i/31i/32i 数控系统的 HRV4 控制功能，三菱公司的 SSS 控制功能（超高平滑表面控制），适合于实行高品质的模具加工。

（2）智能化伺服电机驱动控制系统

目前国内电机驱动器硬件适配能力相对较差，大部分仅支持电机和驱动器的配套使用，专机专用仍是主流。软件方面，国内的伺服调谐技术蓬勃发展，但是在机床上的实用性还有差距，无法调谐出匹配机床的最佳参数，且多为离线调谐。而国外早已实现高级自动调谐功能，可在最快 10ms 内完成参数整定，且负载惯量变化不超过 30 倍时都可稳定无震动运行。商业电机驱动器的运用场合种类繁多，不同工况下的控制性能指标乃至于控制对象都不尽相同。为了尽可能地减少用户选型以及配置时间，提高产品适用性竞争力，国际顶尖驱动器厂家往往会从驱动器的硬件兼容性以及软件控制器参数自整定两大方面进行改进和提升。首先，硬件兼容性方面：同一台通用驱动器需要兼容感应电机、表贴式永磁同步电机、内嵌式永磁同步电机、直线电机、同步式磁阻电机等常见电机类型中的 3 种以上的类型；具备 3 种以上的工业总线通信能力；支持包括增量式编码器、绝对式编码器以及旋转变压器等 3 种以上的常见信号反馈方式。其次，在控制器参数自整定方面：智能化驱动器控制算法会从电机本体参数和系统整体的模型参数辨识出发，构建系统模型，从而设计初始的合理的控制器参数，适当地配置补偿以及滤波功能。之后，驱动器自身会结合指令跟随效果，自动地进一步完善控制器参数，从而达到一个相对理想的控制效果。最终，将以上硬件和软件兼容性相结合并加以完善，便实现新一代广泛适应性的高性能驱动产品，自动适配各类工况和控制对象。

高频化微小型伺服驱动器技术也为下一代高功率密度驱动器的产生提供了契机。通过高频化驱动，伺服系统整体体积缩小 1/2 以上，同时通过直流母线可以一并连接数台设备，在使用数台伺服电机的多轴系统中，再生能量可供其他驱动器内置型伺服电机使用。通过合理的硬件电路设计，实现伺服驱动器的微小化，可以极大地节省空间，增加驱动设备的安装灵活性。在此基础上，将具有高功率密度、高频高效和高耐热等优势的宽禁带器件应用于伺服驱动领域，实现驱动器的高频化，进一步降低系统对无源器件的依赖，有效地解决传统硅基器件所引起的高发热高损耗等问题，降低功率器件对于散热条件的要求，切实提高系统的整体效率。以色列 Elomo 公司研发的全新 Double Gold Twitter 微小型高功率密度驱动器重量仅为 33 克，搭载 160A（80V）和 140A（100V）的连续电流，可提供超过 10kW 的功率，其采用的创新专利型快速软功率切换技术（FASST），可确保最佳的功率器件切换效率，并可实现 99% 以上的效率，同时可忽略电磁干扰（EMI）。日本安川公司首创研发的驱动器内置型伺服电机（Σ-7F）采用 GaN 材料的功率半导体器件。

目前的控制器集成度仍然较低，而驱控一体技术则是近年新出现的驱控结合概念。驱控一化技术通过在芯片层面整合运动控制、伺服驱动、人机交互等技术，采用共享内存方式进行多种类、高速运动控制信息交互，其区别传动运控与驱动结合的方式，可实现高性能算法融合进而提升系统性能。同时，其具有系统体积小、功率密度高、电气设备简单、可靠性高、成本低等优点，特别适合数控机床、机器人等需要高集成度、高性能的应用场合。

机床加工精度是机床最终性能评价的重点，从精密加工发展到超精密加工（特高精度加工），是世界各工业强国致力发展的方向。其精度从微米级到亚微米级，乃至纳米级（<10 nm），应用范围日趋广泛，目前已逐渐进入航空航天制造、汽车工业、模具制造和轻工业产品制造等各工业领域。高速加工技术不仅可缩短零件的切削加工时间，提供生产效率，降低生产成本，还可获得高的加工精度和表面加工质量，省去传统加工工艺中的车、铣等后续精加工工序。影响高速加工机床使用性能的因素有很多，包括高速主轴、刀具系统、CNC 控制系统和 NC 编程策略等。在这些制约机床性能提升的因素中，多数可通过设计新结构的智能化伺服电机控制系统及加工辅助算法得以补偿和解决，这也是目前多款国外最新的高档数控机床（三菱、发那科等）所采用的解决方案。首先，高响应电流控制方式，可以提高伺服系统的基本性能，为伺服系统的增益控制提供了保障。其次，通过分析进给传动中的摩擦、弹性、间隙等非线性传动环节，解决传统轨迹规划中存在的过象限突起、位置闭环控制不稳定的难题，通过采用新型结构的全闭环控制方法，实现高稳定性、高精度的全闭环位置控制。最后，通过插补及指令轨迹规划，减少速度变动，提高加工品质。

此外，系统安全功能与故障智能诊断技术也是近年驱动器智能化的一大核心算法。机械传动链智能故障诊断技术将伺服驱动技术、电气信号在线采集、数字信号处理等诸多技术融合在一起，通过非侵入式方法采集电信号分析时频域信号故障特征进而对系统当前状态及未来状态做出快速判断，能够对机械谐振、齿轮故障、轴承故障等多种类型进行精准判别，涵盖面广针对性强，可增强系统的运行安全性与稳定性。

（3）超精密、高推力密度直线 / 平面电机及其驱动装置

随着超高速切削、超精密加工等先进制造技术的发展，对机床各项性能指标提出了越来越高的要求。同时也对机床进给系统的伺服性能提出了更高的要求：要有很高的驱动推力、快速进给速度和极高的快速定位精度。高速度、高加速度和高精度是现代数控伺服驱动的要求及发展趋势。直线电机高速进给系统的传动链及其结构发生了深刻的变化，具有传动刚度高、定位精度好、响应快、结构简化、行程长度不受限制以及运行平稳、噪声低、效率高等优点，可以获得高的移动速度和加速度，从而使当代机床进给系统形成了直线电机直接驱动为主的发展方向。

近年来，在国家科技重大专项的支持下，国产直线电机的技术水平已经取得了长足的进步，实现了部分取代进口产品，但直线电机伺服系统的国内外水平仍然存在着较大差距，国外高端直线电机产品已成系列化，国内规格单一；国外超精密直线电机产品的推力密度高，推力波动小，加速度高，温升低，调速范围宽，推力输出范围大；国外磁悬浮平面电机已应用到最新一代光刻机，国内还没有成熟产品；国外超精密直

线电机 / 平面电机驱动用大容量功率放大器已产业化，国内还处于研究阶段。

为了促进我国装备制造业从中低端向高端迈进，全面推进《中国制造 2025》制造强国战略，加快实现从中国制造到中国创造的转变。亟须研发超精密、高推力密度的直线电机、平面电机及其驱动装置，以满足我国高端装备发展对核心功能部件的需求。

随着科技的发展与直线电机与平面电机应用领域的不断拓宽，给直线电机与平面电机系统也提出了更高的要求，目前研究与发展方向主要集中在以下几个方面：

1）大推力。随着高档数控机床、加工中心、光刻机等设备对电机推力要求的不断提高，大推力直线电机研究需求与日俱增，重点需要解决的是大推力电机结构、系统整体集成、伺服驱动控制与电磁兼容等方面的问题。

2）高推力密度。由于安装空间限制、系统小型化及高加速度的要求，亟须研究高推力密度直线电机，重点围绕电机的新型电磁结构、电磁结构优化设计、机械结构优化与冷却系统优化等方面开展研究。

3）低推力波动。直线电机应用于高速、高精度的应用场合时，需要兼顾速度与精度的需求，因此不仅要求输出平均推力大，更重要的是推力波动小，从电机本体、驱动与控制三方面来抑制推力波动成了研究热点，研究主要围绕电机结构优化、推力波动抑制策略、减小驱动器电流谐波、参数识别、矢量控制、直接转矩控制等方面开展。

4）低成本。直线电机系统性能优越，但成本较高，限制了其在装备制造业的推广应用，因此低成本系统的研究具有现实意义，包括电机本体与闭环控制单元成本，主要围绕新型永磁电磁结构设计技术、低成本位置检测技术和无位置传感器控制技术等开展研究。

5）长行程。传统的高档数控机床、光刻机等设备通常采用短初级直线电机，随着高端数控装备的大型化、高精度化、高动态化，要求直线伺服系统的行程越来越长、干扰越来越小、加速度越来越高，长初级、短次级结构的直线电机优势越来越明显，同时也对直线电机系统提出了新的要求，研究主要围绕长初级直线电机的结构模块化、分段驱动与同步控制、段间切换推力波动抑制、位置检测与故障诊断等方面开展。

（4）宽调速范围、超大尺寸直驱力矩电机及其驱动装置

重型制造装备是制造产业链中重要的关键基础装备，体现国家极端制造能力和制

造水平，支撑“大国重器”的产生，受到普遍重视而成为重点发展对象，代表性的重型加工装备包括大型数控伺服压力机、重型机床等。

大型数控伺服压力机是一种新型压力机，将大功率电机引入主冲压运动，根据冲压工艺的要求实现对冲压主运动的主动控制，从而实现一机多能及冲压工艺的柔性化、程控化和最佳化，其功能和性能远优于一般数控机械压力机，可极大改善冲压产品的质量，代表着数控化压力机的最新发展方向。随着世界经济进一步融合，制造中心向中国转移，我国机床市场具有高速增长的动力，造船、电力、交通运输、航空航天、国防军工等行业对重型机床的需求很大，尤其对“高、精、尖”高档、大重型机床的需求明显增多。

复合加工中心在一台设备上完成多种加工，可加工更加复杂的零件表面，且热应力低、切削力低，满足高速度、高精度、高效率、高柔性的要求，是数控机床重要的发展方向。数控落地式镗铣床特别适用于大型核电容器封头、大型加氢容器封头、大型汽轮机转子及叶片、航天运载火箭舱体等大型零件复杂曲面加工和曲面上深孔加工。车铣复合加工中心适用于广泛采用整体薄壁结构和难加工材料的航空产品零件加工。

随着数控机床性能和精度的不断提高，电机等基础核心零部件开始制约机床水平提高，电机驱动系统变革是解决装备加工精度问题的根本途径，采用高性能直驱力矩电机系统是数控机床的主流发展方向。

直驱力矩电机系统具有效率高、功率密度高、控制特性好、运行平稳等优点。直驱力矩电机系统可广泛应用到车铣加工中心、高速铣床、高速磨床、多轴加工中心。复合加工中心多部位的驱动需求各有不同，例如极短定位间隔、连续高速运行、平稳运行。直驱力矩电机需兼顾极低速大转矩、高速大功率等性能，保证高转矩密度，从而提高全工况的系统效率，减小驱动器容量，降低能源消耗。大功率电机系统用于伺服压力机和轧钢机，可促进产品质量提高和升级换代。大尺寸直驱力矩电机系统还在航空航天、军事装备、交通运输等领域具有很大的市场和强烈需求，受到国内外专家的广泛关注和研究。

目前，国外数控机床已经开始采用大力矩直驱电机方案，而国内数控机床缺乏配套的大力矩直驱系统。大尺寸直驱力矩电机系统技术含量高，国产化程度还比较差。进口的力矩电机直驱系统价格昂贵，甚至在某些敏感领域应用中被卡脖子，严重阻碍了我国现代化工业发展，在高档装备制造业中表现得尤为严重。因此，研究开发宽调速范围、高转矩密度、高过载能力、高精度的大尺寸直驱力矩电机系统迫在眉睫，具有重要的意义。

2.2.1.2 我国中高压变频产业的发展趋势

中高压变频器产品分为通用中高压变频器和高性能中高压变频器两大系列，电压等级主要以 6KV 和 10KV 为主，可实现对各类高压电动机驱动的风机、水泵、空气压缩机、提升机、皮带机等负载的软启动、智能控制和调速节能。通用中高压变频器主要是通过调节电机转速实现节能目的，应用于电力、矿业、冶金、水泥等领域的风机、泵类传动控制。高性能高压变频器通过运用矢量控制及能量回馈技术，具备恒转矩、动态响应快、调速精度高、调速范围宽、快速制动等特点，适用于轧机变频传动、矿井提升机变频、船舶推进驱动等高端领域。2020 全年中高压变频器市场出现了下降（图 4–20），后续随着新冠肺炎疫情的逐步控制，以及相关的财政政策、补贴政策、投资政策的逐步落地，相关产业的需求会逐步释放出来，进而拉动变频器的需求。下面以船舶电力推进为例，说明中高压变频器产业的发展趋势。

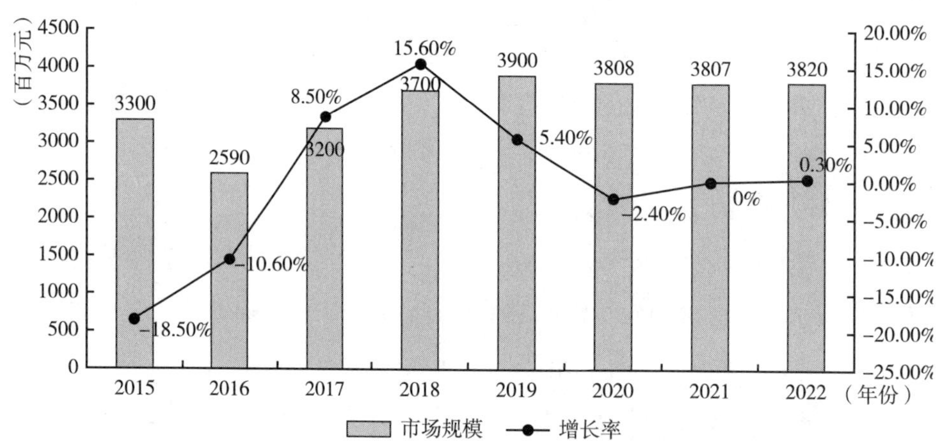

图 4–20 2015—2022 年中国中高压变频器市场规模及增长预期

2017 年 5 月科技部、交通运输部关于印发《“十三五”交通领域科技创新专项规划的通知》，根据该专项规划，在水运领域，将突破一系列绿色、智能船舶核心技术和超大型港口、深水航道建设维护技术；研制一批高技术、高性能船舶和高效通用配套产品，进一步提升我国造船、航运的整体水平，培育绿色、智能船舶等战略性新兴产业；重点发展绿色船舶设计与优化技术、高性能公务船舶技术、船舶先进推进技术、智能船舶关键技术、多模式立体综合通信导航技术、船舶智能化管理技术、船舶健康状态评估和故障诊断技术等。

（1）船舶电力推进系统主要发展趋势

1）船舶电力推进系统向大容量化发展

随着经济全球化，商品贸易仍然高度依赖远洋运输，运输船舶的大型化和远洋化是发展趋势；海洋经济的高速发展，催生了诸如各类海洋工程施工船、科学考察船、破冰船、豪华邮轮等海洋船舶的快速增长，同时呈现大型化、深海化和极地化趋势，由此带来船舶和海洋工程电力推进系统向大容量化趋势发展。一方面体现在船舶电站容量逐渐增加，船舶电网电压逐步提高，目前已由传统 AC400V 发展到 AC6300V 和 AC10500V；另一方面是船舶推进功率逐渐增加，推进型式由传统轴桨推进发展到舵桨推进和吊舱推进。

2）船舶电力推进系统向绿色化发展

全球气候变暖和环境污染已经引起全社会的广泛关注，传统能源的集约化使用和新型绿色能源的开发已经成为当今时代的主旋律。交通领域的船舶运输业是传统能源的重要应用领域，面临绿色发展的战略转型，船舶海工电力推进系统的绿色化发展是时代的要求。一方面针对仍然依赖化石能源的船舶海工电力推进系统要实现电力推进系统与船舶海工装备工艺的深度融合，提高系统的能效比；另一方面是船用锂电池和氢燃料电池为代表的绿色能源将在船舶电力推进系统中逐步获得广泛应用。

3）船舶电力推进系统向智能化发展

随着计算机技术的进步，大数据及人工智能技术也被引入船舶电力推进系统中。船舶电力推进系统各推进主机设备及相关辅助设备等均通过监控系统对设备的状态及参数进行在线检测、采集、存储，并利用大数据及人工智能技术对这些设备的运行状态监控、故障远程诊断和寿命预测，为设备的维保及维修提供辅助决策及指导，这对于远洋船舶尤其适用。

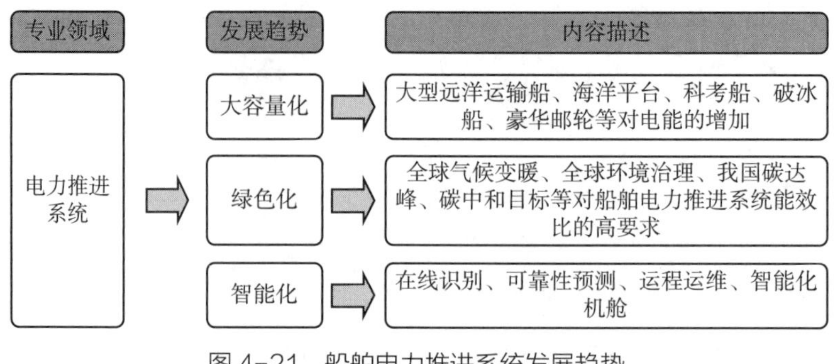

图 4-21 船舶电力推进系统发展趋势

（2）船舶电力推进设备发展趋势

1）推进变频器向高电压、大功率、轻量化、智能化方向发展

为适应船舶电力推进系统大容量需求，船舰推进变频器近些年逐渐向高电压、大功率、轻量化、智能化方向发展。根据我国发展情况，未来我国船用推进变频器的发展一方面围绕船舶电力推进的发展需求，开展中高压系列化推进变频器的研制。同时，在推进变频器的智能化和功率密度提升方面加强技术研究的力度，补足短板，发展趋势如图 4-22 所示。

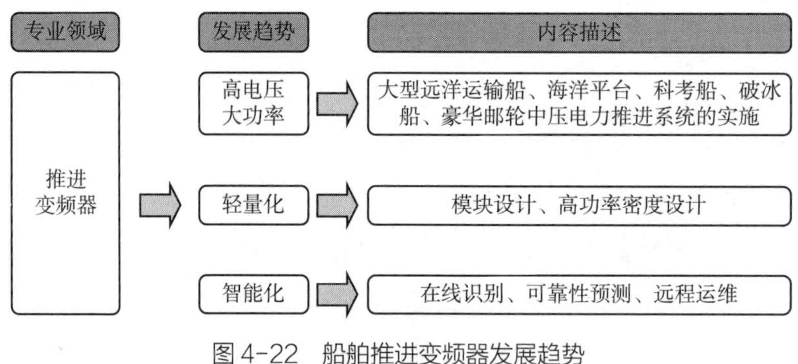

图 4-22 船舶推进变频器发展趋势

2）进电机向低速直驱、高转矩密度、静音和智能化方向发展

在推进电机方面，随着船舶及海洋工程对高技术船舶需求不断增长，对船舶推进装备的重量、体积、效率和性能提出了更高的要求，未来船舶推进的发展趋势取消齿轮传动，推进电机向低速直驱、高转矩密度、低噪声运行和智能化方向发展。传统的船舶电力推进系统采用感应电机进行推进，由于永磁电机相比感应电机在重量、体积、转矩密度等方面均有较大的优势，因此，随着永磁推进电机的技术不断成熟，成

本不断下降，船舶及海洋工程领域永磁低速直驱的推进系统的应用将会越来越广泛。另一方面，高温超导电机相比永磁电机在体积、重量和转矩密度等各方面均有较大优势，随着二代超导线材的成熟，超导推进电机的研究工作已经迈入工程研究阶段。因此，为适应未来推进电机的发展需求，应加快高温超导推进电机的工程化应用研究，提早布局。船舶推进电机发展趋势如图 4-23 所示。

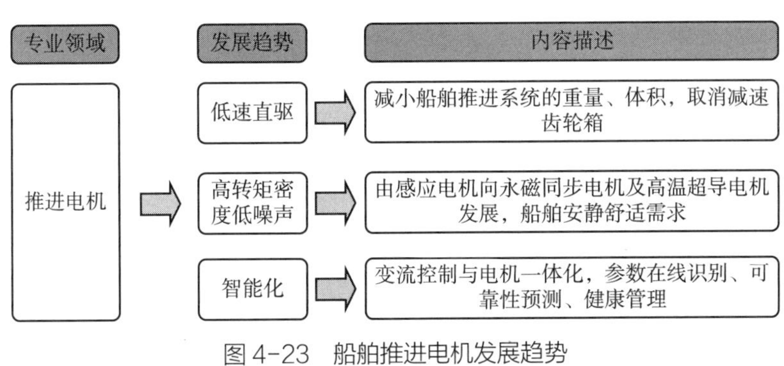

图 4-23　船舶推进电机发展趋势

3）特种推进器向大功率、静音、集成化、极地化和智能化方向发展

随着大型高技术工程船舶、豪华邮轮及极地科考船、破冰船以及大型水下航行器的需求不断地增长，吊舱及轮缘推进器将向更大功率、更加集成、更加静音，并且适应极地环境、破冰能力和智能化方向发展。因此，需要加强大功率、高冰区的吊舱推进器及轮缘推进技术研究，突破密封技术、一体化集成技术及智能诊断、智能运维等关键技术。特种推进器发展趋势如图 4-24 所示。

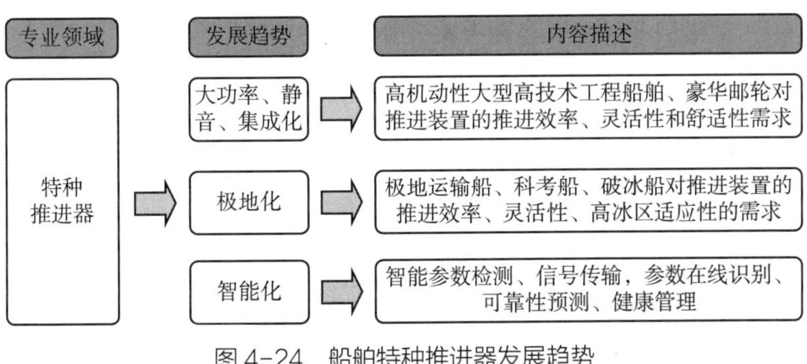

图 4-24　船舶特种推进器发展趋势

2.2.1.3 我国电气化交通产业的发展趋势

（1）轨道交通电气化发展趋势

党的十八大以来，我国轨道交通进入基础设施发展、服务水平提高和转型发展的黄金时期，进入高质量发展的新时代。基础设施网络规模居世界前列，运输服务保障能力不断提升，科技创新能力显著增强，人们高品质出行需求得到更好满足。高速安全、节能环保、绿色高效始终是轨道交通行业发展的主要目标，预计到 2035 年，我国未来三个五年规划轨道交通产业规划的预测如表 4–8 所示。

表 4–8 2021—2035 年轨道交通产业规划和预测

时间节点（年）	2020	2025	2030	2035
全国铁路营业里程	14.6 万千米	17.5 万千米	19 万千米	20 万千米
高铁营业总里程	3.8 万千米	5 万千米	6 万千米	7 万千米
全国铁路机车拥有量	2.2 万台	2.5 万台	2.9 万台	3.2 万台
动车组数量	3918 标准组	5000 标准组	6000 标准组	7000 标准组
国家铁路电气化率	74.9%	77%	79%	81%
城市轨道交通里程	7969.7 千米	10000 千米	12000 千米	14000 千米
地铁线路总里程	6280.8 千米	7500 千米	9000 千米	10000 千米
城轨交通配属车辆	8342 列	10000 列	12000 列	14000 列

数据来源：《新时代交通强国铁路先行规划纲要》

（2）新能源汽车电驱动发展趋势

能源革命和智能网联为汽车产业创新发展注入了新动力。能源革命是指能源清洁化和传统动力汽车向电动化汽车的转变，围绕电机与功率电子、智能化整车控制和动力电池（“三电”）将出现与传统汽车动力系统产业链并行的全新产业链，以及充换电基础设施和运营维保服务新系统。智能与网联相辅相成，一方面推动辅助驾驶向高度自动化智能驾驶发展，另一方面传统汽车从信息孤岛向互联终端发展，使汽车产品由移动工具向出行服务转型升级，并催生出汽车产业新生态。未来三个五年计划（即 2021—2035 年）汽车产业的规划和预测如表 4–9 所示。

表 4–9　2021—2035 年汽车产业的规划和预测（单位：万辆）

时间节点（年）	汽车总量	新能源汽车	混动节能汽车	燃油节能汽车	燃料电池汽车
2025	3200	640	1280	1280	10
2030	3800	1520	1710	570	100
2035	4000	2000	2000	0	100

《节能与新能源汽车技术路线图 2.0》分别以 2025 年、2030 年、2035 年为关键节点，设立了产业总体发展里程碑。预计到“十四五”结束（2025 年）新能源汽车和混合动力汽车年销售分别达到 680 万和 1280 万辆，而传统低油耗汽车年产与混合动力汽车持平，年销汽车总量 3200 辆。预计到 2035 年混合动力汽车与新能源汽车年销售量各占总销量 4000 万辆的半壁江山，汽车产业完成电动化转型、燃料电池汽车年销量达到 100 万辆左右，传统纯燃油汽车生产基本总结。商用车将实现氢动力转型，各类网联式高度自动驾驶智能汽车在国内广泛运行。中国方案智能网联汽车与智慧能源、智慧交通、智慧城市深度融合。按每辆电动化车辆搭载 1~2 套（轮毂电机 2~4 台 / 车），混合动力或纯电驱动系统（含电机、功率电子控制器和减 / 变速器等）市场规模将达到 4000 万 ~5000 万套。

（3）多电飞机航空电源发展趋势

多电飞机是指飞机的机载二次能源尽可能用电能取代液压、气压和机械能，以电能为次级功率系统主要能源形式的飞机。多电飞机具有简化机载系统结构、提高系统的可靠性、效率和容错能力、降低维护和地面保障费用、减少飞机机体热负荷、提高维修性、提升乘坐舒适度等诸多优点。

国外从 20 世纪 80 年代开始，针对多电飞机开展了大量的研究工作。在多电发动机、大功率电力作动器、高功率密度大功率起动发电机、鲁棒电源系统、能量和热管理等方面取得了实质性的进展，多电飞机的应用性得到了极大提升。目前，现有的多电飞机包括美国波音公司的 B787 飞机、欧洲空客公司的 A380 飞机、A350 飞机以及美军 F35 战斗机等。其中，B787 等多电飞机机型已展示出其运营中的巨大成本优势，有超过 1100 家航空公司进行采购。

多电技术是将飞机的发电、配电和用电集成在一个统一的系统内，实行发电、配电和用电系统的统一规划、统一管理和集中控制的飞机技术。多电技术的核心是：“飞机系统化的研究理念和集成化的技术思想”。这一理念在航空电力系统平台顶层设计领域正引发一场深刻的变革。目前，多电技术日益成为先进飞机的重要特征，全面更新了对飞机电能的认识，从飞机整体性能和优化设计的理念出发，来研究电能产生、分配和使用管理，最大限度地发挥其效能，提高飞机的续航力和生命力。

作为多电飞机重要能量来源，电源系统是多电飞机的核心系统，包括大功率发电机、电力电子控制器、电能变换装置、各类用电负载等。由于取消了发动机引气，发电机同时具备起动功能，承担发动机起动任务。多电飞机电力电子控制器除调压控制器之外，另配置了高功率密度起动驱动器完成发动机起动任务。同时，多电飞机上还有不同电压频率的电能变换装置，以满足不同电压体制负载的用电需求。

1）国内外飞机电源体制及发电机发展现状及趋势

目前，国外多电飞机供电系统主能源形式以 230VAC，360~800Hz 宽变频交流体制为主，同时存在 270V 直流供电体制，230VAC 窄变频（360~440Hz、360~760Hz）及 400Hz 定频体制。二次电源包括 115VAC 及 28VDC 供电体制，其中 B787 飞机二次电源还存在 ±270VDC 体制。电源系统功率方面，B787 装有 4 台额定功率 250kVA 主发电机以及 2 台额定功率 225kVA APU 发电机；A350 装有 4 台额定功率 100kVA 发电机以及 1 台额定功率 150kVA APU 发电机；A380 装有 4 台额定功率 150kVA 发电机及 2 台额定功率 120kVA APU 发电机；F35 装有 1 台额定功率 160kW 主发电机以及 1 台额定功率 80KW APU 发电机。国内尚无多电飞机机型，国产 C919 飞机的供电系统采用 2 台额定功率 120kVA 主发电机，1 台额定功率 120kVA APU 发电机，输出功率达到 360kVA，采用 115VAC，360~800Hz 宽变频交流体制。

表 4-10　典型飞机供电系统参数

序号	飞机型号	供电系统	总输出功率
1	B787	4 台主发电机，2 台 APU 发电机	1.5MW
2	A350	4 台主电机，1 台 APU 发电机	550kW
3	F35	1 台主发电机，1 台 APU 发电机	240kW
4	A380	4 台主发电机，2 台 APU 发电机	840kW
5	C919	2 台主发电机，1 台 APU 发电机	360kW

目前航空发电机以三级式发电机为主。国外三级式发电机由主电机、励磁机及永磁机三部分组成。此电机的优点在于能够及时切断电机励磁，将电机故障与系统隔离开。B787 飞机的大功率三级式发电机采用油冷散热方式，最高转速为

14400RPM，最大功率达到 250kW，功率密度接近 3kW/kg，在起动阶段将发动机反拖至点火转速，起动输出扭矩达到 407N.m。我国三级式发电机产品在功率密度、系统集成度、电机效率、转子旋转部件强度、加工工艺等方面持续进步，电机产品与国际先进水平比较接近。但在旋转整流器可靠性、轴承寿命、液冷散热工艺方面性能有待进一步提升。

开关磁阻电机结构简单，坚固可靠，适用于高速运转及高温恶劣环境的应用场合，由于绕组与功率元件串联，不会出现上下开关管同时导通的直通现象，且由于各相绕组相互独立具有电气多余度，提升了电机可靠性，国外 F35 战斗机采用开关磁阻电机结构，输出功率达到 240kW，电机中含双套独立绕组具备独立供电能力。

2）国内外电机控制器发展现状及趋势

电机控制器是多电飞机的关键核心部件，在国外多电飞机中，电机控制器为通用控制器，能够满足多用途作动需求，包括起动电环控作动电机、起发电机、舱门异步电机等电机控制功能，大大节约了控制器研制成本，提升了控制器标准化和模块化。B787 飞机的电机控制器采用 IGBT 等电子器件，效率达到 90% 以上，母线电压达到 540VDC，电机电流超过 300A。除了起动控制器外，还包括发电机励磁控制器，在国外飞机型号中发电机控制器多采用模拟调压控制，数字调压备份的方法，提高了设备可靠性。国内在研发方面不断进步，已开始使用 SiC 等宽禁带功率器件作为控制器驱动模块，进行数字式调试控制策略研发，控制器可靠性得到了很大提升，但是在产品应用方面还有待进一步提升。

3）国内外二次电源发展现状及趋势

飞机系统中主功率电能由二次电源转换至其他能量形式。B787 中，235VAC 电能转换为 ±270Vdc、115VAC 及 28Vdc 等多种电能形式，其中 ±270Vdc 自耦变压器功率达到 150kW。为目前装机功率最大的变换器，发电机控制器输入电压达到 ±270VDC。115VAC 变压器功率达到 90kW，效率高于 95%。随着变换器功率等级的提升，液冷散热替代传统的自然散热、风扇散热，成为主要的冷却方式。国内也已有类似的功率变化产品，但在产品可靠性和功率密度等参数上尚有差距，大功率电能转换模块未上机使用。

4）多电飞机电源系统面临的问题和挑战

在具备竞争优势的同时，多电飞机也面临着诸多挑战。①大功率电能需求会导致高压和大电流，高压大电流会带来电路开闭时的电弧，以及电晕放电现象，影响系统安全性和稳定性。②电能转换过程中，电频率宽范围调整及直流电能的需求导致了电能转换装置数量增加，电能转换装置体积大且电子信号易受干扰，同时大量的电力电子设备工作特性呈恒功率负载特性，对系统的稳定性提出挑战。③电力电子设备的大量使用带来的散热及热管理问题。大功率电源系统的效率通常为95%~98%，在MW级别系统内剩余2%~5%的能耗较大且需要通道进行散热。由于电能代替了液压能，使得系统自身热沉减少，同时热源增多，对系统的热管理提出挑战，这些问题都有待于进一步的解决。

近几年，中国商飞北研中心牵引国内各供应商，在250kV变频交流起动发电机及其控制器、150kW液冷散热变换器等方面均取得了相应成果，但是在产品体积重量、可靠性等方面与国际先进水平还有差距。以功率密度为例，国外在大功率液冷散热变换器功率密度达到3.9kW/kg，国内目前为2.56kW/kg，与国外相差34%。

2.2.2 变频电源及其应用技术发展趋势

我国变频器行业技术研究起步并不晚，20世纪80年代初期在清华大学、东北大学、上海工业大学等高校就开始了交流电机矢量控制的研究工作，并邀请矢量控制的鼻祖德国莱昂哈德教授在全国进行了多次讲座。国内在此基础上掀起了交流电机调速传动研究的热潮，诸多学者翻译了其论文和书籍，研究并发表了大量论文并出版了书籍。于1989年召开了首届全国交流调速大会，之后隔年召开一次，连续开了八次会议，后来发展成为每年一次的中国高校电力电子和电气传动年会。此外，中国电源学会的变频电源专委会和交通电气化专委会年会，中国电工技术学会的电控装置和系统专委会和电力电子专委会两年一次的年会，都把变频电源及交流电机传动作为一个重要的研讨内容，大大促进了我国变频电源及其应用技术的发展。

2.2.2.1 变频电源和交流电机传动技术理论研究

国内外学术和产业界在传统矢量控制和直接转矩控制及其应用方面都做了大量工作，在此基础上，目前对以下理论研究方向比较关注：

（1）预测控制（Predictive Control，PC）

预测控制是由理查勒特等于1978年提出的一类控制方法，具有多步预测、滚动优化及反馈矫正三个基本特征。其中预测部分应具有预测功能，即能够根据系统的现时刻的控制输入及过程的历史信息，预测过程输出的未来值，因此需要一个描述系统行为的模型作为预测模型。在控制每一步中，通过静态参数优化，弥补了模型失配、时变、干扰等问题所引起的不确定性，从而保证控制可以保持最优。由于预测控制不仅基于模型，而且利用了反馈信息，因此预测控制是一种闭环优化控制算法。

（2）最优控制（Optimal Control，OC）

最优控制是在贝尔曼等于 1957 年提出的方法的基础上发展起来的一类控制方法，是指在满足一定约束条件下，寻求最优控制策略，使得系统的性能指标达到极值。从数学的角度上来看，确定最优控制的方法可以被表述为：在运动方程和允许控制范围的约束下，对以控制函数和运动状态为变量的性能指标函数（泛函）求取极大值或极小值。

（3）自适应控制（Adaptive Control，AC）

自适应控制是由斯泰因在 1954 年提出并逐渐发展起来的一种基于数学模型的控制方法。自适应控制和常规的反馈控制和最优控制一样，也是一种基于数学模型的控制方法，所不同的是它所依据的关于模型和扰动的先验知识较少，能随着系统的行为变化，不断检测系统参数或运行指标，自动调整控制规则和参数，补偿过程特性或运行指标或环境的变化，使得数学模型不断优化完善，逐渐接近其实际工况，从而保证整个控制系统具有良好的性能指标。这种方法可以被分为线性与非线性两类，目前比较成熟的线性自适应控制主要有模型参考自适应（MRAC）和自校正控制（STAC）两种。

（4）鲁棒控制（Robust Control，RC）

鲁棒控制是指以赞姆斯于 1981 年所提出的 H_∞ 控制为代表的基于性能指标优化的控制理论和以道尔于 1982 年所提出的 μ 理论为代表的基于分析系统的稳定性的鲁棒性分析和设计两类方法。这类方法是针对系统中存在一定范围的不确定性来设计控制器，使闭环系统在保持稳定的同时，保证一定的动态性能品质。鲁棒控制方法通常与自适应控制、内模控制等其他控制方法结合，以提高系统的整体性能。

（5）无模型控制（Model Free Control，MFC）

无模型控制首先由韩志刚、侯忠生等于 1989 年提出，又可被称作非建模自适应控制器（NMAC）。这种方法的核心是：控制器的设计仅利用受控系统的 I/O 数据，而不包含受控过程数学模型的任何信息，因此可以极大地简化控制系统的设计难度。典型的无模型控制方法有：PID 类控制技术，学习控制理论，无模型自适应控制等。

（6）无速度传感器控制（Sensor-less Control）

无速度传感器控制技术始于常规的带机械传感器的传动控制系统，是在电机没有机械位置传感器的情况下，根据检测的定子电压电流等容易检测到的物理量，利用特定算法来获得电机的速度和位置信息。由于无速度传感器的控制系统无须机械的位置检测硬件，因此提高了系统的可靠性，降低了系统成本。无位置传感器控制方法可以大致分为以下三类：一类是基于电机理想模型的开环计算方法，如直接计算法，基于电感变化的估算法以及反电动势积分法等；另一类是基于各种观测器模型的闭环算法，如扩展卡尔曼滤波器法、滑模观测器法、模型参考自适应算法以及其他自适应算法等，这类方法在观测精度和系统稳定性上，相较于第一类方法有很大提高；最后一类是以高频注入法为代表的基于电机非理想特性的算法，如旋转高频信号注入法、脉振高频信号注入法、INFORM 方法等，用于解决交流电机低速下的速度观测问题。

2.2.2.2 变频电源和交流电机传动产品技术研究

国内外的厂商都在高性能、低成本和智能化等产品技术方面做了大量工作，如自学习、自调试等，产品可以访问本地数据库自主解决简单的故障，并自主学习更新数据库。此外，还可以依靠通信工具访问远程专家，通过远程维护即可实现为客户提供快捷方便的售后服务。在国家政策的大力支持下，国产变频器生产厂商在吸收国外变频技术的基础上通过不断创新并开始自主研发生产，生产规模和产品性能也得到了快速发展。

在家用电器变频技术的研究开发上，国内外的工作主要围绕高效率驱动控制技术、低成本变频技术、低噪音控制技术及故障诊断与健康预测等四个方面展开。

（1）高效率驱动控制技术

高效率驱动控制技术已经成为未来变频技术发展的重要方向之一。以电机行业为例，在工信部发布的电机能效提升计划中明确指出，未来会将普通电机逐渐替换为高效电机。但是仅仅用高效电机替换普通电机对整个电机系统的节能效果提升并不明显，整个电机系统的节能才是真正的节能。因此，变频器大量用于驱动空调压缩机、洗衣机电机和冰箱压缩机。为实现明显节能降耗，对变频器中的 IPM 模块、IGBT 和 MOSFET 这些功率器件要求也越来越多，比如要求更低的产品成本、更紧凑的封装尺寸、更好的散热性能。对功率器件的多样化也提出要求，比如低功耗器件、紧凑设计的大功率器件、低压大功率器件、大电流高电压器件等。不仅如此，先进的驱动控制策略将会更加有效提升电机系统的能效。

（2）低成本变频技术

低成本变频技术是指在原本系统的基础上，使用低成本元件代替控制系统中成本偏高的组成部分，如位置传感器、电流传感器以及部分硬件电路，并应用优良的控制算法，优化控制系统运行性能。在有成本限制、体积约束并且控制精度要求不高的场合如家用电器变频产业中，低成本变频技术得到了广泛应用。例如采用低成本的霍尔传感器代替高精度编码器作为位置传感器等。采用无位置传感器方法的电机变频控制系统的成本得到了进一步压缩，可进一步减小变频器的体积，节省空间，从而获得更高的功率密度。在家电领域这种需要低成本高效率的场合，无位置传感器方法具有更加广阔的发展空间及应用前景。

（3）低噪音控制技术

随着变频器的广泛使用，家用电器的供电方式逐渐由变频器供电所取代，而这种供电方式也成为电机振动噪声的主要来源之一。经研究发现，电机的噪声和电流分量之间存在着密切的关系，电流谐波会引起电机的电磁噪声，这种噪声成了家用电器变频系统中的主要噪声来源。

永磁同步电机内电流谐波产生的来源通常主要有：①电机结构，例如磁饱和效应、齿槽效应、转子磁极结构和绕组分布等原因造成电机气隙中的电磁场发生了畸变，产生了谐波分量；②控制系统中逆变器，包括逆变器上六个开关器件的死区时间和管压降等非线性特性。PMSM 中的这些气隙磁场畸变和逆变器的非线性特性往往会造成定子电流存在畸变，电流波形不再是理想型正弦波，而是使电流波形中包含了（$6k\pm1$）次电流谐波以及开关频率为中心的电流谐波。电流谐波的存在不仅会导致电机转矩脉动，同样也会产生电磁力，导致电机噪声和振动的问题愈加的突出。

针对抑制永磁同步电机的电流谐波产生的电磁力导致的电机振动和噪声问题，目前主要通过在控制系统中注入补偿电流的方式对电机中的电磁谐波进行抑制。由于电流谐波通常呈现周期性变化，通过采用抑制周期性扰动的先进控制算法也可有效抑制电流谐波的影响，包括重复控制、迭代学习控制及高阶滤波器等。

由于目前的永磁同步电机的脉宽调制技术常采用的是固定开关频率，这导致在逆变器开关频率的整数倍及其附近产生电磁振动和噪音，也有很多学者对这一问题进行了研究，主要通过改变 PWM 频率，不再采用固定频率的 PWM 信号，而是采用随机频率的 PWM 信号，将固定频率的频谱分散至一个范围之内，可有效抑制逆变器开关频率的整数倍及其附近产生电磁振动和噪音。

（4）故障诊断与健康预测技术

故障诊断技术依托于系统可靠性研究、系统控制研究等内容，为提高生产效率与减低生产成本，起始于在自动化发展的 20 世纪前期。在故障诊断技术发展以后，系统的稳定高效性能得到有效保障。随着计算机技术的普及发展，故障诊断技术得到了革新，从依靠复杂建模与计算，发展成为依靠计算机精密迭代与计算，这使得诊断技术准确度和鲁棒性得到极大提升。进入 21 世纪后，人工智能与大数据技术的成熟进一步推动故障诊断技术发展，利用信号处理数据能够更为准确地判定故障产生，同时电机产生细微故障时也能被诊断出，为后续容错工作提供可能性。电机故障诊断方法随着国内外众多学者的关注与研究得到了快速的发展。

在交流电机伺服系统的技术研究上，国内外的工作主要围绕以下几个方面展开。

（1）高精度、大力矩 / 推力、大功率伺服 / 力矩 / 直线 / 平面电机设计技术

首先，伺服电机目前以永磁电机为主，功率越来越大，精度越来越高。其次，超精密直线 / 平面电机的推力密度通过提高磁负荷与电负荷得到提升，但由于冷却结构与初级绕组位于无铁心直线永磁同步电机的次级永磁体之间（初级绕组位于磁悬浮平面电机的次级永磁体阵列上侧），通过增大冷却面积提升冷却效果、通过增大绕组体积提高输出推力，与通过提高气隙磁通密度提高输出推力之间相互矛盾、相互制约。最后，推力密度提升与推力波动抑制之间通常也相互矛盾。因此，合理的电磁设计、结构设计与冷却设计，是提高直线 / 平面电机推力密度、抑制电机推力波动的关键技术之一。

（2）高功率密度、高动态变换器拓扑、PWM 算法及输出谐波控制技术

在变频驱动装置的开关频率一定的条件下，随着电机转速的提高，电流输出频率接近于功率器件的开关频率，造成电机谐波电流大、损耗高。解决这一问题的方法就是提高驱动装置功率器件的开关频率，或在原有器件的条件下，探索多管并联的驱动装置拓扑结构，这样，既能提高驱动装置的电流输出能力，也能降低器件开通压降和功率损耗。

以 SiC 和 GaN 为代表的宽禁带器件具有高击穿电场强度、高截止频率、高结温、高开关速度和低导通电阻等特点，将其应用到电机变频驱动领域可实现电机驱动系统的高频化，有效减小电容、电感等无源器件的体积，实现更高的功率密度。开关速度大幅提高，暂态过程缩短，电流控制带宽高、动静态性能提高。同时通态损耗也由于导通电阻的降低而减小，率器件对功率回路中的电容和电感等寄生参数更加敏感，对硬件电路的设计提出了挑战。

软开关变频器具有开关频率高、功率密度高、效率高、噪声低等优点，是未来大容量高精度功率变换器的发展方向。高开关频率宽禁带电力电子器件及软开关功率变

换技术的发展为具有低电感特性和低推力波动、高动态需求的无铁心同步电机 / 平面电机的电流控制带来新的控制手段。高频软开关功率变换器主电路拓扑结构确定与电路控制，是实现高电压、大电流、高效率、高频响功率放大器的关键技术，是需要深入、重点研究的难点之一。

为了保证电机能实现高精度、高动态的运动控制与定位，对功率变换器提出的要求是电流输出的精度和线性度高，电流响应速度快。功率变换器作为直线 / 平面电机的电流控制单元，其输出电流误差将引起电机的推力波动，从而产生系统的跟踪定位误差。但是，影响输出电流误差的因素较多，且影响较难消除。因此，抑制功率变换器的输出电流谐波是需要深入研究的难点之一。

（3）超宽范围调速、高功率密度高速电主轴和工作台电机多自由度解耦控制研究

为满足机床多功能的要求，如转速从 0.004r/min 到 200r/min，调速比超过 50000，电主轴电机需要有较大的恒功率弱磁调速能力。电主轴电机弱磁升速后，电机损耗增加、发热验证、振动增加，这些对高端机床的使用造成了一定的影响，因此低转矩波动的弱磁调速技术是目前研究的一个难点问题。另外，提高电主轴的功率密度的主要途径是提高电机的运行转速，随着转速的提升、功率的增加，电主轴电机的损耗密度、转子振动及噪音影响严重。随着转速、功率的提升，电机系统热力学、电磁学、动力学耦合问题越来越凸显，成为电机高速化的一种制约。目前，还没有一套成熟的设计方法对高速、大功率电机进行优化设计，因此基于多物理场综合分析的高速、大功率电主轴电机的设计技术是个难题。

应用于回转工作台的直驱电机应当具有大力矩、高转速、高精度、高效率、高柔性，要同时兼顾低速大转矩和高速大功率，以满足工作台、主轴等多部位驱动需求。为此，电机需要特殊的多单元对称设计，以保证在绕组不同串并组合时，直驱电机能在全转速范围内出力均匀稳定。回转工作台要同时实现低速大力矩和高速大功率，仅依靠传统的弱磁控制是无法实现的，更不可能实现高效率运行。为此，需要综合低速大力矩和高速大功率两个运行区段，结合电机本体的变电势系数和电机控制的弱磁调控，研究超宽范围内的调速控制策略，实现直驱力矩电机系统的超大范围调速和全区段高效率运行。

磁悬浮平面电机是在次级永磁体阵列和初级线圈阵列的共同作用下产生悬浮力和水平推力，以直接驱动的方式实现多自由度运动，不同方向的电磁推力、转矩之间通常存在复杂的耦合关系。为了实现电机的精密控制，必须要解决这些耦合问题。传统

的解耦方法未能考虑非均匀分布的电磁力及其产生的附加转矩的影响，又或是解耦矩阵非常复杂，不方便求解。因此，如何获得简单、快速、准确的解耦方法是实现磁悬浮平面电机高动态、高精度控制的关键所在。

（4）广适性驱动、驱控一体化、故障智能化诊断技术

变频伺服系统的广适性驱动硬件兼容性方面，考虑到控制对象种类繁多，需要建立系统的电机参数和类型数据库，在有限的存储空间内嵌入多类型电机的控制算法，以软件集成或者硬件扩展卡的形式实现多种工业总线协议和信号反馈的兼容。硬件兼容性方面国外的代表性产品有安川 GA700 和科尔摩根 AKD 两款。GA700 是日本安川公司推出的最新款高性能多功能变频器。GA700 通过简单的参数设定，便能兼容感应电机、同步式磁阻电机、表贴式永磁同步电机以及内嵌式永磁同步电机。通过安装通信卡，能够支持 RS-485、PROFIBUS-DP、DeviceNet、CC-Link、CANopen、LONWORKS、MECHATROLINK- Ⅱ等各种现场网络。美国科尔摩根公司的伺服驱动器产品 AKD 系列的主要特色为功能丰富、应用灵活以及高集成度。AKD 能够兼容科尔摩根旗下的 AKM 无刷旋转电机、模块化直接驱动旋转电机、封闭式直接驱动旋转电机、直接驱动直线电机、电动缸直线定位器、无杆执行器直线定位器以及精密工作台直线定位器。反馈设备方面，AKD 能够支持智能反馈设备（SFD）、EnDat2.2、01、BiSS、模拟正弦 / 余弦编码器、增量编码器、HIPERFACE 和旋转变压器。此外，AKD 还给客户提供了包括 EtherCAT、SynqNet、Modbus/TCP 以及 CANopen 在内的四种以太网运动控制总线方案。整体而言，AKD 系列伺服驱动器是欧美系产品强兼容性的代表。

控制算法方面，为实现免调试的目标，需要做到无须任何先验知识以及人为的参数设定，电机驱动系统完全自主判断工作条件及负载状况，并根据判断结果，自动调整控制结构，引入前馈和状态反馈支路，并采取自适应非线性算法优化各个环节系数，使系统达到最小化位置误差、接近零的整定时间、减速阶段结束时无超调、稳态时无振荡、稳态时最小化振动、抗干扰能力强、动态跟踪准确度高等效果。软件兼容性方面，安川 Σ-7 系列表现最为优异。基本性能方面，安川 Σ-7 极限速度频率响应 3.1kHz，且能够在不提高转速增益的前提下降低速度脉动。振动抑制方面，能够同时抑制 5 段 500Hz 以上高频振动，2 个数百到 1kHz 中频振动和数十 Hz 低频振动。安川 Σ-7 最大的亮点，便是第一次提出了免调整功能，它是一种无论机器种类及负载波动如何，都可以通过自动调整来获得稳定响应的功能，完全不需要人为的任何设置，为

用户的操作与使用提供了极大的便利。与此同时，在最大 30 倍的负载条件下，系统也不会产生振动。此外，动作过程中即使变更负载，动作仍稳定。

选用多轴驱动与控制一体化集成控制架构，除了可有效降低系统成本，缩短通讯延时，提高多轴协同性，还可以通过主控芯片的内部总线，实时共享多轴的运动信息，为交叉耦合控制、非因果指令前馈等提供了可能。在单轴高性能伺服控制的基础上，进一步采用驱控一体化技术，可极大地提高机床多轴联动系统的加工精度与效率。机床 / 机器人是一个机械和电气部分相互耦合的复杂系统，对于控制器而言，控制对象较为复杂。为了全面提升机床加工品质和机器人运动控制精度，需要对整体系统进行细致的分析和建模，在传统的控制方式上需适当地增加补偿环路，或引入非因果形式指令前馈。但系统中的间隙、饱和、摩擦、阻尼以及柔性传动环节会给系统建模带来一定的困难。如何提炼模型中的主要参数，如何对时变或者摄动较大的模型参数进行更细致或者鲁棒化处理，是下一步研究的难点和重点。

数控机床驱控一体技术的核心是整合运动控制技术、伺服驱动技术，并通过共享内存的方式进行多种类、高速度的数据交互，例如加工主轴可以将切屑力通过共享内存发送给运动控制部分，进而调整加工进给量进行切屑力控制。加工工件的不同，工作台负载发生变换，伺服系统通过辨识相关机械参数，发送给运动控制调整控制策略。驱控一体技术使数控系统具有更深度更合理的前馈控制架构，适应时变非线性的数控机床控制机制。根据数控机床不同加工情况进行动态伺服参数调整。获取伺服系统控制结果并根据误差调整上层控制策略，同时也增加其可靠性等。世界主流的数控系统厂商如日本 FANUC、中国台湾新代等均已实现驱控一体化技术的产品化，日本 FANUC 数控系统通过驱控一体化技术，将提前规划多步指令发送给伺服完成小圆弧插补提升圆弧精度，实现纳米平滑插补。中国台湾新代已经将驱控一体机应用在数控车床、多轴车铣复合机床、注塑机等机床上实现高速高精度、平滑插补的数控系统。

变频电机系统智能化故障诊断技术将伺服驱动技术、数字信号处理、故障诊断等诸多技术融会贯通，无须增加额外传感器，将电机本身视为智能传感器仅采集其电信号进行数据挖掘，并依据故障特征快速判断系统故障类型。可实现对电机本体及其传动系统的健康运行状态的在线监控，针对机械谐振、齿轮故障、轴承故障、安装偏心等多种类型故障实现精准判别，增强电机传动系统的安全性与稳定性。目前国外多数伺服单元已具备 IEC61800-5-2 定义的主要安全功能，如转矩截止、安全停车、安全运行停车等，部分驱控一体产品已具备 IEC61508 定义的安全等级。国内在安全功能部分有所欠缺，大多具备安全运行停车功能。

在智能故障诊断领域，目前国内伺服产品均不具备智能故障诊断与监测功能，尤其是非侵入式电气法故障策略集成于伺服驱动器，实现在线实时系统安全状态监测，实现潜在故障早发现、早解决，提高伺服系统的运行安全系数。

在工业与通用变频系统的技术研究上，国内外的工作主要围绕以下几个方面展开。

（1）大功率和高频率技术

三电平中压变频器是冶金生产线轧机主传动目前的主流配置，并联输出是提升其功率的主要手段，当前需要重点解决多变频器并联输出之间的高速协调控制、均流、共模电压抑制等技术难题。开发新型大功率变频器拓扑，例如五电平中压变频器，将提高变频器输出电压至 6.6kV（三电平输出电压 3.3kV），从而提升变频器单机输出功率和输出频率。从技术路线上，优先实现三电平中压变频器并联运行，最多达到 4 并，使最大输出功率达到 40MW；其次开发新型变频器拓扑，提高输出电压至 6.6kV，使单机输出功率和输出频率提升翻倍。

（2）高精度控制技术

矢量控制技术是变频器实现高性能控制的灵魂，通过建立交流电机数学模型，准确观测电机磁链矢量，根据磁链矢量相位对电流矢量进行闭环（内环）控制，达到磁链和转速（外环）闭环控制。欧美日知名电气公司用于常规变频系统的矢量控制算法，经过近半个世纪的技术积累，已达到炉火纯青的地步，技术性能指标近十几年几乎没有大的变化。国内虽然在变频器研究方面几乎与国外同步开始，但真正规模化开发研制高性能变频器是近十年的事情，还处于技术积累和追赶国际领先水平的过程中。通过提高传感器检测回路精度、控制器离散化数学运算精度、电动机阻抗识别精度等措施提高磁链模型的观测精度，通过精确补偿开关切换死时、补偿低开关频率下非线性输出电压误差等提高输出电压精度，实现变频器的高精度控制，缩小国产变频器与国际领先水平的差距。

（3）绿色降耗型技术

采用低功耗电力电子器件、降低开关频率和优化开关策略、优化缓冲回路参数等是降低变频器损耗的主要手段，当前重点是开发低开关频率的优化脉宽调制技术。指定谐波消除脉宽调制技术、指定谐波抑制脉宽调制技术等属于同步优化脉宽调制技术，这两个技术目前国内企业已应用于变频系统的有源前端（即整流器），网侧谐波低于国标、功率因数超前滞后可控，并在冶金工业现场运行，效果显著。交流电动机侧变频调速系统所采用的低开关频率控制技术最成功的目前主要有两种：基于同步优化脉宽调制的磁链轨迹跟踪控制技术，在传统矢量控制基础上引入定子磁链模型，以及在线同步跟踪定子磁链轨迹并实时修正开关角度，采用该技术的产品以西门子的S150 三电平变频器为代表；基于直接转矩控制的模型预测控制技术，采用该技术的产品以 ABB 的 ACS6000 三电平变频器为代表。上述两种交流电动机变频系统低开关频率控制策略均在很低的开关频率下，精细化解决了非线性实时控制的难题，满足了变频系统稳定性和快速动态响应的要求，大量应用于冶金轧机主传动，是当今国际领先的技术。研究开发该类技术，需要重点解决多变量非线性实时控制的难题，使磁链脉动、转矩脉动和电流谐波最小。

建立热仿真模型和冷却管路仿真模型，在满足散热、绝缘、电磁兼容、材料力学和便于安装维护的前提下，通过对现有产品进行优化改进，包括冷却散热器的优化设计、水路的分配的优化、水路精细化改进设计等提升功率密度，并改进材料、优化零部件尺寸、优化结构等，使模块结构更合理紧凑、更便于拆装和维护，减小体积，提高功率密度，降低现场安装空间和节约成本，使未来 5~10 年内同样容量变频器的体积减小 20%~30%。

（4）高可靠、智能型技术

在设计上要确保器件选型有足够的安全裕量，有全面的限幅保护和故障诊断环节，采用仿真和试验相结合的方法，优化散热、绝缘和电磁兼容空间；确保采购成熟可靠的器件产品；控制算法经过仿真验证、系统试验验证和工业现场试运行验证；样机经过全面的反复试验验证，最终经过型式试验验证；产品经过严格的出厂试验；及时研究改进产品，杜绝缺陷。此外，每个产品均需制定企业标准，并及时改进和严格执行。经过不断改进，使产品连续无故障运行时间逐步提高，年度故障停机时间低于冶金行业要求。

研究改进变频器被控对象（电动机等）参数自动识别、控制器 PID 控制参数自优化整定和控制架构在线自适应调整、机电谐振分量在线自适应滤波等智能化功能，使控制系统始终保持稳定运行。研究开发和改进变频器的故障分析诊断和预警、关键部件寿命预警、自恢复运行等智能化功能，避免和减少人为因素的低效和失误，减少维护工作量和维护人员，提高生产效率。向上级自动化系统提供足量设备实时信息，便于日常运行维护管理、实时工况记录监测，以及设备寿命信息和阶段维护决策，满足冶金生产信息化、智能化管理需要。

在电气化交通变频系统的技术研究上，国内外的工作主要围绕以下几个方面展开：

（1）下一代交通电气化技术

包括永磁同步高速电机牵引控制技术，电力电子牵引变压器技术，高速轮轨式、磁悬浮式、真空管道式高速列车。目前国内外都有大量的理论研究，均处于研究或实验阶段，到商用还需进一步验证。需要解决的是精密器件制备的问题，在高端轴承、核心控制芯片、IGBT 晶圆等技术壁垒较高的行业，要充分利用国际平台与国内健全产业链优势，研发下一代交通电气化技术，提升国内产品的竞争力与影响力。

（2）大功率器件国产化技术

IGBT、IGCT、FRD 等电力电子器件是构成变频器功率回路的最关键元器件，目前在高铁牵引变频器中国产器件采用的不是很多，主要原因在于国产器件技术指标低、品种少、稳定性不足、短期内难以满足轨道交通对变频器可靠性的要求。需要在安全战略指导下，国家加大对应用国产电力电子器件实现大功率变频系统应用的支持力度，大力扶持推进国产电力电子器件的开发制造、提升品质性能和品种、加大变频系统应用，以逐步实现变频器的国产化率，带动行业国内上游产业链的突破发展。技术路线上，先应用于可靠性要求较低、功率较小场合，并可适当考虑热备用系统，待器件技术指标稳定、应用成熟后再逐步推广。

（3）宽禁带新型电力电子器件研究

碳化硅（SiC）与氮化镓（GaN）为代表的宽禁带新型电力电子器件比硅基（Si）半导体器件的具有高击穿电场强度、高开关速度、高截止频率、开关损耗低、高结温和阻值低的优点，将其应用到电气化交通变频驱动领域可实现电机驱动系统的高频化，有效减小电容、电感等无源器件的体积，实现更高的功率密度，同时通态损耗也由于导通电阻的降低而减小。但目前功率较小、价格高，主要应用于机车辅助变流器和电动汽车等场合。该类功率器件对主回路中的电容和电感等寄生参数更加敏感，对硬件电路的设计提出更高要求。

3. 变频电源及其应用产业与技术需求和问题分析

3.1 变频电源及其应用产业与技术的需求分析

我国变频器的市场需求巨大。首先，现有设备的技术改造、进口设备的国产化替代逐渐成为主流。其次，随着市场应用领域不断扩大，用户需求也日趋多样化，越来越多的新型技术和新材料被应用在变频器研制中，促进了新一代变频器的研发。

（1）近年来，在“碳达峰”和“碳中和”的大政策背景下，通用型变频电源在风机、水泵变频调速、促进节能减排这一主战场中的需求将会持续扩大，存量改造市场仍为关注重点，将继续保持着较高的增长率。

（2）随着“一带一路”政策的推进，通用型和工程型变频器在油气开采输送、各类交通设施、港口建设等项目的需求逐步增多，发展空间巨大。

（3）随着我国工业化进入成熟期，在钢铁、机械、建材等传统工业领域中高压变频器设备保有量巨大，增量市场逐步转变为存量市场。

（4）发展新型智慧农业、农业领域节能减排以及我国持续深化的城镇化建设对通用型变频器意味着巨大的增量需求。

（5）随着《中国制造 2025》计划的落实，工业自动化水平的不断提高和智能制造的全面推广对机器人、精密加工 / 数控机床需求巨大。

（6）变频器还可用于家电压缩机驱动，形成变频空调、变频冰箱、变频洗衣机、变频吸尘器等，“变频家电”走进千家万户，已成为国计民生的重要部分。

（7）国民经济全面电气化，到 2030 年要求达到 35%，到 2050 年要达到 60% 左右。变频传动的一个重大应用领域是以电驱动取代燃油驱动的现代交通电气化，轨道交通、电动汽车、电力推进舰船、多电 / 全电飞机等的交通运载工具的应用规模和影响越来越大。

（8）变频电源是国家重大工程高端装备的核心部件，广泛应用于国防、能源、交通、冶金、化工、机械制造等，例如：大型冷 / 热连轧机传动、西气东输大型压缩机驱动、南水北调大型扬水泵传动、国防风洞试验机、核电站给水泵驱动等。

（9）随着智能化的推进，客户服务要求的提升，通用及工业变频器的数字化需求也在不断提升，以便能更好地提高故障诊断、远程维修等服务，未来变频器自身将向智能制造、定制化、系统集成和节能低噪方向发展。

例如，我国在船舶电气化技术领域取得的进步较快，但产业发展中不平衡、不协调、不可持续问题仍然突出，产业结构亟待调整升级。发展需求主要有：

1）自主创新能力的提升

我国创新引领和创新驱动明显不足，创新模式仍属追随型，在高端船舶的推进系统、全海况的适应性的装备性能等方面与国外还有不小的差距，这都需要我国要加大自主创新能力的建设，提高自主创新的能力。

2）高端装备自主可控能力的提升

当前，我国在低端船舶与海洋工程装备领域的电气化设备基本具备自我供给的需求，但是在高端船舶与海洋工程装备方面，自我供给能力明显不足，如在大型及高冰区的船舶推进装备、高风浪海况下的吊机装置、全海况的动力定位装备等领域还没有相关产品。此外，围绕国家最新提出的碳达峰、碳中和的绿色发展理念，大力推进锂电池动力及氢燃料电池动力等高端新能源船舶的核心装备的研制，这要求我国要不断地提升高端船舶电气化装备的研制，提高自主可控的能力。

3）装备品质的提升

我国船舶电气装备的生产制造在生产加工能力、自动化程度、生产工艺流程及质量管理水平等方面与国外还是有不小的差距，导致我国产品在工艺、质量等方面还存在着较大的提升空间，因此，有必要在生产制造能力和水平上进行提高，对装备生产品质进行提升。

4）自主品牌影响力的提升

当前，国产中低压电力推进产品已初步形成系列化，并具有实船应用业绩，但由于在高端市场如海工船、工程船及科考船、豪华邮轮等市场，我国高端船舶电气化系统及产品品牌影响力低，市场竞争力不强，提升自主品牌影响力，提高市场占有率迫在眉睫。

3.2 变频电源及其应用产业与技术的关键问题分析

我国大功率、中高压变频器技术经过数十年发展已取得长足进步，通用型高压变频器市场国产化占有率已达 60% 以上，但存在低价格竞争、质量和性能偏低等情况。在电气化交通的标志产品高铁变频器方面，我国通过引进、消化、吸收和再创新形成了中国标准动车组。在高性能、工程型高压变频技术水平方面发展也很快速，但与国外相比仍存在较大差距。主要体现在“跟随、模仿”型开发较多，成熟性不足，缺乏原创性。此外，核心器件 / 部件自主化不高、产品质量、可靠性方面也与国外先进水平存在较大差距，国内高端市场基本被国外产品垄断。国际上知名的变频传动技术公司经过数十年的发展，在大功率变频调速领域具有深厚的积累，国产变频调速系统虽然已具备进口替代能力，但也存在部分不足。

3.2.1　原创性技术不足

国内变频器厂家相继突破和掌握了大功率器件的压接技术、大功率 IGCT 器件应用、四象限运行、零速悬停、大转矩启动等技术，实现了高精度、高输出频率、高动态响应的功能和性能，但技术原创性不足，主要技术还属于跟随阶段。

3.2.2　核心器件/部件自主化不高

大容量高压电力电子器件是大功率高压变频器的核心部件，国际跨国公司把器件、装置、系统应用一体化研发，新器件的研发往往作为高压变频器市场竞争的关键，例如西门子大功率变频的高压 IGBT，ABB 公司产品的 IGCT，日本东芝 IEGT 器件是 TEMIC 高压变频器的核心，国内很多应用领域功率器件国产化不高。

低压小功率变频器的核心部分是智能功率模块 IPM，主要是由 IGBT/ 外围电路及保护电路封装在一起组成，目前国际上 IPM 的生产厂家主要分布在美国和日本，如美国仙童，日本三菱、富士等。国内 IPM 生产由于起步较晚，因此无论是从产量还是质量上均落后于世界先进水平。在宽禁带半导体功率器件的应用上，尚无成熟国产化宽禁带半导体功率器件生产商家。

变频驱动的控制主芯片主要有 MCU 和 DSP 两种，目前几乎完全依赖进口。相比于国外知名处理器厂家如 TI、瑞萨等已发展出体系较为完善的微处理器系统来说，目前国内无成熟的变频器控制芯片，主要原因是通用变频器控制芯片价格不高，且厂家竞争较为激烈，国内的设计公司和制造公司的积极性不高，不愿做前期大量投入，因此控制芯片国产化需求亟待解决。

3.2.3　产品的应用少，成熟度、系列化存在不足

2010 年起国产中压交直交变频调速系统逐步在矿山、水泥、西气东输、大型装备试验台、海上风电、轧钢和大型风洞领域进入快速应用阶段，市场占有率超过 50%，但相比进口产品，应用时间短，产品成熟度不足，销售价格和利润不断下降，高端市场均被国外企业占领。

ABB、西门子和 TMEIC 等进口品牌经过多年的积累，已形成 LCI、三电平、五电

平、级联等多拓扑、多功率段的产品系列，可为各类型应用场合提供解决方案。国产中压交直交变频调速系统当前在三电平、级联等拓扑和部分功率段实现了突破，产品的系列化还存在不足。

3.2.4 智能化技术产品缺乏

当前国外的变频器产品在朝着智能化技术方向发展，如自学习、自调试等，产品可以访问本地数据库自主解决简单的故障，并自主学习更新数据库。此外，还可以依靠通信工具访问远程专家，通过远程维护即可实现为客户提供快捷方便的售后服务。国内变频器厂家也有类似产品，但技术原创性不足，主要指标还属于跟随模仿阶段。

例如，在智能制造高性能变频主轴传动领域，我国从 20 世纪 80 年代初期开始机床电主轴系统的生产，其中以洛阳轴承研究所为代表，自主研发系列电主轴产品。经过 20 多年的发展，目前国内生产电主轴的厂家主要有：广州昊志机电股份有限公司、洛阳轴研科技股份有限公司、江苏晨星科技股份有限公司、河南莱必泰主轴有限公司等，但主要产品序列覆盖能力有限，其最大功率的高速电机仅为几十千瓦；转矩在 400Nm 的电机只有 2000RPM 左右，没有形成品牌优势和综合技术优势。结合数控机床发展趋势，我国高档电主轴与国外先进水平相比存在以下几个方面的不足：

（1）现有的数控机床正在向着工艺复合化和多轴化方向发展，复合功能的数控机床得到迅速发展。而我国在电主轴的兼顾低速大扭矩和高速小转矩主轴电机研发方面还有很大不足，国外产品低速段的输出扭矩可以达到 300Nm 以上，有的更是达到 600 多 Nm（如德国的 CYTEC），而国内目前则多在 300Nm 以内，远远无法满足日益发展的数控机床行业的需求。

（2）数控机床正向着高速化方向发展。数控机床的高速化有助于加工复杂机构和薄壁结构部件，使得处理速度提高，表面粗糙度降低，减小热变形等。我国航空航天工业和轨道工业对这类数控机床的需求巨大。而国外此类用于加工中心电主轴的转速已经达到 75000 RPM（意大利 CAMFIOR），而我国则多在 40000 RPM 以下。其他用途的电主轴，国外已经达到了 150000 RPM 以上（日本精工、精机），而我国电主轴的最高转速为 40000 RPM，还远远没有满足高端机床行业的需求。

（3）在电主轴的功能和性能方面，国外已经在发展多功能、高性能的数控机床用电主轴产品，而我国仍然以常规产品为主要发展方向。

（4）在电主轴的支承技术方面，国外已经有动、静压液（气）浮轴承电主轴（瑞士 IBAG 等）、磁浮轴承电主轴（瑞士 IBAG）的成熟商品，在我国则仍然处于科学研究、试验和技术开发阶段。

（5）在其他与电主轴相关配套技术方面，如电主轴内装电机闭环矢量控制技术、交流伺服技术、停机角向准确定位（准停）技术、C 轴传动技术、快速启动与停止技术、HSK 刀柄制造与应用技术、主轴智能监控技术等，国内仍然不够成熟，或不能满足实际应用需要。

（6）在产品的品种、数量及制造规模方面，尽管国内已经有部分企业在从事电主轴的研究和制造，对于数控机床用高速电主轴，则仍然处于小量开发和研究阶段，远没有形成系列化、专业化和规模化生产，还无法与国外先进水平相比，远远不能满足国内市场日益增长的需要，还不具备与国外产品相抗衡的能力。整体的社会配套水平低，如高频变频装置、油雾润滑器、冷却装置、内置编码器、换刀装置配套水平等制约着主轴部件的发展速度。

在新能源汽车电驱动产品方面，制约我国车用电驱动发展的技术集中在产业链的两端和整个过程的平台短板上，即电驱动总成设计与集成、关键材料与核心零部件 / 元器件，以及专用软件与开发工具、核心测评和制造装备等方面。主要体现在三方面：车用电驱动系统正向设计、深度集成化设计和实施能力不足；电驱动系统关键材料与核心零部件 / 元器件开发与制造差距较大；专用软件与开发工具链缺失，电驱动系统产业化工艺与装备水平不足。

4. 变频电源及其应用产业与技术的发展愿景与目标

4.1　变频电源及其应用产业与技术的发展愿景

大功率中高压变频装置是国家重大技术装备的关键设备，广泛应用于冶金、矿山、电力、石油等工业机械调速，提高工艺设备能效，也是当前国家节能减排的重点推广技术。在能源工业中，采用交流调速来驱动矿井提升机，西气东输、南水北调的油、气、水输送大型压缩机等的关键设备。在国防与交通领域，也是大型舰船电力推进、高速机车牵引、磁悬浮列车的核心设备。中高压电机变频传动功率大、性能高，技术复杂，装备容量大，长期以来被少数国外大公司，如西门子、ABB、TEMIC、GE

等国际电气巨头所垄断，造成我国重点项目和重大工程此类装备严重依赖进口，包括大型热连轧机传动 8~10MW 高过载、高动态的电机变频电源，大型冷连轧机传动的高性能、高精度变频调速系统，高速线材轧机传动市场，大型抽水蓄能电站变频启动电源，大型矿井提升机传动变频调速系统，西气东输大型压缩机驱动变频系统，国家南水北调工程的大型调水泵变频传动等，进口变频器在技术的深度和广度、技术的原创性、产品系列化和成熟度等方面还具有明显的优势。

21 世纪以来，国家把大功率传动变频调速系统的研发列为重点科技攻关计划，我国在大功率变频电源国产化方面发展迅速，已取得一系列成果。同时，国内变频器企业经过持续的研发投入，研制的大功率中压变频调速系统已具备替代进口变频器的能力，在主要技术指标和功能上从追赶阶段已进入到齐头并进阶段，在部分功能和性能指标方面甚至优于进口变频器。大功率风机泵类的节能调速目前以单元级联中压变频器为主流配置，几乎完全由国内产品占据。荣信、上广电已研制了 20 多套 20MW 国产 IGBT–H 桥级联高压变频器，成功应用于西气东输 20MW 大型压缩机驱动，荣信汇科研制出 80MW/10KV 高压变频器应用于国防风洞电机驱动。电气化交通的标志产品高铁变频器的应用推广也是很好的成功案例，需要我们利用国内庞大的市场，通过引进、消化、吸收和再创新形成了中国自己独有的技术和品牌。

在冶金、矿山、电力、石化和天然气领域，变频器正在向大型化、高性能和智能化方向迅速发展，对中、高压大容量功率半导体器件的需求增加，推进国产化 IGBT、IGCT、SiC 大功率半导体器件的应用，逐步实现大功率半导体器件自主可控是一个必须重视的问题。

在智能制造领域，考虑到电机及其驱动装置在高端装备制造领域的基础和核心作用，应进一步支持高性能伺服类电机及其驱动装置的研发，实现直接驱动超精密伺服类电机及其驱动装置产品系列化，主要技术指标达到国际先进或国际领先水平的总体目标，拓宽装备制造厂家对电机及驱动装置的可选择范围，为进一步提高国产高端装备性能提供核心部件，为我国高档数控机床和基础装备制造行业的发展奠定坚实基础。

总之，国家需要进行前瞻性的规划、持续的变频调速系统研发人才的梯度培养、持续的研发投入，有效地把产、学、研、用有机地结合起来，将分散的技术集成在一起，才能实现国产高性能、大容量变频调速系统的技术水平全面达到和超过进口变频器，实现在全领域替代进口。国内企业需要正视与国外企业存在的差距，加大研发力度，加快变频器核心器件部件的国产化，实现变频器的进一步小型轻量化、高性能化和多功能化。依靠自主创新扩大市场份额，打造具有一定知名度的系列变频器产品。

4.2　变频电源及其应用产业与技术的发展目标

在矿山、电力、冶金、石化和天然气领域，变频器正在向大容量、高性能和智能化方向迅速发展，推进高效电机变频型系统在矿山和电力领域的应用，包括大功率变频器的低损耗运行与高效能电机的推广应用，有利于减小煤炭开发过程中的排碳量，实现“双碳目标”。

1）中高压、大容量变频器的低损耗化一方面有利于提高变频器运行效率，另一方面也减小了大功率变频器的散热压力，增加功率器件使用寿命，提高变频器可靠性。大功率变流器低开关频率控制技术能够减小变频器开关损耗，当前指定次谐波消去 PWM（Selected harmonic eliminated PWM，SHEPWM）、指定次谐波抑制 PWM（Selected Harmonic Mitigation PWM，SHMPWM）、同步优化 PWM 等低开关频率脉宽调制策略的应用亟待攻克在线实施问题以满足变频控制的快速动态性能需求。此外，还需开发低开关频率下变频器的非线性解耦控制策略、模型预测控制策略以解决低开关频率运行下的稳定性问题，提升系统动态性能并实现电磁转矩脉动与电流谐波的优化。中高压、大容量变频器的低损耗运行还可以通过利用低损耗的宽禁带半导体功率器件取代或替换传统 Si 基功率器件实现。在 SiC 宽禁带功率器件成本还未大幅下降的情况下，研究开发基于传统 Si 基与 SiC 基功率器件组合形成的异质功率器件组合型变频器拓扑技术，以较低成本利用 SiC 器件减小开关损耗，并实现 Si 基于 SiC 基功率器件的“取长补短”。开发基于宽禁带功率器件的新一代大功率变频器需要着力解决主电路优化设计理论、智能 SiC 功率器件驱动开发、高开关速度与高开关频率下的电磁兼容建模与电磁干扰抑制等关键基础问题。变频调速系统的损耗除了来源于变频器本身，还来源于电机损耗，采用新型高效能电机替代传统电机已成为当前矿山领域变频系统改造的热点，主要包括大功率稀土永磁同步电机、永磁辅助式同步磁阻电机的推广应用、外转子电机、定子绕组串联电机、开绕组电机、多绕组电机技术的应用以及低速直驱模式的推广应用。

2）中高压、大容量变频器作为矿山、电力、冶金、石化和天然气领域的重要电气装备之一，其智能化平台的开发是实现智能化矿山、电力目标不可或缺的一部分。重点攻克基于数据驱动的变频器状态感知与故障预测技术，主要包括变频器多时间尺度状态参数提取技术、变频器数据预处理与特征变量提取技术、基于机器学习的变频器状态感知与故障预测技术，最终实现变频器全寿命周期管理。在矿山要面向深井集约化开采的需求提升电机控制算法的智能性，主要包括高精度参数自学习、控制参数自整定与在线自优化技术、新型多目标满意优化预测控制的现场应用与推广、超长型刮板运输机与带式输送机中的多机功率平衡技术、超深井提升机机电耦合震荡抑制技术等方面。此外，在“5G+ 矿山物联网”下，推进变频控制器接入技术的开发，以实现矿山变频系统的日常维护基本信息管理、设备工况实时监测、典型故障模拟及预知以及维护决策。在智能化矿山的要求下，矿山变频系统应具备全面感知、实时互联、分析决策、自主学习、动态预测、协同控制等智能化功能。必须着力推进作为智能算法灵魂的国产 DSP 芯片、AD 芯片的技术突破，并逐步实现矿用变频器数字芯片自主可控。

3）中高压、大容量变频器的功率密度提升的技术路线主要包括变频调速系统集成、高功率密度 SiC 基中压大功率变频器与防爆变频器电热磁耦合优化设计技术三个方面。变频调速系统集成路径主要包括变频一体机和内装式电机两个方面。变频一体机是指将电力电子和电机进行物理集成，无须特殊外壳和连接电缆，以实现质量、体积的减小，在矿井下的防爆变频系统中具备突出的优势。探索高功率密度 SiC 基中压大功率变频器技术，研究高温碳化硅器件的应用，探索基于 SiC 基功率器件的电流源型变频器基础理论。防爆变频器具有防尘、防潮、防爆等优点，在矿山尤其是煤矿中的应用极为广泛，防爆变频器优化散热设计技术是实现其小型化的关键技术之一，主要包括高精度电热磁耦合建模与热管理技术。

在智能制造领域，为保证《中国制造 2025》制造强国战略的顺利实施，未来“高档数控机床与基础制造装备”科技重大专项在“十四五”阶段课题规划中，应进一步实现直接驱动超精密伺服类电机及其驱动装置产品系列化，主要技术指标达到国际先进或国际领先水平的总目标。在伺服和家电变频控制器制造领域，主要目标是在硬件与软件方面实现双重突破。

4）硬件方面，应以拥有自主知识产权的国产变频器芯片为主要突破方向，进行组织攻关，开展跨行业合作，成功开发国产芯片，并建立起设计 – 加工 – 制造 – 销售为一体的国产变频器芯片生产系统，实现核心技术国产化及产业化；国家应加大智能功率模块的生产支持力度，从产量及质量两方面对 IPM 进行全面升级，做到核心半导体功率器件（包括硅基和第三代宽禁带）的国产化。

5）软件方面，应在控制芯片及智能功率器件国产化的基础上，对控制算法进行升级以适配国产芯片。并且在之前研究的基础上，对控制算法进行进一步研究，从能效提升及智能化两方面对控制算法进行全面发展。

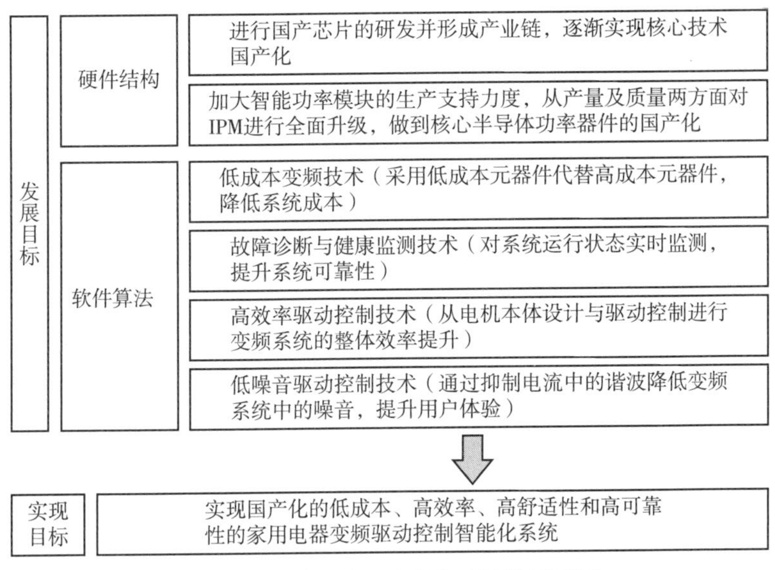

图 4-25　家用电器变频制系统发展目标

我国新能源汽车电驱动发展需求和目标：以纯电驱动总成、插电式机电耦合总成、商用车动力总成、轮毂 / 轮边电机总成为重点，以基础核心零部件 / 元器件和电机、控制器与减变速器子总成国产化为支撑，充分利用国际平台的优势，提升电驱动总成集成度与性能水平。至 2035 年，我国新能源汽车电驱动系统产品总体达到国际先进水平。新能源汽车电驱动系统未来三个五年的发展目标如图 4-26 所示。

未来将从混合动力用机电耦合动力总成、纯电驱动总成、商用车动力总成、轮毂 / 轮边电机总成为重点，以基础核心零部件 / 元器件国产化为支撑，充分利用国际平台资源优势，重点提升我国电驱动总成集成度与性能水平，预计 2035 年我国新能源汽车电驱动系统产品总体达到国际先进水平，未来三个五年的发展目标如表 4-11~表 4-14 所示。

（1）驱动电机及控制器关键性能达到国际先进水平，实现高压化、高速化电机及先进工艺技术，应用第三代宽禁带功率半导器件的新型电机控制器实现产业化。
（2）高性能乘用车三合一电驱动总成体积功率密度与重量功率密度较2020年提升30%，峰值效率达到94.5%，峰值转速可达到25000rpm。面向普及型新能源汽车乘用车三合一总成系统成本不超过50元/kW，实现长寿命与免维护，关键零部件实现完产化。
（3）插电式混合动力系统产品处于世界一流水平，关键零部件技术达到国际领先水平；以2020年为基础，机电耦合总成体积和重量减少30%，混动传动效率达到97%，机电耦合系统WLTC综合效率达到86%。
（4）商用车动力系统关键部件性能持续提升，保持国际先进水平。商用车驱动电机有效比转矩大于30N·m/kg，或带减/变速器高速电机有效比功率大于6kW/kg，商用车电机控制器实现比功率不低于60kW/L，实现高度集成产品平台化、高效率、高可靠与长寿命。
（5）直驱轮毂电机本体转矩密度达到90Nm/L，减速轮毂电机本体比功率达到7.0kW/kg，轮毂电机减速器综合峰值效率达到96%以上，轮毂电机控制系统功能安全等级达到ASIL D，轮毂/轮边电机实现大批量应用。
（6）第三代宽禁带功率半导体器件达到国际先进水平，拥有8英寸或更大尺寸的晶圆量产能力，车规级芯片电流密度800A/cm^2、单芯片电流能力400A以上，芯片与模块制造完全自主，市场自主能力超过50%；无源器件材料与高密度封装材料实现完全自主。
（7）新能源汽车电驱动系统主控微处理芯片实现国产化，电驱动系统操作系统软件形成层次化、模块化和平台化，实现软件架构可移植、可扩展，并逐步形成行业自主软件架构。

图4-26　新能源汽车电驱动系统发展目标

表4-11　机电耦合动力总成

时间节点（年）	混动工况传动效率	体积和重量（降低）
2025	95.0%	12.0%
2030	96.0%	20.0%
2035	97.0%	30.0%

表4-12　电驱动总成

时间节点（年）	电驱动系统比功率	总成最高效率
2025	2.0kW/kg	93.5%
2030	2.4kW/kg	94.0%
2035	2.8kW/kg	94.5%

表4-13　商用车动力总成

时间节点（年）	总比功率	驱动电机比功率
2025	0.5kW/kg	4.0kW/kg
2030	0.6kW/kg	5.0kW/kg
2035	0.7kW/kg	6.0kW/kg

表 4–14 轮毂 / 轮边电机总成

时间节点（年）	比功率	系统最高效率	系统 CLTC 综合效率
2025	5.0kW/kg	92.0%	80.0%
2030	6.0kW/kg	93.5%	83.0%
2035	7.0kW/kg	94.5%	86.0%

在轨道交通领域，以国产化、轻量化、高效能为导向，以新型宽禁带半导体材料、永磁同步高速电机、高能效电传动系统为支撑，充分利用国际平台与国内健全产业链优势，实现我国轨道交通电气化未来三个五年发展目标如表 4–15~ 表 4–19。

表 4–15 列车牵引系统（仅包含牵引变流器）

时间节点（年）	体积	功率密度	系统最高效率（整个牵引系统）
2025	5L	1.1kW/kg	87.5%
2030	4.8L	1.25kW/kg	88.5%
2035	4.5L	1.4kW/kg	91%

表 4–16 永磁牵引电机系统

时间节点（年）	成本	功率密度	系统最高效率
2025	436 元 /kW	1.2 kW/kg	98.5 %
2030	400 元 /kW	1.4 kW/kg	99 %
2035	376 元 /kW	1.5 kW/kg	99.2 %

表 4–17 SiC 牵引变流器系统（仅考虑变流器）

时间节点（年）	功率	功率密度	系统最高效率
2025	1.8MW	1.1kW/kg	98%
2030	2.0MW	1.25kW/kg	98.5%
2035	2.4MW	1.4kW/kg	99%

表 4–18 电力电子牵引变压器系统

时间节点（年）	体积比	功率密度	系统最高效率
2025	8.4kW/L	1.4kW/kg	96.5%
2030	9.6kW/L	1.6kW/kg	97%
2035	11.8kW/L	2kW/kg	97.5%

表 4–19　SiC 辅助变流系统

时间节点（年）	成本	功率密度	系统最高效率
2025	2 元 /W	0.35kW/kg	94%
2030	1 元 /W	0.5kW/kg	95%
2035	0.5 元 /W	0.8kW/kg	96%

我国船舶电气化的发展目标：围绕我国船舶电气化的短板和不足，结合我国船舶电气化的发展需求，制定我国发展目标如下：

（1）形成高水平的创新设计能力

基于经验、试验验证等设计手段向基于模型、仿真和预测的数字化设计手段的转变，建立以设计规范、软件和数据库组成的完备设计体系，形成全方位基于数字驱动的创新设计能力。针对船舶电气化领域，大力推进船舶综合电力推进技术设计规范、设计软件和设计数据库，大力推进知识管理，建立数字化开发与设计平台，形成完备的船舶综合电力系统及装备的设计体系。

（2）形成高端装备的自主供应能力

瞄准高端船舶及海洋工程装备，如豪华邮轮、大型海洋工程船、大型海洋平台、LNG 运输船、极地科考船、极地破冰船，以及环保游船、工程船、运输船等，开展全海况、高电压、大容量、绿色、智能、高性能的船舶电力推进系统、推进变频器、推进电机、吊舱推进器、轮缘推进器、波浪补偿吊机及动力定位系统等产品的研究与开发，形成系列化产品。突破绿色、高性能、极端环境下的船舶海工装备的核心技术，开展典型工程样机的研制与验证，形成高端电气化装备的自主供应能力。

（3）形成先进的装备制造能力

紧跟国际先进制造技术，大力推进和发展我国船舶海工装备的先进制造、智能制造的关键技术，大力推进制造工艺、制造质量的提升，形成我国先进的船舶电气装备的制造能力。开展基于 5G、大数据和云计算为核心驱动的先进制造技术的研究与生产条件建设，优化产品生产制造工艺，提高生产自动化水平、产品质量监控和检测能力，降低生产成本，提升装备生产制造的能力和水平。

（4）形成国际领先的品牌影响力

构建船舶海工自主品牌，以高端核心装备及产品品质为抓手，形成高、中、低端全方位的产品供应能力，打造国际一流的服务保障体系，推进产品统一品牌建设，提升产品品牌国际知名度和影响力。统一全国船舶海工装备领域的企业、科研、教学机构，形成产、学、研一体推进的装备发展体系，打造一流的船舶海洋工程装备研制、建造与服务的船舶集团，打造统一的品牌，推进船舶电气化系统全球服务中心的建设，快速扩充布点海外服务网络，提升全球快速服务能力。

多电飞机电源系统发展目标：多电飞机电源系统总体技术路线图包括电源系统总体、电控系统以及二次电源三个部分。

（5）多电飞机电源系统发展目标

目前，国内航空业发展进入快车道，新型号研制牵引出对电源系统更高的要求。随着飞机用电负载的剧增以及未来飞机推力的电气化革新，特别是电推进及电动飞机的发展需求，多电飞机电源系统必然向大功率、高电压的方向发展。恒速恒频或变速恒频交流电源效率较低，不合适大容量供电系统使用场合。从国内外飞机电源的发展与研究情况可以看出，变频交流系统和高压直流系统分别是飞机供电系统的两个重点发展方向。

变频交流系统向着大功率方向发展，欧洲已开展单台容量300kVA以上交流发电机研发，美国也在研制单台容量500kVA甚至更高容量的交流起动发电机，以满足飞机用电的需求。变频交流系统的发展关键目标是进一步提升系统功率密度、提高系统效率。

高压直流系统具有不间断并联供电、高功率密度等诸多优势，是MW级电源系统的一个重要选择。同时，大功率用电需求使得飞机供电体制向540V及以上电压等级方向发展。高压直流系统的发展关键目标是解决高压设备带来的一系列电气问题，比如短路保护装置、电弧检测装置等。

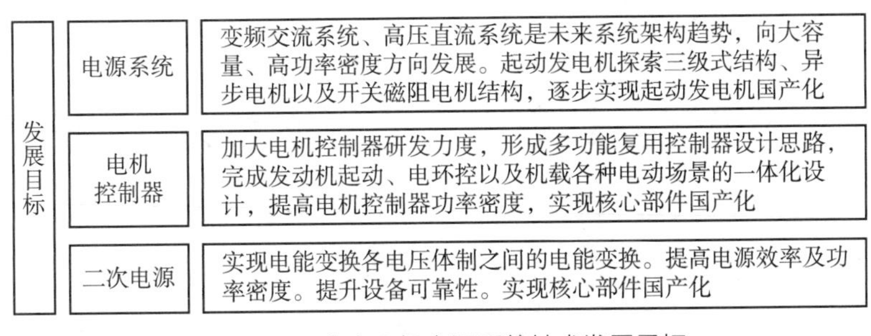

图4-27　多电飞机电源系统技术发展目标

电源系统核心部件完全国产化是我国多电飞机电源系统发展另一目标，在基础工艺、基础材料、元器件、机械制造等工业基础条件大幅提升的基础上，实现以高功率密度起动发电机、高性能电机控制器以及先进二次电源为特征的新型高性能电源系统集成。起动发电机方面通过研制永磁辅助式同步磁阻电机、永磁同步电机、超导电机等新型电机，实现机载电机系统的高压化和高速化，解决电机的关键零部件制造瓶颈，实现起动发电机功率密度和效率的进一步提升。

（6）电机控制器发展需求及目标

飞机电机控制器需同时完成起动及发电四象限运行能力，提升快速跟踪指令、过载能力及控制精度。采用宽禁带功率半导体器件大幅降低功率损耗，将电机控制器运行效率提升至 98% 以上，在此基础上采用先进热管理技术解决大功率控制器散热问题，提高系统可用性，提高电机控制器的数字化、集成化和通用化水平。同时，解决大功率功率器件的电磁干扰问题，实现高频开关信号干扰抑制。系统软件形成层次化、模块化和平台化，实现软件架构可移植、可扩展，并逐步形成行业自主软件架构。同时，探索在常规的控制、保护等功能的基础上，提高控制器的监测能力，通过更多传感信息的融合，实现故障预测、寿命预测等功能。

（7）二次电源发展需求及目标

飞机二次电源将飞机电源系统构成高低压两个配电系统，实现不同电压等级、不同开关频率之间的电能变换。进一步探索模块化、分布式电源设计方案，实现二次电源功率密度和效率的大幅提升，结合网侧需求，实现高压体制的大功率电能转换，进一步提升设备可靠性。研究在二次电源中集成电弧检测等能力，形成多变换器级联系统的稳定性分析方法，提升电能输出品质，及抗电磁干扰能力。研究多变换器并联运行控制方法，以及新能源及储能等新的电能形式接入下的能量管理策略，提升瞬态大功率能量管理能力，满足系统负载运行需求。

5. 变频电源及其应用产业与技术的发展路线

5.1 家用电器变频技术产业发展路线图

家用电器变频技术总体技术路线图包括家用电器变频驱动器及其变频驱动控制技术两个部分。家用电器变频驱动器部分以驱动芯片及智能功率模块的国产化及产业化为重点，变频驱动控制技术以提升电机的效率、可靠性，以及提升电器的用户体验为重点，依托国际及国内优良发展平台，实现国产化的低成本、高效率、高舒适性和高可靠性的家用电器变频驱动控制系统。具体的家用电器变频技术路线图如图 4–28 所示。

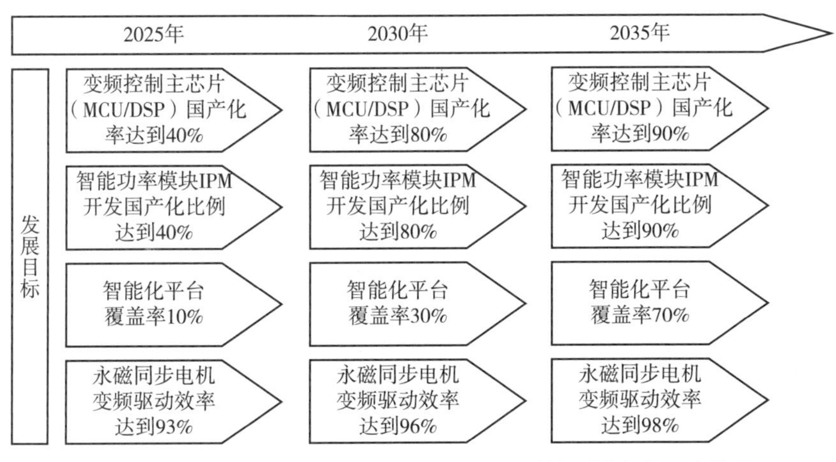

图 4–28　2021—2035 年家用电器变频驱动控制技术发展路线图

5.2　数控机床/机器人伺服系统发展路线图

针对我国高性能伺服类电机及其驱动装置在研发、应用等方面与世界先进水平的差距，“高档数控机床与基础制造装备”国家科技重大专项（04 专项）在前期已布置了几项伺服类电机（交流伺服电机、大推力直线电机、大扭矩力矩电机、主轴电机和电主轴）等相关的课题。这些课题目前都已完成，取得了较多的成果，为我国高档数控机床的开发，提供了有力的关键功能部件支撑。但与世界先进水平相比，我国无论是在伺服类电机及其驱动装置的种类、性能，还是在数控机床上的应用方面依然有明显的差距，没有很强的竞争力。

考虑到电机及其驱动装置在高端装备制造领域的基础和核心作用，为保证《中国制造 2025》制造强国战略的顺利实施，进一步支持高性能伺服类电机及其驱动装置的研发，实现直接驱动超精密伺服类电机及其驱动装置产品系列化、主要技术指标达到国际先进或国际领先水平的总体目标，拓宽装备制造厂家对电机及驱动装置的可选择范围，为进一步提高国产高端装备性能提供核心部件，为我国高档数控机床和基础装备制造行业的发展奠定坚实基础，如图 4–29 所示。

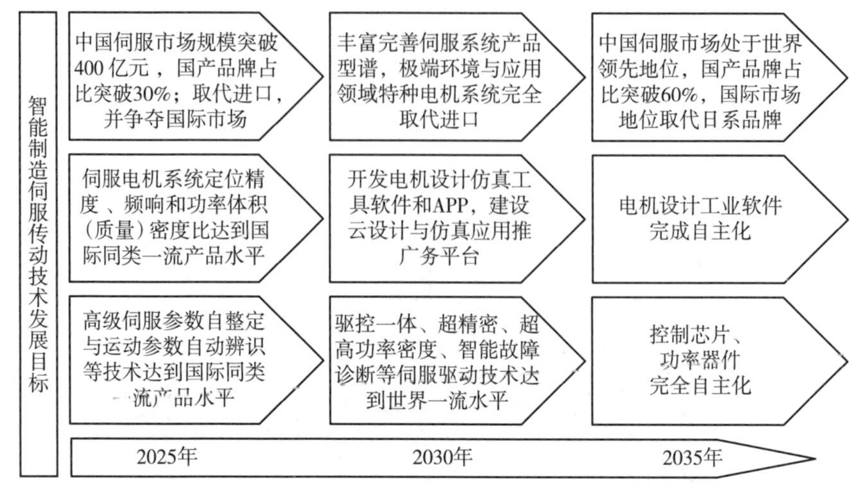

图 4-29 智能制造伺服传动技术发展目标及规划路线图

高速、高精度、高可靠性是机器人伺服电机驱动技术的基本目标，其中一体化集成设计、振动抑制技术、高动态响应技术、驱动电机本体设计是主要的发展方向，如图 4-30 所示。

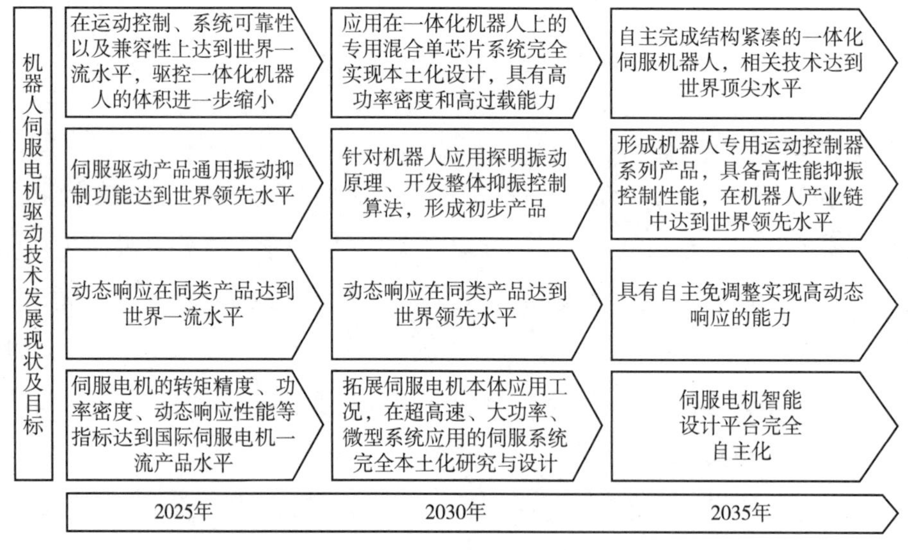

图 4-30 机器人伺服电机驱动技术发展目标及规划路线图

5.3 工业及通用变频系统发展路线图

冶金工业变频器功率大、性能和可靠性要求高，属于高端工业装备，是战略性新兴产业重点产品。随着国内变频器企业对新技术、新产品研发投入力度的增加，以及技术实力的不断积累，我国变频器行业、特别在冶金变频器方面迎来了非常关键的发展期，将在未来十年内从对国际先进水平技术和产品的学习仿制、自我创新的追赶阶段，逐渐发展到与国际先进水平齐头并进的阶段。在这一关键发展期，要在电力电子技术（包括电力电子器件技术、变频器拓扑及其控制技术、模块化技术、测试技术等）、计算机技术（包括硬件系统设计、软件平台及系统应用软件等技术）、系统控制技术等相关技术上并行开展创新突破，掌握核心技术，逐步提高国产化率，最终达到全国产化目标（如图 4-31 所示）。

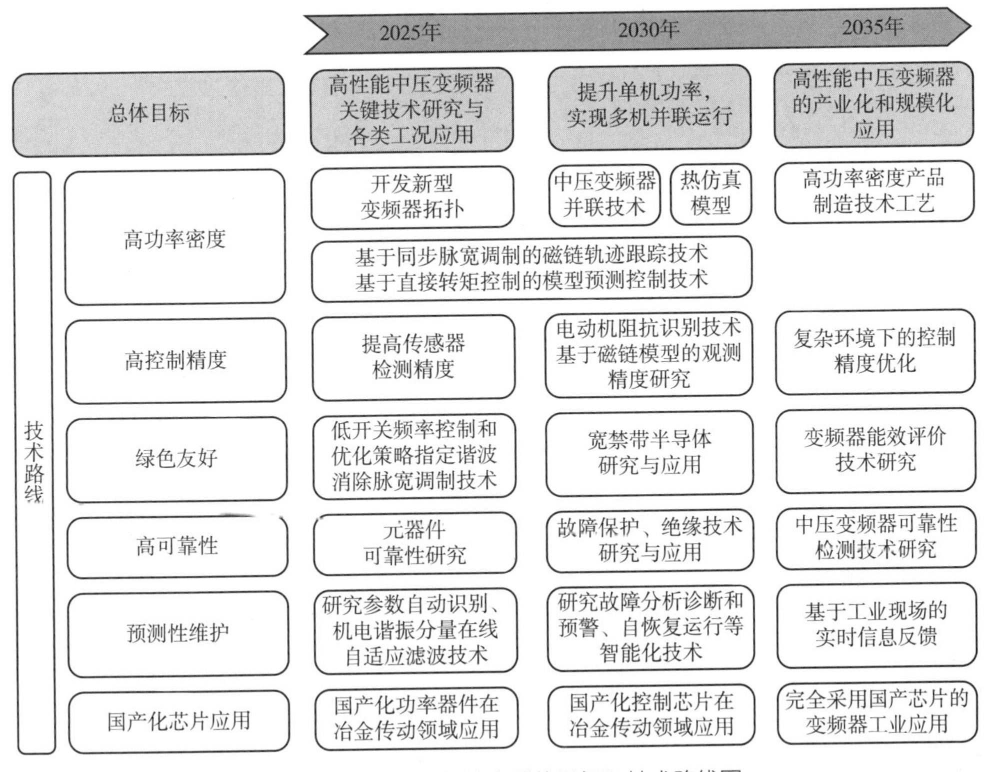

图 4-31　冶金变频技术总体目标和技术路线图

在“碳中和”目标下，矿山行业将迎来“回归高端发展机遇”与“实现颠覆性创新机遇”。2020 年 3 月，国家发展改革委等 8 部委联合印发的《关于加快煤矿智能化发展的指导意见》中明确指出，到 2035 年，各类煤矿基本实现智能化，构建多产业链、多系统集成的煤矿智能化系统，建成智能感知、智能决策、自动执行的煤矿智能化体系。矿山变频技术贯穿在采掘（剥）、运输、通风、洗选物流等矿山生产过程中，提高矿山变频设备的大功率化、低损耗化、智能化与小型化水平，并逐步实现核心器件与核心控制系统国产化安全可信、自主可控是加快实现矿山智能化发展以及深井集约化开采的关键技术之一（如图 4–32）。

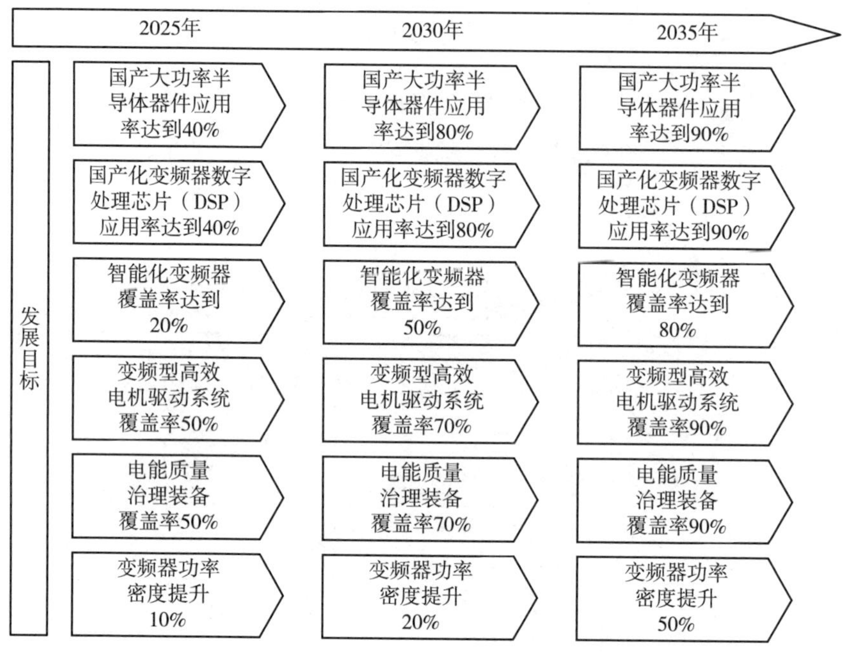

图 4–32　矿山变频技术总体目标和技术路线图

未来的电梯制造，将由传统的机电结合的控制技术，向数字化、电子安全、无线通信、新材料应用等高端化智能化方向发展，不断地提升用户体验。在产业政策方面，由于电梯行业属于通用设备制造业，又属于起重运输设备，设备具有特殊性，其被列为特种设备，电梯的质量、安全性受到广泛重视，国家颁布多种政策加强监管，我国电梯制造行业有标准可依，有法律可依；我国电梯行业的制造水平、标准化逐渐提高，电梯行业政策趋于监管加强。

随着电梯保有量及老旧电梯存量的不断增长，基于 IOT、AI、大数据、边缘计算的预测性维保技术，将成为破解行业维保痛点，解决乘梯安全的有效手段。同时，随着国家双碳战略的实施，碳管理也将与电梯企业的经营强关联，电梯企业总体运营碳减排，减少碳足迹，面向低碳化的可持续性发展，也将成为电梯行业未来的发展主题。

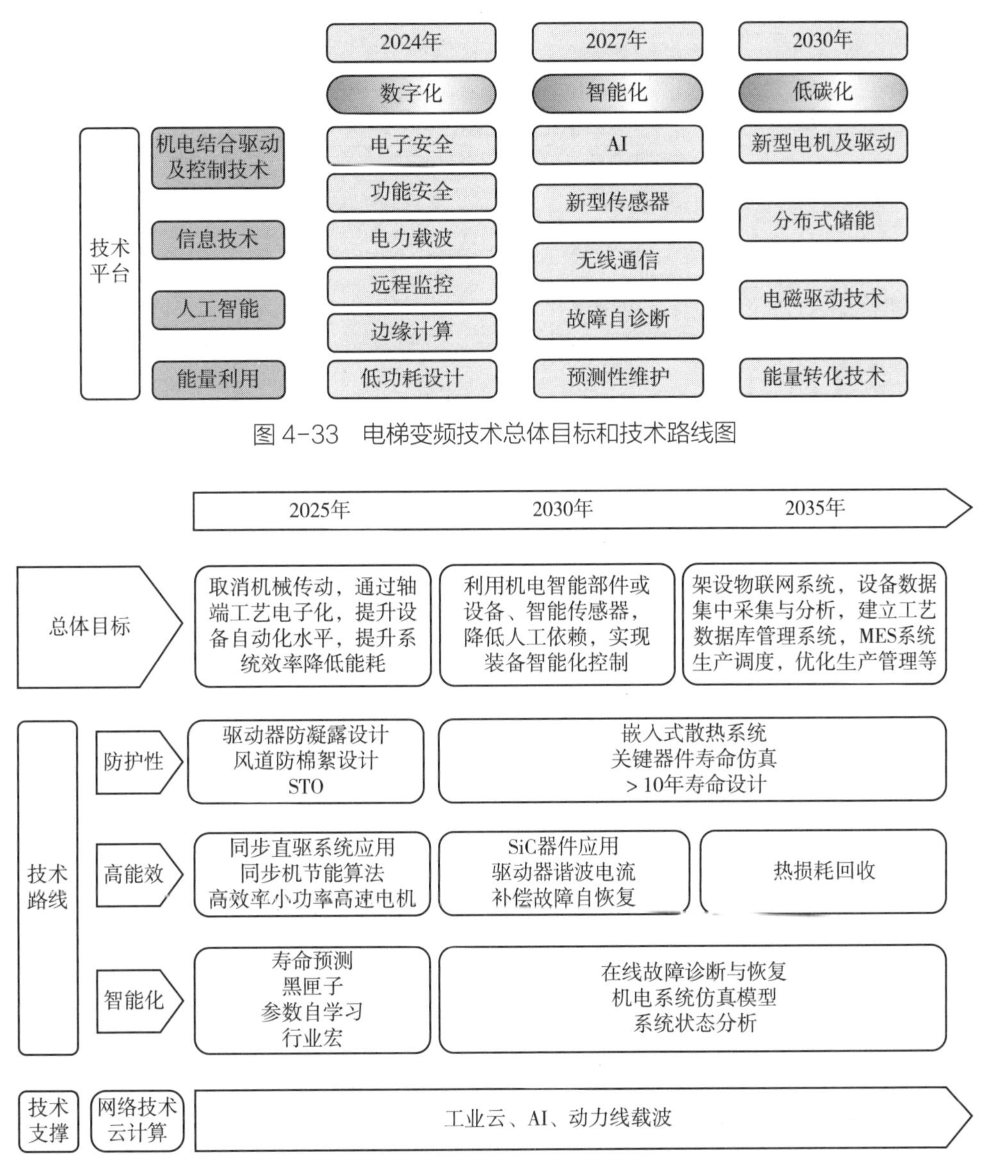

图 4-33　电梯变频技术总体目标和技术路线图

图 4-34　通用变频技术总体目标和技术路线图

5.4　中高压大容量变频系统发展路线图

“十四五”期间我国高压变频器的发展目标为：提高中高压变频调速系统技术水平和产品质量，提高中高压变频器市场国产化程度，提高国产核心器件和软件的技术水平，提高中高压变频调速系统智能化水平。技术水平与产品质量、市场占有率、关键部件与软件的国产化等方面的发展路线总结如图 4-35 所示。

总体发展目标

提升原创性技术开发能力：国内变频器厂家相继突破和掌握了大功率IGCT器件应用、大功率器件的压接技术、零速悬停、大转矩启动等技术，实现了高精度、高输出频率、高动态响应的功能和性能，但技术原创性不足，主要技术还属于跟随阶段。应建立基于模型、仿真、大数据预测维护和优化的数字化设计手段，建立以设计规范、数据分析/优化、数据库组成的完备设计和创新体系

提升核心器件部件自主化水平：大容量高压电力电子器件是大功率高压变频器的核心部件，国际跨国公司把器件、装置、系统应用一体化研发，新器件的研发往往作为高压变频器市场竞争的关键，例如西门子大功率变频的高压IGBT，ABB公司产品的IGCT，日本东芝IEGT器件是TEMIC高压变频器的核心。核心控制芯片、控制软件等仍依赖进口的部件，这些都急需国产化。应开展基于国产化电力电子器件的变频器的设计开发，尤其是第三代功率半导体技术的应用开发，推进CPU/FPGA等核心芯片等国产化

推动关键核心技术的突破：开展现有的Si基功率器件和SiC功率器件的串并联技术研究，包括串并联驱动技术、串联均压技术、并联均流技术等；开展变频器分布式控制技术研究、在线状态监测、基于大数据的智能故障诊断和寿命预测、基于5G和云端的远程运维管理技术研究等

提升产品的成熟度和系列化水平：进口品牌经过多年积累，已形成三电平、五电平、LCI、级联等多拓扑、多功率段的产品系列，可为各类型应用场合提供解决方案。国产交直交变频调速系统当前只在三电平、五电平、级联等拓扑和部分功率段实现突破，急需形成产品系列化；相比进口产品，应用时间短，产品成熟度存在不足。应以应用为导向，大力提升我国产品的成熟度，打造出国际领先品牌的影响力

推动高端进口替代的步伐：国产中高压交直交变频调速系统已在冶金、天然气输送、大型装备试验台、海上风电等少数领域具有进口替代的案例，但应用场合仍然较少，需在所有行业推动替代进口产品

研发人才的梯度和持续培养：需有效结合产、学、研、用，将分散的技术集成起来。需进行前瞻性的规划、研发人才的梯度和持续培养、持续的研发投入，才能使产品和技术水平达到世界级水平进而领先

总体目标	–2025年	–2030年	–2035年
满足中国智能制造十大重点领域对变频相关的需求，带动“电力电子+变频技术”飞速发展。 促进全产业完成电气化（变频技术）转变，达成碳中和目标。 变频产业核心技术自主自立自强	核心部件国产化超50% 通用型国产化达80% 工程型国产化达50% 国产涌现出国际领先品牌，完善产品系列化。 初步完成比较完备的设计和创新体系	核心部件国产化超80% 通用型国产化超90% 工程型国产化超80% 国产涌现出更多国际领先品牌，全系列产品。 形成完备且实施有效的设计和创新体系	供应链全国产化量产 通用型接近全国产化 工程型国产化超95% 引领国际品牌，全产业国产化。 行业内使用完备且实施有效的设计和创新体系

图 4-35　高压大容量变频系统技术规划和突破路线图

5.5　轨道交通电气化发展路线图

以国产化、轻量化、高效能为导向，以新型宽禁带半导体材料、永磁同步高速电机、高能效电传动系统为支撑，充分利用国际平台与国内健全产业链优势，研发下一代高速轮轨式、磁悬浮式、真空管道式高速列车，提升国内与国际产品竞争力与影响力（如图 4-36）。

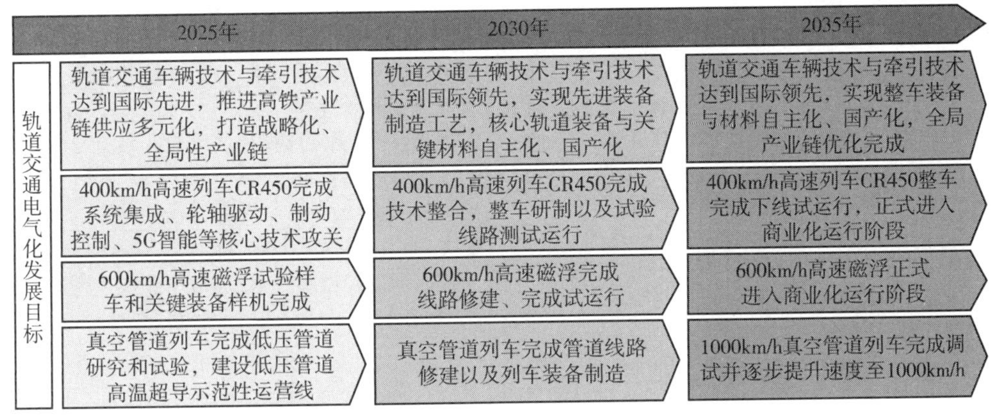

图 4-36　我国轨道交通电气化未来三个五年发展目标

与国外轨道交通电气化技术相比，国内牵引传动系统生产线国产化的过程中，首先需要解决的是精密器件制备的问题，在高端轴承、核心控制芯片、IGBT 晶圆等技术壁垒较高的行业，仍然需要依赖进口。在电力电子牵引变压器技术、SiC 器件的制造应用，国内尚处于研究或实验阶段，距离大批量实际商用还仍需进一步验证（如图 4-37 所示）。

5.6　船舰推进电气化发展路线图

5.6.1　船舶电力推进系统技术路线图

针对船舶电力推进系统的发展趋势，特别是未来我国向高端船舶及海洋工程装备拓展的需求，电力推进系统发展技术路线如下：①中压大容量推进系统研究。围绕大型远洋运行船舶、豪华邮轮、大型海工平台、极地运输、科考船等船舶对大容量电力推进系统的需求，开展中压船舶电网系统拓扑结构、系统保护及稳定性控制研究，特别关注电力电子装备高占比化的船舶电力系统的多时间尺度稳定性研究、电磁兼容性研究、能量匹配性和综合管理技术研究。②新能源动力系统研究。围绕全球气候环境治理以及我国碳达峰、碳中和的绿色发展战略，针对我国内湖、内河、近海港口等对新能源游船、运输船及工程船舶，开展不同船型的新能源电力推进系统拓扑结构、系统配置及保护、能量综合管理等技术研究，形成新能源船舶设计标准、设计规范、检验规范等。③电力推进系统智能化研究。开展故障诊断及状态评估技术、环境态势感知技术、物联网、大数据分析处理技术在电力推进系统中的应用等关键技术，开展智能能效管理、智能机舱、智能航行技术研究，提高电力推进船舶智能化水平。

			2025 年	2030 年	2035 年
总技术目标			轨道交通车辆技术与牵引技术达到国际领先水平，推进高铁产业链多元化，打造战略化全局性产业链	轨道交通车辆技术与牵引技术达到领先水平，实现先进装备制造工艺，核心轨道装备与关键材料自主国产化	轨道交通车辆技术与牵引技术达到国际领先，实现整车装备与材料自主化、国产化，全局产业链优化完成
轨道交通车辆牵引领域	重点技术	高速列车时速提升	400km/h 高速列车 CR450 完成核心技术攻关	400km/h 高速列车 CR450 完成研制以及试验线路测试运行	400km/h 高速列车 CR450 完成下线试运行进入商业化运行阶段
		磁悬浮列车技术	600km/h 高速磁悬浮试验样车和关键装备装机完成	600km/h 高速磁悬浮完成线路修建、完成试运行	600km/h 高速磁悬浮正式进入商业运行阶段
		真空管道列车技术	真空管道列车建设低压管道高温超导示范性运营线	真空管道列车完成管道线路修建以及列车装备制造	1000km/h 真空管道列车完成调试并逐步提升速度至 1000km/h
	支撑技术	牵引变流器	功率密度 1.1kW/kg 效率达 98%	功率密度 1.25kW/kg 效率达 98.2%	功率密度 1.4kW/kg 效率达 98.5%
		永磁电机技术	城轨列车试运行	高铁列车试运行	永磁电机被批量应用于高铁场合，关键部件实现完全国产化
		辅助变流器	功率密度 0.35kW/kg 效率达 94%	功率密度 0.5kW/kg 效率达 95%	功率密度 0.7kW/kg 效率达 96%
		电力电子变压器技术	功率密度、效率进一步提高，功率密度达到 1.4kW/kg，效率达到 96.5%。	功率密度、效率稳步提升，功率密度达到 1.6kW/kg，效率达到 97%。	电力电子牵引变压器开始批量应用，较同等级的工频牵引变压器，体积与重量减小 40%，功率密度达到 2kW/kg，效率提升至 97.5%
轨道交通牵引供电领域	重点技术	供电质量提升	供电谐波降至 2%，供电功率因数达到 0.9	供电谐波降至 1.5%，供电功率因数达到 0.95	供电谐波降至 1.2%，功率因数基本为 1
	支撑技术	谐波治理技术	供电谐波降至 2%	供电谐波降至 1.5%	供电谐波降至 1.2%
		过分相技术	过分相时间降至 20ms	过分相时间降至 15ms	
		储能及能量回收技术	研究新型储能材料，降低储能系统体积与成本	储能系统在轨道交通中得到推广，达到稳定节点电压、回收制动能量的目的	

图 4-37 我国轨道交通电气化技术发展规划路线图

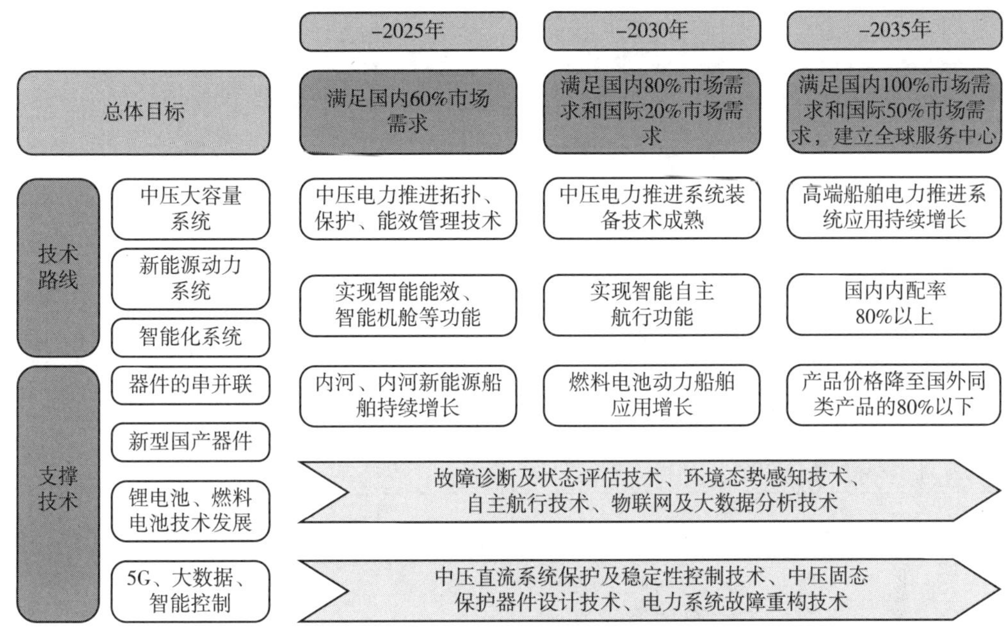

图 4-38　电力推进系统发展路线图

5.6.2　船舶推进变流装置技术路线图

围绕船舶推进变频器向高电压、大功率、轻量化、智能化方向发展的趋势，推进变流装置的技术路线为：①高压大功率变流技术研究。为适应中压电力推进系统中压大功率的需求，在现有单管功率器件电压、电流有限的条件下，开展现有的 Si 基功率器件和 SiC 功率器件的串联技术和并联技术研究，包括串并联驱动技术、串联均压技术、并联均流技术、大容量热管理技术等，同时为自主可控发展需要，开展基于国产化电力电子器件的推进变频器的设计开发。②集成结构优化设计技术研究。围绕中压变流推进变频器的功率密度提升，开展推进变频器的轻量化研究，包括变流装置模块化设计、高效热管理技术、结构参数优化设计、总体结构优化设计等研究。③推进变频器智能化技术研究。围绕推进变频器的健康状态和运维开展推进变频器的智能化工作，开展变频器分布式控制技术研究、在线状态监测、基于大数据的智能故障诊断和寿命预测、基于 5G 和云端的远程运维管理技术研究。

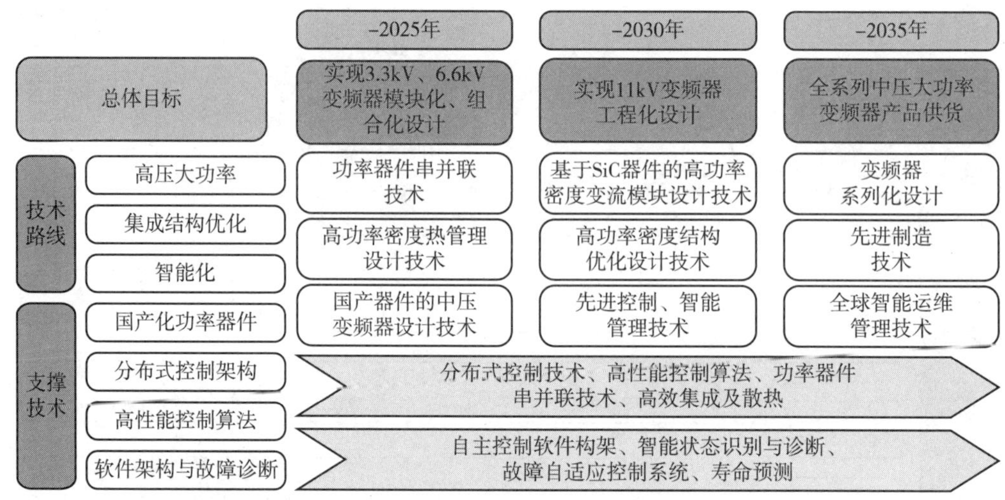

图 4-39 推进变频器发展路线图

5.6.3 船舶推进电机技术路线图

围绕船舶推进电机向低速直驱、高转矩密度、静音和智能化方向发展的趋势，推进电机的技术路线为：①多相多通道高转矩密度电机技术研究。围绕减小船舶推进系统的重量、缩小安装空间的需求，取代传统三相高速电机加齿轮箱减速的驱动系统，研究多相多通道低速直驱电机。为提高推进电机的转矩密度，进一步缩小电机的重量和体积，开展船用大容量永磁推进电机的设计与应用研究，根据不同容量的船型，开展覆盖 40MW 等级的永磁推进电机系列化型普设计，以及典型产品的研制、验证和工程应用，并完成数字化设计平台的搭建，提升设计效率，降低成本，形成船用 40MW 级以下永磁推进电机的系列化、型普化设计供货能力。着眼于我国船舶推进的未来，突破 40MW 级高温超导推进电机的关键技术，2035 年前完成工程样机的研制，并进一步规划未来高温超导推进电机的系列化型普。②低噪声推进电机设计技术研究。围绕高端船舶对推进系统的静音性能需求，开展推进电机的低转矩脉动和低振动噪声技术研究，包括低噪声电磁结构技术、低噪声定子绕组槽型设计以及低噪声转子结构设计、低噪声变频控制技术等研究。③推进电机智能化技术研究。开展推进电机与变流系统的一体化集成设计技术研究，使推进电机具备自主控制的大脑，在此基础上开展推进电机参数智能在线识别、状态评估、故障诊断及寿命预测技术研究。

		总体目标	-2025年	-2030年	-2035年
异步推进电机			20MW级密度达到15kNm/t	建立覆盖20MW及以下异步推进电机型谱，建立数字化设计体系	
	发展方向	完善设计技术 缩短研制周期 降低成本	水空混合冷却技术	异步推进电机数字化设计平台	
	支撑技术	高效水冷技术	轻质结构材料应用技术		
		高能、轻质新型材料应用技术	高导磁材料应用技术		
		数字化设计技术	提升转矩密度，降低振动噪声，建立数字化设计平台，批量供货能力		
永磁推进电机			40MW级径向磁通转矩密度达到26kNm/t突破磁复合和无铁心关键技术	40MW级径向磁通转矩密度达到30kNm/t，MW级磁复合和无铁心永磁电机验证	建立覆盖40MW及以下径向磁通永磁推进电机型谱，磁复合和无铁心永磁推进电机工程应用
	发展方向	提升转矩密度 降低振动噪声 缩短研制周期 降低成本	径向磁通高效定子水冷技术、整体隔振技术	高导磁材料及轻质结构材料应用技术	径向磁通永磁推进电机数字化设计平台
	支撑技术	路径隔振技术	磁复合永磁推进电机拓扑技术，磁复合永磁推进电机电磁设计技术	大直径调磁环设计技术，调磁环及高速转子冷却技术，磁复合电机优化控制技术	磁复合电机振动噪声优化设计技术、磁复合电机抗冲击设计技术
		高效水冷技术 高能、轻质新型材料应用技术	无铁心轴向磁通拓扑技术无铁心轴向磁通电磁设计技术	大直径气隙电枢设计技术无铁心轴向磁通冷却技术	无铁心轴向磁通振动噪声优化设计技术、无铁心轴向磁通抗冲击设计技术、气隙电枢制造工艺
		数字化设计技术	样机研制、验证，数字化设计平台的完善，提升设计效率，降低成本，系列化供货		
超导推进电机			突破关键部件工程化技术，完成40MW级样机验证，转矩密度达到36kNm/t	完成40MW级样机工程化研制，转矩密度达到40kNm/t	可靠性和振动噪声性能进一步提升，建立超导推进电机型谱
	发展方向	提升转矩密度 降低振动噪声 提升可靠性	二代高温超导磁体设计技术	轻质结构材料应用技术	
	支撑技术	高温超导线材应用技术	关键部件工程化技术	大冷量低噪声低温制冷技术	无刷励磁技术
		低温制冷技术	振动噪声机理与抑制技术	抗冲击设计技术	超导同步推进电机数字化设计平台
		高能、轻质新型材料应用技术	超导推进电机变频控制技术	故障容错运行设计技术	多工况振动噪声综合优化设计技术
		变频控制技术	失超检测与保护技术	快速响应励磁技术	
		数字化设计技术	突破关键技术、工程样机的研制，开展典型验证，形成系列化型普		

图4-40　推进电机发展路线图

5.7 新能源汽车电驱动发展路线图

以纯电驱动总成、插电式机电耦合总成、商用车动力总成、轮毂 / 轮边电机总成为重点，以基础核心零部件 / 元器件和电机、控制器与减变速器子总成国产化为支撑，充分利用国际平台的优势，提升电驱动总成集成度与性能水平。至 2035 年，我国新能源汽车电驱动系统产品总体达到国际先进水平，新能源汽车电驱动系统未来的发展目标如图 4–41 所示。

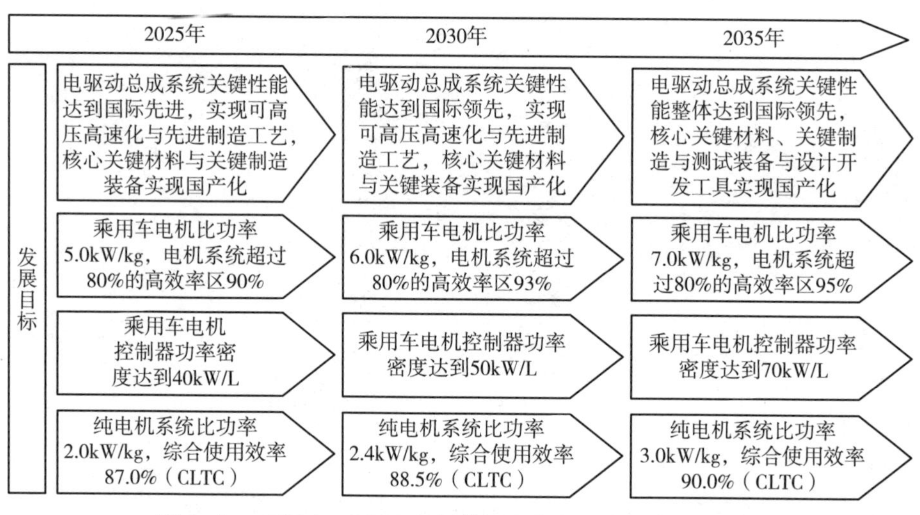

图 4–41 2021—2035 年新能源汽车电驱动系统发展目标

新能源汽车电驱动总成总体技术路线图（图 4–42）包括驱动电机及其功率电子控制系统、电驱动总成两个部分。驱动电机及其功率电子控制系统领域以提升驱动电机功率密度与工况运行区效率、提高电机控制器集成度为重点，以核心零部件 / 元器件和关键材料国产化为支撑，充分利用国际平台资源优势，全面提升驱动电机及其功率电子控制系统技术水平，提升产品性价比。电驱动总成领域以纯电驱动总成、插电式机电耦合总成、商用车动力总成、轮毂 / 轮边电机总成为重点，提升我国电驱动总成集成度与水平。

集成化、平台化、模块化、轻量化、高效化、高可靠、长寿命、智能化、高性价比成为新能源汽车动力总成未来发展的共同目标。针对插电式混合动力乘用车、纯电动乘用车、新能源商用车、轮毂 / 轮边电动轮等不同动力总成，总结相应的技术发展

领域	类别	项目	–2025年	–2030年	–2035年
总体目标			驱动电机、电机控制器、纯电驱动总成、机电耦合总成的关键性能达到国际先进，实现可高压高速化与先进制造工艺，核心关键材料与关键制造装备实现国产化	驱动电机、电机控制器、纯电驱动总成、机电耦合总成的关键性能达到国际领先，实现可高压高速化与先进制造工艺，核心关键材料与关键制造装备实现国产化	驱动电机、电机控制器、纯电驱动总成、机电耦合总成的关键性能整体达到国际领先，核心关键材料、关键制造与测试装备与设计开发工具实现国产化
驱动电机系统领域	重点技术	提升电机功率密度与效率	高性能乘用车电机比功率5.0kW/kg，电机系统超过80%的高效率区90%	高性能乘用车电机比功率6.0kW/kg，电机系统超过80%的高效率区93%	高性能乘用车电机比功率7.0kW/kg，电机系统超过80%的高效率区95%
		提升控制器集成度	高性能乘用车电机控制器功率密度达到40kW/L	高性能乘用车电机控制器功率密度达到50kW/L	高性能乘用车电机控制器功率密度达到70kW/L
		提高电驱动总成性价比	面向普及型应用，电机成本28元/kW，控制器30元/kW	面向普及型应用，电机成本25元/kW，控制器25元/kW	面向普及型应用，电机成本20元/kW，控制器20元/kW
	支撑技术	关键材料与零部件突破	低损耗硅钢、低无重稀土磁钢、高速轴承、高线速度密封件、耐高频高压绝缘材料、低黏度润滑油等核心零部件技术		新材料与新工艺的核心零部件技术及其应用
		功率器件与无源器件国产化	功率部件高度集成、高效散热	新型功率半导体器件、新型无源器件（高温陶瓷材料）应用技术	
		软件架构与故障诊断应用	自主软件架构、基于智能云的状态检测、多核异构计算平台与智能控制、故障诊断与容错、寿命预测		
电驱动总成领域	重点技术	纯电驱动总成技术提升	纯电驱动系统比功率2.0kW/kg，CLTC综合使用效率87.0%	纯电驱动系统比功率2.4kW/kg，CLTC综合使用效率88.5%	纯电驱动系统比功率3.0kW/kg，CLTC综合使用效率90%
		机电耦合集成度提升	机电耦合总成重量相对2020年降低12%，WLTC综合效率83%	机电耦合总成重量相对2020年降低20%，WLTC综合效率84.5%	机电耦合总成重量相对2020年降低30%，WLTC综合效率86%
		提升商用车总成技术水平	商用车电机转矩密度20N·m/kg，控制器功率密度30kW/L	商用车电机转矩密度24N·m/kg，控制器功率密度40kW/L	商用车电机转矩密度30N·m/kg，控制器功率密度60kW/L
		轮毂/轮边电机总成国产化	轮毂电机峰值扭矩密度20N·m/kg或功率密度5kW/kg	轮毂电机峰值扭矩密度24N·m/kg或功率密度6kW/kg	轮毂电机峰值扭矩密度30N·m/kg或功率密度7kW/kg
	支撑技术	核心零部件国产化	核心零部件国产化（专用润滑油、高精度齿轮工艺、断开装置、平行轴，高转速/低摩擦长寿命轴承和油封、强制润滑、两档变速器）		新材料、新工艺、轻量化材料与核心零部件

图 4-42　新能源汽车电驱动系统总体技术路线图

路径如图 4-43 所示。

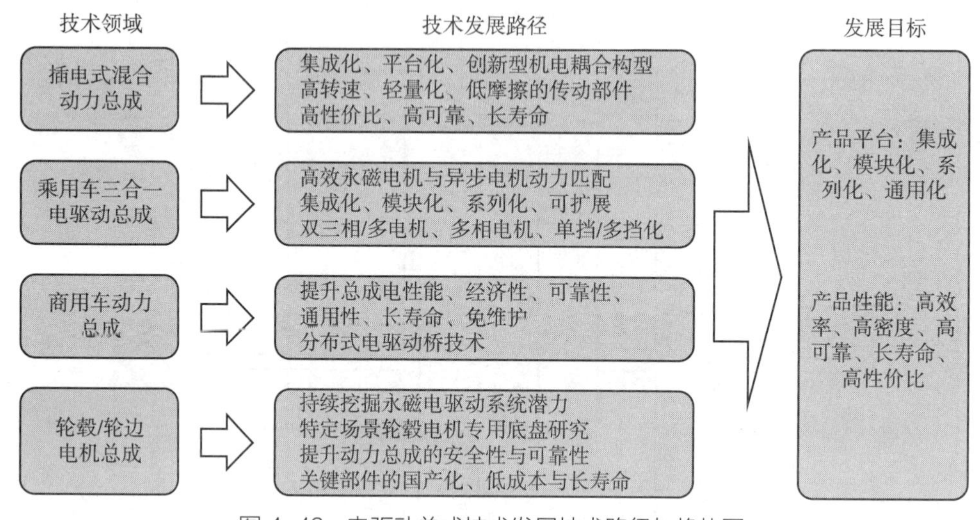

图 4-43　电驱动总成技术发展技术路径与趋势图

5.8　多电飞机航空电源发展路线图

在未来的十五年内，多电飞机电源系统技术从三方面着力，实现从系统架构到单机部件的性能全面提升。①多电飞机电源系统研究。在 2021—2035 年内，多电飞机电源系统在功率上需匹配日益增长的机载电能需求，实现单机电能输出功率翻倍，由 250kW 上升至 500kW，甚至更高水平。开展大功率起动发电机设计与研制，主要研究大功率起动发电机设计技术、大功率液冷散热技术、电源系统集成技术等，形成高功重比大功率起动发电机的设计准则，实现产品谱系迭代。②多电飞机电机控制器研究。在 2021—2035 年内，多电飞机电机控制器实现起动发电功能验证，进一步提升技术成熟度，完成设备装机使用。采用 SiC 等宽禁带开关器件实现控制器效率的提升。分两步将电机控制器效率由目前的 95% 提升至 98% 以上，与电环控等系统开展联合设计，实现大功率控制器散热技术提升，实现综合能量热管理，使大功率液冷散热变换器功率密度从目前的 2.56kW/kg 提升到 4.9kW/kg。提升国产功率器件及 IC 控制芯片的技术成熟度，逐步完成控制器的国产化，实现自主可控。③多电飞机二次电源研究。在 2021—2035 年内，多电飞机二次电源实现多种电能体制间的电能变换，率先实现变频交流电源系统内二次电源的上机使用，逐步向高压直流系统内二次电能变换过渡。通过新材料新工艺的使用，特别是固态器件及设备的广泛使用，如固态变压器、固态保护装置等，提升系统内关键设备的特性，形成以高功率密度、高效率为特征的二次电源体系。

多电飞机电源系统 2021—2035 年的发展路线图如图 4-44 所示。

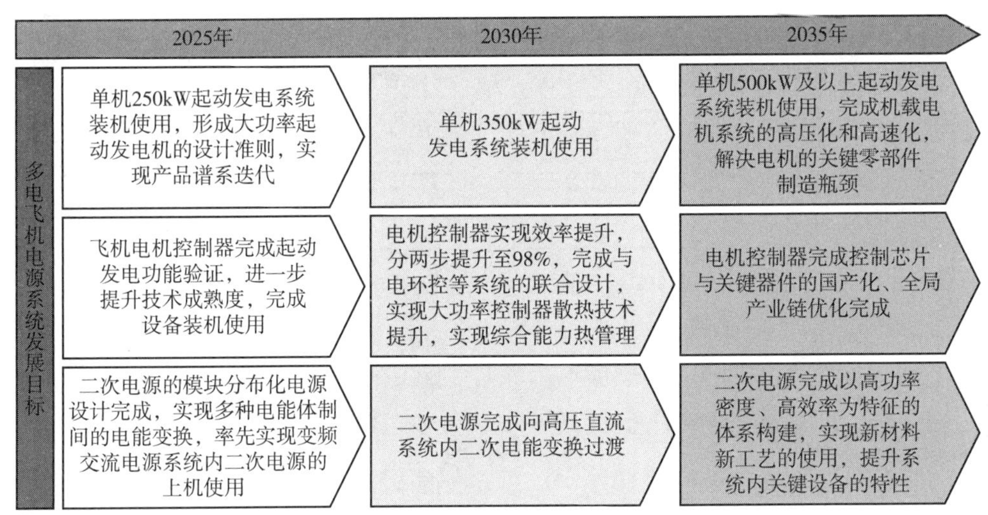

图 4-44　2021—2035 年多电飞机电源系统技术发展路线图

5.9　动力电池系统发展路线图

5.9.1　锂电池动力系统技术路线

围绕新能源电力推进系统的发展趋势，以及我国碳达峰和碳中和的目标，开展电气化交通用锂电池动力系统技术研究，以提高电池模块能量密度、提升电池系统安全性为重点，开展电池模块均匀散热、热失控机理及试验研究、电池结构安全设计等技术方面的系列研究工作，制订高能量密度、高安全性的锂离子电池模块设计方案，通过优化设计在保证安全性的前提下进一步提高电池系统比能量。重点研究高能量密度锂电池材料、电极技术，高能量密度、高安全性电池包设计技术，以及高可靠性电池系统管理技术，进一步降低锂电池系统成本，普及锂离子动力电池在船舶领域的应用，来提升锂离子动力电池系统性价比。电气化交通用锂离子动力电池系统的发展路线如图 4-45 所示。

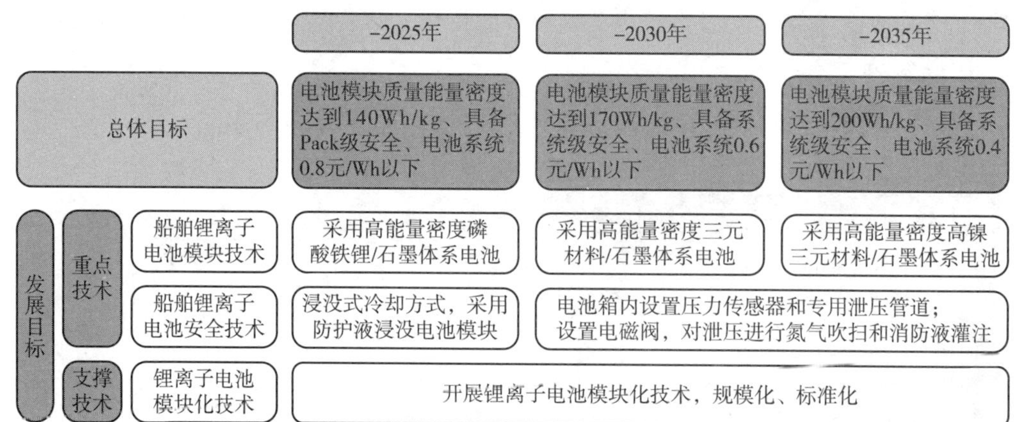

图 4-45　锂电池动力系统发展路线图

5.9.2　燃料电池动力系统技术路线

围绕新能源电力推进系统的发展趋势，以及我国碳达峰和碳中和的目标，开展电气化交通用燃料电池动力系统技术研究，重点以燃料电池电堆技术、控制与能量管理技术、氢源技术和系统集成技术四个方面作为研究重点，以提升燃料电池电堆功率密度和耐久性、提升控制与能量管理高效和智能化、提升氢源储氢密度和安全性、提升系统集成度，以核心零部件 / 元器件和关键材料国产化为支撑，充分利用国际平台资源优势，全面提升燃料电池动力系统技术水平，提升产品性价比。电气化交通用燃料电池动力系统发展路线如图 4-46 所示。

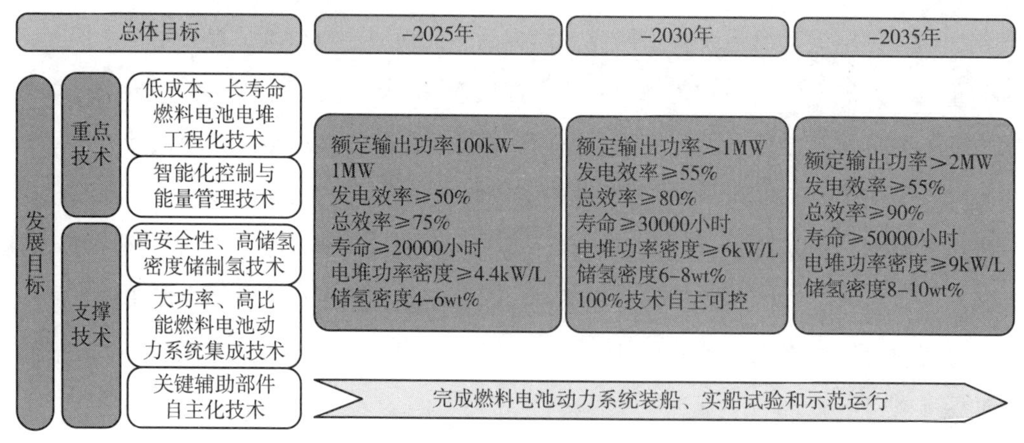

图 4-46　燃料电池动力系统发展路线图

5.10　技术与产业路线图实施效果预估

5.10.1　家用电器变频技术产业发展路线图实施效果预估

目前，由于变频器控制芯片及智能功率模块等核心部分被美日等企业垄断，因此我国家用电器变频技术驱动控制系统的技术路线，需要实现整个家用电器变频驱动控制系统的全国产化。变频驱动器部分，实现驱动控制芯片的全国产化，并根据市场需求，形成一整套完整的具有满足高、中、低端产品需求的芯片产业链，实现核心部件的全国产化；智能功率模块方面，在现有国产产品的基础上，加大研发力度，提升其性能与工作效率，在实现国产化的基础上达到国际先进水平。

变频技术方面，以全国产化的家用电器变频器为平台，研究契合于国产化平台的核心控制算法，以提升产品效率及可靠性为主要研究目标开展研究，同时与目前的网络化与智能化平台进行结合，最终实现大数据平台下的智能化变频驱动控制系统。

5.10.2　智能制造伺服传动技术产业发展路线图实施效果预估

智能制造投资保持高增长态势，主要原因是智能制造已上升到国家战略，国家和各级地方政府都在强力推动。目前企业自主项目增长迅速，从2000年至今，短短20年中国制造业迅猛发展，伺服行业也从最初的数亿市场规模，发展到总计165家国内外运动控制企业，超过300亿元的市场总量，并已经涌现出例如汇川、清能德创等知名的国产伺服品牌。预计“十四五”期间，整个伺服产品市场规模将达到400亿元，国产伺服品牌市场份额突破30%。在定位精度、频响速度和功率质量（体积）密度、产品型谱覆盖率上达到世界一流水平；在参数免调试、故障诊断、产品质量一致性与可靠性等关键性能指标进一步缩短与世界一流品牌的差距。努力实现赶超伺服系统世界一流产品（技术），提升国产自主品牌的认知度与国产伺服产品的国际竞争力。

随着“智能制造”转型加速，工业机器人已成为伺服电机驱动应用的主要市场之一。作为一个制造业大国，对标发达国家，我国工业机器人密度还有非常大的提升空间。随着《中国制造2025》国家战略的稳步实施，国内制造业转型升级步伐将逐步加快，机器人密度将大幅增加，未来我国工业机器人市场还存在巨大的增量空间；伴随工业机器人供需双侧崛起，工业机器人内部核心部件的市场规模将得到快速提升，尤其是应用数量较多的伺服系统。国产品牌逐渐有望进一步缩小与外资企业在品牌壁垒方面的差距：一是不断提升国产品牌渗透率；二是在售后响应速度和服务质量上发挥优势；三是提升产品技术水平，逐步在振动抑制、动态响应能力等技术方面达到国际领先水平、开发软件 + 硬件一体化的机器人驱动控制产品、提升机器人伺服电机性能，实现对国际先进产品的赶超。

5.10.3 工业及通用变频传动技术产业发展路线图实施效果预估

到 2030 年，国产低压两电平交 – 直 – 交变频器在节能领域、电梯和纺织等通用行业将占据主导地位；在冶金、造纸等工业生产线的应用将突破发展瓶颈期，份额从现在的 20%~30% 达到 50%~60%；国产单元级联型中压变频器、国产大功率交 – 交变频器保持 90% 以上份额；国产大功率三电平交 – 直 – 交变频器在轧机主传动的应用从现在的不足 1% 达到 25% 左右，最大输出功率达到 40 MW，最高输出频率达到 80 Hz；国产五电平变频器实现工业应用。国产交 – 直 – 交变频系统有源前端整流器实现网侧功率因数超前、滞后可控，谐波低于国标。大功率变频器元器件的国产化率从现在的 20%~30% 至少提升 10%。国产变频器的性能指标、可靠性、智能化功能全面提升，总体技术水平达到国际先进水平，实现国产变频器从学习仿制追赶的阶段，过渡到创新发展、与国际领先一争高下的齐头并进新阶段。

到 2030 年，国产矿用变频装备将完全实现 6kV、10kV 高性能变频和最大功率 30MW 低损耗高效变频，依据负载工况全面引入节能型电机和节能传动系统，对比当前系统能耗降低 15%。通过交直交变频前端整流管理，实现单位功率因数和低谐波运行，全面保障矿山电网安全性。通过故障拓扑重构和完备的状态运行监控、故障智能预警和自诊断机制，显著提高系统可靠性。通过全矿山生产的物流监控，实现采掘、转载、皮带传输和立井提升全物流环节的智能调速，实现矿山生产过程无人化管理和能耗最优管理。通过以上技术路线，矿山变频行业在国产化的基础上将达到国际领先水平。

5.10.4 轨道交通电气化技术产业发展路线图实施效果预估

根据路线图提出的发展目标和技术路线不断推进，面向交通强国战略，到 2035 年，我国高铁营业里程将达到 7 万千米，城市轨道交通营业里程将达到 1.5 万千米。轨道交通车辆技术与牵引技术达到国际领先、实现整车装备与材料自主化和国产化，未来将形成完整的产业链布局。400km/h 高速列车 CR450 完成下线试运行并开始进入商业化运行阶段；600km/h 高速磁悬浮正式进入商业运行阶段；1000km/h 真空管道列车完成调试并逐步提升速度至 2000km/h。永磁电机被批量应用于高铁、城际列车和地铁，关键部件实现完全国产化；电力电子牵引变压器开始批量应用，较同等级的工频牵引变压器，体积与重量减小 40%，功率密度达到 2kW/kg，效率提升至 97.5%。在进一步提升轨道交通的运行速度的基础上，大幅降低运行损耗，引领国际相关技术的创新发展。

5.10.5　船舶推进电气化技术产业发展路线图实施效果预估

针对船舶电气化的战略目标，按各专业技术发展路线，不断提升我国船舶电气化系统及装备的技术水平，同时兼顾国家安全和特殊领域的需求，通过提高船舶电气化系统集成设计能力，发展和提高电气化系统核心设备供货和试验、服务能力，逐步接近并赶超国际先进水平。同时占据和巩固国内市场主导地位，并逐步扩大国外市场份额，成为全球市场重要供应商。预计到 2025 年，国产船舶电气化系统及装备满足达到 60% 的国内市场和 10% 的国际市场；预计到 2030 年，国产船舶电气化系统及装备达到 70% 的国内市场需求和 30% 的国际市场；到 2035 年，国产船舶电气化系统及装备达到 80% 以上的国内市场需求和 40% 的国际市场；

5.10.6　新能源汽车电驱动技术产业发展路线图实施效果预估

在产品应用方面，汽车动力总成向智能网联化的电驱动发展将成为主流。预计到 2035 年传统能源动力乘用车将全面转化为混合动力和新能源汽车年销量都是 2000 万辆，各占汽车市场的 50% 左右，燃料电池汽车年销量将达到 100 万辆。2028 年，按此规划发展，汽车产业将提前两年实现碳达峰。电动化动力总成将助推汽车产业降碳和减排。从汽车与能源融合来看，预计到 2035 年实现 V2G 功能在新增的电动汽车和充电基础设施的全面普及；从汽车与交通融合来看，就是汽车能源自洽，预计到 2035 年在全路工况条件下实现低成本且高可靠可规模化快速部署的商用无人驾驶功能；从汽车与信息通信融合来看，自 2035 年实现 V2X 技术，支撑高度自动驾驶级别以上的汽车商业化运用。

混合动力的机电耦合系统比传统汽车节省燃料 15%~50%，助力碳排放同比下降，是汽车节能降碳的主力军。至 2035 年，传统能源动力乘用车将全面转化为混合动力和新能源汽车，各占汽车市场的半壁江山。其中纯电动汽车将占新能源汽车的 95% 以上，实现纯电驱动技术在家庭用车、公共用车、出租车、租赁服务用车以及短途商用车等领域的全面推广。

5.10.7　多电飞机航空电源技术产业发展路线图实施效果预估

针对飞机电源系统的发展战略目标，按各条关键技术的发展路线持续推进，提升我国大功率起动发电机、电机控制器及二次电源等关键设备的技术水平。实现国产多电飞机型号立项，形成机载关键设备的国产化能力。

多电飞机验证进一步提供了向全电飞机过渡的可行性。同时为飞机一次能源电气化做充足的技术储备，实现航空领域的跨越式赶超，满足绿色飞行，碳达峰与碳中和的需求。逐步形成电源系统内材料、关键零部件、芯片及软件的产业链，拉动航空电源产业朝纵深方向发展，成为全球机载电源市场的重要供应商。

加强航空电气化方向的顶层设计和战略规划，基于大飞机专项、装备预研技术基金等资金支持开展关键基础技术、创新技术研发。通过财税政策和金额支持鼓励国内厂商走出去，提高国际市场占有率，同时加强人力资源培养和学科建设，完善知识产权保护机制。

6. 支撑和保障措施

① 近年来，我国政府为了加强能源的高效率利用与工业的智能化发展，出台了各种相关政策法规。在《中国制造 2025》中，将“创新驱动”与“绿色发展”这两个方面作为未来制造业发展的重要战略方针进行推广。《中国制造 2025》中指出，“促进工业互联网、云计算、大数据在企业研发设计、生产制造、经营管理、销售服务等全流程和全产业链的综合集成应用。加强智能制造工业控制系统网络安全保障能力建设，健全综合保障体系”。未来我国家用电器行业的一大发展方向即为产业智能化、数字化与网络化，通过与互联网进行连接，使变频系统控制的能力得到进一步提升。同时还指出：“强化基础领域标准、计量体系建设，加快实施对标达标，提升基础产品的质量、可靠性和寿命”，因此提升家用电器产品的质量、可靠性与寿命仍然是未来家用电器变频技术发展的重要方向。

② 高端数控机床行业属于国家重点支持的行业。2006 年，国务院发布的《国家中长期科学和技术发展规划纲要（2006—2020 年）》，确定了“高档数控机床和基础制造技术”作为 16 个重大专项之一。2019 年，国家发展和改革委员会发布的《产业结构调整指导目录（2019 年本）》将“高端数控机床及配套数控系统，五轴及以上联动数控机床，数控系统，高精密、高性能的切削刀具、量具量仪和磨料磨具”内的产品列为鼓励发展项目。《中国制造 2025》将数控机床列为“加快突破的战略必争领域”，提出要加强前瞻部署和关键技术突破，以提高国际分工层次及话语权。同时明

确提出到2025年我国关键工序数控化率水平要从当前的33%提升至64%，数字化研发设计工具普及率要达到84%的目标。国家一系列政策保证了智能制造伺服传动技术的延续性与资金投入的保障性。

机器人伺服电机驱动是机器人产业链中的重要一环，为了促进行业发展，我国政府出台了多项政策法规。2016年3月，工业和信息化部、国家发展和改革委员会、财政部等三部委联合印发了《机器人产业发展规划（2016—2020年）》。提出“十三五”期间，要力争实现机器人关键零部件和高端产品的重大突破。并且要大力发展以高性能关节伺服、振动抑制技术为代表的高性能驱动器控制器等工业机器人关键零部件，提高高速变负载应用中的运动精度。其他的政策文件包括:《中国制造2025》、科技部《“智能机器人”重点专项2017年度项目专项申报指南》、工业和信息化部及财政部《智能制造发展规划（2016—2020年）》、国务院《“十三五”国家战略性新兴产业发展规划》。2016年12月，工业和信息化部、国家发展和改革委员会、国家认证委员会发布《关于促进机器人产业健康发展通知》。一系列政策文件中均支持并强调研究机器人伺服驱动技术等基础前沿技术。

③ 国家一系列科技发展战略和倾斜政策是国产冶金工业变频器实现品质、市场占有率、国产化率实现突破的最重要保障。在国家统一协调领导下，调动变频器全产业链科技创新、支持国产的积极性，实现关键功率器件、数字控制芯片等关键元器件的逐步国产化和自主可控，鼓励应用国产变频器，使国产变频器产业链逐步进入同步发展壮大的良性循环。

大力加强国家及行业标准化工作的开展。现有涉及变频调速设备的3个标准都是以大的传动设备系统出现，变频调速设备只是作为一个部件。因此，变频调速设备还没有独立可执行的生产、检测、验收等方面的标准。对此，成立全国变频调速设备标准化技术委员会相关材料已上报国标委，行业协会今后将逐步启动变频调速设备标准的制修订工作，逐步实现变频调速设备通用标准、各行业特性标准、技术标准、产品标准、方法标准相配套的体系。

加强中国变频器行业协会作用。通过组织和举办行业发展研讨会等方式，统一行业企业认识，避免行业出现恶性价格竞争情况；出面协调行业企业与政府、社会、上下游客户的相互关系，积极协助政府落实有关节能降耗政策。构建细化产业发展战略联盟，鼓励产业集中向优势企业转移。

④ 2021 年是“十四五”规划的开局之年，在 2022 年两会上，“碳达峰、碳中和”被首次写入政府工作报告，中国确定了碳中和的路线图，力争在 2030 年前达到二氧化碳排放峰值，2060 年前实现碳中和。矿山生产属于高能耗产业，碳达峰的刚性目标必然为矿山生产过程的节能提出刚性的要求，这是矿山变频产业的重要制度保障，也必然形成矿山企业的内在变革动力。电机及其控制系统的矿山应用不存在难于逾越的技术障碍，在全行业的协同努力下，矿山变频产业必将进一步增强国际竞争力，为双碳目标的达成做出自己应有的贡献。

在《中国制造 2025》的战略任务中，明确了“强化工业基础能力”包括“核心基础零部件（元器件）”的“着力破解制约重点产业发展的瓶颈”，为变频行业关键功率器件 IGBT、IGCT 和碳化硅功率器件，以及控制器件 DSP、高性能 AD 等关键芯片的开发提供了保障。目前国产大功率电力电子器件和 DSP 芯片已经进入工业领域，为矿山变频行业高水平自主发展提供了重要支撑。

⑤ 国家战略政策的支持与应用市场需求牵引，是轨道交通装备创新发展的内在驱动力。永磁电机、SiC 功率器件、电力电子变压器等新型装备技术是未来发展的支撑。拥有 400km/h 的轮轨高铁、600km/h 的磁悬浮高铁、1000km/h 的真空管道以及电磁发射等项目的立项实施，是科研与工程化的重要发展契机。建议国家相关部门和行业企业，加强对核心元器件、控制芯片、系统集成技术和试验线路的支持力度，突破轨道交通传统的观念，从大交通、能源变革的角度，开展技术创新和体制创新，实现我国轨道交通技术的引领发展。

加强船舶电气化方向的顶层设计和战略规划，基于高技术船舶专项、装备预研技术基金等资金支持开展关键基础技术、创新技术研发。通过财税政策和金额支持鼓励国内厂商走出去，提高国际市场占有率，同时加强人力资源培养和学科建设，完善知识产权保护机制。

⑥ 经过近四个“五年计划”的持续发展，我国新能源汽车电驱动技术与产业取得长足进步，形成了从电机、功率电子控制器减变速器到系统集成的自主能力，并一定程度地提升和完善了从子总成到上游核心零部件 / 元器件到基础材料的产业链。

我国有较好的电机工业基础和丰富的稀土资源，驱动电机系统在全球资源限制条件下具有比较明显的优势，易于形成中国特色优势产业。功率电子、控制芯片和算法软件，近年来也有了长足的发展和壮大，产业链得益于良好的国际环境和改革开放政策。

从 2000 年以来连续四个“五年计划”对新能源汽车产业“三纵三横”的支持政策和财政扶持，是电驱动技术和产业发展的推动力。我国相继建立了“中国电动车百人会”和各学会协会的电动车电驱动相关专业委员会、官方和民间的各种联盟和论坛等，涵盖了新能源汽车产业链上下游，在高密度电机控制器、全碳化硅电机控制器、高密度驱动电机、电驱动总成等方面取得进展，推动核心零部件持续技术、研发、制造与试验验证，进一步提升我国核心器件和零部件的自主竞争力，带动我国新能源汽车电驱动系统全产业链的创新发展。

电驱动是新能源汽车的“心脏”，建议国家持续支持智能化系统和子总成设计与集成技术、补齐核心零部件 / 元器件与关键材料等产业链上游短板，加强设计与控制软件及装备制造等平台建设。建议资金支持关键基础设施、创新技术和前瞻研发，以市场拉动产品升级换代，国家可以通过减税鼓励市场发展。

参考文献

[1] 高档数控机床和基础制造技术《国家中长期科学和技术发展规划纲要（2006—2020 年）》，国务院，2006.

[2] 机器人产业发展规划（2016—2020 年），工信部、国家发改委、财政部，2016.

[3] 智能机器人重点专项申报指南，科技部，2017.

[4] 节能与新能源汽车技术路线图 2.0，中国汽车工程学会，2020.

[5] 中国铁路 2020 年统计公报，中国国家铁路集团有限公司，2020.

[6] 铁路“十三五”发展规划，国家发改委，2017.

[7] 中国城市轨道交通协会，2020 年中国内地城规交通线路概况. https://www.camet. org.cn/tjxx/7647

[8] 刘博宇. 浅析标准动车组牵引传动系统的组成及原理［J］. 中国战略新兴产业，2018.

[9] 汤友富. 超级高铁发展趋势及关键问题分析［J］. 铁道建筑技术，2019（4）.

[10] 冯仲伟，方兴，李红梅，等. 低真空管道高速磁悬浮系统技术发展研究［J］. 中国工程科学，2018，20（6）：105-111.

[11] 熊嘉阳，邓自刚. 高速磁悬浮轨道交通研究进展［J］. 交通运输工程学报，2021.

[12] 李艳伟，梁海刚，王雷，等. 基于全碳化硅器件的辅助变流器设计及试验验证［J］. 城市轨道交通研究，2020，23（7）：61-65.

[13] 邵洋，陈丽华，胡海涛，等. 基于 C 型与单调谐滤波器组合的高铁牵引供电系统谐波治理方法［J］. 铁道学报，2018，40（4）：52-59.

[14] 李永东. 下一代高铁传动技术及 MMC 最新进展. 第三届电气化交通前沿技术论坛，2019.

编写组

组　长：李永东

副组长：汤天浩　李崇坚

成　员：徐殿国　李明勇　柏子平　蔡　蔚

谭国俊　肖　曦　冯江华　杨　明

刘　强　王建峰　郑泽东　郭　宏

王高林　张永昌　陈息坤　张志学

康元丽　张艳清　江海昊

第5章

信息系统领域电源产业与技术发展路线图

1. 导　言

1.1　发展信息系统领域电源产业与技术的战略意义

信息系统（Information System，IS）是指一个由人、计算机及其他外围设备等组成的能进行信息的收集、传递、存贮、加工、维护和使用的系统，整个系统涵盖了四个要素：信息需求、信息的采集与加工、信息与人的交互以及信息管理。

当前通信、互联网、智能化等领域的信息交互已经与全社会的民生工程息息相关，具有重大的经济和社会战略意义。随着互联网、大数据、人工智能等信息技术的快速发展，国家与国务院各部委陆续发布了与民生工程息息相关的信息系统方面的重要政策。如2015年9月《关于促进大数据发展的行动纲要》、2016年7月《国家信息化发展战略纲要》、2016年12月《“十三五”国家信息化规划》、2016年12月《信息通信行业发展规划（2016—2020年）》和《信息通信行业发展规划物联网分册（2016—2020年）》、2017年4月《工业和信息化部关于加强“十三五”信息通信业节能减排工作的指导意见》、2018年8月《扩大和升级信息消费三年行动计划（2018—2020年）》、2019年1月《关于加强绿色数据中心建设的指导意见》、2021年12月《贯彻落实碳达峰碳中和目标要求，推动数据中心和5G等新型基础设施绿色高质量发展实施方案》等。

信息技术（Information Technology，IT）的建设和发展得到了国家领导人的高度重视和关心。2016年10月9日，在中共中央政治局集体学习中，习近平总书记就网络强国强调指出网络信息技术是全球技术创新的竞争高地；2019年4月，习近平总书记在全国网络安全和信息化工作会议上强调：敏锐抓住信息化发展历史机遇，自主创新推进网络强国建设；2020 年 2 月 16 日，习近平总书记在《求是》杂志发表重要文章，要求“加快释放新兴消费潜力，积极丰富 5G 技术应用场景”；2020 年 3 月，中共中央政治局常务委员会会议提出，要加快 5G 网络、数据中心等新型基础设施建设进度。

5G 时代是全移动和全连接的智慧时代，人与人、人与物、物与物都需要进行连接和通信，2025 年全球连接数量将会超过 1000 亿。5G 的增强移动宽带、超高可靠低延时通信、大连接物联网等场景与更加多样化的业务需求需要更快的速率、更低的功耗、更短的延迟、更强的稳定性以及能支持更多用户。5G 的高速传输、物联网感知层的海量数据、工业互联网的“万物互联”等带来的数据量呈百倍、千倍的增长，同时“碳达峰”和“碳中和”背景下的特高压电网和新型电力系统、城际快速轨道交通、新能源发电以及新能源汽车等与数字技术的结合也将产生大量的数据和信息，这些海量数据和信息的处理与分析的背后，都离不开大型数据中心、计算中心的支撑。

新型基础设施建设加速了 5G、物联网、云计算、人工智能等技术的融合与发展，以信息技术赋能生产力，进而为数字经济的发展带来了新动能。自 2006 年 2 月《国家中长期科学和技术发展规划纲要（2006—2020）》中将千万亿次高效能计算机研制列入优先主题，提出重点开发具有先进概念的计算方法和理论，发展以新概念为基础的、具有每秒千万亿次以上浮点运算能力和高效可信的超级计算机系统、新一代服务器系统，开发新体系结构、海量存储、系统容错等关键技术，至 2021 年 1 月我国已建成或正在建设 8 座超算中心。据 2021 年 5 月搜狐科技和中国信息通信研究院发布的《2021 年中国 5G 年度报告》，中国移动、中国电信和中国联通预计 2021 年 5G 开支分别达到 1100 亿元、397 亿元和 350 亿元，合计达到 1847 亿元（人民币，下同），全年新建 5G 基站 60 万个以上，到年底全国 5G 基站有望至少达到 131.8 万个，预计到 2025 年 5G 基站将达到 800 万个，实现全国范围内 5G 网络全覆盖；报告称我国 5G 网络建设已进入高速增长期，2020—2024 年为规模建设期，2025—2028 年为完善期，2029 年左右网络替换期，新一代系统替换，6G 开始引入，应用方面呈现阶段性推进特征。在新基建的推动下，我国 2020 年整体数据中心产业投资达 1800 亿元，同比保持持续增长；数据中心面积在 2020 年增长了 350 万平方米，增长率接近 30%。据 ICT research 预测，到 2025 年我国的数据中心面积将再翻一番，达到 6000 万平方米。

信息采集器件、信息加工设备、信息处理设备、信息传递设备等的供电技术是信息系统的基础保障。高性能计算、下一代通信系统、5G 网络和数据中心等的建设离不开信息系统供电技术和产业发展的支撑。5G 基站、工业互联设备、高性能计算等的分布式、宽环境、小型化和高可靠性等应用需求要求设备的供电电源降功耗、降体积、减重量和高可靠。

信息系统的电力消耗已经占据了全社会能源消耗的重要份额。仅以数据中心为例，其大规模发展导致能源消耗大幅上升，据估计，数据中心消耗了全球 3% 的电力，并造成了约 2% 的温室气体排放。2020 年我国数据中心耗电量达到 2023.7 亿千瓦时，占据了当年全国全口径发电量的 2.654%，已连续八年以超过 12% 的速度增长，预计 2030 年将超过 4000 亿千瓦时，能耗总量巨大。包括数据中心在内的信息系统的节能与减排十分重要。提升信息系统能源利用效率、推行节能技术改造和发展低碳化的用能结构，是控制信息系统能耗总量，支撑“碳达峰”“碳中和”目标实现的紧迫任务。2021 年 12 月国家发改委、中央网信办、工业和信息化部与国家能源局研究制定的《贯彻落实碳达峰碳中和目标要求，推动数据中心和 5G 等新型基础设施绿色高质量发展实施方案》提出：鼓励使用风能、太阳能等可再生能源，提升数据中心绿色电能使用水平，促进可再生能源就近消纳；统筹 5G 与可再生能源分布式发电布局，对电源等能耗系统积极推进去冗余简配。

信息系统供电技术的目标是可持续地为信息系统提供电源，在不断降低电源设备的体积与重量的同时提升电能使用的效率和提高供电可靠性，并实现电源的智能化、智慧化和绿色化。发展信息系统相关的电源产业与技术是满足信息社会发展需求、控制信息系统能耗总量的关键，是满足我国人民不断增长的物质文化发展需求，实现人类、社会和环境协调发展的关键，具有重大的战略意义。

1.2　信息系统领域电源产业与技术路线图的研究范围及目标

信息系统涉及的领域十分广泛，包括了信息的采集、加工、处理、传输和应用等各个方面。由于不同信息系统的功能不一，其规模和范围存在很大的差距。

信息系统领域的电源既涉及为单一信息处理单元供电的器件，又涉及为服务器、信息系统供电的电源设备及系统。从能源的需求看，小的信息采集设备的功率消耗可能是数毫瓦，小型计算机的电能需求为数百瓦，单个服务器消耗功率为数百瓦至千瓦，边缘计算中心、中小型数据中心消耗的功率为数十、数百千瓦乃至数兆瓦，大型数据中心和超大型数据中心的功率需求可达数兆瓦、数十兆瓦甚至更大功率。因此，不同的信息系统涉及的供电系统及电源产品差异很大。本路线图主要结合高性能计算、5G 通信系统及数据中心系统电源产业的现状与发展需求，重点是以通信和数据中心为主的供电系统解决方案和不间断电源、计算机系统的供电电源等相关电源产品的产业与技术的现状与需求分析。

如前所述，本路线图所指的信息系统领域电源涵盖了信息技术领域电源和通信技术领域（Communication Technology，CT）电源。信息系统领域电源产业与技术发展路线图实际涉及了信息通信领域（ICT）电源产业与技术，但为表述方便仍统一称为信息系统领域电源产业与技术。

本路线图旨在：

① 概述当前信息系统供电技术的现状，分析信息系统供电面临的问题与挑战，并讨论信息系统供电电源技术的发展愿景与目标。

② 提出信息系统领域电源产业与技术的短期（到 2025 年）、中期（到 2030 年）和长期（到 2060 年）目标进展的行动计划与里程碑，为相关方提供参考建议。

在分析信息系统供电技术的现状、需求、发展愿景及发展路线展望时，参考了相关领域的行业发展报告、年鉴、白皮书等的内容，虽然文中注意了说明相关内容的出处，但由于资料的繁杂性、同源性等可能，仍可能存在引用不规范等问题，希望能得到有关方的理解与支持。

1.3 信息系统领域电源产业与技术相关定义和路线图技术架构

信息系统领域的电源主要指为信息设备从市电或其他电力来源提供电能的设备，包括了系统供配电方案、相应的供电设备和电源变换设备等。

2018 年 10 月，中国电源学会信息系统供电技术专业委员会发布《信息系统供电技术白皮书》，从供电系统、不间断电源（Uninterruptible Power System，UPS）设备的设计理论、技术发展等方面，针对可靠性、可用性、可扩展性、节能、安全和新能源应用等不间断供电系统应用需求，分析对比了国内外数据中心常见的不间断供电系统架构特点，系统阐述了数据中心优化供电架构方案。同时，《信息系统供电技术白皮书》提供了不间断供电架构的可靠性模型与计算方法、系统可靠度与可用度、不间断供电架构节能与能效提升对数据中心电源使用能效（Power Usage Effectiveness，PUE）指标的影响，以及国内外数据中心基础设施及供电技术等主要标准概况等。

《信息系统供电技术白皮书》将数据中心的电源设备分为电力供给、供配电和负载供电三个方面：

① 我国信息系统电力主要由公用城市配电网供应。城市配电网通常指 110kV 及

以下电压等级的电网，分为高压配电网（35、66、110kV）、中压配电网（3、6、10、20kV）和低压配电网（0.4kV，即 220V 单相 /380V 三相）。目前我国信息系统电力供应以 0.4kV、10kV 配电网为主。

② 信息系统供配电系统将 0.4kV 或 10kV 供电电源引入信息系统，并传输到信息负载设备。以数据中心为例，供配电设备主要由中低压配电柜、柴油发电机、自动转换开关（Automatic Transfer Switching Equipment，ATSE）、低压配电系统、不间断电源、机房列头柜和机架配电设备等组成。我国数据中心的不间断电源有交流输出 UPS（以下简称“交流 UPS”）和直流输出 UPS（以下简称“直流 UPS”）两种类型，交流 UPS 输入输出额定电压与低压配电网标称电压一致，即 220/380V，为中线接地系统，直流 UPS 系统标称电压有 240V、336V 两种（该电压为储能电池的额定电压，在该系统中还包含为电池充电的 AC/DC 环节，其额定电压为电池的浮充电压，即 273V、380V），为正、负极均浮地（不接地）系统。通信系统的一次电源为低压交流供电得到的 –48V 直流系统。目前数据中心供电设备中的中小功率交流 / 直流电源模块与通信系统的一次电源模块，除了隔离与接地要求、输出的直流电压大小不一外，电能变换技术和电源产品的性能要求方面存在高度的相似性。

③ 信息供电系统负载主要包括服务器、通信网络设备或其他信息处理设备、冷却和照明及其他运维相关设备等。通常，冷却、照明及运维相关设备直接采用 220/380V 交流供电，服务器或其他信息处理设备采用 220V 交流、48V 直流与 12V 直流三种供电方式。对于 220Vac（或 / 和 240、336Vdc）与 48Vdc 供电的服务器，其内部还有一个模块电源将输入电压降到 12V 为服务器主板供电。服务器主板上通常还有负载点电源（Power of load，POL）为芯片等用电元件提供其需要的工作电源。目前，服务器通常采用双输入冗余（供 / 备或双供），主要由功率因数校正（Power Factor Correction，PFC 整流）与隔离 DC/DC 二级功率变换组成。服务器电源按现行标准主要可以分为 ATX 电源和 SSI 电源两种：ATX（Advanced Technology Extended）标准为 Intel 在 1997 年推出的一个规范，使用比较普遍，主要用于台式机、工作站和低端服务器，输出功率一般在 125~350W 间；SSI（Server System Infrastructure）规范是 Intel 联合一些主要的 IA（Intel Architecture）架构服务器生产商推出的新型服务器电源规范，其推出是为了规范服务器电源技术、降低开发成本和延长服务器使用寿命，主要包括服务器电源规格、背板系统规格、机箱系统和散热系统规格，根据使用环境和规模的不同，该规范又分为了 EPS（Entry Power Supply）、TPS［Thin（low profile）power supply]、MPS（Midrange Power Supply）和 DPS（Distributed Power Supply）等子规范，输入电压为全球适用（90~264Vac）或 90V~132V、180V~264V 及兼容 90V~132V 与 180V~264V，输出功率 300 瓦及以上，输出电压包括 3.3V、5V、12V、-12V 等。

需要特别指出的是，信息系统电源领域的电源产品还涉及为服务器处理器、芯片等直接供电的电源模块、POL 等产品，对功率密度、效率等有很高的要求。随着现代半导体技术和制造工艺的发展，在芯片级别集成制造电容、电感、变压器、功率器件和控制器件，实现电源产品的所有部件集成在一个封装内（Power Supply in a Package，PSIP），或集成在同一个晶圆上（Power Supply on Chip，PwrSoC）是现代电源新技术发展的重要方向。考虑到 PSIP 和 PwrSoC 等技术与电源元器件更为接近、前述提及的本领域路线图研究范围与目标等因素，且未涉及相关技术，但 PSIP 和 PwrSoC 等新技术在信息系统领域有广阔的发展前景，我国也应该在该领域加强技术与产业的发展。

基于上述信息系统电源设备构成，信息系统电源领域的产业与技术从供电系统方案与架构、不间断电源和信息设备电源三个方面进行解析。

2. 信息系统领域电源产业与技术的发展现状与趋势

2.1 信息系统领域电源产业发展与技术现状

2.1.1 信息系统供配电典型架构与技术方案

供电系统是信息系统的关键性基础设施，相当于整个信息系统的“心脏”，保证信息处理设备“供血”的持续。因此，信息系统供配电系统的规划设计（供配电架构）显得尤为重要。

以数据中心为例。对于数据中心供电系统的规划设计（架构配置）应考虑：①对 IDC（Internet Data Center）业务按不同可靠性等级进行划分；②不同可靠性等级采用不同的供电系统结构；③不同可靠性等级配置不同技术水平的设备；④供电系统配置具有灵活性，适应不同可靠性等级的供电需求。

关于数据中心供配电系统架构，根据 GB50174—2017《数据中心设计规范》在附录“电气”中规定：C 级数据中心［对应于美国 TIA-942-A《数据中心通信网络基础设施标准》的Ⅰ级机房（T1 级）］应满足基本需要（N）；B 级数据中心［Ⅱ级（T2 级）］宜 N+1 冗余；A 级数据中心［Ⅲ级（T3 级）和Ⅳ级（T4 级）］应满足容错要求，可采用 2N 系统，也可采用其他避免单点故障的系统配置。

2.1.1.1 交流 UPS 与供配电系统主流架构及应用方案

为了保证服务器机架的可靠供电，在采用 UPS 设备时，也需要采取具有 UPS 设备冗余功能的供配电架构。

当前较为主流的 A 级数据中心的单通道不间断供电系统的配置基本为如下两种典型架构：

（1）N+1（N+X）系统

“N+X”配置就是 N 扩容系统基础上，增加 1 台或 X 台 UPS 形成具备可靠性冗余的不间断供电系统构架，从而实现当 1 台或最多 X 台 UPS 出现故障时，剩余的 N 仍然能保证 IT 设备的正常运行。

N+1 配置方式设备占用空间少，日常运行效率较高，初始投资少，操作维护简单。但是，此系统的不理想之处是只为 IT 设备提供一路电源，而当前的 IT 大都有双路冗余输入（见图 5–1）。

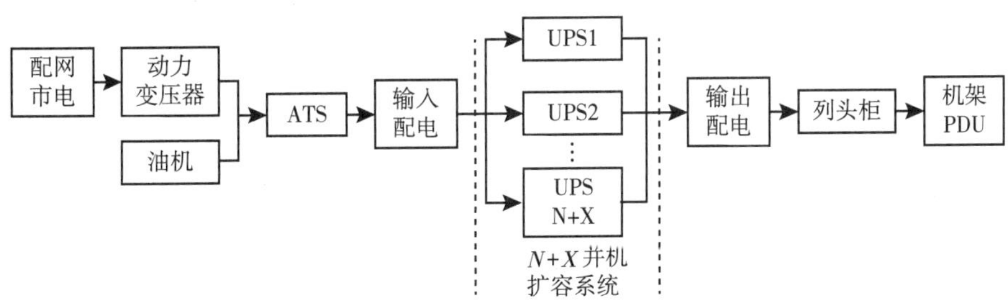

图 5–1 N+X 供配电系统架构图

（2）2N 系统

2N 不间断供电系统构架为 IT 负载同时配置两路不间断供电回路，不间断供电回路中的不间断电源设备可以是交流 UPS 也可以是直流 UPS，但采用交流 UPS 较为常见。该系统配置的要点有三点：一是有冗余的能源输入，通常是一路市电，一路可随时投入运行的备用发电机系统；二是 IT 设备有冗余的双路输入；三是整个系统中所有的设备和传输都是冗余的。该供电系统可以最大限度满足 IT 设备不间断供电可靠性要求（见图 5–2）。

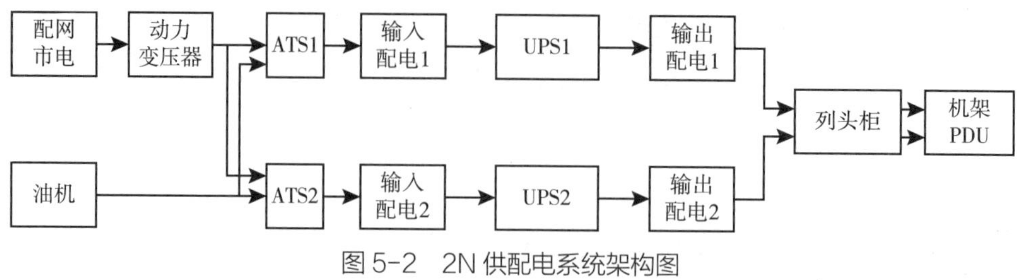

图 5-2　2N 供配电系统架构图

为了实现供电节能和降本的目的，近年来在 2N 系统中，用市电直供替代其中一路不间断供电，是 2N 供电系统成本优化方案。采用一路市电直供的可行性主要在于：IT 设备的输入端有对电网电压适应能力很强的开关电源存在，完全可以由市电直接供电，并且事实上现有的计算机和其他信息处理设备基本上都是通过开关电源由市电直供的；在配置交流输出 UPS 的场合，静态旁路供电也是一种正常的运行模式，实际上就是市电直供（见图 5-3）。

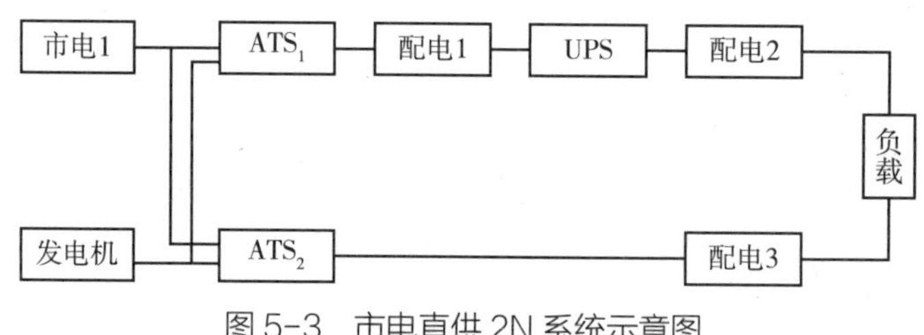

图 5-3　市电直供 2N 系统示意图

市电直供的主要优势有三点：一是效率高；二是成本低，主设备 UPS 成本降低 50%；三是可靠性高，主供电单元设备数量减少一半，设备故障率自然也大幅度降低（见图 5-4）。

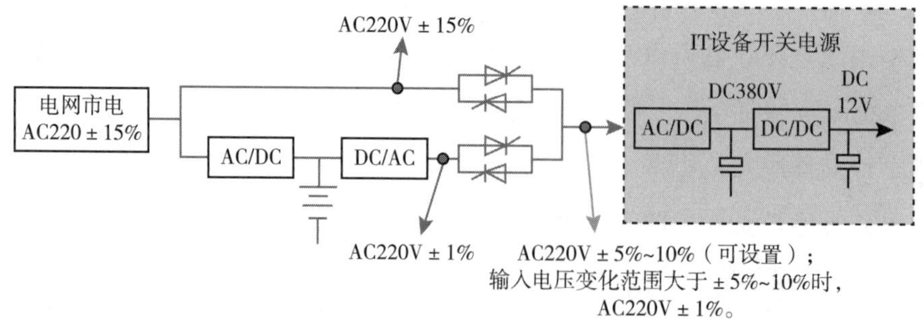

图 5-4　市电直供时 IT 设备开关电源的输入电压范围

对于重要的数据中心，为了保证其供电的可靠性，从城市电网的电力供应就需要采用冗余措施，供配电需要采用双通道或多通道系统。以 10kV 变配电三级架构原理拓扑为例，图 5-5 是典型的 2N 架构交流配电系统。

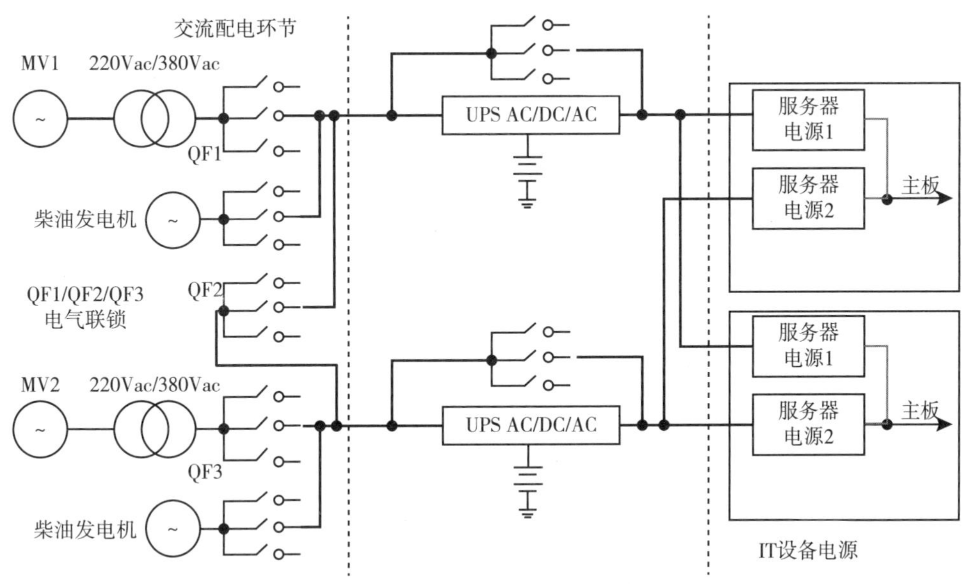

图 5-5　典型 2N 架构 10kV 变配电系统原理图

10kV 变配电系统的主要特点在于：①整个配电系统从低压配电柜至末端 PDU 均采用 2N 模式，互为备份的两套低压配电系统配置母联开关；②末端配电一般采用两路 UPS（交流或直流 UPS）供电、一路市电 + 一路 UPS 电（交流或直流 UPS）。其优势在于配电级别高、可靠性高，但成本较高，主要适用于数据中心 A 级机房。

为了节省供电系统投资成本，从典型 2N 供配电架构还衍生出了 DR 架构（Distribution Redundancy，分布冗余）、RR 架构（Reserve Redundancy，后备冗余）。

（1）DR 系统

由 N（N ≥ 3）个配置相同的供配电单元组成，N 个单元同时工作。将负载均分为 N 组，每个供配电单元为本组负载和相邻负载供电，形成“手拉手”供电方式。对于 N=3 的情况，正常运行时，每个供配电单元的负荷率为 66%。当一个供配电系统发生故障，其对应负载由相邻供配电单元继续供电。N=3 的 DR 供配电系统架构如图 5-6 所示。

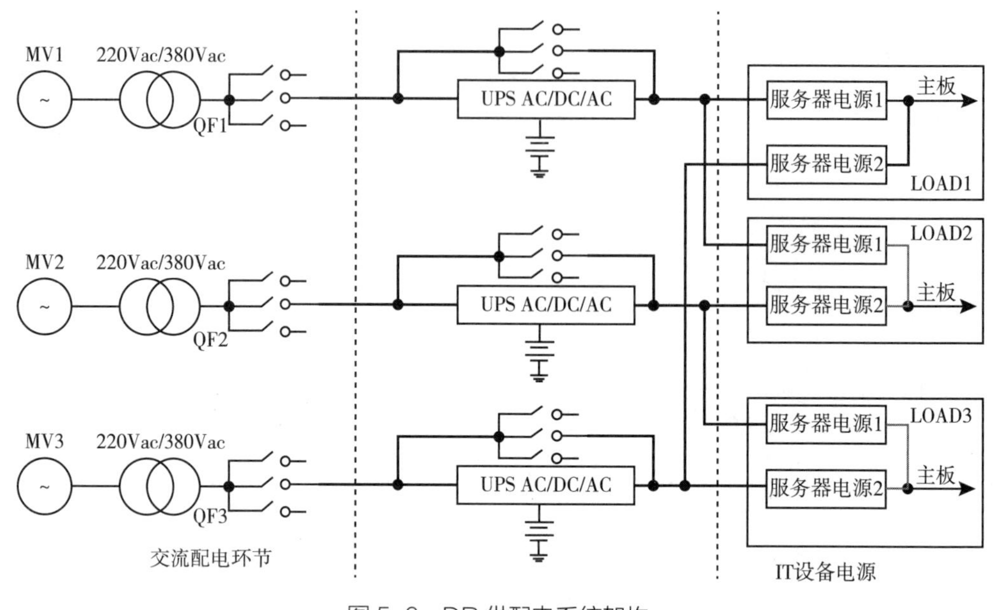

图 5-6　DR 供配电系统架构

图 5-6 的供电架构，在各部分负载均等条件下，可降低单台 UPS 容量和总容量，但可靠性低于 2N 架构的系统。三组负载是一个完整的系统，每一组负载因供电故障而宕机时，另两组负载也不能正常运行。所以，为这三组负载供电的三台电源，只允许一台故障，当两台同时故障时整个系统会瘫痪，所以是一个 2+1 架构的系统，可靠性低于 2N（实际上是 1+1）架构的系统。

图 5-6 的系统实际应用时除了可靠性低于 2N 架构的系统外，还存在较多的问题，一是各部分负载难以均等，负载双输入也不均衡，计算设备容量时，每路负载量都应取可能出现的最大值，结果往往并不能达到降低单台 UPS 容量和总容量的预期；二是配电复杂，对配电工程实施和维护工作都提出较高的要求。自然，负载分的组数越多（所谓的分布式供电），系统存在的上述问题就越严重。

（2）RR 系统

由多个交流供配电单元组成，其中一个配电单元作为其他单元的备用。当一个交流配电单元发生故障，通过电源切换装置 ATS，备用单元继续为负载供电。RR 供配电系统架构如图 5-7 所示。

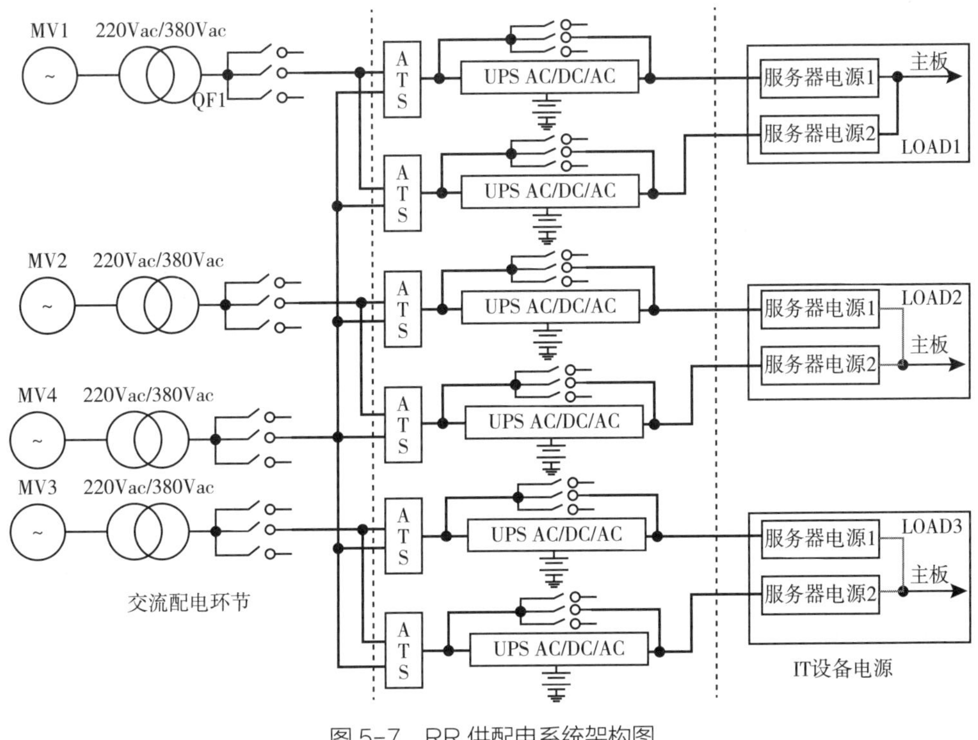

图 5-7　RR 供配电系统架构图

图 5-7 与图 5-6 一样，在各部分负载均等条件下，可取之处在于可降低每路的容量，但是也存在同样的问题，由于备用单元的容量与其他单元的容量相同，只允许一路故障，由备用单元通过切换单元 ATS 继续供电，当两路同时故障时导致系统瘫痪，可靠性表征为 N+1 系统，可靠性远低于 1+1（即 2N）系统。同样，该系统也存在实际负载难以均衡问题，导致并不能降低设备成本，且存在配电施工及维护难度大等问题。

从上述介绍可以看出，当强调系统的可靠性时，DR 与 RR 这两种架构的系统是不宜推广的。

2.1.1.2　直流 UPS 主流架构及应用方案

直流 UPS 常称为高压直流（HVDC，High Voltage Direct Current）电源。直流 UPS 系统主要由交流配电柜、整流柜（整流模块、监控模块）、直流配电柜、电池柜（含电池管理）四大部分构成。我国目前的高压直流电压有 240V 系统和 336V 系统两种规格。240V/336V 高压直流电源系统包括带 PFC 功能的交流 / 直流（AC/DC）三相市电有源整流电路、直流 / 直流（DC/DC）变换电路、输出滤波电路、监控器、电池组等部分。在市电正常时，输入通过 PFC 升压成稳定直流电压，供给 DC/DC 变换器，输出稳定的 273Vdc/380Vdc 为 240V/336V 电池浮充，同时完成对负载的供电；当市电异常时，由蓄电池直接给负载供电。由于系统的输出直接接有电池，与交流 UPS 系统相对应，该系统通常也成为直流 UPS 系统。

典型的三种直流输出 UPS（HVDC）主流架构及应用方案如图 5-8 所示，其中高压直流电压标称值为 240Vdc 或 336Vdc。

其中图 5-8（a）为常见供电方式，负载设备单回路供电，性价比高，可靠度方面稍弱一些；图 5-8（b）为市电和直流 UPS 构成的市电直供方式，属于低成本的双交流回路供电架构，比图 5-8（a）仅增加一路市电供电，可靠度有一定的提升，效率高，成本合理，当前几个主要互联网企业（如腾讯、阿里等）已经有规模应用；图 5-8（c）供电系统整个回路采用典型的 2N 构架，供电可靠性高，但系统成本高，实际应用较少。

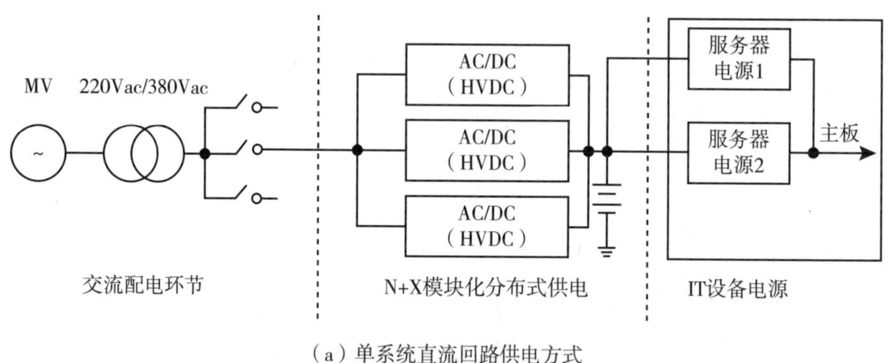

（a）单系统直流回路供电方式

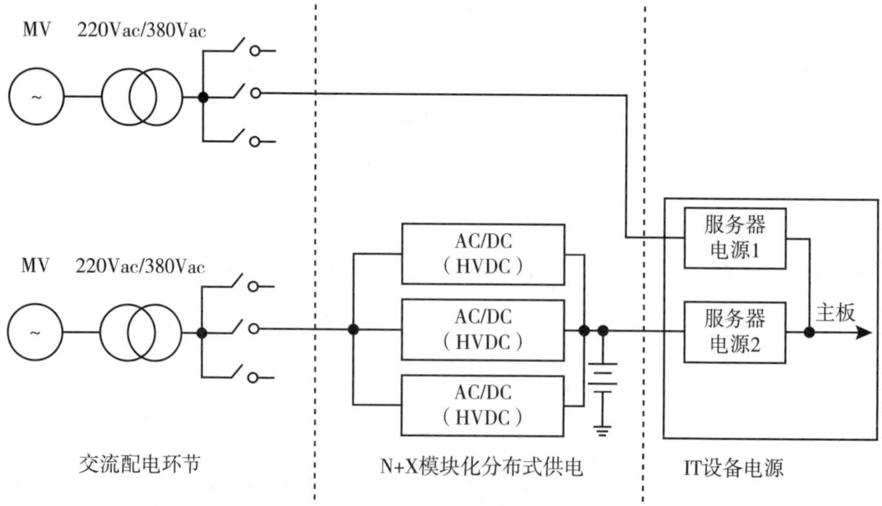

（b）一交一直供电方式

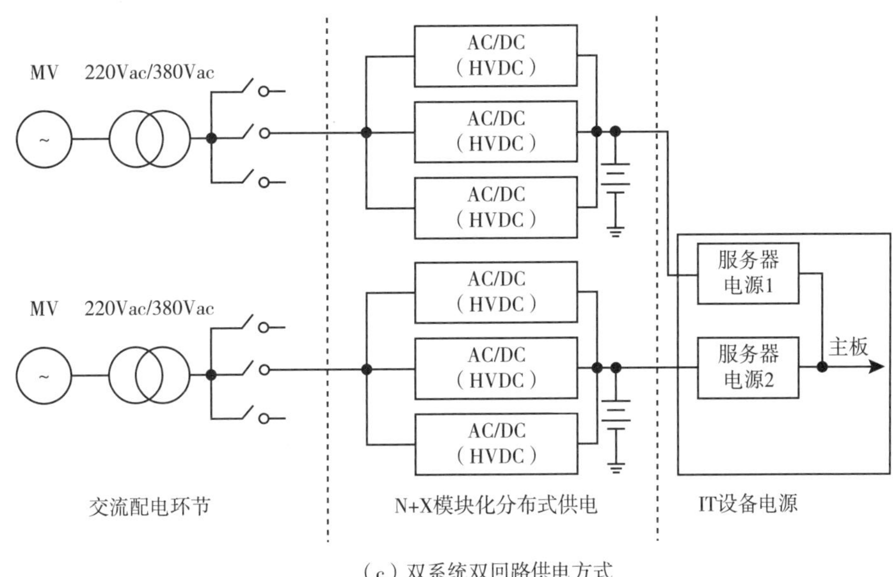

（c）双系统双回路供电方式

图 5-8　三种典型的 240V/336V 高压直流系统电气原理图

与交流输出 UPS 相比，直流输出 UPS 对负载供电的可靠性明显高于交流输出 UPS，图 5-9 显示了两种输出制式的区别。

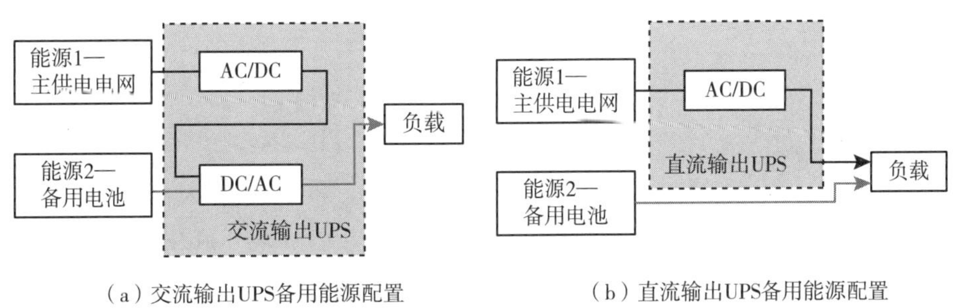

（a）交流输出UPS备用能源配置　　（b）直流输出UPS备用能源配置

图 5-9　备用能源配置对供电可靠性的影响

在图 5-9（a）中，电池是 UPS 设备的一部分，市电电网和备用能源电池都要通过 UPS 的 DC/AC 环节向负载供电，即两种能源向负载供电的工作可靠性都取决于 UPS 设备，备用能源供电路径的同样不可靠是造成传统交流 UPS 供电系统不断复杂化、设备堆积、结构臃肿、成本迅速攀升、效率低下、可靠性难以有效提高的根本原因。在图 5-9（b）中，电池是可直接向负载供电的，备用电池与市电 +UPS 供电系统形成冗余并机系统，备用电池从根本上隔离了市电和供电系统的故障，备用电池的可靠性得到了充分的发挥。

配电要求高是直流输出 UPS 系统设计的一个明显的难点，特别是在高压直流系统中，转换卡关和继电保护等器件都要改变，不仅降低了可靠性，还增加了成本。

关于直流输出 UPS 设计的另一个值得注意的问题是直流输出电压的选择。直流输出 UPS 的输出电压应与 IT 设备内部开关电源的直流母线电压匹配，否则会影响其推广使用。直流输出 UPS 的输出电压的选择应遵循以下几点：①原则上不要求 IT 设备输入开关电源做明显的变化，IT 设备既可在交流电源输入下运行，也可在直流电源输入下运行，因此，关键是使 UPS 的 AC/DC 变换输出的直流电压值等于开关电源的 DC/DC 变换的输入直流母线电压值（当前 IT 设备输入开关电源基本上都是 PFC 整流，直流母线电压是 380V）；②有利于简化设备结构和系统配置；③在 IT 设备允许的输入电压范围内，使电池容量得到充分的利用；④采用直流 UPS 供电后，给 IT 设备开关电源供电的是电池电压，电池放电电压变化范围必须在 IT 设备输入开关电源允许的输入电压范围内；⑤有利于系统节能。

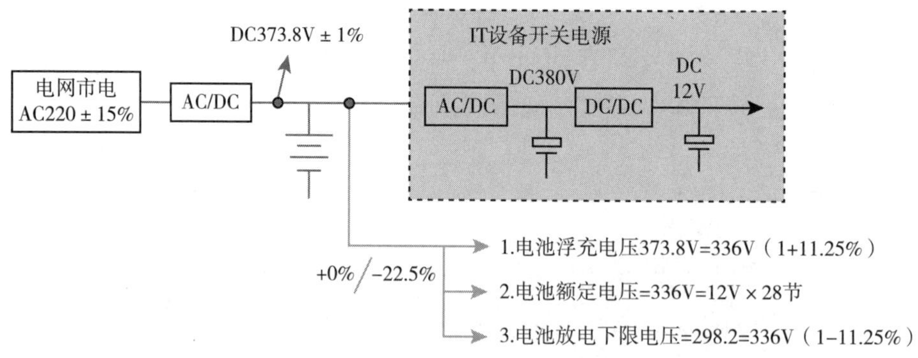

图 5-10 直流 UPS 供电的 IT 设备开关电源输入电压范围

2.1.1.3 通信系统 48V 开关电源主流架构及应用方案

分立式 –48V 开关电源系统和 2.1.1.2 节所述高压直流基本一样，包含交流配电柜、整流柜（整流模块 + 监控模块）、直流配电柜和电池（可含电池管理）柜。应该说直流输出 UPS（HVDC）的系统供电构架是从 –48V 开关电源系统演化而来的，除了输出电压大小与 HVDC 的输出电压 240Vdc/336Vdc 不同以及相应的直流开关、安全等级配置等不同外，电路结构基本一致。

图 5-11 提供了简要的 –48V 供电构架拓扑图，不再重复详细描述。

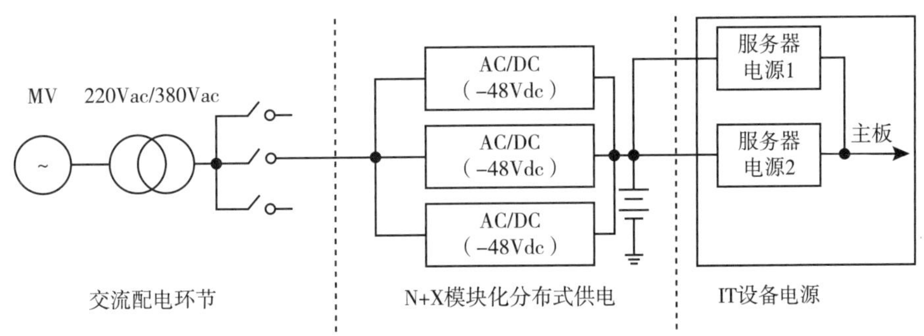

图 5-11　典型 -48V 直流开关电源系统构架图

2.1.1.4　与模块化数据中心融合的机架分布式供配电架构

近年来数据中心微模块发展迅速。数据中心微模块集成了供配电、制冷、机柜、气流遏制、综合布线、动环监控等子系统，可实现快速部署、弹性扩展，并能提高数据中心的整体运营效率和绿色节能。具有可靠性高、建设周期短、扩展性强和高效节能、智能化维护、易搬迁等特点。

与数据中心微模块发展相适应，出现了新的供配电机构，即机架分布式电源（Distributed Power Supplies，DPS）架构。机架分布式电源有机柜级机架电源 Power Shelf 和服务器级不间断电源 Battery Backup 两种形式。

机架分布式电源 DPS 模块直接集成在 IDC 机柜内部，电源配置方案可多样化，如采用市电 +UPS 锂电、市电 + 高压直流锂电、UPS 锂电 +UPS 锂电或高压直流锂电 + 高压直流锂电等方案，每个机架都可按需选择最优方案。

与传统供配电架构一样，数据中心微模块也必须是二路可靠的电源输入。但与传统供配电方案将供电电源集中到一个机房并进行集中供电不一样，DPS 供配电的供电电源入列到网络柜。

DPS 供配电由于不再需要传统的电池室、简化配电室结构，降低了机房承重要求，大幅缩短机房建设、改造周期。这种供配电方案打破了原机房集中备电模式，电源分布于每个机柜，节省的空间可用于部署服务器设备进而提高机房的空间利用率。DPS 供配电更节能，配置更简单，减少了 UPS 主机设备投入。其主要缺点在于：投资成本高；目前后备锂电池价格较铅酸电池相对昂贵；供电的单元设备数量成倍地增加，会明显影响整个系统的可靠性；供电设备较为分散，不便于集中维护；电池管理系统（Battery Management System，BMS）控制较复杂，电池保护及控制等需进一步完善。

2.1.2 交流UPS产业发展与技术现状

2.1.2.1 典型交流 UPS 产品种类、特点及应用

交流 UPS 的应用已历史悠久，具备了丰富的应用经验，形成了成熟的标准体系，产业及技术已比较成熟，产品系列齐全、种类丰富。

（1）典型 UPS 电路结构

传统的交流 UPS 采用不控或相控整流器进行交流 / 直流变换，直流电经过逆变后再通过工频变压器升压后得到 220/380V 交流输出。随着技术的进步出现了采用脉宽调制（Pulse Width Modulation，PWM）整流或二极管整流后升压得到较高的直流电压然后再经逆变器输出 220/380V 的 UPS。业内通常将前者称为工频机，后者称为高频机。高频机相比工频机而言，除了体积重量小、成本低外，还具有输入电流的谐波含量低、效率高的特点，因此产业与技术的发展方向是高频机。

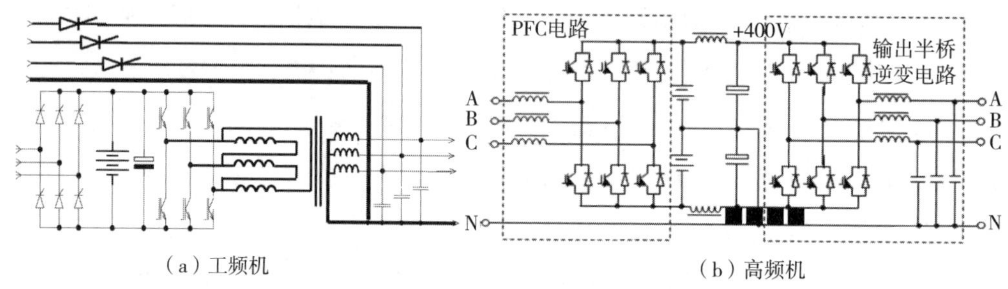

图 5-12 UPS 电路结构示意图

从产品结构上看，高频机可以分为一体化高频机和模块化高频机。当前，采用绝缘栅双极性晶体管（Insulated Gate Bipolar Transistor，IGBT）的三电平整流器〔主要是 Vienna（维也纳）结构整流器〕和三电平逆变器（主要是中点钳位结构，即 Neutral Point Clamped，NPC 逆变器）是由整流器和逆变器构成的双变换结构 UPS 的主流电路拓扑。在中小功率、模块化 UPS 中采用能更高开关频率工作的场效应晶体管（Metal-Oxide-Semiconductor Field-Effect Transistor，MOSFET）有利于提高 UPS 的功率密度。

一体化的高频机（国内行业内常称为“塔机”）内部电路为单一的整流器、逆变器，结构简单、元部件数量少，效率高，其使用广泛。一体化机的功率覆盖面广，小到数千伏安，大型一体化机功率达到 200 ~ 600kV。一体化机通常也具备并联运行功能，将两台或多台一体化机通过并柜可以实现高达兆伏安级的供电系统。

模块化 UPS 系统是将 UPS 各部分功能完全以模块化实现的 UPS 产品。模块化 UPS 具有以下的显著优势：①可在线扩容、在线维护，在线热插拔不影响 UPS 系统的

正常运行；②供电安全性高，任一模块故障后可自动退出，只要剩余模块能够继续满足负载需要，就不会影响系统运行；③能采用 N + X 并机模式获得冗余，冗余量可以根据模块故障对整机系统容量的影响而灵活配置。模块化 UPS 有着节约投资成本，节约维护成本，占地面积小等优势，有更好的性价比。

模块化 UPS 的关键技术之一是模块的并机技术。典型的并机方案包括有互连线的主从控制、无互连线的下垂控制，目前发展都已很成熟，其中具有对等特点的下垂控制，即业内俗称的热同步并机技术，由于各模块间无须信息交互、不存在主从属关系，相对于其他并机方式具有更高的可靠性。

随着模块化不间断电源的大规模应用，模块化单机功率随着数据中心应用功率等级增大而越来越大。模块化 UPS 的单机模块典型的有 25kV、50kV、75kV、100kV 等，

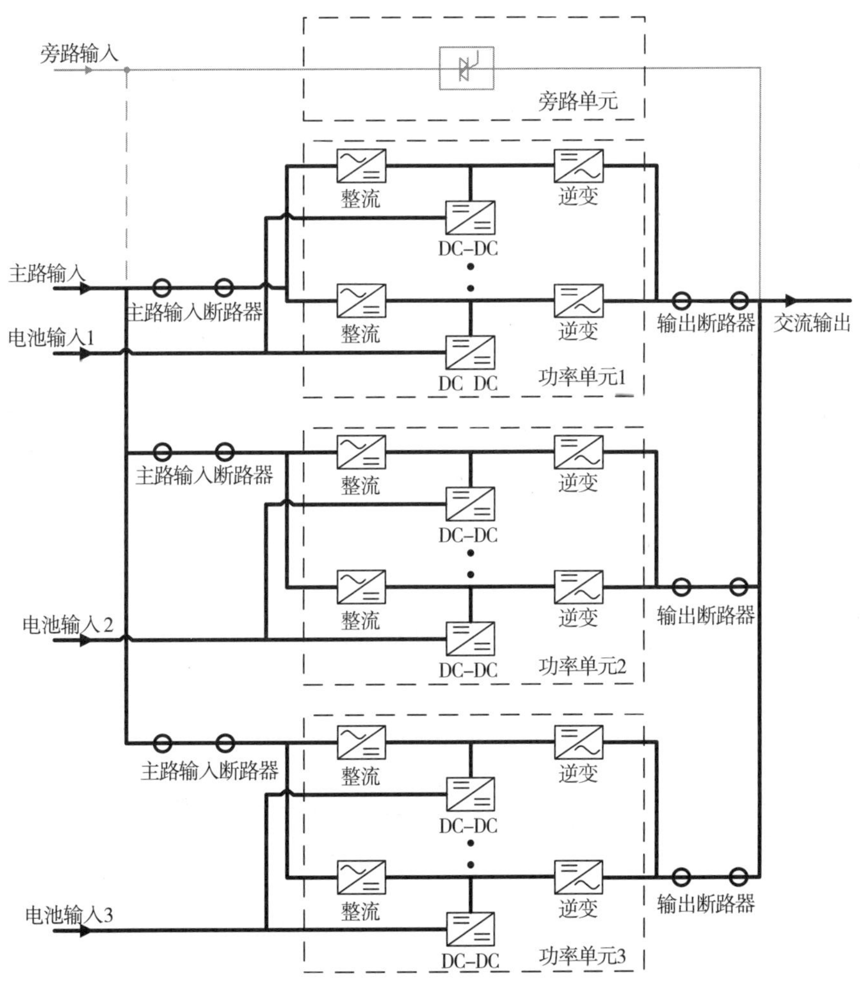

图 5-13　模块化 UPS 的原理示意图

目前最大单机容量已达到 125kV 并仍在继续提升之中。

模块化 UPS 系统功率模块数量越多导致设备使用器件数也越多，同时模块化单机功率的不断提高导致模块设计功率密度越来越高。一方面，模块化 UPS 采用大量分立元件，大量的分立器件因器件批次及参数离散性、PCB 走线杂散参数、产品品质工艺控制点数量巨大等因素，对设备生产企业的产品质量控制提出了较高的要求；另一方面，模块功率等级设计得越来越大，前后版本功率模块不向下兼容，导致模块化电源原有的易拔插、易维护等特性受到了一定的影响。此外，随着应用模块数量的增加，模块间并机、均流通信节点增多，风机散热等易损件也增多，这些都在不同程度上影响到整个不间断供电系统的可靠性。

为兼顾塔式 UPS 的高度集成化、高可靠性和易损器件的易维护，以及模块化 UPS 的易维护、可扩容、高冗余等特点，业界推出了 UPS 的模组化设计理念。模组化 UPS 采用功率单元模组化设计，使 UPS 系统将塔式 UPS 与模块化 UPS 的突出优势融为一体，兼顾高可靠性、高可用性、易维护、强环境适应性等优势，产品功率通过并柜方式覆盖 0.3~1.2MVA。

通过大功率变换装备的控制、功率结构、热设计多维度模组化设计，模组化 UPS 可实现模组拼接进行灵活组合与大功率扩容。结构上采用大功率模组化设计可实现相间相互独立，无并联环流，可由多个功率柜组合实现不同功率段（直至兆瓦级）电能变换装备的扩容；控制上采用单机集中式控制和多机分布式控制结合，可实现装备并机与快速组合；热设计上可根据不同部件的热容特性和特点进行优化以实现更高效的散热和温度控制，有利于提升工作可靠性。

模组化 UPS 相对于模块化 UPS 而言，一定程度上减少了部件和设备数量的同时，但在在线热插拔、合理容量冗余、故障影响等方面的性能也有一定的降低。

塔式 UPS、模块化 UPS 与模组化 UPS 比较如表 5-1 所示。

表 5-1　几种 UPS 方案的比较

项目	塔式 UPS	模块化 UPS	模组化 UPS
模块化程度	无	每个功率模块独立	功率单元分相模块化
整机器件数	少	较多	较少
单机体积重量	较大	小	较小

续表

项目	塔式 UPS	模块化 UPS	模组化 UPS
可维护性	整机维护。 整机维修较难，部件更换较易	更换功率模块。 模块部件维修较困难	更换功率模组。 整机维修较难，部件更换较难
在线维护	不具备	方便，可热插拔	可实现
单系统可靠性	高	较两者低	较高
单系统故障影响	高	低	较高
可扩展性	一般，需要并机扩容	方便，可根据需要并模块扩容	较方便，可根据需要并柜扩容
冗余性	并机。冗余容量偏大	并模块、并机。合理的N+X 容量冗余	并柜、并机。冗余容量相对较大

可见，塔式 UPS、模块化 UPS 和模组化 UPS 各自有一些特点，各有其适用的场景，其中模块化、模组化产品使用较方便，将有更好的应用及发展前景。

从当前电源行业的电能变换效率水平来看，单级的功率变换（AC/DC、DC/AC、DC/DC 等）的最高效率基本都可以达到 98%，因此，无论是一体机还是模块机，基于双变换结构的交流 UPS 的典型满载效率都可以达到 96%，技术先进厂家的满载效率可以达到 96.5% 甚至更高一点，最高效率可以达到 97.5%。

与其他电能变换设备一样，交流 UPS 实际运行时并不总是运行在最高效率点，而是与具体的运行工作点有较大关系，特别是与负载的大小有密切的关系。通常在较高的负载率情况下，UPS 的工作效率较高，负载率越低实际运行效率越低。同时负载率还对 UPS 的输入电流质量有较大影响，随着负载率的降低，输入电流谐波含量增加。因此合理设计和选择交流 UPS 的种类、功率等十分重要，对系统的可用性、可扩展性、节能等有重要的影响。通常的设计考虑是：在负载比较明确的情况下，优先选用一体化机；在负载尚不明确、需分步建设的情况下，优先选择模块化 UPS，这样可以按需配置，一方面降低初期建设成本；另一方面保证适当的负载率，必要时还可以对部分 UPS 模块进行休眠处理，使供电效率达到较高的水平。

除了不间断功能要求外，不同的应用领域对 UPS 的特性要求存在一定的差异，因此 UPS 产业与技术也针对不同的应用场景进行了产品与技术优化。除了信息系统供电领域，工业、金融、医疗、船舶、核电也是交流 UPS 的重要领域，这些领域的 UPS

产业与技术有一定的差异性，但这些领域UPS产业于技术的发展与信息系统领域UPS产业与技术的发展是相辅相成的。

（2）UPS供电系统的经济运行与多功能运行

提高UPS供电系统的效率对节约能源、降低运行成本起着举足轻重的作用，十分关键。在符合应用场景对可靠性要求、负载的电能变换器能接受较宽范围的供电电源质量的前提下，一些UPS厂家结合供配电系统架构丰富了UPS的运行模式、拓扑结构。如一些厂家提供了经济运行模式（ECO运行），在市电满足应用要求时，其整流器、逆变器处于待机（冷备份或热备份）状态，而一旦市电中断，其逆变器可以迅速（5ms以内）起动并投入供电运行；也有厂家提供了交流直供模式（ESS）、在线补偿模式（IECO）或超级ECO模式（SECO）、智能在线ECO模式（S-ECO）。无论名称如何，这类具备在线同步经济运行的UPS，在市电直供的情况下，其逆变器处于同步控制状态但不提供有功输出，可根据负载情况自动选择是否工作对负载谐波进行补偿，市电不正常时转为逆变器供电，其在市电直供时的效率可以达到99%，能有效降低功率损耗。

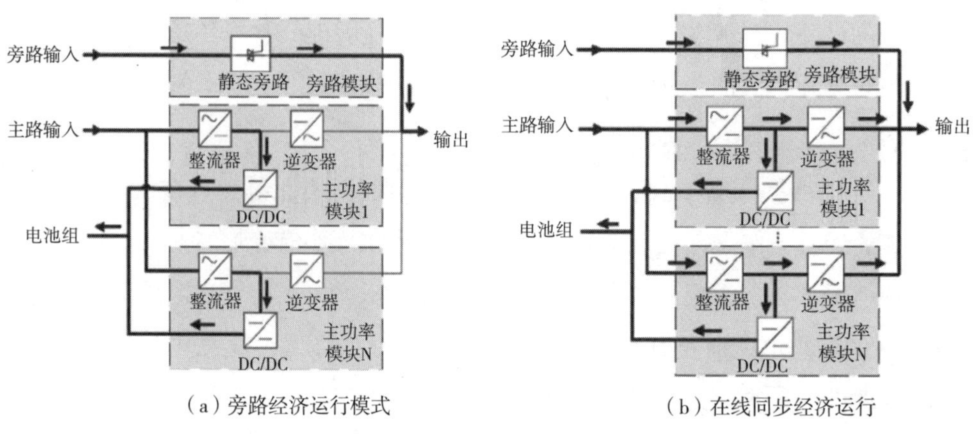

（a）旁路经济运行模式　　（b）在线同步经济运行

图5-14　UPS的经济运行模式

此外，在超大功率UPS系统使用过程中，部分厂商还设计出针对并机系统的经济使用模式——并机智能休眠功能。智能休眠功能下，并机系统可实时检测负载变化情况，利用负载情况和独创的负载预测算法，实现并机系统部分UPS的自动休眠，降低整个系统的运行功耗，减少客户运行成本。

也有少数厂家利用UPS系统中的储能电池（目前还主要是铅电池，以免维护的胶体铅酸电池为代表），在峰值电价时刻部分释放电池储能，在电价低谷时段补充电池储能，以增加 UPS 的运行效益。这种运行方案需要配置恰当的电池容量以保证电网供电系统故障时的电池后备运行时间，还需要考虑电池的充放电循环寿命，当前的技术经济价值还难以得到充分保证，需要有适合的应用场景推动。

（3）多能源输入 UPS

前述 UPS 的主要电能来源为市电，面向长备用、安全可靠、高效率的防灾供电，浙江大学和科华数据有限公司在国家“863”高科技项目的支持下开发了多能源超级 UPS 系统，掌握了电力电子功率变换架构、多能源协同控制、容错运行等关键技术和产品制造技术。在福建漳州工业园，建立了我国首个包含燃料电池、天然气、电力等多种能源的面向重大工程的应急电源应用示范系统。正常运行模式下效率为 98%，后备能源之间可以实现无缝切换，后备供电时间大于 24 小时。

多能源超级 UPS 是应对突发性灾害提供不间断电源的关键技术，是我国重大工程可靠供电的关键基础设施，可为我国数据中心、精密制造、核电等保驾护航。图 5-16 是多能源超级 UPS 的基本结构。

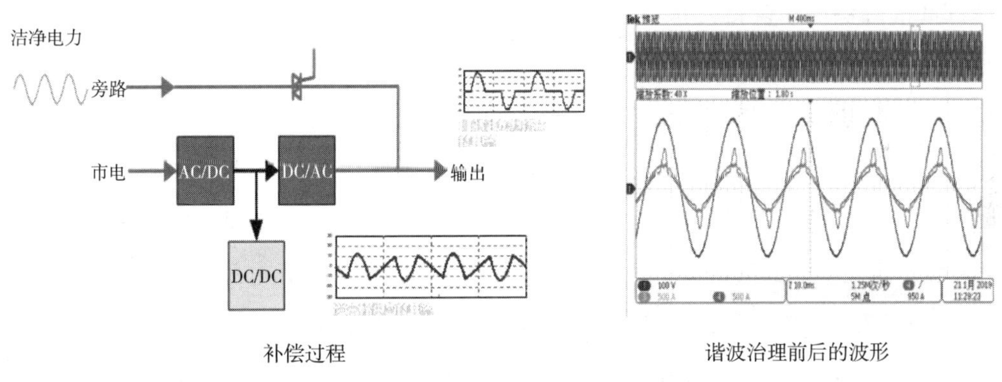

图 5-15　UPS 的在线补偿式经济运行原理示意图

多能源超级 UPS 主要特点有：①具有多个独立能源接入系统，特别包含电力和燃气两种公共供能系统，并能够方便新能源，促进绿色能源的应用，显著提升了供能的可靠性；②具有多种独立的储能元件，包括电池、燃料电池等；③采用冗余设计的电力电子变换器提高系统的可靠性。

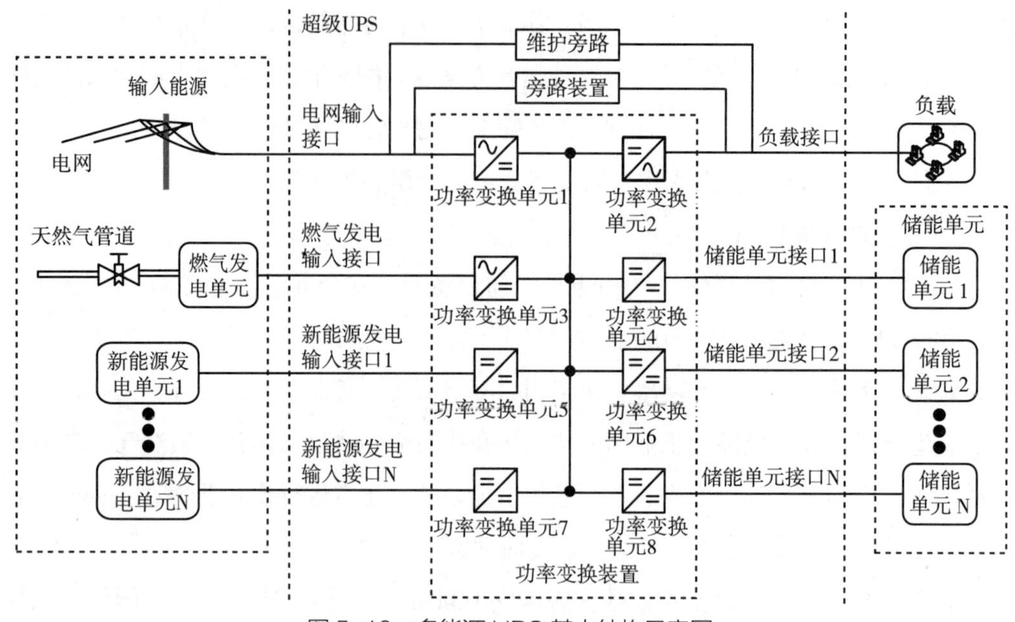

图 5-16 多能源 UPS 基本结构示意图

为了解决油耗高、油价高、维护费用高、集成难度大的问题，易事特公司开发的EATPM 混合供电系统把光伏、电网、电池和油机组合在一起，科士达公司的产品中应用了光储供电的方案。

在多能源超级 UPS 系统研究的基础上，中国电源学会制定了超级 UPS 团体标准（T/CPSS 1007–2019）。该超级 UPS 团体标准规定了超级不间断电源的技术要求、试验方法、检验规则，包括电网输入接口指标（输入电压范围，输入频率范围，输入功率因数，输入电流谐波成分），燃气发电输入接口指标（输入电压范围，输入频率范围），新能源发电输入接口指标（输入电压范围，最大输入电流），系统输出指标（输出有功，稳压精度，输出频率，波形失真度，电压不平衡度，动态电压瞬变范围，燃气发电单元供电运行效率，新能源发电单元供电运行方式效率，模式转换时间，备用供电时间，频率跟踪范围及速率，电流峰值系数及过载能力，并机负载不均衡度）等。该标准适用于功率从千瓦级到兆瓦级，能满足重大工程高可靠交流负荷供电要求的各类超级不间断电源。标准适用的超级不间断电源装置具有下列特征：①输入能够接入多种类型能源的发电单元（包括电网、燃气发电单元、新能源发电单元等）；②能够接入多种类型储能单元（包括储电装置、储氢装置等）；③输出为三相固定频率的交流电压。

2.1.2.2　交流 UPS 市场与主要生产厂家

自 20 世纪 60 年代出现了交流不间断供电系统以来，以美国为代表的发达国家相继开始了对 UPS 的生产、研究工作。早期的 UPS 是一台交流发电机配上一个几吨重的大飞轮。1967 年我国进口英国一台 1900 年的计算机就配带了一台 20kVA 的 UPS，这是一台在转子轴上安装了一个 5 吨重飞轮的电动交流发电机。1964 年梅兰日兰（MGE，2008 年被施耐德电气收购）设计制造了全球第一台三相 UPS。90 年代，美国 APC 公司（2008 年被施耐德电气收购）首先推出基于 Delta 变换技术的大功率高频机 UPS 和基于高频机技术的模块化 UPS，20 世纪初，MGE 又推出大功率双变换结构的高频机 UPS。

中国国内第一台进口静止式 UPS 是 1972 年尼克松访华期间送给中国的 2 台 EXIDE 公司的 Powerware plus 6kVA UPS。1976 年，当时的电子工业部决定自行研制大功率不间断电源，任务落在了江苏省电子厅下的南京无线电厂（714 厂，即熊猫厂）。因为当时只有样机而没有相应的技术资料。在这样的状况下，南京无线电厂联合当时的南京工学院（现东南大学），针对国内这仅有的 2 台 UPS 进行技术消化和参考研制，克服重重困难，1979 年终于成功生产出我国第一台自己设计制造的不间断电源样机 BDYl-79 型，并进行试生产。

我国 UPS 国产品牌产业化发展起步于 20 世纪 80 年代中期，与国外差距二十多年。目前国内市场主流 UPS 厂商中，最早涌现出的有科华技术（1988 年，后名科华恒盛，现更名科华数据）、青岛创统（1990 年）、广东志成冠军（1992 年）、深圳科仕达（1993 年）等国产 UPS 厂商。

国内 UPS 行业发展的前一二十年，国外巨头掌握高端大功率 UPS 的核心技术，建立了并机技术、单机容量以及关键控制等技术门槛，国内电源行业整体技术和工艺水平与国外厂商相比有一定差距，国内各行业大型数据中心大功率 UPS 市场几乎完全被国外产品垄断，科华数据、科仕达、志成冠军等先进国产品牌主要耕耘于中小功率等市场。但经过 30 年多年的发展，以华为技术（重点 UPS 产品为模块化 UPS）、科华数据（重点 UPS 产品为大功率 UPS）、科仕达（重点 UPS 产品为小功率 UPS）、捷联先控（重点 UPS 产品为模块化 UPS）等为代表的少数国内较大规模的厂家目前在市场份额、高端技术等方面已经接近甚至超越国际知名品牌。在当前国内 UPS 市场中，大功率方面有维谛技术（Vertiv）、科华数据、施耐德等主流品牌，在模块化 UPS 方面则以华为、科华数据、捷联先控、英威腾等国内品牌为主；在中小功率（20kV 及以下）

UPS 上，虽然市场的增长速度有所下降，但整体市场还是有所增长，主流的中小功率 UPS 提供商有伊顿（山特）、科士达、施耐德、科华数据、维谛、台达等。

2019 年中国 UPS 市场总规模达到 72.3 亿元，相比 2018 年的 66.95 亿，增速 8.0%，相比 2018 年的增速 8.5%、2017 年的增速 10.7%，UPS 市场总规模整体增长率呈下降趋势。电信、金融、互联网和政府等仍然是主要的应用行业。UPS 市场竞争充分，产业与技术的发展能很好地满足当前的应用需求。

交流 UPS 的大功率化、模块化趋势仍在继续。由于受到互联网快速发展影响，各种大中型数据中心、企业数据中心需求推动导致大功率 UPS 的市场比重呈现逐步扩大趋势；模块化 UPS 产品经过多年的技术沉淀与可用性进一步充分验证，在质量与可靠性方面提升较大，并由于在安装、运维方面有一定的优势，在整体 UPS 的产品占比中有逐年增加趋势。

从产品的主要性能参数方面看，以模块化 UPS 为例，已有单机功率 125kVA 的产品。某厂家的 100kV 功率模块的尺寸为 442mm × 750mm × 130mm，为 3U 高度的 19 英寸标准机箱结构。

从近几年的市场占有率变化情况看，随着国内品牌对 UPS 技术研发投入的稳步加大，技术与工艺能力得到大幅度提升，国内主流品牌与国外 500 强品牌的差距在快速减小，国内第一梯队厂商在系统方案、主要性能指标及工艺上已经基本达到国外 500 强品牌的同等水平，且在交货和技术服务上有比较明显的优势，能满足大型数据中心及国防、交通、核电等国家重大工程应用的要求。

2.1.3 直流UPS产业发展与技术现状

2.1.3.1 典型直流 UPS 产品种类、特点及应用

高压直流技术起源于 48V 通信电源技术和电力系统的 110V、220Vdc 电力操作电源技术。相较于交流 UPS，直流 UPS 系统中储能电池与负载的连接更直接，有利于简化供电系统的结构和提高供电可靠性。虽然由于交、直流混合架构的存在，业界的服务器电源大多还是两级结构，以满足交、直流都可以输入的需求，但也可以针对直流供电设计专门的服务器电源以减少 AC/DC 环节，这样电路结构更简化，可实现高达 98% 的电能变换效率，更加节能。

信息系统高压直流电源（直流 UPS）自 2007 年始出现，最早在电信、移动等通信企业得到应用，2016—2018 年高压直流技术作为国家重点节能技术推广，近几年在数据中心的应用形成了一定的应用，并有逐步扩大应用份额的趋势。

与交流 UPS 相似，模块化也是直流 UPS 的发展趋势。传统的 220/380V 输入直流 UPS 模块也包含 AC/DC 和 DC/DC 变换两个环节，目前主流的电路拓扑采用具有三相功率因数校正功能的三电平 Vienna 整流器和隔离变压的 LLC 谐振直流变换器（或升压 Boost 变换器级联 LLC 变换器），电能变换效率达到 96%~97%，在 2U 的 19 英寸机箱尺寸内可以实现 40kW 甚至更大的功率输出。相较于交流 UPS，直流 UPS 的并联运行简单很多，多个具有限流输出特性的模块可以直接并联实现功率提升。模块化并联的 UPS 可以采用恰当的技术实现并联模块的功率均分，达到 1% 以内甚至更好的均流度，以保证各模块的均衡运行，提高可靠性，还可以根据实际的负载大小选择部分休眠的工作模式，即仅用部分模块共担负载，部分模块不工作，以提高工作模块的负载率，进而提高并联系统的实际工作效率。

大功率化也是直流 UPS 的重要发展趋势。2018 年以来出现了一种中压（10kV）直供的大功率高压直流电源，首先由台达电子和杭州中恒电气结合阿里的业务需求和数据中心特定场景研发并试点运行，该电源被称为“巴拿马电源”。10kV 交流输入的直流 UPS 主要从供配电链路和整流模块拓扑两个方面进行了系统级的优化设计，主要体现在：①将供配电链路中的中压开关柜、变压器、低压配电柜、高压直流电源柜优化为一套 10kV 交流输入的直流不间断电源系统，从而简化了配电链路，大幅减少设备和机柜数量，节省了系统占地面积，能有效提升供电效率，降低了系统成本；② 采用中压输入的多绕组降压变压器，基于三相不控整流形成多脉冲变压整流器（如 36 脉冲），无须功率因数校正和滤波即可实现输入高功率因数；③采用非隔离的降压（Buck）或降压 – 升压变换器（Buck–Boost）进行输出电压调整，电路结构简单，功率变换环节和器件少，相比隔离式的谐振变换器，其功率密度和效率可以得到提高，在可靠性提升实现了变换器成本的下降。据开放数据中心标准推进委员会公开的编号为 ODCC–2020–02001 的《巴拿马电源白皮书》称，该电源系统中移相变压器的效率为 99%，整流调压部分的峰值效率为 98.5%，整体峰值效率可达到 97.5%。由于设备的集成化，相比传统的高压直流电源，设备的供应厂商减少，有利于减少数据中心现场施工和调试时间，能实现更快的交付速度，同时配电占地面积的减少有助于增加 IT 设备机柜，能实现更低的建设成本和带来更大的业务收益。建设成本的降低、交付时间的加快和业务收益的增加使得中压直供的高压直流电源展现出了很好的发展和应用前景。

基于工频变压器的中压直供直流电源虽然避免了采用高频化的整流器，在大功率场合有一定的优势，但存在变压器结构复杂、单机体积重量大、模块化程度不高的问题。技术的发展方向是采用基于固态功率器件的电力电子变压器代替笨重的工频变压器。电力电子变压器是近年来电源行业研发的热点，目前已有中压输入的电力电子变压器样机研制成功，并已开展应用示范。基于电力电子变压器的中压直供直流电源将成为数据中心供电系统的重要发展方向。

高压直流电源的应用时间虽然不是很长，但我国目前已经逐渐形成了高压直流供电系统的系列化标准。从 2011 年中国通信行业标准化协会发布第一个信息系统高压直流电源行业标准 YD/T 2378-2011《通信用 240V 直流供电系统》以来，在系统配电设备、系统维护、电源输入接口、整流器、运行后评估、直流 / 直流变换模块、直流断路器等方面陆续颁布了行业标准。2020 年颁布实施的 GB/T 38833-2020《信息通信用 240V/336V 直流供电技术要求和试验方法》、2021 年发布的《信息通信用 10kV 交流输入的直流不间断电源系统》通信行业标准等为推动数据中心高压直流供电系统的不断优化，持续助力数据中心、信息通信机房等 ICT 基础设施的高速、低能耗发展奠定了良好的基础。

2.1.3.2 直流 UPS 市场与主要生产厂家

据《标准先行——引领和推动绿色安全的 HVDC 技术应用》中指出根据某企业收集的各行业订单梳理和模型分析，2012 年及以前，高压直流电源总装机量为 30 万 A（安培），2014—2015 年全国各行业应用有所突破，新增装机容量迅猛增加，2014 年、2015 年新增装机年增长率分别达到 126.7% 和 132.4%，2016 年以后每年新增的 HVDC 设备装机容量不断上升，2018 年 HVDC 设备新装机容量 400 万 A，同比增长 53.8%，2020 年更是达到新的高点，新增装机容量为 830 万 A，同比增长率为 50.9%，2013 年至 2020 年的年均复合增长率超过 50%。高压直流应用趋势及行业生态已经形成，行业应用规模及渗透率逐年增大，截至 2018 年底，高压直流应用容量主要分布在互联网数据中心（占比 57%）及电信企业（占比为 35%）。

其中，自 2018 年 6 月 2 台 600kW 中压直供高压直流电源试点运行以来，2019 年 4 台、2020 年 18 台 1.2MW 中压直供电源陆续投运，到 2021 年 6 月已经形成了 200 多台套的规模部署，发展迅猛。

按 2020 年交流 UPS 市场总规模约 76 亿元，直流 UPS 市场总规模约 15 亿元估计，直流与交流 UPS 的比例约为 1 : 5，可以预测，这一比例将继续扩大（见图 5-17）。

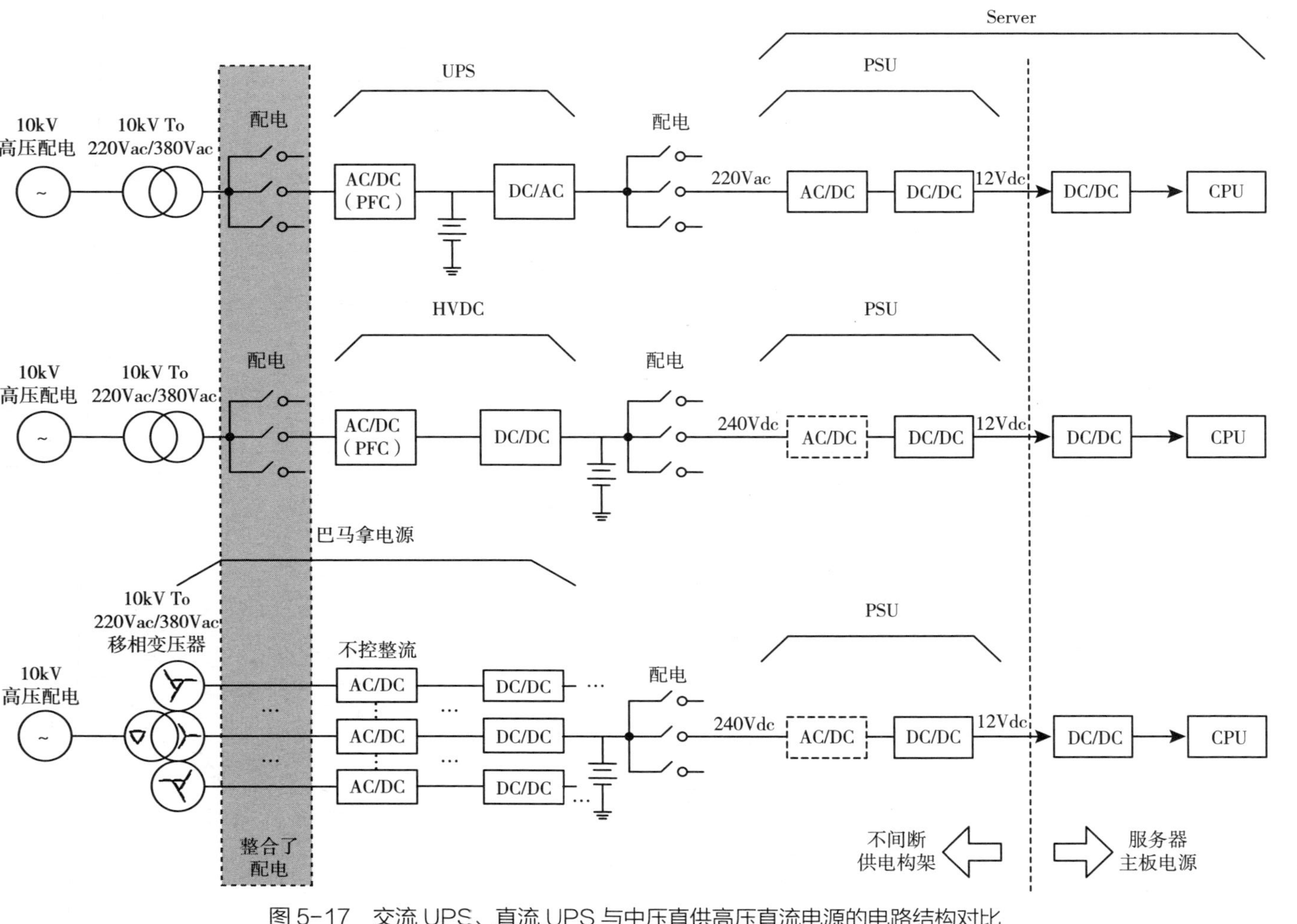

图 5-17 交流 UPS、直流 UPS 与中压直供高压直流电源的电路结构对比

图 5-18　2012 年以来每年新增 HVDC 设备装机容量

当前国内直流输出 UPS（HVDC）市场中，产品与方案的主要提供商有维谛、中恒、科华数据、台达、动力源等。

“中压直供”集成式不间断电源，最早以阿里巴巴的“巴拿马”电源为代表，近年各电源厂商也逐步跟进。科华数据推出的“云动力”中压直供集成式不间断电源，易事特近期也推出了“东风 ENPOWER”高压直流供电电源等。

2021 年 1 月清华大学能源互联网研究院直流研究中心、大容量电力电子与新型电力传输研究中心，联合广东电网有限责任公司，依托国家重点研发计划“智能电网技术与装备”重点专项“交直流混合的分布式可再生能源关键技术、核心装备和工程示范研究”，创新提出第三类中压直供集成不间断电源方案－数据中心全直流供电方案，系统供能效率可提升 15% 以上。首个兆瓦级全直流供电数据中心在东莞建成投运，为实现碳达峰、碳中和目标贡献了数据中心供能系统的技术路径。电源采用创新研制的共高频交流母线拓扑结构的多功能、多端口兆瓦级电力电子变压器，最高效率达到 98.3%，实现了“基于能量平衡协调控制”策略，使高功率密度、多功能协调的电力电子变压器达到国际领先水平。

2.1.4　通信电源产业发展与技术现状

通信电源系统的架构以 48V 直流供电为主，少量采用交流直接供电、直流远供等架构。主要通信电源解决方案提供商与上面的 HVDC 相似，主要集中在华为、中兴、维谛、台达、中恒、科华数据、动力源以及国外的伊顿、ABB、施耐德等。

小型化和高效率是通信电源的主流技术方向。特别是在中小功率范围，通信电源向着模块化的方向发展，如已经出现了千瓦级的单相交流输入 /48V 输出的电源模块。

除了通信一次电源模块化外，在通信电源系统中，二次电源，即以 48V 作为输入的 DC/DC 电源已经形成了系列化、标准化的产品，根据功率大小有半砖、1/4 砖、1/8 砖、1/16 砖及更小的尺寸。

砖块化的模块电源（Modular Power Supply）不仅在信息供电领域得到了应用，在其他领域也得到了广泛的应用。

模块电源的技术领先企业目前仍然以国外厂商为主，如 Synqor、Vicor、Lambda 等，技术已经达到了相当高的水平。典型的产品如：Synqor 的三相 PFC 模块，适应 440V、47Hz~800Hz 输入，输出电压 400V，采用六开关降压型变换器，输出功率达到 5kW 并可多模块并联工作，模块尺寸 186mm × 125mm × 15.3mm，满载效率达到 97.4%；Vicor 的 84~264Vac 单相输入、400W、24V 或 48V 输出模块尺寸为 44.6mm × 35.5mm × 9.3mm，最高效率达到 92%；Vicor 的隔离稳压 DC/DC 变换器产品输入电压涵盖 9~420Vdc，输出电压包括 3.3V~48V 间的多种规格，最高效率 96%，最大功率 1300W，功率密度达到 1244w/inch^3；Vicor 的持续功率 750w 的 48V/12V POL，开关频率高于 1MHz，最高效率为 97%，尺寸为 36.7mm × 17.3mm × 7.42mm；Vicor 的低压非隔离双向变换器（48V/12V）功率达到 800W，效率 98%，尺寸为 22.83mm × 17.34mm × 7.42mm，重量仅为 12 克。

国内目前也有众多的模块电源厂家，典型的如华为、中兴、台达、新雷能等，虽然已经具备了较高的技术水准，已可以制造 kW 等级的 AC/DC 和 DC/DC 全砖尺寸模块，但总体而言，产品种类较单一、系列化程度不高，总体技术性能与国际先进水平还有较明显的差距。以国内某上市公司产品为例，其 200V~400V 输入 /28~48V 输出，600W 隔离 DC/DC 模块为全砖尺寸（116.8mm × 61mm × 12.7mm），电压较低输入（18V~75V）的全砖模块可以输出 1000W，效率 94%。

国内一些高校，如浙江大学、南京航空航天大学等的青年学者在模块电源技术方面做了很深入的研究，技术上也取得了明显的进步，但技术的转化应用尚待努力。

预计 2021 年我国 5G 基站建设投入将超过 1800 亿，这为通信电源行业产业与技术的发展带来了很大的机遇。

2.1.5　计算机开关电源与服务器电源产业发展与技术现状

2.1.5.1　计算机开关电源与服务器电源产业与技术概况

个人计算机（Personal Computer，PC）经历了 40 年的发展，目前几乎已普及到每家每户，也成了各行各业的必备办公与信息处理设备。从桌面台式电脑，到便携式移动的笔记本电脑、一体式 PC 和家庭服务器式 PC，PC 向着便携和高功能方向发展，为 PC 供电的电源所追寻的目标也是功能更强、体积更小和成本更低。

PC 电源除了 ATX 结构外，还有 TFX（Thin Form Factor，薄型外形规格）、SFX（Small Form Factor，小型外形规格）、AIO（All in one，一体形）和 ADP 等结构，其中 AIO 和 ADP 的结构形式更是多样化。为适应小体积、低成本的要求，PC 电源向着高频化的方向发展，从 20 世纪 80 年代的采用 20~30kHz 开关频率，到 21 世纪初的采用 40~100kHz 开关频率，目前已达到 200kHz 及更高开关频率的水平。

PC 电源的另一个发展的趋势是控制数字化。数字电源具有如下的性能优势：①可设置变环路补偿参数和瞬态响应模式，以有效提高电源的稳定性和精度；②可在线优化运行参数，提高各种工况和负载下的工作效率；③能方便检测和存储电源参数并与管理中心通信；④能检测和处理功率开关的开关状态，设置相应的控制策略，使得软开关实现更容易和更可靠；⑤便于移植电源系统，从而减少开发周期和成本。目前主流的电源芯片供应商都开发了专用的电源数字控制芯片并已开始推广应用，如 TEA2016、HR1210、MP6924A 等芯片使得数字开发门槛和成本得到有效降低，已在主流的 PC 电源专业厂商得到了广泛应用。基于数字信号处理器（Data Signal Processor，DSP）平台的数字电源在高端 PC 电源中也已开始应用，许多专业方案厂商提供软件的源代码和技术支持，以便电源工程师能快捷应用。PC 电源数字化控制目前的主要难点之一在于，与模拟控制对状态信号的瞬时反应不一样，数字芯片需要采样、量化和处理的过程，受芯片工作频率和数字控制延时的影响，开关电源的工作频率受到限制，目前高速的 DSP 和 MCU（Micro Control Unit，微控制器）可以支持 300~400kHz 开关频率。数字化控制的另一个难点在于数字电源的建模和闭环控制理论难度相对较高，电源的闭环稳定和动态特性实现对电源设计人员带来了较大的技术挑战，对设计人员的理论知识和工程经验要求都较高。

PC 电源的高功率因数和高效率要求持续推动了开关电源电路拓扑和控制技术的发展。从早期的无源滤波到功率因数校正（PFC），再发展到可消除工频工作整流二极管的无桥 PFC 电路，开关电源的整流环节性能已得到了很大的提升，目前基于 GaN HEMT 的无桥 PFC 已在 PC 电源中得到应用，PFC 的效率达到了 98.5%~99%。开关电源的高频化必须基于其中实现电能处理的功率器件的软开关，这是降低开关损耗、开关噪声，保证电源高效率、高功率密度和低电磁干扰（Electromagnetic Interference，EMI）。PC 电源的 DC/DC 转换环节也已广泛使用 LLC 谐振变换器拓扑。目前，基于无桥 PFC、LLC 谐振变换器和同步整流（Synchronous Rectifier，SR）技术的 PC 电源的峰值效率已达到 96%，功率密度达到 6095W/inch^3。

相较于 PC 电源，服务器电源功率更大，对可靠性、效率、功率密度、电磁兼容性（Electromagnetic Compatibility，EMC）、电源管理等的要求更高。如前文所述，服务器电源主要包括 ATX 和 SSI 两种规范的产品，其中前者主要用于低端服务器，后者适用于中、高端服务器。而从技术方案的角度看，高端 PC 电源本身就是采用了服务器电源的技术方案，即高效率的 PFC 电路、LLC DC/DC 变换电路和同步整流技术。与 PC 电源多为标准化产品不一样，服务器电源既有标准化产品，也有定制性的非标准化产品。与服务器技术发展相适应，目前的服务器电源逐渐采用 1U 标准高度（44.45mm），单机电源功率达到 1600W，并可扩展到更大功率等级。

2.1.5.2　计算机开关电源与服务器电源市场与主要生产厂家

国内开关电源的市场规模很大，2019 年达到 1500 亿元左右，其中工业领域和消费电子领域合计占 85% 以上，计算机开关电源、通信开关电源及服务器电源占比约 10%。

开关电源的市场与服务器市场密切相关。整体中国服务器市场呈现 IT 基础架构云化的趋势明显，公有云和私有云架构的服务器合计占整个服务器市场的比例达 61.3%，而传统的 IT 基础架构在服务器市场中占比仅仅 38.7%，且中国服务器市场整体的生态竞争日益加剧，国产品牌开始引领整个市场。

服务器电源属于服务器内部配套，基本市场与服务器同比增长，2020 年市场规模超过 50 亿。服务器电源的主要配套厂商有华为、中兴、台达、Artesyn Technologies（Artesyn，原艾默生）、BPS Asia Pacific Electronics（Belpower，原宝威亚太）、光宝、全汉、长城、航嘉等。

国内典型厂家的服务器相关电源产品主要技术参数举例如下：宽范围（90V~264V 输入 /5V~12V 输出）AC/DC 服务器电源功率可达 1600W，尺寸 185mm × 73.5mm × 40mm，效率 94%，同样尺寸的宽范围 48V 输入 /12V 输出 DC/DC 服务器电源功率达到 1000W，效率 92%；宽范围单相输入，42~58Vdc 输出的机架嵌入式 AC/DC 在 19 英寸 1U 机箱尺寸（482.6mm × 390mm × 44.3mm）下输出功率达到了 11.6kW。

2.1.6　信息系统供电技术设计理念的发展现状

信息系统供电技术是伴随着信息系统的发展而发展的，技术与产业现状也受到信息系统发展理念的影响。随着信息系统技术的发展，信息系统供电的设计理念也在不断的发展之中。

当前信息系统，特别是数据中心供电系统设计中还存在以下的主要问题：

（1）过度规划和生命周期成本问题

包括过度规划和设备利用率低下；空间或占地面积的问题；装配速度问题；能源效率问题；服务合同的费用问题。

（2）供电系统的适应性及可扩展性

包括系统和部件的标准化与规范化；不可预测的功率密度问题；如何适应不断变化的其他需求。

（3）供电系统可用性的问题

包括断路器数量增加以及指标离散性问题；操作人员人为操作失误的问题；供电与负载之间的故障点减至最少；减少大面积断电的故障点；供电系统的谐波干扰问题；用户与厂商之间信息共享问题。

（4）设备选用和安装使用问题

包括采购设备时存在着错误的观念和误导；系统设计欠缺造成潜在的质量问题；缺乏可量化的可靠性衡量指标。

（5）UPS 对供电系统的可管理性问题

包括 UPS 输出的分路管理问题；监控负载机柜的电源状态；线缆管理的问题；预防性故障分析的问题。

（6）可服务性的问题

包括减少平均维修时间 MTTR 的问题；降低系统的复杂性问题；提高使用维护水平；供应商之间的相互推诿的问题。

现状和存在的问题普遍存在于已经建成投入运行的各种规模和用途的数据中心中。问题以各种形式暴露出来，使用户感到不解和困惑，这是供电设备厂商和供电系统设计者必须面对的实际问题。暴露问题，然后解决问题，并在解决问题的同时数据中心建造技术不断地进步，这是一个渐变的过程。在这个过程中，正是这些客观存在的问题促使着供电技术的进步和供电系统设计理念的变化。

以下五点设计理念的变化已被广大设计和使用人员接受，达成了共识，体现了供电技术设计水平的提高。

（1）供电技术的考量从单台设备技术向整个供电系统技术变化

一个完整的供电系统中除了关键设备 UPS 外，还可能有变压器、瞬态电压浪涌抑制器、电网进线开关柜、负载配电柜、柴油发电机组、交流稳压器、隔离或升降压变压器、电池系统、各种开关、防雷设备、断路器、保险、转插以及成百上千个连接点和相应的传输线。所有这些在系统中都会形成单路径故障点，由于这些部件和环节在可靠性模型中的串联特性，以及它们之间的相互影响，使得系统可靠性大幅度降低。电源设备厂商和供电系统设计者意识到，在不断提高关键设备的性能和可靠性的同时，还必须加强对整个供电系统的研究。所研究的问题包括：系统中各种设备与环节的相互匹配和可靠性问题；系统可用性和冗余配置问题；可修复和降低修复时间问题；UPS 设备的模块化冗余系统结构问题；各种设备和环节连接技术的研究和连接的规范化问题；供电系统的布局（集中式、区域式、分散式）问题；系统的可维护性和集中管理问题；系统的可扩展性问题等。

（2）从关注系统可靠性向关注系统可用性变化

信息供电系统的连续性提出了非常高的要求，厂商和用户已经形成这样一个共识：供电设备经过多年发展，在其性能指标已完全满足 IT 网络设备要求的情况下，真正能为用户带来价值的是可用性。可用性在概念上包含了系统中设备的可靠性、可管理性和可维护性。

可用性研究的内容包括：系统可修复和可快速修复设计；设备和系统的冗余可容错技术；设备的模块化可在线热插拔维护和扩容技术；系统的集成一体化技术；智能管理和与 IT 系统无缝集成的通信管理技术等。

冗余容错技术和系统模块化设计成为数据中心供电系统设计关注的焦点，设备的冗余并机技术可认为提高了可靠性（没有影响到关键负载的供电），也可以认为把设备故障修复时间降到了最小（没有因故障修复而影响到关键负载的供电）。而系统模块化技术则是极大地降低了故障修复时间。最典型的是模块化 UPS，它同时具备了冗余容错和快速修复两种功能。

（3）注重供电系统的可扩展性

当经济环境的变化周期小于设备的生命周期时，就会对设备的适应性提出要求。由于技术发展和经济环境的不确定性和不可预测性，要求一台设备能够自动而有准备地适应新的需求是根本不可能的。一般来说，物理设施不可能像软件系统那样容易地进行逻辑上（程序上）的升级。比如，一台 10kV 的 UPS 要想“升级”为 20kV 的 UPS 是根本不可能的，除非最初的标称值为 10kV 的实际容量是 20kV，而那恰恰不是所谓的可适应性，而是“一步到位”的模式。“适应性”向“一步到位”的系统设计模式提出了挑战。

系统要适应的变化包括：经济形势的变化；IT设备技术革新和功率密度的变化；维护人员操作水平的变化；组织管理模式的变化；设备运行场地的变化等。对于供电系统来说，要适应这些变化，需要考虑以下的设计思路：模块化标准化设计；开放式设计；集成化设计；高密度、小型化设计。

（4）集成一体化设计

当前信息系统供电系统存在的问题和前述设计理念的变化，导致了供电系统集成化、一体化设计理念的出现。集成一体化设计理念遵循了以下四点原则：各供电设备制造和供应渠道的统一化；各供电设备和环节（包括负载机架）结构的一体化和连接的规范化；各供电设备和环节（包括负载机架中的PDU）电源状态管理的集中化；各供电设备和环节结构的模块化、冗余配置和连接的热插拔功能。

（5）系统模块化设计成为供电系统设计的重要原则

现代数据中心对机房基础设施可用性的最基本的要求是："现代数据中心要求机房基础设施必须是一个能连续工作的系统"。但是，任何设备和系统都是可能发生故障的，因此一个能连续工作的系统必然是可修复和可快速修复的。这要求组成该系统的所有子系统要具备模块化特征，所以"系统模块化"是可修复和可快速修复的最根本的条件。

所谓模块化系统设计，就是在系统中根据需要对这些模块进行组装，以产生原始产品/流程的各种变体。不同的模块化系统可以根据所需的功能划分目标，将不同数量的相同模块或不同模块（表示不同的标准化级别）并入集成的模块或系统中。数据中心供电系统是集成了多种功能的复杂系统，需要进行仔细的工程设计，以按照在标准化级别与用户灵活性之间取得最佳平衡的方式进行模块化。系统中存在各种级别的模块化设计的可能性。

3. 信息系统领域电源产业与技术发展需求和问题分析

3.1 信息系统领域电源产业与技术发展需求分析

3.1.1 通信系统领域需求分析

移动通信基本上以10年为一代的周期律持续演进。我国通信系统正从4G向5G过渡，4G已成熟应用，5G处于技术驱动发展并走向规模部署阶段。虽然5G的商业模式和发展仍在探索过程中，但国内的 5G 网络建设已如火如荼，5G 相关产业正在蓬勃发展。随着 5G 加速迈入商业应用，6G 的研究与发展序幕也已经拉开，预计 6G 在 2030 年开始部署。

5G 网络是全移动和全连接的智慧，相比 4G 网络其应用场景及业务需求更加多样化，对电源提出了新的挑战和要求。

5G 通信对供电的要求首先体现在功耗的变化，具体方面主要为：①从 4G 演进到 5G，单位流量的功耗（Watt/Bit，瓦 / 比特）大幅降低，但 5G 绝对功耗相比 4G 增长 2~3 倍；② 5G 时代，64T64R AAU（Active Antenna Unit，有源天线单元）最大功耗将会达到 1000~1400W，BBU（Building Base band Unit，室内基带处理单元）最大功耗将达到 2000W 左右；③一站多频将是 5G 的典型配置时代，预测 5 频以上站点占比将从 2016 年的 3% 增加到 2023 年的 45%，一站多频将导致整站最大功耗超过 10kW，10 频及 10 频以上站点功耗超过 20kW，多运营商共享场景下，功耗还将翻倍；④ 5G 网络将会走向低 / 高频混合组网，为满足网络容量增长的业务需求，大量的末梢站点将会被部署，网络站点数量将会出现大幅增加，整个网络的功耗将呈倍数增长；⑤大量无机房基站部署。

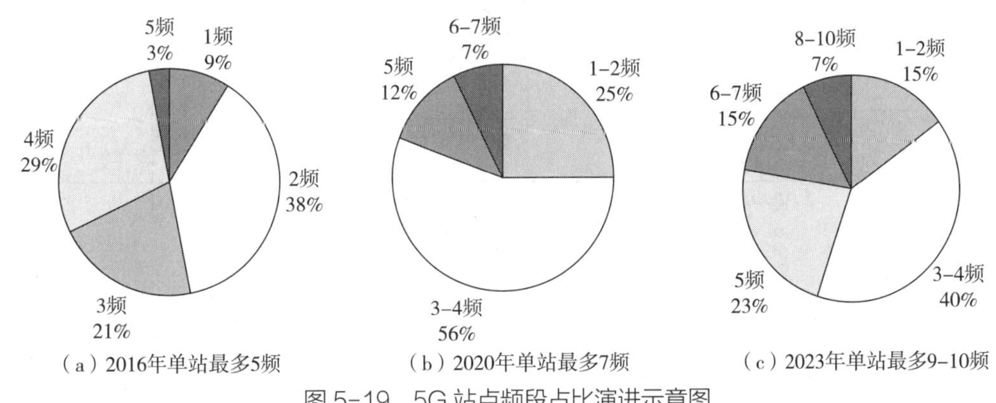

（a）2016年单站最多5频　（b）2020年单站最多7频　（c）2023年单站最多9-10频

图 5-19　5G 站点频段占比演进示意图

通信设备功耗的变化，叠加“双碳”背景下的能源供给变化，5G 时代的电源面临以下的主要挑战：①绿色供电需求：为实现低碳网络，需要站点叠加新能源供电。②市电引入的挑战：由于 5G 站点功耗大幅增加，部分站点现有市电容量不满足 5G 部署，面临扩容，而市电扩容成本高（例，中国涉及市电改造站点比例超 30%，在菲律宾改造费用约 3000 美元 / 站）、周期长（例，南非市电扩容改造周期约 12 个月，德国约 10 个月），将严重拖累 5G 部署节奏，大幅增加投资。③配电的挑战：5G 单频配电至少需要 2 路 100A（或 4 路 32A+3 路 63A），如我国某运营商 63A 及其以下的直流空开路数占比约为 75%，不满足 5G 扩容；在 5G 大功率 AAU 拉远供电场景中，线缆压降过大导致线缆损耗过大，甚至部分设备输入电压低于工作电压，导致 AAU 无法工作。④备电的挑战：5G 站点功耗增大，按照传统备电策略，运营商在备电上的投资将倍增，同时传统铅酸电池能量密度低，重量重、体积大，部分站点楼面承重和空间都将面临巨大挑战。⑤环境温度控制的挑战：5G 站点功耗翻倍带来热耗大幅增加，超过现有部分站点散热能力，站点温控改造成本高、周期长，需要更高效的散热制冷方案。⑥新增基站和设备的收容空间面临挑战：5G 基站站点密度高，新增站点或机房面积面临很大困难；部分现有基站的机柜内部剩余空间有限，难以收容 5G 设备，而传统新增机柜方案将导致占地增加。

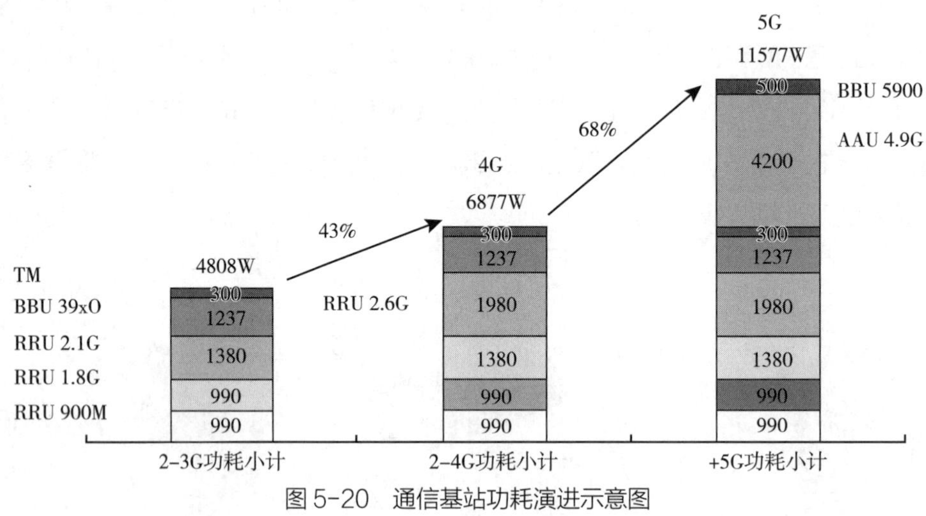

图 5-20　通信基站功耗演进示意图

5G 所面临的供电挑战，带来了其能源运维新问题：①当前电信运营商的电费普遍占其收入的 1%~8%，在 5G 时代站点功耗倍增，电价逐年上涨的趋势下，运营商的电费将会大幅增加，电费压力将会更大，节能降耗将会是运营商的核心诉求之一；② 5G 业务的多样性对能源保障需求更多样，将导致站点维护更加复杂；③ 5G 站点多频化、高频化也将带来设备数量增加，维护难度及人力投入进一步增大，站点维护成本将会大幅增加；④ 5G 部署传统方案要新增电源、电池及机柜，导致运营商需要租用新的空间或机房，租赁费用将会增加。

基于对 5G 网络的理解，华为技术有限公司提出 5G 能源设计需要遵从“极简”“智能”和“高效”三个理念。5G 能源需要遵循极简的设计理念，需创新解决方案以实现少占空间、简易安装、急速部署和简单运维；5G 能源要基于 Bit 管理 Watt 的理念，应用人工智能（Artificial Intelligence，AI）与云（Cloud）技术实现电源与站点设备、电源与网络设备多层次的智能协同，电源从“功能机”演进到“智能机”，支撑站点的 CapEx（Capital expenditures，资本性支出）和 OpEx（Operating expenditures，经营性支出）大幅降低，同时站点运维也需要从传统人工运维走向更高效的智能运维；区别于传统基于单部件节能的设计，5G 能源需要从供电、转换、备电、配电、温控和负载环节进行端到端的全链路高效设计，同时在供电环节支持各类新能源接入，支撑绿色节能，实现 0 watt/bit 的目标。

5G 部署存在多种场景：存量站点升级改造或叠加、新建或搬迁站点、小站等多个场景。华为技术有限公司基于“极简”“智能”“高效”的理念，针对不同场景提出了解决方案：室内改造或叠加场景采用“一频叠加一刀片”或“一刀片改造一站”；采用高密电源框替换原电源、高密锂电替换原铅酸可实现室外宏站 5G 部署的极简改造，采用叠加室外高密散热 DEU 以实现不增机柜 / 免土建收容 5G BBU；采用高防护等级的全系列室外刀片实现拉远场景下 AAU 供备电与 AAU 同场景应用，支持零占地极简部署；针对新建或搬迁站点，在 2G/3G/4G 基础上，采用“一站一柜”实现向 5G 平滑演进；采用体积小、重量轻的刀片电源，支持抱杆 / 挂墙等多场景的安装，以实现小站设备安装灵活、场景多样、设备与环境融合的要求，并满足小站供备电可靠性要求提升及按需备电的需求；以电源为中心，电源与站点设备的协同（电池、空调、市电……）、电源与网络负载联动，实现传统电源向智能电源的演进。

5G 时代的通信系统供电系统将具备“智能能源”的特征，主要体现在：①电源与负载设备协同，基于智能算法结合负载设备的功率、供电线缆损耗等因素，动态调节电源输出电压，实现端到端的供电效率最优；②能实现电池平滑扩容（新旧并联、不同容量并联、不同厂家并联、不同类型并联等应用）、动态升压、准确预测容量及健康状态、备电与峰谷能量平衡相结合等智能储能特性；③基于 AI，由传统温控仅由 1 个变量（环境温度）控制，转变到温控与基站其他 N 个因素协同联动（如环境温度、设备温度、业务状态、天气预测……），实现高效节能的智能温控；④基于软件定义电源及智能储能的智能能源调度算法，支持市电输入相对传统方案必须按照峰值功率配置，降低为按照典型功率配置，大幅降低市电改造的费用；⑤从供电、转换、备电、温控、配电和负载环节进行端到端的高效、节能设计，追求“0 watt/bit”的终极目标；⑥智能运维，以支持网络的动力可用度（Power Availability，PAV）、站点能效（Site Energy Efficiency，SEE）、运维效率、站点安全等性能都达到更高的水平。

6G 网络架构目前还不明确，针对 6G 网络的供电方案存在不确定性，有待 6G 网络发展明晰后补充更新。

上述分析表明，通信系统领域的电源技术的需求主要体现在以下方面：①兼容输入能源的多样化及宽范围变化；②更大的单机功率和更高的效率，电能变换效率应达到 98%；③全面室外化、自然冷却，适应抱杆、壁挂等应用场景；④更薄的电源厚度，从“模块电源”向“刀片电源”演进；⑤从单一的“电源变换”功能向多样的“能源管理”演进；⑥电源“智能化”。

3.1.2 数据中心领域需求分析

我国将数据中心基础设施建设列为新基建的重要组成部分。随着数据中心业务的提升、“双碳”背景下的能源供给新特点，数据中心面临着低碳发展的挑战。

当前，多国发布的数据中心相关政策多以绿色发展为主题。如美国政府通过一系列举措，以整合和关闭数据中心、资源虚拟化、可用性、设定数据中心 PUE 及服务器使用率具体标准、退役老旧机器的方式，实现数据中心数量减少 50%；数据中心 PUE 从平均 2.0 以上下降到近一半大型数据中心达到 1.5 甚至 1.4 以下，部分服务器使用率从 5% 提升到 65% 以上。

国际互联网科技巨头大都承诺在 2030 年以前实现碳中和，国际互联网科技企业优化运营管理持续推进数据中心降碳。谷歌在 2007 年依靠购买可再生能源和高质量碳抵消项目完成碳中和，2017 年至今一直保持全球运营范围全年总用电量维度下的 100% 可再生能源使用率，其在 2020 年 9 月提出计划到 2030 年在全球范围内所有数据中心以小时单位实现实时可再生能源供电，也就是 24/7 零碳运营管理计划。微软对于数据中心降碳提出的技术解决方案是升级优化数据中心备用电力系统，其 2020 年已经成功对氢燃料电池进行测试，为 2030 年以前消除对柴油发电机备用电源的依赖并实现碳负排放打下坚实的基础。脸书在 2019 年可持续年度报告，展示了 2015—2019 年，相对于行业年度平均 PUE1.5，其自有数据中心更加高效，最近五年始终维持在 1.1 上下。

我国数据中心能效水平也在不断提高，部分优秀绿色数据中心案例已全球领先。截至 2019 年年底，全国超大型数据中心平均 PUE 为 1.46，大型数据中心平均 PUE 为 1.55；规划在建数据中心平均设计 PUE 为 1.41 左右，超大型、大型数据中心平均设计

PUE 分别为 1.36、1.39。国内数据中心不断创新绿色节能新应用，多个数据中心获得开放数据中心委员会（ODCC）与绿色网格（TGGC）联合开展的“数据中心绿色等级评估”AAAAA 等级。如 2019 年，字节跳动官厅湖大数据产业基地一期大规模应用了间接蒸发冷却技术，年均运行 PUE 达到 1.17。

近年来，我国互联网企业应用可再生能源的意识逐步加强，规模有所增长。百度山西阳泉数据中心在 2018 年可再生能源使用占比达到约 23%。2019 年，万国数据可再生能源采购规模为 87.3 兆瓦，占总电力容量的 24.9%。秦淮数据集团新一代超大规模数据中心风能、太阳能等可再生能源使用比例为 37%。阿里巴巴张北等数据中心通过四方交易机制直接向风电企业购买可再生能源，可再生能源使用占比进一步提升。

低碳发展和新基建背景下，我国数据中心的供电技术与产业面临的具体问题和困难主要体现在：

① 数据中心用电量急剧增大，能量利用效率 PUE 值要求逐步提高，对数据中心供电系统节能的要求越来越高。随着 5G、云计算等新兴技术的大规模推广应用，用户需求正呈几何级爆发之势。我国数据中心的数量随之急速攀升，相应的用电量也在急剧增加，在总的社会用电量中的占比逐步提高，已对电力供应提出新的挑战。2020 年 2 月，工业和信息化部、国家机关事务管理局、国家能源局出台《关于加强绿色数据中心建设的指导意见》，要求到 2022 年“数据中心平均能耗基本达到国际先进水平，新建大型、超大型数据中心的 PUE 达到 1.4 以下”。可以预计，随着能源消耗的进一步增大，数据中心 PUE 值还必须进一步降低，需要从 1.4 降低到 1.2，乃至更低。数据中心的能量损耗主要在于供电系统的能量损耗和制冷系统的能量损耗。数据中心的节能首先需要降低信息处理设备的能量消耗，从而降低为控制能量消耗而导致温升的制冷系统的能量消耗，同时提高供电系统的电能供应效率，减少供电系统的能量消耗。

② 数据中心供电的可靠性要求更高，实现难度增加。一方面产业“数字赋能”对数据中心运行的可靠性、可用性要求提高；另一方面，随着风电、光伏发电等新能源发电的增加，由于风、光资源的自然特性，其能量波动、不确定性较大，且随着对用电效率的提升，越来越多的设备采用电力电子技术进行用电的精细控制，负载的特性变得越来越复杂。随着电力电子化的发电和用电技术的发展，电力系统向低惯量、小惯性的电力电子化电力系统演进，电力系统的供电稳定性、电能质量有劣化的趋势，数据中心不间断供电的实现难度增加，对供电系统的架构、UPS 设备的可靠性等

提出了更高的要求。

③ 数据中心供电系统的大功率化和集成化。随着数据中心规模的扩大，供电系统的容量日益增大，UPS 系统向更大功率发展。同时，考虑到数据中心变配电系统建设模式存在效率低、损耗大、占地面积大、建设运维复杂和初期投资成本高等痛点，数据中心向更紧凑、占地面积更小、更高效、易部署的方向发展，将原供电构架中的变压器、配电、不间断电源等集成起来，形成数据中心“中压直供”集成模组式不间断电源将是重要的发展趋势。

④ 数据中心供电系统的智能化。更高效率、高可靠性、高可用性的不间断供电系统对系统运行、维护的要求日益严苛。在数字化、大数据、物联网和人工智能技术的加持下，数据中心不间断供电系统也向更加智能方向发展，将人、运维流程、设备运行数据和数据中心事件结合一起，使得数据中心运维变得更加便利，更有价值。不间断电源（UPS/HVDC）作为数据中心不间断供电系统的核心设备，设备自身的智慧化发展是支撑系统智能化的关键，不间断电源的应用呈现出从塔机、模块化机向兼具两种机型优点的模组化转变，从注重系统的可靠性向注重可靠性基础上兼具系统的可用性变化，从单纯不间断供电保障向辅助数据中心 IT 设备用电环境分析的智能化转变，从简单在线式运行方式向智能经济运行（ECO）模式、从依靠维护检修人员经验向设备自主器件运维方向发展等众多智慧化发展趋势。

⑤ 数据中心供电的绿色化。作为电能消耗的重要部分，数据中心也必须在“碳达峰”“碳中和”方面发挥重要作用，因此，数据中心在能源的应用中应优先和大力支持采用可持续发展的能源。目前，国内数据中心屋顶光伏、立面光伏、余热利用基本还是空白。除了数据中心营运企业通过购买可再生能源发电量、投资建设可再生能源发电基地和发展其他节能环保技术外，在数据中心自身范围内也应大力应用风电、太阳能、氢能等发电技术和系统，以及采用新能源电力专线为数据中心供电，为电力系统的低碳化做出直接贡献。

⑥ 绿色、环保和智能的备电技术。为满足数据中心不间断供电要求，后备电源是必要的设备。目前的后备电源主要是柴油发电机和蓄电池，且蓄电池主要为铅酸蓄电池。这两种后备电源都难以满足环保、绿色发展的要求。柴油发电机采用传统的化石能源，排放大，效率低；铅酸电池体积大、重量重，对机房的承重要求高，且更重要的是采用了重金属。为适应数据中心发展的需求，必须要发展新型的备电技术，包括发展天然气发电、氢能发电（燃料电池）技术代替柴油发电机，推广磷酸铁锂等安

全性高的锂电池替代铅电池。近几年锂电池已经逐步开始在不间断电源中得到应用。锂电池的能量密度比铅酸电池高，选用锂电池时机房的承重会大大降低，而且空间能够得到合理利用，而且锂电池寿命比铅酸电池长，从全生命周期来看，采用锂电池的运维成本更低。因此，应积极推动锂电池，特别是智能锂电池的应用，采用模块化设计，通过智能动态管理充放电来保障安全使用；智能混用新旧电池，实现按需灵活配置。同时，为适应低碳供电需求，在提升电池的循环寿命、快速充电和大倍率放电能力等关键技术性能的同时，可以智能地动态调节备电容量来提升电池使用价值，拓展数据中心不间断电源系统储能设备的功用，支持电网能量的波动平抑。

⑦ 多能源输入的高可靠供电系统及其标准化。随着重大工程对供电可靠性要求的提高，基于多能源超级 UPS 系统将是未来高可靠供电系统的发展趋势。由于多能源超级 UPS 结构更加复杂，其技术水平与现性主要市电输入的 UPS 相比明显提升，标准化是推广普及超级 UPS 技术的关键。需要电源制造企业和用户的共同参与，开展多能源超级 UPS 标准研究，以进一步完善技术标准。

3.1.3　高性能计算及服务器领域需求分析

计算机及服务器电源是信息处理终端的供电设备，为适应信息处理设备的高效率、小型化及高密度发展，计算机及服务器电源逐渐模块化、数字化、智能化，主要发展集中在高效率、高功率密度、高可靠性、高智能化、远程控制、实时监控、冗余并机等方面。

ICT 设备的供电电源（Power Supply Unit，PSU）嵌入在 ICT 设备内部，其效率往往容易被系统运营商忽视，然而 PSU 的效率对信息处理系统的整体效率有重大的影响。ICT 设备内的供电电源电能变换效率的提高不仅可以减少对供电功率的要求，而且由于损耗的减小降低了对冷却能源的要求。因此，ICT 设备内电源的效率提升十分重要。

如前通信系统中通信供电电源的“刀片化”发展方向，薄型化也是高性能计算及服务器电源的发展方向。这需要电源的元器件都需要向小剖面尺寸发展。

采用智能技术实现电源与服务器的运行的协调，可以根据算力、算效的需要调整电源的工作状态，这是从系统层面优化用电效率、降低对供电功率需求的重要技术发展方向。

3.2 信息系统领域电源产业与技术发展的关键问题分析

从我国信息系统领域电源产业与技术的发展现状、需求看，该领域产业与技术发展的核心问题是日益增长的信息系统用电需求和“双碳”目标背景下的电力供应间的协调发展问题，具体体现在电能消耗总量增长和“碳达峰”“碳中和”要求的矛盾、电力系统的电力电子化和信息系统的供电可靠性的矛盾、电能转换效率对电源设备功率密度的限制和信息设备高密度发展趋势的矛盾等几个主要方面。

3.2.1 信息系统高效率和高可靠性供电架构和体系

当前信息系统供电的架构是随着信息技术的发展逐步发展起来的。计算机等信息处理设备由交流低压配电直接提供电能，采用开关电源将市电转换为计算机系统所需要的直流电源，并通常采用 12V 电池作为备用电源。通信系统采用 48V 作为供电系统，其中一次电源采用整流电源从市电取电，由 48V 蓄电池作为备用电源。数据中心早期沿用通信系统的供电架构，由于其用电功率更大和可靠性要求更高，采用了交流 UPS 不间断供电技术，备电电池的电压等级提高 288V 或更高，由 PSU 将交流电转换为机架 48V 直流配电，48V 再经过机架电源或 ICT 设备内部电源转换为 12V 直流并进一步经过变换后给处理器、存储器等供电。结合效率、成本及可靠性的考虑，通信系统和数据中心等也逐步推广应用了高压直流供电技术，且我国形成了 240V、336V 两种直流供电电压体制，最早的 240V 直流实际是结合当时的 48V 低压直流、开关电源技术和电力 220V 操作电源应用等现状而形成并一直沿用至今。

上述情况表明，当前的信息系统供电架构是自下向上发展形成的，虽然发展过程中逐步有所优化，但“自上而下”的规划、优化设计则显得有所不足。在当前 ICT 产业大发展带来能耗急剧增大的情况下，能源问题将成为未来 ICT 发展的重大障碍，甚至是终极障碍。因此，必须寻找支撑 ICT 健康、持续发展的有效方法和技术，这其中，供电方法和技术是基础。

随着电力技术、电力电子技术及信息技术的发展，现有的信息系统供电技术面临突破，供电体制和架构问题首当其冲。

规划信息系统供电架构和体制需要考虑能源来源、系统建设成本、系统运维成本（电能消耗是其重要组成部分）等方面的问题。未来的电力系统是电力电子化的电力系统，风电、光伏等新能源发电渗透率越来越高，锂电池、氢能等储能和备电技术也将得到推广应用。系统建设成本一方面要考虑技术和产业的继承性，充分利用已形成的产业基础，发挥已投入资产的效能和价值；另一方面也应该结合技术的发展进行改革和创新，推动技术与产业的发展和进步。系统运维成本的降低主要依赖于两个方面的技术进步：一是提高系统的智能化程度，采用人工智能等技术优化和管理、维护系统；二是提高供、用电效率，包括供电的不间断电源系统、ICT 设备内 PSU 和 POL 等电能变换系统与设备的效率。以数据中心为例，供电系统架构规划与设计时必须考虑电力电子化电力系统的供电特性、在保证高可靠性供电的情况下降低供电系统的冗余度和复杂度、采用高效率的供配电架构和电源技术、供电系统的用电特性对电网友好等。

信息系统供电体制有交、直流供配电技术两种方案：一是传统的交流供电方案技术成熟、可靠，但交流 UPS 结构较复杂、成本较高、在线运行效率相对较低。交流用电设备的输入特性虽然都有相应的标准约束，但众多的交流供电变换器共用时可能产生相互影响，严重的情况下甚至可能发生供电系统的谐波过大，甚至出现谐振和不稳定问题。二是直流供电技术具有有利于简化供电系统结构、备电电池直挂供电母线有利于提高可靠性、可以进一步优化提升供电系统效率和便于接入新能源发电设备等特点，是用电技术发展的重要方向，也是电力系统配电技术发展关注的重点，但直流供电系统存在短路电流大、故障检测困难和配电部件成本高、可靠性较低等问题，同时 ICT 设备一般需要定制以适应供电电源特性。

无论是交流还是直流供电，信息系统供电架构都有集中式、分散式、分布式等方式。传统的集中式供电，不间断电源和电池集中在动力区（电力电池室），分散供电电源布置在机房或微数据模块的列头 / 列间，分布式供电的电源设备布置在机柜或 ICT 设备内部。集中供电的电源设备集中，便于管理，但电力室占用了机房面积，增加了建设成本；分散式供电取消了电力室的建设，便于快速布置，降低了对机房的基建要求，提高了机房面积利用率，但电源设备数量较多，电源投资增加，运维管理要求提高；分布式供电可配置灵活电源设备以满足不同等级的 ICT 设备用电需求，电源设备安装紧凑而提高了 ICT 设备的机柜利用率，可柔性规划和按需扩容而实现边成长边投资的建设模式，但目前的分布式供电以按应用需求定制为主，不具备通用性，且对电源设备（尤其是电池）的信息化管理不够完善，能源和设备的管控效率较低、运维复杂。

开展信息系统供电架构和体制的论证和研究有着一定的紧迫性。前文中的数据中心“中压直供高压直流供电系统”就是业内的有益探索，并已取得了很好的成效，但这也仅是业内结合具体应用出现的技术进步。一方面信息系统行业内部有必要推动行业内的高压直流供电电压的标准化和统一，以满足5G通信、数据中心等高效率、高经济性快速发展的需要；另一方面信息系统供电行业有必要积极参与，甚至有必要成为主导力量推动电力系统直流配电技术的应用和发展，在推动直流用电技术发展的同时，最大化地利用全社会资源降低行业发展的成本和促进技术进步。

高效率和高可靠性的信息系统供电架构和体系应该有利于提高系统供配电效率以抑制能耗的增长、有利于可持续和清洁能源的接入及对电网友好、有利于在有限备电的情况下充分发挥储能设备的功效以提高供电可靠性和安全性、有利于实现智能化运维以降低运行成本。

直流供电、分布式供电因为可能实现更高的能效、更高的可靠性、电源和储能元件配置灵活等特点，在直流保护技术、智能管理技术等发展的基础上，将有更广泛的应用前景，应作为重要的方向予以发展。

需要特别指出的是，电力电子技术目前在电力系统中正得到越来越广泛的应用和发展，作为电力系统中的重要电力用户，电力电子化的供用电设备将得到应用和发展。以交流、直流电力电子变压器为代表的下一代电力设备是信息系统供电架构和体系发展中需要高度重视的方向。

3.2.2 高效率、高功率密度和高可靠性的不间断电源设备

不间断电源设备是信息系统供电的核心和基础。目前的不间断电源设备有交流UPS和直流UPS两类，前文的发展现状中已指出目前的不间断电源已发展到了较高的技术水平，基本满足当前信息系统供电的需求。

交流UPS有一体式、模块化和模组化等形式，电能变换效率达到了96%以上，且可以运行在市电直供模式以实现整体供电效率高于99%的经济或超经济模式运行；直流UPS有低压供电模块式和中压直供式等方式，集成优化设计后供电系统总体效率可以接近或超过97%。

交流模块式UPS的功率密度目前已经达到了近40VA/inch^3，直流UPS模块的功率密度更高一些，但随着信息技术和电力电子技术的发展，不间断电源系统中的交流电源模块和直流电源模块都有进一步提高的必要。

目前的不间断电源主要通过产品设计和生产质量的管控实现模块的高可靠性，并同时采用N+X（N+1）并联冗余的方式提高由模块组成的电源整机的可靠性。电源模块采用的基本都是故障后修复，存在可用性下降的风险。通过合理的设计和元器件选

用提高单机的使用寿命和可靠性、在电源系统中采用寿命和故障在线监测技术以实现事前可靠性干预，这是高可靠性供电设备发展的重要方向。

新器件、材料和技术的发展为进一步提高不间断电源设备的效率、功率密度和可靠性奠定了基础。目前第三代半导体器件，即宽禁带半导体器件已得到了长足的进步，尤其是 SiC MOSFET 的发展对大功率电源变换设备的性能提升将产生重大的影响，一代新器件将导致一代新的电源设备。SiC 器件的高耐压能力为提升 UPS 设备的工作电压提供了可能，而同样功率下的工作电压提升有利于减小变换器的导通损耗，进而提升电能变换效率；宽禁带器件的高开关频率有助于减小变换内的磁性元件、电容的尺寸和体积，进而提升变换器的功率密度。SiC 器件已在新能源发电变换器、电动汽车驱动和充电等方面得到了应用，体现出了器件对应用技术的推动作用。但目前的 SiC 器件尚存在品种较少、成本高等问题，高速开关的可靠驱动和电磁兼容设计要求较高级长期应用的可靠性数据还有待进一步积累等问题，其在对可靠性要求较高的信息系统供电场合的应用还需要在广泛研究的基础上逐步推进。

基于 SiC 器件发展新一代的交流 UPS、高压直流 UPS 及相应的固态配电器件是不间断电源设备的重要发展方向。

3.2.3　高功率密度的模块化、刀片化电源

为满足数据中心的分布式供电、5G 应用场景的多样化等应用需求，服务器电源和通信一次电源将出现以下的发展趋势：①供电电压范围更宽，电源应能适应市电直供、远供的要求，因此 PSU 等变换器要实现宽电压范围的高效率、高功率因数运行；②具备宽范围的输出调节和节能运行能力，为降低能耗电源设备根据信息处理设备的工作状态动态改变输出电压和工作模式将成为一种发展趋势；③传统的通信一次电源、服务器电源以定制产品为主，随着信息、数据的规模化发展，为降低设计复杂性、降低成本，服务器电源和通信一次电源将如同当今的模块电源一样向模块化和标准化发展；④为适应信息系统能源智能化、运维智能化发展的趋势，电源设备也需要具备自动监测和诊断能力，具备数字管理能源的能力，即向智能化和数字化发展。

为适应高性能计算、IT 和 5G 设备高密度发展的要求，当今的模块电源将向更低的剖面高度，即所谓的刀片化电源方向发展，并逐步发展到 PSIP 和 PwrSoC。

相对信息供电系统的其他方面而言，如前文所述，服务器电源及模块电源方面我们目前与国际先进技术差距较大，主要体现在电源品种和规格少、产品功率密度相差较大、电气性能和可靠性方面有一定的差距，具有更大的进步和发展空间。

GaN HEMT 器件的应用发展迅速，我国在该器件的研发与应用方面，尤其是在消费电子方面的应用发展迅速，相关电源的功率密度水平提高迅速。基于大量应用经验的积累和设计能力的提高、相关辅助元件的进步，将 GaN 器件应用于高可靠的服务器电源、模块电源等将是我们赶超先进水平的很好的机遇。

3.2.4 信息系统供电设备的智能化

新一轮科技革命和产业变革蓬勃推进，全球智能产业快速发展。信息系统供电的智能化技术是使供电系统除了完成最基本的不间断供电功能外，还能实现电网事件记录、故障告警、参数自动测试分析和调节、健康状态监测、智能运维和管理等智能化功能。

信息系统供电中具有代表性的智能化功能包括：

（1）“黑匣子”功能。具备智能时序录波功能，可顺序记录故障时的运行参数和波形，解决系统记录时序混乱、事件回溯困难等问题，快速、精准定位故障，有效提升运维效率。当电网异常或设备异常或负载供电异常时，黑匣子会完整记录下异常发生瞬间前后数个工频周期的交流输入端、输出端和直流母线端的关键波形，辅助异常诊断定位和快速修复，大大提升事故追溯、诊断、修复的效率，大幅降低事后维护工作量。

（2）关键器件的健康状态监测。随着运行时间的推移，电源设备中的电容器、风机等易损件会逐渐老化甚至失效。一款典型的电容器可能会被制造商评定为维持大约 7 年的时间并保持 24 小时的持续使用，但是在有利的操作条件下，其可以提供长达 10 年的正常使用寿命。当电容器发生故障失败时，运营管理人员们可能看不到任何可见的影响，但其他电容器将不得不承担其工作负载，这会缩短其使用寿命并进而影响到供电系统的可靠工作。在电源设备中采用在线监测 UPS 风机、电容、母线等关键器件的参数（如电压、电流、温度、转速等），嵌入计算器件当下的健康状态的健康状态监测功能软件，并结合其大量的历史数据和运维经验后给出维护建议，这将使得设备实际运行过程中能够在事故发生前及时有效地提示和告警，把事后补救变为事前预防，帮助数据中心减少大量的运维时间和人力成本。

（3）电池无风险放电测试功能。UPS 设备运维过程中需要对电池进行放电测试，但该测试极容易造成用户 IT 负载断电。采用电池无风险放电测试方案，可在市电供电状态（以下简称“市电态”）转为电池供电状态（以下简称“电池态”）时整流器母线电压不断电，当电池态切回市电态时市电处于热备份，消除电池放电测试中可能存在的掉电风险。

（4）智能柔性缓启技术。在各类复杂的使用场景中，市电断电恢复后，不间断电源将由电池态切回市电态供电，如果 UPS 整流器输入不能缓启动，将造成较大电流 / 电压直接对电网冲击。采用智能缓冲技术，通过识别输入端接入情况和输出端负载情况，自动实现整流侧缓启动和输出电压缓启功能，避免设备在启动、切换等使用过程中对输入 / 输出侧造成强冲击电流，极大程度地保证了供电系统整体稳定性和可靠性，同时可成倍降低 UPS 前端备用发电机配置比例，发电机配比由 2.0 降低至 1.1，减小经济投入。

（5）BMS 智慧管理。电池监控系统用于确保铅酸、铅碳或锂电池等储能电池系统稳定安全运行，其主要功能集电池数据的采集、分析、存储、展示为一体，实现多电池群的集中监控与智能管理。系统可通过获得电池的内阻、电压、温度、荷电状态（State of Charge，SOC）、健康状态（State of Health，SOH）等参数，并运用数理统计方法，为客户提供准确、全面、详细的电池组性能指标。

（6）智能运维。运维智能系统通过对各类信息的分析综合，除完成 UPS 相应部分正常运行的控制功能外，还应完成对运行中的 UPS 进行实时监测。对电路中的重要数据信息进行分析处理，从中得出各部分电路工作是否正常等功能；在 UPS 发生故障时，能根据检测结果，及时进行分析，诊断出故障部位，并给出处理方法；根据现场需要及时采取必要的自身应急保护控制动作，以防故障影响面的扩大；完成必要的自身维护，具有交换信息功能，可以随时向计算机输入或从联网机获取信息。智能运维还包括智能联动、易耗部件智能资产管理等方面。

在已有的智能化功能的基础上，进一步地发展智能技术，使信息系统供电向智慧化方向发展也是信息系统供电的重要发展方向。

4. 信息系统领域电源产业与技术的发展愿景与目标

4.1 信息系统领域电源产业与技术的发展愿景

信息系统领域电源产业与技术的发展应以安全可靠、高效、高功率密度、低成本和绿色为导向，一方面满足日益增长的信息化、数字化发展对能源、电源产业和技术的需求；另一方面以电源产业与技术的进步推动信息产业的可持续、高质量发展。

信息系统领域电源产业与技术的发展应与信息技术的发展协调一致并相互促进。信息系统供电的功率需求来自信息处理设备，通过信息设备中的处理器架构、智能运行技术等的发展降低信息处理设备能源需求是降低信息系统供电能耗的根本。某种程度上信息系统供电产业有促动信息处理设备降低能耗的责任和义务，在此基础上信息系统领域电源产业与技术应为信息产业与技术提供服务和支撑。

信息系统领域电源以安全可靠为基础，保障信息处理设备的安全工作，为其提供永不断续和高质量的供电是电源产业与技术发展的终极目标。

供电和电源设备的高效和高功率密度是电源产业和技术永恒的追求目标，信息系统供电和电源变换设备的效率从 20 世纪七八十年代线性电源时代的低于 50%，到现在的普遍高于 90% 效率，单级变换效率超过 98%，发展的目标为普遍高于 99%，乃至更高的效率。供电系统架构的持续发展，也在不断提高优化减少系统能耗，最终实现供电系统的近零能量损耗。随着技术的进步，供电系统的功率密度持续提高，不断减少供电系统占用的空间，与信息系统的信息处理能力高速发展协同一致。

高性能应以低成本为前提。共享、平等是文明社会发展的方向，人人都能低成本、便捷地获得信息、享受信息社会发展的成果是信息系统领域电源产业与技术发展的文明要求。为此，信息系统电源产业在提供安全、高效的产品的同时应大力推进电源成本和能耗成本的下降。

信息系统领域电源产业与技术需要以绿色发展为己任。一方面在高效节能的同时要支持新能源的接入，广泛推动风力发电、光伏发电、氢能及其他清洁能源发电技术在信息系统基础设施中的应用；另一方面要以该领域的产业与技术发展服务并推动绿色发电技术的发展、实现高度的电网友好性并支撑电力电子化系统的发展，在“碳达峰”目标的实现中起到重要作用，并服务于“碳中和”目标的达成。

4.2 信息系统领域电源产业与技术的发展目标（2025—2030—2035—2050）

信息系统领域电源产业与技术的发展愿景需要以阶段目标的实现来达成。发展愿景和目标的实现有以下 4 点：①优化供电系统架构和体系；②提高电能变换器的效率和功率密度；③提高电能变换器和供电系统的智能化技术；④低碳化能源结构。

按时间线的发展目标如表 5-2 所示。

表 5–2　信息系统领域电源产业与技术发展目标

	–2025 年	–2030 年	–2035 年	–2050 年
优化供电系统架构和体系	1. 提升交流 UPS 的在线经济运行功能和可靠性，推进市电直供技术，简化 UPS 供电系统架构； 2. 推动高压直流供电技术的应用，使其占比逐步提升到大于 50%； 3. 发展具备不间断供电功能的一体化市电直供技术和系统； 4. 推动机柜或 ICT 设备内部的分布式供电技术的发展； 5.5G 供电电源标准不断丰富、完善和优化，提升 5G 电源设备的标准化、模块化程度	1. 高可靠性的市电直供占比达到 70% 以上，大幅降低信息系统供配电成本，供配电综合运行效率达到 99%； 2. 集成化中压直供高压直流电源使用占比提升到 60% 以上； 3. 高压直流供电电压等级的提高和标准化，试点与电力系统直流配电相电压等级相协调的数据中心高压直流供电； 4. 推广分布式供电技术应用； 5. 开展 6G 供电相关技术的研究和示范应用	1. 全面采用高效率、高可靠性的市电直供技术，信息系统实现低成本和 99.5% 以上综合供配电运行效率； 2. 供电系统实现电网高度友好，对电力电子化的电力系统可起到支撑作用； 3. 应用配电、电源设备、备电设备全智能化架构，实现信息系统供电设备的在线健康管理，断电风险降低到极低	高度可靠和柔性化的信息设备供电系统，实现接近 100% 不断电运行
提高电能变换器的效率和功率密度	1. 发展基于宽禁带半导体器件的模块化、模组化 UPS（交流、直流）电源，UPS 的效率由目前的 96%~97% 提升到 97.5% 以上； 2. 发展基于宽禁带器件的开关电源和服务器电源、模块电源，实现宽输入电压的服务器电源的模块化封装，变换效率由 94% 提升到 96% 及以上； 3. 发展“电力电子变压器”技术，以实现“硅进铜退”，提升信息供电系统的功率密度和电能质量	1. 推广应用基于宽禁带半导体器件的交、直流 UPS，UPS 的效率提升到 98% 以上； 2. 推广应用宽禁带器件的服务器电源、模块电源，变换效率提升到 97% 及以上； 3. 探索“电力电子变压器”在信息系统供电领域的应用，高频化的中压直供电源得到应用	1. 全面应用基于宽禁带半导体器件的交、直流 UPS，UPS 的效率提升到 99% 左右； 2. 全面应用宽禁带器件的服务器电源、模块电源，变换效率提升到 98% 以上； 3. 推广基于“电力电子变压器”的高频化中压直供电源应用	基于新原理和新器件的高性能功率变换技术，电能变换效率普遍高于 99%

续表

	–2025 年	–2030 年	–2035 年	–2050 年
提高电能变换器和供电系统的智能化技术	1. 智能化的系统节能技术规模应用，提升整个系统的能效 10%； 2. 智能运维技术在信息系统供电系统、UPS 设备中开始推广应用； 3. 电源设备在线健康监测和可靠性预计开始应用； 4. 整体智能化等级达到 L2 级	1. 智能化节能技术深入到部件级，系统能效进一步提升 5%； 2. 智能运维技术在信息系统供电系统、UPS 设备中得到全面应用； 3. 电源设备在线健康监测和可靠性评估得到推广应用，准确率达到 5%； 4. 整体智能化等级达到 L3 级	1. 人工智能技术在信息系统供电系统、UPS 设备中开始应用； 2. 电源设备普遍具备健康监测和可靠性控制功能； 3. 整体智能化等级达到 L4 级	人工智能技术在信息系统供电系统和设备中得到广泛应用，供电设备高度智慧化，具备智能运行和寿命自我控制功能，整体智能化等级达到 L5 级
低碳化能源结构	1. 锂电池应用逐步扩大，低压（48V）锂电达到 90% 以上，高压（240V 以上）达到 30% 以上占比，氢燃料电池开始替代油机； 2. 数据中心开始集成风力发电、光伏发电等新能源发电系统； 3. 信息系统供电同源技术应用于新能源发电系统，支撑新能源发电产业发展	1. 智能锂电全面应用、氢能备电开始推广应用； 2. 信息系统供电与新能源发电技术融合发展； 3. 信息系统通过集成新能源发电系统、投资建设新能源发电系统和购买清洁能源实现低碳化发展	新型储能元件和技术开始得到应用，信息系统供电系统主动参与电力电子化电力系统运行控制，信息系统供电实现“碳达峰”	信息系统供电实现“碳中和”

5. 信息系统领域电源产业与技术的发展路线

5.1 发展路线图

信息系统领域供电产业和技术发展的关键问题是供电可靠性、供电系统效率和绿色低碳。供电系统可靠性与供电系统架构、设备可靠性和智能化技术应用密切相关，通过采用高可靠性的供电架构、高可靠的电源设备和具备健康检测与可靠性控制的智能运维技术可以实现供电系统的高可靠；供电系统效率与供电系统架构、电源设备电能变换效率、配电设备效率、设备工作点的优化与调度（也是智能运维技术的组成部分）等密切相关，研究和采用高效率的供电架构、提高电源变换设备的全工况下的运行效率、采用全局效率优化控制策略和控制技术是降低信息供电系统能耗的关键；供电系统架构支持新能源发电技术发展和新能源发电系统接入、高效率和对电力电子化电力系统友好是能源低碳化发展的关键。因此，信息系统领域电源产业与技术的发展路线主要从供电系统架构与体系优化、电源变换器效率和功率密度提升、智能技术研发与应用等方面展开。

5.1.1　供电系统架构与体系优化发展路线图

供电系统架构与体系重点从推进直流供电技术应用和供电电压等级提高与统一、基于交流和直流 UPS 功能和性能拓展的高可靠性市电直供技术应用、基于智能锂电备电的机架或 ICT 设备内部配电的分布式配电技术的发展，在综合提升效率、可靠性、电网友好性能的基础上，最终实现高度可靠和柔性化的信息设备供电系统，实现 100% 不断电和接近 0 损耗的运行。

图 5-21 为信息系统供电架构与体系优化发展路线示意图。

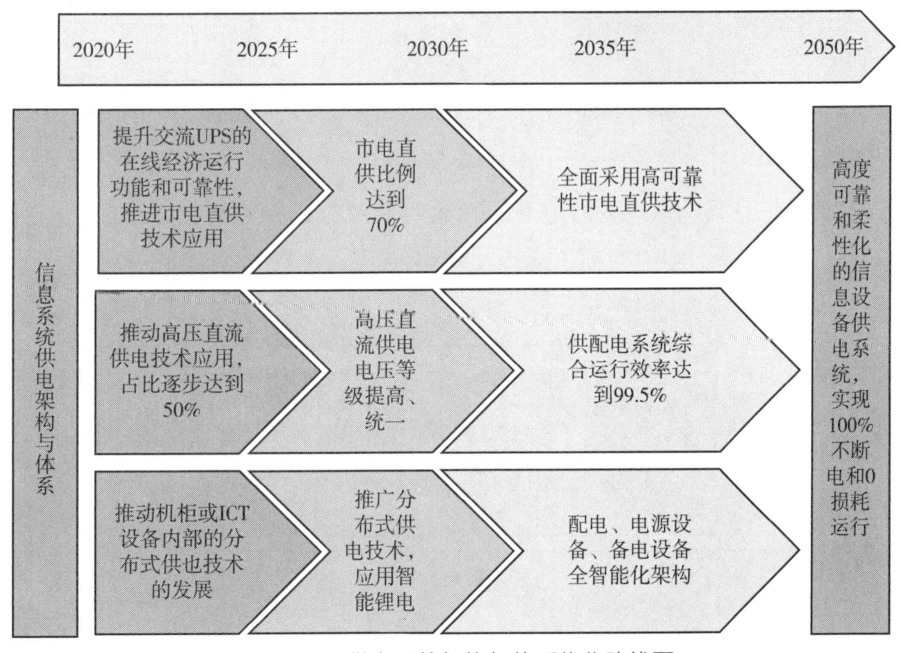

图 5-21　供电系统架构与体系优化路线图

5.1.2　电源变换器效率与功率密度提升发展路线图

电源变换器的效率和功率密度提升主要是基于功率器件开关频率的提高，而开关频率的提高基于高性能的第三代宽禁带半导体器件和软开关技术。GaN 器件在中、小功率的消费电子领域已得到广泛应用，大幅提升了电源变换器的功率密度，基于 GaN

器件的发展和成熟应用，GaN 器件已具备了应用于信息系统领域供电的开关电源、模块电源应用的基础。SiC MOSFET 目前还存在器件成本高、应用经验少的局限，从研发混合应用 IGBT 与 SIC MOSFET 的大功率 UPS 入手，可以利用较低开关频率的 IGBT 高效率特点和 SiC MOSFET 高开关频率带来的响应快的特点，实现兼具高效率、低成本和快速动态响应能力的大功率 UPS，满足高可靠性市电直供用高性能 UPS 的需求，然后逐步过渡到采用全 SiC 器件的 UPS、全软开关的混合或全 SiC 器件的 UPS，以适应高电压、高功率密度发展需求。

需要指出的是，变换器的智能化发展也是电源变换器效率和功率密度提升的技术途径之一。在变换器中嵌入智能控制器后可以监测负载、输入电源的变化，并针对性地调整变换器的拓扑结构、开关频率等运行架构和参数，实现一定输入和输出情况下的效率优化；采用了智能技术的变换器可以针对应用需求进行优化的设计，合理进行电应力、热应力的管控，从而在保证工作安全性的前提下减小体积重量，达到提升功率密度的目标。

通过新原理电路和新器件的应用、数字控制的应用实现电源变换器的智能化及普遍高于 99% 效率。

图 5-22 为信息系统供电领域电源变换器效率和功率密度提升发展路线示意图。

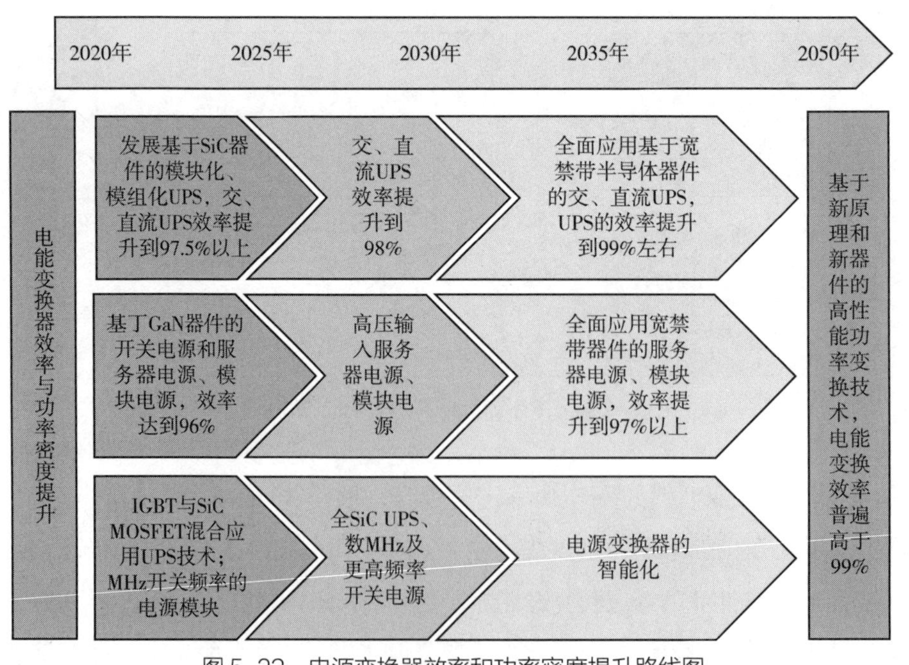

图 5-22　电源变换器效率和功率密度提升路线图

5.1.3　智能技术研发与应用发展路线图

信息系统供电领域应用智能化技术具有十分重要的意义。首先，智能化可以实现电源变换设备根据能源供应、输入电压、负荷状况和运行环境等情况灵活地设定运行模式和运行参数，进而达到降低能耗的目标；其次，智能技术可以提高变换器和供电系统的可靠性，甚至实现变换器的寿命控制，可以大幅降低运维要求，减少运维费用。变换器的健康状态监控、高可靠性设计和运行寿命、全生命周期费用控制等已经在可再生能源发电变换器领域得到了研究和应用，将相关的技术移植到信息系统供电领域并结合信息系统供电的特点进行优化、改进，同时结合人工智能技术发展的新成果，可以实现信息系统供电系统和变换器的智能化，为提升信息系统供电的可靠性、效率、低碳性能起到关键性作用。

信息系统供电领域的智能化可以借鉴和参照汽车自动驾驶及其他领域的智能化发展路线图，采用分级、分步的实施步骤。如目前汽车自动驾驶领域定义了 5 级智能化等级（L1–L5），信息系统供电产业有必要研究并确定类似的智能化等级，并分阶段达到一定的智能化等级（本领域的 L1–L5 等级）。

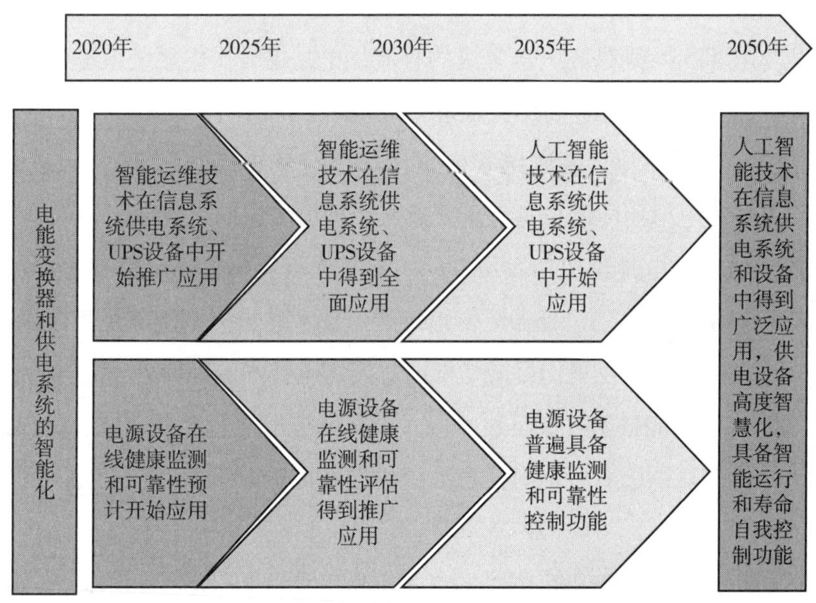

图 5-23　信息系统供电系统的智能技术研发与应用路线图

5.2　差距和障碍

信息系统供电领域产业和技术发展基本能够符合图 5-23，但在发展的过程中，由于图 5-23 还依赖于相关领域的发展状态、受经济发展和宏观政策约束，因此也存在一定的发展障碍。目前可以预测的主要发展障碍体现在：

信息系统供电产业与技术的发展受到历史发展的约束。现有的信息系统供电架构、体系乃至主要参数，都有明显的历史烙印，已沉淀的历史投入和资产仍有发挥其价值的现实需求，同时信息系统供电对可靠性有很高的要求，在这样的背景下，发展更符合信息系统发展的新技术、新产品，特别是新的供电架构、体制和参数时将面临很大的阻力。

电源变换器的效率和功率密度提升对功率半导体器件性能、磁性元件和绝缘材料的性能有很高的依赖度，相关领域虽然已取得了明显的进步，如半导体器件基本上以接近 20 年为一代在发展，但器件的发展仍然有一定的不确定性，电源变换器的效率和功率密度提升，特别是效率的提升可能会由于器件发展的原因而达不到预期。

目前的数据中心供电，从中压输入到服务器的 12V 供电入端，电能经过了多级控制和变换，目前该环节的整体效率略高于 89%，距达到“碳达峰”所要求的效率水平还有 10% 左右的提升要求，而从现在的电能变换技术发展看，每一个百分点的效率提升都有相当大的技术难度，近 10% 的效率提升是一个巨大的鸿沟。

直流供电技术，特别是高电压等级的直流供电是提升供电系统效率和可靠性的重要技术方案，从现有的 336V 高压直流和 240V 高压直流的对比数据看，前者运行电流低 40%，其运行效率比后者高约 6%，全面推行 336V 高压直流体制十分必要，研究和发展更高的供电电压体制也具有重要意义，但历史原因形成的阻力不容忽视。

采用高压直流供电是重要的发展方向，但目前直流供电系统仍然存在保护困难、配电成本高和效率低等问题，且虽经多年发展但技术进步仍不能满足直流供电驱动力的要求，直流配电技术的发展仍可能是推广直流用电技术的障碍。

近年来，人工智能技术发展迅速，但人工智能技术的高度复杂性、我国数字控制芯片的发展水平和瓶颈极有可能对信息系统供电领域的数字化、智能化发展造成重大的阻碍。

储能和备电技术的发展难以满足信息系统供电产业和技术发展的需求，现有的锂电池的安全性、能量密度、循环寿命和功率密度还难以很好地满足高可靠性信息供电系统的需求，氢能发电也面临着储氢等技术困难，信息系统供电的绿色、电网友好发展还存在储能技术发展的约束。

相比于新能源、芯片、智能制造、信息技术及高端装备等领域，供电技术的重要性和受重视程度可能被弱化，相应的资金、人才及其他必要的发展资源得不到保证，信息系统供电领域的技术和产业发展速度可能不能满足信息系统发展的需求。

5.3　实现路径

在突破可能的障碍后全面达成该领域路线图目标还需要政、产、用、学、研的协同配合，同时加强顶层设计和引导，加强学科交叉与融合。

关于本领域路线图针对实现的路径可以采取：

（1）组织国家级的论证、协调机构，并加强国际交流，研究和论证能符合“双碳”目标的信息系统供电技术发展指南，策划相关制度、标准的制定及实施。

（2）加强需求牵引对科研的引导。目前我国对信息系统供电技术的研究尚不够重视，系统性、深入的理论和技术研究还有待加强，建议设立信息系统领域供电技术研究与关键技术演示验证的国家级重大基础研究、重点科技研发项目，进而组成“国家队”研发力量突破相关的关键技术。

（3）加强企业与企业、企业界和学术界的联系与交流，共同探讨行动纲领和方案，协同推进产业与技术的进步。

（4）发挥行业学会和协会的作用，组织学术技术交流，并可组织制定相关的行业标准，促进相关产业和技术的发展。

（5）加强学科间的交叉融合，材料、器件、封装等专业密切合作，突破电源变换器小型化、高密度集成的技术难题。

（6）信息系统供电技术领域的企业界和科研人员与系统营运商技术人员密切交流和协同，推进新技术、新产品的应用。

（7）对路线图的实施采取边实施边评估的策略，根据产业与技术的实际发展状况及时调整和修订路线图及其实施方案。

5.4　重点任务和攻关项目

信息系统供电架构与体系优化研究，制定科学、权威的方案，形成系统性的行业、国家标准。

高度集成化、模块化的信息系统供电产品与设备的研发。

基于宽禁带器件或混合功率器件的软开关、高效率 UPS 电路及控制策略研究，为高可靠性市电直供系统提供高性能的 UPS 技术与产品。

宽输入、高可靠性、模块化、高功率密度、高效率交流/直流变换器与电力电子变压器技术和产品研发。

高效率、超薄和超高功率密度的刀片电源的研发。

能赶超国际先进厂家的系列化模块电源的研发与产业化，特别是基于宽禁带功率器件的全软开关模块电源的研发与产业化，实现关键领域的模块电源国产化替代。

智能锂电技术的研发与产业化，为分布式供电技术、能量数字化的实现打下扎实的基础。

电网友好型信息系统供电技术研发与产业化，比如储能型UPS电源的研发与产业化。

多能输入的高可靠性UPS技术研发与产业化。

电源变换器的健康监测和可靠性、寿命控制技术研发与应用。

信息系统供电设备高效率运行控制和智能运维技术研究与应用。

信息系统供电领域的人工智能技术及其应用研究。

6. 支撑和保障措施

信息系统领域供电产业与技术的发展面临着一系列的挑战与风险，因而需要用适当的支撑和保障措施。

（1）政策的驱动，是信息系统领域供电技术与产业发展的重中之重，需要增强政府对行业发展的引导作用，持续鼓励和支持5G、数据中心等基础设施建设，并制定政策推进绿色低碳、高效率产品与技术的推广，比如采取对高效率的创新性供电解决方案与技术研究进行风险补偿等措施促进技术进步与发展。

（2）加强需求牵引对信息系统供电技术的研究引导，论证和设立信息系统领域供电技术研究与关键技术演示验证的国家级重大基础研究、重点科技研发项目。

（3）注重市场引导，成立信息系统供电节能改造资金，引入节能改造的头部企业，打造产业链条，完善节能改造关键环节，推出节能改造标准，促进信息系统采用高效率的供电技术方案和产品。

（4）避免粗犷式的快速发展，在新基建建设中，严格技术标准，建立健全节能标准和监管措施，引导建设和运营企业重视绿色、低碳发展。

（5）建立和完善信息系统领域供电的标准体系，产学研合作促进信息系统领域供电技术的发展及关键技术的突破。

（6）重视解决信息系统领域供电技术研究与开发人才的培养问题，信息系统供电复杂性和集约发展对高技能人才的需求旺盛，但我国目前尚没有能够系统性地培养该领域人才的基地和条件，有必要规划和建设信息系统供电技术的人才培养基地，策划课程体系和教材建设，建设高水平的实验教学环境。

（7）相关高校和研究机构应加强复合型人才的培养，为信息系统供电技术领域培养高素质的领军人才。

参考文献

[1] 信息系统供电技术白皮书. 中国电源学会信息系统供电技术专业委员会，2018.

[2] 中国电力企业联合会. 中国电力行业 2021 年度发展报告. 2021.

[3] 中国电源学会信息系统供电技术专业委员会. 2018—2019 年信息系统供电技术现状与发展概述 . 中国电源行业年鉴 2019 [M]. 机械工业出版社，2019.

[4] 深圳市航嘉驰源电气股份有限公司. PC 电源发展趋势. 中国电源行业年鉴 2020 [M]. 机械工业出版社，2020.

[5] 李玉昇. 数据中心供电系统规划与发展 [J]. 电气应用，2020，39（11）：4-7.

[6] 余斌，于海滨，杨世忠，等. 标准先行——引领和推动绿色安全的 HVDC 技术应用 [J]. 信息通信技术与政策，2021，47（4）：81-87.

[7] 巴拿马电源白皮书. ODCC-2020-02001. 开放数据中心标准推进委员，2020.

[8] 余斌，胥飞飞，李善策. “双碳” 背景下数据中心高压直流供电的标准与实践 [J]. 互联网天地，2021，6：54-58.

[9] 余斌，鞠昌斌，王超. 超强推进电源标准建设，助力超级数据中心发展 [J]. 互联网天地，2021，4：40-45.

[10] Vertiv 产品与服务. https://www.vertiv.com/zh-CN/products/.

[11] Eaton 不间断电源和数据中心产品. https://www.eaton.com/cn/zh-cn/products/backup-power-ups-surge-it-power-distribution.html.

[12] Vicro 产品. https://www.vicorpower.com/zh-cn/all-products.

[13] 5G 电源白皮书，华为技术有限公司，2019.

[14] 新基建背景下的数据中心不间断供电技术与产业. 中国电源学会信息系统供电技术专业委员会，2021.

[15] 低碳数据中心发展白皮书（2021）. 开放数据中心标准推进委员，2021.
[16] 张广明. 论传统 UPS 供电系统的问题与变革［J］. UPS 应用，2008,（82）.
[17] 张广明. 论 UPS 输出电压直流化变革趋势［J］. UPS 应用，2012,（132）.
[18] 张广明. “高频机”将成为现代数据中心 UPS 设备的首选机型［J］. UPS 应用，2013,（147）.
[19] 张广明. 现代数据中心供电系统设计理念的变化［J］. UPS 应用，2013,（144）.
[20] 张广明. 数据中心供电连续性要求与备用能源配置方案设计［J］. 智能建筑电气技术，2021，15（1）：3-8.

编写组

组　长：谢少军

副组长：张广明　章进法

成　员：陈四雄　胡先红　段卫根
陈冀生　张纯江　陈　敏
苏先进

第6章

特种电源产业与技术发展路线图

1. 导　言

特种电源技术在国家大科学装置、高新装备、航空航天、医学、工业等领域应用广泛，本章节以应用领域为牵引概述了发展特种电源产业与技术的战略意义，给出了特种电源的定义和研究范围。

1.1　发展特种电源产业与技术的战略意义

特种电源技术是指在特殊应用环境下实现电能以特定形式耦合至负载产生特定效应的一种能量变换技术，其在国家大科学装置、高新装备、高端医疗设备、航空航天、工业等领域均存在强烈需求，是国防、科研和先进制造等领域的重要基础性支撑技术，对支撑国家国防安全、能源安全、产业安全具有重要意义。各应用领域的发展对特种电源技术牵引作用极强，因此本书从各应用领域分述发展特种电源产业与技术的战略意义。

1.1.1　大科学装置应用

（1）聚变大科学装置

受控热核聚变能，是人类社会的理想能源。目前，有望实现受控热核聚变的方式，主要包括磁约束聚变、惯性约束聚变等。

磁约束聚变装置，是目前实现和平利用聚变能源的最具现实希望的可行途径之一，也是我国能源战略的重要组成部分。国际热核试验堆（ITER）是当今世界上最大的磁约束核聚变试验装置和最大的国际科学合作项目。中国作为七个独立平等合作方之一，做出了巨大支持与贡献。半个世纪以来，中国在磁约束核聚变试验研究中取得长足进步，已进入国际先进水平之列。东方超环（EAST）是我国自主设计研发的世界首个全超导大型先进托卡马克试验装置，于2006年成功建成并安全运行至今，取得一系列重大国际先进成果。中国核聚变工程试验堆，已完成初步工程设计研究，聚变堆主机关键系统综合研究设施也取得重要进展。聚变研发正向着利用聚变能点亮第一盏电灯的方向稳步推进。磁约束聚变装置电源是装置运行的主要工程支撑系统之一，也是装置安全运行和物理实验成功的重要工程保障。

Z箍缩聚变装置，利用强流脉冲功率装置输出的数十MA大电流，驱动套筒（或丝阵）内爆，最终将动能转换X射线辐射，X射线压缩聚变靶实现聚变。根据Z箍缩聚变定标律，当内爆时间百纳秒、峰值电流约50 MA，通过Z箍缩加载方式能够实现聚变；峰值电流达到60 MA时能实现高增益聚变。基于Z箍缩聚变，美国提出了Z箍缩聚变能源（Z-IFE），中国科学家创新性地提出了Z箍缩聚变-裂变混合堆（Z-FFR）的聚变能源技术方案，具备作为未来国家基荷能源的潜力，对未来能源安全和战略安全有重要意义。

（2）流体动力学加载平台

流体动力学加载平台对高能量密度物理、力学等研究有着重要的应用，平台需要使用大电流能库电源，其通过储能电容器输出高压大电流，向负载提供高功率电磁能量，对国防安全、基础研究、脉冲功率和特殊环境下测试诊断技术都有极强的带动作用，同时在电磁成型、大电流焊接等工业领域也具有广泛应用。

（3）加速器装置

大型加速器是粒子物理、核物理、辐射物理等基础科学研究的主要实验设施，也是一个国家经济实力、科技实力、工业实力等综合国力的具体体现。同时，它也牵引和反哺一个国家的科学技术、工业能力的发展。当前对科学技术发展、国防安全最重要、发展最快的是高能粒子加速器、直线感应加速器。

直线感应加速器能够产生强流、高亮度、低能散度的高品质电子束，且通过加速腔的串联叠加可以实现较高的加速能量，广泛地应用于闪光X射线照相、自由电子激光、粒子束聚变、高功率微波等研究领域。直线感应加速器的发展对武器研制、安全性、高能量密度物理等基础研究有着重要的应用，对国防安全领域和基础科研领域的发展也有着强烈带动作用。

高能粒子加速器主要指对带电粒子进行加速的一种装置。随着我国经济科学技术的发展，对各种大型粒子加速器的需求日益增长，我国也逐步开始设计和建设中大型高能加速器。中高能量、中大型加速装置除直接服务于高能物理、核物理等基础研究之外，还可作为一个跨部门、跨学科、可共享的综合科学实验平台，服务于应用基础研究、理论研究等方面，在国民经济中发挥出越来越大的作用。

1.1.2　高新装备应用

随着电子信息技术的迅猛发展，制信息权和制太空权已是未来战争的决胜关键，高新技术（高功率微波、粒子束、激光等）将成为未来战场制胜的关键因素之一。高新装备技术的发展将大大推动国防安全领域的发展。

特种电源是高功率微波、强激光和粒子束装置等高新装备的重要组成部分，各类高新装备的电源设计均与负载紧密耦合，需要针对负载及电源的应用环境开展系统的特定性能符合性、可靠性、环境适应性设计。

1.1.3　航空航天应用

电源系统是航空航天器上产生、存储、调节、变换和分配电能的系统，它是航空航天器的能源保障系统，几乎所有的航空航天器电子设备的用电都需要经过电源设备的处理。近年来，航空航天技术迅猛发展，全电推进、离子电推进、新型雷达、电子战装备等空天装备技术的发展日新月异，迫切需要与之相匹配的特种电源系统。高性能航空航天电源系统已经成为制约机载、星载电子装备变革和发展的关键。航空航天器特殊的工作环境、对可靠性的超高要求、对体积重量的严格限制，以及空天特种载荷的特殊用电需求是当前航空航天特种电源面临的主要挑战。

1.1.4　医疗装备应用

随着科学技术的不断进步和人类对生存质量的要求不断提高，现代医疗设备得到了飞速发展。得益于现代集成电路、芯片技术、第三代半导体以及 EMC 理论研究不断深入，现代医疗电子设备产业也呈现出多样化、个性化的特点，以新型便携式医疗电子设备、呼吸机、制氧机等急救设备、X 光机、B 超等医学影像设备、电动床等日常护理设备为代表的医疗设备发展尤为迅速。医用特种电源最大的特点在于其直接面向医生、病患的应用场景。因此，高安全性、高可靠性的技术研究及发展对医用特种电源领域有着极其重要的作用。

1.1.5　工业领域应用

特种电源是以功率器件为基础、以变换拓扑为载体、以运行控制为中枢的核心电能转换装备，通过电力电子变换在负载上施加高压直流、高频交流、高能脉冲等形态的电压、电流，以顺应特性各异的负荷供电要求。特种电源是现代工业的基石之一，工业用特种电源除了为各类工厂用电设备提供能源之外，其产生的多形态电能更是被直接作为加工、处理材料的重要方式。工业用特种电源不仅需要具备军用、科研用特种电源所要求的在特殊、恶劣环境下稳定工作等特点，而且还要考虑其经济性和产品竞争力。从国民经济发展角度看，一方面，工业用特种电源直接关系到工业生产水平，是传统工业应对新时代高质量发展要求、转型高端制造的重要环节；另一方面，工业用特种电源技术的进步能够有效促进节能减排，推动高污染、高耗能型产业向绿色产业转变。

1.2 特种电源产业与技术路线图的研究范围及目标

由于特种电源应用领域较广，本节从各应用领域对特种电源的需求层面概述特种电源产业和技术路线图的研究范围和目标，如表 6–1 所示。

表 6–1 特种电源产业与技术路线图研究范围和目标

应用领域		研究范围和目标
大科学装置	磁约束聚变	针对大型先进磁约束核聚变试验装置（超导托卡马克）用特种电源，包含磁体变流电源、失超保护系统、辅助加热电源、中性粒子电源、交流高压变电站、无功补偿系统等
	高能粒子加速器	主要针对回旋加速器、同步加速器用特种电源，被加速粒子主要是电子、质子或重离子，用于基础研究、应用基础研究，或者工农医等应用场合
高新装备		高平均功率体积比、长寿命、高可靠性的特种电源
航空航天		空间特殊应用环境对抗辐照、极高可靠性特种电源的需求；空间大功率 SAR 天线、新型雷达、电推进、大功率激光等特种载荷对高压大功率、超宽电压范围、大电流脉冲等
医用领域		高绝缘强度、低漏电流、高抗扰度电源，重点突破器件、电路结构、辐射强度评估、EMC 设计等关键技术
工业领域		可控自由度低的高电压、小电流和低电压、大电流电源和高端等离子体电源、高重频脉冲电源等

由于医用特种电源用途比较特殊，其作用对象是人，针对医用特种电源产业研究范围和目标单独阐述如图 6–1 所示。

关键技术特征

		绝缘要求		
		气隙	隔离电压	测试电压
医护人员	基础型	2.5mm	1500Vac	2121Vac
	增强型	5.0mm	3000Vac	4242Vac
患者	基础型	4.0mm	1500Vac	2121Vac
	增强型	8.0mm	4000Vac	5656Vac

	漏电流
设备对地漏电流	<5mA
外壳漏电流	<0.1mA
患者漏电流	直流：<0.1mA
	交流：<0.01mA

	抗扰度
静电防护能力	达到3kV
射频辐射能力	达到3V/m
电压瞬变承受能力	达到1kV
网电涌流承受能力	达到1kV和2kV

关键技术研究

器件方面：
使用SiC、GaN等宽禁带器件，提高整体耐压水平

电路结构：
新型拓扑，如多电平等，降低器件工作电压水平

结构设计：
电源内部针对性设计，如结合工作环境，针对变压器、光耦合器或PCB做优化设计

调制方法：
非零矢量调制技术；
减小寄生电容
总共模电压变化率

拓扑方面：
通过辅助电路实现类似单极性调制中的零矢量，如直流旁路拓扑、交流旁路拓扑等

其他方法：
无电容技术

辐射噪声源的定位：
源的位置、特征和机理等的判定

辐射强度的预估：
非标准化检测

辐射噪声源抑制：
混沌PWM电磁干扰抑制

未来亟待解决的技术问题

工艺方面：
绝缘的新工艺和新材料的研发

控制优化：
功能安全设计技术的工业嵌入式控制技术；负载状态自动检测式待机损耗控制

保护功能进一步完善：
潜在电路原理的故障诊断；过热、过压检测与保护

调制方法：
非零矢量调制技术的电压利用率进一步提升；寻求低频功率变换技术

拓扑方面：
新颖、能够有效抑制漏电流的三相拓扑和多电平拓扑的研究

EMC仿真和先进磁技术

EMI滤波器寄生参数抵消技术

传导干扰反相抵消技术及低共模干扰变流器

辐射电磁干扰机理研究及建模

图 6-1　医用特种电源的研究范围

1.3 特种电源产业与技术相关定义和技术架构

特种电源指在特殊应用环境下实现电能以特殊形式耦合至负载产生特定效应的一种能量变换技术。特殊应用环境包含强电磁脉冲或射线辐射、高低温、冲击振动等，特殊形式指特种电源的开关、储能等主要器部件往往运行在极端参数条件下，特定效应指远超出工业或普通科研应用范围的输出功率、高功率密度、高储能密度、高重复频率、高稳定性、高输出精度、极高的可靠性要求，以及驱动负载产生强辐射场、瞬态电磁脉冲效应、等离子体、冲击波效应等。

2. 特种电源产业与技术的发展现状与趋势

2.1 特种电源产业与技术的发展现状

2.1.1 国外特种电源产业与技术的发展现状

特种电源领域按照应用方向划分，共包含五个应用方向，下面从各应用方向分述研究现状。

2.1.1.1 大科学装置用特种电源

（1）聚变装置用特种电源技术

1）磁约束聚变装置用特种电源

对于磁约束核聚变装置，目前具有较强实力的国家有中、俄、美、欧、日、韩、印等国。磁约束聚变研究开始于20世纪60年代苏联，之后各先进国家开始建立聚变装置进行聚变研究，聚变研究及其电源系统的发展分为三个阶段：早期聚变装置运行时间为ms级，电源系统主要使用脉冲电容器和开关网络；中期聚变装置，美国建立了TFTR、苏联建立了T-15、英国建立了JET、德国建立了ASDEX_U、日本建立了JT-60等大型聚变装置，其运行时间为s级，所需功率为数百MW，其电源系统使用脉冲飞轮发电机和大型变流系统进行供电；现代聚变装置，如国际热核聚变实验堆（ITER）、东方超环（EAST）、Kstar等，其运行时间为千s级到h级，其所需电源功率为数百MW到数GW，一般使用高压电网供电。

ITER是由中、俄、美、欧、日、韩、印七国共同出资协同努力建造的一个特大型先进托卡马克磁约束聚变试验装置，目标是为人类研发聚变堆电站，在科学可行性已被证明之后进行工程可行性验证，是目前全球规模最大、影响最深远的国际科研合作项目之一，其工程规模之巨、经费之高、历时之久、挑战之大，均前所未有。它是世界聚变研究七十余年来所有科学和工程成果的集大成者，代表了受控核聚变研究领域的最高水平。

ITER 的磁体变流电源系统，仅就极向场而言，总容量达 2.3GV，单机最高额定功率 8kV × 55kA，负载磁场储能 52GJ。采用基于晶闸管相控变流技术，四象限运行，电流过零有环流控制，具有故障时的旁通保护及故障抑制能力，是当今磁约束聚变试验装置磁体电源及晶闸管变流电源的最高水平。

ITER 超导磁体的失超保护系统，基于 IGBT 器件的装置辅助加热及等离子体电流驱动的波束系统的高压电源（最高电压 1000kV），也都是相关工程领域的最高水平。

2）激光聚变装置用特种电源

在激光惯性约束聚变（ICF）中，采用强激光作为驱动器来内爆压缩包含热核燃料的靶丸，达到热核点火实现聚变能的可控释放，而强激光驱动器主要能量来源于采用高密度电容器储能的激光聚变特种电源。美国、欧盟、英国、日本和俄罗斯等国家和地区都已经制定中长期发展规划，并投入了大量的人力和经费开展了相关研究和积极实施。最典型的是 2009 年建成的美国国家点火装置，其激光聚变特种电源系统共有 192 套工作电压为 24kV、储能达 2.0MJ、电流脉宽 400μs、电流峰值 500kA、峰值功率达 5.6GW 的电源模块。电源模块的储能密度达到 132kJ/m^3，电容器采用金属化膜、储能密度为 0.4J/cm^3、容量 300μF、寿命大于 20000 次，放电开关采用两电极石墨气体开关、通流能力大于 500kA ，单次转移电荷 150C，寿命 160kC。

3）Z 箍缩聚变装置用特种电源

国外用于 Z 箍缩研究的典型装置主要有美国圣地亚国家实验室的 ZR（26MA）、Saturn（10MA），俄罗斯的 C-300（3MA）、Angara-5-1（4MA），英国的 MagPIE（1.5MA）等，这些装置总体上都是多路汇流的装置，单路电源都是基于 Marx 发生器加水线进行脉冲压缩，不同之处在于模块数量或规模各不相同。此外，法国 CEG 的 ECF1（2.5MA）和 ECF2（14MA）采用了俄罗斯的长脉冲 LTD 储能技术。

美国圣地亚国家实验室的 ZR 装置是目前世界上驱动能力最强的脉冲功率装置（如图 6-2 所示），它是一个基于传统 Marx 发生器加水线技术进行脉冲压缩实现快脉冲大电流的驱动器，同步放电时输出电流可达 26MA，上升沿约 100ns。

图 6-2 美国圣地亚国家实验室的 ZR 装置

（2）高能量密度物理用特种电源

流体动力学加载平台可以通过电磁驱动固体套筒内爆获得数十甚至百千米的内爆速度和超过 GPa 甚至 TPa 的加载压力，从而支撑开展流体动力学等研究。此外，大电流驱动的内爆加载平台在高能量密度物理中磁惯性约束聚变、极端条件下动态特性以及稠密等离子体等研究领域也有较多应用，也是近些年的研究热点。

目前，用于高能量密度物理研究的特种电源通常使用电容器储能，基本原理为通过将数百台甚至更多的电容器电能释放后经过汇流进入负载，从而实现很强的大电流脉冲输出。由于主要应用方向是武器物理研究，所以基本都建在实验室，而且集中在美国、俄罗斯和中国。国外典型的可重复使用的长脉冲电容器组实验装置包括洛斯阿拉莫斯国家实验室（LANL）的飞马（Pegasus）系列、ATLAS、PHELIX、美国飞利浦实验室的 Shiva 系列。

飞马（Pegasus）系列装置是由 LANL 建设运行，持续了两代。Pegasus-I 装置储能 1.5MJ，设计电压 120kV，总电容量 216μF，装置总电感约 30nH。在 88kV 工作电压下，靶电流为 5.8MA，10%~90% 上升沿为 200ns。LANL 之后对其进行了升级，Pegasus-Ⅱ总储能达到 4.3MJ，工作电压在 90kV 以下，总电容量 860μF，能库阻抗 0.5mΩ，能库电感 8~9nH。在 Pegasus-Ⅱ上开展了冲击加载下 RM 不稳定性增长实验和微层裂实验。预制扰动的部分会发生明显的 RM 不稳定性增长，而未进行预制处理的光滑部分则发生了明显的微层裂现象。

LANL 中另外一个实验装置，同时也是目前开展流体动力学实验中最重要的实验装置是 Atlas。装置上开展了一系列高能量密度物理实验，包括流体动力学性质、材料在极端条件下的动态特性、稠密等离子体状态和相关基础科学研究。装置总电流达到 30MA、上升沿 4μs，可以驱动直径 ϕ=80mm、高度 40mm、重量 47g 的柱形铝套筒达到 5MJ 动能。Atlas 上的 HF 系列实验和 Shiva Star 上的 NTLX 实验通过使用非对称偏心套筒开展复杂流动研究。

Shiva 系列装置在美国飞利浦实验室经历了三代。Shiva- Ⅰ总储能 1.1MJ、电压 100kV、总电容量 222μF，由 20 个模块组成，放电电流约 6MA；升级后的 Shiva- Ⅱ总储能 1.9MJ、电压 120kV、总电容量 266μF、放电电流约 8MA；第三代 Shiva-Star 总储能 9.5MJ、电压 120kV，包含 36 个电容器总电容量 1300μF。使用金属薄膜负载内爆，加载电流可达 12MA、上升沿 250μs、辐射功率可达 TW 量级。使用固体套筒负载内爆，加载电流可达 14MA、上升沿 8μs、内爆速度达到 10km/s、内爆压力达到 1TPa。J. H. Degnan 在 1999 年对氢等离子体开展内爆压缩实验研究，实验将初始 100bar 的氢等离子体压缩至约 1Mbar，套筒内爆速度超过 20km/s。

（3）高能粒子加速器用特种电源技术

国外大型同步加速器实验室主要集中在美国、欧洲、日本等国，也反映出加速器强国也是科技经济军事强国。国际上大型加速器装置主要有欧洲核子研究组织（CERN）的大型强子对撞机（LHC），德国 GSI 的 FAIR、DESY、日本散裂中子源 J-PARC、日本理化所的 Spring-8、美国布鲁克海文国家实验室（BROOKHAVEN）的 RIHC 等。

位于欧洲的核子研究组织（CERN）大型强子对撞机（LHC，Large Hadron Collider）的代表性电源是质子同步加速器（PS）的主电源，电源拓扑图如下图 6-3 所示，技术指标如表 6-2 所示。

正在建设当中的德国重离子研究中心 GSI 的 FAIR 重离子加速器系统的布局如图 4 所示，GSI 的代表性电源是 SIS18 二极铁电源，图 6-4 是 SIS18 二极铁电源主电路拓扑图，表 6-3 是 SIS18 二极铁电源技术指标。

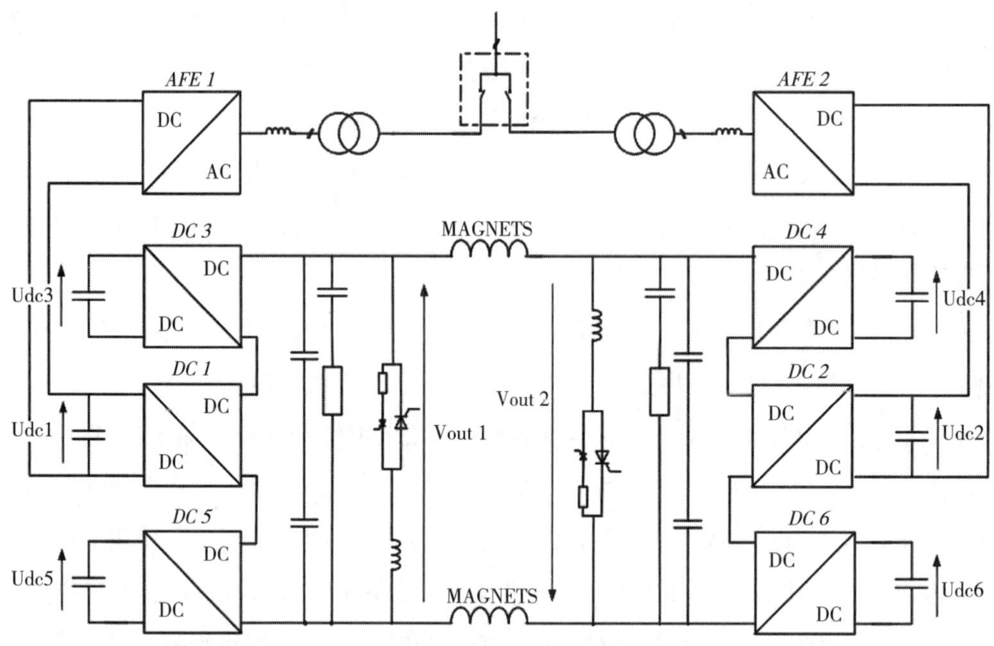

图 6-3 质子同步加速器（PS）的主电源拓扑图

表 6-2 质子同步加速器（PS）主电源技术指标

参数	参数值
峰值电压	10kV
峰值电流	4000A
最大电流上升率	11000A/s
上升时间	500ms

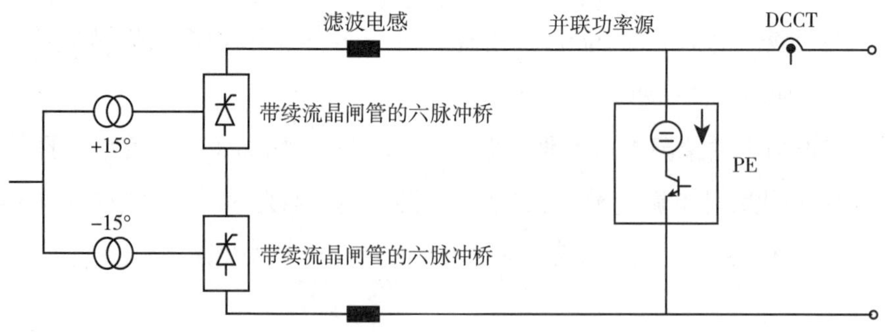

图 6-4 SIS18 二极铁电源的主电路拓扑图

表 6-3　SIS18 二极铁电源技术指标

参数	参数值
峰值电压	3.5kV
峰值电流	3500A
最大电流上升率	19000A/s
上升时间	117ms
磁场上升率	10T/s

DESY 是世界领先的加速器中心之一，DESY 的代表性电源是二极铁电源。图 6-5 是 DESY 二极铁电源主电路拓扑图，表 6-4 是 DESY 二极铁电源技术指标。

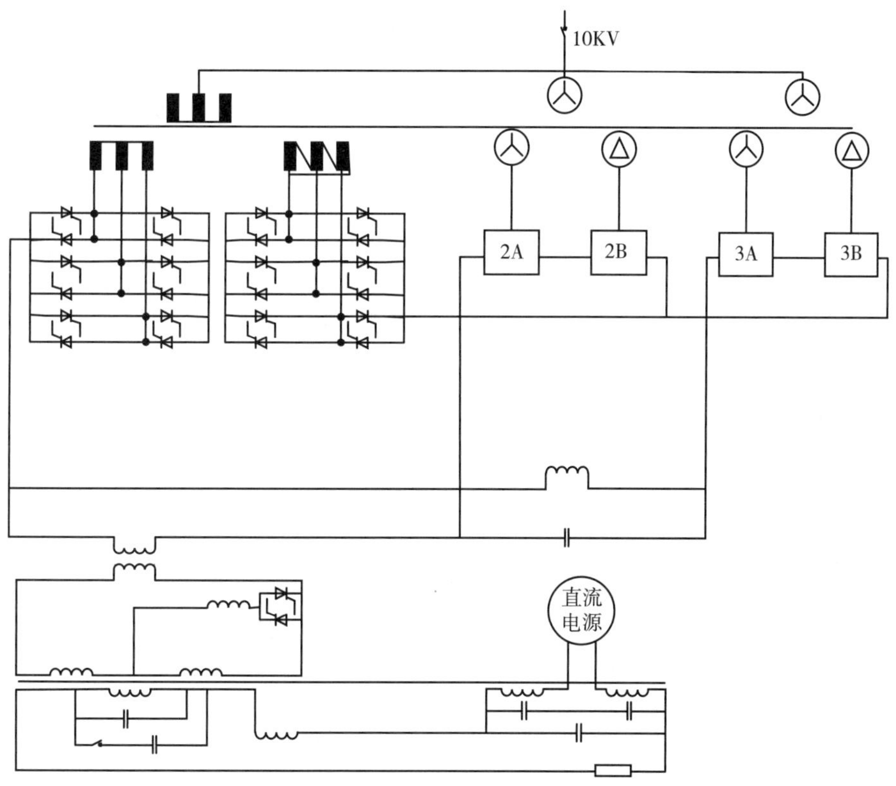

图 6-5　DESY 二极铁电源的拓扑图

表 6-4 DESY 二极铁电源设计指标

参数	参数值
最大磁铁电流	1170A
磁组电感	0.315H
磁组交流电压	4386V
磁铁总储能	1.11e16
交流总损耗	950kW
直流总损耗	1100kW
直流电压	1880V

日本散裂中子源 J-PARC（the Japan Proton Accelerator Research Complex）由 400MeV 直线加速器、3GeV 快速循环同步加速器和 50GeV 同步加速器组成；J-PARC 代表性电源是主环二极铁电源，J-PARC 主环二极铁电源拓扑图如图 6-6 所示，技术指标如表 6-5 所示。

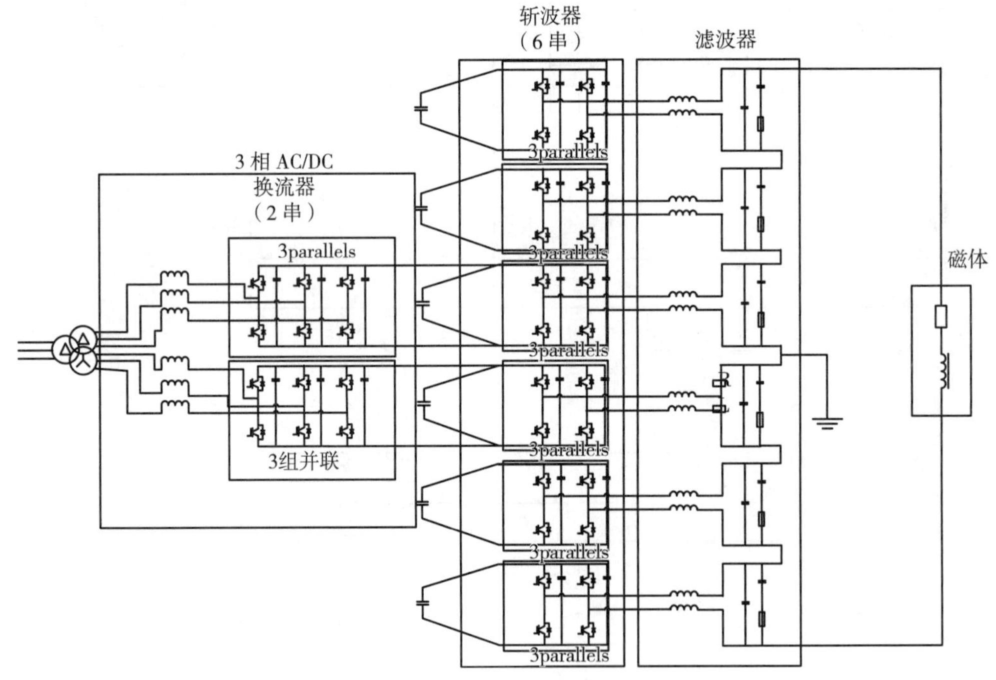

图 6-6 J-PARC 主环二极铁电源的拓扑图

表 6-5　J-PARC 主环二极铁电源技术指标

参数	参数值
峰值电压	6kV
峰值电流	1600A
最大电流上升率	3200A/s
上升时间	500ms

日本理化学研究所（RIKEN）是日本规模最大、最全面的基础和应用科学研究机构，其 SPring-8 主要的代表性电源为储存环二极铁电源、储存环四极铁电源（技术指标如表 6-6 所示）。

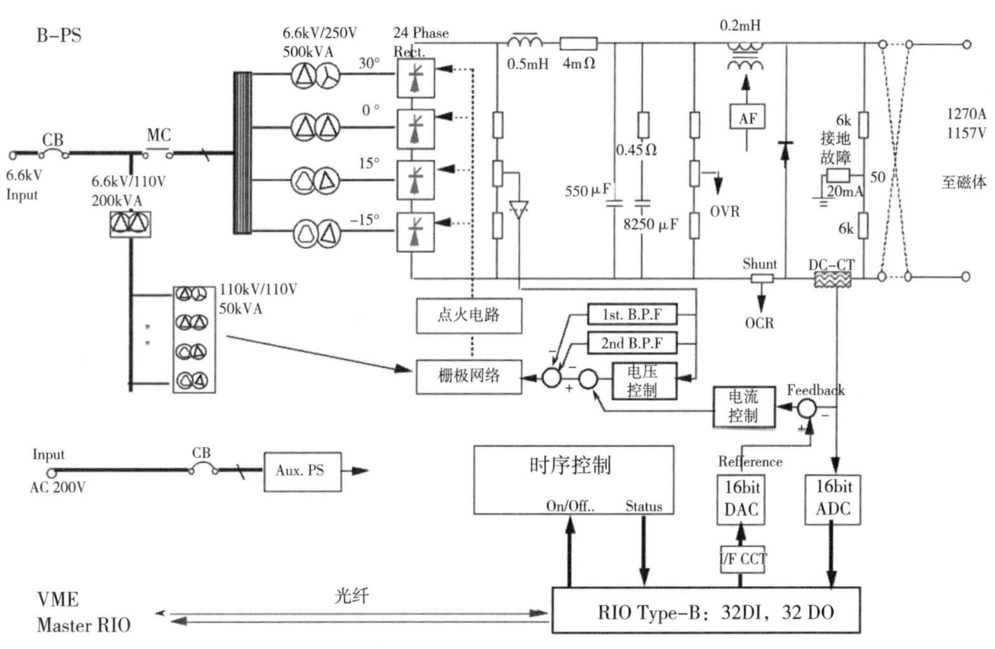

图 6-7　SPring-8 储存环二极铁电源的拓扑图

表 6-6　储存环二极铁电源技术指标

设计规范				实际电压		功率		交流输入		单元模式操作		
	A	V	Power	V	Ratio-V	Ω	kW	KVA	Ratio	A	V	kW
BP	1270	1157	1469	1053	0.910	0.836	1337	1627	0.82	1236	1033	1277

美国布鲁克海文国家实验室（BNL）主要的大型装置有相对论重离子对撞机（RHIC）将粒子碰撞在一起，BNL-RHIC 是 BNL 最具代表性的装置，是相对论重离子

对撞机。RHIC 的代表性电源是基于晶闸管相控整流的分流电源。RHIC 基于晶闸管相控整流的分流电源的拓扑如图 6-8 所示，技术指标如表 6-7 所示。

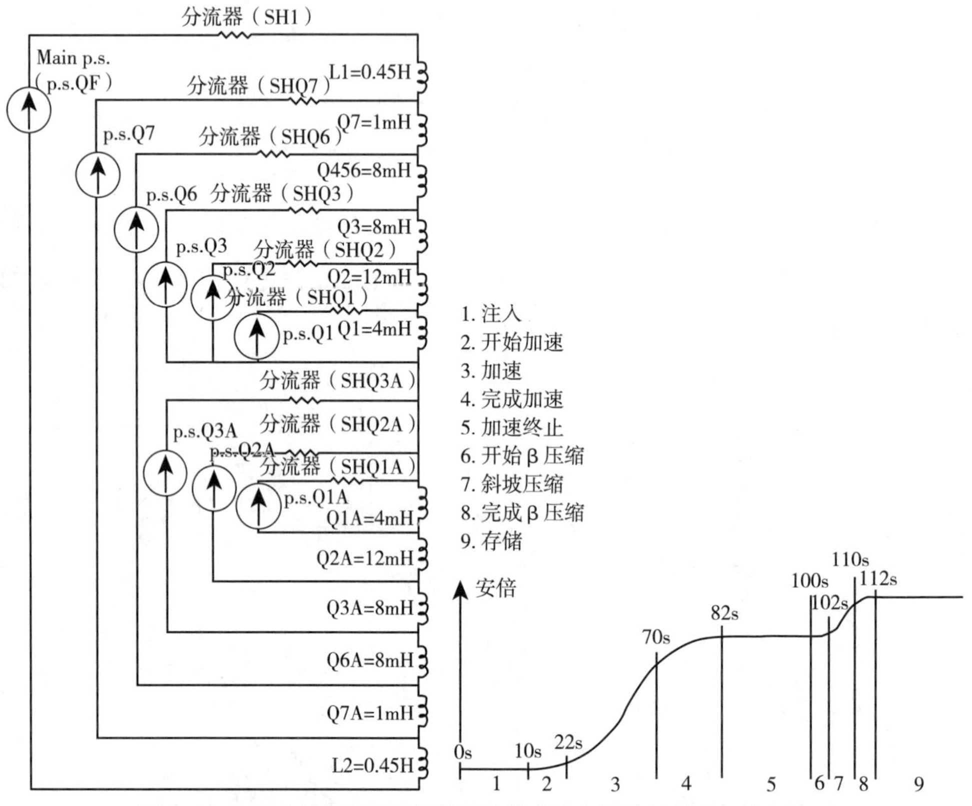

图 6-8 RHIC 基于晶闸管相控整流的分流电源的拓扑图与输出波形

表 6-7 RHIC 基于晶闸管相控整流的分流电源的技术指标

电流	区域 1（A）	区域 5（A）	区域 9（A）
PsMain	560	4500	4590
PsQ7	68.42	550	110
PsQ456	0	0	450
PsQ3	–28	–225	–183
PsQ2	3	25	–34
PsQ1	5.23	42	150
PsQ3A	–28	–225	–183
PsQ2A	3	35	–34
PsQ1A	5.23	42	150

（4）直线感应加速器用特种电源技术

直线感应加速器是目前获得高品质脉冲强流电子束的最佳加速设备。通过直线感应加速器，可获得能散度小于 ±1%、脉宽数十 ns、流强数 kA、能量数十 MeV 的电子束流，并可聚焦到 mm 量级的焦斑内轰击靶材，从而产生高品质大剂量的 X 射线进行闪光照相等研究工作。

目前，直线感应加速器最主要的应用是作为大型闪光 X 光设备的光源，是进行武器实验室研究的关键设备之一。另外，直线感应加速器在自由电子激光、武器或生物辐照效应、粒子束武器研究等研究领域也有较多的应用。近年来，随着高能量密度物理研究的发展，直线感应加速器在该领域的应用也逐渐成为热点；在驱动相对论速调管双束加速器（RK-TBA）、重离子聚变（HIF）、中微子工厂或 μ 介子对撞机、散裂中子源等研究领域，直线感应加速器都有着较大的应用潜力。因此，在数十年内，直线感应加速器技术仍将有着较大的发展空间和应用前景。

直线感应加速器是武器研制的重要手段，一直受到世界发达国家的重视，其中以美国和俄罗斯起步最早，20 世纪 80 年代后期，中国、法国和日本也相继研制成功自己的直线感应加速器。

受限于高功率开关和加速腔磁芯的性能，目前国外用于闪光照相的 LIA 基本工

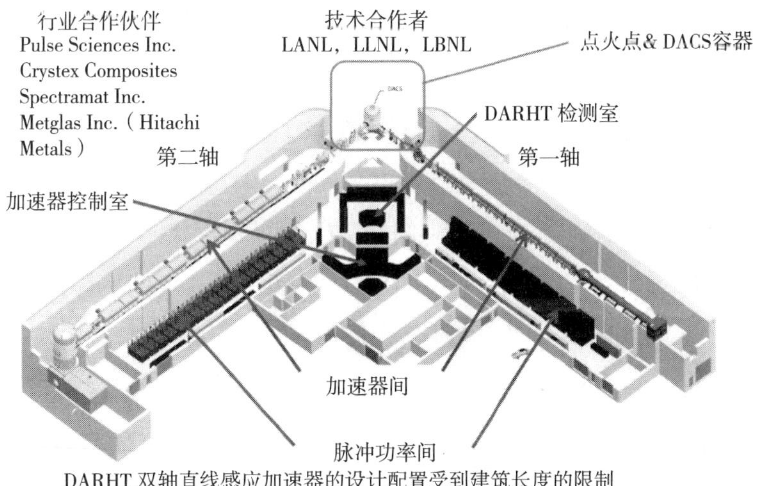

图 6-9　美国 LANL 国家实验室的 DARHT 双轴直线感应加速器

作在单脉冲模式，美国的DARHT-I、法国的AIRIX和中国的X龙一号代表了目前该类加速器的世界最高水平：能量18～20MeV，流强2～2.5kA，焦斑直径（半高宽）≤2mm。近年研制成功的DARHT-II（美国）也是单脉冲模式，只是在打靶前采用踢束的方式实现四幅照相。

特种电源用于驱动感应加速腔产生加速脉冲，是加速器的核心系统；大电流恒流源用于驱动束输运线圈产生束团输运和聚焦磁场，是加速器的重要组成；踢束器电源用于剔除多余的束团，已应用在美国的DARHT-II中，是其实现四脉冲输出的核心器件。

（5）脉冲X射线源特种电源技术

数百kV紧凑型的低能闪光X光机的常用技术途径是采用马克思（Marx）发生器直接驱动二极管。Marx通过电容器并联充电、串联放电的方式得到高压，随着Marx级数、储能的增加，变大的放电回路电感限制了脉冲前沿和脉冲电流，瑞典Scandiflash AB公司的X光机输出电流约10kA。

随着电压等级的提升，Marx发生器或者基于Tesla的初级脉冲源的脉冲前沿达到μs级，可通过同轴脉冲形成线和脉冲传输线进行压缩和传输，得到数十ns脉冲。

AWE的Mevex装置中Marx为14只250nF电容器串联，对一个14nF的布鲁姆林线充电至700kV，二极管上可获得800kV/60ns的高压脉冲。

感应电压叠加技术是将多路脉冲功率驱动源产生的电脉冲串联叠加以获得数MV电压输出，三个脉冲源分别馈入IVA的三个初级，IVA中心金属杆左侧与IVA外壳连接，共同连接地电位，中心金属感电压逐级提高，电压约为初级脉冲源之和，IVA降低了驱动源耐受电压等级要求，有利于提高装置可靠性。IVA的阻抗特性，允许脉冲源使用水介质传输线馈入初级，减小了初级脉冲源的尺寸规模，有利于系统紧凑化设计。

为了进一步提高脉冲源输出电流能力，俄罗斯强流电子学研究所（HCEI）发展了直线型变压器驱动源（LTD），多个独立的放电支路并联，开关同步触发，产生大电流，利用高频磁芯，将脉冲能量耦合到初级同轴传输线输出。LTD技术上有较强的容错能力、波形调制能力和重频运行能力，LTD绝缘可用变压器油，运行维护方便。

2.1.1.2　高新装备用特种电源

（1）高功率微波用特种电源技术

高功率微波用特种电源技术包含高功率微波武器、大电流注入源等用到的特种电源。

1）强电磁脉冲模拟器用特种电源技术现状

电磁脉冲模拟器高压脉冲源是模拟器的核心部分，模拟器的主要技术指标与脉冲源的性能密切相关，其一般由初级充电电源、高压变换、脉冲形成与传输部分组成。初级充电电源为能量输入设备，其能源主要来自电网。高压变换常见手段为 Marx 发生器。脉冲形成与传输的核心是低电感、导通特性稳定的高压放电开关，根据不同的电压等级，采用相应的开关介质。

对于电磁脉冲辐射低电压模拟器（工作电压小于 100kV），其电源一般采用单级储能电容加单级放电开关结构，绝缘介质采用变压器油。比如瑞士 Montena 公司的 RL180-50 模拟器使用的 EMP80K-2-23 高压源。该电源使用单级电容通过机械开关对负载放电，电源整体结构简单，成本低。

对于数百 kV 电压输出高电压脉冲源，一般采用 Marx 发生器对脉冲形成电容充电至峰值，脉冲形成电容再对天线放电。对于更高输出电压高电压脉冲源，采用脉冲形成电容结合锐化电容放电的技术途径。这类高压脉冲源的典型代表包括：美国的 Pulspak 8000、Pulspak 9000S、REPS、FEMP，俄罗斯的 SEMP-6。

Maxwell Physics International Company（MPI）是国际上最著名的脉冲功率研究机构之一，从 20 世纪 70 年代开始就为美国空军、海军和国防威胁减少防御局等单位，以及法国、瑞士等国家研制了 Pulspak 8000、Pulspak 9000S、REPS、FEMP 等系列 EMP 模拟器脉冲功率源。Pulspak 9000S 和 FEMP2000 是 20 世纪八九十年代最先进 EMP 模拟器的脉冲功率源。

Pulspak-S 系列是 Physics International Company（PI）20 世纪 80 年代研制的 EMP 脉冲功率源，可用于激励水平、混合、垂直极化 EMP 天线。Pulspak 8000S 为一套 2MV 脉冲功率源，Pulspak 9000S 是一个 4MV 脉冲源，它由两台同样的脉冲产生器组成。

FEMP2000 是 PI 和 Maxwell 合并后研制的 2MV 快前沿（~1ns）脉冲功率源，集中体现了 MPI 在脉冲功率领域的先进技术，采用三级脉冲压缩获得快前沿脉冲，最高输出电压可达 2.6MV，电路原理和装置见图 6-11。FEMP2000 用来驱动 150Ω 双锥天线时，脉冲源位于天线的中央，距地面 30m，脉冲源的重量轻，可移动运输。

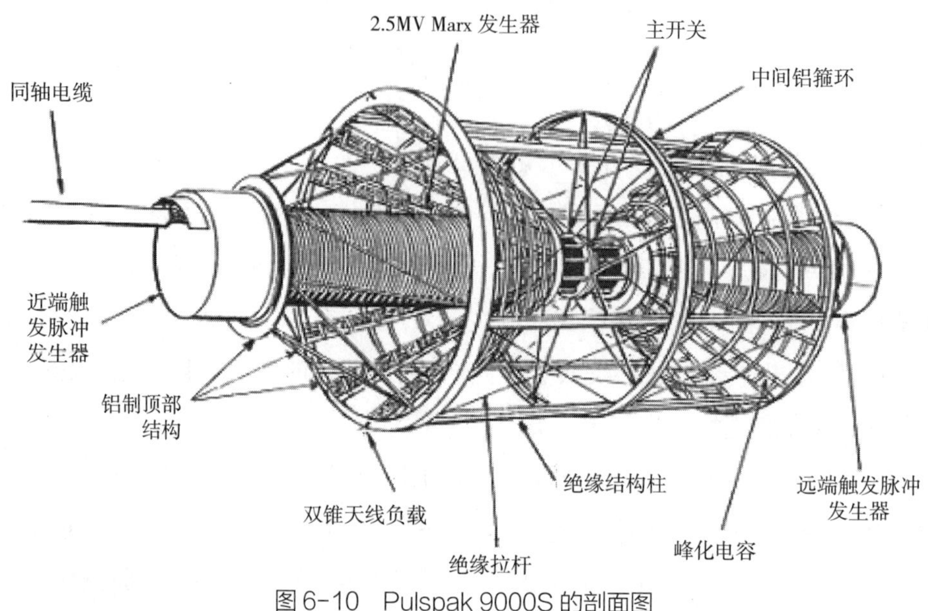

图 6-10 Pulspak 9000S 的剖面图

2）大电流注入源用特种电源技术现状

强电磁脉冲注入法原本是电场传导敏感度测试的主要方法。目前国内外的研究者将电流注入法用于电磁辐照效应的等效测试，以解决传统辐照测试方法在构建大范围强场电磁环境方面存在的困难。电流注入技术中最早出现的是大电流注入（BCI）技术，长线注入技术、脉冲电流注入（PCI）技术和直接电流注入（DCI）技术都是在 BCI 的基础上发展起来的。从 20 世纪 60 年代开始，国内外研究单位竞相开展相关研究，使得电流注入技术得到了持续的发展，其中部分测试方法已被多个行业标准采用。美军标 MIL-STD-188-125 给出了 PCI 效应试验方法，以及不同情况下脉冲电流注入的标准与要求。IEC-61000-4-23 指出可以应用电流注入技术等效高空核电磁脉冲辐射，并在测试时分析各个导体对外界电磁场的耦合现象，将具有相应瞬态（或频谱）特征的电流注入各选定的导体上，但并没有给出具体的测试方法。

国外波音公司最早开始在飞机的抗干扰测试中使用大电流注入技术。随后，大电流注入技术被写入 RTCA 说明书 DO-160 中。1986 年，BCI 技术被编写进英国的国防标准 59-41 中。随后，美国军标 MIT-STD-461D 发展至 MIT-STD-462D 时，将

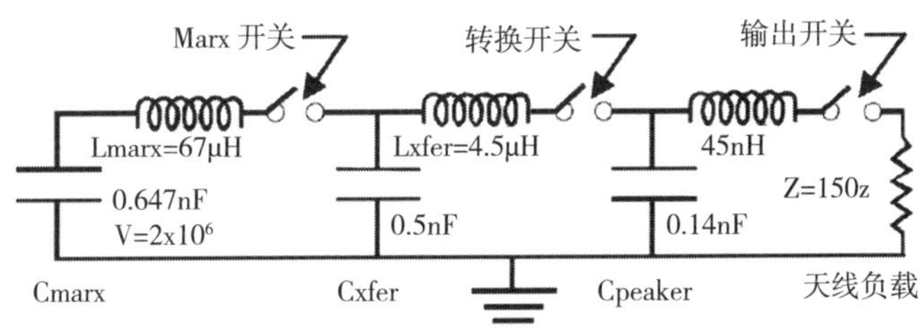

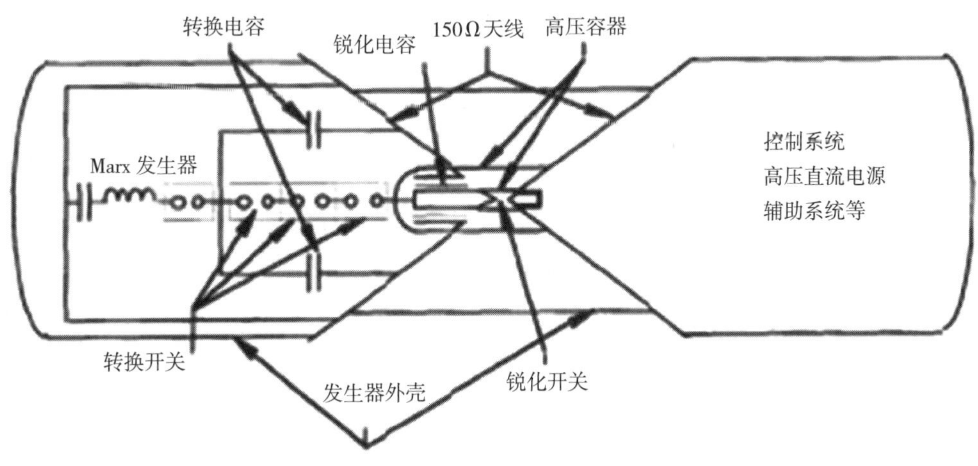

图 6-11 FEMP2000 原理和装置示意图

大电流注入方法也写入了标准中，主要应用于低频辐射场敏感性测试。美军标 MIL-STD-188-125 明确了不同情况下脉冲电流注入的各种标准与要求，规定的常用注入瞬态脉冲波形有：双指数波形、阻尼衰减正弦波、方波等。注入源参数的要求中，电流幅度与源阻抗值是基于诺顿模型，给出了短路电流与开路阻抗。根据美军标 MIL-

STD-188-125，瑞士 Montena 和美国 APELC 先后研制了相应的注入源测试系统，所采用的技术均为基于 Marx 发生器的脉冲形成技术。

（2）冲击大电流装置用特种电源

大电流能库电源通过储能电容器输出高压大电流，向负载提供高功率电磁能量，在电磁发射、聚变能源、强磁场产生等大型装置中具有典型应用，同时在电磁成型、大电流焊接等工业领域也具有广泛应用。近几十年来，伴随着半导体材料、电力电子技术以及自动控制等基础共性技术的发展，特种电源技术也取得了巨大发展与进步。目前的发展现状如下：

1）高功率特种电源器件半导体化

为更好满足实际应用需求，特种电源朝着固态化、高可靠性以及长使用寿命等方向发展。开关作为其中的核心器件，已经从传统的气体、真空、伪火花开关向晶闸管、可关断晶闸管等半导体开关发展。2001 年美国国防部就提出了紧凑型脉冲功率技术概念，即结构紧凑、形状便携的脉冲功率技术。其中最具代表性的是美国电磁发射武器（电热化学炮）使用的 5MJ 储能电源系统可由战车运载。固态开关大规模的并联和串联的应用有效地提升了脉冲电源的性能，已经成为目前高功率特种电源的主流趋势。

2）创新性的能量变换与状态管理技术

主要体现在新型电路拓扑如功率合成 LTD、IVA 技术、基于高压大电流开关通断控制的脉冲形成与高效率能量转化拓扑、新型储能技术和储能材料、长脉宽调制器脉冲形成与波形跟随调整如平顶补偿技术、电源状态智能化管理等方面。

3）实现高功率密度与高稳定度输出

充电电源作为特种电源的初级部分，对特种电源的波形输出具有重要影响。特种电源小型化、轻量化的发展需求对充电电源提出了高功率密度与高稳定度输出的要求。基于电力电子开关技术的高频变换器是目前充电电源的主流技术路线，其具有效率高、体积小、功率密度高等优点，被广泛研究并使用。为了实现更高的功率密度，进一步提高高频逆变的开关频率是一种可行的方法。通过提高开关频率，其他主要部件如变压器的体积也大大减小。

2.1.1.3 航空航天用特种电源

航空电源可划分为一次电源（主电源、辅助电源和应急电源）、二次电源和外部电源。航空特种电源主要服务于二次电源与外部电源，包括高压脉冲电源和中频电源两种基本类型。高压脉冲电源一般用于雷达、电子武器、直接能量武器的供电，如F-22装备的AN/APG-77与F-35的AN/APG-81有源相控雷达，单个阵面电源组件即可达3~10kW，且为降低高频开关损耗多采用移相软开关电路。中频电源用于将一次电源转换为230V/400V交流电（400Hz）或28V/270V/540V直流电，包括变压整流器、自耦变压整流器、可控整流器、逆变器等。以多电飞机B787为例，自耦变压整流器功率等级已达150kW，自耦整流器功率90kW，变压整流器6kW。国外航空特种电源领域的企业发展较早，规模效应已初步形成，行业垄断特征较为突出，如Power-One、Vicor等，在电推进方面更是先发优势明显，如Eviation、Pipistrel、Ampaire、Bye Aerospace等，其中Vicor公司在无人机轻量级紧凑电源方面，320W/600W主打产品效率已达93%。

在航天领域，由于空间应用环境的特殊性，抗辐照和超高可靠性是航天电源区别于其他应用的首要特征之一。此外，随着航天技术进入大规模开发和利用近地空间的新阶段，空间负载特性呈现多样化、复杂化趋势，对空间电源也提出了特殊的需求。如空间高分辨率SAR载荷，其工作模式为脉冲方式、瞬时功率可达数十千瓦，呈现高频大电流、短时大电流脉冲等负载特性。空间多模式电推进系统则呈现超宽电压范围、高供电电压等负载特性。脉冲电源和高压大功率电推进电源是航天特种电源的典型应用。美国在宇航抗辐照功率器件方面处于领先地位，目前正在发展基于宽禁带半导体材料的抗辐照功率器件。为了保障航天电源的高可靠性，各国除了在器件、电路、工艺等方面严格筛选和管控外，还通常在器件、电路和系统等层面进行多重冗余备份。美国、俄罗斯、日本、德国等在电推进、SAR天线、雷达等技术上研究起步较早，20世纪末就实现了在轨应用，也发展了与之相配套的电推进电源系统。

2.1.1.4　医学用特种电源

随着全球人口数量的持续增加、社会老龄化程度的提高以及健康保健意识的不断增强，全球医疗设备市场在近几年保持持续增长。EvaluateMedTech的数据显示，2020年全球医疗器械市场将达到4775亿美元，2016—2020年间的复合年均增长率为4.1%。全球医疗设备电源市场在医疗设备行业持续发展的背景下，也呈现出稳定增长的态势。根据Marketsand Markets数据，2012年全球医疗设备电源市场规模约为6.42亿美元，到2017年市场规模可达8.67亿美元左右，年复合增长率为6.2%。

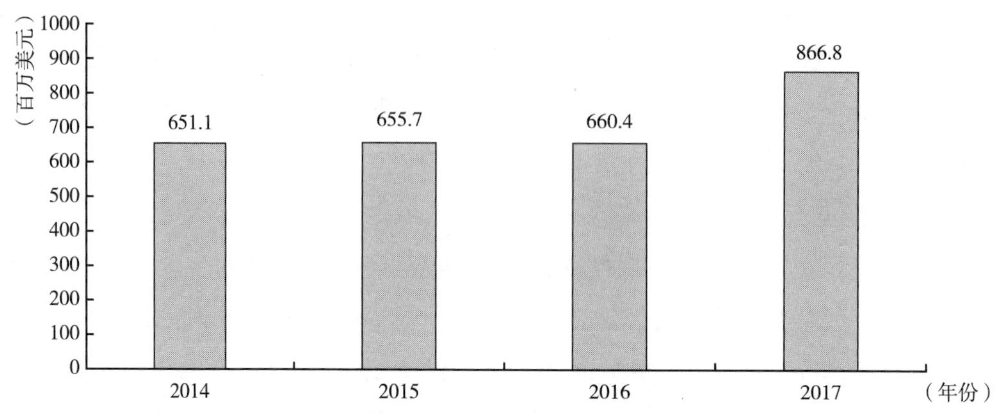

图 6-12　2014—2017 年全球医疗设备电源规模

数据来源：Markets and Markets

近些年，医用电源的应用范围越来越广，已经拓展至成像（磁共振成像、计算机断层扫描、正电子发射断层扫描、X 射线和超声波）、诊断设备、透析、外科机器人、激光和患者监护等，同时，与其他行业类似，制造商也面临着开发更小、更可靠、功能更强大、效率更高、价格更具竞争力的医疗设备的挑战。但医疗医用特种电源由于其应用地十分特殊，患者和操作者的安全仍然是最重要的，这也意味着医疗器械在可靠性、质量，尤其是安全性方面是没有妥协的余地。

目前，国外的研究内容主要聚焦在：

（1）低漏电流技术

近年来，国外专家与学者对低漏电流技术已经展开了大量的研究。其主要思路是：构造新的续流回路，同时结合开关调制方式，把续流回路电平箝位至一固定值，即使共模电压保持不变，从而抑制漏电流的产生。研究内容包括漏电流机理分析模型、新型拓扑结构及改进拓扑和新型控制方法三方面的研究。

（2）高安全性、高可靠性 EMC 技术

为了给使用医疗设备的人们提供一个安全可靠的医疗环境，世界各国在 20 世纪末都纷纷开始开展技术研究并同时采用行政手段致力于解决医疗设备的 EMC 问题。在技术方面，有关电子产品 EMC 技术已经有很长的发展历史。辐射 EMI 问题的研究工作主要有三个方向，分别是辐射噪声源的定位、辐射强度的预估及辐射噪声的抑制。

（3）高频技术及器件研究

最具代表的应用领域便是医疗影像设备。随着技术的进步、医生与患者的安全防护要求的提高和对射线图像的要求，促进了射线设备的发展和进步，其电源设备主要经历了几个明显的阶段：

（1）控制方式上的发展，从电子管、晶体管控制发展为今天的计算机控制。

（2）高压发生器的发展。由于电子元器件和电子技术的快速革新，射线设备的高压发生器工作频率由工频市电控制装置发展到当今的高频逆变控制装置，提高了射线的控制精度，同时射线的质和量也得到提高。

2.1.1.5　工业用特种电源

第二次工业革命后，欧洲、美国、日本等发达国家和地区相继进入了“电气时代”，电源和电处理技术在这些国家的工业领域得到广泛应用，时至今日已经深入到生产生活的各个方面。例如欧、美、日等发达国家和地区的燃煤电厂主要采用电除尘器，欧盟燃煤电厂采用电除尘器除尘的约占85%，美国采用电除尘器除尘的约占80%，日本的燃煤电厂几乎全部采用电除尘器除尘。又比如欧美国家基本采用放电产生臭氧的方式进行居民用水的消毒杀菌。特种电源行业在这些国家长期的发展和对相关基础学科的巨大投入带来了深厚的技术积累，在全球市场上，美、德、日等发达国家的跨国公司牢牢占据工业特种电源装备特别是高端产品的主导地位。

工业用特种电源由于工作参数上的极限要求对电路元件的性能依赖较高。随着电路拓扑和控制理论的成熟，功率开关、储能器件等电源上游产业相关技术越来越主导特种电源行业的发展。而在这些领域的尖端产品制造研发上，国外公司也普遍位于领先地位。在功率半导体领域，目前下一代功率开关半导体技术路线主要集中在SiC、GaN等宽禁带半导体上，而美国和欧洲一些公司已经开始出售成熟的商用宽禁带半导体器件以及配套的驱动方案，商业SiC器件电压等级在600~1700V，同时也已经研发出15kV的SiC MOSFET和15~20kV的SiC IGBT。储能器件不仅制约电源的体积、重量，其性能对电源系统的可靠性和适用性也影响较大。以电容为例，近年来国外金属化膜电容器和陶瓷基电容器取得较大技术进步，美国公司已有储能密度大于4J/cm^{3}的金属化膜电容器产品，陶瓷基复合材料储能密度已达18J/cm^3。从提升工作频率角度，高频功率开关元件发展促进了变压器的高频化，但由于软磁材料的频率特性或者带宽对高频变压器的限制，高频化和大功率化发展较为缓慢，可靠性和安全性还有待提升。到目前为止国外已经研制出了频率高达几十兆赫、功率高达几十千瓦的可实用型高频变压器。

随着德国最早提出工业4.0的概念，将传统制造业结合现代信息化技术，提高工业的智能化水平，已成为当今世界工业发展的趋势。对于工业电源设计来说，智能化不仅需要电源控制器能根据工况智能调节输出，而且需要能与上位机和远程终端进行数据交换，实现对生产各个环节的集中检测控制。与国内产品相比，国外主流工业特种电源产品具有更加友好的图形化人机交互界面、实时的工况数据采集汇总、集成互联网远程通信的检测控制与调试等功能，方便操作使用，具有极强的市场竞争力。

2.1.2 我国特种电源产业与技术的发展现状

2.1.2.1 大科学装置用特种电源

（1）聚变装置用特种电源技术

1）磁约束聚变装置用特种电源

ITER 的磁体变流电源系统，是当今磁约束聚变试验装置磁体电源及晶闸管变流电源的最高水平。而 ITER 的磁体变流电源及其高压变电站由我国负责提供。现已完成所有设备的设计、加工、试验、运输、交付，现场安装调试即将进行。

中国核聚变工程试验堆已完成初步工程设计研究。聚变堆主机关键系统综合研究设施（CRAFT）也取得重要进展。中国核聚变工程试验堆，是中国自主设计的后 ITER 时代的聚变示范堆。其设计规模和工程技术参数均超越 ITER，电源系统同样面临更高的要求和挑战。

磁体变流电源采用多模块组合实现不同电流、电压的要求。纵场磁体电源技术参数：1.7kV/96kA；PF&CS 磁体电源：四象限运行，7.8kV/45kA。

超导磁体失超保护系统的主要技术参数：额定电流 100kA、最大开断电压 25kV。

辅助加热及电流驱动高压电源的主要技术参数：微波电源包括离子回旋（频率数十 MHz）电源、低杂波（频率数 GHz）电源、电子回旋（频率百 GHz）电源，电源稳态参数一般为几十 kV，电流百 A，其电源系统主要采用 PSM 拓扑结构，数十个模块串联，每个模块输出可控制的直流电压。中性粒子注入电源也是采用模块串联，其中负离子源稳态电压达到 1000kV，电流百 A 左右，需要快速实时控制。

高压变电站的主要技术参数：脉冲配电网络包含 4 台主变压器，每台装机容量 400MV、110kV/35kV、1020MW；稳态配电网络包含 4 台主变压器，每台装机容量 125MV、35kV、337MW。

2）激光聚变装置用特种电源

我国与美国、俄罗斯几乎同时开始 ICF 的研究，在 1998 年前，激光器电源采用的是分离式的电源结构，不但体积大、元器件数量多而且可靠性差等，其储能电容器采用储能密度极低的油浸薄膜电容；随着 ICF 研究的不断深入及牵引，我国于 2000 年年底在高储能密度金属化膜电容器技术方面取得突破，完成了储能密度为 0.4J/cm^3、容量 22μF、耐压 25kV、寿命大于 10000 次样品测试，且在 2001—2012 年实现小批量产生，支撑我国原型激光装置的建设（装置 2005 年建成，电源总储能 9.0MJ，储能密度 34kJ/m^3）；2008 年大能量高通流两电极石墨气体开关技术取得突破，通流能力大于 300 kA、单次转移电荷 100C、寿命 150kC，同期电容器储能密度达到 0.5J/cm^3、寿命大于 20000 次，以及模块化电源技术支撑我国激光装置的建设（装置 2015 年建成，电源总储能 100.0MJ，储能密度 78kJ/m^3）；2018 年大能量高通流大尺寸半导体开关技术取得突破，通流能力达到大于 250kA，电容器储能密度达到 0.8J/cm^3、寿命大于 40000 次，和采用标准化模块化电源技术及超大型电源系统远程控制技术共同支撑我国目前在建的超大型强激光装置电源系统（电源总储能 1121.0MJ，储能密度 133kJ/m^3）。

3）Z 箍缩聚变装置用特种电源

2013 年，中国工程物理研究院（简称中物院）成功建成 10MA 强流脉冲功率装置后，驱动能力有了大幅度的提升，其 Z 箍缩驱动能力与美国的 Saturn 装置相当。10 MA 强流脉冲功率装置是中物院自主创新研制的我国第一台多路并联超高功率脉冲装置，采用了传统 Marx 发生器加水线脉冲压缩技术。设计指标为前沿 90ns（10%~90%）、峰值电流 8~10MA。该装置突破了多路 TW 量级电脉冲产生、传输、精确控制与汇聚等关键技术，使我国跻身独立掌握数十 TW 超高功率脉冲装置研制技术的国家行列，是我国脉冲功率发展史上的里程碑。

针对下一代超高功率驱动器中有望成为主流技术路线的 LTD 技术，我国于 2005 年启动了快脉冲 LTD 关键技术研究，并成功研制了国内快脉冲 LTD 原理性模块。随后相继掌握了低触发阈值开关、大尺寸非晶磁芯以及多路同步触发等关键技术，2008 年成功研制了 100kA 关键技术验证模块。从 2009 年开始，相继完成了输出参数为 1 MV/100kA 的 10 级 LTD 模块串联装置以及 1MA 快 LTD 模块的设计和研制，分别从多模块高电压和单模块大电流两个方面进行了有效的技术验证，为 LTD 工程应用和创新探索提供了重要的实践经验。上述工作基础上，开展了基于 LTD 技术的单路实验验证装置设计研制，装置设计指标为 4.5MV/1 MA/120 ns。

（2）高能量密度物理用特种电源

中国工程物理研究院流体物理研究所建设运行了威龙系列装置。威龙 –1 装置于 1996 年建成，总储能约 1MJ，电压 100kV，总电容量 216μF，包含 216 台电容器串并混合，工作 40kV 时最大输出电流约为 4MA，上升沿 7μs。2020 年威龙 -2 装置建成，总储能 3.4MJ，设计电压 120kV，总电容量 480μF，放电电流约 10MA，上升沿约 5.5μs，可以驱动直径 ϕ=90mm、高度 h ≈ 60mm 的柱形铝套筒达到 4.5km/s。

目前在威龙 -2 平台上已经对模块化、多路汇流、同步触发等技术进行大规模验证，基本满足平台能力向上拓展的技术要求，但电流整形、武器物理相关配套的负载防护和测试诊断技术仍亟待解决。如何尽快提高用于高能量密度物理研究的特种电源能力水平以满足迫切的武器物理研究需求是目前该领域亟待解决的问题。

（3）高能粒子加速器用特种电源技术

随着我国国民经济各方面对加速器的需求逐渐加大，国家也不断布局建设新的粒子加速器装置，同时不断更新现有装置，提升性能以满足需要。随着国内加速器装置的新建和更新，加速器性能的不断提高，加速器用特种电源技术指标等综合性能也在不断提高。从技术指标上来看，以励磁的电流源为例，加速器直流电源输出电流稳定度目前已经可以做到 10ppm，脉冲电源的跟踪误差可以做到 100ppm。输出电流从几 A 至上万 A，电压可从几 V 至几百 kV，脉冲电源的工作周期从几十 s 至几十 ms。

加速器电源主要的特点是控制精度高，纹波要求低，动态响应快，工作波形复杂等。这就对电源在设计、生产、调试测试等方面提出更高精细度的要求。由于每一台装置里的电源数量不多，但是规格却很多，导致了加速器电源数量不多、规格很多、技术含量高的特点。目前国内加速器电源行业企业在十家左右，分布在几个行业中，企业规模也都比较小，技术力量和技术水平有限，远远不能满足未来加速器发展的需求。

（4）直线感应加速器用特种电源技术

中国工程物理研究院研制了多种型号的直线感应加速器装置，包括 LIA-1.5(1989 年)、SG-I LIA（1991 年）、LIAXF（1993 年）、LIAXFU（1995 年）、X 龙一号（2003 年）、X 龙二号（三脉冲，2015）。

中国独创的 X 龙二号直线感应加速器是世界上第一台 MHz 重复率多脉冲高功率加速器，能够开展同轴三幅闪光照相。

（5）脉冲 X 射线源特种电源技术

国防科学技术大学的 Torch-01 装置，采用 Tesla 变压器和脉冲形成线一体化设计，在二极管上可获得 1.7MV/17kA 驱动脉冲。Tesla 变压器的充电前沿一般为数 μs，在需要精确的出光时刻时，需要结合激光触发开关等可控主开关技术降低系统出光抖动。

中国工程物理研究院流体物理研究所研制了一系列传统脉冲功率驱动的脉冲 X 射线源研制，工作电压范围从百 kV 至数 MV。流体物理研究所也开展 IVA 和 LTD 技术的研究。4MV 装置设计为 6 级 IVA 结构，与英美不同的是，快脉冲形成单元采用 Tesla 变压器结合单脉冲形成线的技术路线，快脉冲形成单元的开关数量大幅减少，优势体现在装置可靠性大幅提升；研制的 1MA-LTD 模块由 48 个支路并联，每个支路包含两个 40nF/100kV 电容器和一只 200kV 多间隙气体开关，充电 ±90kV 时，模块可输出 81.7kV 和 1.07MA。1MV/100kA-LTD 装置由 10 级 100kA-LTD 模块组成，充电 ±85kV 时，装置可输出 1.12MV 和 114.1kA，上升时间 55ns，脉宽 145ns。

西北核技术研究所先后建成了剑光－Ⅰ和剑光－Ⅱ两台 IVA 装置，脉冲形成单元采用 Marx 结合单脉冲形成线的技术路线。剑光－Ⅱ在 2mm 阳极直径的 RPD 负载上，输出 4.3MV/85kA/73ns，剂量 15.5Rads@1m。

特种电源在脉冲 X 射线源中应用广泛，瞄准未来脉冲 X 射线源的发展，高功率密度特种电源是其中的关键技术之一；此外，特种电源运行频率的高低也限制了脉冲 X 射线源的发展。

2.1.2.2　高新装备用特种电源

（1）强电磁脉冲模拟器用特种电源技术现状

我国西北核技术研究院、中国航天科工集团系二研究院、清华大学、中国工程物理研究院、军械工程学院等均开展了强电磁脉冲模拟器相关研究工作，研制了“春雷号”等电磁脉冲模拟器。中物院流体物理研究所基于该途径研制了输出电压达到 800kV 的驱动器，在 50Ω 负载上输出前沿约 1ns，脉宽约 2.5ns 的高压脉冲源。

目前电磁模拟用高压脉冲源普遍采用自击穿气体间隙作为脉冲形成开关，自击穿气体间隙放电特性受气压、气体种类、加载电压参数等影响，较难在宽域工作条件下实现稳定的导通特性。受限于气体放电物理特性，传统气体开关型 Marx 发生器工作电压范围较小，因此探索新型电路拓扑以减少系统开关活性元件的数量是提高可靠性的重要途径；此外，探索基于新型大功率半导体开关的脉冲形成方法是在宽域条件下获得脉冲源稳定输出的技术途径。

（2）大电流注入源用特种电源技术现状

国内对于电流注入技术的研究与国外差距较大，主要体现在对于电流注入技术的研究多处于理论准备阶段，尚无完整的标准体系，与注入技术配套的注入源及测试装置研究尚处起步阶段。

从 2001 年起西北核技术研究所采用 Marx 型脉冲功率源以直接脉冲电流注入方式对电子元器件进行敏感性测试试验，对连接电子系统的导线进行了脉冲电流注入技术的试验研究。

清华大学搭建了基于脉冲电容器经火花开关直接放电的脉冲电流注入源及实验平台、设计注入耦合器，可以在 4m 长的电缆上产生峰值 150A 的注入电流，开展了相应的 EMP 模拟实验研究，脉冲电流注入源的内阻为 50Ω、最高输出电压 33kV、脉冲前沿为 40ns、脉冲宽度为 500ns。

为了研究大电流注入和辐射场测试间的等价关系，电子科技大学开展了双电流注入模拟真实辐射场对电缆传导敏感度测试研究，从系统级和单元级对双电流注入法的理论和试验方法进行了有意义的探索。

东南大学开展了 DCI 技术用于高场强电磁兼容安全裕度测试的可行性进行理论分析及试验验证研究，表明在 400MHz 以下用直接电流注入技术来替代高场强辐射场测试是可行的。

中物院流体物理研究所基于气体开关型 Marx 发生器开展了满足 MIL–STD–188–125–2 标准的脉冲电流注入源研究，驱动源内阻 60Ω、输出前沿约 15ns、脉冲宽度约 510ns，在输出电流幅值 500A ~ 1kA 连续可调条件下具有良好的输出波形一致性。

2.1.2.3 航空航天用特种电源

在航空领域，随着我国 C919 支线大飞机、运 20、歼 20、直 20 的研发，我国航空航天特种电源产业虽然起步较晚但发展迅速。目前，注册资本 500 万以上航空特种电源生产企业超 20 家，如济南锦飞机电设备有限公司，注册资本 1000 万以上的超 11 家，如济南能华机电设备有限公司、山东航能电气设备有限公司、山东航宇吉力电子有限公司、上海宏允电子有限公司等，各主打电源产品效率均达到 90% 以上。我国航空特种电源涉及的标准包括《GJB 181B–2012 飞机供电特性》《GJB 572A–2006 飞机外部电源供电特性及一般要求》《ISO 6858–2017 航空器地面保障电源一般要求》等，但部分条款仍对标美方标准 MIL–STD–704F。

在航天方面，国内的主要研制单位包括中国空间技术研究院 529 厂、510 所，上海航天技术研究院 811 所以及航天西安微电子技术研究所、中电 43 所、24 所等厂家。529 厂、510 所等主要开展印制板式的模块电源产品开发，目前单个电源产品输出功率最高可达 2kW，最高效率可达 90% 以上。西安微电子技术研究所、中电 43 所、24 所等主要发展厚膜电源，拥有混合集成国军标 H 生产线。研制产品可兼容 Interpoint、

VPT、IR、DDC 等国外公司同类产品。近年来，国内在宇航抗辐照功率器件方面取得了较大进步，部分硅基抗辐照功率器件已经实现了国产化替代、性能也已达到国外同类产品水平。但目前高压大功率宇航抗辐照功率器件尚未完全实现国产化替代，基于新一代宽禁带半导体材料的抗辐照功率器件尚未实现在轨应用。在 SAR 载荷脉冲型特种电源方面，目前仍主要依赖于大容量滤波器来保障脉冲载荷供电需求，电源自身对脉冲功率的应对能力仍然有限，因此电源系统的体积重量较大。在空间电推进特种电源方面，2012 年我国在霍尔电推进和离子电推进空间飞行试验的圆满成功，拉开了我国电推进工程应用的序幕，同时带动我国电推进技术的全面发展，但国内目前推进电源的功率等级仍然较小。此外，我国宇航级抗辐照控制芯片等仍严重依赖进口，目前市场上的功率控制芯片被德州仪器、安森美等外国公司垄断，国内仅部分厂家可以实现航天电源模块的独立自主研制，基础元器件、高密度封装能力与国外有明显差距。

2.1.2.4　医学用特种电源

随着世界经济的一体化发展，发达国家逐渐将其医疗设备等高端设备制造业向中国转移，为我国医疗设备电源行业的发展提供了良好的机遇。由于政策扶持、人口老龄化及新医改等因素的驱动，我国医疗设备市场发展强劲。

在政策扶持方面，科技部印发的《医疗器械科技产业“十二五”专项规划》提出新增医疗器械设备产值 2000 亿元，出口额占国际市场总额比例 5% 以上的目标。中华人民共和国卫生部发布的《健康中国 2020 战略研究报告》提到，未来将推出投资额高达 4000 亿元的 100 个重大医疗专项。

在人口老龄化方面，根据联合国发布的《世界人口展望》作出的中性预测，2015 年我国 65 岁及以上人口将达到 1.33 亿人，此后我国将进入快速老龄化阶段。预计 2040 年 65 岁及以上人口将达到 2.91 亿人，占总人口的比例进一步上升至 20.99%。

在新医改方面，“十二五”医改规划提出“加快国内医疗设备产业的发展、落实统一采购的制度、国内医疗机构应优先选购国产医疗设备”三项目标，对国内医疗设备厂商起到积极的支持作用。

此外，国内近些年推出一系列行业标准来推进医疗设备电源 EMC 技术的广泛使用。合格的医用电源不仅应符合 GB 9706.1—2007 和 YY 0505—2006 标准的要求，还应满足 GB/T 17626.2—1998（静电防护能力，要求达到 3kV）、GB/T 17626.3—1998

（射频辐射防护，要求达到3V/m）、GB/T 17626.4—1998（电压瞬变承受能力，要求达到1kV）、GB/T 17626.5—1998（网电涌流承受能力，要求达到1kV和2kV）、GB/T 17625.1—2003（网电线路谐波要求）、GB/T 17625.2—1994（电力线闪变要求），以及EN 55011等系列电磁兼容标准要求。

2.1.2.5 工业用特种电源

特种电源市场整体容量较大、单一领域市场规模相对较小，对制造企业的技术实力、产品定制能力以及售后维护保障要求较高。近年来，随着国民经济各行业的发展，专业化、精细化程度的不断提高，环保、医疗、科研等领域对实现特殊要求指标控制的用电设备占比逐渐上升，我国特种电源的市场需求呈现不断增长的态势，市场空间较大。

我国是全球唯一拥有全部工业门类的国家，工业用特种电源产业上中下游产业链能够内部衔接，在中低端和部分种类高端特种电源可以实现自给自足。在2020年的新冠肺炎疫情期间，我国急需大量防护口罩，而静电驻极工艺处理过的熔喷布是N95等高标准防护口罩的主要原材料。国内电源企业在短时间内转投生产高压直流驻极电源，为保障口罩的充足供应贡献了力量，也验证了我国在中低端特种电源行业已经进入了较高的发展水平。但在高端工业用特种电源领域，如用于半导体刻蚀和超净清洗的等离子体电源、纳秒级脉冲电源等，我国由于在基础学科研究、高端精密制造等方面落后于发达国家，相关电源产品难以达到产业化标准。在这些领域我国产品市场占有率极低，与美、德、日等国家差距较大，其产品仍牢牢占据主导地位。

我国工业用特种电源产品同国外领先产品相比存在技术代差，可靠性低、性能落后，主要体现在：

（1）在核心器件的材料水平和制造工艺上较为落后，高端原材料严重依赖进口。

（2）工业特种电源工作机理相关基础研究滞后，设计主要依赖工程经验，缺少成套的工具方法。

（3）现有电源难以同时满足差异化应用需求，输出放电模态与目标负载严重失配，导致处理效果差、生产效率低，严重影响成套系统的运行能效。

2.2 特种电源产业与技术的发展趋势

特种电源市场整体容量较大、但单一领域市场规模相对较小，对研制单位的技术实力、产品定制能力要求较高。高端特种电源领域，国外仍占据主导地位。但随着相关技术需求的快速发展，特种电源产业将逐步由小规模、定制化研发生产模式向大规模产业化发展。例如：伴随着我国航天事业的跨越式发展，航天器所使用轨道越来越多，太空环境也越来越复杂，对电源的可靠性、稳定性提出了新的要求，并且对寿命要求也越来越长。中国航天在未来 20 年内将进行大载荷火箭、深空探测、星座组网等项目，可以预见未来火箭、卫星对供电系统的性能需求将不断提升。为满足我国星座组网、重型火箭、深空探测等项目的需求，航空航天电源向着高效率、高功率密度、高可靠长寿命的方向发展。

未来我国对特种电源的发展要求主要体现在：从器件角度，能够自主生产符合特种电源工况需求的高频率、高功率、高可靠的商用功率半导体开关和储能器件，能够按照特定需求定制专用器件，能够复现特种电源实际工况，对器件进行在线 / 准在线的性能与寿命测试；从电路角度，能够理清不同负载与电能形态之间的匹配关系，能够实现传统特种电源向更高功率等级迈进，能够实现高端等离子体电源、高重频脉冲电源等电源在工业生产领域的实用化，实现电路结构上高频化、模块化、标准化，具备较高的功率密度和泛用性；从系统角度，能够从底层物化反应原理上指导特种电源的研发设计，形成成套的理论体系，电源具备高效的电能转化效率和优良的处理效果，符合智能工厂中对设备智能化的需求。根本目标是在本世纪中叶，我国能基本实现从中低端到高端工业用特种电源的自给自足，并且能在世界市场上与国外同类型产品相比位于领先水平。

分析国内外特种电源的发展现状，为实现我国特种电源技术的赶超，需解决以下关键技术。

2.2.1　高功率特种电源器件半导体化

为更好满足实际应用需求，特种电源朝着固态化、高可靠性以及长使用寿命等方向发展。开关作为其中的核心器件，已经从传统的气体、真空、伪火花开关向晶闸管、可关断晶闸管等半导体开关发展。美国国防部在 2001 年就提出了紧凑型脉冲功率技术概念，即结构紧凑、形状便携的脉冲功率技术。其中最具代表性的是美国电磁发射武器（电热化学炮）使用的 5MJ 储能电源系统可由战车运载。在第 12 届国际脉冲功率会议上，美国国防部高级研究计划局（DARPA）和战斗混合动力系统（Combat Hybrid Power Systems，CHPS）计划经理弗里曼博士在大会报告中强调指出，新概念武器实战化的关键在于实现脉冲功率驱动源系统的紧凑化和小型化。

例如，传统的速调管调制器电源大多采用脉冲形成网络储能、闸流管开关放电、再经脉冲变压器升压的方式实现。随着电力电子技术的发展，固态半导体开关IGBT的工作电压和工作电流越来越高，如英飞凌、ABB、西码等厂家的IGBT指标可达6.5kV/600A。固态脉冲调制器电源采用半导体器件串并联作为开关组件调制高压，从而输出脉冲。由于它具有低电磁干扰、不需要磁芯、可关断、重复性好、高效率、寿命长等优点，近年来得到了迅速的发展。固态开关大规模的并联和串联应用有效地提升了脉冲电源的性能，已经成为目前速调管电源的主流趋势。

2.2.2 高可靠性特种电源研究及电源系统的工程实现

随着技术发展，对加速器、闪光X光机、电磁加载等应用的高功率特种电源系统可靠性设计提出了更高挑战，其研究内容涉及器件载流子物理机理及失效机理、电磁兼容特性、电源与负载耦合特性等。针对冲击大电流装置用特种电源，集成模块化、结构小型化是其未来的发展趋势。相比传统电容器直接并联放电的技术路线，由模块组成的能库电源系统至少具有以下优点：①模块化设计，每个模块具有独立放电功能；②根据实际需求，通过放电模块投入数量、放电时序等组合调节，灵活实现输出波形调控；③将大能库储能化整体为分散，大大降低系统风险。

2.2.3 创新性的能量变换与状态管理技术

主要体现在：新型电路拓扑如功率合成LTD、IVA技术；基于高压大电流开关通断控制的脉冲形成与高效率能量转化拓扑；新型储能技术和储能材料；长脉宽调制器脉冲形成与波形跟随调整如平顶补偿技术；电源状态智能化管理等。

在新型电路拓扑发展方面，近年来国内外提出了诸如LTD、IVA等新型电路拓扑，基于固态开关器件，实现了电源的进一步小型化、紧凑化。

例如，加速器运行对调制器电源输出的脉冲平顶度提出了更高的要求。美国LCLS装置的功率系统中速调管驱动电源指标为：脉冲电压120kV、电流140A，脉宽1.6ms。它采用32级Marx结构，每级采用半导体开关，工作电压为3.75kV，在脉冲输出期间通过高频开关补偿的方式实现顶降小于±0.5%的长脉冲输出。德国FLASH装置采用了固态开关组件加脉冲变压器升压的方式实现，固态开关组件工作电压12kV、电流1.8kA，变压器变比为1∶12。采用在变压器原边接BOUNCER电路来实现长脉冲的平顶补偿，其电源原理如图6-13所示。

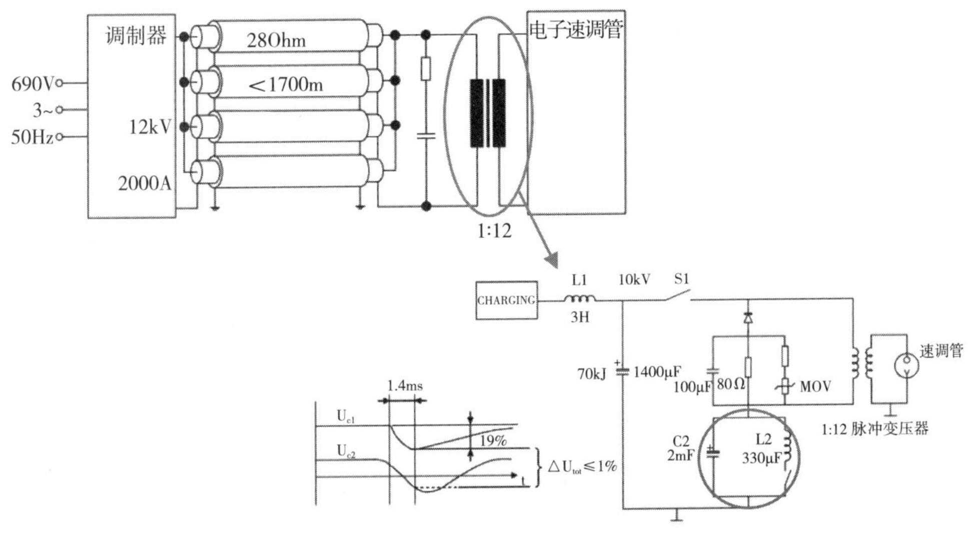

图 6-13　欧洲四代光源调制器电源原理图

2.2.4　高效率能量变换与高功率高重复频率高压脉冲产生技术

极端条件下材料微介观诊断提出了发展四代光源的物理需求，具备高稳定性和低纹波特性的高压高重频调制器是发展四代光源的关键技术之一，其驱动速调管产生高精度射频脉冲调控电子束参数。高新武器装备实战化及高重频微波需求提出发展高功率密度电源技术需求。

充电电源作为特种电源的初级部分，对特种电源的波形输出具有重要影响。特种电源小型化、轻量化的发展需求对充电电源提出了高功率密度与高稳定度输出的要求。基于电力电子开关技术的高频变换器是目前充电电源的主流技术路线，其具有效率高、体积小、功率密度高等优点，被广泛研究并使用。常见的高频变换器拓扑包括谐振变换器、Boost 变化器、Flyback 变换器、Ward 变换器等。一般地，变换器的频率在几十 kHz 到百 kHz 左右。为了实现更高的功率密度，进一步提高高频逆变的开关频率是一种可行的方法。通过提高开关频率，其他主要部件如变压器的体积也大大减小。

3. 特种电源产业与技术发展需求和问题分析

3.1 特种电源产业与技术发展需求分析

3.1.1 大科学装置用特种电源领域需求分析

3.1.1.1 聚变装置用特种电源技术

（1）磁约束聚变装置用特种电源

中国下一代聚变装置中国聚变工程试验堆（CFETR）输出聚变功率 1.5GW，规模远超现在的聚变实验装置，按照目前使用的晶闸管技术磁体电源设计方案，将带来大量的电网兼容问题，过高无功和谐波输出。因而为下一代聚变电源系统的大功率变流器、电源控制提出新的设计需求：

近期（—2025 年）：在理论上研究新的磁体电源拓扑结构，研制完成 ±60kA/3kV 的全控器件电源模块；研制完成 10kV/100kA、储能 2GJ 的失超保护系统；研制 25A/400kV 中性粒子电源。目标是通过低参数的样机的研制，进行设计方案的原理验证，并解决其中存在的关键技术问题。

中期（—2030 年）：继续探索新的电源拓扑结构，优化电网接入系统；研制 25A/600kV 中性粒子电源，目标是解决电网和聚变大功率电源的兼容问题。

远期（—2035 年）：完成新的磁体电源拓扑结构；研制包括后备保护开关的 20kV/100kA 失超保护系统；研制 100A/1000kV 中性粒子电源，目标是研制出成熟的产品，使用于聚变装置和相关应用。

（2）激光聚变装置用特种电源

随着 ICF 研究不断深入和聚变能源迫切需求，基于目前闪光灯驱动的、几小时发射 1 次的 ICF 激光驱动器已经不能满足聚变能商业演示和聚变能电站的建设需求，而需要高频率的二极管泵浦固体激光器，这就对聚变能源的电源也提出了新的技术要求。需要针对高频率、大能量、高峰值功率、高效二极管泵浦固体激光器电源的总体技术路线和实现方法等重大科学基础问题开展攻关，重点提升聚变能电源系统的可靠性、转换效率、经济性及环境适应性。另外针对重频的高功率固态开关和高密度储能器件及其材料在功率、储能密度、寿命、可靠性等方面的重要基础性问题，必须长期开展相应研究。

（3）Z 箍缩聚变装置用特种电源

Z 箍缩聚变的终极目标是实现商业发电，从根本上解决人类的能源问题。基于目前国内外的技术水平和发展现状，我国科学家提出了分期研究和建设的 Z 箍缩聚变能源战略发展路线图，根据发展路线图，不同阶段对 Z 箍缩聚变装置用特种电源的需求如下：

近期（—2025 年）：建成最高输出电压 8MV、单层磁绝缘传输线最大电流约 8MA，脉冲前沿约 150ns 的多路汇流电磁驱动多功能实验装置。目标是优化并验证 50MA 电磁驱动聚变大科学装置关键技术和工程设计方案，降低 50MA 装置建设工程难度。

中期（—2030 年）：建成输出电流约 50MA、脉冲前沿约 150ns 的电磁驱动聚变大科学装置。目标是实现聚变点火甚至高增益聚变放能。

远期（—2035 年）：建成输出电流约 60~70MA、脉冲前沿约 150ns、重复频率约 0.1Hz 的重频超高功率脉冲强流驱动器。目标是实现能重频运行且等效功率约 100MW 的 Z 箍缩聚变 - 裂变混合示范堆演示。

3.1.1.2　高能量密度物理用特种电源

研究需求更高指标的流体动力学平台，这对其特种电源的发展提出了更高的要求：

（1）超大电流同步汇流：利用多模块同步触发，实现汇流电流达数十甚至百 MA。

（2）电流整形调节：结合特殊实验需求，实现电流夹断、分时等波形整形。

（3）更为紧凑的能库系统：如便于快速安装调试的移动式电源。

（4）配套测试诊断及实验防护技术：针对特殊实验需求，发展配套测试诊断技术，监测平台运行状态和负载动态结果。发展配套实验防护技术，提高平台整体实验能力。

3.1.1.3　高能粒子加速器用特种电源技术

大型的高能强流加速器一般由采用回旋加速器或者同步加速器原理，或者两者及多种加速器的组合级联。不同的加速器对磁场系统的要求是不同的。

同步加速器是粒子加速器的一种，同步加速器加速粒子种类多，加速能量高，是目前加速器中的主要类型。在同步加速器中加速器在对带电粒子加速时，随着被加速粒子能量的提高，其约束磁场也需同步提高，因此励磁电流需同步提高，当一个加速周期完成后磁场需要降低至低位，被加速粒子束流注入加速器中，准备开始下一个加速周期。同步加速器励磁电源需要工作于脉冲模式，励磁电流周期决定了加速周期。

在传统强激励电压的脉冲电源中，电流脉冲频率不可能太高，一般在 10GHz 以内；电源工作时对电网影响比较大，一般要采取各种措施对电网波动进行补偿和调节；而且电源脉冲功率很大，要求配电功率也很大。在脉冲电源脉冲运行的同时，为了保证加速器同步性以及磁场性能，同时要求电源必在脉冲段须有很低的跟踪误差，在注入段和平定段有很好的直流误差。对电源来说，低的跟踪误差要求电源有很好的动态特性，以便随时跟踪给定变化，低的直流误差要求电源的带宽不能太大，以抑制各种扰动。因此脉冲电源的性能要求是互相矛盾的，实际工程中需要找平衡点以兼顾两者性能。这对电源控制系统提出了巨大挑战。解决方式是采用谐振方式，获得比大电流时较高的脉冲频率，但是谐振频率受到负载电感的限制，因此谐振频率基本固定，此种方式一般常用于被加速粒子单一、输出固定的加速器中，例如中国散裂中子源就是采用此种原理。对于被加速粒子品类众多，粒子电荷态多样，加速能量多样的加速器，不能采用谐振型电源，需要采用强激励式脉冲电源，以根据需要随时改变输出电流、脉冲频率等。

未来我国加速器建设主要是不同能量段的同步辐射光源、强流重离子加速器，以及各种专用加速装置，例如基于碳离子 / 质子肿瘤治疗加速器，用于航天或者军用的专用加速器等。这些正在建设或即将建设的加速器对电源的要求也是不同的，主要集中在指标要求上，对磁铁励磁电源直流电流误差在 10ppm 左右，脉冲跟踪误差在 100~1000ppm，纹波在 10ppm 以内。脉冲频率越来越高，可达几 Hz 以上。对于电压源，要求输出电压稳定度小于 500ppm 以内，电压纹波小于 300ppm 以内。电源应该全部或者大部分采用数字控制的全开关电源，当前国内主流的几大加速器实验室都根据自己加速器的实际自主开发了各自的全数字控制器。

3.1.1.4 直线感应加速器用特种电源技术

随着对直线感应加速器性能要求的提高，对特种电源的技术水平的发展需求主要有以下几点：①高重频高功率的开关器件：工作电压数十到数百 kV，导通电流 kA 量级，能够在数 kHz 到 MHz 的高重频下运行；②高功率脉冲恒流源：能够在 mH 级的线圈负载上维持 ms 级时间、百 A 量级流强的恒流输出，且恒流的建立时间尽量短；③在高压、高重频脉冲下阻值更稳定、额定功率更高的电阻器件；④在高压、高频励磁下磁性能更好、功率损耗更小的大尺寸磁芯器件；⑤更为紧凑高效的脉冲形成技术，例如高介电常数的固态形成线技术和固态 Marx 电源技术等。

3.1.1.5　脉冲 X 射线源特种电源技术

随着脉冲 X 射线源技术的发展，对特种电源的需求主要有以下几个方面：①高功率密度特种电源；②高重频运行的特种电源；③在高压、高频励磁下磁性能更好、功率损耗更小的大尺寸磁芯器件。

3.1.2　高新装备用特种电源-高功率微波用特种电源

针对不同应用场景，高新装备对于特种电源的需求略有差异，但总体来说，在满足具体应用的电性能参数下，小型化、轻量化、高效率、长寿命、高可靠性和良好的环境适应性等是共同的追求。

对于高功率微波来说，小型化、轻量化、高效率、长寿命方面，GW 量级纳秒重频脉冲电源平均功率体积比超过 500kW/m^3，重复频率百 Hz 至千 Hz，寿命超过 1000 万脉冲，插头效率大于 60%。可靠性和环境适应性方面，故障脉冲数不超过 1%，能够满足高低温、振动、冲击和辐射等特殊环境下工作的要求。

随着冲击大电流装置在激波管、电磁成形等领域的应用拓展，对特种电源技术的发展提出了较高的要求。其需求主要集中在以下几个方面：①放电电流波形高精度调控方法；②高功率密度充电电源和高效能长寿命储能；③智能化状态管理和控制策略；④冲击大电流能库系统的可靠性和安全性。

3.1.3　航空航天用特种电源

航空航天特种电源工作环境特殊、工况复杂，在电源系统重量、体积及效率、可靠性、寿命等性能方面均受到极其苛刻的约束。在航空应用中，随着机载用电设备功率等级与类型的增加，尤其是多电 / 全电飞机、电推进技术的发展，当前航空特种电源的技术水平难以满足多样化发展需求，需要针对高功率密度变换拓扑及装置、全电力电子化电源系统架构、高容错性协同运行机制、强变载荷能量优化管理与多能场测试评估体系等重大学科基础问题开展研究，重点提升装置单元和独立电源系统的可靠性、稳定性、能量传输效率及极端工况适应性。在航天领域，商业航天技术的发展迫切需要降低航天特种电源的成本，如何在降低成本的同时保证电源的可靠性、寿命、效率等综合性能是目前研究的重点之一；随着探月、探火等深空探测技术的发展，对长寿命、高可靠性、超轻量化空间特种电源的需求日趋强烈；随着空间站、空间太阳能电站等大型空间平台技术的发展，对高压大功率空间特种电源的需求也越来越多；随着空间电推进、天基雷达、天基能量武器等新技术的发展，电压脉冲型、电流脉冲型、超宽电压范围型等特殊供电需求的特种电源正成为研究的重点。

3.1.4 医学用特种电源

医用特种电源由于其应用的十分特殊，在漏电流、安全与稳定性以及 EMI-RFI 辐射和防护等要求上有特殊要求，同时随着现代医疗诊断能力不断被新技术赋能及其诊断领域不断拓宽，当前医用特种电源性能也需匹配多应用场景的需求，需要针对高性能、高密度、高质量、高可靠性的医用特种电源设计、测试以及评估等问题进行重点研究。

目前，医用特种电源设备的需求具体体现在：

（1）高安全标准。

（2）需要发展无干扰和无线共存技术、低漏电流技术、混沌 PWM 电磁干扰抑制、EMC 仿真和先进磁技术等功能安全设计技术的工业嵌入式控制技术。

（3）小型化 / 微型化。

（4）需要发展高频化技术、信息与功率传递协同等技术。

（5）优化现有电路拓扑结构、控制方法以及硬件电路设计方法。

需要发展零损耗软开关单级功率因数校正、高效电压自驱动同步整流、Z 网络阻抗逆变、负载状态自动检测式待机损耗控制、输入端高电压过压保护、潜在电路原理的故障诊断、PCB 静电放电结构、紧凑型壳体结构等技术。

3.1.5 工业用特种电源

工业特种电源涉及电力电子、材料科学、环境工程和等离子体物理等多学科交叉，电源装置与处理负荷构成了一个有机体，亟须系统性思维和原创性技术来整体提升工业特种电源系统的可靠性、能效性和适配性。由于工业用特种电源涉及诸多领域，针对其共性问题和近期发展趋势，分析制定战略发展路线图。根据发展路线图，不同阶段对工业用特种电源的需求如下：

近期（—2025 年）：在等离子体电源、脉冲电源、大功率电源等工业细分领域系统掌握工程应用技术，积累商用半导体器件在工业特种电源的应用数据，研究功率开关器件在特种电源工况下的在线 / 准在线测试技术，形成能够推广应用的热设计和电磁兼容标准，产品在功率密度和能效方面显著提升。

中期（—2030 年）：形成依据应用需求调控电源参数的科学理论，研制出能够多维度调节输出的工业特种电源系统，跟进并赶超包括拓扑技术、磁性元件技术等关键核心技术，进一步扩展电源功率等级，并在智能化方面位于领先水平。

远期（—2035 年）：系统掌握工业特种电源功率器件所需先进材料和生产工艺，

国产器件耐压、额定功率、频率、寿命等关键指标发展水平位于世界前列，建立对不同类型负载从物理化学底层机理设计电源的方法，突破基于负载匹配的电能形态塑造技术，能够对同类型、不同用途的工业特种电源按照功率等级标准化划分生产。

3.2　特种电源产业与技术发展的关键问题分析

3.2.1　大科学装置用特种电源领域关键问题分析

3.2.1.1　聚变装置用特种电源技术

（1）磁约束聚变装置用特种电源

中国下一代聚变装置 CFETR 输出聚变功率 1.5GW，规模远超现在的聚变实验装置，按照目前使用的晶闸管技术磁体电源设计方案，将带来大量的电网兼容问题，过高无功和谐波输出。因而需要为下一代聚变电源系统的大功率变流器、电源控制重新设计新型的电源方案。

此外，随着聚变堆规模的扩大，其超导磁体电流、储能参数也大量提高。在失超故障设计时，必须研发与超导磁体参数一致的直流开关系统。

在磁约束聚变装置用特种电源领域，其关键问题包括：

1）基于先进电力电子技术的高功率、大电流变流电源技术

多功率器件的串联和并联及其均压和均流技术，模块化及相移多重化技术，快速控制与保护技术，电压型逆变器与电流型逆变器的分析、优化与应用。

2）基于一体化系统设计的新型磁体电源拓扑结构

以系统功率为优化目标，相互耦合的多磁体系统电源设计的一体化电路拓扑及参数优化。

3）基于高功率直流快速开关的超导磁体失超保护技术

超导磁体失超保护的监测和控制，各种新型高功率直流快速开关及移能器件的开发与应用。

4）基于现代控制理论的多负载强耦合的磁体及电源兼容技术

解决超导聚变装置数十个相互耦合的线圈和数十个电源之间协调供电、解耦，满足等离子体产生、位置、形状的控制，以及满足超导线圈特性的要求。

5）基于系统综合安全的接地设计和雷电防护及电磁兼容技术

共用集成地网及等电位共用均压网络的先进接地设计，以及综合隔离、屏蔽、接地、均压、分流、保护多种措施的电磁兼容设计。

6）聚变能电站的能量交换、储能、发电及电网兼容技术

聚变装置运行将从电网中吸收数千 MW 的能量和产生数千 MW 的无功；同时聚变发电时由于脉冲运行，会带来大量脉冲形式的聚变功率反馈到电网，因此需解决聚变电源和电网的兼容技术。

（2）激光聚变装置用特种电源

激光聚变装置用特种电源面临的重大基础问题主要体现在以下几个方面：

（1）以 ICF 装置特种电源用大能量高通流能力的半导体固体放电开关（350kA@35kV@1.4MJ@450μs）为牵引，开展更大尺寸的大能量高通流能力的半导体固体开关器件的物理机理和设计方法及制造封装工艺，提升器件功率、通流能力、寿命、可靠性等技术指标。

（2）研究开发更加优异介电性能（高介电常数 10~100、高击穿场强 400~800MV/cm^3、高储能密度 10~80J/cm^3 和高储能效率大于 80%）的介质或复合介质材料来满足高功率大容量高储能密度电容器的迫切需求。

（3）超大型电源系统远程智能化精确控制拓扑结构技术研究。

激光聚变装置用特种电源面临的重大工程问题主要体现在以下四个方面：

研究解决面向聚变能电站用的高储能密度（1.0~5.0J/cm^3）、重频（10~100Hz）、长寿命（超过亿次）的储能电容器技术问题；研究解决强激光装置用特种电源高效紧凑型一体化工程技术问题；研究解决强激光装置用特种电源的可靠性、转换效率、经济性及环境适应性问题；研究解决超大型电源系统远程智能化精确控制技术问题，实现超大型激光装置电源系统的智能化控制和运行维护。

（3）Z 箍缩聚变装置用特种电源

针对单次运行的 8MV/8MA 多路汇流电磁驱动多功能实验装置、50MA 电磁驱动聚变大科学装置以及以 0.1Hz 重复频率运行、60~70MA 的 Z 箍缩聚变 – 裂变混合堆驱动器研制需求，对应超高功率脉冲形成、传输和汇聚以及大规模触发等重要环节，涉及的主要科技、技术和工程问题如下：

1）科学问题

a）低触发阈值、低抖动气体开关放电机理及性能控制方法。

b）高功率固态开关物理机理和设计方法。

c）复杂工况（强辐照、金属颗粒和粉尘、重频以及温升等）下气 / 液 / 真空等多种介质环境中固体沿面闪络和体击穿物理机制、电老化物理机制以及材料耐压特性。

d）磁绝缘传输线高效率传输与汇聚的影像因素和机理。

2）技术问题

a）长寿命高功率闭合开关技术。

b）大规模多路精确同步控制触发技术。

c）低阻抗磁绝缘传输线技术。

d）聚变靶场辐射防护技术。

e）重频超高功率驱动器热管理技术。

f）大规模装置可靠性设计和评估技术。

3）工程问题

a）大尺寸绝缘堆和磁绝缘线制备及金属材料表面处理工艺。

b）负载高速内爆过程对装置的振动与冲击。

c）低真空、强辐射爆室环境下的重频换靶。

3.2.1.2　高能量密度物理用特种电源

超大电流的同步汇流：数百个模块的同步触发动作，数十甚至百 MA 的超大电流汇流技术是流体动力学平台向更高参数水平提升面临的最重要的基础问题。

电流整形调节是流体动力学平台开展特殊实验必须开展的基础性问题。部分实验对于压力的加、卸载路径有特殊要求，所以电流整形调节技术是开展这类实验的前提。

发展配套测试诊断及实验防护技术，提高平台的环境适应性也是重要的基础问题。部分实验存在特殊且极高的防护要求，需要平台具备相当的防护能力，因此，用于高能量密度物理研究的特种电源在特殊实验工况下的防护是必须解决的一个重要基础性问题。

3.2.1.3　高能粒子加速器用特种电源技术

加速器电源的电流误差越来越低，脉冲重复频率越来越高，对电源要求是电源响应速度越来越快，控制精度越来越高。其中涉及的主要基础问题有：

1）电源的响应速度和控制精度是互相矛盾的，寻找适合于高精度、大功率加速器快脉冲电源用的电路拓扑，以及不同于常用的比例积分（PID）调节的新的控制调节策略。

2）新的降低电源电流纹波和电压纹波的方法，降低纹波是加速器电源永恒的追求。

3）电源模块化中的标准化、规范化，不断提高加速器电源功率密度。

4）大功率模块化变换器的并联、级联技术。

5）不断提高开关频率。

6）与电源相关的电磁兼容技术、电源热设计技术、可靠性技术的综合与融合。

7）超导线圈励磁电源与脉冲超导电源中的关键技术。

8）大功率加速器脉冲电源对网测影响评估与抑制问题。

9）新型半导体器件、新型材料在加速器电源中的应用。

10）加速器电源多参数测量问题。

11）全数字化电源智能控制问题。

3.2.1.4 直线感应加速器用特种电源技术

脉冲功率源的输出功率高，很难实现高重频运行，其主要的技术瓶颈在高功率重频开关上：场畸变气体开关的运行功率高（数百 kV，数十 kA），但重频能力差，对应功率源当电压达到百 kV 量级，则很难达到百 Hz 以上的重复频率；闸流管开关最高可实现 10kHz 量级的重频运行，且运行功率也较高（数十 kV，数 kA），但开关导通时间相对较慢（数十 ns），对应的脉冲功率源输出脉冲前后沿较长，另外，闸流管开关导通时间的抖动问题也较为突出，目前还难以满足加速器对脉冲品质和时序控制的要求；半导体开关重频能力强（百 kHz ~ MHz），时序控制稳定，但运行功率通常较低（kV ~ 数十 kV，百 A 量级），大量的串并联则容易带来系统可靠性上的问题，目前还难以直接应用到直线感应加速器的功率源上。

目前，加速器使用的恒流源为电网供电的直流电源，加速器运行时上百台恒流源需同时工作，功耗巨大。如能成功研制由电容供电，且输出指标满足加速器需求的脉冲恒流电源，则可大幅降低加速器全系统的瞬时功耗，大幅降低电网负担。

另外，高功率电阻的性能也有待提高。直线感应加速器的镇流电阻的脉冲瞬时功率达到 GW 量级，传统是采用水介质电阻，其阻值存在较大的温度效应，不适合于重频运行；目前正逐步采用固态电阻，但基本为进口器件，且在阻值稳定性（个体间存在阻值差异、阻值随存放时间、电压幅度等因素变化而变化）上仍有较大的优化空间。磁芯性能和紧凑型脉冲形成技术的发展有利于直线感应加速器的小型化和应用拓展。

3.2.2　高新装备用特种电源

3.2.2.1　高功率微波用特种电源

针对高功率微波技术发展对特种电源的需求，当前其面临的关键基础问题如表6-8所示。

表6-8　高功率微波用特种电源发展需求和关键问题

发展需求/目标	关键基础问题
高平均功率体积比特种电源总体设计和评估	新型高能量转换效率电路拓扑理论 高功率固态开关及储能器件物理机理和设计方法
特种电源系统的小型化、轻量化、长寿命	
超高重频高功率脉冲产生、调制、传输和加载	超高重频高功率脉冲产生、调制和传输机理
电源系统的可靠性、稳定性、能量传输效率及环境适应性	高功率微波用特种电源系统的可靠性、稳定性及环境适应性提升

高功率微波用特种电源面临的科学、技术和工程问题详述如下：

（1）科学问题

1）重复频率条件下的气体放电机理。

2）半导体载流子产生、倍增及输运机理。

3）高功率重复频率放电条件下储能介质介电及绝缘老化机理。

4）重复频率下气/液/真空等多种介质环境中的沿面闪络和体击穿物理机制以及绝缘材料老化机理。

（2）技术问题

1）高功率、低抖动、长寿命重复频率气体开关技术。

2）高功率、低损耗、高重复频率、高导通速度、长寿命固态开关技术。

3）高功率密度、高储能密度、高重复频率储能及脉冲形成技术。

4）重复频率绝缘技术。

5）重复频率热管理技术。

6）电源可靠性设计与评估技术。

（3）工程问题

1）高功率微波用特种电源环境适应性。

2）高功率微波用特种电源电磁兼容性。

3）高功率微波用特种电源与平台的结合。

3.2.2.2 冲击大电流装置用特种电源

冲击大电流装置用特种电源面临的重大基础问题主要体现在以下几个方面：

（1）大功率半导体开关初始载流子产生、扩散物理过程影响规律及调控方法

半导体开关初始载流子分布、输运、演变物理过程与开关所允许的最大电流上升率、峰值通流能力密切相关。开展半导体开关载流子的输运过程与材料掺杂浓度、芯片结构和触发方法的规律研究，建立光控半导体开关芯片内部载流子输运物理模型，获得开关导通、关断及通流过程中的静态和动态载流子输运物理机理认识，提出优化的载流子调控方法，及开关芯片材料和结构优化设计方法。

（2）脉冲功率源瞬态高压脉冲形成机理及抑制方法

脉冲功率源放电过程中形成的瞬态高压脉冲是半导体开关等器件损伤甚至失效的主要因素，也是系统对弱电控制电路形成干扰的主要因素之一。需要从开关动态导通关断物理过程、放电单元模块之间能量耦合形式、电路放电初始条件、电路参数突变等方面开展电磁脉冲发生器瞬态高压脉冲形成机制研究，建立瞬态高压脉冲模型，提出瞬态高压脉冲抑制方法。

（3）高功率密度充电和高效能长寿命储能技术

高压充电电源和脉冲电容器作为能库电源的初级储能部组件，其技术参数将影响到系统的整体性能和水平。充电电源电压精度的高低，将对放电波形的重复性产生重要影响，进一步影响到负载加载效果的一致性。同时，充电电源以高重复频率对脉冲电容器进行充电，需要重点考虑如何进一步提高充电电源的功率密度，并解决在高功率密度运行条件下的热管理等工程性难题。另外，脉冲电容器在高压大电流运行条件下反复进行充电－放电过程，器件的等效内阻等结构性参数是影响电源系统能量转换效率和储能器件寿命的重要因素，需要通过合理设计加以解决。

（4）能库电源系统的可靠性和安全性问题

能库电源采用高压储能型电容放电的技术路线，输出参数达到数百 kA 甚至 MA 量级。在这种强电动力和强电磁环境下，电源系统的高可靠性和高安全性，是能库电源系统实际应用中必须解决的关键问题。

3.2.3 航空航天用特种电源

3.2.3.1 面向航空航天特殊应用的基础支撑元器件

抗辐照 Si、SiC、GaN 功率半导体器件衬底、外延材料关键技术与工艺；抗辐照高压、高频、高效、高温功率器件封装工业与封装材料技术；高性能抗辐照 Si、SiC、

GaN 功率器件的设计与制备；多芯片多模块功率器件组合扩容与串并联技术；复杂器件模型在航空航天复杂工况电源系统中的联合仿真技术；面向高功率密度航空航天应用的功率器件高效散热技术；面向航空航天应用的功率器件封装、驱动与保护技术；新型软磁材料、长寿命 / 高可靠电容滤波器的制备工业等。

3.2.3.2　面向航空航天复杂工况与应用环境的可靠性设计与保障

特殊环境和复杂工况下关键元器件和系统的可靠性设计与分析方法；面向航空航天实际工况的可靠性分析、仿真和测试；面向实际工况的可靠性量化评估方法以及基于可靠性量化指标的智能化主动运维方法；航空航天器特种电源在轨健康状态监测与低附加损耗 / 体积重量冗余容错方法；强脉冲、高峰值功率、高峰均比、随机大扰动下电源系统的可靠性设计与稳定运行控制方法等。

3.2.3.3　面向航空航天复杂工况与应用环境的高效、高功率密度、超轻量化电能变换方法

面向超宽输入输出电压范围的高效、高功率密度电源变换方法；高峰均比、强脉冲功率的高效、高功率密度主动抑制方法；高频、超高频、高效变换器拓扑与控制方法；电源系统超轻量化、高密度集成方法等。

3.2.3.4　多样化特种载荷匹配技术

具有多样化（高压、大电流、脉冲电压、脉冲电流、大感性负载等）载荷自动匹配与适应能力的电源系统架构；多样化载荷的强干扰隔离与主动抑制方法；多样化载荷强干扰下的稳定性控制技术；多样化特种载荷综合管理与特性匹配方法等。

3.2.4　医学用特种电源

医疗设备与现代医疗诊断、治疗关系日益密切，任何医疗设备都离不开高效稳定的医用特种电源。医用特种电源品质的好坏，将直接影响医疗设备运行的稳定性和可靠性。常见的医疗设备电源包括重症救护呼吸机、制氧机、B 超机、电动床等专用医疗设备，不同类型应用对电源要求都有所不同。

3.2.4.1　呼吸机、制氧机等急救设备

急救设备强调分秒必争，分秒不能耽搁。这对于呼吸机的供电端提出了非常高的要求，要求电源可靠性高，一次保护和二次保护齐全；体积小，重量轻，功率密度大等。安规和 EMC 要求严格满足医疗标准，保护患者安全。

3.2.4.2　X 光机、B 超等医学影像设备

医学影像设备的电源要求传输数据的高标准、高准确、高精密、稳定无波动，所

以电源质量尤其重要：抗干扰、稳定性、功率、完善的保护电路、人体的电气安全系数等无不高于其他电子类产品。

3.2.4.3 电动床等日常护理设备

现在市场上大部分电动医疗床仍在使用传统线性变压器，存在以下固有缺点：一是体积大，结构笨重，而且能效低，功能简单；二是驱动电机不容易实现变频调速，病床位置调节不平稳。

为满足患者及其护理人员对电动医疗床越来越高的性能需求，电动医疗床专用电源一般要能够匹配驱动电机启动瞬间需要数倍正常工作电流、满足医疗电源低漏电流及高可靠性要求、体积小重量轻以及具备良好的电磁兼容性能。

3.2.5 工业用特种电源

工业用特种电源涵盖应用领域较广，按照共性需求问题和我国实际发展需要，选取等离子体电源、脉冲电源、大功率电源系统三个具有代表性的方面发展所面临的关键问题进行分析，涉及的主要科技、技术和工程问题如下：

1）等离子体电源

①电源参数与等离子体的相互作用机理。

②电感耦合和双频驱动的射频电源技术。

③大面积均匀放电阵列电源技术。

④高重频脉冲电源技术。

⑤多类型电场叠加电源技术。

2）脉冲电源

①脉冲电源与传统电源在工程应用中的能效对比研究。

②商用功率器件在脉冲电源领域的应用和测试技术。

③新型高性能磁性元件材料和工艺。

④脉冲电源拓扑研究和优化。

3）大功率电源系统

①工业电源模块化功率扩展技术。

②大功率电源热设计和电磁兼容技术。

③工业特种电源功率等级标准化。

④工业特种电源智能化技术。

4. 特种电源产业与技术的发展愿景与目标

4.1　特种电源产业与技术的发展愿景

结合特种电源产业与技术发展现状、趋势及当前存在的关键问题，特种电源发展愿景为：

4.1.1　大科学装置用特种电源

4.1.1.1　聚变装置用特种电源

在国家中长期发展规划纲要中，明确了中国磁约束聚变发展的目标。2013 年科技部成立了中国磁约束聚变研究总体设计专家组，并先后于 2013 年、2017 年分别启动了两个项目，总经费 2.7 亿人民币对中国下一代聚变工程实验堆 CFETR 进行了概念设计、初步工程设计，现已经初步完成设计；同时国家发改委和安徽省共同支持的“十三五”大科学设施 CRAFT 也已经开始建设，总经费 60 亿人民币，它将解决 CFETR 各种关键技术和设备的测试，预计 2025 年完成。

下一步有望在“十四五”开始建设 CFETR 装置。CFETR 装置要求电源系统连续运行、其总电源装机容量将达到 5000MVA，电网功率要求 1500MW，超导装置储能达到 150GJ，其中磁体电源最大电流为 100kA；中心注入电源最高电压 1MV。

4.1.1.2　加速器用特种电源

大型高能粒子加速器装置是一个国家经济实力、科技实力、工业实力等综合国力的具体体现，随着我国经济科学技术的发展，对各种大型粒子加速器的需求日益增长。除了直接服务于高能物理、核物理等基础研究之外，大型高能加速器更多的是作为一个综合科科学实验平台服务于应用基础研究及理论研究方面，在国民经济的方方面面发挥出了越来越大的作用。同时，随着我国的发展，无论是基础研究、应用研究，还是工农业生产，各方面都是按照国际领先的要求来做的，因此作为服务于加速器的特种电源，无论是技术水平还是产业规模也必将处于国际领先地位。我国的国产加速器特种电源以其合理的电路拓扑、新颖的控制策略、环境友好的工艺设计、出色的可靠性和极强的经济性，在国际上具有非常强的竞争力。

4.1.2　高新装备用特种电源

高新装备用特种电源亟须实现高功率密度（小型化、轻量化）、长寿命，本质上需要提升储能器件的储能密度、功率开关的能量转换效率。着重从元器件、系统等方面开展科学、技术和工程三个层面的研究工作，达到国际领先水平，关键元器件实现自主可控，进而大幅度提升高新装备技术水平。

4.1.3 航空航天特种电源方面

在基础元器件、电源装置、电源系统全产业链达到国际领先水平，实现从严重依赖进口到核心技术完全自主可控、再到规模化应用于出口的跨越式发展。以航空航天特种电源技术为牵引，全面支撑多电/全电化航空航天特种装备跨代发展，为航空航天国防装备、空间资源大规模开发利用保驾护航，使得电源技术不再是航空航天装备的“卡脖子”环节。

4.1.4 医用特种电源方面

随着当今社会科学技术的不断进步和人类对生存质量的要求不断提高，现代医疗设备也朝着多样化、个性化方向发展，诞生了新型便携式医疗电子设备，呼吸机、制氧机等急救设备，X 光机、B 超等医学影像设备，电动床等日常护理设备等不同应用场景和功能的医疗设备。因此，设计出符合不同细分行业特点的高稳定性、高安全性医用特种电源是当代医疗设备产业发展的目标。

4.1.5 工业用特种电源方面

工业用特种电源的发展要满足当代和未来工业生产需要，形成高可靠性、强适配性与高能效性的工业用特种电源成套技术解决方案，研制出一批技术创新、工作稳定、具有极强市场竞争力的工业特种电源产品，并最终实现产业化推广。

4.2 特种电源产业与技术的目标（2025—2030—2035）

4.2.1 大科学装置用特种电源

4.2.1.1 聚变装置用特种电源技术

（1）磁约束聚变装置用特种电源

2025（“十四五”）发展目标：在理论上研究新的磁体电源拓扑结构，研制一个±60kA/3kV 的全控器件电源模块；研制完成 10kV/100kA、储能 2GJ 的失超保护系统；研制 25A/400kV 中性粒子电源。

2030（“十五五”）发展目标：继续探索新的电源拓扑结构，优化电网接入系统；研制新的直流短路开关；研制 25A/600kV 中性粒子电源。

2035（“十六五”）发展目标：完成新的磁体电源拓扑结构；研制包括后备保护开

关的 20kV/100kA 失超保护系统；研制 100A/1000kV 中性粒子电源。最终目标是彻底解决磁约束聚变电源各种关键技术，并研制出聚变堆所需的电源。

（2）激光聚变装置用特种电源

2025 年（“十四五”）发展目标：突破高功率高通流能力半导体固体开关技术，实现 350kA@35kV@1.5MJ@450μs 样机研制；掌握高密度储能元件、高效率储能－脉冲形成一体化、标准化模块化 ICF 装置用特种电源集成方法；掌握高功率高通流能力固态开关机理、芯片设计及组合控制方法和验证能力。

2030 年（“十五五”）发展目标：建立基于二极管泵浦的重频、大能量、高峰值功率、高效的聚变能电站电源模型，突破聚变能电站电源关键技术，开展并完成样机研制及验证；基本掌握聚变能电站电源总体设计方法，初步具备聚变能电站电源总体设计能力。

2035 年（“十六五”）发展目标：不断提升聚变能电站电源转换效率、重复频率、峰值功率水平、开展聚变能电站商业演示及远程智能化精确控制运行，提高电源系统稳定性和可靠性。

（3）Z 箍缩聚变装置用特种电源

2025 年（“十四五”）发展目标：建成最高输出电压 8MV、单层磁绝缘传输线最大电流约 8MA，脉冲前沿约 150ns 的多路汇流电磁驱动多功能实验装置。

2030 年（“十五五”）发展目标：建成输出电流约 50MA、脉冲前沿约 150ns 的电磁驱动聚变大科学装置。

2035 年（“十六五”）发展目标：建成输出电流约 60~70MA、脉冲前沿约 150ns、重复频率约 0.1Hz 的重频超高功率脉冲强流驱动器。目标是实现能重频运行且等效功率约 100MW 的 Z 箍缩聚变－裂变混合示范堆演示。

4.2.1.2　高能量密度物理用特种电源

2025 年（“十四五”）发展目标：掌握平台相关测试诊断技术，具备平台各模块状态监测、确认和负载动态特性诊断；突破负载防护技术，提高平台辐射防护适应性；启动更高指标装置建设，保障后续流体动力学研究进度。

2030 年（“十五五”）发展目标：突破超大电流（30MA）汇流技术。

2035 年（“十六五”）发展目标：掌握 30MA 超大电流的流体动力学加载技术，具备开展相关流体动力学研究能力。

4.2.1.3 高能粒子加速器用特种电源技术

2025年（“十四五”）发展目标：完全掌握电流误差10ppm量级的直流开关电源关键技术设计；完全掌握强激励性大功率脉冲开关电源100ppm跟踪误差量级的关键技术。

2030年（“十五五”）发展目标：完全掌握大电感条件下，5000A及以上大电流脉冲电源关键技术；完全掌握和应用新型半导体功率器件，电源开关频率、功率密度进一步提高；掌握大电流脉冲超导电源技术。

2035年（“十六五”）发展目标：系统掌握快脉冲电源、慢脉冲电源及其相关的控制技术，各种电源性能全面达到国际领先水平，引领加速器用特种电源的技术发展。产生一批具有强大技术能力和市场竞争力的中大规模企业，加速器电源与企业密切结合，全面满足加速器的各项需求。

4.2.1.4 直线感应加速器用特种电源技术

2025年（“十四五”）发展目标：大力发展闸流管开关、半导体开关、高功率固态电阻、高性能磁芯等器件的研发能力，相关器件水平达到国际同行的标准，能够替代进口。

2030年（“十五五”）发展目标：结合国产器件，大幅提升直线感应加速器用脉冲功率源、恒流源等特种电源的研制水平，能够满足重频多脉冲直线感应加速器的使用要求。

2035年（“十六五”）发展目标：国产功率器件水平达到国际先进，达到一定的出口规模，相应特种电源达到国际领先水平。

4.2.2 高新装备用特种电源

4.2.2.1 高功率微波用特种电源

2025年（“十四五”）发展目标：突破高能量密度储能元件、高效率储能-脉冲形成一体化、高功率长寿命重频开关、紧凑型低重频脉冲功率源集成等技术；掌握超高重频高功率脉冲产生、调制和传输机理；掌握光控型及快速离化型高功率固态开关机理、芯片设计及组合控制方法，建立高储能密度储能器件以及固态功率模块设计和验证能力。

2030年（“十五五”）发展目标：建立超高重频高功率脉冲产生、调制和传输模型，突破超高重频高功率脉冲电源关键技术；基本掌握复杂辐射环境下材料响应特性对固态开关、储能器件性能影响机理，提高装备中高功率固态开关、储能器件的可靠性和器件设计能力。

2035 年（“十六五”）发展目标：系统掌握高功率固态开关和储能器件的物理机理和设计方法，显著提升器件功率、储能密度、寿命、可靠性等技术指标；掌握高功率密度脉冲电源在极端环境下的可靠性、稳定性设计技术，获得部件、组件和系统级的效应数据，提高高功率微波中特种电源系统的实战化能力。

4.2.2.2 冲击大电流装置用特种电源

2025 年（“十四五”）发展目标：突破高能量重复频率高压大电流放电开关等关键技术，掌握输出电流波形调控方法，解决高功率密度充电、可靠性、热管理、电磁兼容等工程技术问题，建立冲击大电流装置用特种电源的集成设计和产品研发能力。

2030 年（“十五五”）发展目标：进一步提升冲击大电流装置关键器部件攻关能力，系统建立特种电源的集成设计和产品研发体系，实现大电流能库电源迈向工程化和产品化。

2035 年（“十六五”）发展目标：不断提升冲击大电流装置用能库型特种电源的系统研制与工程实现能力，持续推动能库型电源技术的多样化应用。

4.2.3 航空航天用特种电源

2025 年（“十四五”）发展目标：突破抗辐照功率开关器件、抗辐照专用集成芯片、高精度无源器件用基础材料研制等关键技术。

2030 年（“十五五”）发展目标：进一步提升抗辐照功率开关器件、抗辐照专用集成芯片、高精度无源器件等特种电源关键器部件攻关能力；突破航空航天特种电源系统级的仿真分析和自动化设计软件关键技术。

2035 年（“十六五”）发展目标：不断提升面向极端条件的航空航天特种电源设计理论、分析方法；系统建立航空航天用特种电源的集成设计和产品研发体系。

4.2.4 医学用特种电源

2025 年（“十四五”）发展目标：建立中低压医疗仪器设备的通用型电源、便携式医疗设备等行业标准，加快同步整流技术的普及应用及高效实施，深入研究医疗设备电源数字化、信息与功率传递协同、小型化 / 微型化、高功率密度高效率等技术。

2030 年（“十五五”）发展目标：系统建立医用特种电源行业标准，包括无干扰和无线共存、低漏电流、EMC 等方面，优化现有电路拓扑结构、控制方法以及硬件电路设计方法，加快发展零损耗软开关单级功率因数校正、高效电压自驱动同步整流、Z 网络阻抗逆变、负载状态自动检测式待机损耗控制、输入端高电压过压保护、潜在电路原理的故障诊断、PCB 静电放电结构、紧凑型壳体结构等技术。

2035 年（“十六五”）发展目标：系统掌握针对不同应用场景的医用特种电源漏电流、EMC 等仿真技术及设计方法，显著提升医用特种电源准确度和精密度，保证输出绝对稳定无波动。

4.2.5 工业用特种电源

2025 年（“十四五”）发展目标：在等离子体电源领域，初步得出电能与等离子体剂量、浓度分布之间规律，系统掌握等离子体蚀刻射频电源技术、大气压大面积均匀放电技术等工程应用技术。在脉冲电源领域，获得商用半导体器件在脉冲电源输出的应用数据，探索出脉冲电源优势应用场合。在大功率电源领域，掌握功率开关器件在特种电源工况下的在线 / 准在线测试技术，形成能够推广应用的热设计和电磁兼容标准，产品在功率密度和能效方面显著提升。

2030 年（“十五五”）发展目标：在等离子体电源领域，形成依据等离子体应用需求设计调控电能形态的科学理论，研制出能够多维度调节输出的等离子体电源系统。在脉冲电源领域，突破适用于工业生产的脉冲电源拓扑技术和磁开关、脉冲变压器等磁性元件技术。在大功率电源领域，实现百千瓦级以上更高功率等级和百千赫兹以上更高频率等级电源研制和应用，并在智能化方面位于领先水平。

2035 年（“十六五”）发展目标：系统掌握工业特种电源功率器件所需先进材料和生产工艺，国产器件耐压、额定功率、频率、寿命等关键指标发展水平位于世界前列，建立对不同类型负载从物理化学底层机理设计电源的方法，突破基于负载匹配的电能形态塑造技术，能够对同类型、不同用途的工业特种电源按照功率等级标准化划分生产。

5. 特种电源产业与技术的发展路线

5.1　各应用领域用特种电源发展路线图

2025年	2030年	2035年	2050年
●采用新的磁体电源拓扑结构完成±60kA/3kV的全控器件电源模块研制； ●研制10kV/100kA、储能2GJ的失超保护系统和25A/400kV中性粒子电源	●探索新的电源拓扑结构，优化电网接入系统； ●研制20kV/100kA直流短路开关和25A/600kV中性粒子电源系统	●完成新的磁体电源拓扑结构； ●研制包括后备保护开关的20kV/100kA失超保护系统；研制100A/1000kV中性粒子电源	●彻底解决磁约束聚变电源各种关键技术； ●研制出聚变堆所需的电源； ●完成聚变电源小型化、商品化

图 6-14　磁约束聚变装置用特种电源发展路线图

2025年	2030年	2035年	2050年
●建成最高输出电压8MV、单层磁绝缘传输线最大电流约8MA，脉冲前沿约150ns的多路汇流电磁驱动多功能实验装置	●建成输出电流约50MA、脉冲前沿约150ns的电磁驱动聚变大科学装置	●建成输出电流约60~70MA、脉冲前沿约150ns、重复频率约0.1Hz的重频超高功率脉冲强流驱动器； ●实现能重频运行且等效功率约100MW的Z箍缩聚变-裂变混合示范堆演示	●实现能重频运行且等效功率约100MW的Z箍缩聚变-裂变混合示范堆商业化运行

图 6-15　Z 箍缩装置用特种电源发展路线图

2025年	2030年	2035年	2050年
●掌握电流误差10ppm量级的直流开关电源关键技术设计； ●掌握强激励性大功率脉冲开关电源100ppm跟踪误差量级的关键技术	●掌握大电感条件下，5000A及以上大电流脉冲电源关键技术； ●应用新型半导体功率器件进一步电源开关频率、功率密度； ●突破大电流脉冲超导电源技术	●突破快脉冲电源、慢脉冲电源及其相关的控制关键技术，性能全面达到国际领先水平，引领加速器用特种电源的技术发展	●不断提高加速器用特种电源开关频率、功率密度水平； ●不断提高加速器用特种电源综合技术水平

图 6-16　高能粒子加速器用特种电源发展路线图

2025年	2030年	2035年	2050年
●提升闸流管开关、半导体开关、高功率固态电阻、高性能磁芯等的研发能力，相关器件水平达到国际同行的标准，实现进口替代	●结合国产器件，大幅提升直线感应加速器用脉冲功率源、恒流源等特种电源的研制水平，满足重频多脉冲直线感应加速器的使用要求	●国产功率器件水平达到国际先进，达到一定的出口规模，相应特种电源达到国际领先水平	●功率器件水平国际领先，直线感应加速器性能国际领先

图 6-17　直线感应加速器用特种电源发展路线图

2025年	2030年	2035年	2050年
●掌握超高重频高功率脉冲产生、调制和传输机理; ●掌握光控型及快速离化型高功率固态开关机理、心片设计及组合控制方法	●建立超高重频高功率脉冲产生、调制和传输模型; ●突破超高重频高功率脉冲电源关键技术; ●掌握复杂辐射环境下材料响应特性对固态开关、储能器件性能影响机理	●系统掌握高功率固态开关和储能器件的物理机理和设计方法; ●掌握高功率密度脉冲电源在极端环境下的可靠性、稳定性设计技术	●不断提升高新装备用特种电源重复频率、功率密度水平; ●实现高重频、高功率密度特种电源实战化应用

图 6-18　高新装备用特种电源发展路线图

2025年	2030年	2035年	2050年
●突破抗辐照功率开关器件、抗辐照专用集成芯片、高精度无源器件用基础材料研制等关键技术	●进一步提升抗辐照功率开关器件、抗辐照专用集成芯片、高精度无源器件等特种电源关键器部件攻关能力; ●突破航空航天特种电源系统级的仿真分析和自动化设计软件关键技术	●不断提升面向极端条件的航空航天特种电源设计理论、分析方法; ●系统建立航空航天用特种电源的集成设计和产品研发体系	●不断提升航空航天特种电源技术水平，满足空天电子载荷需求

图 6-19　航空航天用特种电源发展路线图

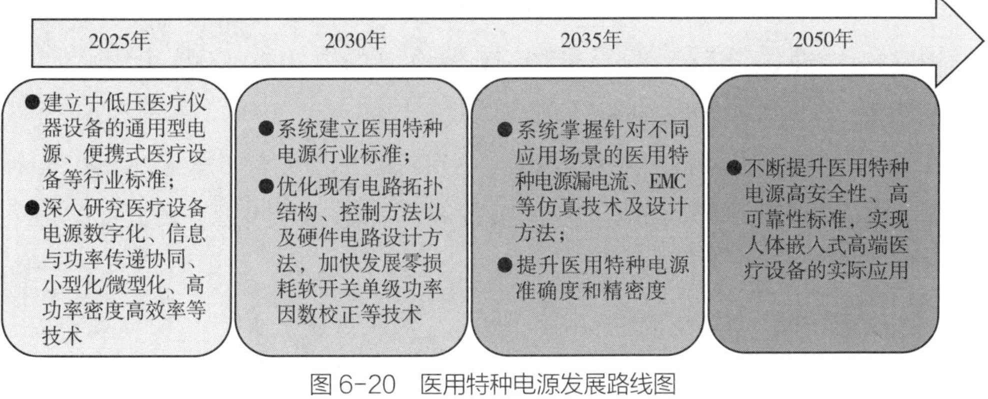

图 6-20　医用特种电源发展路线图

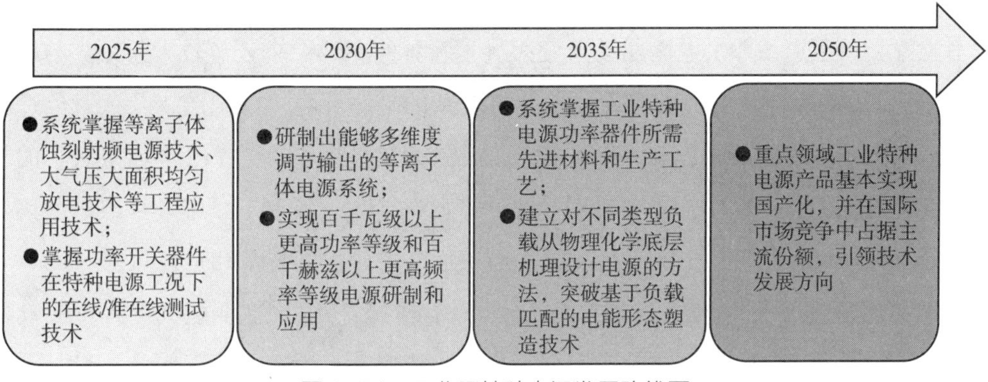

图 6-21　工业用特种电源发展路线图

5.2　差距和障碍

针对特种电源发展现阶段存在的问题，分应用领域详细阐述特种电源发展当前存在的问题。

5.2.1　大科学装置用特种电源

5.2.1.1　聚变装置用特种电源技术

（1）磁约束聚变装置用特种电源

中国聚变电源经过几十年的发展，在很多方面已经达到世界领先水平，但同时在部分方向也存在差距。一是失超保护系统中的大电流直流开关和爆炸开关，我国EAST装置允许电流为15 kA，目前世界上运行电流最大的装置是ITER装置，电流达到70kA。而中国聚变工程试验堆CFETR的规划目标为100 kA，开关研制难度与电流的平方成正比，需要针对大功率直流开关分断、磁体储能快速转移，以及高度可靠性设计等方面开展攻关，解决面临的科学、技术和工程问题。二是1000kV可调制的中性粒子高压电源系统，关键技术是要求 μs 级快速电压调制，以及高压缓冲能量吸收器。国内最高参数是中国科学院等离子体物理研究所使用 100kV/100A 中性粒子电源；国外日本 JT-60 已经研究出 800kV 的电源系统，ITER 需求 1000kV/40A 的电源系统，现正在由日本和欧盟共同研制，已经取得了一定的进展，但有些关键技术正在等待解决。中国在研制过程中虽然可以借鉴 ITER 的一些经验，但是中国应该进行样机的研制，开展关键技术的攻关。

（2）Z 箍缩聚变装置用特种电源

单次运行的 Z 箍缩聚变装置方面，目前世界上输出能力最强的脉冲功率装置是美国圣地亚实验室的 ZR 装置（~26MA），国内虽然于 2013 年建成了 10MA 的强流脉冲功率装置，单距离 50MA 电磁驱动聚变大科学装置的参数要求还有较大差距。与已有装置相比，50MA 涉及更高的绝缘电压、更复杂的绝缘环境（强辐照以及负载碎片高速冲击等）、更高的传输电流和功率水平以及更大数量规模（高 1~2 个数量级）的开关、电容器等关键器部件，需要针对超高功率脉冲产生、调制、传输和加载以及高可靠驱动器总体设计和评估方面开展攻关，解决面临的科学、技术和工程问题。

重频运行的 Z 箍缩聚变装置方面，60~70MA 的 Z 箍缩聚变 – 裂变混合堆驱动器要求装置能够以 0.1Hz 的重复频率运行至少达 1 年以上（大于 300 万次），可以看出，能源规模的 Z 箍缩驱动器是工程技术难度极大的超大规模脉冲功率装置。对相当一部分关键单元技术的要求和整体工程难度都是空前的，甚至已经超出目前脉冲功率技术的极限水平。为此，需要从长寿命、超高功率、重频等几个方面涉及的科学、技术和工程问题进行重点攻关。

5.2.1.2 高能量密度物理用特种电源

超大电流的同步汇流：数百模块的同步触发动作以及数十甚至百 MA 的超大电流汇流目前尚未在国内实现。目前虽在威龙 -2 平台上进行了基础技术验证，但更大规模尚未在国内得到验证，缺少相应技术储备。而且除模块化技术外，更大的指标性能需求也需要探索新的技术路线。

电流整形调节：目前 MA 量级的电流整形技术仅在中国工程物理研究院流体物理研究所的荧光 -1 装置进行验证，数十模块、数十 MA 甚至更大规模的电流整形调节技术尚无先例。而且物理实验要求也需要性能更好的调节能力。

配套测试诊断技术：更全面的测试诊断手段一方面可以更好地确认装置状态，也可以给出更精细的实验物理图像。

实验防护技术：美国已经实现了相当的实验负载防护，掌握相关的技术。我们目前在该领域缺少经验，与急迫的物理实验需求差距较大。

5.2.1.3　高能粒子加速器用特种电源技术

目前，加速器用特种电源在设计、电路拓扑、控制策略设计等方面与国外已经没有差距，但是在电源绿色环保、人机功能设计、所用原材料、关键元器件选用等方面差距明显。现阶段大型粒子加速器特种电源与国外同类装置的差距主要体现在指标、工艺方面。目前国内加速器电源装置的部分电源指标已经接近国际先进水平，但是在电源生产、制造工艺，电源电磁兼容性、功率密度、可靠性等其他性能方面，与国外电源的差距较为明显，这反映出国内相关工业技术水平与国外还有较大差距。主要障碍在于大部分核心半导体功率元器件都是国外公司产品，国产产品在性能、产量等方面不能满足要求，主要控制用芯片全部是国外产品，国内产品几乎是一片空白；部分原材料质量与国外比还有差距，例如无氧铜的质量；设计软件也几乎全部是国外产品；这些问题往往是国内工业深层次的问题，解决起来相对不容易，而且极易受到国外的控制和遏制。另外一个障碍是加速器电源领域相对专业、狭窄和封闭，开放性、包容性相对欠缺。

5.2.1.4　直线感应加速器用特种电源技术

直线感应加速器用特种电源技术与国外的差距主要体现在以下几个方面：

半导体开关器件：功率半导体开关方面和国外水平差距较大，高重频脉冲功率源所使用的MOSFET开关目前基本全为进口，IGBT开关仅小部分可实现国产。

高功率固态电阻：直线感应加速器中加速腔匹配电阻的工作电压高达数百kV，阻抗20～50Ω，且对稳定性和寿命有较高的要求，目前国内尚未有满足应用要求的高功率固体电阻，在用的固态电阻全部从英国HVR公司进口。

大尺寸非晶、微晶磁芯：国内具备研制大尺寸非晶、微晶磁芯的能力。但国内研制的非晶带材在质量稳定性上还达不到在加速器中长期应用的要求，目前加速器中在用的磁芯主要还是进口带材。

脉冲恒流源：现有技术较为成熟，但需针对加速器的具体应用需求开放相应的专用电源设备。

5.2.2　高新装备用特种电源

高重频条件下，高功率脉冲的产生、调制和传输过程与低重频条件不同，可靠性、稳定性及能量传输效率都会降低，包括高重频条件下单元器件的工作状态等都会影响高功率脉冲的产生和传输。

特殊应用要求脉冲功率装置尽量实现模块化、小型化和固态化以及重频运行，但是，目前对高功率固态开关载流子产生、输运及扩散机理以及高密度储能器件损伤机理认识不深入，对高功率固态开关和储能器件物理机理研究刚刚起步，难以实现单元器件在功率、储能密度、寿命、可靠性等技术指标的显著提升。

由于高新装备用特种电源一般应用环境恶劣，需要耐受 β 、γ 、中子等的辐射，高新装备用特种电源系统在辐照环境下的可靠性研究刚起步。

5.2.3 航空航天用特种电源

航空航天用特种电源的主要差距包括：

1）抗辐照功率开关器件、抗辐照专用集成芯片、高精度无源器件等航空航天高性能基础元器件方面差距较大，基础材料多依赖于进口，特别是关键芯片的制造，在体积重量、功率密度、极端环境耐受性、长期可靠性和稳定性等方面与国外差距显著。

2）在航空航天特种电源系统级的仿真分析和自动化设计软件方面相对空白，PELS、Saber 等通用电力电子仿真软件同样严重依赖国外授权使用，成为制约大容量航空航天特种电源发展的关键因素之一。

3）在航空航天特种电源可靠性设计和保障技术方面，国外已迈向整体能量优化这一研发阶段，而国内仍主要依靠备份技术来保障电源系统可靠性，在航空航天特种电源的失效机理、可靠性准确验证、精确量化评估、寿命预测与健康管理等方面仍存在较大突破空间。

4）航空航天特种电源面临极端环境、极端工况、极端冲击、多场耦合等多重挑战，在运行过程中，脉冲大电流、高电压、高功率、强磁场、剧烈电压 / 电流 / 磁场 / 温度 / 机械应力变化相互伴生，但面向极端条件的航空航天特种电源设计理论、分析方法仍未清晰。由于基础元器件方面的薄弱，对于材料器件在极端条件下的性能表征、试验验证、失效及可靠运行机理等认识不足。

5）航空航天特种电源的发展与空天电子载荷的需求密切相关，我国新型电子载荷的发展长期落后于欧美等发达国家。近年来空天载荷技术发展迅猛，但由于发展时间短，对载荷特性的认识尚不充分，特种电源的设计、实现手段仍沿袭传统电源的思路，制约了航空航天特种电源的综合性能。

5.2.4　医用特种电源

医用特种电源主要差距有：

1）医用特种电源行业应用标准不统一，与常规开关电源存在混用现象，首先需要建立中低压医疗仪器设备的通用型电源、便携式医疗设备等行业标准。

2）在通用型和便携式医用电源标准基础上，针对具体落地的应用场景，制定更为细致的医用特种电源行业标准，包括无干扰和无线共存、低漏电流、EMC 等方面。

3）特定医用场景下的机理模型、仿真技术以及系统设计方法仍有所欠缺。

5.2.5　工业用特种电源

工业用特种电源长期工作在瞬发能量高、负荷类型杂、处理目标多的复杂环境中，一直面临功率器件可靠性低、负荷适配性弱、处理效果差等三大技术难题，亟须突破。特种电源技术发展至今，较少涉及器件－电路－系统三者间的协同调控，尚未形成高可靠性、强适配性与高能效性的工业用特种电源成套技术解决方案，极大限制了特种电源系统的技术创新和推广应用。下面对等离子体电源、脉冲电源和大功率电源系统所面临的问题进行分析。

5.2.5.1　等离子体电源

面向应用的等离子体基础研究的最终目标就是要实现对关键等离子体参量的有效调控。而在大气压条件下对于不同等离子体放电模式下的气体温度、电子温度和活性粒子密度等的独立调控相当困难。而目前人们对于等离子体产生的微观机理依然不够清楚，尚无法实现对特定等离子体环境下各种活性粒子浓度的定量表征和精确调控。在放电驱动电源的所有参数中，目前已经确认能够影响等离子体产生和分布的参数包括：放电功率、电压幅值、工作频率、波形、放电时间等。现有的电参数对放电效果的调节并不理想。不同电能类型缺乏在统一的电气参数下衡量放电作用效果的定量分析。另外，在实际工程应用中，针对同一类型不同体积负载放电所需功率计算也缺少相应依据，设计时易存在性能上的冗余。因此厘清各种形态放电方式中电参数的影响，在理论和实验的基础上尝试给出定量关系，并在此基础上开发对应的电源装置，将是重要的研究内容。

5.2.5.2　脉冲电源

脉冲电源尽管有诸多优点，但工业实际应用依然较少，主要存在两方面的问题。在器件上，工业用特种电源目前主要使用商用半导体器件，而应用到脉冲领域时对其可靠性和稳定性都提出了较大的挑战。尽管目前商用半导体器件在开发测试时基本都包含了脉冲测试项目，但其脉宽和重复频率都距离实际脉冲工作条件差距较大，半导体器件实际工作寿命仍需验证。在电路上，脉冲电源的体积和功率密度相对于传统电源优势较小。目前主流的两种脉冲电源类型，电容叠加型脉冲电源需要大量的单元模块实现高压输出，而磁储能型脉冲电源则受限于磁性材料，磁性元件功率密度低。工业上已经得到应用的脉冲电源主要是通过谐振方式产生，其频率上限受到较大限制。因此，需要进一步研究工业上更加实用的脉冲电源拓扑。

5.2.5.3 大功率电源系统

工业界对扩大特种电源功率一直存在需求，但企业方面缺乏相应的技术，科研机构因其偏向于工程性问题少有研究意愿。过去工程上的解决方案采用串并联功率开关的方法来提升额定容量，但这种做法要求使用的半导体器件参数保持一致，否则会产生功率不均衡现象造成电路损毁。另一个突出的问题是功率提升之后，热设计成为决定系统能否稳定工作的瓶颈。大功率特种电源发热量大，特别是在逐渐高频化后，开关损耗导致功率开关发热严重，需要专门设计解决。此外，工业用特种电源小批量、定制化的特点致使不同企业在研发同种电源时，功率设计存在随意性，缺乏统一的功率等级划分依据和标准。

5.3 实现路径

5.3.1 大科学装置用特种电源

5.3.1.1 聚变装置用特种电源技术

（1）磁约束聚变装置用特种电源

对于大直流开断技术，与中国船舶第 712 研究所共同研制开关系统；同时等离子体所正在研制 100kA 爆炸开关，现已经进行了 50kA 开关的样机研制和试验。下一步将进行更高参数的样机研制。

针对 1000kV/100A 电源，在科技部重点研发计划的支持下，由华中科技大学、西南物理研究院共同研制了 200kV/25A 的样机。中国科学院等离子体物理研究所承担的国家十三五大科学装置 CRAFT 中，并已经安排 400kV/25A 的电源研制任务。

（2）Z 箍缩聚变装置用特种电源

磁绝缘传输汇流技术研究：采用小型装置进行基础物理过程的机理研究，建立物理模型，利用大型装置（如 10 MA 装置）对物理模型进行校验，同时，开展数值模拟技术研究，将验证后的物理模型和参数加入数值程序中，最终形成可量化评估的计算模型。

高功率快前沿开关技术：高气体开关方面进一步研究开关结构、电极材料、电脉冲、触发脉冲与开关寿命、可靠性之间的关系，建立物理模型；另一方面开展高功率固态开关技术研究，研制通流能力大于 30 kA，工作电压大于 100 kV 的快速导通固态开关。

大尺寸绝缘堆性能退化研究：一方面研究单一因素（如：X 射线、中子辐射等）对绝缘材料性能退化的影响，建立绝缘材料性能退化物理模型；另一方面将依托 10 MA 装置上开展的 Z 箍缩实验进行综合环境下性能退化研究，结合单一因素性能退化模型，建立复杂环境下绝缘材料性能退化模型。

5.3.1.2　高能量密度物理用特种电源

考虑到大型流体动力学加载平台的建设周期较长，同时相关物理实验任务需求迫切，建议探索、建设两条路同时进行。一方面尽快启动更强加载能力的平台建设，利用成熟技术加快建设和调试，迅速形成实验能力，解决任务需求。另一方面加强从驱动器、汇流、电流整形、测试诊断以及实验防护等平台相关各方向的探索研究。测试创新技术方案，加强技术储备，为后续加载能力增长提供技术支撑。

5.3.1.3　高能粒子加速器用特种电源技术

首先联合国内相关行业，例如联合功率半导体行业、微电子行业、元器件行业、材料行业等，提出需求，进行专门或产品的技术开发，不断提高基础产品的性能。

增强意识，改进思维方式，在重点关注加速器需求之外，要求加速器电源设计人员还要关注环保、人机等其他方面，提出相应要求，以方便产业界进行设计。

此外，需要开展加速器特种电源标准化设计。

5.3.1.4　直线感应加速器用特种电源技术

功率半导体器件的研发和生产投资大、门槛高，需要通过全国性的产业布局，采用规模发展的路径来实现，特种电源所使用的功率半导体毕竟规模较小，需要依靠整个半导体产业的发展来带动进步。

固体电阻通常由导电氧化物和陶瓷烧结而成，掺杂和烧结工艺是决定固体电阻性能的主要因素。在同样的工作电压下，阻值越小，功率越高，要获得稳定的阻抗性能就越困难。因此，主要发展内容包括：①开展材料研究，探索电压特性、温度特性和老化特性更为稳定的电阻材料或配方；②进一步改进现有的固体电阻制备工艺，提高产品性能的稳定性和一致性。

非晶、微晶带材的厚度均匀性和表面特性是决定磁芯性能稳定性的关键因素；带材的卷绕工艺、带材间的绝缘涂敷工艺、磁芯绕制后的磁化处理则决定了磁芯的物理性能、耐压能力和磁性能；磁芯的耐油性、机械强度和尺寸精度则主要由封装工艺决定。主要发展以下内容：①在现有国产非晶、微晶薄带生产工艺的基础上，提高带材厚度的均匀性，减少带材表面的缺陷，使国产带材的性能稳定性达到日本进口带材的水平；②进一步改进大尺寸磁芯卷绕、涂敷和封装工艺，尽量提高封装后磁芯中合金材料的占空比，提高脉冲励磁下磁芯的有效 ΔB；③进一步提高封装后磁芯的尺寸精度。

5.3.2 高新装备用特种电源

为提升半导体开关的电流上升率，关键在于实现高速均匀大面积初始载流子的产生和输运，采用激光光控半导体开关或新型强电触发结合优化电路拓扑，调控半导体开关栅极初始载流子分布和演变过程，实现提升开关电流上升率的目标。

5.3.3 航空航天用特种电源

航空航天特种电源是以空天技术装备应用需求为驱动、以基础研究为支撑、由多学科交叉共同促进来发展的。首先要大力加强基础研究，在新型开关器件原理、工艺、应用上加大投入，进而力争在面向航空航天特殊应用需求的基础元器件方面取得突破。其次，加强对复杂电力电子器件、装置和系统仿真、设计工具的研发，解决电力电子技术研究的软件平台制约，构建开放、开源电力电子相关专业软件平台，以此为基础，在电力电子系统分析和设计提出新的方法，以满足特种空天装备电源系统建模、分析、控制要求。

开展多学科交叉研究。航空航天特种功率开关器件及其封装、特种电源装置及其系统等与材料学、微电子学、力学、传热学、加工/制造、可靠性等学科呈现出明显的交叉融合特性。在高校人才培养阶段即加强跨学科专业交叉课程建设，加强对学生相关专业基础知识能力的培养，为航空航天特种电源的融合发展、内涵深化、外延拓展提供基础条件。

探索国防企业、工业民用企业和高校、科研机构深度参与的产学研合作新模式。一直以来，航空航天特种电源主要以型号应用为牵引，工业民用企业、基础研究科研机构参与度较低，限制了航空航天特种装备电源的发展。通过联合各方力量，对“卡脖子”问题进行联合专项攻关，将基础前沿研究成果及时转化成行业、产业发展动力。推进跨界应用的开发协同创新；推动公共研发平台建设，打造创新中心，对接与推动基础研究、技术开发、产业孵化、知识产权和标准制定等。

5.3.4　医用特种电源

（1）聚集产业人才和技术专家，针对应用场景讨论各细分行业内医用特种电源实际落地问题及技术难点，制定相应的行业标准，有效指导医用特种电源行业未来发展。

（2）在通用技术上，如高功率密度、高效率、高频小型化、EMC抗干扰、先进控制方法、新型拓扑等方面，组成技术团队，围绕特种医用场景难点进行相关设计、研发工作。

5.3.5　工业用特种电源

器件是所有门类工业特种电源当前和未来首要解决的共同问题。器件问题大致可以分为功率半导体开关器件和储能器件两类，主要需求是提升功率上限、频率上限和稳定可靠性。

针对功率半导体开关器件的需求，宽禁带半导体材料将是重要的突破口。特别是碳化硅器件，其具有的高耐压、高结温、高频率的功率特性，十分适合特种电源的研发，需要重点关注。对于传统硅基器件，应该致力于继续推动国产功率半导体企业产品容量向物理极限靠近，并着力提高器件参数一致性，为特种电源中器件的串并联扩容应用提供支持。

针对储能器件的需求，需要从材料研发基础研究入手，探求寻找能量密度更高、频率特性更好的储能材料和相应的生产工艺，如高频变压器使用的非晶材料、电容使用的新型陶瓷材料等。另外，对于国内厂家的生产工艺应提出更高要求，提高其产品容量精度和一致性。

此外，还应该发展特种电源专用的工况复现测试技术，通过对电源系统关键参数的自主设置和调控，模拟实际短时高能量冲击等极限工况对大容量功率器件的影响，揭示功率器件间的开关动作影响机理和功率器件的热应力分布规律，为特种电源系统的可靠运行与失效分析提供理论依据和数据支撑。

下面对解决等离子体电源、脉冲电源和大功率电源系统所面临问题的具体技术路径进行分析：

5.3.5.1　等离子体电源

以等离子体蚀刻为代表的高端应用，对等离子体的可控性提出了更高的要求，通过双频或多频电源驱动放电是目前一个重要的发展方向，这需要对多个频率区间的射频电源协同工作的控制策略进行研究。对于以 VOCs 废气处理为代表的需要大气压大面积均匀等离子体的应用，采用阵列式放电是较为可行的方案，需要研发相应驱动等离子体阵列的专用电源。此外，在等离子体领域中采用多重电场联合放电的方式可以充分综合利用不同电场的特点，如交流与脉冲结合，取得了比单一电场放电更好的效果。多电场叠加的方式主要可以分为两类。一种是在电源输出处直接叠加，电场电源间存在电路连接；另一种则是将不同电场施加在同一处理对象上，电场电源间不存在电路连接。通过对不同方案之间的对比研究，探索放电效果和经济性俱佳的多类型电场叠加方案。从长期发展来看，等离子体电源的进步离不开等离子体物理、等离子体化学等基础学科理论的发展，需要加强学科间的沟通交流，指导电源优化方向。

5.3.5.2 脉冲电源

脉冲电源在工业上的推广应用首先需要对脉冲电源与传统交直流电源等功耗下在作用效果、功率密度、经济性等方面进行综合对比实验，确定脉冲电源最佳应用场合和频率区间。其次，应该针对商用功率器件，在给定脉冲电源工作方式下进行工况复现测试，主要是寿命测试和稳定性测试，论证是否需要专门功率脉冲器件。最后在拓扑上，电容叠加式和磁储能式两种路线应继续同步发展，模块化技术和磁性材料技术并行，根据实用情况选择最佳拓扑。

5.3.5.3 大功率电源系统

大功率特种电源在电路发展角度应着力发展模块化技术，包括模块化多电平变换器（MMC）、H 桥级联等以单元电路形式进行功率扩展的电路技术，将这些基本成熟的电路拓扑和控制策略应用到工业特种电源领域，拓宽传统硅基器件的应用范围。

大功率特种电源系统的标准化应该从应用功率等级出发，将实际应用中同类电能不同情况下的功率需求以定量实验的方式划分为若干等级，并针对同功率等级下的电源所涉及的热设计和电磁兼容问题制定相应标准，规范产品市场，提高生产效率。

工业用特种电源智能化需求要求逐步以数字电源淘汰现有的模拟控制电源，在电源上添加现场总线、CAN 总线、I_2C 总线等通信协议，设计触摸屏、图形界面等更加友好的人机交互方式。相关软硬件可以由第三方公司开发统一平台，用户根据需要定制设计。

5.4　重点任务和攻关项目

5.4.1　特种电源系统

磁绝缘传输汇流结构传输效率与电流、电压、结构、电极表面状态的关系，建立较准确的物理模型，进一步开发电磁粒子模拟程序，通过数值方法计算磁绝缘传输汇流结构传输效率。

大尺寸绝缘堆性能提升技术研究，以及 Z 箍缩实验状态下绝缘堆性能退化机理，建立绝缘堆性能与实验数量的预测模型。

紧凑型、高功率、高重频脉冲功率源产品研发。

适用于直线感应加速器的脉冲恒流源产品研发。

超大电流的同步汇流技术研究。

放电波形高精度调控方法研究。

冲击大电流能库系统可靠性和控制策略研究。

等离子体电源：电能形态与等离子体发生基本规律与调控机理；多维度调节输出的等离子体电源系统；等离子体蚀刻射频电源技术；大气压大面积均匀放电技术。

脉冲电源：商用半导体在脉冲电源应用测试技术；脉冲电源与传统电源能效定量对比研究；工业用脉冲电源拓扑技术；磁开关、脉冲变压器等磁性元件技术。

大功率电源系统：百千瓦级以上功率等级和百千赫以上频率等级电源；模块化和高频化电源技术；智能化电源系统；功率开关器件在特种电源工况下的在线 / 准在线测试技术；大功率电源系统热设计标准；基于负载匹配的电能形态塑造技术；同类型工业特种电源功率等级标准化。

各种新颖控制策略在加速器中的应用。

小于 10ppm 加速器直流开关电源设计及实现。

小于 100ppm 跟踪误差大功率脉冲开关电源实现。

特殊工作波形电源实现。

电源的高功率密度、模块化、高可靠性、电磁兼容性设计。

5.4.2　特种器件

（1）高功率快前沿开关技术，一方面是提高气体开关可靠性，降低开关抖动；另一方面发展高功率固态开关技术，研制通流能力大于 30 kA、工作电压大于 100 kV 的快速固态开关。

重复频率高压大电流高速开关研究。

高功率半导体开关器件的研发和生产。

非晶、微晶磁芯带材和绕制工艺研究。

高功率密度充电和高效能长寿命储能技术研究。

低漏电流技术研究。

高安全性、高可靠性技术研究。

脉冲运行的万安级超导磁铁电源。

高精度多参数实时测量技术。

电源的智能化控制技术。

高集成度磁性元件设计。

6. 支撑和保障措施

6.1 器件

为更好满足实际应用需求，特种电源朝着固态化、高可靠性以及长使用寿命等方向发展。开关作为其中的核心器件，已经从传统的气体、真空、伪火花开关向晶闸管、可关断晶闸管等大功率半导体开关发展。在 2001 年美国国防部就提出了紧凑型脉冲功率技术概念，即结构紧凑、形状便携的脉冲功率技术。其中最具代表性的是美国电热化学炮使用的 5MJ 储能电源系统可由战车运载。在第 12 届国际脉冲功率会议上，美国国防部高级研究计划局（DARPA）和 CHPS（Combat Hybrid Power Systems）计划经理弗里曼博士在大会报告中强调指出，新概念武器实战化的关键在于实现脉冲功率驱动源系统的紧凑化和小型化。

高功率密度储能器件是特种电源的关键元器件，需要从储能材料、工艺等层面开展基础科学、技术和工程研究，大幅度提升储能器件储能密度水平，满足各应用领域对储能器件小型化的需求。

半导体功率器件是特种电源的核心器件之一。如加速器电源对技术指标的极高要求，要求功率半导体性能也有非常高的性能。目前主流器件都是来自国外公司，国内公司在部分器件上勉强处于主流地位，但是主流器件或者主要器件均为国外公司产品。国内功率半导体器件工业及技术水平上的落后，极大影响了加速器电源进一步发展。国家需在此方向上引起重视，特别是在下一代器件、重要应用领域所需特种器件等方面要早做准备。

6.2 标准

目前国内缺乏对于特种电源的测试标准，需要致力于推进行业标准和国标的制定，以满足今后各应用领域用特种电源的型式试验和性能试验的规范要求。

另外，国内符合检测能力的检测机构也非常少，还应推进成立特种电源标准检测机构。

6.3 系统

工业特种电源行业不同于一般电源产业，其研发难度高、研发周期长、定制程度高、单类产品需求量较小，相关电源企业研发动力不足，存在产品技术老旧、缺少行业标准等现象，不利于行业整体的健康发展。这就需要政府和学会发挥引导作用，促进科学界与工业界的互通有无。一方面可以由企业和一线工程人员提出实际需求，由高等院校、科研院所进行理论研究和研发工作，再由企业探索产业化的实现路线。另一方面，对于大科学装置、航空航天、军事技术研究中所使用的特种电源技术，应该有选择性地向民用工业方向转移，避免二次研发带来的浪费。同时，对于从事供应链上下游行业的企业之间应该加强交流，例如半导体行业与电源行业之间，从客户终端直接反馈实际应用问题和需求，有利于上游企业优化产品工艺，同时满足了下游企业产品质量需要，形成良性循环，共同促进工业特种电源行业的发展。

加速器电源主要技术特点是技术指标高、控制精度高，因此对加速器电源设计人员的综合技术水平要求比较高，对企业的技术水平和技术积累要求比较高，但是目前情况是加速器行业收入水平有限，人才吸引的力度有限，整个行业人才奇缺，这便需要各方采取多种措施增加行业吸引力。加速器电源的技术发展离不开相关配套资源的支持。例如现在电源设计完了之后都要进行电路仿真、控制策略仿真，设计电路板时都需要用到电路板设计软件。众所周知，与之相关的软件几乎都是国外产品。而且这些仿真软件都是通用软件，不一定是电力电子专业，更不是加速器电源行业的。如果能够有国产的仿真软件，如果可以根据加速器特种电源的特殊需求进行若干功能定制，提高仿真的针对性、效率、准确性等，将极大促进加速器电源技术的发展。

6.4 人才培养

特种电源方向比较小众，而且对人员专业知识要求较高，特种电源方向的专业人员培养方向应包括以下几个方面：

（1）工程知识

能够将数学、自然科学、工程基础和电气工程专业知识用于解决复杂工程问题。

（2）问题分析

能够应用数学、自然科学和工程科学的基本原理，识别、表达、并通过文献研究分析特种电源中的复杂工程问题，以获得有效结论。

（3）设计 / 开发解决方案

能够设计针对复杂特种电源工程问题的解决方案，设计满足特定需求的特种电源系统、单元或工艺流程，并能够在设计环节中体现创新意识，考虑社会、健康、安全、法律、文化以及环境等因素。

（4）研究

能够基于科学原理并采用科学方法对复杂特种电源工程问题进行研究，包括设计实验、分析与解释数据、并通过信息综合得到合理有效的结论。

（5）使用现代工具

能够针对复杂特种电源工程问题，选择与使用恰当的设计、仿真工具，进行仿真模拟，并能够理解其局限性。

（6）工程与社会

能够基于特种电源工程相关背景知识，评价专业工程实践和复杂工程问题解决方案对社会、健康、安全、法律以及文化的影响，并理解应承担的责任。

（7）环境和可持续发展

能够理解和评价针对复杂特种电源工程问题的工程实践对环境、社会可持续发展的影响。

参考文献

[1] K. Kambour, H. P. Hjalmarson, C. W. Myles. A theory of low-field, high-carrier-density breakdown in semiconductors, 27th International Conference on the Physics of Semiconductors, 2004, 772: 1269-1270.

[2] K. Kambour, H. P. Hialmarson, F. J. Zutavern, et al. Simulation of current filaments in photoconductive semiconductor switches, 2005 IEEE Pulsed Power Conference, 2005, 814-817.

[3] Jianqiang Yuan, Weiping Xie, Liangji Zhou, et al. Developments and applications of photoconductive semiconductor switches in pulsed power technology. High Power Laser and Particle Beams, 2008, 20 (1): 171-176.

[4] Ness R, Melcher P, Ferguson G, et al. A decade of solid state pulsed power development at Cymer Inc [C]//International Power Modulator Symposium, 2005: 228 - 233.

[5] Jiang Weihua, Oshima N, Yokoo T, et al. Development of Repetitive Pulsed Power Generators Using Power Semiconductor Devices [C]//Pulsed Power Conference, 2005: 1167 - 1172.

[6] Redondo L. M., Pereira M. T. Repetitive all solid-state pulse Marx type generator with energy recovery clamp circuit for inductive loads [C]//16th IEEE International Pulsed Power Conference, 2007: 711 - 715.

[7] Domonkos M. T., Turchi P. J., Parker J. V., et al. A Ceramic Loaded polymer Blumlein Pulser for Compact, Rep-Rated Pulsed Power Applications [C]//15th IEEE International Pulsed Power Conference, 2005: 1322-1325.

[8] Surender K. S., Deb P, Shukla R, et al. Compact pulse forming line using barium titanate ceramic material [J]. Rev Sci Instrum, 2011, 82: 115102.

[9] T. Sakugawa, K. Kouno, K. Kawamoto, et al. High repetition rate pulsed power generator using IGBTs and magnetic pulse compression circuit, IEEE Pulsed Power Conference, 2009, 394-398.

[10] B. Lu, Y. Qiu, C. Y. Wang, et al. A high power density high voltage distributed power system for pulse power applications, IEEE pulsed power conference, 2005, 210-216.

[11] J. Sun, H. Konishi, Y. Ogino, et al. Series resonant high-voltage PFM DC-DC converter with voltage multiplier based a two-step frequency switching control for medical-use X ray power generator, PIEMC, 2000, 2: 596-601.

[12] H. Takano, J. Takahashi, T. Hatakeyama, et al. Feasible characteristic evaluations of resonant tank PWM inverter-linked DC-DC high-power converters for medical-use high-voltage application, APEC, 1995, 2: 913-919.

[13] H. Hino, T. Hatakeyama, T. Kawase, et al. High-frequency parallel resonant converter for X-ray generator utilizing parasitic circuit constants of high voltage transformer and cables, INTELEC,

1989，2：20.5/1-8.

[14] Xiao Delong，Ding Ning，Wang Guanqiong，et al. Review of Z-pinch driven fusion and high energy density physics applications. High Power Laser and Particle Beams，2020，32：092005.

[15] Matzen M. K. Z pinches as intense x-ray sources for high-energy density physics applications，Physics of Plasmas，1997，4（5）：1519.

编写组

组　长：邓建军

副组长：李洪涛

成　员：何湘宁　史平君　阮新波　孙耀杰
　　　　傅　鹏　高大庆　孙浩良　杨周炳
　　　　郭良福　马　勋　黄子平　邓　焰
　　　　何　坤　王晓俊　张丽君　栾崇彪

第7章

前沿技术领域发展路线图

1.导　言

随着学科交叉的日益加深和用电需求的不断变化，中国电源产业前沿迸发出许多新兴研究热点，其研究规模快速壮大，研究进展快速推进，在前沿发展中对自身及其他研究领域均有着不可忽视的影响。

本章重点关注“共性问题”或“典型交叉”属性的研究热点，围绕微能量收集技术、超高频功率变换技术、无线电能传输技术、电力电子信息化与智能化技术4个前沿研究技术展开。

1.1　内容定位与规划

本章重点关注具有新颖性、前瞻性，目前正处于规划、发展研究阶段，且尚未形成规模化产业链、未来具备理想应用前景的电源技术与电子电子相关研究热点。

基于以上定位，前沿技术编写组参考有关专家的规划建议，最终明确，本章重点关注当前中国电源产业中具有“共性问题”或“典型交叉”属性的4个前沿研究技术，其中：

（1）共性问题：以电能为核心线索，基于“收集、变换、传输”框架，重点关注微能量收集技术、超高频功率变换技术和无线电能传输技术。

（2）典型交叉：基于当前信息交叉热点，重点关注电力电子信息化与智能化技术。

围绕以上4个前沿技术，本章从定义与技术架构、战略意义、研究范围及目标、发展现状与趋势、发展需求与问题、发展愿景与目标、发展线路、支撑与保障措施等方面详细展开。

1.2 相关定义和技术架构

1.2.1 微能量收集技术

技术定义：微能量收集技术是指通过对环境中不同物理形式和模态的微能量的获取、转换、存储和处理形成可直接使用的电能，为分布式信息设备供电，实现高可靠、免维护、长寿命和广泛适应性的技术。

技术架构：如图 7-1 所示，可收集的分布式微能量包括：太阳能、热能、振动和电磁波等多种形式。微能量收集技术主要体现在无处不在的微能量的获取、变换、控制、存储，以及芯片级系统集成封装，所涉及技术将涵盖物理、材料、微机电、微电子 / 光电、电力电子、自动化、通讯、计算机和信息 / 能源安全等多个领域。

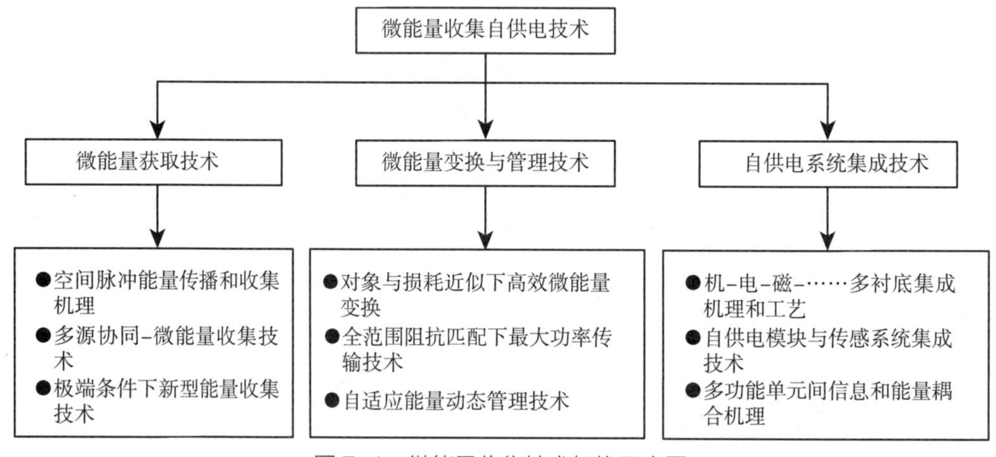

图 7-1 微能量收集技术架构示意图

1.2.2 超高频功率变换技术

技术定义："超高频" 在不同领域有不同的频率范围定义，射频领域内一般定义开关频率介于 30MHz~300MHz 间的变换器为超高频变换器，而电力电子功率变换器领域内则一般介于几 MHz 与几十 MHz 间。该类变换器起源于射频功率放大器，区别在于射频功率放大器系统的设计核心是电压与电流波形正弦度（失真度），而超高频变换器的设计核心是高效功率变换和稳定性。

技术架构：如图 7-2 所示，设计核心上的关键区别引出了超高频功率变换技术，该技术围绕超高频变换器拓扑、驱动方式、电路模型、控制策略等多方面开展系统性研究。

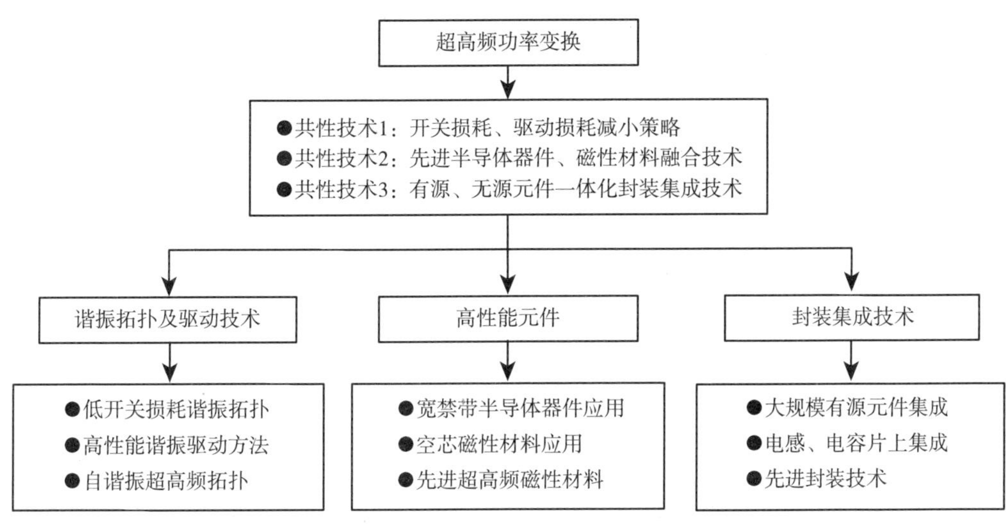

图 7-2　超高频功率变换技术架构示意图

1.2.3　无线电能传输技术

技术定义：无线电能传输（Wireless Power Transfer，WPT）技术是一种基于空间无形介质（如磁场、电场、激光、微波、声波等），实现电能的非接触传输，使用电设备从电能源获取电能的新型取能技术。

技术架构：如图 7-3 所示，无线电能传输技术架构主要包括物理层、技术层和应用层。物理层包括发射端电能变换机构、无线能量发射与接收机构（能量耦合与换能机构）、接收端换能机构与输出控制机构等基础架构；技术层包括能量传输模式与机理实现、电能变换与控制、能效提升与性能优化等关键技术；应用层包括无线电能传输系统互操作性、系统电磁兼容及电磁安全技术、传输协议与标准制定等方面。

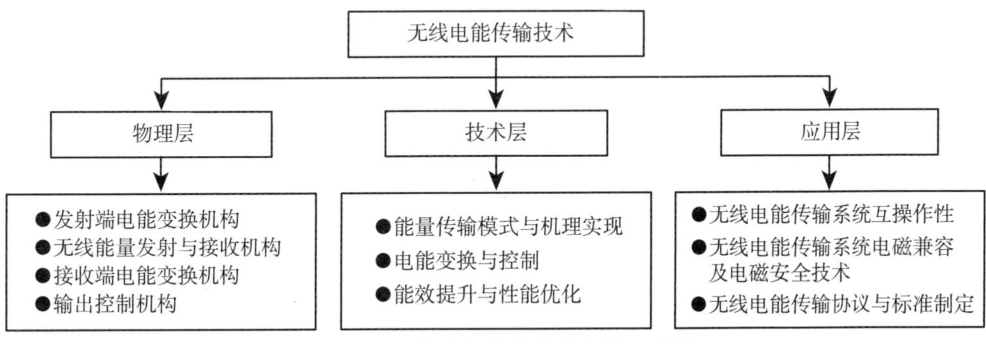

图 7-3　无线电能传输技术架构示意图

1.2.4 电力电子信息化与智能化技术

技术定义：电力电子信息化与智能化技术涵盖两个方面。一方面，基于功率变换与信息调制的兼容性，利用电力电子变换对功率与信息进行协同调控，产生同步且孪生的功率流和信息流，与传统通信技术、物联网技术协同发展，增强电源装备信息交互功能；另一方面，利用人工智能技术对电源设计、生产、调试和运维过程中产生的信息流（包括专家知识和运行数据等）进行深入发掘，免除设计、调试、运行过程的繁复劳动，赋予电源装备在复杂运行环境下的自学习、自调整、自诊断等能力，实现优质高效的功率流变换与控制。

技术架构：如图 7–4 所示，电力电子信息化与智能化主要包括，电力电子的电能变换与信息传输通用数学模型、功率流与信息流的融合方法、电力电子与人工智能、物联网等前沿技术的结合方法、电力电子智能化的可解释性、电力电子智能化标准制定与数据库构造等共性技术。

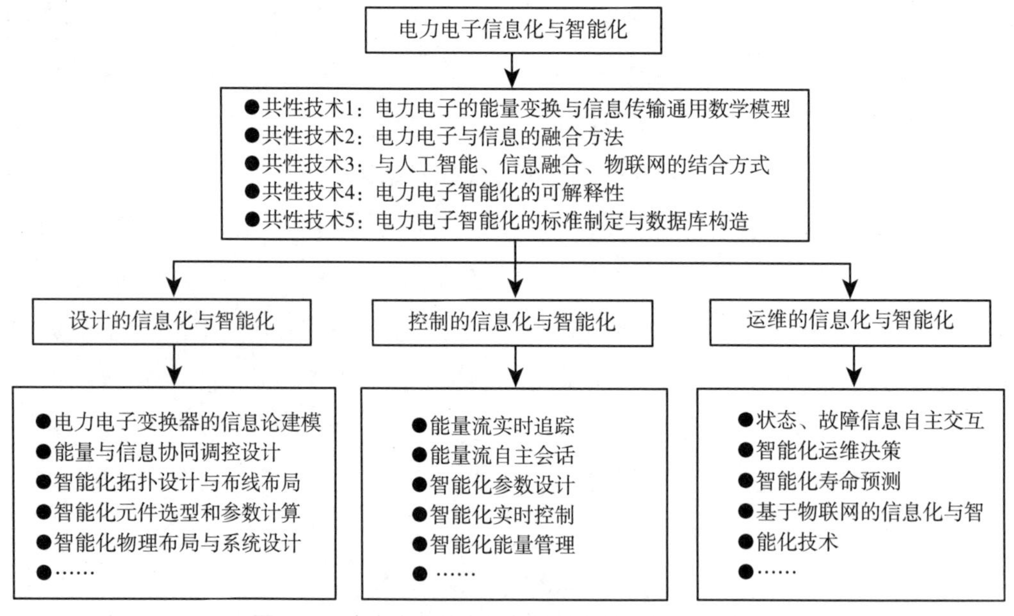

图 7–4 电力电子信息化与智能化技术架构示意图

1.3 发展前沿技术的战略意义

1.3.1 微能量收集技术

基于微能量收集技术的自供电系统是全方位和深入获取泛在分布信息的重要保

障。受运行环境复杂、覆盖地理环境跨度广等条件制约，现有供电方式（如电池储能、感应取能、风光取能等）在使用寿命、隔离、回路建设和环境依赖性、成本等方面受到不同程度限制。微能量收集技术为实现对广泛分布的空间和客体实时状态信息的连续感知与通信提供了关键基础技术支撑。

1.3.2　超高频功率变换技术

随着科技强国战略的实施，以及我国对航空航天事业大力投入，这一系列取得了举世瞩目的成就。超高频功率变换技术可通过大幅提升开关频率而极大地减小电感、电容等无源元件的数值与体积，实现功率变换系统的小型化、轻量化，对高功率密度、高效率、高可靠性航空航天电源技术攻坚至关重要，在航空航天及消费电子、国防等领域均具有广阔的发展前景。

1.3.3　无线电能传输技术

无线电能传输技术是一项电力传输领域的变革性和颠覆性技术，契合产业智能化、网联化、无人化、低碳化的发展战略。在便携式电子设备、新能源汽车、轨道交通、自动巡检装备等领域有着明确和迫切的应用需求，在国防领域装备方面可为海、陆、空、天等武器系统提供稳定、可靠的电力解决方案。

1.3.4　电力电子信息化与智能化技术

电力电子电源作为电能变换和接口设备，广泛应用于智能电网、物联网和电气化交通工具中。电力电子与信息技术、人工智能技术的融合发展，有望促进电源装备的信息化和智能化发展，显著提升电源设计、控制和运维过程的综合效益，解决电源标准化与定制化之间的矛盾，实现电源全生命周期的低碳化，提升我国电源行业的国际竞争力。

1.4　研究范围及目标

1.4.1　微能量收集技术

微能量收集技术现阶段主要针对微源取能技术、微功率变换和能量管理技术以及微纳系统集成技术等方面展开。其中，常规和极端条件下微源取能的材料和方法，多源复合式能量收集技术，以及具有高度环境适应性的宽动态范围微能量获取技术是研究重点；微功率下处理能量与损耗能级近似，兼具高传输和转换效率的高功率密度微电子化电能变换装置是实现微能量的低损耗传输和利用重要保障；通过微纳电子技术、先进半导体和集成封装技术实现能量收集系统的芯片上集成亦倍受关注。

研究目标：基于以上技术，建立独立于常规电源的泛在分布且稳定可靠的微能量收集的自供能系统。实现基于微能量收集的自供电泛在片上电源系统，以高可靠、免维护、长寿命和广泛适应性等特征推动信息化分布式设备发展，也将推进万物互联技术从零星应用成长为规模应用，建立统一化的信息产业平台。

1.4.2 超高频功率变换技术

超高频功率变换技术现阶段主要针对拓扑设计、元件优化、驱动及控制策略等方面开展研究。其中，开关频率大幅提升将导致开关损耗迅速增加，因此具有软开关特性的超高频谐振电路是研究重点；此外超高频条件下驱动电路损耗迅速增加，基于谐振驱动的驱动策略能够有效减小驱动损耗，但驱动信号频率和占空比难以迅速调整，因此基于滞环控制的控制策略目前亦受到关注。

高频化已成为电力电子技术发展的必然趋势，超高频功率变换技术有望给功率系统的功率密度和综合性能带来质的提升，为此有必要对超高频功率变换进行深入探索和研究，包括拓扑和工作特性分析、驱动方案和控制策略的研究、工作模型的建立等。

1.4.3 无线电能传输技术

无线电能传输技术现阶段主要针对以提升传输能效和空间自由度为目标的新型传能模式与新方法，基于电磁场耦合的近距离近场无线电能传输技术的关键应用技术、远距离无线电能传输技术探索与应用技术等展开研究。

突破极端复杂环境下电能传输壁垒，实现全空间、高能效电能的无线传输；面向中大功率应用场景需求，以提升能效和空间能力，提高可靠性和功率密度等为目标，攻克重大关键技术；突破大功率微波 / 激光电能传输关键实用技术，开发针对无线电能传输应用的新型系统架构与装置。

1.4.4 电力电子信息化与智能化技术

电力电子信息化与智能化着眼于电力电子与信息通信、计算机科学、人工智能等领域的学科交叉。电力电子信息化重点关注常用电力电子拓扑的信息属性及数学模型、变换器信道模型与容量测算方法、基于电力电子变换的信息调控与编码方法、功率与信息流耦合孪生机理等理论和技术；电力电子智能化重点关注电力电子电源设计、控制、运维三大环节，探索电源智能化设计、智能控制算法、智能状态监控、故障诊断及健康管理等理论和技术。

该技术旨在将通信、人工智能领域的先进理论与电力电子领域知识成果深度融合，形成多学科协同发展理论路线和技术架构。构建电力电子变换的信息论模型，揭示功率流与信息流的耦合机理，形成功率与信息协同调控体系，增强电源装备信息交互能力；实现电力电子电源设计、制造、控制、运维四位一体的全方面智能化生态，提升电力电子电源从研发到生产的低碳化程度。该技术可显著改善电源性能，进一步提升我国在电源领域的竞争力。

2. 发展现状与发展趋势

2.1　微能量收集技术

2.1.1　微能量收集技术发展现状

近十年来，能量收集技术获得高度关注，并已在多个领域形成初步的产业化应用，如医疗领域中基于人体表皮热能收集的医用植入设备、国防领域中基于动力势能和振动能量收集的手表背包等。2019 年，微能量收集的相关产品的全球市场份额达 551.43 百万美元，并在不断稳定增长中。

在科研推进方面，各国围绕能量收集技术也已展开大量科研项目并建立了相关研发中心。美国陆军通讯电子研发中心（CERDEC）提出了基于能量收集技术“零耗”计划。美国国防部高级研究计划局（DARPA）于 2020 年启动了全自供电无人潜水器的项目研究。美国国家科学基金委在北卡罗来纳州立大学成立了先进自供电系统和集成传感器纳米系统工程研发中心（ASSIST）。欧盟地平线计划（H2020）自 2010 年以来先后支持了多个能量收集技术相关项目。以王中林院士为代表的中国科学院北京纳米能源与系统研究所，在压电/摩擦发电领域，先后承担了多个国家重大科技项目，代表了全球摩擦发电的最高水平。

目前，能量收集技术发展现状如图 7-5 所示，在微能量获取技术、微能量变换技术、微能量管理技术等方面均已有大量基础研究。

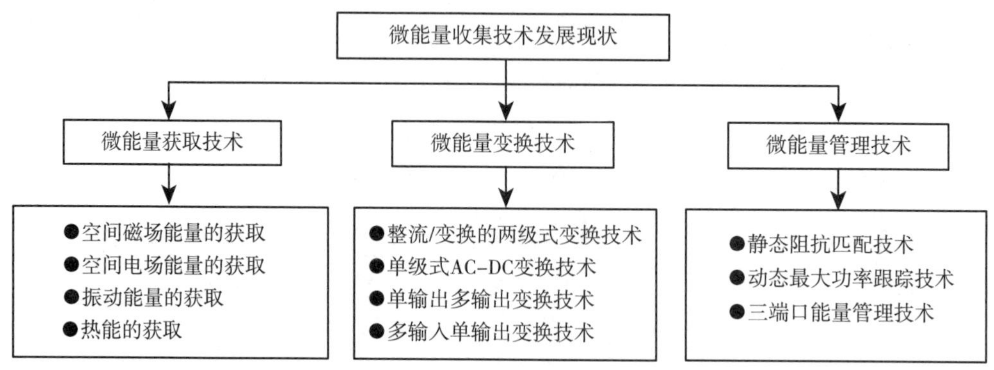

图 7-5 微能量收集技术发展现状概述图

2.1.1.1 微能量获取技术

微能量获取技术包括太阳能收集、热能收集、电磁能量收集、振动能量收集等多种方式：

（1）电磁能量收集利用电磁感应实现空间中磁场能量的捕获，按照收集频段可分为工频、中低频、射频和微波能量收集。英国斯特拉斯克莱德大学揭示了磁芯形状和材料对取能输出功率的影响，在 50A 的交流电流下收集 12.5W 的能量。美国加利福尼亚大学戴维斯分校采用多频天线，实现 940MHz、1.95GHz、2.44GHz 三频段能量收集。清华大学采用平面单极子天线的宽带电磁能量收集系统，频率覆盖 900MHz~3GHz，但是天线的尺寸较大且增益较低。

（2）电场能量收集通过电场感应实现能量的获取，目前主要针对输配电环境。低压环境中的电场能量收集以提高有限空间内的输出能量为目标。高压环境中电场能量收集则是侧重于回路建设的稳定性、绝缘和安全性等几个方面。韩国中央大学的研究团队采用非接触式电场取能技术，在距离 765kV 的超高压三相输电线路 4m 处，成功为毫瓦级传感器供电。华南理工大学提出了一种利用采集板与虚拟带库之间的杂散电容采集电场能量的技术，在 50kV 交流电下，可收集到 645mW 的能量。

（3）振动能量收集具有多种不同的收集机制，分为电磁感应原理、压电效应、静电感应、摩擦电化效应等。汉阳大学的研究团队设计了一种与道路兼容的压电收集器将车辆微小位移产生的机械能有效转换为电能，为车辆指示灯自供电。由于谐振电磁式振动能量收集器具有取能频带较窄的特点，华中科技大学的研究团队设计了运动行程叠加式和谐振点解耦型的双频带电磁能量收集器，同时实现宽频带取能范围和高功率密度。

2.1.1.2　微能量变换技术

不同的微源取能技术具有不同的输出电特性：热电取能的输出直流能量，而振动和电磁能量收集的输出交流能量；射频和热电取能下输出电压极低，而压电和静电取能的输出电压很高。针对不同的微能源，所采用能量转换电路方案不尽相同。面对处理能量与损耗能级近似的特定场景，实现低功耗、高功率密度的电能变换是微能量收集中实现高效变电和用电的主要挑战。欧美国家在微能量变换技术的科技研发和产业投入远远领先中国。德州仪器公司早在 2007 年就发布了首款针对能量收集技术的系统开发平台 eZ430-RF2500。德诺半导体、美信等半导体公司已拥有针对不同微能源的电能变换芯片产品线。面对微能量源的特异性，常规的规模化工程设计方法在自供能电子系统中难以实现较好性能。

2.1.1.3　微能量管理技术

实现微电能的高效输送和分配也是微能量收集系统中值得格外关注的关键技术。一方面，不同的微源取能方法具有不同的输出阻抗特性，电磁式振动能量收集的输出特性为阻感性，而压电式电磁能量收集的输出特性为阻容性。通过控制电能变换单元的导通模式，或采用最大功率跟踪技术，实现微能量传输的阻抗匹配。然而当取能输出阻抗中电抗较大时，需采用共轭匹配技术实现最大功率传输；另一方面，环境中的微能量源往往具有不规则的动态特性，因此难以长期维持稳定的输出能量。因此，需综合微能量源特性和负载的用电需求，构建多向微能量流，形成灵活的微能量输配和管理。

2.1.2　微能量收集技术发展趋势

微能量收集技术是信息化时代下解决分布式感知设备供能的有效方法。通过微能量收集，建立独立于常规电力系统的、泛在分布、高效稳定且无线互联微能量电源系统，为超链接趋势下泛在传感器提供稳定可靠的供能。微能量收集技术虽在国内外已有一定研究基础，但仍处于基础理论和方法的积累阶段，尚未建立完善的技术体系；另一方面，微能量收集技术与应用环境与对象紧密相关，微源取能和变换需结合微能量源的特性进行定制化的研究。如图 7-6 所示，未来 30 年的总体发展态势主要包括：

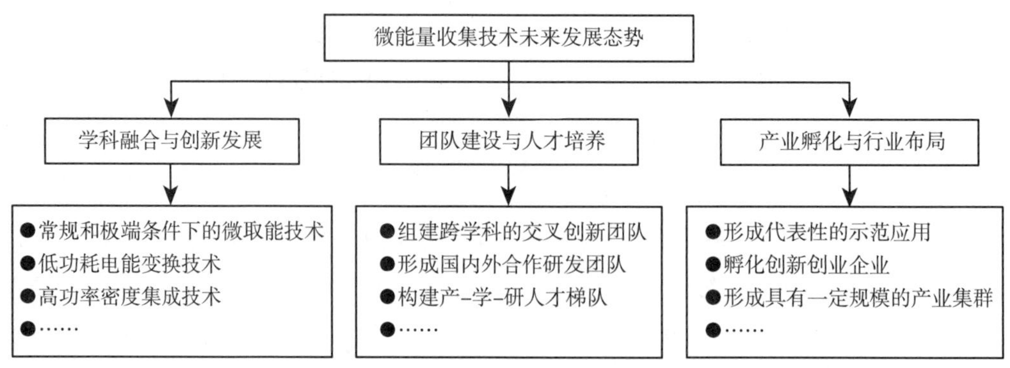

图 7-6　微能量收集技术发展趋势图

（1）学科融合与创新发展。微能量收集技术将围绕以下几个主要研究方向展开，包括：微源取能的泛在环境适应技术、基于全范围阻抗匹配的高效微能量传输和自适应能量管理技术、微能量收集系统的芯片级的多维度集成技术，以及微能量与信息的协同收集和无线交互技术等。结合新材料、新器件、新集成工艺、人工智能、无线能量传输等多项关键技术，通过多学科交叉融合，协同发展，实现理论创新和技术攻关，突破微能量收集自供电技术的应用瓶颈。

（2）团队建设与人才培养。打破现有学科界限，调整学科结构，布局交叉研究方向，逐渐形成具有多学科强势互补的创新人才团队。组建以国际知名学者、企业一流技术管理人才为领导，中青年专家和技术骨干为中坚力量，年轻学者和研究人员广泛参与的产学研人才梯队，为该领域持续培养和输送创新型科研技术人才。

（3）产业孵化与行业布局。全面探索和深度挖掘微能量收集技术的应用环境，与信息产业深度合作，构建试点应用项目，实现能量收集技术从零星示范应用到规模应用的发展。同时，孵化一批具有创新和开拓精神的创业企业，在该领域逐步实现一定规模的产业集群，服务于我国国民经济和国防建设的重大需求，形成我国在该领域的国际领先优势地位。

2.2　超高频功率变换技术

2.2.1　超高频功率变换技术发展现状

近几年来，超高频功率变换技术理论逐渐完善，超高频功率变换器在多个领域内形成初步应用，如在消费电子领域中，AirFuel、NFC FORUM 等公司提出的兆赫兹无线充电技术可以实现高空间自由度充电，安克、联想、小米等公司推出的高频高功率密度氮化镓变换器也逐渐占据移动快速充电市场。在工业界，以 Vicor、NXP、TI 公司产品为代表的数据中心供电模块的频率已被提升至 MHz 级别。航空航天、医疗成像、芯片刻蚀等领域均对高功率密度的兆赫兹电源有强烈的需求。在科研推进方面，美国国家科学基金会在麻省理工学院、斯坦福大学及明尼苏达大学支持了多项针对高频、高功率密度电力电子系统的研究，其应用范围包括无线电能传输系统、便携式增强 X 射线系统、电流体动力飞行器等。欧洲的丹麦科技大学、英国帝国理工学院等也在超高频功率变换领域有所突破。

目前，超高频功率变换技术发展现状如图 7-7 所示，在有源 / 无源器件、逆变 / 整流拓扑、DC-DC 拓扑等主要方向均已有大量研究。

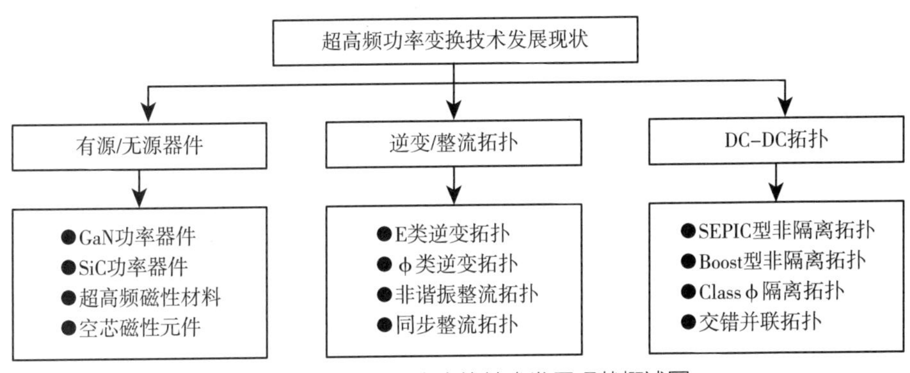

图 7-7　超高频功率变换技术发展现状概述图

2.2.1.1　氮化镓功率晶体管

传统硅器件性能已经达到理论极限值。为了进一步提升功率密度，变换器需要工作在更高的频率。在 kHz 级别，硅器件的应用已经相当成熟，而在 MHz 级别，硅器件的优势难以凸显。氮化镓高电子迁移率晶体管由于拥有更高的性能系数和更小的结电容，其开关速度更快，驱动和开关损耗更小（约为硅器件的十分之一），在 MHz 级别具有很明显的优势。因此，把氮化镓器件应用于 MHz 及以上的场合，能够在保证高效率的前提下，大幅提升功率密度。另外，氮化镓器件的禁带宽度更宽，理论上能够承受更高的电压，进一步扩大了应用范围。

2.2.1.2　电路拓扑

超高频功率变换系统的主电路拓扑一般由逆变单元、整流单元、阻抗匹配单元组成。逆变单元用于产生带直流偏置的开关频率交流电压，整流单元用于通过谐振将能量提供给负载。阻抗匹配网络连接逆变单元和整流单元，可调整输出电压电流幅值，也可实现隔离滤波等功能，但添加与否由具体设计要求决定。

① 逆变单元：超高频功率变换器的电路拓扑起源于射频功率放大器，其中 E 类、F 类、Φ 类射频功率放大器都促进了超高频功率变换器电路拓扑的衍变，具体如下。

E 类功率放大器：该类拓扑于 1975 年由美国科罗拉多大学的尤因在其博士论文中提出，是最早提出的工作频率可达 MHz 的开关变换器。该拓扑电路中，主功率器件的寄生电容被外并电容吸收，协助电路正常工作，消除了寄生电容的影响，且开关管实现零电压开关，减小损耗。与传统功率放大器的功率管工作在线性放大区不同，E 类功率放大器的功率管工作在开关模式，与开关电源中的功率管工作方式类似。该拓扑结构简单，具有高效率、高可靠性，且理论效率可达到 100%，因此适合超高频场合。

F 类功率放大器：针对 E 类功率放大器中功率器件电压应力较大的问题，F 类功率放大器被提出。该类拓扑采用负载网络谐波控制，通过对奇次谐波呈现高阻抗、对偶次谐波呈现低阻抗的方法，使得晶体管的漏极处形成只含有奇次谐波成分的方波电压和只含有偶次谐波成分的半正弦电流，从而降低晶体管电压应力。然而，该电路存在多个滤波模块、电路复杂，且晶体管的寄生电容不能被有效吸收，影响电路的稳定工作，因此限制了该拓扑在超高频功率变换技术中的应用。

Φ 类逆变器：Φ 类逆变器结合了 E、F 类放大器的优点，通过在 E 类放大器的输入端串联传输线 L–C 网络，对器件电压电流进行整形，从而降低开关器件电压与电流应力，提高效率。

E 类、F 类、Φ 类射频功率放大器拓扑奠定了超高频功率变换系统中逆变器拓扑的研究基础。除此以外，Class E 逆变器仅含有一个开关管，驱动简单，因此在最初被超高频功率变换器所采用，但该逆变器含有扼流圈电感 L_{CHOKE}，很大程度上影响了变换器的功率密度，限制了其在超高频领域的优势。

② 整流单元：整流器的作用是将输入交流量转化为直流量，常用方法包括半波、全波和桥式整流等。这些传统整流电路简单实用，广泛应用于低频变换器中。然而，这些整流电路中的二极管均为硬关断，存在反向恢复损耗，且随着开关频率的提升明显增大，严重影响电路效率，所以传统硬关断式整流器不能应用在超高频场合。

谐振整流器通过谐振电感和谐振电容的谐振工作，可实现二极管的自然关断，消除二极管反向恢复损耗，因此适合在高频下工作。Class E 整流器一般分为电压型和电流型谐振整流器，拓扑简单，易于分析，目前被超高频功率变换器广泛采用。在一簇 Class E 整流器中，最为常见的两种拓扑结构为电压驱动型 Class E 整流器和电流驱动型 Class E 整流器。除此之外，其他类型的整流器也可应用在超高频领域。

③ DC-DC 变换器：DC-DC 变换器可大致分为非隔离型、隔离型两类。

非隔离型超高频 DC/DC 功率变换器结构简单，且不涉及超高频变压器设计，如 SEPIC 型超高频 DC/DC 系统，其逆变器和整流器均为 Class E 结构，两者之间的阻抗变换网络为 L 型结构。该类拓扑的优势在于匹配环节中的高频谐振电容具有隔直能力，且合理设计各无源元件参数后，该系统还可分别实现升压输出或者降压输出的功能。然而该拓扑采用的 Class E 逆变环节导致开关管的电压应力极高，几乎达到 4 倍输入电压，这一缺陷极大地限制了该拓扑在输入电压较高场合中的应用。

为了降低开关管的电压应力，相关研究对基本的 Boost 型超高频功率变换器进行了改进，提出了基于 Class Φ2 逆变结构的 Boost 型变换器。通过对电路参数的合理设计，可以保证开关管的漏源阻抗对二次谐波呈现低阻特性，对三次谐波呈现高阻特性，从而大大降低开关管的电压应力。同时进一步提出了一种基于空芯平面 PCB 变压器的超高频 DC/DC 系统，在该拓扑中空芯变压器为系统的输入输出侧提供了电气隔离，其原副边漏感分别被谐振电感吸收，励磁电感与 Class Φ2 逆变等环节的无源元件谐振，保证了开关管的软开关特性和低电压应力特性。此外，随着研究的深入，基于以上基本拓扑，电路结构更加复杂的新型超高频拓扑比如交错并联型超高频功率变换器和双向超高频功率变换器等逐渐被提出。

2.2.2 超高频功率变换技术发展趋势

高频谐振变换器目前在国内外尚处于起步阶段，其电路拓扑、设计方法、驱动电路及控制策略虽然有一定研究成果，但在许多方面仍值得进一步研究和优化，具体如图 7-8 所示。

学科融合与创新发展。聚焦超高频电力电子技术的前沿领域，融合新材料、宽禁带器件、人工智能、先进封装等多项关键技术，通过多学科融合协同发展，理论创新与技术创新双措并举，构建并完善超高频功率变换的基础理论，解决该技术的基础科学问题，并突元件 - 拓扑 - 系统的集成应用瓶颈。

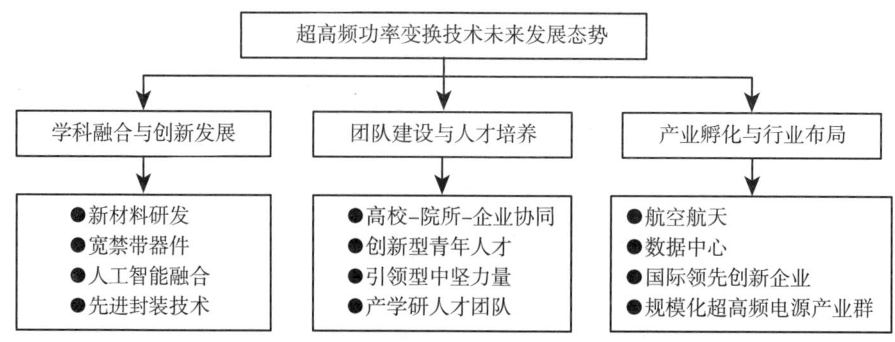

图 7-8　超高频功率变换技术发展趋势图

团队建设与人才培养。逐渐形成高校 – 院所 – 企业协同参与的人才培养模式。组建若干以国际知名学者、企业一流技术管理人才为领导，中青年专家和技术骨干为中坚力量，众多年轻学者和研究人员广泛参与的产学研人才梯队，为该领域持续培养和输送创新型科研和技术人才、为持续创新发展注入强大人才动力。

产业孵化与行业布局。在政策引导下，面向航空航天、数据中心等重点应用场景，在高校 – 企业 – 市场的综合引导下，建立示范试点项目，推动科技成果转化和技术落地。同时，孵化一批国际领先的创新企业，在该领域逐步形成一定规模的产业集群。推出若干国际领先且具有竞争力的高密度、高功率超高频电源产品。

2.3　无线电能传输技术

2.3.1　无线电能传输技术发展现状

早在 19 世纪中后期，无线电能传输技术就被著名电气工程师尼古拉 · 特斯拉提出，并进行了相关实验研究。到 20 世纪初期，日本的八木秀次和宇田太郎发明了一种可用于无线电能传输的定向天线（又称八木 – 宇田天线），可将能量以微波的形式发送出去。1991 年，奥克兰大学约翰 · 博伊斯团队开发了一种基于感性耦合与并联调谐的无线电能传输技术，即 Inductive Power Transfer（IPT）技术。2007 年，美国麻省理工学院在《科学》期刊上发表了相关研究成果，引发了无线电能传输技术的研究热潮。2017 年，美国斯坦福大学在《自然》上发表论文，提出基于宇称 – 时间对称原理的高效无线电能传输，将无线供电技术的发展推向了一个崭新的阶段。

我国在无线电能传输领域的研究工作起步较晚，从 21 世纪初开始，国内才开始进行相关研究，主要集中在基于电磁耦合原理的无线电能传输技术、基于电场耦合原理的无线电能传输技术的研究与推广应用方面。进入 21 世纪 10 年代以后，开始了基

于微波 / 激光传能原理的无线电能传输技术的研究，使得该技术的应用领域得到了不断拓展。

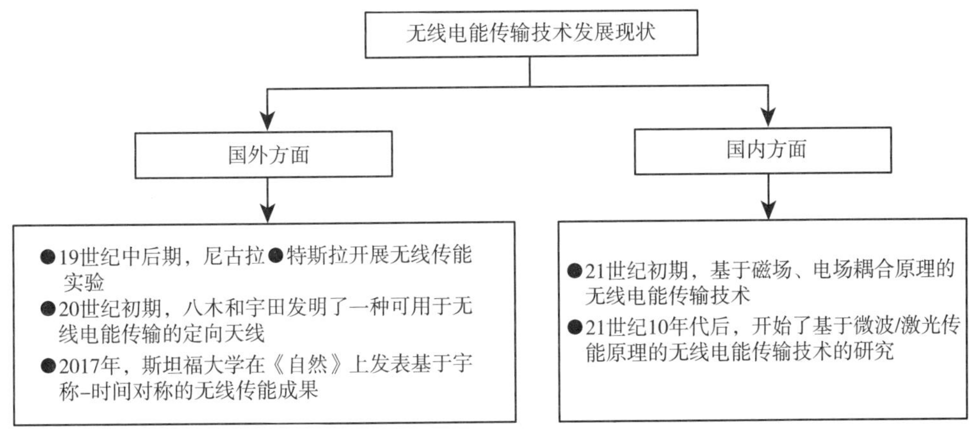

图 7-9　无线电能传输技术发展现状概述图

2.3.1.1　基于磁场耦合原理的无线电能传输技术

基于磁场耦合原理的无线电能传输技术作为一类近距离无线供电解决方案，20 世纪 90 年代以后在民用领域得到了示范性应用。在新西兰、德国、美国以及日本都有一定的初级产品问世，但主要局限于交通运输运载工具的无线充电 / 供电应用，大多属于示范型工程。在 21 世纪初，我国部分高校和研究院所开始从事这项技术的研发和应用，研制出千瓦级无线电能传输示范系统，面向电动车无线充电、家用电器无线供电、生物医电装置非接触供电等技术应用做了大量的应用推广工作，产生了大量的专利成果并取得一定的应用成效。

随着无线电能传输技术体系的逐步完善，其发展方向也逐渐向产业化靠拢。目前无线电能传输技术主要应用于：消费类电子、家用电器、智能家居、医疗电子设备等小功率无线供电；电气化交通及运载工具（电动车、轻轨、高铁）无线充 / 供电；工业系统（机器人、工业运输系统）无线充 / 供电；水下无线供电等。

2.3.1.2　电场耦合式无线能量传输

电场耦合式无线能量传输系统采用高频电场作为传输媒介，具有耦合机构轻薄、成本低、可跨越金属传能、涡流损耗小等优势。从 2008 年起，以新西兰奥克兰大学为代表的国外研究团队围绕电场耦合式无线电能传输技术开展研究，使该技术在传输功率、效率、距离上有了数量级的提升。国内在该领域的研究工作与国际上同步发展，部分高校和科研单位进行了大量的机理探索、能效提升、示范装置开发等研发工作，主要围绕补偿网络变换、系统能效提升和稳定性控制、基于电场的电能与信号并行传输、电场磁场融合的新型传能方式与拓扑等方面展开研究工作并取得了一系列的成果。目前，正在大力推进电场耦合无线电能传输技术的应用推广。

2.3.1.3 微波无线电能传输技术

20 世纪 70 年代，美国进行了基于微波传能驱动直升机的实验，从此人类开始探索微波无线电能传输技术，并取得了大量的探索性研究成果。如 1974 年美国雷神公司在实验中实现 54% 的直流到直流电能传输效率，2008 年 NASA 进行当时距离最远（148km）的传输实验，1983 年日本进行了世界首次电离层微波能量传输试验等。21 世纪 10 年代，国内大学和研究院所相继开始了地面微波电能外场实验、高效整流天线、反向波束控制等研究。

2.3.1.4 激光无线电能传输技术

在激光无线电能传输技术方面，美国的研究处于领先地位，具有较成熟的理论和技术。2009 年激光动力公司采用激光电能传输技术为机器人“登山者”提供了攀爬 1 千米的动力来源。2012 年，美国洛马公司和激光动力公司研究的激光无线电能传输技术在美国现役无人侦察机上成功得到应用。2019 年，美国海军实验室成功验证了 200W/300m 的激光无线电能传输系统。国内研究起步较晚，多集中在小功率（几瓦级至十几瓦）、短距离（几米至十几米）的验证阶段，但在高能激光技术、光束控制技术、光伏技术等单一研究方向已积累了理论和技术基础，亟须以激光无线电能传输为牵引推动多学科交叉融合的应用基础研究。

2.3.2 无线电能传输技术发展趋势

通过近年来学术界和产业界的共同努力，无线电能传输相关基础理论、技术方案和产业应用方面均取得了显著成绩。无线电能传输技术属于多学科交叉的国际前瞻性研究，拥有巨大的发展潜力和广阔的应用前景，如图 7-10 所示，未来 30 年的总体发展态势主要包括：

学科融合与创新发展。探索无线电能传输新原理和新方法，为进一步推动相关领域革命性突破奠定基础；基于不同原理的无线电能传输正处于并行发展阶段，多原理优势互补有利于促进无线电能传输的广泛应用。在关键技术方面，当前发展面临的共性关键问题逐渐显现，主要包括系统拓扑、能效优化、异物检测、电磁兼容、互操作性、多物理场分析等方面。结合新材料、新器件等多种前沿技术，未来实现多学科交叉融合对于提升系统性能指标和智能化水平具有重要意义。

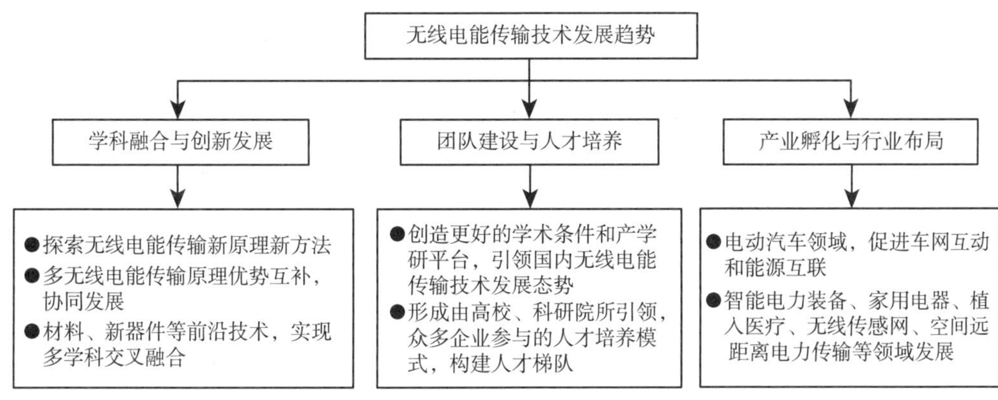

图 7-10　无线电能传输技术发展趋势图

团队建设与人才培养。创造更好的学术条件和产学研平台，促进形成具备国际视野的无线电能传输技术核心智库团队，引领国内无线电能传输技术发展态势。逐渐形成由高校、科研院所引领，众多企业参与的人才培养模式，构建产学研人才梯队，为该技术的持续创新提供支持。

产业孵化与行业布局。无线电能传输技术有利于解决电动汽车、轨道交通等现代电气化交通领域充电和供电的灵活性和安全性问题，促进车网互动和能源互联，在智能电力装备、家用电器、植入医疗、无线传感网，以及空间远距离电力传输等领域均具有良好的发展前景。当前国内外无线电能传输技术研究水平相当，未来 30 年将以国际领先为目标，进一步加强基础理论探索，全方位突破核心技术，融合多学科前沿技术，服务于国民经济和国防建设的重大需求。

2.4　电力电子信息化与智能化技术

2.4.1　电力电子信息化与智能化技术发展现状

早在 20 世纪 80 年代末，已有研究者尝试将人工智能技术应用于电力电子领域，但受限于当时智能算法以及控制硬件的限制，研究一度停滞。随着新一代人工智能技术（新算法框架、新开发语言、专用人工智能芯片、边缘人工智能技术等）的飞速发展，智能化技术已渗透至电力电子的设计、控制与运维等各个环节中。电力电子技术与信息技术的融合则可实现电力电子电源之间的可靠数据通信，是提升电源系统可靠性的关键技术，亦是电力电子智能化的助推器，近年受到国内外学者的广泛关注。电力电子信息化与智能化发展现状如图 7-11 所示。

但整体而言，电力电子信息化与智能化尚处于理论研究和实验室验证阶段，目前尚缺少系统性理论体系和技术架构；中小企业参与度较低，应用研究匮乏；未能取得综合性能和成本的双重优势，相关技术的产业化推广应用仍处于起步阶段。

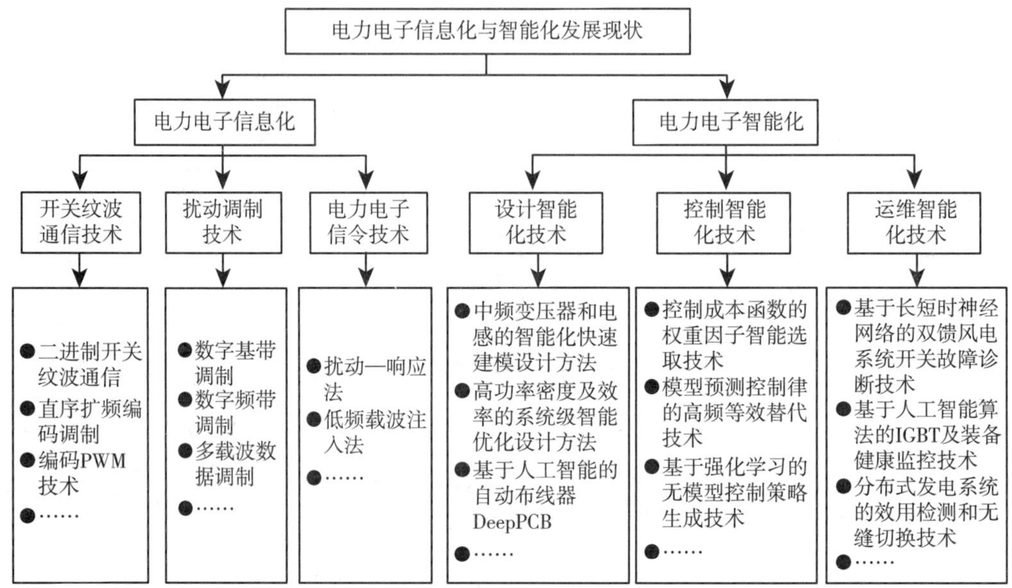

图 7-11 电力电子信息化与智能化技术发展现状概述图

2.4.1.1 电力电子与信息技术融合

目前电力电子与信息技术融合的研究成果主要集中于开关纹波通信技术、扰动调制技术以及电力电子信令技术三个方面：

① 开关纹波通信技术：我国学者阐明了电力电子变换的通信潜质，并从理论角度初步证明了纹波通信的可行性。在此基础上，引入了通信理论中最基本的二进制频移键控调制技术，使电力电子变换在两种开关频率之间切换，达到二进制数据调制的目的，并在 Boost 变换器输入侧实现了开关纹波通信。为了提高通信的保密性和抗干扰性，我国学者将二进制相移键控和直序扩频技术相结合，在提高通信性能的同时改善了变换器的谐波特性。纹波通信技术还被推广至高压直流系统和分布式光伏电站，对其中的变换器进行纹波注入以实现数据信号加载，可认为是广义的开关纹波通信技术。国外有学者基于纹波通信思想，采用正交振幅调制技术实现 64 进制数据调制，在 500kHz 开关频率实现了 1Mbps 的通信速率；或采用正交频分复用技术进行多载波数据调制，实现多路信号并行传输，进一步提高了通信速率；

② 扰动调制技术：丹麦奥尔堡大学提出了一种基于直流母线电压的基带数据传

输方法，即基带扰动技术。该技术利用电力电子变换器对直流母线电压进行小范围扰动，实现二进制数字信号的基带传输，通过详细计算负载扰动对误码率的影响，表明该协议可以在变换器之间建立可靠的通信链路。针对多机通信的场景，提出了全双工和时分复用的通信策略。

③ 电力电子信令技术：电力电子变换过程中亦能产生一些特殊信号，用于实现不同功能。加拿大阿尔伯塔大学提出了电力电子信令技术的概念，其核心内容是利用电力电子电路产生功率信号并应用于智能电网、分布式发电等领域，实现电力线通信、在线状态监测、故障检测和主动保护等功能。有学者通过电力电子变换器向微网侧直流母线注入特定频率谐波，在不同变换器之间建立逻辑通道，实现各个光伏变换器、储能变换器和风机变换器之间的协调控制。还有学者将该技术用于分布式发电系统的孤岛检测，可提升配电系统的可靠性和安全性。

2.4.1.2　电力电子与人工智能技术融合

目前电力电子与人工智能技术融合的研究成果主要集中于电力电子电源智能化设计、控制与运维三个方面：

① 电力电子电源设计智能化：瑞士苏黎世联邦理工学院利用人工智能算法实现中频变压器和电感的快速建模与优化设计，在可接受的误差内减少了设计所需时间。在此基础上，有学者进一步提出了基于人工智能技术的系统级优化设计方法，依此设计的样机可达到极高功率密度及效率。此外，人工智能技术也被用于人力成本极高的印制电路板设计中，如英伟达、英特尔和奥腾等基于Tensorflow语言开发了一款部署于云端的人工智能布线器“DeepPCB”，可基于用户提交的原理图自动完成布线，大大减少印制电路板设计的人力成本。

② 电力电子电源控制智能化：专家系统、模糊逻辑控制和神经网络控制等人工智能技术已广泛应用于电源控制，涵盖控制参数选取、控制实施优化和控制性能提升等多个领域。已有研究者利用神经网络预测成本函数权重因子，以提升变换器在不同工作点的运行性能；或利用神经网络学习模型预测控制律，以大幅降低执行预测算法的运算复杂度；或将模糊逻辑应用于LED驱动，以实现优异的跟踪性能；或利用径向基函数神经网络控制三电平变换器，以实现快速的无功功率跟踪。此外，深度强化学习等新兴技术也被应用于电源控制，已有国外学者采用强化学习实现永磁同步电机控制，展示一种无须模型信息即可通过“试错－归纳－改进”得到高性能控制策略的新设计思路；已有学者设计了物联网化的电力电子电源，将运行工况信息上传至

云端并执行深度学习算法，再将学习结果回传电源，从而实现电源控制性能的不断提升。

③ 电力电子电源运维智能化：数据驱动的人工智能技术在装备运维中已得到广泛应用。有学者将深度置信网络用于判断短路、开环等硬故障和元件退化等软故障，或运用卷积神经网络实现模块化多电平变换器故障检测，或利用长短时记忆神经网络实现双馈风电系统的开关故障诊断。当前，利用新一代人工智能技术实现装备健康监控是研究热点，已有学者利用人工智能算法预测 IGBT 及装备的剩余寿命，或利用人工智能算法实现分布式发电系统的效用检测和无缝切换，或利用人工智能算法实现模块化多电平变换器在电网不平衡时的可靠工作等。

2.4.2 电力电子信息化与智能化技术发展趋势

目前，电力电子装备逐渐向精细化、复杂化、多样化和定制化方向发展，仅依靠专家知识和经验展开设计、生产、调试与运维的传统方法存在效率低、进程慢、优化困难等问题。信息化和智能化是满足上述发展需求的重要手段。当前，电力电子变换的信息属性正在被不断发掘、研究和应用，电力电子与人工智能的交叉领域亦在不断增加。作为多学科交叉的国际前瞻性研究，电力电子信息化与智能化技术有望使电力电子技术的内涵进一步丰富，外延持续拓展并不断向纵深发展，拥有巨大的发展潜力和广阔的应用前景。

如图 7-12 所示，未来 30 年电力电子信息化与智能化的总体发展态势主要包括：

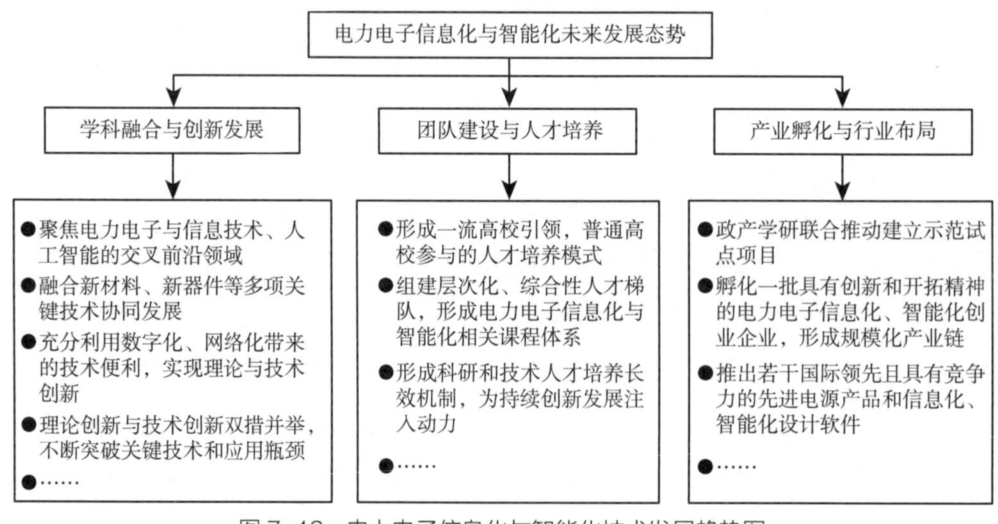

图 7-12 电力电子信息化与智能化技术发展趋势图

学科融合与创新发展。聚焦电力电子与通信技术、人工智能技术的交叉前沿领域，融合新材料、新器件、人工智能、大数据等多项关键技术，通过多学科融合协同发展，理论创新与技术创新双措并举，构建并完善电力电子信息化和智能化的基础理论，解决基础科学问题，充分利用物联网、云计算、边缘计算等数字化技术带来的便利，实现人工智能与电力电子的高度融合和协同发展，突破功率流和信息流融合的应用瓶颈。

团队建设与人才培养。逐渐形成由一流高校引领、普通高校参与的人才培养模式。组建若干以国际知名学者、企业一流技术管理人才为领导，中青年专家和技术骨干为中坚力量，年轻学者和研究人员广泛参与的产学研人才梯队，建设电力电子信息化与智能化课程体系，为该领域持续培养输送创新型科研和技术人才、为持续创新发展注入强大人才动力。

产业孵化与行业布局。在政府部门的协同下，以高校为基础、企业为主体、市场为导向，建立示范试点项目，推动科技成果转化和技术落地。同时，孵化一批具有创新和开拓精神的创业企业，在该领域逐步形成一定规模的产业集群，不断推进和巩固我国在该领域的全球领先地位。推出若干国际领先且具有竞争力的信息化、智能化电源产品，并逐步在同类产品的全球市场占据主要份额。

3. 发展需求和问题分析

由于面向问题与领域交叉的差异，各前沿热点技术有不同的发展需求，进而导致各前沿技术在问题攻坚上有不同的侧重方向。

3.1　微能量收集技术

3.1.1　微能量收集技术发展需求

微能量收集技术是智能化革命下国家战略迈向信息化的核心技术和重要支撑。随着信息化建设的快速发展，无线传感网络在许多领域不断深化应用，如国防和国家安全、灾害管理、基础设施监测等。以电池作为主要能量来源的无线传感网络存在能量、寿命有限、环境污染等局限性。另一方面，随着微机电系统（Micro-Electro-Mechanical Systems，MEMS）以及低功耗电子技术的发展，信息设备的功耗向微瓦级和纳瓦级迈进。微能量收集技术提供了一种可持续、无须人工维护、对环境友好的供电方式，是超连接时代的基础性技术，其未来发展需求如图 7-13 所示。

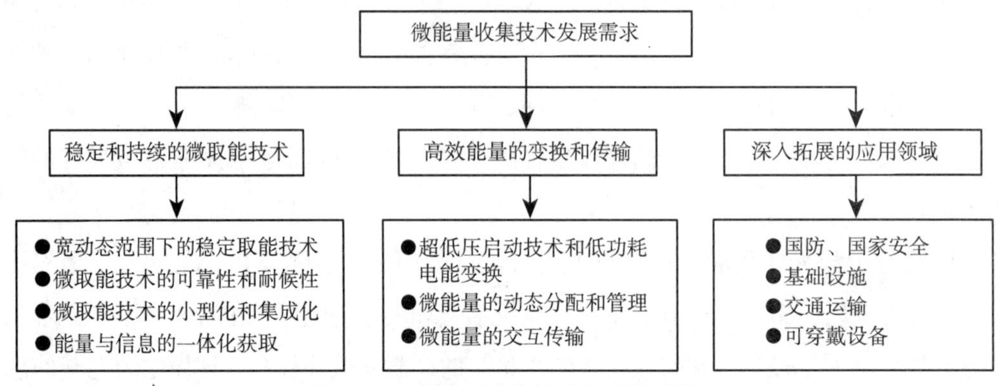

图 7-13　微能量收集技术需求概述图

在国防领域方面，建立基于自供电技术无线感知的通信设备，对适应极端环境作战需求具有重要意义。基于温差、振动和空间射频能量的能量收集技术为便携式信息设备提供了可持续的供电能力，在长时间、全方位信息化战争中可极大提升协调作战能力，也将有效降低士兵负荷，为武器装备的轻量化提供技术支撑。

在电力领域方面，电网强电磁空间中电磁信息的获取和识别，实现电气设备实时状态监测和异常故障的感知和决策，对于保障电力设施安全运行具有重大意义。在电网换流站等电力设备中利用空间的电磁能量部署全方位的无线电磁检测系统，对电网故障检测，故障溯源分析可以起到重要作用。

在交通领域方面，随着桥梁、铁路等基础设施的全面覆盖，免维护、长寿命和低成本的状态监测和故障预警的感知设备是其安全和稳定运行的重要保障。基于振动和空间电磁能量收集的自供电传感器是较好的解决方案。

综上可见，在技术发展方面，微能量收集的自供电技术面临着微能量的稳定获取、高效微能量的变换以及输配、多维度系统集成、能量的互联化以及能量和信息的融合获取等关键技术挑战。更为重要的是，微能量收集技术需要配合应用领域的实际需求和挑战，将学科和学术发展与产业和行业发展紧密结合，相互促进。欧美国家已经从系统层面开展相关研究工作，且具有核心专利技术。我国起步较晚，体系性和普适性缺失，亟须从核心材料、基础理论、关键技术以及工艺制造等多个方面全面加速赶超。

3.1.2 微能量收集技术问题分析

微能量收集技术目前所面临的问题，大致可分为以下几个方面：

（1）常规和极端环境下高适应性、稳定且可靠的微能量获取。微能量的可靠获取是能量收集技术的关键前提，主要面临的问题包括：①结合实际应用场景中环境能量，进行光、磁场、电场、温差、振动、风、生物能等环境微能量的收集，包括多微能量源的能量收集，有针对性地解决特定场景、特定传感器节点的供电，例如通过风电场中通过收集风能为风速传感器供电，铁路沿线中可通过收集振动能和温差能为加速度传感器供电。②环境中特定微能量源一般具有较宽的动态特性，以架空线振动为例，微风振动下振动频率覆盖3~120Hz，振幅小于10mm，当出现覆冰的摆动时，振动频率降低而振幅大幅度提高。因此，需要研究具有高度动态特性和高适应性的宽范围微能量获取的理论和方法。③综合考虑机、力、热、磁、电等多维度约束下，在理论、材料和结构等多方面寻求突破，以实现高效能量耦合和转换的新机制和方法。比如能量转动材料性能和寿命的稳步提升，以及创新性机电耦合效率高的运动转换机制将大幅度提升机械振动能量收集器的输出功率和转换效率。④微能量取能技术作为新兴的电池能量的替代技术，其自身的可靠性、寿命以及耐候性等方面尚未得到充分的认识。需要深入研究不同环境特性、外力特性以及结构和安装场合下，微能量获取模块的可靠性问题以及提升寿命的方法。

（2）“源－荷－储“匹配且高转换效率的微能量变换与输配技术。微能量收集技术的应用落地建立在有效的微能量转换和合理利用的基础上，以实现恰如其分的信息采集、处理和传输。因此，源储荷一体化设计思路是构建基于微能量收集的无电池免维护物联网设备的必要条件，面临的主要问题包括：①机－磁－电等多物理场微能量源特性模型的建立。由于能量转换的耦合特性、材料和输出特性的不同，不同微能量源呈现不同的等效电路模型，并具有较强的非线性特性。需要在充分掌握微能量源的输出特性的前提下，展开有针对性的变换电路的研究，实现“源－荷”匹配。②感知器件在不同工作状态和工况下具有不同的能量特性，工作在间歇模式。为了提高能量的利用率，并且在微能量源不稳定的前提下，保证足够的能量供给，需要配合储能形成能量的自适应管理机制。③低功耗微电能变换是提高微能量收集下输出功率的关键技术。微能量获取的提升对于材料和结构要求较高，也在一定程度上牺牲了模块的体积。通过提高电能变换的效率实现输出功率的提升，可以进一步提高系统的功率密度和集成度，同时对成本、工艺和材料要求低。驱动、控制等辅助电路的损耗降低是微能量变换中亟须解决的关键问题。变换电路在宽动态范围下的高效自启动也是降低能量输出死区，提高应用可靠性的重点技术。

（3）微能量收集的自供电系统的一体化－多维度集成的理论、方法及实现。微能量收集的自供电系统涉及多种物理机制的相互耦合和转化，在系统集成化上面临主要的问题包括两个层面：①共性衬底上的集成技术。需要突破微机－电工艺以及半导体工艺间的兼容问题，实现能量收集系统的共衬底集成；②多芯片的集成封装技术。采用不同衬底分别实现能量获取单元、电能变换单元和储能单元，通过封装内系统（System-on-Package）技术实现集成化的自供电模块。多衬底系统在机、磁、电、热、力等物理参数间的兼容和融合问题是亟待解决的关键问题。

3.2 超高频功率变换技术

3.2.1 超高频功率变换技术发展需求

超高频变换器同低频电力电子变换系统有较大的差别，该技术主要在功率层面和控制层面存在瓶颈。在功率层面，极高的开关频率不仅使有源器件的开关及驱动损耗成倍增加，也使寄生参数对电路的工作状态造成影响，因此，超高频功率变换器的效率提升和功率等级提升是超高频变换技术的第一个瓶颈。在控制层面，超高频技术对于开关驱动速度和系统控制速度都有极高的要求，如何设计具有极快响应速度的驱动电路和控制电路是超高频变换技术的第二个瓶颈。为解决超高频功率变换器大功率闭环运行的核心科学问题，如图 7-14 所示，超高频功率系统优化与设计面临许多新的挑战，但仍有许多待开展工作，具体如下。

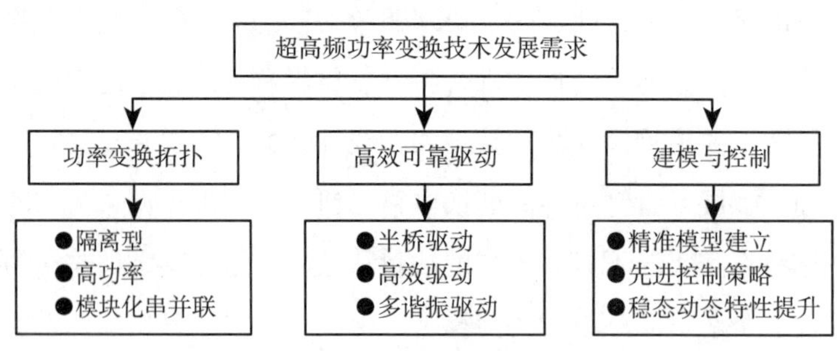

图 7-14 超高频功率变换技术需求概述图

超高频功率隔离及其功率等级拓展方面，基于射频功率放大器基本思想，多种超高频拓扑被提出。然而现有电路拓扑大多仅限于非隔离、小功率应用场合，不能满足需要电气隔离的场合需求。目前，尚未有研究结论表明超高频功率变换技术所能适应的功率等级范围。能否在确保系统综合性能稳定前提下，将现有超高频功率范围拓展，获得更为广阔应用空间，是非常值得探索的工作。

超高频功率器件可靠高效驱动方面，传统硬驱动方式存在高频门极驱动损耗大、开关速度慢等问题。针对该问题，可引入新型谐振式驱动，通过门极驱动能量回收减小驱动损耗。现有谐振式驱动方式多针对单个功率器件提出，且多为“共地”驱动。然而，超高频主功率拓扑需要多个功率器件协作驱动，甚至“浮地”驱动要求，驱动信号之间需要满足精确要求，且时序为纳秒等级范围。因此如何精确实现多功率器件高速、高效驱动是保证超高频变换器运行的必要研究工作。相对于硅型 MOSFET，氮化镓型 MOSFET 由于更高的性能系数，特别适合应用在高频场合下，但需要考虑以下因素：门极驱动电压最大值为 6V、最小值为 -5 V，不能超过该范围，然而为了获得较小的导通电阻，氮化镓器件的驱动电压幅值一般为 5V、驱动电压震荡不能超过 1V，因此谐振驱动方式在此处不再适用；开启电压很小（典型值为 1.4V），需防止 dv/dt 过大引起误开通；无体二极管，反向导通电流需通过反向导通机制流经沟道，引起高反向导通损耗。因此，精心设计驱动电路与驱动时序，防止氮化镓误开通，解决高反向导通损耗带来的变换器低效率问题，是超高频变换器发展的必经之路。

超高频功率变换器模型建立和控制技术研究方面。目前，超高频功率变换器主要控制方式为电压滞环控制。该控制方法简单、动态响应快，非常适合超高频变换器储能小、动态响应快的需求，但其频率受负载变化影响呈现宽变化范围，且功率等级较大时输出电压的纹波很难满足单一频率要求。由于超高频变换器需要考虑到各种寄生参数的影响，其电路模型尚未明确，尚无方法通过经典控制理论来辅助电路设计。因此，如何建立相应电路模型、对电路稳定性进行判定和优化、满足系统稳定性和动态响应的设计要求值得研究。

综上可见，拓扑、驱动及建模与控制三个方面的研究，对提升超高频功率变换器的功率等级、效率、闭环运行稳定性有重要意义。

3.2.2　超高频功率变换技术问题分析

基于硬开关工作方式的传统变换器高频运行时开关损耗过大，而谐振变换器能够实现零电压开关运行，因此更适合工作在 MHz 以上。目前多数超高频 DC-DC 谐振变换器均在开关型射频逆变器（E 类、F 类、EF2 类，等等）的基础上衍变得来，但谐振变换器也有自身局限性：

谐振变换器通常只能在某固定工作点附近实现零电压开关、获得最优效率，而当负载发生变化时，变换器的性能可能会急剧下降。

由于谐振变换器的工作特性，脉宽调制很难实现，而其他常用控制方法（例如变频控制、移相控制）很难在宽频率范围内保证高效率。

谐振变换器的器件往往需要承受较高的电流和电压应力：

① 寄生参数方面。当前超高频功率变换器的设计仍然基于集总参数，电感电容等参数的分布特性还未考虑，随着工作频率的提高，变换器中谐振电感值降至 nH 级、谐振电容降至 pF 级，因此电路中寄生参数（如半导体器件本身的寄生电容和电感、PCB 布线电感等）的影响亦不可忽视，需引入分数阶等方法继续进一步完善分析设计。

② 驱动方面。传统硬驱动由于损耗过大，无法应用在高频场合，而谐振驱动由于能够实现驱动能量的回收，减小驱动损耗，所以适用于高频场合。但其振荡信号如何产生，谐振驱动电路如何设计，怎样保证驱动信号（频率和幅值）的稳定性及保证开关管的可靠关断，都是很关键的问题，因为驱动信号的可靠性和稳定性决定了整个变换器能否有效工作。

③ 系统效率方面。在超高频（30~300MHz）范围，变压器通常为空芯结构以降低整体高度。然而，无磁芯约束会导致变压器磁场分布很广，造成严重 EMI 和涡流损耗。所以变压器和其他电路元件的解耦设计对变换器效率以及可靠性来说至关重要。此外，空芯变压器的绕组交流损耗在超高频变换器中占较大比重，且交流电阻随频率增大而增加。然而，高频下变压器的尺寸小，一定程度上又使得交流电阻有减小的空间。因此，开关频率的选择会影响系统效率，其中定性关系值得研究。

④ 元件集成方面。研究寄生电感的估计和控制方法有助于进一步利用寄生元件、避免使用分立电感。于此可基于新材料和新结构研发具有更小尺寸、更高品质因数的磁性元件，使其易于集成。同时，3D 打印电感和变压器可进一步减轻超高频变换器重量。此外，还应探索功率器拓扑、驱动电路和控制电路的集成技术，实现片上超高频功率变换系统。

以上均为超高频 DC-DC 变换器在设计时的主要问题，直接关系到变换器的工作性能和效率，在设计时必须将所有问题列入考虑。

3.3　无线电能传输技术

3.3.1　无线电能传输技术发展需求

无线电能传输技术作为一种新型电力传输和电源接入技术，一方面解决了众多应用领域中传统有线充/供电面临的困难，如人体植入式电子设备的供电；另一方面提供了创造创新的源泉，孕育出了新的应用领域，如移动电子设备和电动汽车无线充/供电。此外，无线电能传输技术赋能我国在深空、深海、极地的新型供电方式的探索与开发，对国民经济和国防军工具有重大的战略意义。图 7-15 展示了无线电能传输技术的未来发展需求。

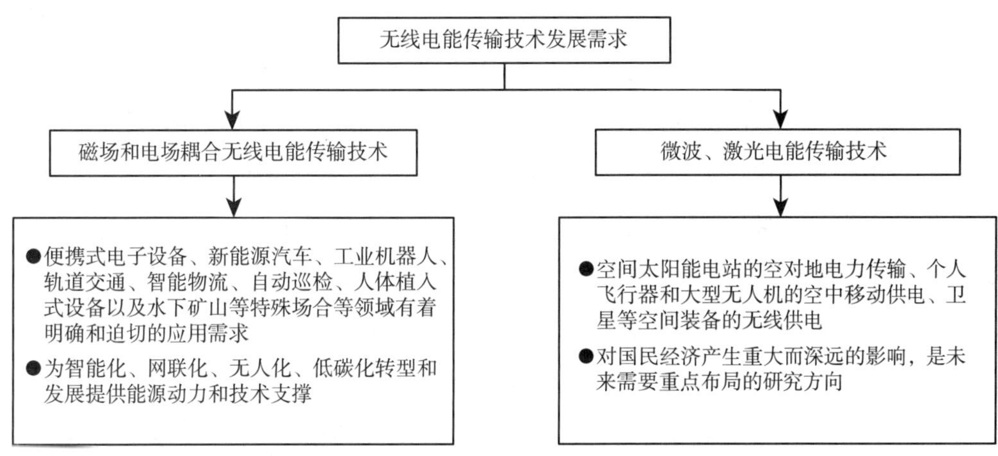

图 7-15　无线电能传输技术需求概述图

磁场和电场耦合无线电能传输技术可在较近距离提供无须人工操作的供电或充电方式，且具有功率等级跨度大（从微瓦以下到兆瓦以上）、效率高、安全便捷、免维护等突出优势，是移动和无人的电子、电气化设备供电或充电的理想解决方案。在便携式电子设备、新能源汽车、工业机器人、轨道交通、智能物流、自动巡检、人体植入式设备以及水下矿山等特殊场合中的电子和电气化设备等领域有着明确和迫切的应用需求。磁场和电场耦合无线电能传输技术作为一种智能和自动的供电技术，为我国产业向智能化、网联化、无人化、低碳化转型和发展提供能源动力和技术支撑，拥有广泛而重要的应用前景。

远距离、大功率、高效率、全方位无线电能传输技术是颠覆性和革命性的电力传输方式，使大功率电能实现与无线电信号一样的远程、自由传送。微波、激光电能传输技术可实现安全的定向大功率传输，有广阔的应用前景，如空间太阳能电站的空对地电力传输、个人飞行器和大型无人机的空中移动供电、卫星等空间装备的无线供电等。与微波相比，激光具有更强的聚焦性，可用于移动电子设备、物联网设备、机器人、无人移动设备的远距离充电或供电。微波、激光传能技术的发展和应用，将和无线电一样，对国民经济产生重大而深远的影响，是未来需要重点布局的研究方向。

3.3.2 无线电能传输技术问题分析

无线电能传输技术目前所面临的问题可分为以下几个方面。

1）高适应性、高效率、高功率密度、低成本的近场耦合理论、机构及实现。目前，基于电磁耦合的无线电能传输技术在开发和应用中面临以下问题。

① 电能传输的耦合距离以及空间自由度的苛刻要求严重制约了无线电能传输技术的推广应用。需要研究高适应性、高自由度的近场电磁耦合理论和机构，如带中继谐振器的交叉耦合系统理论和机构、可实现能量定向高效传输的阵列化耦合机构等。

② 在多数应用中，无线电能传输技术效率和功率密度较低，且适应不同电能传输需求的电磁能量耦合机构难以设计和优化。需要针对不同的应用需求，综合考虑电、磁、热、力多维约束，从理论、材料、耦合结构等方面寻求突破。研究方向包括：基于宇称－时间对称等无线电能传输新机理、高频低损耗的超导材料、实现磁场有效调控的人工电磁超材料、高频蜂巢结构、纳米晶磁材等。

③ 电动汽车动态无线供电技术的关键问题包括建造成本高、与路面兼容性差、功率输出波动大。需要深入研究低成本、易实施、与路面兼容性好的系统架构与发射线圈结构，平稳功率输出的系统结构及控制方法。

2）电磁兼容与生物安全及电磁防护技术。目前，无线电能传输系统多基于中高频电磁场，由此产生的电磁辐射是电磁兼容和生物安全的严峻考验。因此，需要考虑宽禁带器件高速开关特性和耦合机构寄生电容的电气特性，研究无线电能传输系统的电磁兼容技术；根据人体电磁暴露安全限值，研究系统的电磁环境调控和电磁屏蔽技术；研究存在金属异物情况下功率磁场的分布规律及特征；兼顾电磁环境达标和厘米级定位精度需求，研究安全、通用、高速、高精度的定位检测技术；研究异物与功率磁场、异物检测单元的作用机制，提出无检测盲区的新型金属异物和活物检测方法，避免漏检和虚警。对于动态无线充电，还要考虑金属导轨的附加涡流效应，并避免作为异物检出，影响系统工作。

3）微波和激光无线电能传输技术与系统实现。新材料、新工艺的发展促进了大功率半导体器件的理论与技术突破，使大功率、远距离、高效率的无线电能传输成为可能。但总体上，微波和激光无线电能传输的效率不及20%、功率为千瓦级、距离为千米级，必须大幅提升远距离无线能量传输效率、功率和距离；其次，考虑到微波无线能量的远距离传输中波束指向精度要高，对移相精度、时间基准、控制电路等提出了极高要求。此外，还要保障大功率微波无线电能传输的环境安全。远距离无线电能传输在功率、效率和距离方面尚有大量关键技术有待突破，应用推广有限，标准方面更是滞后。激光传能技术目前面临的问题主要有：

① 传能效率低。主要由于光－电转换效率与理论极限仍存在较大差异（20%~30%），需研究高效光伏器件材料与结构。

② 传输功率低。低光－电转换效率限制了功率提升，且激光光束的聚焦性不利于匹配器件面积以实现大功率光电转换。需研究高功率光伏器件材料与结构、光束控制技术。

③ 难以实现一对多及负载跟踪。需研究激光器、光伏器件的器件物理和一对多、负载跟踪的激光系统理论与技术。

④ 安全防护要求高。需研究激光传能系统的异物识别保护技术。

3.4 电力电子信息化与智能化技术

3.4.1 电力电子信息化与智能化技术发展需求

电力电子电源是支撑国民经济发展和国防领域建设的能源转换核心装备，亦是以新能源为主体的新型电力系统、工业物联网以及能源互联网等未来发展方向的关键设备。随着系统中电力电子电源的比重不断增加，由电力电子电源构成的供电网络亦趋于复杂，电源设计、通信与控制的难度不断增加。为此，电力电子电源必须引入信息化和智能化技术（如图7-16所示）。

一方面，电力电子电源的状态信息需进行实时交互和处理，以确保系统可靠、高效和智能运行，但现有电力电子电源中的信息系统相对独立，这导致经济性受到一定影响、接口兼容性较差、难以实现电源即插即用等问题。电力电子信息化技术可实现电能变换与信息交互的深度融合，减少（或无须增加）额外电路或线缆用于信息调制、耦合与传输，更好地解决功率流与信息流相对独立所带来的一系列问题。

另一方面，大量电力电子电源构成的系统日趋复杂，运行环境多变，依赖专家知识开展设计、控制、检查、维护的方法效率低、成本高，无法获得电力电子电源的全

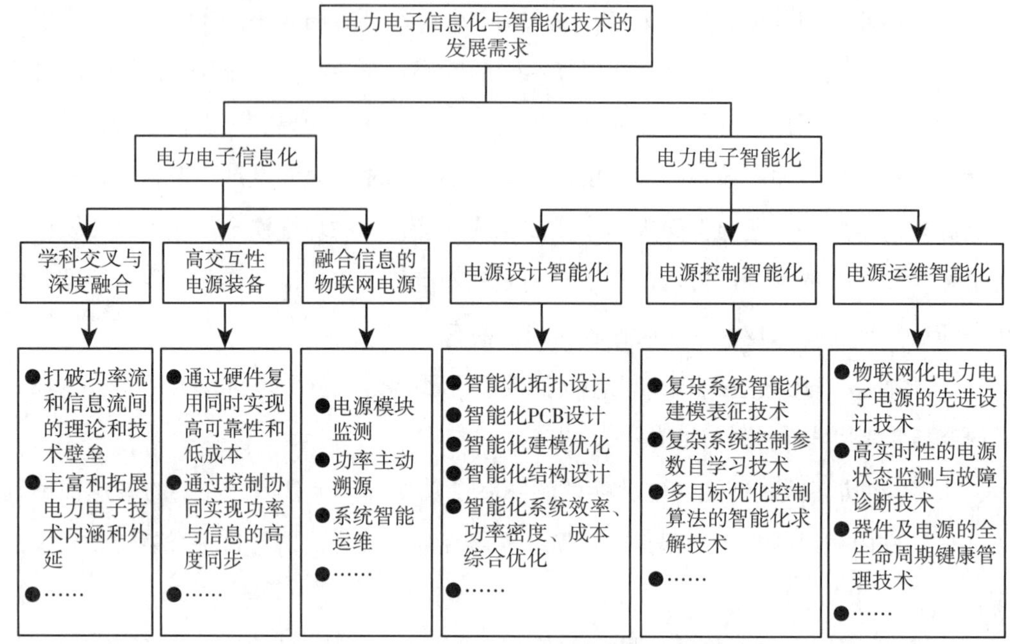

图7-16 电力电子信息化与智能化技术需求概述图

局最优解，难以实现电力电子电源的全生命周期优化。为此，需将智能化技术应用于电力电子设计、控制、运维等多个环节中，如智能化的电路拓扑、PCB 布局布线、元器件建模与优化、系统结构设计、系统效率、功率密度、成本综合优化，智能化的复杂模型表征、参数自学习、多目标优化算法，智能化状态监测、故障诊断、器件及装备的全生命周期监控、云端数字孪生等。

电力电子信息化与智能化技术有望改变电能调控模式，实现电能与信息的孪生，有望改变电力电子电源的设计、控制与运维模式，催生新一代高品质、高效率、高可靠性和高智能化的电源装备。

3.4.2 电力电子信息化与智能化技术问题分析

相比于现有方案，电力电子信息化与智能化技术可实现电能与信息的孪生，在避免增加额外硬件电路的同时保证电源装备具有自主会话功能；可避免设计、控制与运维过程中的繁复劳动，使设计人员可专注于电源设计本质问题，更高效地获得全局最优解。目前，上述技术仍处于理论研究和实验室验证阶段，尚未实现大规模产业化，主要面临以下待解决的关键问题。

1）依赖于高性能器件以及海量运行数据。电力电子信息化技术对半导体开关器件的性能提出了较高要求。一方面，功率变换要求开关器件工作于高电压或/和大电流，信息处理与传输则要求器件工作在高频、超高频范围。然而，目前以氮化镓、碳化硅为代表的高速大容量器件的制造水平总体上仍落后国外先进水平，高度依赖进口；另一方面，传统人工智能依赖海量数据、运算量大、实时控制性能不足，但随着新一代人工智能的发展，其中的诸多技术（如零样本学习、神经网络二值化、专用计算加速硬件）已能有效解决上述问题，但急需将相关前沿技术引入电力电子领域并进行应用推广。

2）应用研究较为匮乏，应用效果有待验证。电力电子信息化与智能化技术属于跨学科的国际前瞻性研究，现阶段研究主要由高校科研团队在实验室进行，缺乏立项支持和财政支持，尚未建成成熟的研究平台。对于不同种类电源，如何实现信息化与智能化仍有不同理解，产品定位与市场需求尚不明确，研究者往往针对某一假定需求展开探索，产业突破点尚未形成；相比于现有成熟技术，电力电子信息化与智能化概念尚未得到充分验证，直接应用于实际产品仍有风险，产业化推动力不足。

4. 发展愿景与发展目标

基于不同应用场合和关键技术，各前沿技术研究有不同的发展目标，但核心依然紧密围绕着国家需求和电源产业发展需求，在国防、生产、生活等不同方面起着不同的支撑与推进作用。

4.1　微能量收集技术

4.1.1　微能量收集技术发展愿景（见图7-17）

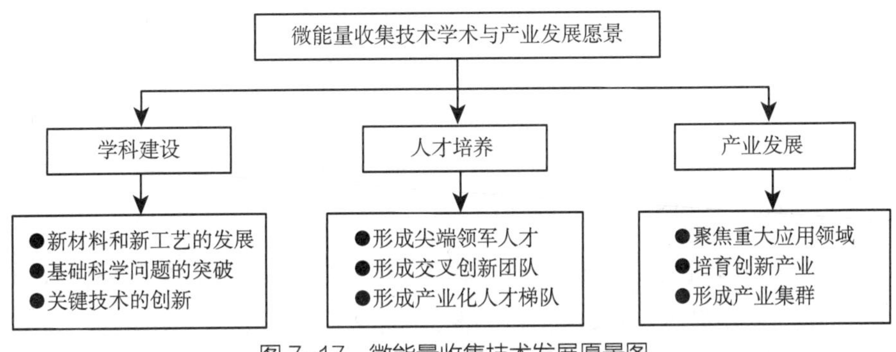

图7-17　微能量收集技术发展愿景图

4.1.1.1 学科建设

微能量收集的自供电技术是一个面向多学科交叉融合的方向，是功能性与性能性并重的系统。结合新型材料、尖端工艺等技术的不断发展，推进微能量收集技术在基础理论和关键技术向着纵深发展。突破微能量收集技术在发电、输电、变电、配电和用电技术上基础科学问题，攻克技术瓶颈，形成完善的微能量收集技术理论体系和技术架构。

4.1.1.2 人才培养

通过跨学科技术整合，布局相应重大研究方向，探索联合优势学科开展协同研究的聚合机制，从能量收集技术的各个环节，形成国际先进的技术集群，并形成以领军人物、研发骨干为主体，具有强大后备力量的综合性、立体化人才队伍。

4.1.1.3 产业发展

作为新型电能获取和使用技术，微能量收集技术是信息化时代下分布式传感器稳定可靠供能的最佳解决方案。探索自供电技术在信息化时代的应用场合，形成与环境能量源、用电负载匹配的自供电技术，加快产业化部署，形成国际领先的产业集群，拥有完善的培育孵化链条。

国防领域：信息感知和侦测设备将遍布海陆空，大规模配备自供电的智能设备，如 GPS 定位手环、监测身体状态的作战衣等，为全天候的持续作战能力提供有力保障。

工业领域：物流和产品管理方面，通过附着在物体上的无源电子标签识别并实时追踪物品信息；农牧业方面，通过自供电传感器监测气象、动植物状态，避免灾害、疫情等问题；交通运输方面：实时监测车辆的位置、速度、车辆状况等数据，保证交通运输的稳定运行。

智慧城市：智能家居方面，未来的智能城市建筑将集成通信技术，配备分布式传感设备，实现更加节能环保的楼宇；公共安全与环境监测方面，分布式传感器将用于紧急事件和自然灾害的预警，以实现及时预防和快速响应；人体健康方面，可以实时监测患者生命体征和用于药品和医疗设备的识别和追踪。

4.1.2 微能量收集技术发展目标

为了实现基于微能量收集技术的泛在感知产业的全面发展，达到国际先进的技术地位，在今后 30 年拟达到的水平或里程碑目标如下：

2025 年（“十四五”）发展目标：充分探讨机－电、热－电、射频－电、人体生

物能 – 电等多种微能量收集技术的物理机理，揭示多物理场域中能量转换的一般性原理并构建能量转换的普适性电特性的模型，对比和掌握不同换能机制的优势与局限；在微能源功率调理电路的电路设计和能量动态管理方面取得国际领先地位；深入挖掘应用场景和环境的特性和适应性，尝试一些有代表性的应用，满足一部分信息化设备的供电需求。

2030 年（“十五五”）发展目标：建立针对微能量收集系统的完备的源储荷一体化综合系统方案，形成较为成熟的自供电系统集成模块设计的方法；满足部分微小型和商业化信息设备的能量需求，实现小范围的示范应用；在微能源收集和自供能物联网方面具备完全独立的设计生产能力；构建一套完善的基于环境微能量的自供能物联网设备行业标准。

2035 年（“十六五”）发展目标：在微能量收集技术及其应用方面达到国际一流水平；满足大部分微小型和商业化信息设备的能量需求；形成一批具有国内 / 国际影响力的自供电物联网企业。

2050 年发展目标：实现基于微能量收集技术的泛在智慧系统，将人工智能的能力赋予许多物件；微能量收集技术和免维护物联网成为人们生产和生活所不可或缺的信息基础设施。

4.2　超高频功率变换技术

4.2.1　超高频功率变换技术发展愿景（见图7-18）

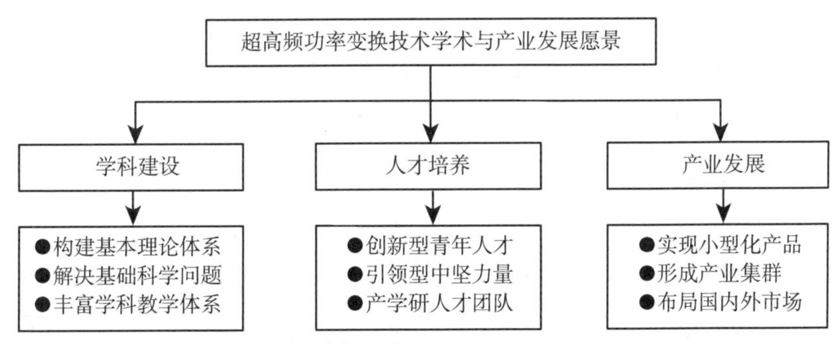

图 7-18　超高频功率变换技术发展愿景图

4.2.1.1　学科建设

构建基本理论体系。实现电力电子技术、射频技术、材料学科交叉融合，解决超高频电力电子领域的基础科学问题，攻克技术瓶颈，形成完善的超高频电力电子技术理论体系和技术架构。

引领国际学术研究。进一步丰富完善电力电子及现代电力电子教学体系，增加超高频功率变换技术课程；布局超高频电力电子领域国际前瞻性研究方向，建设该超高频电力电子领域高水平联合研究中心，形成国际先进的技术集群和产业集群，不断取得高水平创新成果及自主知识产权。

4.2.1.2 人才培养

建设完善人才队伍。加强青年人才引导培育力度，培养一批基础扎实、技术过硬的青年人才；实施具有吸引力的人才政策，吸引高水平海内外人才；依托国内外重大科研项目，在实践中历练一批拔尖的领军人才。

4.2.1.3 产业发展

电源装备开关频率及功率密度不断提升，改变传统电源产品工作频率低、功率密度低的现状，不断提升电源产品小型化、轻量化、灵活化水平，为电源产品性能带来重大突破。

国际领先的产业集群基本形成，拥有完善的培育孵化链条，实现高效快速的技术成果转化，基本形成头部企业引领、中小型企业协同的产业集群。

布局国内外市场，相关超高频、高密度产品在国内外市场占据主要份额，实现科研、技术和市场的全球引领。

4.2.2 超高频功率变换技术发展目标

超高频功率变换技术为实现高密度、高效率、高集成度的发展目标，在今后 30 年拟达到的水平或里程碑目标如下。

2025 年（“十四五”）发展目标：持续推进理论研究和技术创新，在十四五期间，凝练明确在超高频功率变换研究领域与重点研究方向，在我国高校、企业构建形成先进研究团队。在政府资金和自然科学基金的联合作用下，推动若干试点示范工程建设，为促进该技术的产业化、实现技术落地奠定基础。

2030 年（“十五五”）发展目标：形成较为完善的前瞻性理论体系和技术架构，同国内外知名高校、企业展开深入合作，并展示我国超高频电力电子技术已取得研究成果。加强青年人才引导培育力度，培养一批基础扎实、技术过硬的青年人才；实施具有吸引力的人才政策，吸引高水平海内外人才；依托国内外重大科研项目，在实践中历练一批拔尖的领军人才。

2035 年（“十六五”）发展目标：在国内外高校、企业开展超高频电力电子技术的全面化研究，开展多学科融合，通过校企合作等形式建设若干试点示范项目；在政策引导和多方服务平台支持下，培养和孵化一批具有开拓创新精神的创业企业；进一步完善和创新该技术的理论体系，不断突破关键技术难题和应用瓶颈。

2050 发展目标：在我国形成若干该领域世界领先的研究中心，实现超高频电力电子技术的全球引领。拥有以若干国际知名学者、一流技术管理人才为领导，一批中青年技术骨干为中坚力量的产学研人才梯队，吸引和培养年轻学者和工程技术人员投身该领域。形成国际领先的高效率、高密度超高频功率变换一体化片上集成系统。

4.3 无线电能传输技术

4.3.1 无线电能传输技术发展愿景（见图7-19）

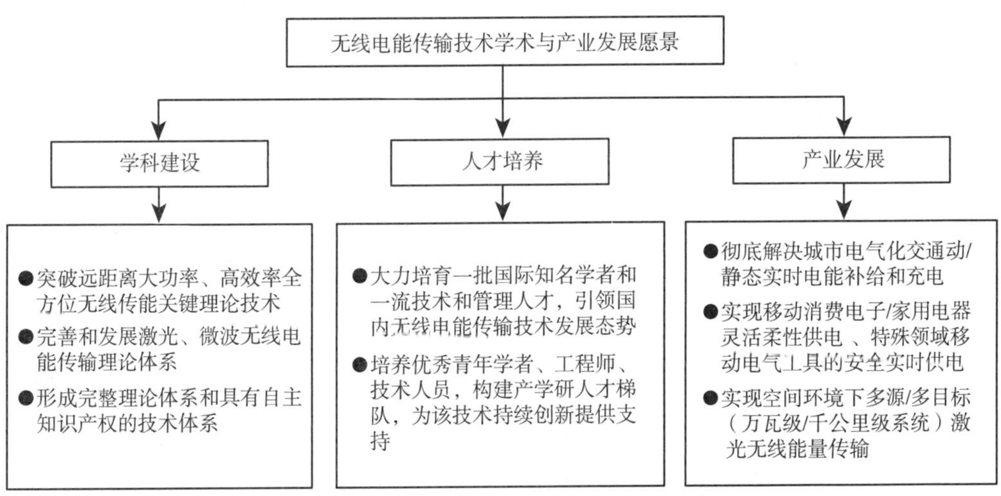

图 7-19　无线电能传输技术发展愿景图

4.3.1.1　学科建设

作为无线电能传输技术的理论技术发展，重点围绕突破制约远距离、大功率、高效率、全方位等发展所面临的重大关键理论技术展开研究。完善和发展大功率远距离激光、微波无线电能传输理论体系，提升远距离无线电能传输效率。形成无线电能传输的完整理论体系和具有自主知识产权的技术体系。

4.3.1.2　人才培养

大力培育一批国际知名学者和一流技术和管理人才，引领国内无线电能传输技术发展态势。培养大量优秀的青年学者、工程师和技术人员，构建产学研人才梯队，为该技术的持续创新提供支持。

4.3.1.3 产业发展

彻底解决城市电气化交通（电动车、电气公交车等）的动/静态实时电能补给和充电，取代高铁、地铁等连续运行的轨道交通架空线加受电弓取电模式；实现移动消费电子/家用电器灵活柔性供电，以及特殊领域（水下、煤矿等）移动电气工具（运输车、钻机等）的安全实时供电。进一步完善国家和行业产业化标准体系，构建完整的专利保护体系，形成我国的无线电能传输技术产业体系架构。

完善和发展大功率远距离激光、微波无线电能传输理论体系，提升远距离无线电能传输效率，牵引相关领域器件、材料的创新发展，成为本领域产业化标准的基础研究源头；以实现空间环境下多源/多目标（万瓦级/千公里级系统）激光无线能量传输目标，推动我国空间能源系统实现网络化和多功能化；促进高功率微波无线电能传输学科的成果转化和工业应用。

4.3.2 无线电能传输技术发展目标

无线电能传输方向将重点发展无线电能传输新原理与新方法方面的前沿探索性研究，包括面向复杂极端环境应用的无线电能传输技术应用研究、电动汽车与电网互动关键技术研究、大功率轨道交通无线牵引供电研究、高功率远距离微波无线电能传输研究及激光无线电能传输研究等，在今后30年拟达到的水平或里程碑目标如下：

2025年（“十四五”）发展目标：在面向复杂极端环境应用的无线电能传输技术应用研究方面，实现数十千瓦量级、适应水深达到千米的水下无线传能系统；在大功率轨道交通无线牵引供电技术方面，实现轨道交通高速运行条件下的兆瓦级无线电能传输；在高功率远距离微波无线电能传输方面，解决高功率微波射频击穿、克服千公里级传输的理论问题。实现小功率空-地微波传输试验验证，突破波束指向控制关键技术；针对激光无线电能传输方面，未来五年内实现千瓦级/公里级系统的激光无线电能传输目标。

2030年（“十五五”）发展目标：形成深海、深空、深地层的高性能、高可靠无线电能传输技术应用体系。实现电网侧对轨道交通冲击负荷的自适应供电以及大规模无线电能传输系统接入后的电网振荡与谐波治理；促进高功率微波传输学科的成果转化和工业应用，实现100kW级地-空微波无线电能传输试验验证。

2035年（“十六五”）发展目标：完成电动汽车双向无线充放电技术研究，实现能量在集群式电动汽车群体与大电网之间的高效分配与消纳；实现空间环境下多源/多目标（万瓦级/千公里级系统）激光无线电能传输目标，推动我国空间能源系统实现网络化和多功能化。

2050年发展目标：经过30年的发展，彻底解决无线电能传输技术在电气化交通、智能家居、空天装备、水下装备等行业应用面临的关键技术、产业化瓶颈问题。在激光/微波无线传能方面，构建若干空间大距离无线电能传输示范系统并逐步在国防和空天应用装备中得到大力推广。有力推进我国空间能源系统的实用化进程。形成我国具有自主知识产权的一整套技术体系、标准体系和完整的产业链。

4.4　电力电子信息化与智能化技术

4.4.1　电力电子信息化与智能化发展愿景

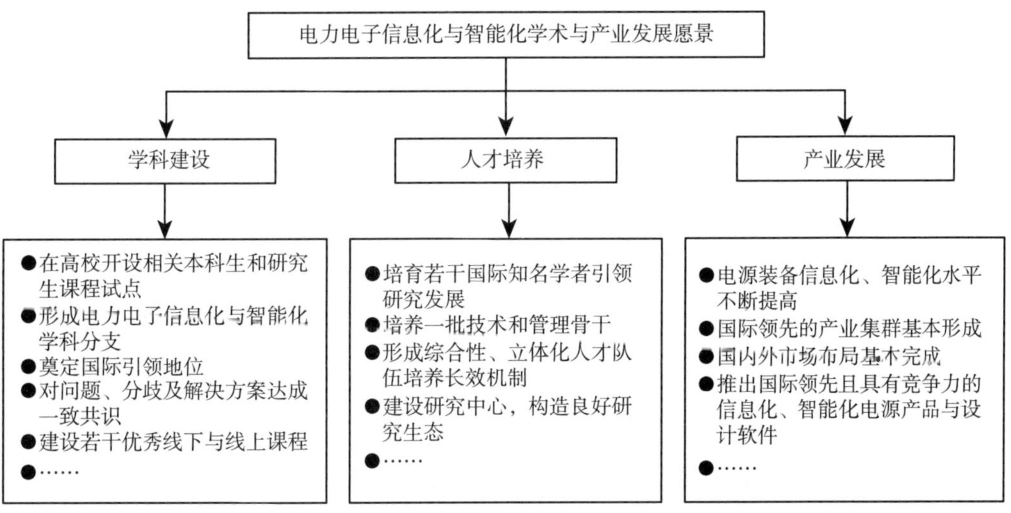

图7-20　电力电子信息化与智能化技术发展愿景图

4.4.1.1　学科建设

对电力电子信息化与智能化领域存在的问题和分歧及其解决方案达成一致共识，基础理论体系构建完成。实现电力电子和信息技术、人工智能技术的学科交叉融合，解决该学科交叉的基础科学问题，攻克技术瓶颈。建成完善的电力电子信息化与智能化理论体系和技术架构，形成电力电子信息化与智能化学科分支。在高校开设相关本科和研究生课程试点，建设若干优秀线下与线上课程。

4.4.1.2 人才培养

层次化人才队伍建设完成。建设若干技术领先、业内知名的研究中心，吸引大批研究者加入，构造良好研究生态。大力培育该领域的国际知名学者以及一流技术人才和管理人才，加快培养一批创新型研发人员和技术骨干，持续培养大量优秀的青年学者、工程师和技术人员。形成以领军人物、研发骨干为主体，具有强大后备力量的综合性、立体化人才队伍。

4.4.1.3 产业发展

改变传统电源产品目标和功能单一的现状，不断提升电源装备信息化和智能化水平，为电源产品性能带来重大突破。开拓国内和全球市场，推出国际领先且具有竞争力的电源产品。布局该领域内的若干前瞻性研究方向，形成先进的技术集群和产业集群，拥有领域内核心技术的自主知识产权。建成完善的培育孵化链条，实现高效快速的技术成果转化，形成头部企业引领、中小型企业协同的产业集群，实现科研、技术和市场的全球引领。

4.4.2 电力电子信息化与智能化技术发展目标

为实现国际领先的发展目标，电力电子信息化与智能化在今后 30 年拟达到的水平或里程碑目标如下：

2025 年（“十四五”）发展目标：持续推进理论研究和技术创新，提出若干先进的技术研究方向。在政产学研各方力量的联合作用下，初步形成若干有创新活力的先进研究团队，推动若干试点示范工程建设。在高校开设电力电子智能化相关本科和研究生课程试点，为实现电力电子信息化与智能化的可持续发展奠定基础。

2030 年（“十五五”）发展目标：形成较完善的前瞻性理论体系和技术架构。持续深化该领域的国际影响力，在全国知名高校形成若干具有国际先进性的技术集群。成长起若干具有国际影响力的领军学者，培养一批投身该产业领域的青年研究人员和技术人员。引领产学研大规模协同攻关，建成若干电力电子与信息融合技术的试点示范项目，孵化一批具备开拓与创新精神的创业企业，相关产业初步形成。

2035 年（“十六五”）发展目标：在全国高校普及电力电子信息化与智能化教学与科研。通过产业实践反哺理论研究，进一步完善理论体系。不断突破关键技术难题和应用瓶颈，对相关产业进行国际前瞻性布局和规划，形成初具规模的产业链条和框架。诞生 1~2 个头部企业，推出若干具有国际领先且具有竞争力的产品，开拓全球市场。

2050 年发展目标：在我国形成若干该领域世界领先的研究中心，实现电力电子信息化与智能化的全球引领，吸引海外发达国家学者和学生交流和求学。拥有以若干国际知名学者、一流技术管理人才为领导，一批中青年技术骨干为中坚力量的产学研人才梯队，吸引和培养年轻学者和工程技术人员投身该领域。形成国际领先的电力电子信息化与智能化产业集群，推出的产品在全球同类产品市场占据主要份额，相关技术进一步引领和带动智慧工厂、智能电网和智慧交通等多个相关产业协同发展。

5. 前沿技术领域发展路线图

5.1 总体发展路线图

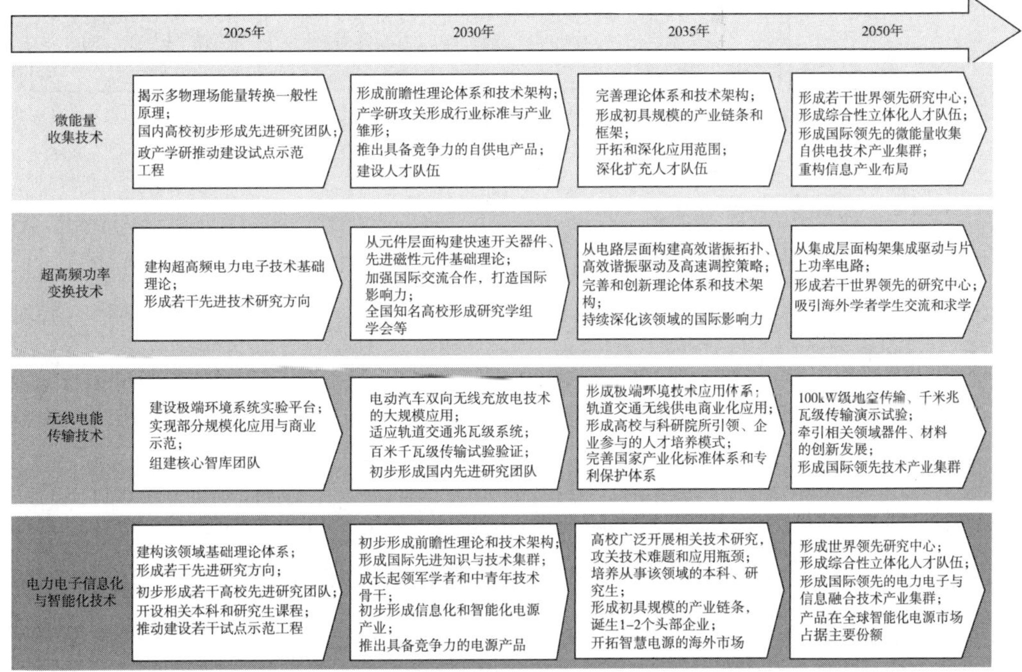

图 7-21 前沿领域电源产业技术发展线路图

5.2 各部分内容路线图

5.2.1 微能量收集技术

5.2.1.1 发展线路图

微能量收集技术的发展线路图如图 7-22 所示，在政产学研布局、人才培养、产业建设、产品推广等方面进行了不同阶段的布局。

2025年	2030年	2035年	2050年
构建微能量收集－自供电技术系统性普适性理论，形成代表性试点应用； 国内高校初步形成先进研究团队； 政产学研联合推动建设试点示范工程	形成前瞻性理论体系和技术架构及行业标准，形成较成熟的集成化模块设计方法，形成国内知名高校先进技术集群； 引领产学研协同攻关，孵化具有独立生产能力的创业型企业，形成产业雏形； 明确市场需求，找准产业突破点，推出若干具备竞争力的自供电产品	完善和创新理论体系和技术架构，通过产业实践反哺理论研究； 微能量收集技术达到国际领先水平； 形成自供电物联网企业，形成初具规模的产业链条和框架； 开拓微能量收集自供电技术应用范围，满足大部分信息化设备供电需求	形成若干世界领先研究中心，吸引海外学者学生交流求学； 形成以一流学者、技术管理人才为领导，中青年技术骨干为中坚力量，青年学者和技术人员广泛投入的综合性立体化人才队伍； 形成国际领先的微能量收集自供电技术产业集群； 微能量收集技术融入信息产业紧密耦合，重构信息产业布局
	成长起若干具有国际影响力的领军学者； 培养一批投身该领域的青年研究人员和技术骨干； 培养大量优秀的本科生、研究生作为后备力量		

图 7-22　微能量收集技术发展线路图

5.2.1.2　*差距和障碍*

与国外相比，国内微能量收集技术研究起步较晚，且为零散式、局部式研究，尚未形成完整技术体系，在微电子、半导体器件、材料等领域存在不足，目前还存在如下差距和障碍：

① 基础理论和新型应用领域建设不足，当前国内在微电子、半导体器件、材料等领域进行了大量理论研究，已在航空航天、智能工控、汽车电子等领域取得了一定的应用，但仍存在大量理论成果未转化的问题，而无线传感器的小型化、一体化对集成电路设计、新型器件和材料研制提出更高要求，目前尚存在差距。

② 新型能量收集技术和应用推广不足，目前国内主要通过采集太阳能、电磁场能、振动能等能量形式用于国防、工业领域的传感检测且形式较为固定，对于诸如温差能、生物能的探索较少，同时对于医疗－健康以及可穿戴设备等方面的研究与国外尚存在差距。

基于我国在通信技术、移动互联网等领域的优势，微能量收集技术在我国具有巨大应用潜力。面向泛在分布式供电需求，亟须构建微能量收集技术在发电、储电和用电方面的综合性能量优化设计方案。

5.2.1.3　实现路径

国家自然科学基金和地方科研经费应加强项目资助。地方政府联合该领域的上、下游企业，搭建企业和高校在该领域技术融合和应用突破的桥梁，形成一批有代表性的示范应用项目，促进该技术的产业化进程。高校对该技术领域进行合理规划，结合优势学科，共建交叉团队，促进该领域的基础理论创新和关键交叉技术突破。进一步整合优势技术，建立若干具有国际影响力的研究中心。

人才培养方面，依托国家重大科研、工程和国基科技合作等项目，在实践中历练一批拔尖的领军人才；深入实施人才项目、提供完善的配套资源，引进一批具有国际视野的海外高层次人才；通过推进产学研合作，实现高校与企业双向人才流动，培养一批基础扎实、技术过硬的中青年技术骨干；深化校企合作育人模式，培养满足产业界需求的创新型、复合型人才。

产业发展方面，企业与高校深入合作，一方面面向信息产业的实际应用需求，推进为能量收集技术在机理和关键技术上的突破、创新和不断成熟；另一方面，以先进的能量收集技术带动信息产业的发展，开发和拓展新的产业模式和产品线。通过两者的有机结合，将泛在能源、电力的技术对信息技术实现深入融合，实现微能量收集的自供电技术从零星应用到规模应用的成长，建立统一化的信息产业平台。

产品推广方面，鼓励高校在该技术方向孕育创新创业团队，完成从实验室技术到产品的最后一千米的连接。同时，以企业为主体，高校积极参与，通过广泛咨询、深入调研，形成产业突破点；推出若干国际领先且具有竞争力的产品；由政府支持，高校与企业合作，参与国际知名展会，扩大技术的国际影响力。

5.2.1.4　重点任务和攻关项目

基础理论和关键技术的研究，包括以微电子、半导体器件、电力电子、材料、集成工艺等为主体展开研究，并结合实际应用需求，包括国防、工业、医疗－健康、可穿戴设备、智能城市等，实现定制化和普适性结合的设计方案，建立微能量收集技术可靠性的评价体系。

新型微能量收集技术的应用，探索温差、振动、风能、生物能、电磁波等能量收集技术的应用场合，同时开展能量收集技术多样化研究，联合环境中多微能量收集，确保信息设备的长期稳定可靠运行。

5.2.2 超高频功率变换技术

5.2.2.1 发展线路图

经充分调查与评估，超高频功率变换技术的发展路线应围绕元件层面、电路层面、集成层面三个层面展开研究，如图 7-23 所示。开关器件和磁性元件在消费电子、工业界和国防领域有广泛的应用基础，其发展和突破有助于提升电源行业整体实力，因此从经济效益、国防安全和生态环境角度出发，应首先围绕元件层面研究适用于超高频范围的有源元件和无源元件，研发具有快速开关特性的开关管及二极管，同时研发具有低损耗特性磁性元件。其次，为使超高频技术的经济和社会效益最大化，应结合适用于超高频条件的有源及无源元件，构建具有高效谐振特性的谐振拓扑，同时研究谐振驱动电路及超高频电路的快速调控策略，为工业界、航空航天、国防领域的个性化研发、生产及应用打造完备的理论基础。最后，基于上述研究构建的元件、电路及驱动控制，可逐步构建集成电路，首先构建驱动同芯片集成的集成驱动系统，在此基础上进一步同无源元件及控制电路相集成，最终构建一体化片上集成电路。

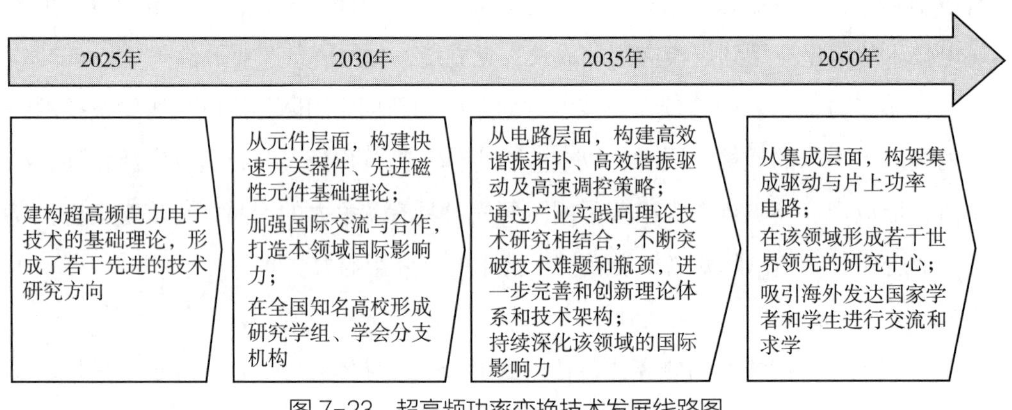

图 7-23 超高频功率变换技术发展线路图

5.2.2.2 差距和障碍

针对现有超高频功率变换技术的发展现状，我国同国际先进水平的差距主要体现在基于第三代半导体材料的氮化镓、碳化硅半导体器件技术指标仍有较大差距，在超高频条件下相关器件的工作特性及相关机理研究仍不深入。同时，适用于超高频条件下的磁性材料研究仍较为落后，磁性元件性能制约超高频功率变换系统性能的进一步提升。另外，对于元件及系统的封装、集成技术也有一定落后，相关技术是阻碍我国超高频技术进一步发展的主要瓶颈。

5.2.2.3 实现路径

研究经费，国家自然科学基金及地方基金加强支持与引导。政府、企业、高校共同推进，实现知识交叉与理论融合，突破关键技术瓶颈，在超高频电力电子领域形成独创性、引领性、颠覆性的理论体系和技术架构；充分利用政策、资金等优势，巩固超高频功率变换技术产业发展基础，围绕技术前沿和关键领域，重点推动超高频功率变换相关基础性科学问题研究。

人才培养，进一步丰富完善电力电子及现代电力电子教学体系，增加超高频功率变换技术课程，建立学校教育和实践锻炼相结合、国内培养和国际交流合作相衔接的开放式人才培养体系；加强领军人才、核心技术研发人才培养和创新团队建设，加强青年人才引导培育力度，培养一批基础扎实、技术过硬的青年人才，形成科研人才和科研辅助人才衔接有序、梯次配备的合理结构，提高自主创新能力；拓宽人才评价渠道，完善人才选拔任用机制，完善分配、激励、保障制度，建立健全有利于激发人才活力和维护人才合法权益的激励保障机制，实施具有吸引力的人才政策，吸引高水平海内外人才；依托国内外重大科研项目，国家重点工程和重大建设项目，建设若干创新团队，在实践中历练一批拔尖的领军人才。

产业发展，大力推动超高频功率变换技术和制造业融合发展，通过校企合作等形式建设若干试点示范项目，大力引导和支持企业应用新一代技术，积极打造行业典型；在政策引导和多方服务平台支持下，利用创业投资引导基金、科技型中小企业创新基金等资金渠道加大对该领域创新企业的支持力度，培养和孵化一批具有开拓创新精神的创业企业；在政府支持和引导下，促进高校、科研院所、企业科技教育资源共享，通过多家企业与高校的合作，攻关前沿技术难题，推动与实现相关产业国际前瞻性技术布局，奠定国际领先地位。

产品推广，以电源企业为主体，建立产学研协同创新机制，强化企业在技术创新中的主体地位，高校同相关电源企业紧密结合，梳理归纳超高频功率变换技术的技术需求、产品需求，明确核心发力点，形成产业突破点；推进应用型技术研发机构市场化、企业化改革，健全技术创新激励机制，促进科技成果资本化、产业化，培育具有国际竞争力的头部企业，推出若干国际领先且具有竞争力的电源产品，并积极推广。

5.2.2.4 重点任务和攻关项目

① 低电压应力谐振型超高频功率变换系统。

② 宽负载范围高效超高频谐振逆变系统。

③ 高性能超高频磁性材料研发及元件制造。

④ GaN 基超高频半导体器件研发与制造。

⑤ 超高频功率系统封装与集成技术。

5.2.3 无线电能传输技术

5.2.3.1 发展线路图

无线电能传输技术凭借着安全、可靠、灵活、便捷等优势，拥有广泛的应用前景，其发展路线图如图 7–24 所示。

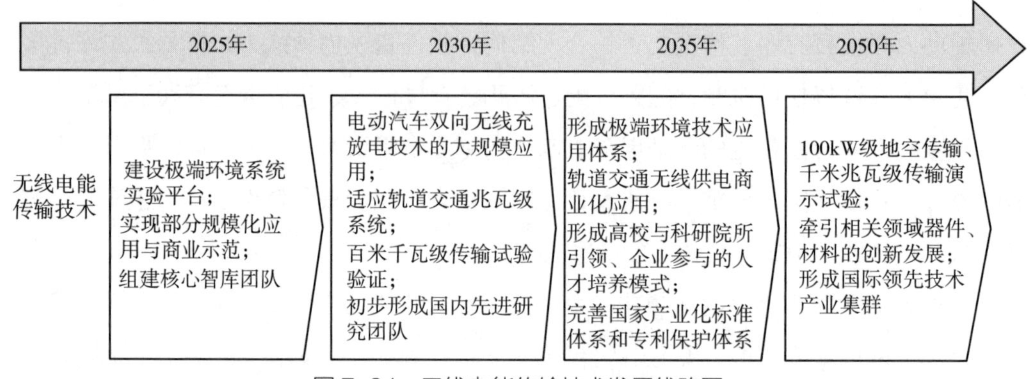

图 7–24 无线电能传输技术发展线路图

无线电能传输技术凭借安全、可靠、灵活、便捷等优势，在复杂水下环境、电动汽车、轨道交通等领域已有广泛应用，并积极探索微波、激光无线电能传输技术。到 2025 年，完成适应水深千米、–40~500℃环境的十千瓦级水下系统建设，实现电动汽车无线充电的规模化应用以及小功率车 – 网双向互动的商业示范，搭建小功率空 – 地微波传输试验验证平台；到 2030 年，实现电动汽车双向无线充放电技术的大规模应用，建设适应轨道交通高速运行条件的兆瓦级系统，搭建百米千瓦级激光无线传输试验验证平台；到 2035 年，构建完整的深海、深空、深地层等极端环境下的技术应用体系，实现轨道交通无线供电的商业化应用，完成 100kW 级地 – 空微波无线能量传输试验验证以及千米兆瓦级激光无线传输演示试验验证。

5.2.3.2 差距和障碍

我国与国际该领域研究在基础理论、核心技术、推广应用方面均存在差距。在基础理论研究方面，国内研究主要从应用需求出发，缺乏原创性研究。在核心技术开发方面，在磁耦合无线传能技术方面，国内已经具备较为完整的具有国家自主知识产权的核心技术体系，与国际上差距不大；在基于微波/激光等远距离无线电能传输技术方面，我国起步较晚，装备技术距离国际尚有较大的差距。在推广应用方面，我国已经形成了包含大量自主知识产权的国内专利群，这方面我国走在了国际的前列，但其原创性和“卡脖子”尖端前沿专利体系尚不完整。

发展无线电能传输技术面临的障碍如下：

① 无人系统的电源解决方案必将制约智慧无人系统的发展和推广应用，但是目前国家政府有关部门未就无线电能传输技术的战略地位达成共识，导致政府R&D投入严重不足。

② 作为无线电能传输技术的基础和应用研究还停留在“跟踪研究”状态，急需原创性科学研究工作，“勇于创新、大胆实践、引领世界发展”的担当与责任尚需进一步激发。

③ 无线电能传输技术属于工程属性很强的技术学科，产学研推动技术发展非常迫切，科技成果转化与行业进步，需要从机制上创新，需要探索出一条“需求驱动、技术引领、快速转化”的产学研发展之路。

5.2.3.3　实现路径

无线电能传输技术虽然已经有100多年的历史，但目前还处于初级发展阶段。要实现上述发展目标，大致要分“三步”走。

第一步，产品推广方面，对于相对成熟的应用场景，如消费电子、电动交通工具、工业自动化、智能家居等，加大产业化推进力度。要聚焦于共性技术的联合攻关及突破，同时要注重产品实现的相关技术，包括材料、工艺、设备等。

第二步，产业发展方面，随着人工智能和物联网技术的蓬勃发展，进一步拓展无线电能传输的应用场景，让无线传能全面渗透到人类的生产和生活中。

第三步，学科发展方面，持续探索新的无线传能技术，在更远、更大、更深方面不断突破，为人类利用取之不竭的太空能量提供技术支撑。

5.2.3.4　重点任务和攻关项目

未来的重点任务和攻关项目主要体现在以下七个方面：

① 大功率、高效率、多自由度近场无线电能传输技术与拓扑优化。

② 复杂极端环境的无线电能传输技术应用。

③ 电动车、轨道交通等移动交通装备的动态无线充电 / 供电技术与装备。

④ 面向无人系统的无线供电 / 充电技术与装置。

⑤ 基于激光技术的远距离多负载跟踪定向传能的高功率高效率激光无线能量传输技术与装备关键技术。

⑥ 基于微波技术的远距离多负载全空间维度无线电能传输技术与装备关键技术。

⑦ 基于激光 / 微波等无线电能传输系统关键设备功率密度、能量转换效率、可靠性等相关技术研究。

5.2.4 电力电子信息化与智能化技术

5.2.4.1 发展线路图

电力电子信息化与智能化的发展线路图如图 7–25 所示，在技术研究、人才队伍建设、技术产业化、产品推广等方面进行了不同阶段的布局。

2025年	2030年	2035年	2050年
建构电力电子信息化与智能化基础理论，形成了若干先进的技术研究方向； 在我国一流高校初步形成若干具有创新活力的先进研究团队； 在高校开设电力电子信息化与智能化相关本科和研究生课程； 政产学研各方联合，推动建设若干试点示范工程	初步形成前瞻性理论体系和技术架构，形成若干具有国际先进性的知识与技术集群； 成长起若干具有国际影响力的领军学者和中青年技术骨干； 引领产学研协同攻关，孵化一批创业型企业，初步形成新一代信息化与智能化电源产业； 明确市场需求，找准产业突破点，推出若干具备竞争力的电源产品	在全国主要高校广泛开展电力电子与信息融合技术研究，不断突破关键技术难题和应用瓶颈； 在该领域培养大量优秀的本科生、研究生作为后备力量； 推进产业进行国际前瞻性布局和规划，形成初具规模的产业链条，诞生1~2个头部企业； 推出若干具国际领先且具有竞争力的产品，开拓智慧电源的海外市场	在该领域形成若干世界领先的研究中心，实现该技术的全球引领； 形成以国际知名学者领导，大量中青年学者和技术人员广泛投入的综合性、立体化人才队伍； 形成国际领先的电力电子信息化与智能化电源产业集群； 相关产品在全球信息化与智能化电源细分市场占据主要份额

图 7–25 电力电子信息化与智能化发展线路图

5.2.4.2 差距和障碍

电力电子信息化与智能化属于电源领域的前沿探索性研究，目前在全球均处于实验室研究阶段，全球研究者处于同一起跑线，然而近年国外相关研究显著增加，但国内相关研究仍未受到重视。电力电子信息化与智能化在未来发展过程中可预见的主要障碍包括：

① 产学研结合发展推动力度不足，技术研究停留在实验室阶段，产业界对相关理念认识较为欠缺。企业参与度较低，应用研究匮乏，产品定位与市场需求不明确，产业突破点未形成。

② 电能变换和信息交互间、功率指标与信息指标间、高频化与智能化间、电力电子有限运行数据与当前人工智能对大数据的需求间存在互相制约关系，诸多关键问题仍需解决。

③ 国外研究者和大企业已经意识到电力电子信息化与智能化潜力，并开始着手布局，但国内研究者和企业仍处于观望态度，不利于抢占学术高地，难以在全球竞争中处于领先地位。

④ 实现相关技术的关键算法和硬件均始于国外，存在被“卡脖子”的风险；现阶段缺乏对电力电子技术、信息技术和人工智能技术均有充分了解的复合型人才。

5.2.4.3　实现路径

技术研究，政府提供财政和立项支持，企业与高校共同参与，实现知识交叉与理论融合，突破关键技术瓶颈，在电力电子与信息及人工智能交叉领域形成创新的理论体系和技术架构。高校对该领域的发展进行合理规划，长期支持并开展相关基础性科学问题研究；在政府、企业和高校联合作用下，在该领域建立若干国际领先的研究中心，实现该技术的全球引领。

人才队伍建设，依托国家重大科研、工程和国际科技合作等项目，在实践中历练一批拔尖的领军人才；深入实施人才项目、提供完善的配套资源，引进一批具有国际视野的海外高层次人才；通过推进产学研合作，实现高校与企业双向人才流动，培养一批基础扎实、技术过硬的中青年技术骨干；深化校企合作育人模式，培养满足产业界需求的创新型、复合型人才；推行“教育先行”策略，修改现行电力电子技术专业研究生培养体系和教学大纲，推动高校开设相关课程，增强知识交叉融合，在本科及研究生阶段实现后备人才培养。

技术产业化，通过校企合作等形式建设若干试点示范项目；在政策引导和多方服务平台支持下，培养和孵化具有开拓创新精神的创业企业；在政府支持和引导下，通过多家企业与高校合作，攻关前沿技术难题，推动与实现相关产业国际前瞻性技术布局，奠定国际领先地位。

产品推广，通过广泛咨询、深入调研，总结归纳国内和全球市场的产品需求，形成产业突破点。建立良好的信息化、智能化电力电子电源设计、控制和运维生态环境与平台，鼓励开发者不断增加新功能，体现差异性，增强适应性，形成产品研发的良性发展。提升企业参与的积极性，培育具有国际竞争力的头部企业，推出若干国际领先且具有竞争力的电源产品。由政府支持，高校与企业合作，参与国际知名展会，扩大技术的国际影响力，开拓全球市场。

5.2.4.4 重点任务和攻关项目

基于分布式电源系统的电力电子与信息融合技术研究。

电力电子变换器中开关器件电压 / 电流应力改善与等效开关频率提升方法。

电源模块功率性能指标与信息性能指标耦合与制约关系研究。

智能化电源系统中电源模块性能需求分析与预测。

智能化电力电子设计、控制、状态监控、故障诊断与健康管理的基础理论与应用研究。

智能化电力电子技术的可解释性研究。

电力电子智能化研究所需样本数据库的建设、数据收集与数据共享方法。

电力电子信息化与智能化标准制定、教材与专著编写。

信息化与智能化技术的示范设计软件、生产线、产品及系统性工程。

6. 支撑和保障措施

6.1 微能量收集技术

与常规的电能获取、变换和存储的技术不同，微能量收集技术涉及多个物理域与电气域之间的能量转换和动态作用，涉及机械、材料、电子、电力电子、自动化、通讯等多个学科，需要跨学科专业的紧密合作和交叉方能实现具有国际领先的技术体系。

为了实现“智能化”时代下“无处不在”的信息交互，微能量收集技术是我国在信息化国家战略中的重大需求，是迫切需要深入研究和发展的关键技术。我国高校应打破现有学科界限，调整学科结构，布局重大研究方向，探索联合优势学科开展协同研究的聚合机制，探索有利于学科交叉融合的新型学科组织形式。此外，高校和企业应加强研发合作，进行理论转化，实现小规模试点、大规模应用和新型应用领域的探索。

6.2　超高频功率变换技术

围绕超高频功率变换技术中的前沿和关键领域，进一步支持国内外交流沟通，特别是国外超高频技术研究的重点单位，例如美国斯坦福大学、丹麦科技大学等。推动国内外科研机构的深度交流与融合，重点推动超高频功率变换相关的基础性科学问题研究。同时在国内多学科展开合作交流，打破现有学科界限，在器件、材料、封装的领域充分融合，建立一批示范性合作项目，促进各学科资源共享，攻关前沿技术难题。

超高频电力电子技术距离产业化的差距还较大，导致相关企业相关的研发和投入程度不够，需进一步推动产学研协同协作。充分利用政策、资金等优势，打牢超高频功率变换技术产业发展基础，选取适当企业作为定点单位，开展项目、联合实验室等前期研究。推进应用型技术研发机构市场化、企业化改革，健全技术创新激励机制，促进科技成果资本化、产业化，培育具有国际竞争力的头部企业，推出若干国际领先且具有竞争力的电源产品，并积极推广。

6.3　无线电能传输技术

在国家和地方的政策支持下，营造机会平等、规则明晰的科研和投资环境，加强无线电能传输的宣传，特别是电磁环境安全方面的宣传，积极推进材料、器件和系统的产业化。整合无线电能传输技术领域优势资源，以技术推广应用为目标，形成以政府为主导，以企业为主体，产、学、研相结合的技术创新格局。围绕国家重大基础研究、战略高技术研究和重大科技计划等，培养具有创新意识和国际视野的人才，建设协同工程实践创新基地。

6.4　电力电子信息化与智能化

加强政府协同推进力度。加强政府教育、科技与产业主管部门间协同，完善中央与地方政府相关部门的联动机制，强化电力电子与信息融合技术的前瞻预见，明晰重点攻关项目。

保障专项足额财政投入。加强国家自然科学基金、国家部委科研立项与省级科研基金项目对相关领域技术研究的支持力度，力争在该领域设立中央财政专项科研项目，鼓励地方政府企业加强对相关研究与应用的投资扶持力度，用于基础科学研究、技术培育孵化和突出成果奖励。

在学术期刊开设专题征稿，在知名学术会议和前沿论坛中设立专题会场，支持电力电子信息化和智能化前沿技术的普及与推广工作。

提供企业培育孵化服务。建立并完善政府引导、高校参与、企业为主的科技服务与产业信息交流平台，提供政策咨询、融资对接、知识产权运行等科技服务，推动技术产业化和商业化。

开设电力电子信息化与智能化交叉学科的本科生和研究生课程，鼓励教材和学术著作出版。保障相关教学工作的展开，推进发展校企联合育人模式。夯实高水平人才队伍，以校企联合育人等方式提供政策便利与基金支持，持续培养和输送创新型科研、技术和管理人才。

参考文献

[1] J. Wang，C. Wu，Y. Dai，et al. Achieving ultrahigh triboelectric charge density for efficient energy harvesting. *Natural Communication*，8，article no. 88，2017.

[2] S. Kim et al. Ambient RF Energy-Harvesting Technologies for Self-Sustainable Standalone Wireless Sensor Platforms. *Proceedings of the IEEE*，2014，102（11）：1649-1666.

[3] K. Chang，S. Kang，K. Park，et al. Electric Field Energy Harvesting Powered Wireless Sensors for Smart Grid. *Journal of Electrical Engineering & Technology*，2012，7（1）：75-80.

[4] J. Chen，H. Peng，Z. Feng and Y. Kang. A GaN BCM AC-DC Converter for Sub-1 V Electromagnetic Energy Harvesting With Enhanced Output Power. *IEEE Transactions on Power Electronics*，2021，36（8）：9285-9299.

[5] Y. Tang and A. Khaligh. A Multiinput Bridgeless Resonant AC-DC Converter for Electromagnetic Energy Harvesting. *IEEE Transactions on Power Electronics*，2016，31（3）：2254-2263.

[6] D. J. Perreault，J. Hu，J.M. Rivas，et al. Opportunities and challenges in very high frequency power conversion. *Proc. IEEE APEC.*，2009，pp：1-14.

[7] A. Knott，T. M. Andersen，P. Kamby，et al. Evolution of very high frequency power supplies. *IEEE Journal of Emerging and Selected Topics in Power Electronics*，2014，2（3）：386-394.

[8] Y. Guan，C. Liu，Y. Wang，et al. Analytical Derivation and Design of 20MHz DC/DC Soft-Switching Resonant Converter. *IEEE Transactions on Industrial Electronics*，2021，68（1）：210-221.

[9] J. Hu，A. D. Sagneri，J. M. Rivas，et al. High-Frequency Resonant SEPIC Converter With Wide Input and Output Voltage Ranges. *IEEE Trans. on Power Electron.*，2012，27（1）：189-200.

[10] Y. Guan, C. Liu, Y. Wang, et al. Analysis and Design of A High Frequency Low-Profile Converter for Bendable Equipment. *IEEE Transactions on Power Electronics*, 2021, early access.

[11] Marincic A S. Nikola. Tesla and the Wireless Transmission of Energy. *IEEE Transactions on Power Apparatus & Systems*, 1982, PAS-101 (10): 4064-4068.

[12] Yagi. H. Arc. Oscillations in Coupled Circuits. *Proceedings of the Institute of Radio Engineers.* 1916, 4 (4): 371-388.

[13] G. A. Covic and J. T. Boys. Inductive Power Transfer. IEEE, 2013, Vol. 101, No. 6, pp. 1276-1289.

[14] Kurs A, Karalis A, Moffatt R, et al. Wireless power transfer via strongly coupled magnetic resonances. *Science*, 2007, 317 (5834): 83-86.

[15] Assawaworrarit. S, Yu. X and Fan. S. Robust wireless power transfer using a nonlinear parity-time-symmetric circuit. *Nature*, 2017, 546: 387-390.

[16] 孙跃 . 非接触电能传输技术及其最新进展 . 新观点新学说学术沙龙，2011，19-44.

[17] S. Zhao, F. Blaabjerg and H. Wang. An Overview of Artificial Intelligence Applications for Power Electronics. *IEEE Transactions on Power Electronics*, 2021, 36 (4): 4633-4658.

[18] X. He, R. Wang, J. Wu, et al. Nature of power electronics and integration of power conversion with communication for talkative power. *Nature Communications*, 2020, 11 (2479): 1-12.

[19] J. Wu, J. Du, Z. Lin, et al. Power conversion and signal transmission integration method based on dual modulation of DC-DC converters. *IEEE Trans. Ind. Electron.*, 2014, 62 (2): 1291-1300.

[20] J. Rodr í guez, D. Lamar, P. Miaja, et al. Reproducing Single-Carrier Digital Modulation Schemes for VLC by Controlling the First Switching Harmonic of the DC-DC Power Converter Output Voltage Ripple. *IEEE Trans. Power Electron.*, 2018, 33 (9): 7994-8010.

[21] M. Angjelichinoski, Č. Stefanović, P. Popovski, et al. Multiuser Communication through Power Talk in DC MicroGrids. *IEEE J. Sel. Areas Commun.*, 2016, 34 (7): 2006-2021.

[22] W. Xu, and W. Wang. Power electronic signaling technology - a new class of power electronics applications. *IEEE Trans. Smart Grid.*, 2010, 1: 332-339.

[23] T. Guillod, P. Papamanolis and J. W. Kolar. Artificial Neural Network (ANN) Based Fast and Accurate Inductor Modeling and Design. *IEEE Open Journal of Power Electronics*, 2020, 1: 284-299.

[24] B. Zhao, X. Zhang, and J. J. Huang. AI algorithm-based two-stage optimal design methodology of high-efficiency CLLC resonant converters for the hybrid AC-DC microgrid applications. *IEEE Trans. Ind. Electron.*, 2019, 66 (12): 9756-9767.

[25] M. Gheisarnejad and M. H. Khooban. IoT-Based DC/DC Deep Learning Power Converter Control: Real-Time Implementation. *IEEE Trans. Power Electron.*, 2020, 35 (12): 13621-13630.

[26] S. Wang, T. Dragicevic, Y. Gao, et al. Machine Learning Based Operating Region Extension of Modular Multilevel Converters Under Unbalanced Grid Faults. *IEEE Transactions on Industrial Electronics*, 2021, 68 (5): 4554-4560.

编写组

组　长：杜　雄

副组长：孙　跃

成　员：彭　晗　王懿杰　钟文兴　陈　宇
王睿驰　杨　平　李武华　张之梁
苏婧媛　管乐诗　戴　欣　夏晨阳
李思奇　宋　凯　陈乾宏　张　献
梁俊睿　樊康旗　魏　斌